L'acte administratif transnational

Logiques Juridiques
Fondée par Gérard Marcou
Dirigée par Jean-Claude Némery et Thomas Perroud

Le droit n'est pas seulement un savoir, il est d'abord un ensemble de rapports et pratiques que l'on rencontre dans presque toutes les formes de sociétés. C'est pourquoi il a toujours donné lieu à la fois à une littérature de juristes professionnels, produisant le savoir juridique, et à une littérature sur le droit, produite par des philosophes, des sociologues ou des économistes notamment.

Parce que le domaine du droit s'étend sans cesse et rend de plus en plus souvent nécessaire le recours au savoir juridique spécialisé, même dans des matières où il n'avait jadis qu'une importance secondaire, les ouvrages juridiques à caractère professionnel ou pédagogique dominent l'édition, et ils tendent à réduire la recherche en droit à sa seule dimension positive. À l'inverse de cette tendance, la collection « Logiques juridiques » des éditions L'Harmattan est ouverte à toutes les approches du droit. Tout en publiant aussi des ouvrages à vocation professionnelle ou pédagogique, elle se fixe avant tout pour but de contribuer à la publication et à la diffusion des recherches en droit, ainsi qu'au dialogue scientifique sur le droit. Comme son nom l'indique, elle se veut plurielle.

Dernières parutions

Nadine NAJEM, *Théorie des intérêts moratoires*, 2024.
Caroline PELOSO, *L'autorité de la chose jugée au pénal à l'égard des décisions européennes, Essai de droit comparé franco-italien*, 2023.
Bamba Nonféni Michel ZARATIONON, *Les mesures provisoires de la CourADHD. Le contentieux du provisoire devant la Cour Africaine des droits de l'Homme et des Peuples*, 2023.
Jean LEFEBVRE, *Le droit du financement participatif (crowdfunding). Deuxième édition*, 2023.
Lucie CLUZEL-MÉTAYER et Arnaud SÉE (dir.), *Eléments de droit public du numérique*, 2023.
Komla BASSAH, *Le pouvoir de décision du Comité des droits de l'homme des Nations Unies, Entre légitimité, autorité et effectivité, 2023.*
Erick LWAMBA MAYANGA, *La passation des marchés publics infranationaux en RD Congo*, 2023.
Louis-Marie AUDRERIE, *Le droit hiérosolymitain dans l'Orient latin du XIe au XVIe siècle. Les « Assises de Jérusalem »*, 2023
Xavier LABBEE, *Le droit français et l'avènement du matriarcat*, 2023.
Togbé Agbessi ALANGUE, *Le Togo et les traités internationaux, La pratique conventionnelle togolaise de 1960 à nos jours*, 2023.

Estelle Chambas

L'acte administratif transnational

Préface de Thomas Perroud

L'Harmattan

5-7, rue de l'Ecole-Polytechnique, 75005 Paris

http://www.editions-harmattan.fr

ISBN : 978-2-336-43508-4
EAN : 9782336435084

À Raphaël et à Maxine.

Remerciements

La thèse est un voyage lointain que l'on imagine trop souvent solitaire alors que sa réussite est presque toujours conditionnée à la présence d'un entourage solidaire, bienveillant et tenace.

J'ai retrouvé toutes ses qualités dans de nombreuses personnes que je souhaite ici remercier.

C'est d'abord à mon directeur de thèse, le Professeur Thomas Perroud, que je souhaite exprimer ma plus sincère reconnaissance pour l'accompagnement sans faille, autant universitaire qu'humain, dont il a fait preuve au cours de ces cinq années passées. Toujours présent, il a su me guider dans une entreprise qui m'a longtemps dépassée, mais aussi m'inciter à ouvrir mes horizons à divers projets de recherche, à perpétuellement questionner le droit et à ne pas m'arrêter aux frontières, m'encourageant effectivement à rechercher à l'étranger ce que mon droit national laissait sans réponse. Pour toute cette initiation à la recherche et son soutien indéfectible, je le remercie infiniment.

Je souhaite également remercier les membres de mon jury pour leur bienveillance et leurs remarques constructives : les professeurs d'Avout, De Lucia, Dubos, Idoux et Plessix.

Ensuite, je me dois de remercier l'État français qui, depuis le début de mes études, m'a procuré des conditions de travail inégalées dans beaucoup d'autres pays. C'est un miracle que d'avoir pu assister à tant de cours dispensés par des Professeurs brillants ainsi que d'avoir été financée pendant mes cinq années de thèse. Ce sont d'ailleurs certains de ces Professeurs qui me sont par la suite venus en aide pour progresser en tant que jeune chercheuse et enseignante et je les en remercie vivement. Également, mes pensées vont vers les bibliothèques et leurs personnels qui ont su m'accueillir tout au long de cette longue traversée, en particulier l'Universitat de Barcelona, où j'ai effectué un séjour de recherche d'un an, ainsi que la Maison du droit public, dont le nom traduit bien la chaleur que l'on peut y trouver.

De plus, ce travail de thèse n'aurait pas été le même sans les conseils de certains et une équipe de relecteurs exceptionnels qui ont accepté de se pencher sur un sujet qui leur était pour le moins exotique. Je remercie très sincèrement ces derniers, Dylan, Gabrielle, Grégoire et Sophie. Quant à ceux qui sont venus nourrir mon travail que ce soit par leurs remarques pertinentes ou la réponse à mes questions, il m'est impossible de tous les nommer, mais je pense particulièrement à tous les habitués de la Maison du droit public, ceux que j'ai déjà cités, et aussi Ackiel, Anaïs, Charles, Claire, Clément, Édouard, Éloi, Ève, Ilda, Joachim, Jonathan, Loïc, Louis, Marcia, Nolwen, Paul, Pierre, Pierre-Antoine, William et Yacine. Enfin, un grand merci à Maxence Chambon pour toute son aide qui a été déterminante pour le résultat final de cette thèse.

En dehors du travail universitaire, mes plus proches amis ont joué un rôle majeur pour que je garde ma bonne humeur et la motivation pour achever cette entreprise titanesque qu'est la thèse. Certains sont là depuis toujours, d'autres sont arrivés plus récemment, mais tous ont contribué à rendre ma vie plus belle. Toutes mes pensées se tournent ainsi vers Anna, Antoine, Aurélie, Anthony, Axel, Benjamin, Benoît, Caroline, Claire, Claire, Damien, Dylan, Filippo, François, Gabrielle, Jean, Laurent, Léa, Marina, Nelson, Pierre, Ronan, Sophie et Tanguy.

Enfin, je n'ai pas les mots pour remercier correctement mes parents, ma sœur, mon frère et Grégoire.

Préface par le Professeur Thomas Perroud

Pourquoi un tel sujet ? Ce sujet se trouve au croisement de la théorie des actes, question classique de droit administratif, et de la transformation de l'action administrative sous l'effet de la mondialisation et de l'européanisation, en particulier. Mais surtout il vient répondre à un problème aujourd'hui banal, qui est celui de la rencontre entre l'action administrative extraterritoriale avec le principe de territorialité du droit public qui devrait lui être contraire.

Ce sujet avait déjà été abordé, dans différentes thèses notamment en droit administratif (M. Chambon, Le conflit de lois dans l'espace et le droit administratif, Mare & Martin, 2016), et en de droit de l'Union européenne (Damien Elkind, L'efficacité des décisions administratives étrangères dans l'Union européenne : Étude de droit administratif transnational, Thèse, Université de Bordeaux, 2018 ; Lydia Lebon, La territorialité et l'Union européenne : approches de droit public, Bruylant, 2015). De même, l'angle des réseaux d'agences avait aussi été adopté (C. Vlachou, La coopération entre les autorités de régulation en Europe (communications électroniques, énergie), Thèse, Université Panthéon-Assas, 2014). Toutefois, jamais la recherche ne s'était portée sur la question de la transnationalité en droit interne des actes administratifs unilatéraux. C'est là tout l'intérêt de cette recherche novatrice.

D'ailleurs, ce sujet soulève déjà suffisamment d'intérêt en Europe pour susciter la création du réseau Droit administratif transnational, sous la direction des Professeurs Jean-Bernard Auby et Olivier Dubos. De plus, des décisions du juge administratif français commencent à interroger la question de l'extraterritorialité (Conseil d'Etat, Assemblée, 31 mai 2016, Gonzalez-Gomez) et la régulation, singulièrement l'Autorité des marchés financiers, commence également à mettre en place des procédures transnationales en dehors même du droit de l'Union européenne (AMF, décis. sanct., 7 déc. 2016, Ubisoft), développement auquel les spécialistes de droit international privé ne sont pas restés indifférents. Mme Estelle Chambas avait d'ailleurs déjà travaillé pour son mémoire de Master 2 sur "Les procédures administratives transnationales au sein du Réseau européen de Concurrence (REC)".

Le contexte était donc propice à l'élaboration de cette recherche. Le travail de Mme Estelle Chambas est neuf à plusieurs égards qu'il convient de signaler et que le jury a relevés lors de la soutenance qui se tint à l'Université Panthéon-Assas le 23 juin 2022. Celui-ci était composé des professeurs d'Avout, De Lucia, Dubos, Idoux et Plessix. Mme Estelle Chambas a d'abord relevé un défi de méthode. La notion d'acte administratif unilatéral transnational n'est pas une notion connue du droit positif, tout était donc à faire. Il existait quelques formulations éparses dans la doctrine, mais Mme Estelle Chambas a choisi de tracer sa propre voie en adoptant une notion propre. Il fallait la construire et la construire à partir de sa réception en droit positif. L'auteure est donc partie de cas pour reconstruire une notion juridique dans le cadre d'une méthode inductive. Elle s'est mise en quête de répertorier le plus grand nombre d'actes produisant un effet transnational pour les collecter, les analyser et les classifier.

La tâche était ardue et ne pouvait pas conduire à une réponse unique. Les cas présentaient certes des similarités au regard de la transnationalité, mais également trop de disparités pour être regroupés sans distinction dans une même catégorie. Il fallait donc distinguer au moyen de sous-catégories, ce qui a amené Mme Estelle Chambas à construire une typologie de ces actes. Elle en distingue six : les actes administratifs individuels transnationaux per se, les actes potentiellement transnationaux, les actes réglementaires transnationaux, les décisions communes, les actes administratifs unilatéraux soumis à une reconnaissance mutuelle passive et les actes émis par des administrations plurinationales. Le point commun à l'ensemble de ces actes est tout entier dans leur effet : mettre en contact deux ordres juridiques et donc poser la question du conflit potentiel qu'ils sont susceptibles de créer. Ils sont toujours un pont reliant plusieurs ordres juridiques, une exportation automatique d'un matériau légal que le droit de l'État de réception doit accueillir avec toutes leurs spécificités.

C'est ici qu'est apparue une autre difficulté : ce caractère automatique de la réception impliqué par la transnationalité soulève un conflit de souverainetés apparent. C'est alors un nouveau défi qui s'est présenté à Mme Estelle Chambas. Elle a dû se confronter à des notions de droit international privé qui ont surgi dans le droit public en raison de l'internationalité des situations étudiées. Elle a alors réussi à importer de telles notions dans la matière administrative et ainsi à allier des droits qui ne devraient en principe pas se rencontrer. Ce métissage juridique est d'ailleurs l'une des caractéristiques frappantes de cette thèse. Outre le droit administratif et le droit international privé, l'auteure fait montre d'une grande fluidité pour passer d'un droit à l'autre tout au long de la recherche, en particulier avec le droit de l'Union européenne et le droit international. Cet ouvrage reflète ainsi l'essence de la transnationalité : c'est un carrefour juridique dont la complexité ne peut être traitée que par de minutieux travaux de décomposition, de définition et d'analyse. Par conséquent, bien que la thèse soit de droit administratif interne, elle laisse une grande part au droit international et au droit de l'Union européenne qui sont les fondements résolvant les conflits de souverainetés posés par la transnationalité administrative.

La nouveauté de la thèse de Mme Estelle Chambas ne tient pas uniquement dans la méthode ou dans l'élaboration d'une notion nouvelle. Elle s'inscrit aussi dans l'analyse du régime juridique de ces actes et dans les solutions qu'elle propose quant au régime possible de ceux-ci. C'est d'abord la question du droit applicable qu'il faut résoudre et, là encore, c'est grâce à des notions de droit international privé que l'on trouve la solution avec le conflit d'autorités remis au goût du jour et le conflit de lois. Ensuite, la vie de l'acte transnational interroge sur ses spécificités et ses conséquences. Tout au long de l'étude, Mme Estelle Chambas n'a de cesse de chercher à comprendre la nature profonde de ces actes dont le droit positif ne se saisit pas encore.

Mais c'est surtout sur la question contentieuse que va insister l'auteure. Trop d'actes purement internes sont fondés sur des actes transnationaux qui ne peuvent pas être contestés en raison de l'incompétence du juge de l'État de réception. Le droit au recours est trop fortement amoindri face à la transnationalité, car celle-ci n'a jamais été pensée au regard de celui-là. En raison de l'insatisfaction que provoque nécessairement l'absence de solution générale pour traiter la transnationalité administrative, Mme Estelle Chambas formule des propositions d'évolution du droit positif pour résoudre les problèmes du contrôle juridictionnel de l'acte administratif étranger et de la collaboration des administrations. Ces propositions prennent souvent appui sur des mécanismes existants qu'il s'agit d'élargir ou d'importer. Cohérentes et opérationnelles, elles peuvent espérer être un jour reprises par le droit positif.

Face au problème juridique que pose la circulation des actes administratifs, Mme Estelle Chambas a relevé dans ce travail plusieurs défis qu'elle a su dépasser pour proposer un travail à la fois neuf et audacieux. Rigoureuse, cette thèse démontre aussi la maîtrise de nombreuses branches du droit. L'apport est autant théorique que pratique, ce qui trace, là encore, une particularité appréciable de cette recherche. Cet ouvrage manifeste un bel et puissant esprit qui saura s'épanouir, quel que soit le chemin qu'il choisira d'emprunter.

Aix-en-Provence, le 6 décembre 2023

Thomas Perroud

Le prix de l'Université Paris Panthéon-Assas récompense chaque année les meilleures thèses soutenues au sein de l'université.

Cette reconnaissance consacre l'excellence, la qualité et l'apport des travaux sélectionnés. Sont ainsi distinguées les thèses les plus novatrices. Ce prix est décerné par la commission de la recherche du conseil académique de l'université composée de Professeurs et de Maîtres de conférences.

Le présent travail a été illustré par le prix de l'Université 2023.

Introduction

Le droit administratif est ontologiquement une hérésie permanente. Miroir de la société, il est pour autant toujours en décalage avec la réalité sociétale motivant ainsi son évolution permanente dans un objectif jamais atteint d'adéquation parfaite. Alors, il est une hérésie au sens pascalien du terme en ce qu'il manifeste la vérité d'un moment donné, mais ne comporte pas celle souvent contraire, du lendemain[1]. C'est pourquoi, comme Eisenmann l'a écrit, il est du devoir du juriste de regarder avec un œil critique l'état du droit et d'en actualiser le contenu avec son époque[2].

Or, si l'on devait choisir un trait caractéristique de notre société, ce serait le développement d'une mondialisation horizontale, jamais atteinte jusqu'alors, qui rend les frontières poreuses, transforme la place des États sur la scène internationale et se déjoue de la territorialité grâce à l'immatérialité des nouvelles technologies. Voici donc deux premiers éléments : la mondialisation et le droit administratif. L'effacement des frontières et « l'ensemble des règles juridiques relatives à l'existence, à l'organisation, au fonctionnement et aux relations de l'État »[3] sur un territoire donné. Rien que l'énoncé de ces considérations donne à penser qu'il s'agit là d'un bien mauvais mariage. Et pourtant, droit administratif et mondialisation doivent composer ensemble donnant vie à des notions juridiques nouvelles souvent ingénieuses, toujours nécessaires[4].

Outre cet alliage impur, le second écueil de ces propos porte sur la définition même de la mondialisation. Si cette notion est très largement présente dans la littérature juridique[5], et est souvent mise en lien avec un affaiblissement du rôle joué par l'État[6] ou, du moins, sa transformation[1], elle reste cependant mal définie à la faveur

---

[1] PASCAL B., *Œuvre complète*, « Les Pensées », Arvensa éditions, 1866, p. 550.

[2] EISENMANN C., *Cours de droit administratif*, LGDJ, coll. Anthropologie du droit, vol. 1, 1982-1983, Paris, p. 616.

[3] TRUCHET D., *Le droit public*, PUF, coll. Que sais-je ?, 4e éd., Paris, 2018, p. 3.

[4] En témoignent des thèses récentes sur les contrats administratifs internationaux, les réseaux d'administration, l'efficacité des décisions administratives étrangères ou encore la coopération administrative (AUDIT M., *Les conventions transnationales entre personnes publiques*, LGDJ, coll. Bibliothèque de droit privé Tome 358, 2002, Paris, X-423 p. ; LAAZOUZI M., *Les contrats administratifs à caractère international*, Economica, coll. « Recherches Juridiques », 2008, Paris, XV-507 p. ; LEMAIRE S., *Les contrats internationaux de l'administration*, LGDJ, coll. Bibliothèque de Droit Privé t. 433, 2005, Paris, XII-414 p. ; VLACHOU C., *La coopération entre les autorités de régulation en Europe (communications électroniques, énergie)*, thèse dactyl. de droit public soutenue le 18 novembre 2014, Université Panthéon-Assas, 579 p. ; ELKIND D., *L'efficacité des décisions administratives étrangères dans l'Union européenne. Étude de droit administratif transnational*, Thèse dactyl. soutenue le 5 décembre 2018, Université de Bordeaux, 505 p. ; GOEHRS M., *Coopération transfrontalière et intégration européenne : contribution à l'étude du principe fédéraliste*, P.I.E. Peter Lang, coll. Cultures juridiques et politiques vol. 14, 2018, Bruxelles, 220 p.

[5] MOUTON J.-D., COT J.-P., *L'État dans la mondialisation*, Société Française pour le Droit International, colloque de Nancy, Pedone, 2012, Paris, 591 p. ; Étude annuelle de la Cour de cassation, *Le juge et la mondialisation dans la jurisprudence de la Cour de cassation*, La documentation française, 2017, Paris ; AUBY J.-B., *La globalisation, le droit et l'État*, LGDJ, Lextenso éditions, coll. Systèmes de droit, 3e éd., 2020, Paris, 262 p.

[6] CASSESE S., *La crisi dello Stato*, Editori Laterza, coll. Sagittari, 2002, Roma-Bari, 138 p. ; *Au-delà de l'État*, trad. COSSALTER P., Bruylant, coll. Droit administratif/Administrative Law 6, 2011, Bruxelles,

de sa popularité, mais au détriment de son intérêt scientifique. Le recours aux dictionnaires nous laisse également en reste, le Larousse définissant la mondialisation comme « [l]e fait de devenir mondial, de se mondialiser » en rajoutant tout de même un sens économique, « [l]'élargissement du champ d'activité des agents économiques (entreprises, banques, Bourses) du cadre national à la dimension mondiale », et un sens géographique, « [l]'interaction généralisée entre les différentes parties de l'humanité »[2]. C'est ainsi que « [l]'intensification des échanges et des mouvements de capitaux à partir des années 1960 » ont relancé la mondialisation dont la nature s'est trouvée transformée et accélérée par l'émergence des nouvelles technologies d'information[3].

Il est donc très difficile de donner une définition précise de la mondialisation, car elle est par essence mouvante. Elle marque le passage d'un monde statique à une ère dynamique où les flux de toutes sortes se démultiplient et s'accélèrent, entraînant par là même l'émergence de socles communs dans divers domaines tels que la culture, les langues, la nourriture ou encore le droit. À cela s'ajoute la dématérialisation de nombreux échanges grâce aux évolutions technologiques bousculant la nature de la communication qui devient toujours plus immédiate, instantanée[4]. En soi, la mondialisation est une révolution de la circulation pour n'importe quels bien, service ou individu à l'échelle de la planète. Elle jouit donc d'un caractère total qui, par conséquent, ne semble pas pouvoir épargner la matière administrative.

De ce fait, de nouvelles questions sont apparues en droit administratif. Tout d'abord, car l'action administrative s'est étendue au-delà du territoire national de manière beaucoup plus récurrente[5], ce qui a, par exemple, attiré l'attention de la doctrine sur la nature et le régime des contrats administratifs internationaux[6] ainsi que sur l'existence potentielle d'un conflit de lois de droit administratif par l'importation des raisonnements du droit international privé[7]. Bien que le droit administratif n'ait jamais été totalement imperméable à toute question d'extraterritorialité, cette thématique est aujourd'hui devenue l'un des « principaux

---

235 p. ; MOUTON J.-D., « La mondialisation et la notion d'État », *in* MOUTON J.-D., COT J.-P., *L'État dans la mondialisation*, Société Française pour le Droit International, colloque de Nancy, Pedone, Paris, 2012, pp. 11-36 ; THORNHILL C., *A Sociology of Transnational Constitutions. Social Foundations of the Post-National Legal Structure*, Cambridge University Press, coll. Cambridge Studies in Law and Society, 2016, X-520 p. ; TUORI K., « Transnational Law. On legal hybrids and perspectivism », *in* MADURO M., TUORI K., SANKARI S. (éds.), *Transnational Law. Rethinking European Law and Legal Thinking*, Cambridge University Press, 2014, Cambridge, pp. 11-57.

[1] NOUVEL Y., « L'État néo-libéral au cœur de la mondialisation », *in* MOUTON J.-D., COT J.-P., *L'État dans la mondialisation*, Société Française pour le Droit International, colloque de Nancy, Pedone, 2012, Paris, pp. 133-149 ; AUBY J.-B., *op. cit.*, p. 119.

[2] « Mondialisation », *Larousse*, accessible sur www.larousse.fr, consulté le 18 mai 2020 (en ligne).

[3] ROCHE J.-J., *Relations internationales*, LGDJ, coll. Manuel, 9e éd., 2021, Paris, p. 291.

[4] RUIZ FABRI H., « Immatériel, territorialité et État », *Arch. Phil. Droit*, t. 43, 1999, pp. 187-192.

[5] Voir : CHAMBON M., *Le conflit de lois dans l'espace et le droit administratif*, Mare & Martin, coll. Bibliothèque des thèses, 2015, Paris, pp. 44-75.

[6] Voir les thèses précitées de Mathias Audit, Malik Laazouzi et Sophie Lemaire.

[7] Voir la thèse précitée de Maxence Chambon qui conclut toutefois à l'incompatibilité du conflit de lois et du droit administratif. CHAMBON M., *op. cit.*, pp. 577-579 et 595-598.

enjeux politiques » de notre temps[1] qui vient remettre en cause la conception traditionnelle de l'État[2].

Malgré ces constats, la matière administrative peine à formuler une approche claire du phénomène international. L'on peut parler de « tâtonnements et d'hésitations », selon les mots de Clémentine Bories[3], lorsque l'on voit l'apparition de vocables multiples se recoupant et s'excluant comme le droit administratif international, le droit international administratif ou encore le droit administratif global[4]. Si le droit international administratif se conçoit assez facilement en tant que droit applicable aux agents des organisations internationales[5], l'on peut douter de sa qualité administrative en raison de l'absence de tout critère organique ou de lien relatif à l'État[6]. Il n'est finalement administratif que depuis une perspective de science administrative et non d'une vision purement juridique[7]. À l'inverse, les notions cousines de droit administratif international et de droit administratif global restent particulièrement difficiles à saisir. Relèverait du droit administratif international toute règle administrative présentant un « élément d'extranéité »[8]. Ainsi, ce droit serait celui de l'application du droit administratif national à des situations internationales[9]. Il existe, en effet, des règles spécifiques à cet objet au sein du droit administratif, il suffit de faire référence aux contrats administratifs internationaux qui sont par définition des contrats administratifs présentant des éléments d'extranéité[10]. Cependant, il est peu convaincant de voir ici l'émergence d'une véritable branche spécialisée du droit administratif. Il n'existe pas de raisonnement spécifique généralement applicable aux situations internationales rencontrées par le droit administratif, mais plutôt des solutions particulières avec une adaptation de certaines catégories juridiques existantes pour résoudre les éventuels problèmes posés par l'extranéité. C'est le cas des contrats administratifs internationaux, et ce sera, nous essayerons de le démontrer, le cas pour les actes administratifs transnationaux. Ainsi, cette étude ne s'inscrit pas dans ce mouvement du droit administratif international qui nous apparaît comme trop prospectif pour être présenté

---

[1] Cette expression est empruntée à Brigitte Stern qui faisait déjà ce constat en 1992. Voir : STERN B., « L'extraterritorialité 'revisitée' : où il est question des affaires *Alvarez-Machain*, *Pâtes de Bois* et de quelques autres … », in *Annuaire français de droit international*, vol. 38, 1992, pp. 241 et 242.

[2] MOUTON J.-D., « La mondialisation et la notion d'État », *in* MOUTON J.-D., COT J.-P., *L'État dans la mondialisation*, Société Française pour le Droit International, colloque de Nancy, Pedone, Paris, 2012, pp. 11-36.

[3] BORIES C., « Histoire des phénomènes administratifs au-delà de la sphère étatique : tâtonnements et hésitations du droit et/ou de la doctrine », *in* BORIES C. (éd), *Un droit administratif global ?*, Actes du colloque organisé les 16 et 17 juin 2011, Pedone, coll. Cahiers internationaux n° 28, 2012, Paris, p. 25.

[4] *Ibid.*, pp. 25-60.

[5] Le droit applicable aux agents internationaux est clairement dénommé par la doctrine « droit administratif international ». Voir notamment : THÉVENOT-WERNER A.-M., « Le droit des agents internationaux à un recours effectif : vers un droit commun de la procédure administrative internationale », Brill Nijhoff, coll. Études de droit international vol. 8, 2016, Leiden, XXI-1405 p.

[6] Clémentine Bories souligne bien la nature matérielle du droit international administratif, *Ibid.*, p. 34.

[7] Voir : CHEVALLIER J., *Science administrative*, PUF, coll. Thémis droit, 6e éd., 2019, Paris, pp. 99-104.

[8] *Ibid.*, p. 28.

[9] *Ibid.*

[10] LAAZOUZI M., *op. cit.*, pp. 2-3.

comme participant à un droit positif imminent. Dans cette étude, il s'agit plutôt d'étudier l'impact de la transnationalité sur l'acte administratif et non pas d'identifier des règles qui s'inscriraient dans un système composant un droit administratif international plus général. De par cette perspective, l'État constitue ainsi le cadre fondamental de l'analyse développée dans ce travail.

Quant au droit administratif global, il s'agit d'un mouvement né aux États-Unis à la New York University (NYU), plus particulièrement sous la plume de trois auteurs, Benedict Kingsbury, Nico Krisch (tous deux spécialistes de droit international) et Richard B. Stewart (spécialiste de droit administratif), qui ont identifié certaines règles de fonctionnement communes aux acteurs internationaux non étatiques (organisations internationales, organes de régulation interétatique, mais aussi privés comme l'ICANN...) qui forment selon eux une branche de droit à part entière désignée « Global administrative law »[1]. C'est par l'établissement de règles de transparence, de révision des décisions, de respect du procès équitable pour les décisions affectant directement les droits des individus ou encore de la responsabilité[2] que les acteurs internationaux acquerraient une légitimité comblant leur déficit démocratique[3]. Ces principes relèveraient alors de cette nouvelle branche du droit. Ce mouvement a été repris par la doctrine européenne notamment par les auteurs italiens comme Sabino Cassese[4] et Giacinto Della Cananea[5], mais également par certains Français comme Jean-Bernard Auby[6]. La doctrine française s'intéresse aussi de plus en plus au droit administratif global bien que cette thématique reste encore peu explorée[7]. Malgré l'intérêt que présente cette question nouvelle, le droit admi-

---

[1] KINGSBURY B., KRISCH N., STEWART B. R., « The emergence of global administrative law », *Law and Contemporary Problems*, vol. 68, 2005, pp. 15-61.

[2] KINGSBURY B, CASINI L., « Global Administrative Law Dimensions of International Organizations Law », *International Organizations Law Review*, vol. 63, n°2, pp. 334-345.

[3] *Ibid.*, pp. 27-29.

[4] CASSESE S., *La crisi dello Stato*, Editori Laterza, coll. Sagittari, 2002, Roma-Bari, 138 p. ; « Administrative Law Without the State? The Challenge of Global Regulation », 37 *NYU Journal of International Law and Politics*, 2005, pp. 663-694 ; « Le droit administratif global : une introduction », *R.D.A.* 2007, n°5, pp. 17-26 ; « Administrative Law in the Global Space », *in* BORIES C. (éd), *op.cit.*, pp. 65-68 ; *Au-delà de l'État*, trad. COSSALTER P., Bruylant, coll. Droit administratif/Administrative Law 6, 2011, Bruxelles, 235 p.

[5] DELLA CANANEA G., *Due Process of Law Beyond the State, Requirements of Administrative Procedure*, Oxford University Press, 2016, XX-209 p.

[6] AUBY J.-B., « La bataille de San Romano, réflexion sur les évolutions récentes du droit administratif », *AJDA* 2001, p. 912 et s. ; « The Transformation of the Administrative State and Administrative Law », *in* VON BOGDANDY A., HUBER P. M., CASSESE S. (éds.), *The Administrative State*, vol. 1, Oxford University Press, coll. The Max Planck Handbooks in European Public Law, 2017, Oxford, pp. 601-630 ; *La globalisation, le droit et l'État*, LGDJ, Lextenso éditions, coll. Systèmes de droit, 3e éd., 2020, Paris, 262 p.

[7] Voir les actes du colloque : BORIES C. (éd), *Un droit administratif global ?*, Actes du colloque organisé les 16 et 17 juin 2011, Pedone , coll. Cahiers internationaux n° 28, 2012, Paris, 393 p.

Plus récemment, le 6e colloque du Centre de droit public comparé de l'Université de Paris II portant sur l'internationalisation du droit administratif a intégré le droit administratif global dans l'état des lieux fait sur le sujet. Voir COSSALTER P. (dir.), GUGLIELMI G. J. (dir.), *L'internationalisation du droit administratif*, Éditions Panthéon-Assas, coll. Colloques, 2020, Paris, 312 p., spéc. pp. 53-58, 123-134, 171-199.

nistratif global peine souvent à démontrer sa normativité et surtout son administrativité qui ressortirait de la nature de ces règles, comme le droit international administratif, adoptant donc une conception très – voire trop – large du droit administratif. Là encore, ce travail ne s'inscrit pas dans ce courant qui, finalement, ne s'intéresse pas directement à l'action étatique, mais à la légitimation d'organes internationaux ayant acquis un pouvoir parapublic sans pour autant être soumis aux règles et mécanismes de responsabilité étatique qui fondent l'État de droit démocratique.

La rencontre de la mondialisation avec le droit administratif a donc produit des phénomènes divers et variés, souvent en quête d'une rationalité propre et manquant toujours de fondements solides. C'est pourquoi une étude portant sur l'acte administratif transnational, qui est une notion correspondant à des situations précises et restreintes, n'a pas vocation à s'inscrire dans des courants de pensée plus théoriques. C'est au contraire un projet empirique et fonctionnel qui s'intéresse à la circulation des actes administratifs entre les États, ce qui est devenu, selon nos observations, une question éminemment importante en pratique du fait de la mondialisation, mais aussi du projet européen. En effet, la réalisation par l'Union européenne d'un marché intérieur, dans lequel les libertés de circulation sont assurées, commande par capillarité une circulation des actes administratifs sans laquelle ces libertés ne seraient que théoriques[1]. De même, la régulation d'un marché unique appelle à une coopération administrative qui déborde des frontières pour pouvoir embrasser les situations transnationales qui se sont récemment démultipliées. Un constat initial doit alors être fait, c'est que le droit administratif ne permet plus d'apporter toutes les solutions nécessaires aux conséquences de la mondialisation sur la vie sociale, ce qui produit une ignorance problématique de la question de la circulation des actes administratifs par le droit français. Il faut alors s'attaquer à ce problème dont la solution se trouverait dans la création d'une notion conceptuelle de l'acte administratif unilatéral transnational. Enfin, l'introduction s'achèvera par la présentation de la méthode de ce travail de recherche ainsi que de la structure de la thèse qui est soutenue.

Le point de départ de cette étude résulte d'un constat simple : le droit administratif se doit de produire de nouveaux concepts adaptés à une société mondialisée. Par extension, c'est la notion d'État qui se retrouve parfois elle-même transformée pour expliquer le monde actuel. Cela résulte notamment du fait que les frontières

---

En 2019, la RFDA a consacré un dossier à la globalisation du droit administratif avec notamment l'article d'Isabelle Boucobza qui présentait le contenu du droit administratif global (BOUCOBZA I., « Le droit administratif global, essai d'analyse critique d'un mouvement de pensée », *RFDA* 2019. 824). Pareillement, la récente thèse de Raphaël Maurel sur les sources de ce droit démontre l'intérêt croissant de la doctrine française sur ce phénomène. Voir : MAUREL R., *Les sources du droit administratif global*, thèse dactyl. de droit public soutenue le 2 décembre 2019, 691 p.

[1] Pour un exemple en droit de l'environnement, voir : DE LUCIA L., ROMANO M. C., « Transnational Administrative Acts in EU Environmental Law », *in* PEETERS M., ELIANTONIO M. (éds.), *Research Handbook on EU Environmental Law*, Edward Elgar Publishing, coll. Research Handbooks in European Law, 2020, Cheltenham, Northampton (Mass.), pp. 101-115.

administratives sont redevenues poreuses[1] en raison de divers mécanismes de coopération administrative, en particulier dans le cadre de l'Union européenne[2], mais aussi parce que le droit administratif a connu un fort mouvement de subjectivisation[3] entraînant la demande, de la part des administrés, de conserver certains droits lors de leurs déplacements internationaux. Pourtant, le droit administratif délaisse ces questions, considérant que l'internationalité ne le concerne que de manière incidente et ponctuelle. La nature du droit administratif serait purement interne, contrairement au droit privé, et, en se fondant sur un mythe de l'indépendance de ces deux droits, le droit administratif alors est resté dans sa sphère nationale. Pourtant, les conséquences de cette position, et notamment du principe de territorialité du droit administratif, sont aujourd'hui remises en cause à la faveur d'une conception plus proche de la réalité contemporaine.

Le droit administratif a certainement toujours été présent sous une forme ou une autre à partir du moment où un pouvoir sociétal, disposant du monopole de la contrainte, était en place sur un espace donné. Certains auteurs ont même vu la période médiévale comme le point de départ du contentieux administratif[4], ce qui a été sujet à controverse[5] puisque l'on date généralement la naissance du droit administratif moderne à partir de la Révolution de 1789. S'il est particulièrement de fixer la date d'un tel évènement, il est certain que la Révolution a constitué un tournant dans l'histoire de ce droit, car il est alors en combat pour son existence et son autonomie face au droit privé. Le chapitre sur l'histoire du droit administratif ouvrant le Traité de droit administratif de Pascale Gonod, Fabrice Melleray et Philippe Yolka en est une illustration vive. Jean-Louis Mestre y décrit l'émergence d'un droit d'abord en manque de rationalité qui s'affermit ensuite puis s'assimila à la jurispru-

---

1 Dans l'introduction de sa thèse, Geouffre de la Pradelle rappelle que la frontière moderne n'est apparue que tardivement alors qu'avant, notamment au Moyen Âge, il s'agissait plutôt d'un « lieu de pénétration où l'on discut[ait] sans cesse » et qui sous l'empire carolingien procédait d'une délimitation de droits fictifs qui donnait très peu de valeur à ce cadre territorial (GEOUFFRE DE LA PRADELLE G., *La Frontière*, Éd. Internationales, 1928, Paris, p. 28-31).

2 Pour un exemple récent, voir : CJUE, gr. ch., 31 janvier 2020, *République de Slovénie c/ République de Croatie*, *aff.* C-457/18, EUCLI :EU :C :2020 :65.

3 Pour l'histoire de la subjectivisation du droit administratif, voir : FOULQUIER N., *Les droits publics subjectifs des administrés. Émergence d'un concept en droit administratif français du XIXe au XXe siècle*, Dalloz, coll. Nouvelle Bibliothèque de thèses n° 25, 2003, Paris, XVIII-805 p.

4 WEIDENFELD K., *Les origines médiévales du contentieux administratif : XIVe-XVe siècles*, De Boccard, coll. Romanité et modernité du droit, 2001, Paris, VII-653 p. ; *Histoire du droit administratif. Du XIVe siècle à nos jours*, Economica, coll. Corpus histoire du droit, 2010, Paris, 345 p.

5 Grégoire Bigot conteste fermement l'existence d'un droit administratif avant 1789, car, selon lui, l'administration n'est pas indépendante de la justice et qu'il n'existe pas de droit spécifique, distinct du droit commun. Voir : BIGOT G., *Introduction historique au droit administratif depuis 1789*, PUF, coll. Droit administratif, 2002, Paris, pp. 18-20 ; « La difficile distinction du droit public et du droit privé avant 1789 : l'exemple du droit administratif », *Droits,* n° 39, 2003, Paris, pp. 97-111 ; « Le mythe fondateur du droit administratif », *RFDA*, 2000, pp. 527-536 ; « L'exorbitance dans la formation historique du droit administratif », *in* MELLERAY F. (dir.), *L'exorbitance du droit administratif*, LGDJ, coll. Collection de la Faculté de droit et des sciences sociales, n° 6, 2004, Paris, pp. 25-43 ; *Ce qu'on dit administratif… Études d'histoire du droit public*, Éditions La Mémoire du Droit, 2e éd., 2020, Paris, pp. 51-69.

dence du Conseil d'État consacrant son caractère juridique[1]. Une analyse récente menée par Élise Fraysse sur la conception de l'État dans la doctrine administrative est, elle aussi, éloquente lorsqu'elle identifie trois mouvements conceptuels composés des « ordonnateurs », des « précurseurs » puis des « théoriciens » sur une période s'étendant de 1804 à 1930[2]. C'est ainsi tout au long du XIXe siècle que le droit administratif s'est construit, au travers du contentieux et de la doctrine, en opposition au droit privé dans une optique d'indépendance communément dénommée « autonomie du droit administratif »[3].

Cet effort de théorisation a certes permis la consolidation d'une véritable branche du droit, mais l'a aussi complètement isolée dans la manière de la penser. Le droit administratif est dès lors toujours présenté comme le droit visant à organiser les relations entre l'État et les administrés et entre les personnes publiques elles-mêmes sans que l'articulation avec le droit privé soit vraiment envisagée. Et pourtant, il est extrêmement fréquent qu'une situation relève à la fois du droit privé et du droit administratif conduisant à un effet réciproque de l'un sur l'autre. La reconnaissance de cette interaction n'efface pas pour autant la spécificité du droit administratif. C'est un droit de l'exorbitance, caractère qui le distingue du droit privé. C'est parce qu'il aurait une nature différente, que le droit administratif se devrait d'être autonome[4]. Cependant, il n'est pas nouveau d'écrire que l'autonomie du droit administratif est à relativiser. Déjà, au milieu du XXe siècle, la thèse de René Chapus est venue rappeler que « [l]'affirmation de l'autonomie, entendue comme une originalité fondamentale, ou même seulement très poussée, de la responsabilité des collectivités publiques par rapport à celles des personnes privées ne peut donc être retenue comme l'expression du droit positif »[5]. Dans le commentaire de l'arrêt Blanco, les auteurs des Grands arrêts de la jurisprudence administrative soulignent depuis longtemps que « l'autonomie du droit administratif par rapport au droit civil n'est pas aussi marquée »[6] que ce que la décision pouvait laisser penser. Et il est aujourd'hui communément admis que l'autonomie du droit administratif est parfois relative. Toutefois, il existe des opinions contraires qui comprennent l'autonomie du droit administratif non en termes de substance, mais en termes du pouvoir de se régir par lui-même. Ainsi, s'il existe de nombreux emprunts du droit administratif au droit civil, cela ne contrevient pas à l'autonomie de la discipline. En effet, en décidant d'importer des éléments de droit civil, la matière administrative choisit d'elle-même de déroger à l'inapplication de principe du droit

---

1 MESTRE J.-L., « L'histoire du droit administratif », *in* GONOD P., MELLERAY F., YOLKA P., *Traité de droit administratif*, t.1, Dalloz, coll. Traités Dalloz, 2011, Paris, pp. 14-49.

2 Voir : FRAYSSE E., *op.cit.*, pp. 39-40.

3 Voir : PLESSIX B., *Droit administratif général*, LexisNexis, coll. Manuel, 3e éd., 2020, Paris, p. 712.

4 Voir : T.C., 8 février 1873, *Blanco*, *Rec.* p. 61.

5 CHAPUS R., *Responsabilité publique et responsabilité privée. Les influences réciproques des jurisprudences administrative et judiciaire*, Éditions La mémoire du droit, coll. de la Faculté Jean Monnet, 2010 rééd. de 1954, Paris, p. 557

6 Ceci se retrouve dans le commentaire des éditions anciennes des Grands arrêts de la jurisprudence administrative. Voir : LONG M., WEIL P., BRAIBANT G., DELVOLVÉ P., GENEVOIS B., *Les grands arrêts de la jurisprudence administrative*, Sirey, coll. Droit Public, 9e éd., 1990, Paris, p. 19.

civil. En cela, elle ne se dépossède pas de son autonomie, car elle maîtrise les emprunts qu'elle opère[1].

Cette évolution n'est pas surprenante et s'accorde même bien avec la réalité. L'idée d'un droit administratif imperméable au reste de la matière juridique est un mythe. Tout simplement, car la vie n'est pas divisée en situations administratives, situations privées ou encore situations commerciales sans aucune interpénétration. Bien au contraire, il n'est pas rare qu'à une situation donnée, s'appliquent successivement différentes branches du droit, y compris le droit administratif. S'il est bien le droit visant à organiser le fonctionnement de l'État, c'est pour permettre le déroulement de la vie en société dans le bon ordre social. Il entre dès lors nécessairement en contact avec les autres branches du droit puisqu'il constitue le préalable à l'existence d'un droit entre les membres de la société qu'il régit.

Or, aujourd'hui, le droit privé, qui a d'ailleurs pensé en premier l'internationalité, entre très fréquemment en contact avec des éléments d'extranéité et, par capillarité, place le droit administratif dans cette même position. C'est le cas de l'importateur français de billes en Chine qui, lorsqu'il va vouloir vendre sa marchandise en Italie, pourra se prévaloir de l'acquittement des droits de douane en France pour pénétrer ce marché étranger sans taxe[2]. Néanmoins, de par le refus du droit administratif d'appréhender ces situations qui sortent du spectre national, l'on en arrive à des solutions parfois déroutantes. C'est ainsi, en dehors du contentieux des étrangers, que la nationalité est presque totalement absente du droit administratif et reste dans le giron du droit civil et du droit international privé[3]. Et pourtant, l'octroi de la nationalité est sans conteste un acte administratif qui mobilise l'exercice de la puissance publique. La matière est éminemment administrative par nature. Mais, c'est parce que le droit des personnes figure dans le Code civil[4] et présente un caractère mixte, à la fois civil et administratif, que la question est délaissée par le droit administratif, et ce, malgré les articles 27 à 27-3 du Code qui portent expressément sur les « décisions administratives ». La conséquence de ceci est qu'au final c'est le droit international privé qui règle le conflit de lois portant sur l'attribution de la nationalité. C'est surprenant, voire insatisfaisant, lorsque l'on sait qu'il s'agit de l'établissement d'un des liens primordiaux de l'individu avec l'État qu'il pourra faire valoir par la suite devant les États étrangers.

Ainsi, en s'enfermant dans un mythe d'indépendance totale, le droit administratif ne répond pas à certains enjeux, parfois anciens, qui gagnent en importance avec

---

[1] Voir : PLESSIX B., *L'utilisation du droit civil dans l'élaboration du droit administratif*, Éditions Panthéon Assas, coll. Droit public, 2003, Paris, pp. 691-813.

[2] Les marchandises importées depuis l'extérieur du territoire de l'Union européenne font l'objet d'une libre pratique après l'acquittement des droits de douanes et autres taxes dans le pays d'entrée devenant ainsi des marchandises de l'Union (article 201 du Règlement (UE) n°952/2013 du Parlement européen et du Conseil du 9 octobre 2013 établissant le code des douanes de l'Union). En tant que telles, elles ne peuvent pas faire l'objet de « restrictions quantitatives à l'importation » ou « toutes mesures d'effet équivalent » en vertu de l'article 34 du TFUE.

[3] Voir par exemple : JAULT-SESEKE F., CORNELOUP S., BARBOU DES PLACES S., *Droit de la nationalité et des étrangers*, PUF, coll. Thémis droit, 2015, Paris, XXIII-702 p.

[4] Article 19 à 33-2 du Code civil.

la mondialisation. Il est devenu impossible d'écrire que le droit administratif ignore le fait international et la doctrine commence déjà à tirer les conséquences de ce constat, notamment par la remise en cause d'une autre de ses notions : le principe de territorialité du droit public.

Un des paradoxes du droit administratif français est que « le territoire est nulle part et cependant il est partout »[1]. Il n'est nulle part, car peu de références lui sont faites dans le droit administratif alors même que l'État s'est construit en partie à travers cette notion au cours de son histoire[2]. C'est parce que l'État est titulaire de la souveraineté qu'il a un titre de compétence exclusive sur son propre territoire[3]. Corollaire du principe d'égalité entre les États en droit international, il semblerait donc que soit exclu « tout exercice de sa puissance sur le territoire d'un autre État »[4]. Enfin, l'objet même du droit administratif serait par nature purement national, car visant à organiser les relations administratives nécessairement nationales.

Ainsi, le silence du droit administratif à propos du territoire serait la manifestation d'une vérité évidente : le droit administratif obéirait à un principe de territorialité. C'est principalement sur ce fondement que le droit international privé justifie l'exclusion de la matière administrative de son étude, et ainsi de la spécificité du rapport du droit privé à l'extranéité[5]. De surcroît, ceci est alimenté par un argument de l'égoïsme ontologique des États qui se refuseraient toujours à appliquer le droit public étranger. L'idée sous-jacente est que cela équivaudrait à réaliser les buts d'un autre État[6]. Le problème de ce raisonnement est qu'il est bien difficile d'y trouver un fondement juridique clair établissant le principe de territorialité du droit administratif[7] et encore plus un principe d' « égoïsme » consubstantiel à la nature des États qui est, par ailleurs, aujourd'hui contredit par les faits. Puisque même en matière fiscale, domaine intimement lié à la souveraineté étatique, l'assistance administrative internationale amène les administrations nationales à agir pour le compte d'autres États, c'est bien que cet argument est objectivement fragilisé[8]. De même, la Cour de justice de l'Union européenne protège « la répartition du pouvoir d'imposition entre les États membres »[9] ce qui traduit tout aussi bien l'existence d'une communauté d'intérêts auxquels ne peut répondre un supposé individualisme étatique absolu.

---

[1] DUBOS O., « Le territoire », *in* AUBY J.-B. (dir.), *L'influence du droit européen sur les catégories de droit public*, Dalloz, coll. Thèmes et commentaires, 2010, Paris, p. 355.

[2] LEBON L., *La territorialité et l'Union européenne. Approches de droit public*, Bruylant, coll. Droit de l'Union européenne, n° 41, 2015, Bruxelles, p. 24-35.

[3] FLEURY GRAFF T., t. 2, *Manuel de droit international public*, PUF, coll. Manuels, 2016, Paris, pp. 31-62.

[4] CPJI, 7 septembre 1927 (arrêt), *Affaire du « Lotus » (France c/ Turquie)*, *Rec. CPJI* 1927, *Série A* n° 10.

[5] BUREAU D., MUIR WATT H., *Droit international privé, Partie générale*, t. 1, PUF, coll. Thémis droit, 5e éd., 2021, Paris, pp. 6-8.

[6] MAYER P., HEUZÉ V., REMY B., *Droit international privé*, LGDJ, Lextenso, coll. Domat droit privé, 12e éd., Issy-les-Moulineaux, 2019, p. 77.

[7] LALIVE P., « Le droit public étranger et le droit international privé », *Travaux du comité français de droit international privé*, 1973-1975, pp. 217-235.

[8] Sur la coopération administrative fiscale, voir : DORIGO S., « Mutual Recognition versus Transnational Administration in Tax Law: Is Fiscal Sovereignty Still Alive ? », *REAL*, vol. 13, 2020, pp. 109-133.

[9] CJUE, 15 mai 2008, *Lidl Belgium GmbH & Co. KG c/ Finanzamt Heilbronn*, *aff.* C-414/06, ECLI :EU :C :2008 :278, §30.

Il n'est donc pas étonnant que depuis plus d'un siècle les auteurs se succèdent pour rappeler que ce principe de territorialité n'existe pas juridiquement. En 1927 déjà, dans son cours à l'Académie de La Haye, Fedozzi écrivait que : « [l]a doctrine est tellement convaincue que les lois de droit public sont par définition des lois territoriales que généralement elle s'abstient de donner une justification quelconque d'un principe qui, d'après elle, s'impose avec les caractères de l'évidence et partant apparaît impossible à démontrer »[1]. Cette position résultait notamment d'une seconde lecture de l'arrêt du Lotus[2] selon laquelle il n'existait pas de limitation territoriale à la compétence normative des États, mais seulement à leur compétence d'exécution. Selon lui, la doctrine se trompait en confondant les lois de droit public et celles d'ordre public[3]. De plus, la distinction entre le droit public et le droit privé a pu varier par le passé et diffère selon les États[4]. Ainsi, Fedozzi poursuivait en écrivant que la souveraineté de l'État se manifestait d'abord par l'exercice de sa compétence normative, dont l'extraterritorialité était permise par le droit international, et non par l'exercice de sa compétence d'exécution, et qu'en conséquence le principe de territorialité du droit public n'existait pas[5]. Toutefois, les débats sur l'existence de ce principe ne se sont pas pour autant taris et, bien que Pierre Lalive se demandât en 1973 s'il fallait « encore une fois et après tant d'autres, dénoncer l'ambiguïté fondamentale de ce 'cliché' ? », il y consacra bien quelques pages[6]. De son côté, Klaus Vogel a distingué entre l'application entendue au sens où les cours et les autorités publiques mettent en œuvre une règle de droit public et l'application entendue dans un sens transitif, c'est-à-dire qui s'applique à certains faits[7]. Selon lui, la première est strictement territoriale, mais pas l'autre. L'on peut retrouver derrière ces qualifications la dichotomie entre la compétence normative et la compétence d'exécution.

Certains auteurs étaient donc convaincus de longue date que les règles de droit administratif pouvaient avoir une dimension extraterritoriale, en ce qu'au moins une étape de leur « processus d'application – de l'édiction à la réalisation matérielle – se déroul[ait] en dehors du territoire de l'État auteur »[8]. Cependant, la doctrine administrativiste ne s'est pas saisie de la question pendant longtemps. Ce sont d'ailleurs les études menées par des privatistes, d'abord par les réflexions dirigées

---

[1] FEDOZZI P., « De l'efficacité extraterritoriale des lois et des actes de droit public », *RCADI* 1929, II, t. 27, p. 149.

[2] Voir : CHAMBON M., *op. cit.*, pp. 76-81 ; PELLET A., « *Lotus* que de sottises on profère en ton nom ! Remarques sur le concept de souveraineté dans la jurisprudence de la Cour mondiale », in *Études offertes à J.-P. Puissochet*, Pedone, 2008, Paris, pp. 215-230.

[3] FEDOZZI, *art. cit.*, p. 150.

[4] *Ibid.*, pp. 152-156.

[5] *Ibid.*, p. 163.

[6] LALIVE P., *art. cit.*, pp. 228-229.

[7] VOGEL K., « Administrative law : international aspects », *in* BERNHARDT R., *Encyclopedia of public international law*, vol. 1, North-Holland Pub. Co., 1992, Amsterdam, p. 25.

[8] STERN B., « Quelques observations sur les règles internationales relatives à l'application extraterritoriale du droit », *Annuaire français de droit international*, vol. 32, 1986, p. 9.

par Pierre Mayer sur la place du droit public en droit international privé[1], puis par le travail accompli sur les contrats administratifs internationaux par ses doctorants[2], qu'a été amorcé la théorisation de l'internationalité dans la matière administrative. L'apparition de la « Veille de droit administratif transnational » dans la Revue droit administratif en 2005 a traduit un intérêt naissant et croissant pour la question, mais est restée, là encore, l'apanage d'une plume de droit privé puisque cette chronique était rédigée par Mathias Audit[3]. Cet auteur défendait alors une « compétence extra-territoriale de principe [nous soulignons] du droit administratif »[4] traduisant un point de vue nouveau sur cette matière juridique.

Finalement, cette reconnaissance de l'extraterritorialité du droit administratif a fini par pénétrer la doctrine publiciste. Ainsi, Olivier Dubos a fait le lien entre extra-territorialité du droit administratif et situations transnationales[5] et a su mettre en perspective l'intégration horizontale due à l'Union européenne avec l'affaiblissement de la territorialité des normes de droit public et pénal et même, dans certains cas, de la territorialité de leur exécution[6]. Également, l'on a pu lire des articles proclamant le « dépassement du caractère national de la juridiction administrative »[7] lorsqu'à l'occasion d'un contentieux afférent aux règles de l'espace Schengen, le juge administratif a contrôlé la légalité d'un acte administratif étranger au regard des dispositions de la convention éponyme[8] dans les arrêts Forabosco et

---

1 MAYER P., « Droit international privé et droit international public sous l'angle de la notion de compétence », *RCDIP*, vol. 68, 1979, pp. 1-29 (1re partie) et 349-388 (2e partie), pp. 587-583 (3e partie) ; « Les lois de police étrangères », *JDI* 1981, pp. 277-345 ; « La neutralisation du pouvoir normatif de l'État en matière de contrat d'État », *JDI*, 1986, pp. 227 et s., « Le rôle du droit public en droit international privé », *Revue internationale de droit comparé*, vol. 38 n° 2, avril-juin 1986, pp. 467-485 ; « Réflexions sur la notion de contrat international », in *Mélanges Pierre Tercier*, Schulthess, 2008, pp. 872-881 ; *La distinction entre règles et décisions et le droit international privé*, Dalloz, coll. Bibliothèque de droit international privé, 1973, Paris, pp. 110-143.

2 Là encore, il s'agit des trois thèses de Mathias Audit, Malik Laazouzi et Sophie Lemaire

3 La veille de droit administratif transnational a figuré dans la *RDA* de 2005 à 2012. AUDIT M., « Veille de droit administratif transnational », *RDA* 2005, n° 4, pp. 4-5 ; « Veille de droit administratif transnational », *RDA* 2006, n° 4, pp. 2-3 ; « Veille de droit administratif transnational », *RDA* 2007, n° 8, pp. 5-7 ; « Veille de droit administratif transnational », *RDA* 2008, n° 10, pp. 13-16 ; « Veille de droit administratif transnational », *RDA* 2009, n° 12, pp. 14-17 ; « Veille de droit administratif transnational », *RDA* 2010, n° 12, pp. 24-26 ; « Veille de droit administratif transnational », *RDA* 2012, n° 1, pp. 9-12.

4 AUDIT M., « La compétence extraterritoriale du droit administratif » in *La compétence*, Actes du colloque organisé les 12 et 13 juin 2008 par l'Association française pour la recherche en droit administratif à la faculté de droit, sciences économiques et gestion de Nancy, Litec, 2008, Paris, p. 73.

5 DUBOS O., « Le droit administratif et les situations transnationales : des droits étrangers au droit comparé ? », *in* MELLERAY F. (dir.), *L'argument de droit comparé en droit administratif français*, Bruylant, coll. Droit Administratif/Administrative Law, 2007, Bruxelles, pp. 69-90.

6 DUBOS O., « Le territoire », *in* AUBY J.-B. (dir.), *L'influence du droit européen sur les catégories de droit public*, Dalloz, coll. Thèmes et commentaires, 2010, Paris, pp. 362-370.

7 GAUTIER M., « Le dépassement du caractère national de la juridiction administrative : le contentieux de Schengen », *R.D.A.*, mai 2005, étude 8. Également du même auteur : GAUTIER M., « Le dispositif Schengen, vecteur d'une nouvelle forme d'intégration juridictionnelle », in *Les dynamiques du droit européen en début de siècle (Études en l'honneur de Jean-Claude Gautron)*, Paris, Pédone, 2004, pp. 69-82.

8 Accord de Schengen du 14 juin 1985 et sa convention d'application du 19 juin 1990.

Catrina[1]. De même, la question de l'extraterritorialité des actes administratifs, sous l'impulsion de la doctrine étrangère[2], commence à s'établir solidement dans la doctrine française en corrélation avec l'intégration européenne[3]. Enfin, la jurisprudence se tourne, elle aussi, vers une appréciation de plus en plus large de l'extraterritorialité du droit administratif français comme en témoigne un arrêt récent de la Cour administrative d'appel de Paris qui a reconnu l'existence d'un bien immobilier du domaine public français en Italie, appliquant à un contrat emportant l'occupation de ce domaine soumis au droit italien les principes de la domanialité publique[4]. Cette position fut par la suite confirmée par un arrêt du Conseil d'État du 25 juin 2021[5] qui affirma que les biens des personnes publiques répondant aux critères du domaine public immobilier posés à l'article L. 2111-1 Code général de la propriété des personnes publiques sont toujours soumis à son régime, quand bien même ils seraient situés à l'étranger. Cependant, le Conseil d'État nuança l'extraterritorialité du droit administratif des biens en n'imposant que l'application des règles protectrices de la domanialité publique qui devaient dès lors cohabiter avec celles de droit étranger que les parties avaient désignées[6]. Une autre actualité récente de cette question d'extraterritorialité en droit administratif s'est posée dans

[1] CE, 9 juin 1999, *Epx Forabosco*, n° 190384, *Rec.*, p. 170 ; CE, 23 mai 2003, *Catrina*, n° 237934, *Rec.*, p. 614.

[2] SCHMIDT-ASSMANN E., « Les influences réciproques entre les droits administratifs nationaux et le droit administratif européen », *AJDA*, 20 juin 1996, numéro Hors Série « Droit administratif et droit communautaire. Des influences réciproques à la perspective d'un droit administratif européen : les données du débat contemporain », pp. 146-155 ; RUFFERT M., « Recognition of Foreign Legislative and Administrative Acts », *in* WOLFRUM R. (éd.), *Max Planck Encyclopedia of Public International Law* (2011) no 3 ; « European Composite Administration: The transnational administrative act », *in* JANSEN O., SCHÖNDORF-HAUBOLD B. (éds.), *The European Composite Administration*, Intersentia, 2011, Cambridge, pp. 277-306 ; GERONTAS A., « Deterritorialization in Administrative Law : Exploring Transnational Administrative Decisions », *Columbia Journal of European Law*, n° 3, 2013, pp. 1-65 ; BOCANEGRA SIERRA R., GARCÍA LUENGO J., « Los actos administrativos transnacionales », *Revista de Administración Pública*, sept.-déc. 2008, pp. 9-29 ; WENANDER H., « Recognition of Foreign Administrative Decisions », *ZaöRV*, 2011, vol. 71, pp. 755-785 ; DE LUCIA L., *Amministrazione transnazionale e ordinamento europeo : saggio sul pluralismo amministrativo*, G. Giappichelli editore, coll. Costituzione e amministrazione n° 6, 2009, Turin, XV-262 p ; « Autorizzazioni transnazionali e cooperazione amministrativa nell'ordinamento europeo », *Rivista di diritto publico comnitario*, 2010, n° 3, pp. 759-788 ; « Administrative Pluralism, Horizontal Cooperation and Transnational Administrative Acts », *REAL*, 2012, n° 2, pp. 17-45.

[3] GAUTIER M., « Une autre traversée du Rhin », *AJDA*, 2015, n° 20, p. 1139-1143 ; « Du nouveau du côté du contrôle transnational des actes administratifs », *AJDA* n° 19, 2017, pp. 1081 et s. ; PARIS T., « La reconnaissance des actes administratifs étrangers au droit français », *in* RODRÍGUEZ-ARANA MUÑOZ, J. (ed.), *Recognition of Foreign Administrative Acts*, Ius Comparatum-Global Studies in Comparative Law 10, 2016, pp. 115-135 ; ELKIND D., *L'efficacité des décisions administratives étrangères dans l'Union européenne. Étude de droit administratif transnational*, Thèse dactyl. soutenue le 5 décembre 2018, Université de Bordeaux, 505 p.

[4] CAA Paris, 21 janvier 2020, *Sté Mezzi et Fonderia*, n° 19PA01312, note MEURANT C., *AJDA* 2020.1058.

[5] CE, 25 juin 2021, *Sté Mezzi et Fonderia*, n°438023 ; *JCPA* 2021. act. 432, note FRIEDRICH C. ; *AJDA* 2021. 1761, note MALVERTI C., BEAUFILS C.

[6] MEURANT C., « L'échelle de la domanialité des biens publics français localisés à l'étranger », *JCP A* n°29, 2021. 2232.

un contentieux relatif à la sanction par la Commission nationale de l'informatique et des libertés (CNIL) de Google dans l'application du droit à l'oubli. Ce dernier avait été reconnu par la Cour de justice de l'Union européenne dans un arrêt Google Spain où elle avait jugé que l'opérateur d'un moteur de recherche devait retirer les données liées au nom d'une personne si celle-ci en faisait la demande[1]. Par la suite, la CNIL avait sanctionné Google pour avoir refusé de retirer de telles données sur son moteur de recherche dans le monde entier[2]. Toutefois, après saisine de la Cour de justice par une question préjudicielle, celle-ci jugea que le droit de l'Union européenne n'imposait le retrait que sur la dimension européenne du moteur de recherche[3]. Par conséquent, le Conseil d'État annula la sanction de la CNIL[4]. Ce contentieux illustre ainsi qu'aujourd'hui, la question de la portée de l'extraterritorialité du droit administratif est réelle, mais est aussi en débat. C'est pourquoi son étude est devenue importante pour en construire l'étendue et ses modalités d'application.

Derrière cette question d'extraterritorialité, se pose plus fondamentalement celle des rapports entre les systèmes juridiques. Autrefois cloisonnés[5], les systèmes de droit sont conduits à interagir de plus en plus en raison d'un dépassement du territoire[6]. Ces rapports intersystémiques conduisent alors, nécessairement, à l'émergence d'une compétition entre les droits nationaux[7], et dont l'acte administratif unilatéral transnational est un outil[8]. L'extraterritorialité du droit administratif correspond donc à une déterritorialisation du droit qui participe à l'avènement de nouveaux rapports entre systèmes juridiques, notamment nationaux[9], et appelle à de nouvelles études.

Il résulte de ces derniers développements que « l'application extraterritoriale du droit administratif est incontestable » bien qu'il existe « des exigences auxquelles son application concrète est soumise »[10]. Il s'agit d'un renouvellement des rapports entre les systèmes juridiques, notamment nationaux, qui met en contact le droit administratif français avec d'autres systèmes. Cette hypothèse possède de vastes conséquences sur le droit administratif dont certaines nouvelles notions, comme les contrats administratifs internationaux, ont bien été étudiées alors que d'autres ne

---

[1] CJUE, 13 Mai 2014, *Google Spain*, *aff.* C-131/12, ECLI :EU :C :2014 :317.
[2] CNIL 10 mars 2016, *Google Inc.*, n°2016-054.
[3] CJUE, 24 septembre 2019, *Google LLC*, *aff.* C-507/17, ECLI :EU :C :2019 :772.
[4] CE, 27 Mars 2020, *Google Inc.*, n°399922.
[5] TUORI K., « Transnational Law. On legal hybrids and perspectivism », *in* MADURO M., TUORI K., SANKARI S. (éds.), *Transnational Law. Rethinking European Law and Legal Thinking*, Cambridge University Press, 2014, Cambridge, pp. 11-57.
[6] DELMAS-MARTY M., « Vers une cinétique juridique : D'une approche statique à une approche dynamique de l'ordre juridique », *in* BONNET B. (dir.), *Traité des rapports entre ordres juridiques*, LGDJ, 2016, Issy-les-Moulineaux, p. 141.
[7] AUBY J.-B., « Repenser le droit à l'aune de la globalisation juridique », *in* BONNET B. (dir.), *Traité des rapports entre ordres juridiques*, LGDJ, 2016, Issy-les-Moulineaux, p. 269.
[8] Voir §288-289 ; §943-949.
[9] AUBY J.-B., *art. cit.*, pp. 274-275.
[10] CHAMBON M., *op. cit.*, p. 94.

sont qu'à peine défrichées : c'est le cas de la question de la circulation des actes administratifs unilatéraux, sujet de cette thèse.

Que les actes administratifs puissent s'échapper des frontières, aucun juriste ne le nierait. En revanche, cela ne pourrait se faire que sur le mode de l'extraterritorialité et non de la transnationalité, distinction qu'il faut expliciter. Il en découlerait que l'acte administratif ne peut être extraterritorial que de manière factuelle et non juridique, à l'exception du contrat auquel l'existence transnationale n'a jamais soulevé d'opposition franche. Écrit plus simplement, si l'on accepte bien volontiers qu'un contrat administratif puisse pénétrer un ordre juridique étranger, la position est clairement inversée concernant les actes unilatéraux à moins qu'intervienne un acte de réception adopté par l'État étranger.

Étymologiquement, l'extraterritorialité trouve son origine dans la composition de deux mots latins : extra (en dehors de) et territorium (le territoire), lui-même dérivé de terra (la terre, le sol). Il est facile d'en conclure qu'est extraterritorial ce qui se place en dehors du territoire (national si l'on se place dans la perspective des relations interétatiques). Et pourtant, derrière cette simplicité apparente, il n'est pas chose aisée que d'identifier un acte ou une norme juridique extraterritoriaux après la lecture de la doctrine. Il convient d'abord de souligner que l'extraterritorialité n'est jamais appréhendée par le droit administratif général, mais par ses branches spécialisées, obéissant ainsi à une logique disciplinaire contribuant à l'existence de ce qu'on peut désigner en tant qu'angle mort. Mais par-delà la difficulté liée à cette division sectorielle, il est également ardu d'identifier dans les droits administratifs spéciaux l'existence d'une véritable extraterritorialité, renforçant ainsi l'évanescence de la notion dans la matière publique.

Par exemple, l'on peut entendre parler du « contrôle extraterritorial de l'immigration » au moyen de l'octroi de visas[1]. Parce que leurs destinataires se trouvent dans un pays étranger, l'on peut dire que ces actes sont extraterritoriaux. Par ailleurs, l'on voit souvent des articles portant sur l'extraterritorialité de la loi Foreign Account Tax Compliance Act (FATCA)[2] aux États-Unis. Cette loi, adoptée en 2010 dans un objectif de lutte contre l'évasion fiscale, demande à toutes les institutions financières ayant des clients américains[3] de communiquer des informations bancaires à l'Internal Revenue Service (IRS)[4] sous peine de se voir sanctionner financiè-

---

[1] RYAN B., « Extraterritorial Immigration Control: What Role for Legal Guarantees? », *in* RYAN B., MITSILEGAS V. (éds.), *Extraterritorial Immigration Control: Legal Challenges*, Martinus Nijhoff Publishers, coll. Immigration and Asylum Law and Policy in Europe, 2010, Leiden Boston, pp. 3-37, spéc. pp. 3-13.

[2] BISMUTH R., « L'extraterritorialité du FATCA et le problème des 'Américains accidentels' », *JDI* n° 4, LexisNexis, oct. 2017, doctr. 11 ; ATHANASSIOU P., PROKOP M., « Extraterritorialité – Effets extraterritoriaux du droit américain sur les institutions financières non-américaines – une vue d'ensemble », *RDBF* n°5, septembre 2014, étude 20 ; KALLERGIS A., « L'extraterritorialité en matière fiscale », *Cahiers de droit de l'entreprise* n°4, juillet 2018, dossier 31 ; CRÉPIN N., CHRÉTIEN D., « Les problématiques juridiques rencontrées par les institutions financières françaises dans la mise en œuvre de la réglementation 'FATCA' », *RDBF* n° 6, novembre 2014, étude 26.

[3] La nationalité est le critère de la compétence fiscale américaine et non le lieu de perception des revenus.

[4] Internal Revenue Service est l'administration fiscale américaine.

rement par prélèvements sur des opérations se déroulant sur le marché américain. On a souhaité y voir de l'extraterritorialité en ce que des institutions financières étrangères étaient contraintes par le droit américain. Mais les moyens de sanction mis en œuvre restaient en réalité circonscrits au territoire national[1]. De même, l'on identifie de l'extraterritorialité dans l'exercice même de la compétence fiscale d'un État lorsque le débiteur est établi hors du territoire national[2]. Néanmoins, le recouvrement de cette créance reste souvent soumis au bon vouloir de l'État où ce débiteur se situe, qui est le seul à pouvoir exercer une force contraignante à cet effet. Là encore, il s'agit d'une portée en pratique extraterritoriale, mais juridiquement circonscrite au territoire national.

Dans tous ces cas de figure, il est bien difficile de trouver l'extraterritorialité juridique de ces mesures. Pour le cas du visa, certes son détenteur se trouve à l'étranger, mais l'objet de cet acte est de lui permettre de pénétrer le territoire national et ne produit de ce fait aucun effet juridique dans son État d'origine. La loi FATCA et ses modalités d'application restent, elles aussi, dans le spectre de l'ordre juridique national. Cette loi s'adresse bien à des institutions étrangères, mais les sanctions prévues sont appliquées sur le territoire américain et non dans l'État d'origine de ces institutions. Si politiquement cette loi est particulièrement invasive pour les autres États, juridiquement on ne peut pas dire qu'elle ait un véritable effet extraterritorial. Enfin, pour l'exercice de la compétence fiscale d'un État envers des personnes résidant à l'étranger, là encore, il n'existe pas réellement d'effet juridique extraterritorial puisqu'en cas de non-paiement, il n'y aura pas d'exécution forcée possible pour l'État créancier en dehors de son propre territoire.

Malgré ces constats, ces auteurs ne sont pas dans le faux lorsqu'ils qualifient les sujets qu'ils traitent d'extraterritoriaux. Le hiatus provient en réalité de la polysémie du mot « extraterritorial » qui peut s'appliquer tant à l'effet juridique d'un acte ou d'une norme qu'à sa portée pratique[3]. Ainsi, si les exemples étudiés ne produisent pas un effet juridique extraterritorial, ils jouissent en revanche de conséquences factuelles extraterritoriales : c'est bien parce que la loi FATCA menace de sanction sur le marché financier américain qu'une banque française va communiquer des informations sur ses clients américains à l'IRS. Depuis, la France a passé des conventions internationales avec les États-Unis à propos de ce dispositif. Mais originellement, c'était ainsi que fonctionnait ce mécanisme. Quant à l'imposition extraterritoriale, elle relève de ce que Brigitte Stern appelle l'« application extraterritoriale médiatisée »[4] : il appartiendra à l'État de résidence de mettre en œuvre une exécution forcée pour le compte de l'État créancier. Des conventions existent d'ailleurs

---

[1] À propos des embargos : BISMUTH R., « L'extraterritorialité des embargos et dispositifs anticorruption américains : le point de vue du droit international public », *in* GAUDEMENT A. (dir.), *La compliance : un monde nouveau ? Aspects d'une mutation du droit*, Éditions Panthéon-Assas, coll. Colloques, 2016, Paris, p. 51.

[2] KALLERGIS A., *La compétence fiscale*, Dalloz, coll. Nouvelle Bibliothèque de Thèses vol. 175, 2018, Paris, pp. 410-411.

[3] KALLERGIS A., *op. cit.*, pp. 368-369.

[4] STERN B, « Quelques observations sur les règles internationales relatives à l'application extraterritoriale du droit », *Annuaire français de droit international*, volume 32, 1986. p. 9.

en ce sens comme la Convention multilatérale concernant l'assistance administrative mutuelle en matière fiscale de l'OCDE de 1988[1]. Enfin, le cas du visa est beaucoup plus nuancé, car s'il permet à son destinataire d'entrer sur le territoire d'un État étranger, il lui permet donc également de traverser la frontière depuis le territoire de son État d'origine. Il existe ainsi une pointe d'effet juridique extraterritorial dans cet exemple.

Il résulte de ceci que l'extraterritorialité, loin d'être une notion unitaire, propose toute une palette de différentes nuances applicables à des situations très variées. Si ce flottement définitionnel est nécessaire pour englober toutes les situations dépassant le territoire étatique, il n'est cependant pas vraiment aisé de construire un raisonnement rigoureux et cohérent avec cette notion. C'est pourquoi, comme le titre de ce travail l'a suggéré, il lui est préféré le concept de transnationalité auquel l'on souhaite donner un contour beaucoup plus précis.

Le terme de transnationalité est relativement neuf dans la matière juridique puisqu'il a fait son apparition sous la plume de Philippe Jessup dans son cours de « droit transnational » à l'Université de Yale dans les années 50[2]. Dans cette étude, l'auteur constate que l'utilisation du mot « international » échoue à saisir l'ensemble des phénomènes juridiques qui dépassent les frontières, car ce terme ne concerne traditionnellement que les rapports entre États d'un point de vue de droit international public. C'est pour cette raison qu'il préfère alors parler de droit « transnational »[3] pour se placer hors de ce prisme et traiter de normes juridiques produisant des effets juridiques dans des ordres étrangers à celui de leur naissance. Bien que cet ouvrage exclue largement la matière administrative telle qu'elle est conçue en France, ce choix de vocabulaire, qui propose une voie alternative à la dichotomie international-national, est particulièrement digne d'intérêt. Ainsi, ce qui est transnational aurait bien une dimension extraterritoriale et donc quelque part internationale, mais en outre comprendrait l'idée de flux entre les ordres juridiques nationaux sans pour autant s'inscrire dans des rapports de droit international.

L'on propose dès lors de distinguer l'extraterritorialité de la transnationalité en ce que cette dernière serait une expression particulière de cette première. Ainsi, la transnationalité contient un effet juridique extraterritorial qui traverse les ordres juridiques. Elle est donc comprise comme une modalité spécifique de l'extraterritorialité, ce qui permet d'éviter les écueils rencontrés avec la polysémie de cette notion. Si l'extraterritorialité se contente du dépassement du territoire national, la transnationalité suppose en plus la pénétration d'un ordre juridique étranger. Par conséquent, un acte serait qualifié de transnational s'il produit un effet de droit dans un ordre juridique étranger, dit de réception, qu'il faut distinguer de l'ordre juridique d'origine, ou d'émission. Ce vocable a par ailleurs déjà été utilisé par la doctrine pour décrire de tels actes et, bien que la définition de la transnationalité puisse varier dans ses détails, l'on retrouve toujours cette idée de mise en relation de

---

[1] Spéc. ses art. 11 à 16.

[2] JESSUP P., *Transnational Law*, Yale University Press, 1956, New Haven, 113 p.

[3] *Ibid.*, p. 1.

plusieurs ordres juridiques par un seul acte ou norme[1] qui opère comme une passerelle entre ceux-ci.

Enfin, dernière différence, alors que l'extraterritorialité se pense toujours de manière horizontale, car elle se réfère d'abord au territoire des États, la transnationalité peut au contraire être tant horizontale que verticale puisqu'elle porte sur les ordres juridiques et que ceux-ci s'articulent dans ces deux dimensions. Toutefois, la nature de la transnationalité verticale diffère largement de la transnationalité horizontale puisqu'elle confronte des entités de nature différentes dont les rapports ont généralement déjà été réglés. Il ne s'agit donc pas des mêmes rapports de systèmes juridiques. Par exemple, l'on peut considérer qu'il existe un rapport transnational entre l'Union européenne et les États membres, mais la question apparaît moins intéressante, car l'effectivité des actes du droit de l'Union européenne est réglée par le droit européen même et par la Constitution en son titre XV. Un exemple tout simple est celui des règlements qui, en vertu de l'article 288 du Traité sur le fonctionnement de l'Union européenne (TFUE), ont un effet direct dans les ordres juridiques nationaux. La situation est toutefois bien différente lorsque l'on s'intéresse à la transnationalité horizontale qui s'établit entre les ordres juridiques nationaux égaux entre eux. Comme il n'existe pas de liens hiérarchiques dans ce cadre, l'organisation de ces rapports est beaucoup plus complexe et expérimentale. C'est sur cet aspect que cette étude porte puisqu'il s'agit de comprendre la circulation des actes administratifs entre les États et de proposer un cadre juridique qui, pour le moment, est inexistant.

Outre la distinction entre l'extraterritorialité et la transnationalité, une autre clarification doit être opérée pour rendre compte de l'état actuel de la recherche sur les rapports entre le droit administratif et la transnationalité. En effet, l'on observe une réelle scission entre deux types d'actes qui relèvent pourtant de la même catégorie juridique : le contrat administratif et l'acte administratif unilatéral.

Tous les actes administratifs ne sont pas égaux face à la transnationalité : certains y seraient propices alors que d'autres la refuseraient de par leur nature. Cela serait illustré par la distinction entre le contrat administratif et l'acte administratif unilatéral. Le contrat administratif a connu de longues dates des applications transnationales nombreuses, ce qu'illustre notamment la thèse de Malik Laazouzi[2] qui fournit une liste extensive de contrats administratifs dits « internationaux » depuis le début du XIXe siècle. Ainsi existaient déjà au XIXe siècle des contrats de fourni-

---

[1] RUFFERT M., « European Composite Administration: The transnational administrative act », *in* JANSEN O., SCHÖNDORF-HAUBOLD B. (éds.), *The European Composite Administration*, Intersentia, 2011, Cambridge, pp. 277-306. GERONTAS A., « Deterritorialization in Administrative Law : Exploring Transnational Administrative Decisions », *Columbia Journal of European Law*, n° 3, 2013, pp. 1-65 ; BOCANEGRA SIERRA R., GARCÍA LUENGO J., « Los actos administrativos transnacionales », *Revista de Administración Pública*, sept.-déc. 2008, pp. 9-29 ; SCHMIDT-ASSMANN E., *art. cit.*, pp. 146-155 ; GAUTIER M., « Acte administratif transnational et droit de l'Union européenne », *in* J.-B. AUBY, J. DUTHEIL DE LA ROCHÈRE (dir.), *Traité de droit administratif européen*, Bruylant, coll. Droit administratif, 2007, Bruxelles, pp. 1303-1315 ; GAUTIER M., « Une autre traversée du Rhin », *AJDA*, 2015, n° 20, p. 1139-1143 ; GAUTIER M., « Du nouveau du côté du contrôle transnational des actes administratifs », *AJDA* n° 19, 2017, pp. 1081 et s.

[2] LAAZOUZI M., *op. cit.*, pp. 2-3.

tures, comme celui alors conclu par le ministre de la Guerre avec l'Espagne[1], des contrats de transport, par exemple pour l'acheminement de grains par une entreprise sur le territoire français et pour le compte du gouvernement[2], ou encore le contrat de renflouement d'un navire de la marine française échoué au large du port d'Istanbul (alors dénommé Constantinople)[3]. L'internationalité de ces contrats résidait donc dans leur objet même qui était de produire un effet juridique en dehors du territoire français, et ce, malgré leur qualification administrative en droit interne. Comme Pierre Mayer l'avait souligné, « [l]' internationalité d'un contrat doit être définie de façon telle qu'elle ne dépende pas de l'identité du juge saisi ; et elle doit se référer à ses seuls éléments intrinsèques ». En quelque sorte, ce caractère s'impose donc de lui-même. [4]

Ainsi, cette internationalité frappait indistinctement les contrats privés et les contrats administratifs, fabriquant une nouvelle unité entre ces deux catégories qui a permis d'attirer l'attention de la doctrine de droit international privé, tout d'abord, à l'égard des contrats transnationaux conclus entre personnes publiques[5], puis des contrats internationaux de l'administration[6] et enfin des contrats administratifs internationaux[7]. Cet intérêt, de plus en plus précis, a d'autant plus été nourri par une évolution jurisprudentielle qui a peu à peu laissé la primauté à l'internationalité du contrat au détriment de son caractère administratif[8]. Le point d'orgue de ce développement a été l'arrêt Tegos du Conseil d'État qui a jugé, à propos d'un contrat recrutant un professeur suppléant à l'Institut français d'Athènes, que la « commune volonté des parties avait été de soumettre l'exécution du contrat de travail de l'intéressé aux dispositions de la législation du travail grecque » et que, par conséquent, le juge administratif n'était « pas compétent pour connaître d'un litige né de l'exécution d'un contrat qui n'est en aucune façon régi par le droit français »[9]. Ajoutons à cela que l'arrêt vise la Convention de Rome de 1980[10] qui joue aujourd'hui un rôle particulièrement important dans la détermination du droit applicable aux contrats publics internationaux en Europe[11], qui sont ainsi intégrés par capillarité au sein du droit international privé puisque le juge recourt au conflit de lois pour quali-

[1] CE, 15 décembre 1824, *Arneva*, n°6725, *Rec.* p. 687.

[2] CE, 22 février 1826, *Thuret et compagnie*, *Rec.* p. 108.

[3] CE, 17 juin 1927, Sieur Eugènides, n°88001, *Rec.* p. 680

[4] MAYER P., « Réflexions sur la notion de contrat international », in *Mélanges Pierre Tercier*, Schulthess, 2008, pp. 872-881, spéc. p. 874.

[5] AUDIT M., *Les conventions transnationales entre personnes publiques*, LGDJ, coll. Bibliothèque de droit privé Tome 358, 2002, Paris, X-423 p.

[6] LEMAIRE S., *Les contrats internationaux de l'administration*, LGDJ, coll. Bibliothèque de Droit Privé t. 433, 2005, Paris, XII-414 p.

[7] LAAZOUZI M., *op. cit.*

[8] *Ibid.*, pp. 134-145.

[9] CE, sect., 19 novembre 1999, *Tegos*, n° 183648, *Rec.*, p. 356.

[10] Convention de Rome de 1980 sur la loi applicable aux obligations contractuelles, aujourd'hui remplacée par le Règlement (CE) n° 593/2008 du Parlement européen et du Conseil du 17 juin 2008 sur la loi applicable aux obligations contractuelles (Rome I).

[11] WAUTELET P., « International public contracts: applicable law and dispute resolution », *in* AUDIT M., W. SCHILL S. (éds.), AUBY J.-B. (dir.), *Transnational Law of Public Contracts*, Bruylant, coll. Droit administratif/Administrative Law, 2016, Bruxelles, pp. 272-273.

fier le régime applicable à ces contrats. Le conflit de lois ne concerne alors le droit privé étranger et le droit administratif français, mais en aucun cas deux droits administratifs[1]. Les auteurs ont d'ailleurs complètement intégré ce transfuge dans le panorama du droit puisque l'on peut lire, toujours à propos de l'arrêt Tegos, que « le juge administratif français n'est, en matière de droit international privé, qu'un juge d'attribution »[2] soumis à la loi désignée par les parties.

Ce vif intérêt pour l'étude de l'effet de la transnationalité sur les contrats administratifs est cependant contrebalancé par un délaissement proportionnel de l'étude de l'acte administratif unilatéral. Seuls quelques articles retranscrivant principalement des doctrines étrangères sont venus alimenter très ponctuellement l'analyse d'actes administratifs qui seraient transnationaux[3]. L'on peut également citer une thèse récente portant sur « L'efficacité des décisions administratives étrangères dans l'Union européenne. Étude de droit administratif transnational »[4], mais il s'agit en réalité d'un travail de droit européen et non de droit interne. C'est d'ailleurs ce même problème qui ressort des articles parus dans les revues françaises : tous adoptent un point de vue purement européen ainsi qu'une conception de l'acte administratif réduit à l'acte administratif unilatéral individuel. Cette position est compréhensible puisqu'elle correspond en réalité à la majorité des cas d'actes administratifs transnationaux, mais cette association permanente à l'Union européenne empêche une véritable analyse de ce phénomène pour lui-même, donc sa compréhension, et ce, même au sein de l'Union. Cette vaste absence de l'étude de la transnationalité des actes administratifs unilatéraux dans la doctrine française traduit en réalité une position générale qui refuse de reconnaître un quelconque effet juridique à ces actes dans les ordres juridiques étrangers à moins d'un acte de reconnaissance individuelle et expresse. Enfin, jamais une telle thématique ne s'est inscrite dans une

[1] CHAMBON M., *Le conflit de lois dans l'espace et le droit administratif*, Mare & Martin, coll. Bibliothèque des thèses, 2015, Paris, pp. 353-357.

[2] MELLERAY F., « La qualification juridique des contrats conclus à l'étranger par des personnes publiques françaises », *RFDA* 2008, p. 1123.

[3] SCHMIDT-ASSMANN E., « Les influences réciproques entre les droits administratifs nationaux et le droit administratif européen », *AJDA*, 20 juin 1996, numéro Hors Série « Droit administratif et droit communautaire. Des influences réciproques à la perspective d'un droit administratif européen : les données du débat contemporain », pp. 146-155 ; RUFFERT M., « Recognition of Foreign Legislative and Administrative Acts », *in* WOLFRUM R. (éd.), *Max Planck Encyclopedia of Public International Law* (2011) no 3 ; « European Composite Administration: The transnational administrative act », *in* JANSEN O., SCHÖNDORF-HAUBOLD B. (éds.), *The European Composite Administration*, Intersentia, 2011, Cambridge, pp. 277-306 ; GERONTAS A., « Deterritorialization in Administrative Law : Exploring Transnational Administrative Decisions », *Columbia Journal of European Law*, n° 3, 2013, pp. 1-65 ; BOCANEGRA SIERRA R., GARCÍA LUENGO J., « Los actos administrativos transnacionales », *Revista de Administración Pública*, sept.-déc. 2008, pp. 9-29 ; WENANDER H., « Recognition of Foreign Administrative Decisions », *ZaöRV*, 2011, vol. 71, pp. 755-785 ; DE LUCIA L., *Amministrazione transnazionale e ordinamento europeo : saggio sul pluralismo amministrativo*, G. Giappichelli editore, coll. Costituzione e amministrazione n° 6, 2009, Turin, XV-262 p ; « Autorizzazioni transnazionali e cooperazione amministrativa nell'ordinamento europeo », *Rivista di diritto publico comnitario*, 2010, n° 3, pp. 759-788 ; « Administrative Pluralism, Horizontal Cooperation and Transnational Administrative Acts », *REAL*, 2012, n° 2, pp. 17-45.

[4] ELKIND D., *L'efficacité des décisions administratives étrangères dans l'Union européenne. Étude de droit administratif transnational*, Thèse dactyl. soutenue le 5 décembre 2018, Université de Bordeaux, 505 p.

réflexion fondée sur la théorie de l'acte administratif, notion pourtant fondamentale de la matière administrative[1]. Il s'agit donc de renouveler une analyse naissante dans une perspective de droit administratif interne au travers de la théorie de l'acte administratif. Ceci détermine une délimitation spatiale du sujet qui ne s'intéresse qu'à la manière dont l'ordre juridique français traite des actes administratifs transnationaux émis par la France ou, ceux qui sont étrangers et qui viennent y produire un effet juridique. Cet ancrage n'empêchera toutefois pas d'aller observer comment d'autres ordres juridiques se saisissent de la question, mais la focale de l'étude demeurera le droit administratif français.

De plus, l'on retrouve une scission doctrinale dans la doctrine administrativiste qui distingue l'acte unilatéral du contrat, bien qu'ils appartiennent tous deux à la catégorie de l'acte administratif. Ce traitement séparé se retrouve ainsi dans les manuels de droit administratif[2] et, dans son ouvrage sur l'acte administratif, Pierre Delvolvé souligne également dans son introduction que « l'usage s'est généralisé, sans doute à tort, de limiter l'expression 'acte administratif' à l'acte administratif unilatéral, à l'exclusion des contrats »[3]. Sans toute autre justification, il choisit pourtant d'exclure les contrats de son étude. Par ailleurs, le même choix est opéré par Bertrand Seiller dans le Répertoire Dalloz[4] sur l'acte administratif. Enfin, le Code des relations entre le public et l'administration (CRPA) qui est le code régissant une grande partie de l'action administrative ne s'applique pas aux contrats administratifs et se concentre sur les seuls actes administratifs unilatéraux[5]. Tous ces éléments amènent alors à la conclusion qu'il existe une véritable différence de nature entre le contrat et l'acte unilatéral en droit administratif, ce qui justifie qu'ils soient étudiés séparément. Cette recherche reprendra ainsi cette summa divisio, se concentrant sur l'acte administratif unilatéral et excluant les contrats administratifs.

Il est ainsi novateur de recentrer la focale de l'étude de la transnationalité de l'acte administratif unilatéral au sein du droit français afin d'étudier son effet sur l'ensemble des actes administratifs unilatéraux. Également, il faut s'attarder sur le mécanisme à l'origine de l'acte administratif transnational tel que mis en œuvre dans l'Union européenne, mais aussi en dehors d'elle[6]. Ce vaste objet de recherche ainsi que l'existence d'études abouties à propos des contrats administratifs justifient que ce travail ne se concentre que sur les actes administratifs unilatéraux. D'ailleurs,

---

[1]GIRARD A.-L., *La formation historique de la théorie de l'acte administratif unilatéral*, Dalloz, coll. Nouvelle Bibliothèque des Thèses vol. 124, 2013, Paris, pp. 30-31.

[2] CHAPUS R., *Droit administratif général*, t. 1, Montchrestien, coll. Domat droit public, 15e éd., 2001, Paris, pp. 481-543 ; GAUDEMET Y., *Droit administratif*, LGDJ, coll. Manuel, 23e éd., 2020, Issy-les-Moulineaux, 648 p. ; DUMONT G., SIRINELLI J., *Droit administratif*, Dalloz, coll. Hypercours, 14e éd., 2021, Paris, XVI-689 p.

[3] DELVOLVÉ P., *L'acte administratif*, Sirey, coll. Droit public, 1983, Paris, p. 9.

[4] SEILLER B., « Acte administratif : identification », in *Répertoire de contentieux administratif*, Dalloz, juillet 2020, §5.

[5] Voir notamment L. 200-1 CRPA.

[6] Exemples en dehors du cadre européen : WENANDER H., « Recognition of Foreign Administrative Decisions », *ZaöRV*, 2011, vol. 71, pp. 755-785 ; GERONTAS A., « Deterritorialization in Administrative Law : Exploring Transnational Administrative Decisions », *Columbia Journal of European Law*, n° 3, 2013, pp. 1-65.

il n'est pas rare que la doctrine sépare l'étude des contrats administratifs et des actes administratifs unilatéraux en raison de la différence de nature et de régime existant entre eux[1]. Aussi, il sera expliqué par la suite en quoi la nature même des contrats ne soulève pas les mêmes questions que les actes unilatéraux en termes de conflit de souverainetés ce qui, là encore, appuie leur exclusion du champ de la recherche. Toutefois, leur connaissance est particulièrement utile puisqu'elle fournit une des grilles d'analyse possible de la transnationalité en droit administratif et il sera donc fait parfois référence aux solutions adoptées dans leur champ d'application.

L'étude de l'acte administratif unilatéral transnational vise à analyser un phénomène croissant qui est celui de la production d'effets juridiques dans un ordre juridique étranger par un acte administratif national. Elle porte donc sur l'étude d'un rapport de systèmes particulier. Il ne s'agit en aucun cas de révéler une dimension ontologique nouvelle de l'acte administratif qu'aucun auteur n'aurait perçue. Bien au contraire, la plupart des actes administratifs unilatéraux restent imperméables à toute question de transnationalité. Cette rareté relative est à mettre en corrélation avec une fonction remplie par l'acte administratif transnational en tant que lien horizontal entre plusieurs ordres juridiques. Ainsi, la notion proposée apparaît principalement conceptuelle. Toutefois, même si cette notion ne concerne qu'un petit nombre d'actes, elle mérite d'être conceptualisée, car elle se trouve au fondement du fonctionnement de l'intégration européenne à laquelle la France participe et imprègne dès lors fortement l'action administrative française.

Classiquement, l'acte administratif unilatéral peut être identifié par trois critères : c'est un acte juridique, c'est-à-dire une manifestation de volonté destinée à produire des effets de droit[2], soumis au droit administratif[3], et qui modifie l'ordonnancement juridique[4]. Cette affectation de l'ordonnancement juridique appelle certains auteurs à préciser le terme employé soit d'acte administratif unilatéral décisoire[5] soit de décision administrative[6]. La référence à l'ordonnancement juridique présuppose également la nationalité de l'acte administratif dans le sens où il est directement fait référence à l'ordre juridique national. Ainsi, par nature, l'acte administratif a un champ d'application purement interne et est donc hermétique à la question transnationale qu'il soit individuel ou réglementaire.

Cette caractéristique relève d'un principe qu'il ne s'agit pas de remettre en cause. Ainsi, la transnationalité d'un acte administratif s'inscrit dans une exception à ce principe et concerne donc une minorité d'actes présentant une spécificité

---

1 DELVOLVÉ P., *L'acte administratif*, Sirey, coll. Droit public, 1983, Paris, p. 9 ; SEILLER B., « Acte administratif : identification », in *Répertoire de contentieux administratif*, Dalloz, actualisation mai 2018, §3 à §5.

2 « Acte juridique », *in* GUINCHARD S., DEBARD T., *Lexique des termes juridiques*, Dalloz, coll. Lexiques, 2019, Paris, p. 25.

3 PLESSIX B., *Droit administratif général*, LexisNexis, coll. Manuel, 3e éd., 2020, Paris, pp. 1104-1106.

4 DELVOLVÉ P., *op.cit.*, pp. 11-15 ; PLESSIX B., *op.cit.*, pp. 1009-1011.

5 SEILLER B., *Droit administratif*, t. 2 « L'action administrative », Flammarion, coll. Champs Université, 8° éd., 2021, Paris, pp. 129-142 ; « Acte administratif : identification », in *Répertoire de contentieux administratif*, Dalloz, actualisation juillet 2020.

6 Voir : SEILLER B., *Droit administratif*, t.2, préc., pp. 131-142 et DEFOORT B., *La décision administrative*, thèse dactyl., soutenue à l'Université Panthéon-Assas, 2012, spéc. p. 193).

propre : celle de produire un effet dans un ordre juridique étranger. C'est donc dans cette fonction identifiée que l'on trouve l'unité de certains actes administratifs qui pourrait appeler à la construction d'une notion conceptuelle. Ce type de notion a notamment été mis en lumière par le doyen Vedel à propos d'objets juridiques partageant « une fonction qui leur confère leur véritable unité »[1]. Il prenait alors l'exemple de l'acte de gouvernement, écrivant : « Quel caractère commun trouver entre la répartition de l'indemnité accordée par un État étranger à des nationaux français, la grâce d'un condamné, le brouillage d'émissions radiophoniques andorranes ? Aucun, sinon que, pour des raisons diverses qui se ramènent à la "raison d'État", il paraît nécessaire de soustraire ces actes à tout examen juridictionnel. On peut bien dresser le catalogue des actes de gouvernement ; mais on ne peut pas définir la catégorie des actes de gouvernement, sinon en indiquant ce à quoi elle sert, sa 'fonction' »[2].

Ainsi, lorsque l'on considère un permis de conduire français utilisable en Allemagne, sans nécessiter d'acte de réception de cet État, la demande d'information fiscale de la France au Luxembourg qui va imposer à l'administration de ce second pays d'y répondre ou encore l'application de règlements suisses en matière de circulation de marchandises sur le territoire de la ville Allemande de Büsingen, il est légitime de penser que l'on se trouve dans une situation similaire à celle évoquée par le doyen Vedel à propos de l'acte de gouvernement. En effet, ces trois exemples concernent des actes administratifs qui diffèrent largement selon leur objet et leur procédure d'adoption et qui, pourtant, ont en commun le fait d'être effectifs dans un ordre juridique étranger. Leur seule unité procèderait dès lors de leur effet juridique transnational, et donc de leur fonction, ce qui justifierait le recours à une notion juridique fonctionnelle.

Et pourtant, ce travail de thèse conduit à la définition de véritables critères d'identification de l'acte administratif unilatéral transnational. La notion « peut être abstraitement fournie, indépendamment de ce à quoi [elle sert] » et « command[e] l'application d'un ensemble de règles de droit »[3]. C'est donc, à l'inverse des premières apparences, à une notion conceptuelle qu'arrive l'analyse et non à une simple notion fonctionnelle. Par-delà une fonction commune, les actes administratifs transnationaux présentent une véritable unité retrouvée dans des critères d'identification communs et l'application d'un régime particulier étudié dans le titre I de la seconde partie.

Pour bien situer ce travail de recherche, il faut ainsi comprendre qu'il ne souhaite pas s'inscrire dans une critique de la doctrine existante à propos de l'acte administratif, mais, au contraire, qu'il s'agit de compléter cette théorie par l'étude d'un

[1] VEDEL G., « La juridiction compétente pour prévenir, faire cesser ou réparer la voie de fait administrative », *JCP* 1950. I. 851. Voir également du même auteur : « De l'arrêt Septfonds à l'arrêt Barinstein (La légalité des actes administratifs devant les tribunaux judiciaires) », *JCP* 1948. I. 682.

[2] VEDEL G., « La juridiction compétente pour prévenir, faire cesser ou réparer la voie de fait administrative », *JCP* 1950. I. 851.

[3] MOREAU J., MOREAU P., CAZIN B., « Compétence : répartition entre le judiciaire et l'administratif – Des méthodes aux instruments », *Répertoire du contentieux administratif*, Dalloz, juin 2002 (actualisation juin 2016), §635.

phénomène particulier à travers lequel des actes administratifs prennent un caractère de prime abord incompatible avec leur nature. La confrontation entre la transnationalité et l'acte administratif unilatéral est bien réelle et, de par l'absence de toute théorisation, elle entraîne des conséquences juridiques mal encadrées, ce qui porte atteinte à la sécurité juridique des sujets de droit. Ce thème d'étude présente ostensiblement des contradictions auxquelles il faut se confronter afin d'analyser et d'expliquer la transnationalisation de certains actes administratifs. De ce fait, le recours à une notion conceptuelle s'impose.

L'intérêt de la notion de l'acte administratif transnational est apparu en lien avec la mondialisation qui a démultiplié les flux internationaux appelant de ce fait à la circulation rapide des actes administratifs. Si cela s'applique à l'échelle mondiale dans une mesure restreinte, c'est au contraire un phénomène qui irrigue tout le fonctionnement de l'Union européenne. Cette organisation internationale atypique fondée sur un processus d'intégration repose sur un paradoxe considérable : elle poursuit l'objectif de la réalisation d'un marché unique[1] au sein duquel les flux de personnes, de biens, de services et de capitaux devraient se réaliser sans l'obstacle des frontières étatiques, et pourtant, ce même espace connaît l'application simultanée des différents droits administratifs nationaux supposés strictement territoriaux, ce qui dès lors constitue un frein à ce but. C'est d'ailleurs au regard de ces obstacles que l'Acte unique a voulu approfondir la réalisation d'un marché unique[2]. L'Union européenne n'a d'ailleurs jamais été dupe de cette difficulté, en témoigne la mention d'un mécanisme de reconnaissance mutuelle des diplômes, qui relèvent des actes administratifs, dès le Traité de Rome dans son article 57. Et la justification de ceci n'était pas la poursuite d'une union administrative pour elle-même, mais « [a]fin de faciliter l'accès aux activités non salariées et leur exercice ». L'on voit donc, dès les débuts de la construction européenne, une nécessité d'adaptation du droit administratif pour les besoins de la réalisation du marché européen au travers de l'effectivité des libertés de circulation.

Par la suite, la reconnaissance mutuelle a été reprise pour fonder un large mécanisme de reconnaissance des autorisations de commercialisation applicables aux marchandises. C'est l'apport de la jurisprudence de la Cour de justice Cassis de Dijon[3] telle qu'interprétée par un livre blanc de la Commission européenne de 1985[4]. Très simplement, cette jurisprudence « interdit aux États membres de l'Union européenne de prohiber l'accès à leurs marchés nationaux de produits léga-

[1] D'abord appelé marché commun dans l'article 2 du Traité de Rome de 1957, il devient le « marché intérieur » selon la lettre de l'article 8 A de l'Acte unique européen, vocable qui souligne l'absence de frontières à l'intérieur des Communautés européennes (Acte unique européen, signé les 17 et 28 février 1986 et entré en vigueur le 1er juillet 1987, OJL 169, 29.6).

[2] Voir : DONNELIER J.-M., « Marché unique : bilan et perspective », *RMCUE* 1997. 400.

[3] CJCE, 20 février 1979, *Cassis de Dijon*, *aff.* 120/78, EUCLI :EU :C :1979 :42.

[4] Voir : BONIFAY E., *Le principe de reconnaissance mutuelle et le droit international privé. Contribution à l'édification d'un espace de liberté, sécurité et justice*, Institut Universitaire Varenne, coll. des Thèses, 2015, pp. 60-67 ; GASPARD R., *La reconnaissance mutuelle en droit bancaire et financier européen*, LGDJ, coll. Collection des Thèses, 2019, pp. 8-15 ; Livre blanc sur l'achèvement du marché intérieur, 14 juin 1985, COM (85) 310.

lement fabriqués et commercialisés dans d'autres États membres »[1]. Ceci peut alors être interprété comme une obligation positive à la charge des États de reconnaître les normes et contrôles opérés par les autres États membres[2]. Or, ces normes constituent souvent des actes administratifs et, plus précisément, des autorisations administratives. Par exemple, la commercialisation des jouets en France est réglée par le décret n° 2010-166[3] qui, même s'il intervient en transposition d'une directive[4], est le fondement juridique de la commercialisation de ces produits en France et par application de la jurisprudence Cassis de Dijon, potentiellement sur tout le marché européen. Par conséquent, l'application de ce mécanisme entraîne la possibilité pour ce décret de produire un effet dans les ordres juridiques étrangers lors de l'exportation de jouets légalement commercialisés en France.

C'est ainsi au cœur du fonctionnement du marché européen que l'on trouve l'acte administratif transnational sans lequel cette mécanique ne fonctionnerait pas. En témoigne la directive services[5] à propos des autorisations auxquelles les États membres peuvent soumettre des prestataires pour leur établissement. Dans son article 10, §3, cette directive souligne bien que « [l]es conditions d'octroi de l'autorisation pour un nouvel établissement ne doivent pas faire double emploi avec les exigences et les contrôles équivalents ou essentiellement comparables en raison de leur finalité, auxquels est déjà soumis le prestataire dans un autre État membre ». Cette disposition révèle ainsi que l'autorisation administrative peut être vue comme un outil de fermeture des marchés à l'encontre de laquelle l'Union européenne souhaite lutter[6].

Mais en plus de permettre un exercice effectif des libertés de circulation, l'acte administratif transnational se niche dans l'action même des administrations européennes. Plus précisément, l'Union européenne jouit d'une « administration composite », c'est-à-dire d'un « réseau d'échanges d'informations, de processus de décision et de contrôle qui comprend les activités des autorités administratives de l'Union et des États membres »[7]. C'est le propre d'une organisation en réseau où la hiérarchie verticale laisse une plus grande place à la coopération horizontale[8] et dont l'Union européenne donne un exemple topique[9]. Ainsi, si une part de

[1] GASPARD R., *op. cit.*, p. 15.

[2] *Ibid.*

[3] Décret n°2010-166 du 22 février 2010 relatif à la sécurité des jouets.

[4] Directive 2009/48/CE du Parlement européen et du Conseil du 18 juin 2009 relative à la sécurité des jouets.

[5] Directive 2006/123/CE du Parlement européen et du Conseil du 12 décembre 2006 relative aux services dans le marché intérieur.

[6] Pour un autre exemple, en matière environnementale, voir : DE LUCIA L., ROMANO M. C., « Transnational Administrative Acts in EU Environmental Law », *in* PEETERS M., ELIANTONIO M. (éds.), *Research Handbook on EU Environmental Law*, Edward Elgar Publishing, coll. Research Handbooks in European Law, 2020, Cheltenham, Northampton (Mass.), pp. 101-115.

[7] SCHMIDT-ASSMANN E., « Introduction: European Composite Administration and the Role of European Administrative Law », *in* JANSEN O., SCHÖNDORF-HAUBOLD B. (eds), *The European Composite Adminisration*, Intersentia, 2011, Cambridge, pp. 1-22, spéc. p. 22.

[8] OST F., VAN DE KERCHOVE M., *De la pyramide au réseau ? Pour une théorie dialectique du droit*, Publications des facultés universitaires Saint-Louis vol. 94, 2002, Bruxelles, pp. 24-26.

[9] *Ibid.*, pp. 32-33 et pp. 65-75.

l'administration européenne est directe, c'est-à-dire qu'elle est « le fait des institutions, organes et organismes de l'Union »[1], une autre est indirecte, car elle est « le fait des institutions et administrations des États membres »[2]. Dans le cadre de cette administration indirecte, le fonctionnement effectif du système va nécessairement reposer sur des actes administratifs transnationaux puisque les autorités administratives vont s'adresser des demandes entre elles qui, pour rendre possible la gestion de situations transnationales ou pour donner une véritable efficience au réseau d'autorités s'il y en a un, vont créer un lien juridique liant l'administration destinataire. Plus clairement, un exemple nous est fourni par le Règlement relatif aux abus de marché (MAR)[3] qui pose, pour les autorités nationales des marchés financiers, une obligation de coopérer entre elles dans son article 25 §1. Ainsi, toute demande d'information ou de coopération à une enquête faite par une autorité étrangère doit être mise en œuvre à moins de justifier de circonstances exceptionnelles[4]. Cela montre bien que la demande crée une obligation juridique pesant sur l'autorité étrangère et produit donc un effet transnational. Là encore, l'acte administratif transnational se trouve au fondement de tout un système présent au cœur de l'Union européenne, système d'une importance primordiale puisqu'il s'agit de son administration.

Ainsi, l'acte administratif transnational se retrouve tant dans la réalisation première de l'Union européenne, son marché intérieur, que dans son fonctionnement notamment au sein des réseaux d'administrations nationales. C'est pourquoi le manque d'analyse de ce type d'actes est particulièrement problématique, car, par-delà leur existence, de nombreuses questions juridiques sont laissées sans réponse. Il existe pourtant un début de doctrine de l'acte administratif transnational[5], pensé

[1] ZILLER J., « Les concepts d'administration directe, d'administration indirecte et de coadministration et les fondements du droit administratif européen », *in* AUBY J.-B., DUTHEIL DE LA ROCHÈRE J. (dir.), *Traité de droit administratif européen*, Bruylant, coll. Droit administratif, 2e éd., 2014, Bruxelles, p. 332.

[2] *Ibid.*

[3] Règlement (UE) n° 596/2014 du Parlement européen et du Conseil du 16 avril 2014 sur les abus de marché (règlement relatif aux abus de marché) et abrogeant la directive 2003/6/CE du Parlement européen et du Conseil et les directives 2003/124/CE, 2003/125/CE et 2004/72/CE de la Commission.

[4] Art. 25, §2 du règlement.

[5] SCHMIDT-ASSMANN E., « Les influences réciproques entre les droits administratifs nationaux et le droit administratif européen », *AJDA*, 20 juin 1996, numéro Hors-Série « Droit administratif et droit communautaire. Des influences réciproques à la perspective d'un droit administratif européen : les données du débat contemporain », pp. 146-155 ; RUFFERT M., « European Composite Administration: The transnational administrative act », *in* JANSEN O., SCHÖNDORF-HAUBOLD B. (éds.), *The European Composite Administration*, Intersentia, 2011, Cambridge, pp. 277-306 ; GAUTIER-MELLERAY M., « Une autre traversée du Rhin », *AJDA* 2015. 1139 ; « Du nouveau du côté du contrôle transnational des actes administratifs », *AJDA* n° 19, 2017. 1081 ; BOCANEGRA SIERRA R., GARCÍA LUENGO J., « Los actos administrativos transnacionales », *Revista de Administración Pública,* sept.-déc. 2008, pp. 9-29 ; ORTEGA BERNARDO J., « El acto administrativo transnacional en el derecho europeo del mercado interior », *Revista española de Derecho Administrativo* n° 188, oct.-déc. 2017, pp. 81-124 ; « El acto administrativo transnacional en el derecho europeo del mercado interior », *in* ARROYO JIMÉNEZ L., NIETO MARTÍN A. (dir.), *El reconocimiento mutuo en el Derecho español y europeo*, Marcial Pons, 2018, Madrid, pp. 98-121 ; GERONTAS A., « Deterritorialization in Administrative Law : Exploring Transnational Administrative Decisions », *Columbia Journal of European Law*, n° 3, 2013, pp. 1-

principalement dans le cadre de l'Union européenne, mais celle-ci reste relativement restreinte, s'arrêtant à des exposés assez descriptifs qui ne se saisissent pas des questions conséquentes que l'existence de ce type d'acte pose. C'est bien évidemment la question du contrôle de ces actes par les ordres juridiques de réception qui vient la première à l'esprit. Mais outre cela, c'est aussi celle de la garantie des droits et libertés accordées aux individus dont la situation peut être affectée par eux. Enfin, la responsabilité relative à ces actes reste une terre inconnue. Sources d'insécurité juridique, ces problématiques gagneraient à être mieux connues et organisées pour permettre un meilleur fonctionnement de l'espace européen.

En définitive, ces nombreux développements sur l'Union européenne ne doivent pas laisser croire que l'étude est uniquement focalisée sur cet espace. L'Union n'est d'ailleurs pas le seul programme de libre-échange qui conduit à une homogénéisation réglementaire pouvant reposer sur des actes administratifs transnationaux. Par exemple, le Partenariat transatlantique de commerce et d'investissement aurait contenu des dispositions organisant une potentielle reconnaissance mutuelle d'actes administratifs nationaux ou, au moins, un rapprochement sensible des règlementations applicables et faisant obstacle aux échanges[1]. Une approche globale du phénomène est adoptée, justement, afin de comparer la multiplication de ces actes au sein de l'Union à un timide développement sur le plan international. Cette comparaison est essentielle pour comprendre les éléments à l'origine du développement de l'acte administratif transnational et donc d'en réaliser une meilleure conceptualisation juridique. Ainsi, le cadre international n'est jamais oublié même si l'Union européenne va mécaniquement constituer un objet particulièrement important dans cette étude.

Le recours à la notion conceptuelle de l'acte administratif transnational semble ainsi nécessaire pour expliquer des phénomènes de pénétrations d'ordres juridiques étrangers par les actes administratifs qui restent pour le moment affranchis d'un cadre juridique général et dépourvus d'analyse approfondie. Cette étude propose donc de répondre à ce manque pour comprendre la manifestation de ce nouveau paradoxe juridique.

L'idée d'une étude sur l'acte administratif transnational est née du constat de l'existence d'un phénomène non conceptualisé jusqu'alors : la pénétration par certains actes administratifs d'ordres juridiques étrangers sans pour autant recourir aux mécanismes traditionnels de reconnaissance par des actes de réception. Cette observation première procédait de la prise de connaissance d'une multitude de cas concrets, ce qui suggérait alors l'emploi d'une méthode de recherche empirique reposant

---

65 ; PERNAS GARCÍA J. J., « The EU's Role in the Progress. Towards the Recognition and Execution of Foreign Administrative Acts : the Principle of Mutual Recognition and the Transnational Nature of Certain Administrative Acts », *in* RODRÍGUEZ-ARANA MUÑOZ, J. (ed.), *Recognition of Foreign Administrative Acts*, Ius Comparatum-Global Studies in Comparative Law 10, 2016, pp. 15-31.

[1] WIENER J. B., ALEMANNO A., « The Future of International Regulatory Cooperation : TTIP as a Learning Process Toward a Global Policy Laboratory », *Law and Contemporary Problems*, n°78, 2015, pp. 103-136 ; ALEMANNO A., « The Regulatory Cooperation Chapter of the Transatlantic Trade and Investment Partnership : Institutional Structures and Democratic Consequences », *Journal of international economic law*, vol. 18, n°3, septembre 2015, pp. 625-640.

sur des études de cas. C'est donc d'abord par l'analyse minutieuse d'actes rentrant potentiellement dans la définition envisagée qu'a commencée le travail de recherche. Les critères choisis étaient premièrement ceux de la nature de l'acte, qui devait être administrative, et de l'effet produit par l'acte à l'étranger. D'abord, le critère de cet effet n'était pas restreint à un effet juridique, l'effet purement matériel était également pris en compte. De même, les contrats administratifs internationaux ont été étudiés. Par la suite, ces cas ont été identifiés, classés ou écartés pour tracer peu à peu les contours de la notion de l'acte administratif unilatéral transnational, et par là même ceux du champ de l'étude. Les points communs entre certains actes ont conduit à distinguer les actes administratifs unilatéraux produisant directement un effet de droit à l'étranger, ceux le produisant de manière médiate, ceux produisant un simple effet de fait et enfin les contrats administratifs internationaux. Face à ces différentes catégories, il a été choisi de prendre une acception minimale de l'acte administratif transnational : seuls ont été retenus les actes administratifs unilatéraux produisant directement un effet de droit à l'étranger. Une fois la définition posée, de nouveaux cas ont été recherchés. Les critères pris en compte étaient ceux du respect de la définition, mais aussi de l'implication de la France dans leur fonctionnement. En effet, la perspective interniste de l'étude requérait que les actes sélectionnés aient pour origine ou pour destination l'ordre juridique français. C'est pourquoi l'on retrouve de nombreux cas d'autorisations administratives fondées sur le droit de l'Union européenne, mais également fondées sur des traités internationaux auxquels la France est partie. Une illustration de ces deux cas est celle du permis de conduire qui peut avoir l'un ou l'autre des fondements selon les États concernés. De même, des exemples proviennent des décisions intervenant dans le cadre des réseaux d'autorités administratives dans lesquels sont présentes des autorités françaises. Ce fut notamment le cas des demandes d'information existant entre les autorités de régulation européennes par exemple en matière fiscale ou encore de protection des données. Également, des infrastructures administratives transnationales ont été étudiées lorsque celles-ci comportaient la participation de la France à leur fonctionnement. Ainsi, l'on y retrouve l'hôpital franco-espagnol de la Cerdagne, l'aéroport de Bâle-Mulhouse ou encore l'aéroport de Genève. Cependant, le critère de l'implication de la France ne permettait pas de couvrir tous les cas de figure dans lesquels se retrouvaient les actes administratifs unilatéraux transnationaux. C'était notamment le cas des actes réglementaires transnationaux où la situation d'une enclave allemande en territoire Suisse a été analysée en raison de ses caractéristiques particulières et uniques. C'est de ces études de cas qu'ont pu être excipé les ingrédients nécessaires à l'établissement d'une typologie, seconde étape de la théorisation de l'acte administratif unilatéral transnational. Depuis celle-ci, les mécanismes de fonctionnement de la transnationalité administrative ont été identifiés conduisant par la suite à l'étude du régime de ces actes.

Il s'est ainsi agi de mener une approche inductive qui correspond par ailleurs à l'objectif de construction d'une notion conceptuelle. En effet, c'est en cherchant le point commun de tous les actes pouvant rentrer dans la définition, la production d'un effet extraterritorial, que la notion de transnationalité a pu être identifiée, car seuls certains d'entre eux avaient pour caractéristique de produire directement un effet exécutoire à l'étranger. De ce fait, un mode de raisonnement par analogie a souvent dû être mobilisé pour associer les cas similaires et dissocier, a contrario, ceux qui ne l'étaient pas. La construction de la notion procède de deux mouvements. D'abord, elle reprend la catégorie traditionnelle de l'acte administratif unilatéral posée dans le droit administratif français. Ensuite, elle cherche à y apposer une seconde notion, cette fois-ci fonctionnelle. Pour ce faire, il a fallu procéder à l'identification de caractéristiques partagées entre les études de cas choisies. Ces éléments communs ont ensuite été repris en tant que critères de la notion conceptuelle qui est ainsi élaborée selon une méthode inductive. Par conséquent, la méthodologie ne consiste pas à déduire la partie fonctionnelle de la notion depuis des règles et des catégories juridiques préexistantes, mais, au contraire, à l'induire depuis des cas concrets, ce qui est justement adapté à son caractère fonctionnel, puisqu'il s'agit de souligner une tâche particulière que réalise l'acte administratif unilatéral qualifié de transnational.

Le corollaire de cette méthode est qu'il a parfois fallu lancer des sondes de manière instinctive pour ensuite pouvoir savoir si certains éléments étaient pertinents et si l'on pouvait en déduire quelque chose à propos du sujet d'étude. Ainsi, parfois le raisonnement se porte sur l'étude d'un objet particulier sans savoir à l'avance si le développement sera concluant pour la recherche. Ces tâtonnements sont pourtant nécessaires, car conclure à l'inutilité de certaines notions qui pouvaient apparaître pertinentes permet d'en déduire, par un jeu de miroir, de précieuses informations à propos du sujet d'étude.

Parallèlement, des touches de droit comparé sont venues alimenter l'analyse. Parce que la mondialisation affecte tous les États, le phénomène de l'acte administratif transnational n'existe pas qu'en France. De même, la définition même de l'acte administratif transnational laisse reposer le critère de l'administrativité dans les mains du droit national d'édiction, ce qui amène nécessairement à rencontrer le droit étranger pour les actes transnationaux à destination de la France. C'est pourquoi la doctrine étrangère est une ressource précieuse afin de comprendre comment cette question a été traitée en dehors de la France. C'est d'ailleurs notamment en Italie et en Allemagne que la notion a déjà été conceptualisée. Les travaux sur ce sujet sont d'ailleurs présentés et repris dans ce travail. De même, ces différents points de vue nationaux livrent des informations particulièrement intéressantes, lorsqu'ils sont mis en relation avec les définitions nationales de l'acte administratif, ce qui permet ainsi de formuler certaines conclusions à propos de la transnationalité administrative en France. En revanche, ce travail se garde de s'inscrire en globalité dans une étude de droit comparé, la perspective adoptée se plaçant dans le droit public interne français. Dès lors, la méthode comparative ne sera utilisée que là où elle est nécessaire pour expliquer le phénomène de la transnationalité administrative du point de vue du droit administratif français.

De plus, face à l'existence, ou l'absence, de traitement spécifique prévu pour les actes administratifs transnationaux, un travail de terrain est venu compléter ces méthodes, à travers des entretiens avec différentes administrations, françaises et étrangères, pour comprendre comment cet enjeu avait été envisagé concrètement, dans les cas où il l'avait été. L'étude du régime de ces actes a montré qu'ils connaissent souvent des règles isolées, construites au gré des contraintes rencontrées.

Par ailleurs, l'ensemble de la recherche a inévitablement été irrigué par le droit international privé dont les méthodes ont pu inspirer le cadre de l'analyse ainsi que les solutions présentées. Cet usage a voulu être circonscrit à sa stricte utilité dans le respect des spécificités de la matière administrative. Il n'est aucunement soutenu que la logique du droit international soit directement importable en droit public, mais seulement qu'elle peut être un bon exemple pour répondre à la problématique de la transnationalité administrative. Également, l'approche globalement inductive composée, parfois de tâtonnements, et souvent de découvertes de mécanismes couvrant des champs très spécialisés, il en est résulté que des branches très diverses du droit ont dû être explorées plus ou moins directement. Ainsi, l'on retrouve, par incidence, du droit social, du droit de l'état des personnes, du droit fiscal ou même du droit bancaire et financier. Leur étude s'est rendue nécessaire pour comprendre la fonction des actes administratifs se trouvant à leur fondement et ce travail ne prétend à aucune érudition complète dans ces matières. Un lien peut toutefois être identifié entre toutes ces disciplines : elles sont souvent reprises dans le droit de l'Union européenne qui, tel qu'il le sera exposé, joue un rôle majeur dans le fondement des actes transnationaux étudiés.

L'objectif de la recherche est de créer une nouvelle notion juridique afin d'encadrer un phénomène occupant une place de plus en plus importante dans la circulation transnationale des actes administratifs. L'approche inductive a été choisie pour identifier les actes s'inscrivant dans le champ de la recherche. Leur analyse et la détermination de leurs caractéristiques communes permettent ainsi de donner les critères de classification nécessaire à l'établissement de la notion. Cependant, une fois ceci réalisé, un approfondissement de l'identification de l'acte administratif transnational reste nécessaire. C'est uniquement au travers de la constitution d'une typologie que le fonctionnement de la transnationalité administrative, et son inscription dans le cadre légal peuvent être compris. Tous ces éléments concourent ainsi à poser les conditions d'existence de l'acte administratif unilatéral transnational (Partie 1).

Une fois la notion établie et les mécanismes de la transnationalité administrative exposés, le second temps de la recherche se consacre à l'étude du régime qui s'y attache. Là encore, la méthode inductive prime et conduit au constat d'une multiplicité de solutions en manque d'unité. C'est ainsi que ce travail débouche nécessairement sur une démarche prospective visant à proposer un cadre commun applicable aux actes administratifs transnationaux qui permettrait de concilier leur caractère administratif avec leur dimension transnationale afin de rationaliser leur régime et d'en identifier l'utilisation la plus appropriée pour en assurer la pérennité (Partie 2).

La présente étude est partie du constat pratique qu'il existe des actes administratifs unilatéraux produisant directement des effets de droits dans des ordres juridiques étrangers sans pour autant que ce phénomène ait été théorisé par la doctrine. Cette lacune a pour conséquence de laisser de telles situations sans régime juridique clair, alors même qu'elles ont aujourd'hui largement tendance à se multiplier. Une méthode de recherche inductive est adoptée, partant de l'observation de multiples cas où des actes administratifs produisent un tel effet, afin de théoriser une nouvelle notion juridique dans laquelle ils pourraient alors être classés. Ceci est un préalable nécessaire à toute réflexion quant au régime juridique qui devrait par la suite s'appliquer dans ce cadre.

La nouvelle notion proposée est celle de l'acte administratif unilatéral transnational. La définition de son contenu se doit de procéder d'une analyse différentielle des multiples modalités d'expression extraterritoriale de l'action administrative, en particulier au moyen d'actes administratifs unilatéraux. S'inscrivant dans le mouvement contemporain de la mondialisation, l'acte administratif unilatéral transnational est avant tout une notion conceptuelle visant à se saisir d'un phénomène né de la pratique en dehors de toute théorisation. Cependant, l'étude des diverses expressions concrètes de l'acte administratif unilatéral transnational révèle que la notion n'est pas totalement uniforme, justifiant l'établissement d'une typologie permettant ainsi d'en révéler toutes les nuances. C'est donc à la fois un travail définitionnel et taxonomique qui doit être mené afin d'identifier précisément ce que recoupe la notion proposée (Titre I).

Mais la simple identification de la notion ne suffit pas à expliquer la nature de ce nouveau type d'acte. En effet, la transnationalité administrative apparaît de prime abord inconciliable avec la conception classique du droit public qui s'inscrit dans un principe relativement strict de territorialité, résultant lui-même de l'expression de la souveraineté des États. C'est pourquoi, à l'identification de l'acte administratif transnational, doit correspondre l'étude du fonctionnement de la transnationalité administrative pour comprendre quels mécanismes juridiques en supportent l'existence (Titre II). C'est l'analyse du fondement juridique particulier de ces actes qui permettra par la suite d'expliquer comment la transnationalité administrative parvient finalement à se concilier avec la souveraineté qui semblait initialement lui faire obstacle. Enfin, à travers l'exploration du fonctionnement de ces actes, c'est aussi l'explication de leur multiplication récente qui émerge. Car s'ils sont en effet liés à la mondialisation, la participation de la France à l'Union européenne est un vecteur premier de leur prolifération en raison de son aspect presque fédéral. C'est d'ailleurs au sein de cet ordre juridique intégré que se trouvent les fondements les plus communs de leur existence et les mécanismes les plus aboutis de leur fonctionnement. Cette corrélation avec le processus d'intégration européenne délivre alors de nouvelles informations quant aux conditions d'existence de ces actes administratifs transnationaux.

TITRE I : L'IDENTIFICATION DE L'ACTE ADMINISTRATIF UNILATÉRAL TRANSNATIONAL

L'étude de l'acte administratif unilatéral transnational procède de l'observation que certains actes administratifs sont porteurs d'une dimension extraterritoriale particulière. De ce fait, ils ont un effet spécifique qui les distingue des autres actes administratifs. Reprenant la distinction établie par le doyen Vedel, l'acte administratif transnational constitue ainsi une notion juridique fonctionnelle[1]. Ces actes qui sont assez divers et variés ont donc pour point commun de remplir une même fonction ou, autrement dit, d'avoir une même conséquence : ils produisent des effets juridiques extraterritoriaux dans un cadre spécifique qu'il s'agira de délimiter.

Un travail scientifique portant sur l'acte administratif unilatéral transnational se doit donc de commencer par l'identification des critères de la notion. Pour cela, la genèse de l'acte administratif transnational doit être recherchée afin de comprendre les conditions ayant conduit à son apparition contemporaine ainsi que les évolutions conceptuelles que celle-ci suppose. Ce n'est qu'à cette condition que la délimitation de l'acte administratif transnational peut être clairement établie, et ainsi, la notion définie (chapitre 1). C'est finalement à la faveur d'une transformation des relations entre les États que l'acte administratif transnational a pu se développer. Il est effectivement un produit de la mondialisation, ainsi que de la régionalisation, mais également un de ses vecteurs, ce qui en fait un outil particulièrement utile en pratique, d'où son usage de plus en plus commun.

Mais, contrairement à ce que l'on pourrait croire, l'étude de différents cas concrets répondant à la définition posée montre que ces actes sont en réalité très variés, même dans leur manière de produire des effets transnationaux. Par conséquent, la diversité des actes administratifs identifiés comme transnationaux commande de compléter l'énoncé de leur définition par une typologie qui permet de détailler les diverses situations où de tels actes se retrouvent (chapitre 2). Cette nomenclature permettra ainsi de saisir l'entière diversité de ces actes et de les ordonner, ce qui aura des conséquences pour l'analyse de leur régime en seconde partie de cette étude. Ce n'est qu'une fois ce travail achevé que l'acte administratif transnational sera identifié dans son entière complexité.

---

[1] VEDEL G., « La juridiction compétente pour prévenir, faire cesser ou réparer la voie de fait administrative », *JCP* 1950. I. 851 ; VEDEL G., « De l'arrêt Septfonds à l'arrêt Barinstein (La légalité des actes administratifs devant les tribunaux judiciaires) », *JCP* 1948. I. 682.

Chapitre I : L'acte administratif unilatéral transnational : produit et vecteur de la mondialisation

L'idée de l'acte administratif unilatéral transnational se fonde sur le constat que la mondialisation et l'intensification corrélative des flux économiques ont eu pour conséquence de favoriser la circulation des actes administratifs sans que la doctrine se soit déjà saisie de ce phénomène. La division du droit en spécialités et la summa divisio du droit public et du droit privé ont donné l'illusion aux juristes qu'ils pouvaient penser ces flux exclusivement au regard d'une branche spécifique du droit. Le plus souvent, ce fut d'un point de vue privatiste, entraînant le développement conséquent du droit international privé. Or, lorsqu'une situation de fait circule, il est rare qu'elle ne concerne qu'une seule branche du droit. Certains auteurs prennent acte de ce constat. Par exemple, lors de son étude de l'entreprise transnationale, Louis d'Avout étudie tant le droit international privé et le droit des sociétés que le droit pénal et le droit administratif[1] alors que le sujet apparaît éminemment privatiste au premier abord. C'est ce leurre de la répartition des objets dans des branches de droit séparées ainsi que le préjugé de l'incompatibilité de la matière administrative avec l'internationalité qui peuvent expliquer que la circulation des actes administratifs n'ait pas été étudiée de manière plus approfondie.

Pour autant, il est certain que la circulation des situations juridiques, qu'il s'agisse de flux de biens, de services, de capitaux, de personnes, voire même de données personnelles, emporte nécessairement la circulation d'actes administratifs, car toute situation juridique naît dans un État dont le droit en reconnaît l'existence. De manière générale, à toute situation donnée est adjointe une « nationalité » dans le sens où l'on identifie des produits « français », des investissements « étrangers » ou encore des travailleurs « américains ». Il ne s'agit pas d'une nationalité au sens du Code civil,[2] mais d'un lien de nature publique avec l'État d'origine. Ainsi, ce lien est exporté autant de fois qu'une situation juridique rattachée à un État circule à l'étranger.

L'acte administratif unilatéral transnational répond à un contexte propre à l'époque contemporaine, bien qu'il ait toujours existé sous certaines formes. Sa spécificité est qu'il constitue un acte administratif intervenant dans les relations horizontales entre les États souverains. Or, traditionnellement, ces relations relèvent plutôt de la diplomatie et du droit international et non de la matière administrative proprement dite. C'est donc par la construction d'une scène interétatique renouvelée et par le processus de la mondialisation que l'acte administratif unilatéral transnational est devenu un enjeu juridique réel. La transnationalité administrative n'est donc en aucun cas une évidence et sa légitimité doit être justifiée au regard des théories classiques de droit international public et de droit administratif. Une fois

[1] D'AVOUT L., *L'entreprise et les conflits internationaux de lois*, Les livres de poche de l'Académie de droit international de La Haye, 2019.

[2] Voir les articles 21 à 32-5 du Code civil.

les conditions de son existence établies, l'acte administratif transnational peut par la suite être défini. Pour cela, des critères d'identification doivent être précisément posés pour tracer les contours de la notion proposée.

La remise en cause du modèle westphalien, un prérequis au développement de l'acte administratif unilatéral transnational

Comme souligné précédemment, le développement de l'acte administratif unilatéral transnational est un phénomène relativement récent qui témoigne d'une évolution des interactions entre les États. Rechercher la cause de ce changement est indispensable pour comprendre l'essence de la transnationalité administrative qui propose ainsi un nouveau mode d'action administrative. Si ce type d'acte présente des difficultés certaines de conceptualisation, c'est parce qu'il remet en cause une construction séculaire de l'État souverain ayant conduit au monopole absolu de l'action administrative au sein de son propre territoire. C'est pourquoi l'analyse de la construction de l'État et du concept de souveraineté est primordiale pour comprendre la complexité de l'acte administratif unilatéral transnational.

L'État moderne est apparu concomitamment au concept de souveraineté qui en est un attribut constitutif. La notion d'État est assez tardive, le Moyen Âge n'offrant aucune conception abstraite du pouvoir, mais reposant au contraire sur des liens interpersonnels et une propriété personnelle de la couronne. C'est finalement à la fin du XVIe siècle que la conceptualisation de la souveraineté a été réalisée par Jean Bodin. Celle-ci est alors conçue comme une qualité essentielle à chaque État. De ceci découlera la conception selon laquelle la scène interétatique se fonde sur des États égaux en tant que détenteurs particuliers de la souveraineté.

Le Moyen Âge est une longue période s'étendant, d'un point de vue historique, du VIe au XVe siècle. On y distingue traditionnellement le haut Moyen Âge, le Moyen Âge central et le bas Moyen Âge qui commencent avec le règne du premier roi des Francs, Clovis (†511), jusqu'à l'avènement de la monarchie absolue du XVIe siècle[1].

À la suite de la dislocation de l'Empire carolingien, le royaume franc a connu une véritable période de dispersion du pouvoir et de disparition de l'idée d'État. La notion d'État est d'ailleurs anachronique en l'espèce. Il s'agit ici de traduire l'héritage romain que les Carolingiens avaient utilisé pour construire l'Empire sous l'influence de l'Église chrétienne[2]. Face à un ralentissement global de l'économie et

---

[1] CARBASSE J.-M., *Manuel d'introduction historique au droit*, PUF, coll. Manuels, 9e éd., 2021, Paris, pp. 90-93.

[2] Voir : LOVISI C., *Introduction historique au droit*, Dalloz, coll. Cours Dalloz L1, 5e éd., 2016, Paris, pp. 78-82 ; CARBASSE J.-M., *op.cit.*, pp. 23-35. À propos de la notion de frontière en Rome antique, voir : GEOUFFRE DE LA PRADELLE G., *La Frontière*, Éd. Internationales, 1928, Paris, pp. 21-25. Pour la reprise des concepts romains par l'Empire carolingien, voir : ELLUL J., *Histoire des institutions : le Moyen Âge*, PUF, coll. Quadrige Manuels, 2e éd., 2006, Paris, pp. 77-80 ; CASTALDO A., MAUSEN Y., *Introduction historique au droit*, Dalloz, coll. Précis Droit public / Science politique, 5e éd., 2019, Paris, pp. 51-55 ; SAINT-BONNET F., SASSIER Y., *Histoire des institutions avant 1789*, LGDJ, coll. Domat Droit public, 6e éd., 2019, Issy-les-Moulineaux, pp. 85-99 ; RIGAUDIÈRE A., *Histoire du droit et des institutions dans la France médiévale et moderne*, Economica, coll. Corpus histoire du droit, 5e éd., 2018, Paris, pp. 83-87.

des échanges accompagné par des invasions violentes, le roi des Francs n'était plus en mesure d'assurer la sécurité du royaume. Il s'opéra dès lors un repli communautaire autour des seigneurs locaux qui offraient leur protection aux populations. Cette dispersion du pouvoir marqua le début de l'époque féodale caractérisée par des liens interpersonnels entre seigneurs et vassaux, consacrant l'affaiblissement quasi total du pouvoir du roi en dehors de son domaine propre[1].

Le lien vassalique existait déjà sous la royauté carolingienne et consistait en un serment (la commendatio) prêté par le vassal qui jurait fidélité au roi et obtenait en retour sa protection[2]. Cette institution fut reprise au XIe siècle par les seigneurs locaux au détriment du roi bien que ce dernier disposât du statut de suzerain[3]. En effet, la multiplication des liens personnels de toutes parts a rendu très peu lisible la hiérarchie politique au sein du royaume franc. Il demeurait cependant qu'en principe, un fief procédait toujours d'un fief supérieur dont la racine ultime était celle du fief royal[4]. L'on disait ainsi que les fiefs se « mouvaient »[5]. C'est par cette idée de mouvance des territoires que le roi a tenté de garder un certain contrôle : au fil du temps, le lien de vassalité a exigé que le seigneur octroie un fief à son vassal, c'est-à-dire un morceau de terre qui, si l'on remontait la chaîne de la vassalité, provenait du roi. Ce dernier pouvait ainsi prétendre, en théorie, à une autorité hiérarchique sur l'ensemble des liens vassaliques du royaume franc.

Cependant, le roi n'exerça en réalité son autorité que sur le domaine royal. Les liens vassaliques superposés constituaient un véritable écran laissant les pouvoirs régaliens, notamment exprimés au travers du pouvoir de ban[6], entre les mains des princes et des seigneurs locaux. De ce fait, le roi s'est vu contraint de négocier avec les grands seigneurs afin d'assurer la gestion du royaume[7]. Ainsi, à l'aube du XIIIe siècle, il est difficile d'identifier l'existence d'un pouvoir central dans le royaume franc. En outre, l'idée d'une frontière fixe et établie du royaume n'existait pas. De par la transmission des fiefs et des guerres entre seigneurs, les frontières n'étaient plus « qu'une valeur de souvenir, valeur latente qui ne retrouvera son efficacité qu'au terme de la formation d'un pouvoir dominant, d'une puissance publique. »[8]

Cette marqueterie de liens interpersonnels constituait ainsi un véritable éclatement du pouvoir régalien qui ne connaissait dès lors aucun titulaire clair. Ceci a eu une conséquence directe sur le droit applicable : ce dernier différait selon les localités soumises aux différents détenteurs du pouvoir. Cette différenciation du droit selon les seigneuries, les villes ou encore les communautés locales, au sein du

---

1 SUEUR P., *Histoire du droit public français XVe-XVIIIe siècle*, t. 1, PUF, coll. Thémis droit, 4e éd., 2008, Paris, pp. 24-25 ; CARBASSE J.-M., *op.cit.*, pp. 113-117 ; RIGAUDIÈRE A., *op.cit.*, pp. 134-138.

2 SAINT-BONNET F., SASSIER Y., *op.cit.*, pp. 99-102.

3 RIGAUDIÈRE A., *op.cit.*, pp. 138-140. Pour un approfondissement sur le lien vassalique, voir : *Ibid.*, pp. 138-161 ; BOUTRUCHE R., *Seigneurie et féodalité*, Aubier Éditions Montaigne, coll. Historique, 2e éd., 1970, Paris, 549 p.

4 RIGAUDIÈRE A., *op. cit.*, pp. 250-251.

5 *Ibid.*

6 *Ibid.*, p.126.

7 RIGAUDIÈRE A., *op.cit.*, pp. 246-252 ; ELLUL J., *op.cit.*, pp. 268-278.

8 GEOUFFRE DE LA PRADELLE G., *op.cit.*, pp. 29-30.

royaume franc, constituait ce que l'on a appelé plus tard le système du pluralisme juridique.

Le pluralisme juridique est un système caractérisé par la multiplicité des droits applicables sur un même territoire. À la suite de la disparition du système de la personnalité des lois, le pluralisme juridique au Moyen Âge se définit par la superposition de différents droits à l'application territoriale variable[1]. De par l'absence d'une conception abstraite d'un pouvoir central, cette époque était très loin de connaître la distinction entre le droit public et le droit privé. Il n'existait pas de droit spécifique en tant que tel applicable exclusivement à l'État et la production normative n'était pas le fait d'un pouvoir centralisé et détaché des détenteurs personnels du pouvoir.

En réalité, le droit était alors avant tout une affaire de faits. En effet, le royaume, divisé en de nombreuses seigneuries et principautés, connaissait de multiples droits institués par des pratiques répétitives : les coutumes. C'est par la répétition sur une certaine période (plus ou moins longue) que ces coutumes étaient reconnues comme des normes obligatoires[2]. À côté d'elles existaient deux droits savants : le droit romain qui avait un rôle plus ou moins supplétif et le droit ecclésiastique régissant notamment les aspects du droit de la famille[3]. Pour le reste, le droit s'apparentait plus à une tradition normative résultant du consensus social et d'une pratique transgénérationnelle.

Face à ce labyrinthe juridique, dont le contenu était largement incertain, plusieurs travaux ont été menés. Les coutumes ont d'abord été mises par écrit dans des coutumiers privés comme dans le Grand Coutumier de Normandie ou Les Coutumes de Beauvaisis du XIIIe siècle. Concernant le droit romain, le Corpus Juris Civilis de Justinien est redécouvert et agrémenté de nombreux commentaires et gloses. Quant au droit canonique, plusieurs compilations ont été réalisées afin, notamment, d'en résoudre les contradictions comme dans le très célèbre Décret de Gratien du XIIe siècle.

L'exposé de ce contexte juridique est important : c'est avec celui-ci que le roi a dû composer afin de reconquérir le pouvoir et accéder à la souveraineté. En effet, jouant du droit féodal, le roi des Francs a peu à peu étendu son domaine jusqu'à couvrir quasiment l'entièreté du royaume[4]. Cela lui a alors donné l'occasion de prendre le contrôle des sources du droit. D'abord, en organisant la rédaction des coutumes du royaume sous son contrôle[5]. Ensuite, en s'affranchissant des droits savants, en particulier de celui de l'Église[6]. Il est devenu au fil du temps « Empereur en son royaume » et s'est ainsi arrogé les caractéristiques constitutives d'un concept qui est théorisé au XVIe siècle : la souveraineté.

---

[1] CARBASSE J.-M., *op.cit.*, pp. 101-107 ; RIGAUDIÈRE A., *op.cit.*, pp. 62-70.

[2] LOVISI C., *op. cit.*, pp. 127-134 ; ELLUL J., *op. cit.*, pp. 136-141.

[3] CARBASSE J.-M., *op. cit.*, pp. 133-145.

[4] SUEUR P., *op. cit.*, pp. 39-41 ; RIGAUDIÈRE A., *op. cit.*, pp. 291-299. Pour approfondir, voir : STRAYER J. R., *Les origines médiévales de l'État moderne*, CLÉMENT M. (trad.), Payot, coll. Critique de la politique, 1979, Paris, 156 p.

[5] Notamment avec l'article 125 de l'ordonnance de Montils-Les-Tours prise par Charles VII en 1454.

[6] CARBASSE J.-M., *op. cit.*, pp. 179-184.

Dans son ouvrage sur la souveraineté (La puissance de l'État), Olivier Beaud souligne que ce concept de souveraineté n'était pas totalement inconnu à l'époque médiévale[1]. Cependant, elle ne se voyait pas attribuer la même consistance qu'à l'époque moderne. Cet auteur relève en effet que différents textes, comme les Coutumes de Beauvaisis ou l'Usage d'Orlenois, attribuaient la souveraineté tant au roi qu'aux barons du royaume. Ce mot caractérisait donc une « autorité disposant d'un pouvoir »,[2] mais il ne traduisait pas un pouvoir unique dont une seule entité était titulaire dans le royaume. Il n'y avait donc pas un monopole de la contrainte attribué à un État donné.

En réalité, le concept moderne de souveraineté n'est apparu qu'à la fin du XVIe siècle, concomitamment à celui d'État, résultant d'un « triple mouvement, la concentration du pouvoir, sa sécularisation et son abstraction »[3]. Par ailleurs, la guerre de Cent Ans avait préparé la société à la constitution d'un État en consolidant le sentiment d'appartenance à une Nation[4]. Ce sentiment « national » reste à relativiser. Ce n'est qu'après la Révolution française et l'instauration de la souveraineté populaire qu'un réel « lien charnel » est créé entre l'État et la nation[5]. À la fin du Moyen Âge, le roi s'affranchit alors peu à peu du consentement de ses vassaux pour édicter des ordonnances couvrant le territoire français en son entier[6]. Comme le souligne avec certaines nuances Olivier Beaud, on passa alors du roi-juge au roi-législateur notamment lors des grandes ordonnances du XVIe siècle[7].

Il est traditionnellement admis que la théorie de la souveraineté moderne est l'œuvre de Jean Bodin dans son ouvrage de 1576, les Six livres de la République. Le mot « République » n'y est pas entendu dans notre sens moderne de modalité d'organisation du pouvoir, mais y est un équivalent plus ou moins proche de notre concept d'État dont le mot n'est apparu qu'avec l'œuvre de Charles Loyseau[8]. Bodin identifie la souveraineté comme un concept juridico-politique perpétuel, détaché de son dépositaire, qui est une puissance absolue[9] de commandement et porte en germe une certaine notion d'unité[10]. Complétée par les écrits de Charles Loyseau et de Cardin le Bret[11], cette doctrine a permis de développer le concept moderne de la souveraineté et de la lier à l'État, « nouvelle forme politique [qui] est le produit du rattachement du concept de la souveraineté à celle de res publica »[12]. La souveraine-

---

1 BEAUD O., *La puissance de l'État*, PUF, coll. Léviathan, 1994, Paris, pp. 35-52.

2 *Ibid*, p. 39.

3 POIRAT F., *art. cit.*

4 BASDEVANT GAUDEMET B., GAUDEMET J., *Introduction historique au droit XIIIe-XXe siècles*, LGDJ, coll. Manuel, 4e éd., 2016, Paris, pp. 199-200.

5 Voir : ROCHE J.-J., *Relations internationales*, LGDJ, coll. Manuel, 9e éd., 2021, Paris, p. 97.

6 CARBASSE J.-M., *op. cit.*, pp. 203-211.

7 BEAUD O., *op. cit.*, pp. 42-47.

8 LOYSEAU C., *Traité des seigneuries*, A. L'Angelier, 1608, Paris, 398 p.

9 BODIN J., *Les six livres de la République*, vol. 1, Texte revu par FRÉMONT C., COUZINET M.-D. ET ROCHAIS H., Fayard, coll. Corpus des œuvres de philosophie en langue française, 1530-1596, rééd. 1986, Paris, p. 188.

10 *Ibid*, pp. 179-228.

11 Voir BASDEVANT GAUDEMET B., GAUDEMET J., *op. cit.*, pp. 199-203.

12 BEAUD O., *op. cit.*, p. 51.

té est donc une puissance de commandement unique, indivisible et inaliénable[1]. Ce concept a par la suite été récupéré par la monarchie menant ainsi à un absolutisme préfigurant l'apparition du droit public, notamment du droit constitutionnel avec les lois fondamentales du royaume régissant la transmission de la couronne. Ce droit public est d'ailleurs le domaine d'intervention de la majorité des loys royales[2]. L'idée d'un droit national français s'est dès lors développée[3] et cette émergence n'a pas été sans conséquence sur les relations extérieures avec d'autres États. C'est ainsi qu'un droit spécifique aux relations internationales est apparu : le droit des gens, ancêtre du droit international public.

L'émergence d'États souverains seuls détenteurs du pouvoir normatif a totalement reconfiguré le monde européen à la fin du Moyen Âge. La redéfinition territoriale et exclusive des détenteurs du pouvoir par la souveraineté a été double. D'un point de vue interne, car elle a posé le principe de suprématie du pouvoir étatique mis en œuvre par un détenteur identifié. D'un point de vue externe, car elle a créé une scène interétatique nouvelle souvent appelée « monde westphalien ».

Le « monde westphalien » est un concept utilisé depuis la seconde moitié du XXe siècle par les politologues pour décrire le paysage international moderne[4]. Il tient son nom de quatre traités conclus en 1648 et 1650 mettant fin à la guerre de Trente Ans qui a notamment opposé le Saint-Empire germanique à la France et à l'Espagne. Ces traités sont perçus comme les fondements de notre scène interétatique moderne, car ils abandonnent pour la première fois l'idée de la supériorité du Saint Empire germanique en tant qu'héritier lointain de l'Empire romain.

À la lecture de ces textes, il est clair que leur principale préoccupation était d'opérer le redécoupage territorial de l'Europe – ce à quoi la majorité de leurs articles sont dédiés. Cependant, certains de ces articles reconnaissent expressément l'existence d'États souverains qui, en tant que tels, méritent un respect de leur territoire. L'article LXXVI du traité du 24 octobre 1648 entre la France et le Saint-Empire germanique est particulièrement éloquent à ce propos :

Item, tous les vassaux, habitans, sujets, hommes, villes, bourgs, châteaux, metairies, forteresses, bois, forests, minieres d'or et d'argent et d'autres metaux, rivieres, ruisseaux, pasturages, et tous les droits regaliens et autres droits et appartenances sans reserve aucune, appartiendront dorénavant et à perpétuité au Roy tres-Chrestien et à la Couronne de France, et seront incorporez à ladite Couronne avec toute sorte de Jurisdiction et de Souveraineté, sans que l'Empereur, l'Empire, la Maison d'Autriche, ni aucun autre y puissent apporter aucune contradiction. De manière qu'aucun Empereur ni aucun Prince de la Maison d'Autriche ne pourra ni ne devra jamais usurper, ni même prétendre aucun droit et puissance sur lesdits pais tant au delà qu'au deça du Rhin. »

---

1 MAULIN É., « Souveraineté », *in* ALLAND D., RIALS S. (dir.), *Dictionnaire de la culture juridique*, PUF, Lamy, coll. Quadrige Dicos Poche, 2003, Paris, pp. 1434-1439.

2 CARBASSE J.-M., *op. cit.*, pp. 211-222.

3 LOVISI C., *op. cit.*, pp. 240-271.

4 ROCHE J.-J., *op. cit.*, p. 94.

Ici même s'illustre le concept de souveraineté négative que le droit international public forgera par la suite. Cet aspect « négatif » ou « extérieur » de la souveraineté implique une obligation de non-intervention sur le territoire des autres États souverains. Il est le versant complémentaire de la souveraineté interne conférant un monopole de commandement à son titulaire. Par la suite, ce sera le droit international public, droit « appelé à organiser les rapports entre États »[1], qui précisera le concept de la souveraineté sur la scène interétatique et ses conséquences.

L'apparition du droit international public est difficile à dater : elle est plus ou moins concomitante à l'émergence des États modernes puisque ces derniers en sont ses sujets premiers[2]. Du XVIe au XVIIe siècle, des auteurs tels que Francisco de Vitoria, Suarez et Grotius ont posé les premières pierres du droit international public moderne. Mais cette matière est véritablement née dans la pensée du positiviste Emer de Vattel au XVIIIe siècle[3]. Le défi du droit international public a alors été d'imposer des règles à des États souverains jouissant d'une puissance absolue de commandement. Ceci fut réalisé par le versant international de la définition de la souveraineté qui fut énoncée explicitement pour la première fois dans l'affaire de l'île de Palmas :

« La souveraineté, dans les relations entre États, signifie l'indépendance. L'indépendance, relativement à une partie du globe, est le droit d'y exercer à l'exclusion de tout autre État, les fonctions étatiques.

[...] Comme on l'a déjà dit, la souveraineté territoriale implique le droit exclusif d'exercer les activités étatiques. Ce droit a pour corollaire un devoir : l'obligation de protéger à l'intérieur du territoire, les droits des autres États, en particulier leur droit à l'intégrité et à l'inviolabilité en temps de paix et en temps de guerre, ainsi que les droits que chaque État peut réclamer pour ses nationaux en territoire étranger. »[4]

Ainsi, constatant que tous les États disposent de la souveraineté « positive », c'est-à-dire d'une puissance de commandement absolue sur leur propre territoire, le droit international public en déduit un statut d'égalité entre les États impliquant une souveraineté « négative » : chaque État étant indépendant, les autres États ne disposent pas de pouvoir sur les territoires étrangers. Dès lors, comme le souligne Denis Alland : « la souveraineté en droit international public a pour corollaire l'égalité souveraine »[5]. Le droit international est donc originellement « un droit qui protège

---

[1] CANAL-FORGUES E., RAMBAUD P., *Droit international public*, Flammarion, coll. Champs Université, 3e éd., 2016, p. 18.

[2] Cela ne signifie pas pour autant qu'il n'y avait pas de « pratiques internationales » ni de règles régulant les relations entre les différentes communautés. Voir : ALLAND D., *Manuel de droit international public*, PUF, coll. Manuels, 8e éd., 2021, Paris, pp. 19-21.

[3] Pour une présentation approfondie de la pensée des différents pères du droit international public, voir l'ouvrage collectif :
PILLET A., *Les fondateurs du droit international*, V. GIARD & E. BRIÈRE, 1904, Paris, XXXI-691 p.

[4] CPA, M. HUBERT, sentence du 4 avril 1928, *Affaire de l'île de Palmas (ou Miangas) (États-Unis d'Amérique c/ Pays-Bas)*, *RAS* vol. II, p. 829-871, *AJIL* 1928. 867-912 ; *RGDIP* 1935. 156-202 (trad. non officielle de l'anglais au français par Ch. ROUSSEAU), Commentaires : *AJIL* 1928. 735-752, P.-C. JESSUP ; *RDILC* 1929. 725. 762, F. DE VISSCHER).

[5] ALLAND D., *op. cit.*, p.42.

la souveraineté de l'État »[1] qui s'exerce sur un territoire donné, « lieu du pouvoir de l'État »[2].

C'est de cette égalité souveraine qu'a découlé le que du droit public puisqu'elle circonscrit le domaine de compétence des États à leur propre territoire. Ce principe de territorialité du droit public est un des obstacles s'opposant à la conceptualisation de l'acte administratif unilatéral transnational, car il exclut en principe la possibilité même de leur existence.

Le droit public peut être défini comme « l'ensemble des règles juridiques relatives à l'existence, à l'organisation, au fonctionnement et aux relations de l'État » et de ses différents démembrements[3]. Il s'agit d'un droit particulier dont l'État est à la fois auteur et sujet. L'État poursuit l'intérêt général[4], un but spécifique qui justifie l'application d'un régime juridique particulier distinct du droit privé dit « droit commun ». En cela, le territoire est classiquement considéré comme un élément fondamental de l'État sans lequel il ne peut pas exister[5]. Cet intérêt général est ainsi propre à chaque État. Au regard de son objet et de la souveraineté des États, le droit public serait par essence strictement territorial par opposition au droit privé[6]. En effet, la souveraineté étant le corollaire de l'indépendance des États, chacun est seul compétent pour régler son organisation interne. Aucun État ne devrait pouvoir intervenir dans la structure et le fonctionnement d'un autre État souverain. De surcroît, le droit public ne pourrait pas être appliqué par une autorité autre que celles de son propre État,[7] car l'intérêt général poursuivi par chaque État est traditionnellement vu comme incompatible avec la mise en œuvre d'un droit public étranger. Les institutions étatiques n'auraient vocation qu'à servir leur propre État et non pas à devenir les agents d'un État étranger[8]. Elles sont instituées pour pourvoir au fonctionnement de leur État et non pas à poursuivre les fins d'États étrangers.

Cet « égoïsme » consubstantiel[9] à la nature de l'État rend improbable toute mise en œuvre par un État de réception d'un droit public provenant d'un autre État. Il est, par exemple, difficile d'imaginer la Chine recouvrant des créances fiscales auprès de ressortissants américains présents sur son territoire pour le compte des États-Unis. De même, face à une situation comprenant un élément d'extranéité, le

---

[1] FLEURY GRAFF T., t. 2, *Manuel de droit international public*, PUF, coll. Manuels, 2016, Paris, p. 21.

[2] FLEURY GRAFF T., *État et territoire en droit international. L'exemple de la construction du territoire des États-Unis (1789-1914)*, Pedone, coll. Publication de la Revue Générale de Droit International Public Nouvelle Série n° 58, 2013, Paris, p. 4.

[3] TRUCHET D., *Le droit public*, PUF, coll. Que sais-je ?, 4e éd., 2018, Paris, p. 3.

[4] Voir : PLESSIX B., « Intérêt général et souveraineté », in *Mélanges en l'honneur de Didier Truchet*, Dalloz, 2015, Paris, pp. 519-528, spéc. p. 522.

[5] CARRÉ DE MALBERG R., *Contribution à la théorie générale de l'État*, Dalloz, coll. Bibliothèque Dalloz, 2004 (original 1920-1922), Paris, pp. 3-5.

[6] BATIFFOL H., LAGARDE P., *Droit international privé*, t. 1, LGDJ, 8e éd., 1993, Paris, p. 413.

[7] JACQUET V., « La norme juridique extraterritoriale dans le commerce international », *Clunet*, 1985, p. 332.

[8] MAYER P., HEUZÉ V., REMY B., *Droit international privé*, LGDJ, Lextenso éd., coll. Domat droit privé, 12e éd., 2019, Issy-les-Moulineaux, pp. 223-224.

[9] CHAMBON M., *Le conflit de lois dans l'espace et le droit administratif*, Mare & Martin, coll. Bibliothèque des thèses, Paris, 2015, p. 536.

juge administratif français ne se demande pas quel droit est applicable, mais seulement si le droit administratif français est applicable en l'espèce[1]. En cas de réponse négative, il décline sa compétence[2].

De plus, outre l'argument de l'intérêt propre à chaque État, il existe une deuxième acception du principe de territorialité qui voudrait que le droit international interdise toute compétence d'exécution extraterritoriale du droit public étatique sauf exception[3]. Cette règle est tirée de la sentence de la Cour permanente de justice internationale (CPJI) de 1927 à propos de l'affaire du Lotus[4] dans laquelle la Cour disposa dans un paragraphe :

« Or, la limitation primordiale qu'impose le droit international à l'État est celle d'exclure – sauf l'existence d'une règle permissive contraire – tout exercice de sa puissance sur le territoire d'un autre État. Dans ce sens, la juridiction est certainement territoriale ; elle ne pourrait être exercée hors du territoire, sinon en vertu d'une règle permissive découlant du droit international coutumier ou d'une convention.

[…] Loin de défendre d'une manière générale aux États d'étendre leurs lois et leur juridiction à des personnes, des biens et des actes hors du territoire, il leur laisse, à cet égard, une large liberté, qui n'est limitée que dans quelques cas par des règles prohibitives ; pour les autres cas, chaque État reste libre d'adopter les principes qu'il juge les meilleurs et les plus convenables. »

Malgré une ambivalence certaine de cette solution qui, bien qu'interdisant l'extraterritorialité de la compétence d'exécution, autoriserait une compétence extraterritoriale de commandement[5], le droit public reste dans un ancrage territorial[6] puisqu'on imaginerait vain de produire du droit qui ne connaîtrait aucune exécution possible. Il ressort de sa définition même qu'il s'agit d'un droit visant à organiser les rapports entre un État, ses administrations et ses administrés. Or, la notion d'État

---

[1] DOLEZ B., « Le juge administratif et les conflits de lois », *RDP* 1995, pp. 1029-1051, spéc. pp. 1029-1032.

[2] CE, sect., 19 novembre 1999, *Tegos*, *Rec.*, p. 356 ; *RFDA*, 2000, p. 833, concl. J. Arrighi de Casanova et note S. Lemaire ; *JCP*, 2000, IV, 1439, obs. M.-C. ROUAULT ; *RDP*, 2000, p. 378, obs. Ch. Guettier.

[3] Voir notamment : AUDIT M., *Les conventions transnationales entre personnes publiques*, LGDJ, coll. Bibliothèque de droit privé Tome 358, 2002, Paris, p. 272.

[4] CPJI, 7 septembre 1927 (arrêt), *Affaire du « Lotus » (France c/ Turquie)*, *Rec. CPJI* 1927, *Série A* n° 10 ; W.-E. BECKETT, *BYBIL* 1927. 108-123 ; J.-L. BIRERLY, *LQR* 1928. 154-163 ; P. DEMEURE, *RDILC* 1931. 737-756 ; H. DONNEDIEU DE VABRES, *RDI* 1928. 135-164 ; Ph. JESSUP, *AJIL* 1935. 495-499 ; A. DE LAPRADELLE, *RDI* 1928. 5-64 ; R. RUZÉ, *RDILC* 1928. 124-156 ; J. H. W. VERZJIL, *RDILC* 1928. 1-32).

[5] Sur l'ambivalence, voir : PELLET A., « *Lotus* que de sottises on profère en ton nom ! Remarques sur le concept de souveraineté dans la jurisprudence de la Cour mondiale », *Études offertes à J.-P. Puissochet*, Pedone, 2008, Paris, pp. 215-230 ; ROUSSEAU Ch., « L'aménagement des compétences en droit international », *RGDIP*, 1930, pp. 420 et s., spéc. 422-425 ; MAYER P., « Droit international privé et droit international public sous l'angle de la notion de compétence », *RCDIP*, vol. 68, 1979, pp. 1-29 (1re partie) et 349-388 (2e partie), pp. 587-583 (3e partie), spéc. pp. 6-8, 544-559 et 582-583 ; STERN B., Quelques observations sur les règles internationales relatives à l'application extraterritoriale du droit », *Annuaire français de droit international*, vol. 32, 1986, pp. 7-52.

[6] CHAMBON M., *Le conflit de lois dans l'espace et le droit administratif*, Mare & Martin, coll. Bibliothèque des thèses, 2015, Paris, pp. 25-26.

présuppose classiquement l'identification d'un territoire et d'une population donnés sur lesquels s'exerce la puissance publique. De cela, il résulterait que le droit public serait intrinsèquement territorial.

Dès lors, le droit administratif – branche du droit public visant à régler les relations entre les personnes publiques et les administrés et entre les personnes publiques entre elles – est un droit qui obéirait à un principe de territorialité. L'absence quasi absolue de toute question extraterritoriale dans les manuels de droit administratif en est un témoin éloquent. Certains auteurs, comme Pierre Delvolvé, refusent toute action administrative par-delà les frontières confinant ainsi la matière au territoire français :

« Mais les autorités nationales disposent d'une compétence territoriale, déterminée par le territoire de l'État. D'ailleurs, le territoire de l'État est à la fois un cadre et une limite non seulement pour leur compétence, mais aussi pour celle d'autorités locales dès lors que la circonscription géographique de celles-ci s'inscrit nécessairement dans le territoire de l'État. »[1]

Cependant, à la suite de cet exposé du principe de territorialité du droit public, le lecteur attentif pourra en souligner le caractère confus. En effet, l'argument tiré de l'« égoïsme » des États n'est pas juridique et peu convaincant. Il est largement trahi par la réalité de la coopération entre les États, voire se retourne contre lui-même : pourquoi l'intérêt d'un État ne lui commanderait jamais de mettre en œuvre le droit public d'un autre État ? Que dire de la forme de « loyauté »[2] qui existe entre les juges nationaux et la Cour de justice de l'Union européenne pour assurer la pérennité du droit européen ? Il existe nécessairement des exceptions et, selon la logique de cet argument, l'État devrait alors mettre en œuvre le droit public étranger si son intérêt le lui commandait. De plus, la circonscription du droit public en vertu de l'interprétation de la sentence du Lotus est aussi contestable : le droit international n'interdit pas au droit public d'un État de régir des situations extraterritoriales. Comme l'avait déjà souligné Prosper Fedozzi en 1929, l'existence d'un principe de territorialité du droit public tel qu'exposé précédemment relève plus d'un dogme doctrinal que d'un principe juridique positif[3]. Il reste cependant largement admis dans la doctrine administrativiste française que le droit administratif est une affaire interne où les questions extraterritoriales font figure d'exceptions qui n'ont pas encore été conceptualisées pour la plupart d'entre elles. Est par exemple témoin de cet esprit le fait que seule la doctrine privatiste se soit penchée sur la question des contrats publics internationaux qui sont pourtant aujourd'hui extrêmement nombreux[4].

---

[1] DELVOLVÉ P., *L'acte administratif*, Sirey, coll. Droit public, 1983, Paris, p. 138.

[2] DUBOUT E., « Le Conseil d'État, juge constitutionnel européen », *RFDA* 2020. 297.

[3] FEDOZZI P., « De l'efficacité extraterritoriale des lois et des actes de droit public », *RCADI* 1929, II, t. 27, pp. 141-239, spéc. p. 149.

[4]. Voir à cet effet les thèses de Mathias AUDIT, Sophie LEMAIRE et Malik LAAZOUZI (AUDIT M., *Les conventions transnationales entre personnes publiques*, LGDJ, coll. Bibliothèque de droit privé Tome 358, 2002, Paris, X-423 p. ; LEMAIRE S., *Les contrats internationaux de l'administration*, LGDJ, coll. Bibliothèque de Droit Privé t. 433, Paris, 2005, XII-414 p. ; LAAZOUZI M., *Les contrats administratifs à caractère international*, Economica, coll. « Recherches Juridiques », 2008, Paris, XV-507 p.).

En réalité, ce principe de territorialité du droit public s'imposait de manière factuelle au début de la construction du droit international public dans un monde où les échanges entre les États étaient très restreints. Il n'existait finalement presque pas de cas concrets dans lesquels une éventuelle application du droit public national à l'étranger se posait. Cette absence de remise en cause par la pratique du principe de territorialité du droit public a ainsi contribué à consolider son assise. Mais par la suite, la confrontation de cette conception avec le paradigme nouveau de la mondialisation va en révéler les faiblesses et en imposer une lecture nouvelle.

La mondialisation est un phénomène sociétal d'inscription de tous les États du monde dans une histoire unique au travers de « l'explosion des flux de toutes sortes » qui se font toujours plus denses et plus aboutis[1]. Elle contraste fortement avec le monde que connaissaient les États lorsqu'ont été forgés le concept de souveraineté et le droit international public. En effet, à cette époque, la scène interétatique pouvait être comparée à différents châteaux forts dont le seigneur était maître en sa demeure et n'entretenait que peu de relations avec ses pairs. Ces relations étaient avant tout diplomatiques et s'organisaient autour de la question de la paix (ou de la guerre), voire portaient parfois sur des questions économiques.

Cependant, il est aujourd'hui impossible de compter le nombre d'ouvrages juridiques qui remettent en question l'Ancien Monde westphalien au regard de sa confrontation avec la mondialisation[2]. En premier lieu, l'État n'est plus le seul acteur international : l'émergence des organisations internationales et l'application du droit international aux individus sont des thèmes classiques de la transformation de la place de l'État sur la scène mondiale[3]. En second lieu, il y a eu un phénomène de « régionalisation » de certaines parties du monde en espaces économiques particuliers[4]. En effet, la mondialisation a avant tout été un phénomène économique favorisant les opérateurs économiques les plus importants. Dès lors, les États ont voulu s'unir et créer des espaces intégrés afin de garder un poids dans les négociations internationales face aux géants américain, chinois, indien ou encore brésilien.

---

[1] MOREAU DEFARGES P., *La mondialisation*, PUF, coll. Que sais-je ?, 10e éd., 2016, Paris, pp. 21 et 27. Cet ouvrage présente de manière synthétique l'histoire et les caractéristiques de la mondialisation. Nous conseillons aussi, pour un exposé un peu plus approfondi, de consulter l'ouvrage : DOLLFUS O., *La mondialisation*, Les Presses Sciences Po, coll. La bibliothèque du citoyen, 3e éd., 2007, Paris, 171 p.

[2] À titre indicatif et pour démontrer que ce mouvement de pensée est international voir : en France : AUBY J.-B., *La globalisation, le droit et l'État*, LGDJ, Lextenso éditions, coll. Systèmes de droit, 3e éd., 2020, Paris, 262 p. ; en Suède : WENANDER H., « Recognition of Foreign Administrative Decisions », *ZaöRV*, 2011, vol. 71, pp. 755-785, spéc. pp. 756-758 ; en Italie : CASSESE S., *La crisi dello Stato*, Editori Laterza, coll. Sagittari, 2002, Roma-Bari, 138 p. ; au Royaume-Uni : BUTA N., « The Frontiers of Extraterritoriality — Human Rights Law as Global Law », *in* BUTA N. (éd.), *The Frontiers of Human Rights: Extraterritoriality and its Challenges*, Oxford University Press, 2016, Oxford, pp. 1-19, spéc., p. 10 ; aux États-Unis : Benedict KINGSBURY, Nico KRISCH et Richard B. STEWART, « The Emergence of Global Administrative Law », Law and Contemporary Problems, vol. 68, 2005, pp. 15-61.

[3] Voir : ALLAND D., *op. cit.*, pp. 75-112 ; COMBACAU J., SUR S., *Droit international public*, LGDJ, coll. Domat Droit public, 12e éd., 2016, Issy-les-Moulineaux, pp. 99-112, pp. 313-397, pp. 652-675 et pp. 711-750 ; CANAL-FORGUES É., RAMBAUD P., *op. cit.*, pp. 219-284 ; DECAUX E., DE FROUVILLE O., *op.cit.*, pp. 66-69, pp. 253-364 et pp. 553-579.

[4] ADDA J., « La régionalisation du monde », *Alternatives économiques*, n° 316, septembre 2012, pp. 66 et s.

Il ressort de tout ceci que la place et le rôle de l'État ont bien changé depuis les traités de Westphalie. Il reste un acteur incontournable de la scène mondiale, mais l'ancien modèle du seigneur en son château est bien inadapté à ce nouveau monde d'interconnexions permanentes. De même, le concept de souveraineté – si nécessaire à expliquer l'État – semble dépassé dans ce nouveau paradigme. Ce serait comme tenter d'expliquer l'ordinateur avec une machine à écrire. Cette transformation a pour conséquence de renouveler parallèlement le principe de territorialité du droit public puisqu'il était directement lié au principe de souveraineté.

Bien que la jurisprudence internationale soit restée constante sur la définition de souveraineté[1], il est indéniable qu'une évolution notable s'est produite dans la pensée juridique à propos de ce concept. Comme l'a écrit Olivier Beaud, « [l]a souveraineté de la nation, et encore moins la souveraineté de l'État ne sont pas des principes de droit naturel. Ce sont des produits de l'histoire et de la volonté humaine et qui, en tant que tels, sont contingents. »[2] Il n'est donc pas surprenant que le concept de souveraineté évolue au fil des transformations de notre société en particulier dans le contexte d'un monde mondialisé et où les processus de fédéralisation sont assez prégnants.

Il existe aujourd'hui un nombre infini de manières d'employer le terme de souveraineté pour traduire des idées différentes. À titre d'exemples non exhaustifs, il est possible de relever différentes expressions voulant traduire des idées distinctes : l'on parle ainsi de « souveraineté fonction »[3], « souveraineté partagée »[4], « souveraineté inclusive »[5], « souveraineté coopérative »[6], « souveraineté divisée »[7], « souveraineté désagrégée »[8] ou encore de « souveraineté individuelle »[9]. Ces expressions cherchent à traduire la nouvelle place de la souveraineté dans le monde actuel. Ou plus exactement, à affirmer la persistance de la souveraineté malgré des phénomènes qui lui sont contraires. Mais elles sont en réalité de véritables oxymores qui n'ont pas de sens véritable.

Même si la conception historique de l'indivisibilité de la souveraineté était purement interne, les développements ultérieurs de ce concept dans le droit international public exposés supra amènent à s'interroger sur la signification d'une « souve-

---

[1] CIJ, 9 avril 1949 (arrêt), *Affaire du détroit de Corfou*, *Rec.* 1949.4 ; *BYBIL* 1949. 447 note J.-M. JONES ; *AJIL* 1949. 491 note Q. WRIGHT ; CIJ, 22 nov. 2013 (ordonnance), *Certaines activités menées par le Nicaragua dans la région frontalière*, *Rec.* 2013, p. 354.

[2] BEAUD O., *La puissance de l'État*, PUF, coll. Léviathan, 1994, Paris, p. 491.

[3] MOUTON J.-D., « La mondialisation et la notion d'État », *in* MOUTON J.-D., COT J.-P., *L'État dans la mondialisation*, Société Française pour le Droit International, colloque de Nancy, Pedone, Paris, 2012, p. 23.

[4] PETIT Y., « Les risques environnementaux globaux et les transformations de la souveraineté », *in* MOUTON J.-D., COT J.-P., *op. cit.*, p. 193.

[5] *Ibid.*

[6] *Ibid.*

[7] WALKER N., « Late Sovereignty in the European Union », *in* WALKER N. (ed.), *Sovereignty in Transition*, 2003, Hart Publishing, Oxford and Portland (Oregon), p. 15.

[8] *Ibid.*

[9] PETERSMANN E.-U., « From State Sovereignty to the 'Sovereignty of Citizens' in the International Relations Law of the EU ? », *in* WALKER N. (ed.), *op. cit.*, p. 155.

raineté partagée », « désagrégée » ou même « individuelle ». La souveraineté telle que définie précédemment est un monopole de commandement uniquement attribué à l'État. Elle n'a donc pas vocation à être partagée. Un monde de souverains égaux est totalement étranger à la conception d'une souveraineté désagrégée. Ces expressions sont de véritables oxymores dont le sens est particulièrement énigmatique.

Cette perte de sens de l'emploi du mot de souveraineté a également été relevée par Neil Walker qui en a conclu que : « le concept de souveraineté est au mieux un label maladroit, manifestement incapable de remplir son rôle conceptuel et discursif qu'il a un jour eu »[1]. Avec de tels emplois, la souveraineté est devenue une notion « fourre-tout » à l'image de sa reprise plus qu'excessive dans les débats publics. Outre la dénaturation du concept traditionnel, ces usages multiples et divers produisent une perte de sens totale du mot « souveraineté » qui peut alors exprimer tout et son contraire[2].

Face à ces tâtonnements lexicaux, certains auteurs ont choisi de simplement mettre de côté le concept de souveraineté qui serait inadapté pour décrire l'état actuel des relations interétatiques.

Dans un court article de février 2015, Olivier de Frouville a posé la question de savoir si la souveraineté était toujours au fondement du droit international[3]. Bien que volontairement provocateur, ce questionnement est pertinent. En effet, plusieurs auteurs de la doctrine de droit international remettent en cause l'utilisation du concept de souveraineté.

Nombreux sont ceux qui critiquent la substance variable de la souveraineté qui a, à leurs yeux, perdu aujourd'hui toute rigueur conceptuelle.

La position de Neil Walker en est un exemple :

« Si l'idée de souveraineté désagrégée étire le sens du concept jusqu'à une perte totale de substance, alors peut-être que, dans un écho à la critique générale de la souveraineté comme marginale ou inutile, il est temps de se dispenser de ce concept ».[4]

Plus marqué encore, lors de son analyse des changements du monde contemporain, Louis Henkin déclare tout simplement qu'il utilise le mot de souveraineté uniquement pour arrêter de l'utiliser[5].

Outre l'assèchement substantiel du concept de souveraineté par la doctrine contemporaine, ce désamour s'expliquerait par l'inadéquation du concept au monde actuel. Olivier de Frouville a soulevé cela avec un sens de la formule :

« Chercher à décrire le droit international d'aujourd'hui avec le langage de la souveraineté revient à essayer de décrire internet avec les concepts que l'on utilisait

---

[1] WALKER N., *art. cit.*, p. 15.

[2] HENKIN L., « That 'S' Word: Sovereignty, and Globalization, and Human Rights, Et Cetera », *Fordham Law Review*, vol. 68, 1999, p. 1.

[3] DE FROUVILLE O., « Le changement en droit international public : la souveraineté est-elle toujours au fondement du droit international ? », *Revue de droit d'Assas*, février 2015, n° 10, pp. 199-202.

[4] WALKER N., *art. cit.*, p. 15.

[5] HENKIN L., *art. cit.*, p. 11.

à l'époque de l'imprimerie, ou à expliquer la physique des particules sans la mécanique quantique, en appliquant les principes de la physique traditionnelle. »[1]

Le cas du contrôle des flux migratoires illustre parfaitement les difficultés rencontrées par une conception classique de la souveraineté. En effet, pour diverses raisons pratiques et juridiques, les États opèrent aujourd'hui un tri des candidats à la migration directement depuis les sols de pays de départ[2]. Ceci se rapproche des activités consulaires traditionnellement accomplies à l'étranger à l'exception près qu'il s'agit de l'envoi d'une administration nationale échappant à l'application du droit consulaire. Ainsi la souveraineté ne peut-elle plus être conçue comme unique et exclusive sur un territoire puisque des agents exercent la souveraineté française sur un territoire étranger. De même, il arrive souvent que les bateaux-patrouilles d'un État prennent un officier d'un autre État à leur bord afin de contrôler les bateaux battant pavillon de ce second État dans les eaux internationales[3]. Là encore, le concept de souveraineté est trop rigide pour saisir entièrement la situation matérielle en cause à bord du bateau de patrouille. Et pourtant, les exemples d'exercices extraterritoriaux de prérogatives de puissances publiques par des entités nationales sont de plus en plus nombreux poussant la définition classique de la souveraineté dans ses retranchements.

Trois phénomènes principaux peuvent être identifiés comme remettant en cause le concept de souveraineté. Il reste cependant important de souligner que cela correspond à une certaine vision occidentale du droit international et qu'il serait hâtif d'enterrer ce mot.

Dans un article de 2006, Blaise Knapp a entrepris de comparer la théorie de la souveraineté à sa réalité. Sa conclusion fut que « la souveraineté n'est plus absolue, si elle ne l'a jamais été ; elle est de plus en plus relative non seulement en raison de l'internationalisation des problèmes dans le cadre de la mondialisation, mais aussi à cause de la réduction du rôle des États dans la vie sociale et de la multiplication des sources d'influence sur les citoyens chargés de l'exprimer. »[4] Ce constat est notamment expliqué par Louis Henkin qui a entrepris d'identifier les phénomènes incompatibles avec le concept de souveraineté[5].

Le premier est la mondialisation qui bouleverse le cadre spatio-temporel habituel sur lequel s'ancrait l'État de longue date. En effet, M. Henkin soulève que le

---

[1] DE FROUVILLE O., *art. cit.*, p. 200.

[2] Voir l'exemple de l'OPFRA au Tchad : GISTI, « Mais qu'est allé faire l'OPFRA au Tchad ? », *Plein droit* 2017/4 (n° 115), pp. 1-2. Ou pour un exposé plus général en Union européenne : BAXEWANOS F., « Relinking Power and Responsibility in Extraterritorial Immigration Control. The Case of Immigration Liaison Officers », *in* GAMMELTOFT-HANSEN T., VEDSTED-HANSEN J. (éds.), *Human Rights and the Dark Side of Globalisation. Transnational Law Enforcement and Migration Control*, Routledge, coll. Routledge Studies in Human Rights, 2017, Londres, pp. 193-214.

[3] GUILFOYLE D., « Jurisdiction at sea. Migrant interdiction and the transnational security state », *in* GAMMELTOFT-HANSEN T., VEDSTED-HANSEN J. (éds.), *Human Rights and the Dark Side of Globalisation. Transnational Law Enforcement and Migration Control*, Routledge, coll. Routledge Studies in Human Rights, 2017, Londres, pp. 114-137.

[4] KNAPP B., « L'État souverain en 2006 : théorie et réalité », in *Études offertes à J.-P. Puissochet*, Pedone, 2008, Paris, p. 152.

[5] HENKIN L., *art. cit.*

marché, le cyberespace ou encore l'environnement sont autant d'éléments ne faisant l'objet d'aucun ancrage territorial physique et remettent ainsi en cause le partage des compétences entre les États que la souveraineté est censée opérer[1]. De même, la mondialisation a favorisé l'émergence d'acteurs non étatiques qui exercent aujourd'hui des missions étatiques[2]. Il suffit de penser à l'ICANN qui est une association de droit privé et qui distribue les noms de domaine internet dans le monde entier, mission qui semble manifester la mise en œuvre d'un pouvoir public. Enfin, avec la mondialisation, sont apparues la régionalisation et la constitution d'ensembles réunissant plusieurs États et opérant une délégation de compétences en faveur d'un organisme nouveau. C'est le cas de l'Union européenne, à laquelle la France est partie, qui vient contraindre ses États membres dans l'exercice de leur pouvoir législatif par une exigence de conformité des lois au droit de l'UE ainsi que leur pouvoir judiciaire en transformant le juge national en juge européen de droit commun[3].

Une autre transformation identifiée par M. Henkin est le renforcement des droits de l'homme qui sont devenus opposables aux États[4]. Consacrés par des organisations internationales telles que l'ONU ou le Conseil de l'Europe, ces droits ont pris une ampleur beaucoup plus considérable que ce que les États parties avaient initialement envisagé en signant ces conventions, d'autant plus que la gouvernance de ces organisations n'est pas toujours soumise au principe d'unanimité. De surcroît, la violation de certains de ces droits par des États non-signataires peut justifier une intervention extraterritoriale : comme le relève M. Henkin la « souveraineté signifie l'imperméabilité territoriale, mais elle n'immunise pas le génocide ou le viol des préoccupations, jugements et interventions extérieures »[5]. Enfin, le respect de ces droits est aussi imposé par les États les plus puissants aux plus faibles, notamment par les conditions posées aux d'aides économiques ou à la conclusion de contrats publics internationaux[6].

---

[1] *Ibid.* p. 6.

[2] *Ibid.* Pour l'exemple des entreprises multinationales voir l'article : ASCENCIO H., « Les activités normatives des entreprises multinationales », *in* DUBIN L., BODEAU-LIVINEC P., ITEN J.-L. (dir.) *et al.*, *L'entreprise multinationale et le droit international*, colloque de Paris 8 Vincennes-Saint-Denis, Société française pour le droit international, Pédone, 2017, Paris, pp. 265-278. Pour l'exemple des organisations internationales, voir le traité : LAGRANGE E., SOREL J.-M. (dir.), *Traité de droit des organisations internationales*, L.G.D.J., Lextenso éditions, 2014, Paris, XXXIX-1197 p.

[3] LAUVAUX P., « Repenser l'État », *in* BONNET B. (dir.), *Traité des rapports entre ordres juridiques*, LGDJ, 2016, Issy-les-Moulineaux, pp. 285-309, spéc. pp. 288-296.

[4] HENKIN L., *art. cit.*pp. 3-6.

[5] *Ibid.* p. 12.

[6] FOLLIOT LALLIOT L., « From the internationalization of Rules to the Internationalization of Public Contracts: How International Instruments Are Reshaping Domestic Procurement Systems », *in* AUDIT M., W. SCHILL S. (éds.), AUBY J.-B. (dir.), *Transnational Law of Public Contracts*, Bruylant, coll. Droit administratif/Administrative Law, 2016, Bruxelles, pp. 23-44.
SEIDMAN G. I., IFARGAN E., « Public and International Procurement: A Comparative Approach », in AUDIT M., W. SCHILL S. (éds.), AUBY J.-B. (dir.), *op. cit.*, pp. 45-78 ; MEYERSTEIN A., « Global Private Regulation in Development Finance: The Equator Principles and the Transnationalization of Public Contracting », *in* AUDIT M., W. SCHILL S. (éds.), AUBY J.-B. (dir.), *op.cit.*, pp. 799-843.

Enfin, la mondialisation entraînant un mouvement de polarisation où les plus forts gagnent en taille et les plus faibles rétrécissent, sont apparus différents processus de régionalisation de la société internationale[1]. Il s'agit d'un phénomène d'association entre États souverains qui mettent en commun un certain nombre de leurs compétences voire créent une institution suprarégionale qui pourra les exercer. Ainsi, il existe des degrés très variables de régionalisation qui vont de la simple coopération à une union proche de la Fédération[2]. C'est notamment le cas pour l'Union européenne[3] à laquelle la France appartient, et qui fera l'objet de développements ultérieurs[4], illustrant un cas de processus de fédéralisme contemporain. Il est certain qu'un État qui aurait transféré toutes ses compétences internationales à un tiers ne pourrait plus être considéré comme un État souverain[5], mais la question du seuil à partir duquel un tel phénomène se produirait ne fera pas l'objet de ce travail. On s'arrêtera ici à donner l'exemple du contrôle des budgets nationaux par la Commission européenne : si la souveraineté signifie l'indépendance au plan international, il est difficile de la retrouver dans ce mécanisme de contrôle même s'il a été consenti indirectement par les États[6].

De même, la question de la place des États les moins forts remet en cause l'égale souveraineté entre les États. Tel Duguit qui analysait, depuis une perspective de droit interne, l'État comme un groupement d'hommes plus forts que les autres[7], un regard objectiviste sur le jeu interétatique laisse apparaître que certains États seraient plus souverains que d'autres. Il suffit de citer, pour exemple, la production des normes de droit international qui est toujours dominée, dans une certaine mesure, par les États les plus forts sur les plans économiques et militaires. Certes, les autres États sont pris en compte, mais plus au titre de l'interdépendance mondiale que de leur souveraineté même[8].

Dans une monographie de 2017, Anthea Roberts pose très justement la question de savoir si le droit international est international[9]. Au travers de différentes études sociologiques et d'analyse de la pratique juridique dans différents pays, la conclusion est négative. Cela n'est aucunement surprenant, car le « principe ordonnateur » des relations internationales est la puissance[10]. « Il s'agit d'un moyen d'action qui contrairement au droit n'est pas immédiatement disponible pour

---

[1] FLEURY GRAFF T, *op. cit.*, pp. 58-59.

[2] Voir : BEAUD O., *Théorie de la fédération*, PUF, coll. « Léviathan », 2e éd., 2009, Paris, 447 p.

[3] Voir BEAUD O., « Peut-on penser l'Europe comme une Fédération ? », *in* F. Esposito, N. Levrat (dir.), *Europe : de l'intégration à la Fédération*, (colloque du LATSIS), Bruylant, 2010, Bruxelles, p. 71-103.

[4] Voir §532-666.

[5] PELLET A., *Le droit international entre souveraineté et communauté*, IREDIES, Pédone, coll. Doctrine(s), 2014, Paris, pp. 53-61.

[6] Art. 6 et 7 du Règlement (UE) n°473/2013 du Parlement européen et du Conseil 21 mai 2013 établissant des dispositions communes pour le suivi et l'évaluation des projets de plans budgétaires et pour la correction des déficits excessifs dans les États membres de la zone euro.

[7] DUGUIT L., *Études de droit public*, Vol. 1, A. Fontemoing, coll. Bibliothèque de l'Histoire du Droit et des Institutions, 1901, Paris, pp. 19-20, 227 et s.

[8] Voir pour une analyse en partie *a contrario* : PELLET A., *op.cit.*, pp. 53-61.

[9] ROBERTS A., *Is International Law International?*, Oxford University Press, 2017, Oxford, XXVI-406 p.

[10] FERNANDEZ J., *Relations internationales*, Dalloz, coll. Précis, 3e éd., 2021, Paris, p. 207.

chaque État – qui en demeure toutefois le pourvoyeur principal sinon exclusif »[1]. Dès lors, il n'y a pas de doute que certains États aient eu plus d'influence dans la construction du droit international que d'autres. La naissance de ce droit remontant à l'âge d'or du vieux continent, il s'agit avant tout d'un droit européen qui a par la suite été internationalisé notamment par la prise d'importance géopolitique et économique des États-Unis et de la Russie au XXe siècle. Aujourd'hui est proclamé le moment du multilatéralisme et, pourtant, seuls les pays jouissant d'une certaine puissance économique ou militaire participent à l'élaboration du droit international. Ce droit reste en grande partie éminemment occidental, même si les pays en développement ont de plus en plus leur mot à dire.

Face à un droit international pourvoyeur de conceptions contraires à leurs intérêts, la Chine et la Russie ont adopté un communiqué conjoint le 25 juin 2016 portant sur la promotion du droit international. Ce communiqué est intervenu dans un contexte particulier pour ces deux pays. En effet, la Russie avait annexé de force la Crimée depuis 2014 et la Chine était en affrontements perpétuels sur la question de la nationalité de certaines îles et certains îlots en mer de Chine méridionale.

Ainsi, ces deux pays ont rappelé par leur déclaration commune que « le principe d'égalité souveraine est crucial pour la stabilité des relations internationales ». Cela implique tant l'obéissance au droit international que la participation à sa formation, en plus d'un principe d'indépendance qui proscrit toute intervention militaire unilatérale. Le principe de non-intervention est ainsi réaffirmé et il y est souligné que l'outil privilégié de règlement des différends entre États est celui auquel ils ont adhéré. Aucune allusion aux droits de l'homme ne figure dans la déclaration. Au contraire, par la réaffirmation forte du principe de souveraineté, ces droits sont rejetés[2]. Le concept de souveraineté devient ainsi le bouclier d'États ayant une vision différente du droit international et disposant d'assez de puissance pour pouvoir être entendus sur la scène interétatique.

Par conséquent, il serait imprudent d'enterrer immédiatement le concept de souveraineté. La preuve en est que même dans l'Union européenne, les États membres conservent une forme de souveraineté par la possibilité de sortie comme l'a illustré le Brexit. La clause de retrait figure d'ailleurs à l'article 50 TUE dont le premier paragraphe dispose que : « Tout État membre peut décider, conformément à ses règles constitutionnelles, de se retirer de l'Union ». Il faut également constater que les États restent les acteurs principaux du droit international. Même les auteurs néo-libéraux consacrent une fonction aux États[3] et, comme il a été exposé supra, le droit international positif continue à leur associer la souveraineté. Ainsi, même s'il est démontrable que le concept de souveraineté et les missions de l'État aient fortement varié dans le monde actuel[4] ; en droit, il n'est pas possible de totalement écarter ce concept. Le concept d'État reste consubstantiellement lié à la souveraine-

---

[1] *Ibid.* Pour une analyse complète de ce qu'est la puissance, voir dans l'ouvrage cité les pages 203 à 289.
[2] ROBERTS A., *op. cit.*, p. 293.
[3] Voir l'article de NOUVEL Y., « L'État néo-libéral au cœur de la mondialisation », *in* MOUTON J.-D., COT J.-P., *L'État dans la mondialisation*, Société Française pour le Droit International, colloque de Nancy, Pedone, 2012, Paris, pp. 133-149.
[4] MOUTON J.-D., *art. cit.*

té. Cette dernière a souffert de confusions sémantiques notamment en raison de sa polysémie désignant à la fois la souveraineté interne et la souveraineté externe. Parfois, même les critères de la souveraineté interne ont été appliqués à la souveraineté externe pour en démontrer l'inexistence, ce qui est une erreur de raisonnement. Par conséquent, si l'on peut tempérer le contenu de la souveraineté, qui relèverait dès lors plus de la notion que du concept, l'on ne peut pas totalement l'évacuer au regard du droit positif. Il s'agit d'une fiction qui reste au fondement du droit international actuel. C'est ainsi que la question de la souveraineté va s'immiscer au cœur de la transnationalité administrative dont le propre est de faire se rencontrer deux souverainetés différentes.

La mondialisation constitue donc un défi particulier pour la souveraineté et les modes de fonctionnement classiques des États. Des évolutions ont été nécessaires impliquant une modification parallèle des conséquences traditionnellement attachées à la souveraineté. C'est ainsi que le principe de territorialité du droit public peut être revu à la lumière d'une refonte du concept de souveraineté.

La relecture du principe de territorialité du droit public a premièrement été sectorielle : très rapidement, le droit pénal et le droit fiscal ont développé des branches « internationales »[1] et aujourd'hui la question de l'extraterritorialité de ces droits ne se pose plus. En revanche, l'extraterritorialité du droit administratif reste un thème délaissé par la doctrine bien qu'une partie de celle-ci ait récemment accepté d'en recevoir la thèse.

Le droit pénal et le droit fiscal sont deux branches de droit public (M. Baldovini a démontré que matériellement le droit pénal s'apparentait beaucoup plus à du droit public qu'à du droit privé, dans lequel il était historiquement classé en raison de contingences académiques)[2] dont l'extraterritorialité ne fait aucun doute. Cela est souligné par l'existence de sous-catégories nommées respectivement « droit pénal international » et « droit fiscal international ».

Traditionnellement, le droit pénal était conçu comme strictement territorial tant en France que dans le monde anglo-saxon[3]. Mais, selon Didier Rebut, cette position niait qu'une infraction commise à l'étranger puisse nuire aux intérêts de l'État dont un délinquant était le national et effaçait donc tout lien unissant cet État à ses ressortissants nationaux[4]. Il est dès lors peu étonnant que la compétence pénale internationale des États ait évolué vers l'extraterritorialité afin de donner voix à tous les

[1] En témoignent les manuels de « Droit pénal international » ou de « Droit fiscal international ». Voir HUET A., KOERING-JOULIN R., *Droit pénal international*, PUF, coll. Thémis droit, 3e éd., 2005, Paris, XXVI-507 p. ; REBUT D., *Droit pénal international*, Dalloz, coll. Précis, 1re édition, 2012, Paris, XVII-806 p. ; LOMBOIS C., *Droit pénal international*, Dalloz, coll. Précis, 2e éd., 1979, Paris, 688 p. ; OBERSON X., *Précis de droit fiscal international*, Stämpli Éditions, coll. Précis de droit Stämpli, 4e éd., 2014, Berne, XXXIII-418 p. ; CASTAGNÈDE B., *Précis de fiscalité internationale*, PUF, coll. Fiscalité, 6e éd., 2019, Paris, 580 p.

[2] Voir : BALDOVINI M., *La classification académique du droit pénal, entre droit public et droit privé. Sur un paradoxe de la science du droit*, thèse dactyl. soutenue le 10 décembre 2009 à l'Université de Caen, 483 p.

[3] REBUT D., *op. cit.*, pp. 78-79.

[4] *Ibid*, pp. 78-79.

États concernés. Plus précisément, l'arrêt du Lotus précédemment cité a levé tout doute sur la conception de la territorialité du droit pénal :

« S'il est vrai que le principe de la territorialité du droit pénal est à la base de toutes les législations, il n'en est pas moins vrai que toutes ou presque toutes ces législations étendent leur action à des délits commis hors du territoire ; et cela d'après des systèmes qui changent d'État à État. La territorialité du droit pénal n'est donc pas un principe absolu du droit international et ne se confond aucunement avec la souveraineté territoriale. »

Ceci a eu une double conséquence. En premier lieu, celle d'évincer tout questionnement à propos de l'extraterritorialité du droit pénal en liaison avec la souveraineté : cette compétence est admise et ne fait l'objet d'aucun développement substantiel dans les ouvrages de référence actuels. Toutefois, la classification du droit pénal comme branche du droit privé ne fait pas l'unanimité chez certains auteurs qui soulèvent, au contraire, que le droit pénal est scientifiquement rattaché au droit public de par sa fonction de poursuite des atteintes à l'ordre public et plus largement à l'État[1]. Quelle que soit la qualification qu'on lui attribue, le droit pénal entretient un lien fort avec la souveraineté de l'État puisque son objet vise à la préserver. Ainsi, l'absence de la question de la souveraineté dans le développement de l'extraterritorialité du droit pénal dénote.

En second lieu, l'extraterritorialité du droit pénal s'est vivement diversifiée notamment au regard de la compétence des tribunaux français pour connaître d'affaires ayant un élément d'extranéité. Trois chefs de compétence permettent au juge français de juger d'affaires extraterritoriales. Tout d'abord, la compétence personnelle, liée à la nationalité de la personne commettant une infraction ou en étant victime[2]. Ensuite, la compétence réelle, en cas d'infraction portant atteinte aux intérêts fondamentaux de l'État et dont l'exemple topique est le faux-monnayage[3]. Enfin, la compétence universelle quand l'infraction n'a aucun lien de rattachement avec l'État en cause[4]. Dans un tel cas, la compétence des tribunaux s'explique plus par des raisons stratégiques et géopolitiques que par le droit qui n'autorise pas réellement ce type de pratique. Les affaires mettant en œuvre la compétence universelle ont d'ailleurs le plus souvent concerné le procès d'anciens dictateurs ou dirigeants sanguinaires ayant commis des violations massives des droits de l'homme comme Eichmann (jugé par l'Israël) ou Pinochet (jugé par l'Espagne).

Ainsi semble-t-il n'exister que très peu de limites à l'exercice de la compétence extraterritoriale des tribunaux en matière de droit pénal. Cela résulte probablement d'une lecture extensive de l'arrêt du Lotus qui voudrait que l'État ait une compétence normative extraterritoriale illimitée alors que la décision en cause a simplement jugé qu'il n'y avait pas d'interdiction générale d'une telle compétence[5]. À

---

[1] Voir : BALDOVINI M., *La classification académique du droit pénal, entre droit public et droit privé. Sur un paradoxe de la science du droit*, thèse dactyl. soutenue le 10 décembre 2009 à l'Université de Caen, 483 p.

[2] HUET A., KOERING-JOULIN R., *op. cit.*, pp. 230-233.

[3] REBUT D., *op. cit.*, pp. 80-86.

[4] *Ibid.*, pp. 111-145.

[5] STERN B., Quelques observations sur les règles internationales relatives à l'application extraterritoriale du droit », *Annuaire français de droit international*, vol. 32, 1986, p. 19.

l'inverse, certains ont lu cette décision comme sous-entendant la nécessité d'un lien de rattachement suffisant justifiant la compétence normative extraterritoriale de l'État[1], solution que nous privilégions. Dès lors, les États pourraient étendre leur compétence normative à toutes les situations ayant un lien factuel avec leurs intérêts. C'est pourquoi sont admises en droit pénal les compétences réelles et personnelles. L'existence de la compétence universelle semble en revanche très critiquable en termes de conformité avec le droit international.

Ce développement montre que la dimension extraterritoriale du droit pénal est aujourd'hui parfaitement reconnue même s'il reste des points de friction sur certains de ses aspects. La raison en est avant tout pratique : cette extraterritorialité est nécessaire pour protéger les intérêts des États. Évidemment, il n'existe pas de compétence extraterritoriale d'exécution : celle-ci est compensée par des systèmes de coopération interétatiques sur lesquels nous reviendrons ultérieurement. Tout comme le droit pénal, une autre branche du droit public a connu un développement extraterritorial important : celle du droit fiscal.

Bien que dans son cours à l'Académie de La Haye, en 1954, Maxime Chrétien rappelât fermement une conception uniquement territoriale de la compétence fiscale étatique[2], force est de constater qu'aujourd'hui, ce principe n'a plus la même valeur. Cette caractéristique du droit fiscal international est particulièrement intéressante pour la recherche menée ici, car le droit fiscal constitue une branche spécialisée du droit administratif. Les exemples de l'extraterritorialité de ce droit sont relativement nombreux et plus ou moins récents comme dans le cas de l'imposabilité des bénéfices des sociétés. Historiquement, le système français territorialiste était opposé à son équivalent américain fondé sur le principe de mondialité. C'est-à-dire, qu'en France, seul le revenu fait par les sociétés sur le territoire national était imposable alors qu'aux États-Unis, était pris en compte l'ensemble du revenu mondial des sociétés considérées. Or, lors d'une étude approfondie et récente de ces systèmes, il a finalement été établi que les deux systèmes avaient peu à peu pris des éléments à la fois du principe de territorialité et de celui de mondialité[3] se traduisant donc par une extraterritorialisation du droit fiscal français sur la question.

Dès lors, la stricte territorialité de l'impôt est reléguée dans les rayonnages de l'histoire du droit, et ce d'autant plus que la mobilité des personnes assujetties à l'impôt a fortement augmenté avec le processus de la mondialisation. Il n'est pas étonnant que, de même que pour le droit pénal international, les ouvrages de droit fiscal international ne se posent pas la question de la justification de la compétence fiscale[4].

---

[1] *Ibid.*, p. 20.

[2] CHRÉTIEN M., « Contribution à l'étude du droit international fiscal actuel : le rôle des organisations internationales dans le règlement des questions d'impôts entre les divers États », *RCADI*, 1954, t. 2, vol. 86, p. 15.

[3] MELOT N., *Territorialité et mondialité de l'impôt*, Dalloz, coll. Nouvelle bibliothèque des thèses, 2004, Paris, XX-954 p.

[4] Voir CASTAGNÈDE B., *op. cit.* ; OBERSON X., *op. cit.*

128. Dans sa thèse portant sur la compétence fiscale[1], Andréas Kallergis démontre que le pouvoir fiscal découle bien du statut d'État souverain, mais que le droit international ne vient en limiter l'exercice que très faiblement[2]. Dès lors, la compétence normative fiscale internationale est en principe presque illimitée par le droit international, mais doit toutefois être justifiée par un lien de rattachement[3], ce dernier étant soit territorial, soit personnel. M. Kallergis qualifie même la fin d'une conception strictement territoriale de cette compétence comme une « évidence »[4].

Par conséquent, le faible travail de répartition opéré par le droit international est source de multiples doubles impositions. La lutte contre celles-ci était même le but premier du droit fiscal international au travers duquel les États ont conclu des traités afin d'y mettre fin. Dans un second temps, d'autres conventions internationales ont été adoptées à propos des compétences fiscales des États afin d'éviter que les contribuables puissent exploiter le système pour éviter toute imposition[5]. Aujourd'hui, un des nouveaux sujets du droit fiscal porte sur la manière dont on peut taxer les GAFAM (anagramme de Google, Apple, Facebook, Amazon, Microsoft), ces opérateurs travaillant au moyen d'internet et étant localisés de manière à se soustraire aux impositions des différents États où ils livrent produits et services. Le questionnement actuel cherche donc à trouver un nouveau lien de rattachement face à l'insuffisance des liens territoriaux et personnels[6]. Par conséquent, le principe de territorialité et le droit fiscal ne paraissent guère aller de pair. La seule contrainte affirmée par le Lotus dans le cas de la compétence d'exécution est finalement peu importante : elle n'empêche pas que les compétences normatives mises en œuvre soient obéies ni que les États décident de coopérer pour la compenser. Il n'est pas banal que cette relativisation du principe de territorialité concerne l'impôt, premier acte administratif à avoir été investi de l'exécution d'office à la fin de la Révolution[7].

Cette aisance du droit pénal et du droit fiscal avec l'extraterritorialité conduit à interroger la dimension uniquement interne du droit administratif. Si ces premiers ont évolué afin de garder leur efficacité et de pourvoir à leur mission, le paradigme de la mondialisation devrait aussi amener le droit administratif à ouvrir la porte de l'extraterritorialité.

La réception de la théorie de l'extraterritorialité du droit public commande l'avènement d'un droit administratif international, « un droit interne de par ses sources et sa nature, mais international de par son objet, puisqu'il vise des situations

---

[1] KALLERGIS A., *La compétence fiscale*, Dalloz, coll. Nouvelle Bibliothèque de Thèses vol. 175, 2018, Paris, XXI-1002 p.

[2] *Ibid.*, pp. 215-291.

[3] *Ibid.*, p. 245.

[4] *Ibid.*, p. 246.

[5] *Ibid*, pp. 307-337.

[6] Sur la taxe GAFA, voir : GUTMANN D., « La 'taxe GAFA' : quelques éléments d'analyse », *D.* 2019. 1704 ; RUTSCHMANN Y., ROCH P.-M., SOUMAGNE A., « Projet de taxe sur les services numériques : une solution d'attente qui suscite des interrogations quant à sa conformité aux normes supérieures », *RDF* n°13, 2019, étude 212.

[7] FRAYSSE E., *L'État dans la construction doctrinale du droit administratif*, thèse dactyl. de droit public, soutenue le 26 septembre 2019, p. 215.

présentant un élément d'extranéité, ou internationales, et non internes »[1]. Tout comme le droit pénal international et le droit fiscal international, ce droit serait une branche spécifique du droit administratif interne concernant les situations administratives comprenant un élément d'extranéité. Et pourtant, comme nous l'avons souligné précédemment, il n'existe pas d'autonomie de cette branche, qui est d'ailleurs délaissée par les ouvrages de la matière. Le vocable de « droit administratif international » semble au contraire appartenir à un courant passé de la doctrine internationaliste de la première moitié du XXe siècle[2] à quelques exceptions près[3].

Et pourtant, le droit administratif international n'est pas chose nouvelle, en témoigne l'œuvre de Prosper Fedozzi[4] qui arguait de la possible extraterritorialité des lois de droit public[5]. Il nuançait d'ailleurs cette distinction entre le droit public et le droit privé qui est contingente des époques et des États[6]. Selon lui, la puissance de commandement de l'État est la manifestation principale de sa souveraineté et, ce pouvoir n'est pas limité au territoire de l'État[7]. Les États « n'ont aucune raison de voir leurs droits souverains atteints par le simple fait qu'un État adresse des ordres à des personnes se trouvant sur leur territoire »[8].

Un nouveau courant contemporain a repris en partie cette doctrine en l'inscrivant dans les rapports administratifs horizontaux entre États « droit administratif transnational ». Sans pouvoir réellement parler de consécration doctrinale, cette vision semble de plus en plus présente[9]. Sans doute est-ce lié à ce qu'expliquait

---

[1] BORIES C., « Histoire des phénomènes administratifs au-delà de la sphère étatique : tâtonnements et hésitations du droit et/ou de la doctrine », *in* BORIES C. (éd), *Un droit administratif global ?*, Actes du colloque organisé les 16 et 17 juin 2011, Pedone, coll. Cahiers internationaux n° 28, 2012, p. 28.

[2] En témoigne le cours à l'Académie de La Haye de José Gascon y Martin de 1930 (GASCON Y MARTIN J., « Les transformations du droit administratif international », *RCADI*, 1930, t. IV, vol. 34, p. 6).

[3] Comme la thèse de A.-M. Thévenot-Werner (THÉVENOT-WERNER A.-M., *Le droit des agents internationaux à un recours effectif : vers un droit commun de la procédure administrative internationale*, Brill Nijhoff, coll. Études de droit international vol. 8, 2016, Leiden, XXI-1405 p.)

[4] Voir notamment : RAPISARDI MIRABELLI A., FEDOZZI P., SANTI R., *Trattato di diritto internazionale. Il diritto internazionale aministrativo*, vol. 8, Cedam, 1939, Padoue, XX-489 p.

[5] FEDOZZI P., « De l'efficacité extraterritoriale des lois et des actes de droit public », *RCADI* 1929, II, t. 27, p. 149.

[6] *Ibid.*, pp. 152-156.

[7] *Ibid.*, p. 163.

[8] *Ibid.*, p. 164.

[9] Voir pour exemple : AUDIT M., « Les contrats de travail conclus par l'administration à l'étranger », *RCDIP* 2002, p. 39 ; « Veille de droit administratif transnational », *RDA* 2005, n° 4, pp. 4-5 ; « Veille de droit administratif transnational », *RDA* 2006, n° 4, pp. 2-3 ; « Veille de droit administratif transnational », *RDA* 2007, n° 8, pp. 5-7 ; « La compétence extraterritoriale du droit administratif » in *La compétence*, Actes du colloque organisé les 12 et 13 juin 2008 par l'Association française pour la recherche en droit administratif à la faculté de droit, sciences économiques et gestion de Nancy, Litec, 2008, Paris, p. 69 et s. ; « Veille de droit administratif transnational », *RDA* 2008, n° 10, pp. 13-16 ; « Veille de droit administratif transnational », *RDA* 2009, n° 12, pp. 14-17 ; « Veille de droit administratif transnational », *RDA* 2010, n° 12, pp. 24-26 ; « Veille de droit administratif transnational », *RDA* 2012, n° 1, pp. 9-12 ; SCHMIDT-ASSMANN E., « Les influences réciproques entre les droits administratifs nationaux et le droit administratif européen », *AJDA*, 20 juin 1996, numéro Hors Série « Droit administratif et droit communautaire. Des influences réciproques à la perspective d'un droit administratif européen : les données du débat contemporain », pp. 146-155 ; GAUTIER M., « Le dispositif

déjà Karl Neumeyer en 1911 : si ce droit existe, ce n'est pas par « desideratum », mais en raison de la « réalité juridique » qui nécessite que soient fixées dans l'espace les compétences de l'administration[1]. Toutefois, l'admission d'un tel droit n'est pas si simple et commande de régler la question préalable de l'action administrative extraterritoriale.

En effet, il faut s'interroger sur la distinction de nature entre cette action et la conduite des relations internationales. Comme l'a relevé Maxence Chambon dans sa thèse, le principe d'unité de l'État voudrait que toute action extérieure des personnes publiques lui soit imputable[2]. Dans sa démarche visant à démontrer la « possibilité d'une activité administrative extraterritoriale »[3], il reprend l'argument de la dualité fonctionnelle de l'État. Cet argument avait déjà été traité dans le chapitre préliminaire de la thèse de Sophie Lemaire portant sur les contrats internationaux de l'administration[4]. Cette question est donc un préalable indispensable à l'existence d'une activité administrative extraterritoriale.

La théorie de la dualité fonctionnelle de l'État veut que l'on puisse classer d'un côté les fonctions régaliennes (fonctions législative, juridictionnelle et gouvernementale) et de l'autre les fonctions administratives. Les premières sont imputables à l'État en tant que personne internationale, c'est-à-dire le sujet primaire du droit international pouvant conduire des relations internationales. Quant aux fonctions administratives, elles sont imputables à l'« État-Administration », « personne morale de droit public interne, non souveraine [et] soumise aux juridictions internes et à l'autorité des lois »[5]. Par application de cette dialectique, l'action extérieure de l'« État-Administration » est une activité administrative extraterritoriale.

Une fois l'existence d'une activité administrative extraterritoriale prouvée, les auteurs se sont attachés à démontrer la compétence extraterritoriale du droit adminis-

---

Schengen, vecteur d'une nouvelle forme d'intégration juridictionnelle », in *Les dynamiques du droit européen en début de siècle (Études en l'honneur de Jean-Claude Gautron)*, Pédone, 2004, Paris, pp. 69-82 ; « Le dépassement du caractère national de la juridiction administrative : le contentieux de Schengen », *RDA*, mai 2005, étude 8 ; « Acte administratif transnational et droit de l'Union européenne », *in* J.-B. AUBY, J. DUTHEIL DE LA ROCHÈRE (dir.), *Traité de droit administratif européen*, Bruylant, coll. Droit administratif, Bruxelles, 2007, pp. 1303-1315 ; « Une autre traversée du Rhin », *AJDA*, 2015, n° 20, p. 1139-1143 ; « The Life and Death of Schengen Agreement : is the abolition of internal borders a realistic goal ? », *Italian journal of public Law* 1, 2016, pp. 115-126 ; « Du nouveau du côté du contrôle transnational des actes administratifs », *AJDA* n° 19, 2017, pp. 1081 et s. ; BOCANEGRA SIERRA R., GARCÍA LUENGO J., « Los actos administrativos transnacionales, *Revista de Administración Pública*, sept.-déc. 2008, pp. 9-29 ; DE LUCIA L., « Autorizzazioni transnazionali e cooperazione amministrativa nell'ordinamento europeo », *Rivista di diritto publico comnitario*, 2010, n° 3, pp. 759-788 ; « Administrative Pluralism, Horizontal Cooperation and Transnational Administrative Acts », *REAL*, 2012, n° 2, pp. 17-45 ; « From mutual recognition to EU Authorization : a decline of transnational administrative acts ? », *Italian journal of public Law* 1, 2016, pp. 90-114.

[1] NEUMEYER K., « Le droit administratif international », *RGDI*, 1911, p. 494.

[2] CHAMBON M., *Le conflit de lois dans l'espace et le droit administratif*, Mare & Martin, coll. Bibliothèque des thèses, 2015, Paris, pp. 57-72.

[3] *Ibid.*, Premier Chapitre, du Titre I de la Première Partie de sa thèse.

[4] LEMAIRE S., *Les contrats internationaux de l'administration*, LGDJ, coll. Bibliothèque de Droit Privé t. 433, 2005, Paris, pp. 9-48.

[5] *Ibid.*, pp. 34-35.

tratif. Selon eux, il s'agit d'une compétence de principe en raison à la fois du caractère permissif du droit international à l'égard de la compétence normative[1] et de la délimitation uniquement ratione materiae du droit administratif[2]. Dès lors, « le droit administratif régit toutes les activités administratives des personnes publiques françaises, même celles qui sont partiellement ou entièrement localisées à l'étranger. »[3].

Tout cela est largement étayé par une jurisprudence fournie et ancienne du Conseil d'État en matière de contrats publics internationaux et de responsabilité administrative pour des faits commis à l'étranger[4]. Plus récemment, le Conseil d'État a de nouveau eu l'occasion de confirmer le caractère extraterritorial du droit public français[5]. En effet, dans une décision Région Rhône-Alpes du 17 février 2016, il a vérifié qu'un contrat passé entre la région Rhône-Alpes et une collectivité territoriale algérienne, pour restaurer une basilique en Algérie, ne portait pas atteinte au principe de séparation de l'Église et de l'État posé par l'article 2 de la loi du 9 décembre 1905[6]. Plus récemment, le Conseil d'État a même affirmé que les règles régissant le domaine public s'appliquaient également aux biens situés à l'étranger consacrant ainsi clairement l'extraterritorialité du droit administratif des biens dans un tel cas[7].

Par conséquent, la seule limitation territoriale que connaît le droit administratif serait réduite à son exécution selon la jurisprudence du Lotus énoncée précédemment[8]. Un État pourrait donc adopter des règles de droit public de portée extraterritoriale, il ne pourrait seulement pas en réaliser la mise en œuvre sur le territoire étranger. De ce fait, Maxence Chambon en a conclu :

« Seule la juridicité du droit administratif extraterritorial peut alors apparaître comme incertaine. Mais si le droit administratif ne peut naturellement prétendre à bénéficier des mêmes atouts qu'au sein de l'ordre juridique interne, son effectivité

---

[1] CHAMBON M., *op. cit.*, pp. 89-99.

[2] AUDIT M., « La compétence extraterritoriale du droit administratif » in *La compétence … op. cit.*, pp. 72-74.

[3] *Ibid.*, p. 73.

[4] Pour les contrats publics internationaux, les principaux arrêts sont : CE, sect., 11 janvier 1952, *Sieur Habib Bechara*, n°84235, *Rec.* p. 30 ; *Rev. Jur. Et pol. Union française* 1952, p. 292, concl. BARBET ; CE, 28 janvier 1983, *Mme Johnston*, n°15093, *Rec.* p. 28 ; *RCDIP*, 1985, p. 316, concl. M. FRANC et note P. RODIÈRE ; CE, sect., 7 janvier 1987, *Mme Félicien*, n°32262, *Rec.*, p. 634 ; *RCDIP*, 1988, p. 687, note P. RODIÈRE ; *D.*, 1987, som. p. 350, obs. B. AUDIT ; CE, 10 mars 1997, *Mme de Waele*, n°163182, *Tables*, p. 741 ; *RCDIP*, 1997, p. 695, note Ph. COURSIER ; CE, sect., 19 novembre 1999, *Tegos*, n°183648, *Rec.*, p. 356, *RFDA*, 2000, p. 833, concl. J. ARRIGHI DE CASANOVA ; *JDI*, 2000, p. 742, note J.-F. FLAUSS ; *RCDIP*, 2000, p. 409, concl. J. ARRIGHI DE CASANOVA et note S. LEMAIRE ; *JCP*, 2000, IV, 1439, obs. M.-C. ROUAULT.
Pour le contentieux de la responsabilité : CE, 8 mai 1925, *Sieur et Dame Bättler*, n° 78373, *Rec.* p. 447 ; CE, 6 avril 1949, *Epoux Bouillot*, n°93284, *Rec.* p. 170 ; CE, sect., 13 janvier 1993, *Mme Galtié*, n° 63044, *Rec.* p. 11 ; *RFDA*, 1994, p. 91, note P. BON.

[5] CHAMBON M., « Les collectivités territoriales, acteurs de la globalisation du droit administratif ? », *RFDA* 2019, n°6, pp. 994 et s.

[6] CE, 17 février 2016, *Région Rhône-Alpes*, n°368342, *Rec.* p. 41, spéc. cons. n°13 ; *AJDA* 2016, p. 343 et p. 712, chron. DUTHEILLET DE LA MOTHE L., ODINET G. ; *AJCT* 2016, p. 340, obs. GOUNIN Y.

[7] CE, 25 juin 2021, *Sté Mezzi et Fonderia*, n°438023.

[8] Voir §97.

ne peut être totalement remise en cause, même lorsqu'il vise des situations débordant les frontières nationales. Son épanouissement juridique est dès lors soumis à certaines contingences, mais celui-ci est loin d'être inexistant puisqu'un contentieux fourni devant le juge administratif français en démontre la réalité extraterritoriale. »[1]

Il a été mis en lumière que la notion d'État était apparue assez tardivement dans notre histoire concomitamment au concept de souveraineté qui lui a été attaché. Antérieurement à cela, il est difficile de raisonner en termes de territorialité fixe et d'administration élaborée. C'est seulement après le XVIe siècle et l'émergence de ces nouvelles notions que le droit administratif a véritablement commencé à se développer.

Parallèlement, l'attribution de la souveraineté à l'État lui a donné à la fois les moyens de consolider son existence et d'affirmer sa puissance sur son territoire. Ceci s'est traduit sur le plan des relations internationales par un principe d'égalité entre les États souverains ayant pour corollaire un principe de non-intervention en territoires étrangers. Il en a découlé un troisième principe, celui de territorialité du droit public proscrivant toute extraterritorialité de ce droit.

Cependant, la mondialisation et son explosion des flux de personnes, de biens, de services et autres, a remis en cause le fonctionnement de ce monde westphalien. Rendant nécessaire la coopération et créant une interdépendance croissante entre les États, il est aujourd'hui bien difficile d'identifier clairement où la souveraineté se place. Pour des raisons d'efficacité, certains pans du droit public ont alors développé une facette extraterritoriale. Ce phénomène s'est étendu au droit administratif même : il est aujourd'hui certain que l'action administrative ne s'arrête plus à la frontière française, emportant l'application du droit administratif national à l'étranger. Tout ceci forme les conditions nécessaires à l'émergence de l'acte administratif unilatéral transnational dont l'identification doit alors être exposée.

Les éléments de définition de l'acte administratif unilatéral transnational

La section précédente a permis de démontrer l'existence d'une action administrative extraterritoriale. Par conséquent, cela permet de concevoir l'existence de l'acte administratif unilatéral transnational qui est aussi, par essence, extraterritorial. En définition d'approche, cet acte peut être vu comme tout acte administratif unilatéral ayant des effets juridiques contraignants sur un territoire étranger sans que l'État de réception ait à prendre de mesure individuelle de réception pour en permettre l'effectivité. Il intervient donc dans une relation horizontale entre un État émetteur, ou État d'origine, et un État récepteur, ou État de réception. Il constitue alors une exportation normative d'un ordre juridique vers un autre au moyen d'une translation horizontale entre les deux ordres.

Une définition plus précise de l'acte administratif unilatéral transnational peut se construire en deux étapes. Tout d'abord par l'établissement de critères d'identification spécifiques puis par le tracé des limites de la catégorie, car il est

[1] CHAMBON M. *op. cit.*, p. 114.

nécessaire de distinguer précisément les actes y étant compris de ceux qui en sont exclus bien qu'apparemment proches de ces premiers. Ce procédé permettra ainsi de fixer la définition complète de l'acte administratif unilatéral transnational.

Au regard de la première définition que nous avons posée, l'acte administratif unilatéral transnational est principalement identifié par un critère formel et un critère matériel. Le premier est qu'il doit s'agir d'un acte administratif unilatéral national, le second est qu'il doit produire des effets juridiques directs sur le territoire d'un État étranger.

On peut définir l'acte administratif français comme tout acte juridique, unilatéral ou contractuel, émis par l'administration et soumis en tant que tel à un régime de droit public et relevant de la compétence du juge administratif en cas de litige[1]. Est facilement identifiable le critère organique : un tel acte doit en principe être émis par une personne publique. Cependant, de nombreuses exceptions à ce critère ont fait apparaître un critère matériel alternatif de mise en œuvre de prérogatives de puissance publique, ou d'organisation ou d'exécution du service public[2].

Il n'est pas ici contesté que le contrat administratif est un acte administratif. Il est pourtant sciemment écarté de l'étude pour des raisons qui ont été exposées précédemment et qui feront également l'objet de développement à venir. Au regard du droit administratif français, force est de constater que les contrats administratifs et les actes administratifs unilatéraux n'ont de commun que la compétence du juge administratif et l'application d'un régime exorbitant de droit commun. Ils ne connaissent pas les mêmes règles en raison de leur différence de nature. La preuve en est que les manuels de la matière ne traitent généralement pas en même temps des contrats et des actes unilatéraux.

Enfin, l'absence des contrats dans la définition des actes administratifs dans les droits étrangers illustre sans doute aussi cette tendance. Il y a une réelle difficulté à concevoir l'unité de l'acte unilatéral et du contrat. C'est en partie pour cela que nous ne nous concentrerons pas sur ceux-ci, sans pour autant nous interdire de les mentionner dans les cas appropriés.

Chose curieuse, à la lecture de la définition de l'acte administratif, il semble qu'il soit également défini par son régime. De ceci, certains en ont compris que l'acte administratif doit être un acte faisant grief, une décision exécutoire ou encore un acte susceptible de recours pour excès de pouvoir[3]. Il n'est pas certain que ces ca-

---

1 CHAPUS R., *Droit administratif général*, Montchrestien, coll. Domat droit public, t. 1, 15e éd., 2001, Paris, p. 533.

2 DELVOLVÉ P., *L'acte administratif*, Sirey, coll. Droit public, 1983, Paris, pp. 39-47. Pour la mise en œuvre de prérogative de puissance publique : CE, sect., 22 nov. 1974, *Fédération des industries françaises d'articles de sport*, n°89828, *Rec.*, p. 576, concl. J. THÉRY, *D.*, 1975, p. 739, note J.-F. LACHAUME, *AJDA*, 1975, p. 19 ; CE, sect., 19 déc. 1980, *Hetcher*, n°11320, *Rec.*, p. 488, *D.* 1981, p. 431, note G. SIMON. Pour l'organisation du service public : TC, 15 janv. 1968, *Cie Air France c/ Époux Barbier*, n°01908, *Rec.*, p. 789, concl. J. KAHN, *D.*, 1969, p. 202, note J.-M. AUBY, *RDP*, 1968, p. 893, note M. WALINE. Pour l'exécution du service public : CE, ass., 31 juillet 1942, *Monpeurt*, n°71398 *Rec.*, p. 239, *D.*, 1942, p. 132, concl. Ségalat, note P.C. ; CE, ass., 2 avril 1943, *Bouguen*, n°72210, *Rec.*, p. 86, concl. M. LAGRANGE.

3 Voir : DELVOLVÉ P., *op. cit.*, pp. 23-35.

ractéristiques suffisent pour identifier un acte administratif[1]. En revanche, leur absence permet d'écarter une telle qualification.

Dans une brève comparaison avec nos pays voisins, l'on peut voir que la Suisse a une définition très proche de celle du droit administratif français à l'exclusion des contrats : est un acte administratif « tout acte juridique unilatéral de droit public de l'autorité étatique qui n'est ni un acte législatif ni un acte judiciaire ». Cependant, seuls les actes unilatéraux imposant à une personne une obligation de faire, de ne pas faire ou de tolérer une action déterminée peuvent faire l'objet d'un recours direct devant le juge[2]. En comparant avec onze autres pays[3], il apparaît que tous incluent dans leur définition de l'acte administratif les actes administratifs unilatéraux individuels, notamment l'Allemagne dont la loi sur la procédure administrative (VwVfG)[4] définit l'acte administratif comme « tout arrêté, décision ou mesure de la puissance publique pris par une autorité administrative en vue de régler un cas d'espèce relevant du droit public et qui vise à produire des effets de droit directs à l'égard des tiers »[5]. En revanche, seules la Grèce et la Turquie comprennent, comme la France, l'acte réglementaire dans cette catégorie.

Ceci présente une difficulté pour la rigueur scientifique de cette étude. Il est certain qu'un acte ne peut être défini comme administratif que par son droit national. Est administratif tout acte étranger qualifié comme tel dans son pays d'origine[6]. Cependant, ce travail cherche à créer une systématisation de leur définition et de leur régime. Comme la définition de l'acte administratif français est la plus large et que cette recherche s'inscrit dans une perspective de droit administratif français, nous étudierons l'acte administratif transnational en tant qu'il peut être à la fois un acte individuel ou réglementaire. Cela ne veut pas dire que les équivalents étrangers de l'acte réglementaire français seront des actes administratifs transnationaux. En effet, ils se verront refuser cette qualité en l'absence de leur administrativité dans leur droit national.

Une précision doit être ajoutée quant au contour de la définition de l'acte administratif unilatéral en ce qu'il se distingue à la fois de l'acte juridictionnel et de l'acte public. L'acte juridictionnel est classiquement défini comme l'acte rendu par une juridiction à propos de la légalité d'un acte juridique ou matériel donné[7]. Si initialement il existait une confusion dans la doctrine du XIXe siècle quant à la distinction

---

1 *Ibid.*

2 KNAPP B., *Précis de droit administratif*, Éditions Helbing & Lichtenhahn, coll. Théorie et pratique du droit, 4e éd., 1991, Bâle, p. 197.

3 RODRÍGUEZ-ARANA MUÑOZ J. (éd..), *Recognition of Foreign Administrative Acts*, Ius Comparatum-Global Studies in Comparative Law 10, 2016, X-399 p.

4 § 35, phrase 1 de la Verwaltungsverfahrensgesetz (VwVfG) du 25 mai 1976.

5 MAURER H., trad. FROMONT M., *Droit administratif allemand*, LGDJ, coll. Manuel, 1994, Paris, p. 185.

6 PARIS T., « La reconnaissance des actes administratifs étrangers au droit français », *in* RODRÍGUEZ-ARANA MUÑOZ, J. (ed.), *Recognition of Foreign Administrative Acts*, Ius Comparatum-Global Studies in Comparative Law 10, 2016, p. 119.

7 « Acte juridictionnel », in GUINCHARD S., DEBARD T., *Lexique des termes juridiques*, Dalloz, 28e éd., 2020, Paris, p. 24.

entre l'acte juridictionnel et l'acte administratif[1], il est aujourd'hui clair que les juges, qu'ils soient judiciaires ou administratifs, sont exclus de la fonction administrative et que leurs actes sont dès lors distincts de l'acte administratif[2]. Parallèlement, l'acte administratif se distingue également de l'acte public qui recouvre les actes individuels adoptés par des autorités publiques dans les rapports de droit privé[3]. Ainsi, d'un point de vue organique, les autorités publiques regroupent des acteurs plus larges que la simple administration, car elles incluent en ce sens les détenteurs de charges publiques comme les notaires ou les huissiers de justice. D'un point de vue matériel, ces actes publics sont en réalité soumis au droit privé bien qu'ils disposent d'un régime spécifique. Par conséquent, l'exclusion du droit public dans le domaine d'intervention de ces actes ne laisse aucun doute sur leur dissimilitude avec l'acte administratif unilatéral.

Lors de l'énoncé des critères de l'identification de l'acte administratif par la doctrine, il est commun de trouver la définition de cet acte par son opposition avec l'acte de droit privé[4]. Ceci implique que l'acte administratif est soumis par sa nature même à un droit dérogatoire, c'est-à-dire au droit administratif. Certains auteurs réfutent la présence de cet élément de régime dans la définition de l'acte administratif qui est défini selon eux comme une manifestation de volonté unilatérale de l'administration modifiant l'ordonnancement juridique en affectant les droits ou les obligations de son destinataire. La soumission à un régime de droit public n'est pas nécessaire à la qualification d'un acte comme étant administratif. Dès lors, il existe pour eux des actes administratifs contrôlés par le juge judiciaire par attribution législative[5] ou des actes administratifs soumis à aucun contrôle tels que les actes de gouvernement[6].

Il s'agit d'une définition matérielle très large de l'acte administratif que nous reconnaissons, mais que nous n'adoptons pas dans ce travail, car la circulation des actes soumis au droit privé est très différente de celle des actes soumis au droit

---

[1] GIRARD A.-L., *La formation historique de la théorie de l'acte administratif unilatéral*, Dalloz, coll. Nouvelle Bibliothèque des Thèses vol. 124, 2013, Paris, pp. 125-126.

[2] SEILLER B., « Acte administratif : identification », in *Répertoire de contentieux administratif*, Dalloz, actualisation juillet 2020, §14.

[3] CALLÉ P., *L'acte public en droit international privé*, Economica, coll. Recherches Juridiques, 2004, Paris, p. 3.

[4] Voir par exemple : SEILLER B., *Droit administratif*, t. 2, Flammarion, coll. Champs Université, 8e éd., 2018, Paris, pp. 123 et suivantes ; PLESSIX B., *Droit administratif général*, LexisNexis, coll. Manuel, 3e éd., 2020, Paris, pp. 1104-1119.

CHAPUS R., *Droit administratif général*, t. 1, Montchrestien, coll. Domat droit public, 15e éd., 2001, Paris, pp. 533 et suivantes ; VIRALLY M., « Acte administratif », in ODENT R., WALINE M., *Répertoire de droit public et administratif*, Dalloz, coll. Encyclopédie juridique Dalloz. Droit administratif, 1958-1959, Paris, pp. 6-23, spéc. p. 7.

[5] C'est notamment l'objet de la loi n° 87-499 du 6 juillet 1987 transférant le contentieux des décisions de l'Autorité de la concurrence à la juridiction judiciaire qui a donné compétence à la Cour d'Appel de Paris pour connaître des recours contre les procédures d'*antitrust* menées par l'Autorité de la concurrence.

[6] DELVOLVÉ P., *op.cit.*, p. 11 et pp. 33-35 ; EISENMANN, *Droit administratif approfondi : Les actes juridiques du droit administratif*, Cours de droit, 1959-1960, Paris, pp.66-79, spéc., p. 78.

public[1] et que la qualification d'acte administratif décisoire suppose, en principe, la possibilité d'un recours pour excès de pouvoir devant le juge administratif[2]. Cela s'inscrit d'ailleurs en cohérence avec la vision du Conseil d'État qui classe, par exemple, les actes de gouvernement en dehors des actes administratifs dans les tables analytiques de son recueil, alors que selon cette définition élargie de l'acte administratif de tels actes devraient rentrer dans cette catégorie[3]. Ainsi, le Conseil d'État distingue les actes de gouvernement, insusceptibles de recours pour excès de pouvoir[4], des actes administratifs. Enfin, il est indéniable que la construction historique de l'acte administratif s'est faite dans le contentieux administratif même si depuis le XXe siècle la doctrine s'est efforcée de détacher cet acte du recours pour excès de pouvoir afin d'en établir une théorie à part entière[5].

Tout ceci constitue autant d'arguments en faveur de l'adoption d'une « notion de régime »[6] dans le cadre de cette étude. Dès lors, sans rentrer dans un exposé précis des règles applicables aux actes administratifs, leur régime implique qu'ils soient soumis au droit administratif et puissent faire l'objet d'un contrôle par le juge administratif sauf exception[7]. Il ne faut pas pour autant oublier que la procédure administrative non contentieuse de ces actes fait aujourd'hui l'objet d'un code spécial : le Code des relations entre le public et l'administration adopté par l'ordonnance n° 2015-1341 du 23 octobre 2015[8].

Concernant le régime des actes administratifs étrangers, il convient de noter que leur identification emporte aussi l'application d'un droit particulier. Ainsi, l'acte administratif espagnol est également soumis à un droit administratif national, notamment à la Ley reguladora de la Jurisdicción Contencioso-Administrativa 29/1998[9]. Il en va de même en Allemagne où l'acte administratif est défini par la Loi sur la Procédure Administrative (VwVfG) et dont le régime est notamment prévu dans le Code de procédure de la cour administrative (VwGO)[10]. La liste d'exemples pourrait être allongée, mais tout ceci obéit à une logique simple. En effet, ces actes représentent l'action souveraine des États dans leurs interactions avec leurs administrés. De par cette nature différente des actes de droit privé, il est logique qu'ils soient soumis à des règles de régime et de contentieux différentes. On

---

1 À titre d'exemple, la circulation des décisions en matière civile et commerciale est prévue dans l'Union européenne par le règlement dit Bruxelles I du 22 décembre 2000 n°44/2001.

2 SEILLER B., *op. cit.*, pp. 138-142.

3 DELVOLVÉ P., *op.cit.*, pp. 33-35.

4 CE, 19 février 1875, *Prince Napoléon*, concl. David, n° 46707, *Rec.* p. 155.

5 GIRARD A.-L., *op.cit.*, p. 30.

6 EISENMANN C., *op. cit.*, p. 67.

7 TC, 17 octobre 2011, *SCEA du Chéneau*, n°C3828, *Rec.* p. 698, *RFDA*, 2011, p. 1129, note B. SEILLER.

8 PLESSIX B., *op. cit.*, pp. 1137-1141.

9 AYMERICH CANO C., « Searching for Foreign administrative Acts in Spanish Law », *in* RODRÍGUEZ-ARANA MUÑOZ J. (éd.), *Recognition of Foreign Administrative Acts*, Ius Comparatum-Global Studies in Comparative Law 10, 2016, pp. 286-297.

10 STELKENS U., MIRSCHBERGER M., « The Recognition of Foreign Administrative Acts: A German Perspective », *in* RODRÍGUEZ-ARANA MUÑOZ J. (éd..), *Recognition of Foreign Administrative Acts*, Ius Comparatum-Global Studies in Comparative Law 10, 2016, pp. 140-146.

ne peut pas juger ces actes comme ceux des particuliers, car, premièrement, ils poursuivent l'intérêt général ; deuxièmement, les administrations des États de droit sont liées par le principe de légalité exigeant que chacune de leurs actions soit conforme au droit ; et, troisièmement, dans le contentieux, la partie privée n'est pas à égalité des armes avec l'Administration. Par ailleurs, la question du régime des actes administratifs étrangers dans l'ordre juridique français est réduite à un effet indirect, car un acte de réception de droit interne doit en principe intervenir pour en permettre l'effectivité[1]. Ce n'est que par l'existence de l'acte administratif transnational que cette règle vient à être renversée. La transnationalité sera alors constitutive de certaines spécificités quant au régime de ces actes, ce qui sera étudié au cours de ce travail.

L'existence de la catégorie de l'acte administratif emportant l'application d'un régime spécial est à l'origine de la difficulté à penser l'acte administratif unilatéral transnational. En effet, il a été souligné que les actes administratifs obéissaient notamment à des règles spécifiques en raison de leur nature particulière en tant que manifestation souveraine de la volonté étatique. Or, lorsqu'ils sont transnationaux, ces actes ont des effets de droit dans les États étrangers alors même qu'ils ne devraient revêtir qu'une simple nature de fait dans ces ordres juridiques de réception.

Il existe différentes définitions de l'acte administratif transnational données par la doctrine dont une conclut à la nécessité d'identifier un acte administratif qualifié comme tel dans son pays d'origine et soumis au régime prévu par son droit national pour de tels actes[2]. Ce point ne fait donc pas consensus et les divergences doctrinales s'accentuent dès que l'on aborde les critères matériels de l'acte administratif transnational. Il ne s'agit pas d'oppositions frontales, mais les différentes définitions laissent un flottement relatif quant à la définition précise de ce type d'acte.

La doctrine allemande a été l'une des premières à se pencher sur la définition de ces actes. Elle place l'acte administratif transnational dans un contexte européen et, logiquement, fonde la source de sa transnationalité dans le droit de l'Union européenne. Ainsi, c'est en vertu d'un texte européen le prévoyant, qu'un acte émis par un État A produit des effets dans un État B sans que ce dernier n'ait adopté de mesure de réception ni n'ait participé à l'élaboration dudit acte[3]. On retrouve ici la logique de la jurisprudence Cassis de Dijon[4] d'après laquelle a été tiré le principe de reconnaissance mutuelle en droit européen et qui fait l'objet de développements spécifiques ultérieurement.

Cette conception a été importée en France notamment par Eberhard Schmidt-Assmann dans un article de 1996[5]. Puis la doctrine française s'en est emparée,

---

[1] PARIS T., *art. cit.*, p. 120.

[2] GERONTAS A., « Deterritorialization in Administrative Law : Exploring Transnational Administrative Decisions », *Columbia Journal of European Law*, n° 3, 2013, pp. 15-17

[3] SCHMIDT-ASSMANN E., *art. cit.*, pp. 146-155 ; RUFFERT M., « European Composite Administration: The transnational administrative act », *in* JANSEN O., SCHÖNDORF-HAUBOLD B. (éds.), *The European Composite Administration*, Intersentia, 2011, Cambridge, p. 284.

[4] CJCE, 20 février 1979, *Cassis de Dijon*, *aff.* 120/78, EUCLI :EU :C :1979 :42 ; Communication interprétative du 3 octobre 1980 de la Commission sur les suites de l'affaire *Cassis de Dijon*, JOCE n° C 256.

[5] SCHMIDT-ASSMANN E., *art. cit.*, pp. 146-155.

comme Olivier Dubos[1] ou Marie Gautier-Melleray[2], précisant toujours que cette définition ne porte que sur des relations horizontales entre les États. Ce phénomène d'exportation ne toucha pas seulement la France : la nécessité pratique de construire la notion théorique de l'acte administratif transnational a été ressentie dans de multiples pays. À titre d'exemple, la doctrine espagnole s'est aussi tournée vers la définition donnée par Mathias Ruffert[3] en Allemagne ainsi que la doctrine italienne, en particulier sous la plume de Luca de Lucia[4].

Parallèlement, d'autres définitions ont été données présentant un intérêt certain. Angelos Gerontas a proposé une définition beaucoup plus large, reconnaissant l'importance du cadre européen, mais admettant la possibilité de l'existence de l'acte administratif transnational dans un cadre de droit international[5]. Ainsi, la transnationalité peut, selon lui, être prévue dans un instrument de droit international tel qu'un traité. Il admet de ce fait un fondement plus large à la transnationalité administrative, ce qui permet d'y inclure d'autres actes résultant de ce phénomène, mais adoptés en dehors de toute mise en œuvre du droit de l'Union. Cette perspective plus globale sera retenue dans cette étude, car elle semble permettre une meilleure appréhension de l'entière complexité de l'acte administratif transnational.

Si toutes ces définitions peuvent être reconnues comme valables, il faut en souligner le caractère imprécis. Les termes « avoir des effets dans des États étrangers sans nécessiter une mesure de réception individuelle » peuvent être interprétés de diverses manières. Par souci didactique, il est choisi d'expliciter cet effet transnational en deux temps avec d'un côté la création d'un « lien inter-administratif » transnational et, de l'autre, l'existence d'effets de droit.

---

[1] DUBOS O., « Le territoire », *in* AUBY J.-B. (dir.), *L'influence du droit européen sur les catégories de droit public*, Dalloz, coll. Thèmes et commentaires, 2010, Paris, pp. 355-376, spéc. pp. 365-369.

[2] GAUTIER M., « Le dispositif Schengen, vecteur d'une nouvelle forme d'intégration juridictionnelle », in *Les dynamiques du droit européen en début de siècle (Études en l'honneur de Jean-Claude Gautron)*, Pédone, 2004, Paris, pp. 69-82 ; « Le dépassement du caractère national de la juridiction administrative : le contentieux de Schengen », *RDA*, mai 2005, étude 8 ; « Acte administratif transnational et droit de l'Union européenne », *in* J.-B. AUBY, J. DUTHEIL DE LA ROCHÈRE (dir.), *Traité de droit administratif européen*, Bruylant, coll. Droit administratif, 2007, Bruxelles, pp. 1303-1315 ; « Une autre traversée du Rhin », *AJDA*, 2015, n° 20, p. 1139-1143 ; « The Life and Death of Schengen Agreement : is the abolition of internal borders a realistic goal ? », *Italian journal of public Law* 1, 2016, pp. 115-126 ; « Du nouveau du côté du contrôle transnational des actes administratifs », *AJDA* n° 19, 2017, pp. 1081 et s.

[3] BOCANEGRA SIERRA R., GARCÍA LUENGO J., « Los actos administrativos transnacionales », *Revista de Administración Pública*, sept.-déc. 2008, pp. 9-29 ; ORTEGA BERNARDO J., « El acto administrativo transnacional en el derecho europeo del mercado interior », *in* ARROYO JIMÉNEZ L., NIETO MARTÍN A. (dir.), *El reconocimiento mutuo en el Derecho español y europeo*, Marcial Pons, 2018, Madrid, pp. 98-121.

[4] DE LUCIA L., *Amministrazione transnazionale e ordinamento europeo : saggio sul pluralismo amministrativo*, G. Giappichelli editore, coll. Costituzione e amministrazione n° 6, 2009, Turin, XV-262 p., spéc. p. 4 ; « Autorizzazioni transnazionali e cooperazione amministrativa nell'ordinamento europeo », *Rivista di diritto publico comnitario*, 2010, n° 3, pp. 759-788 ; « Administrative Pluralism, Horizontal Cooperation and Transnational Administrative Acts », *REAL*, 2012, n° 2, pp. 17-45 ; « From mutual recognition to EU Authorization : a decline of transnational administrative acts ? », *Italian journal of public Law* 1, 2016, pp. 90-114.

[5] GERONTAS A., « Deterritorialization in Administrative Law: Exploring Transnational Administrative Decisions », *Columbia Journal of European Law*, n° 3, 2013, p. 14.

La transnationalité d'un acte administratif passe par l'instauration d'un lien « inter-administratif ». Ces termes sont empruntés à Luca de Lucia qui a étudié la transnationalité administrative dans le cadre européen en particulier dans son ouvrage Amministrazione transnazionale e ordinamento Europeo[1]. Il écrit notamment que :

« Le principe de division du travail, comme prévu par le juge communautaire, présuppose qu'un acte administratif émis par son État d'origine pose, au regard du principe unitaire, un lien juridique pour le pays de destination et en particulier pour son administration. Un lien qui sera dénommé 'interadministratif' ».

Ainsi, en vertu de ce lien « inter-administratif », l'acte administratif unilatéral transnational est un acte administratif unilatéral adopté par un État d'origine qui lie juridiquement une administration appartenant à un (ou plusieurs) État(s) de réception. Par conséquent, aucune mesure de réception n'est nécessaire pour en permettre l'effectivité. De lui-même, il s'impose. C'est le cas de l'effet d'un permis de conduire français en Espagne ou d'une demande d'information fiscale posée par l'administration française à l'administration belge. À travers ce lien interadministratif, l'administration de destination se retrouve contrainte d'accepter l'acte et de lui donner effet comme s'il était un acte national[2]. Ce lien se crée nécessairement entre deux ou plusieurs ordres juridiques étatiques. Il implique donc impérativement le franchissement d'une frontière puisque ces ordres juridiques concernent en principe le territoire national de ces États.

Ce lien manifeste souvent une répartition des compétences administratives entre des États inscrits dans un processus de régionalisation[3]. C'est pour cela que certains auteurs n'envisagent l'acte administratif unilatéral transnational que dans le cadre de l'Union européenne. Si une connexion particulière entre la transnationalité administrative et l'Union est indéniable et fait l'objet d'un chapitre ultérieur, il faut toutefois admettre qu'elle n'est pas le seul cadre possible d'une telle répartition de compétences qui peut également être le fruit de conventions internationales.

L'acte administratif unilatéral transnational est donc pourvu, en vertu d'une norme européenne ou internationale, d'un effet dans le pays de réception. Cet acte est alors porteur d'une valeur juridique particulière puisqu'il est reconnu automatiquement. Les effets qui doivent lui être attachés à l'étranger sont ceux qui découlent directement de l'acte dans le pays d'origine. L'État de réception ne peut pas faire produire à cet acte plus d'effets que ceux qu'il a dans son pays d'origine. Le critère du franchissement d'une frontière conduit par ailleurs à exclure un cas bien particulier : celui du condominium où deux souverainetés s'exercent simultanément sur un même territoire[4]. Un des rares exemples est celui de l'île des Faisans qui, en vertu du Traité de Bayonne de 1856[5], et plus précisément de son article 9, appartient

---

[1] DE LUCIA L., *op. cit.* Également voir : DE LUCIA L., « Autorizzazioni transnazionali e … » *art. cit.*, pp. 759-788 ; « Administrative Pluralism … » *art. cit.*, pp. 17-45.

[2] *Ibid.*, p. 44.

[3] *Ibid*, p. 48.

[4] FLORY M., PANCRACIO J.-P., « Souveraineté », in *Répertoire de droit international*, Dalloz, 2016, § 33.

[5] Convention de délimitation territoriale, de l'embouchure de la Bidassoa jusqu'au point où confinent le Département des Basses-Pyrénées, l'Aragon et la Navarre du 2 décembre 1856.

concomitamment à l'Espagne et la France. Une convention de 1901[1] pose un régime d'alternance administrative entre les deux pays tous les six mois, mais cela ne change pas l'incorporation de l'île dans les deux territoires nationaux. Ainsi les actes émis par une administration nationale s'appliquant sur cette île ne traversent jamais une frontière, quelle que soit la souveraineté exerçant l'administration de cette île puisqu'elle demeure toujours incluse dans le territoire national de chacun des deux États.

L'identification d'un lien interadministratif n'est pas toujours évidente. Dans certains cas de figure, il semblera présent alors qu'il ne s'agit pas d'un véritable lien juridique. C'est notamment le cas lorsque les effets transnationaux ne sont que d'ordre factuel.

Lorsque le régime de l'acte administratif est présenté, une perspective formelle est traditionnellement adoptée. En effet, il est traité de l'entrée en vigueur, de l'exécution et de la disparition de ces actes sans jamais aborder la question de leur effectivité[2]. Cela est en partie expliqué par une culture juridique imprégnée de l'héritage normativiste-positiviste de Hans Kelsen et de ses partisans. Selon la théorie kelsénienne, une norme est une norme juridique en vigueur une fois édictée selon une procédure prévue par une norme supérieure et à condition que cette norme inférieure prévoie une sanction à son inexécution[3]. De plus, la norme supérieure désigne l'organe compétent pour adopter la norme inférieure indiquant ainsi clairement qui peut être l'auteur d'une norme donnée[4].

Cette pensée a été reprise (avec certaines évolutions) dans notre conception du droit public. Dès lors, la doctrine française a une vision théorique du droit qui s'interroge plus sur la validité d'une norme que sur son effectivité concrète, qui est en réalité présumée. Or, outre la question de leur validité, les actes administratifs unilatéraux transnationaux sont identifiables par leur effet, à savoir la production d'effets juridiques par-delà les frontières nationales. Ainsi, l'effectivité peut être définie largement comme « tout effet de toute nature qu'une loi[5] peut avoir »[6]. Cela suppose donc qu'un acte puisse avoir différents types d'effets.

L'effet classique d'un acte juridique est l'effet juridique. Cela relève de son essence même puisqu'on définit l'acte juridique comme « une manifestation de volonté destinée à produire des effets de droit »[7]. Cet effet de droit correspond à une modification dans l'ordre juridique affecté. Par conséquent, de par l'existence d'un lien interadministratif, un acte administratif transnational aura une telle qualité uni-

[1] Convention relative à la réglementation de la juridiction dans l'île des Faisans du 27 mars 1901.

[2] GAUDEMET Y., *op. cit.*, pp. 333-343 ; FRIER P.-L., JACQUES P., *Droit administratif*, LGDJ, coll. Précis Domat droit public, 12e éd., 2018, Issy-les-Moulineaux, pp. 383-443.

[3] KELSEN H., *Théorie pure du droit*, trad. Charles EISENMANN, Dalloz, coll. Philosophie du droit, 1962, Paris, p. 68 ; KELSEN H., *Théorie générale du droit et de l'État*, trad. B. LAROCHE, Bruylant, LGDJ, coll. « La pensée juridique », 1997 (éd. originale 1945), p. 178.

[4] KELSEN H., *Théorie pure …*, *op. cit.*, p. 316.

[5] Lisez « acte ».

[6] COMMAILLE J., « Effectivité », *in* ALLAND D., RIALS S. (dir.), *Dictionnaire de la culture juridique*, PUF, Lamy, coll. Quadrige Dicos Poche, 2003, Paris, pp. 583-585.

[7] GUINCHARD S., DEBARD T., *Lexique des termes juridiques*, Dalloz, 28e éd., 2020, Paris, p. 17.

quement s'il produit des effets de droit dans un autre État, c'est-à-dire s'il modifie l'ordonnancement juridique de l'État de destination. Prenons pour exemple le permis de conduire dans l'Union européenne : ce permis donné par l'État d'origine s'impose à l'État de destination où l'administration ne pourra, en principe, que reconnaître le droit de conduire à son titulaire. Ainsi, cet acte produit un effet de droit dans l'État de destination qui est de donner le droit à son bénéficiaire de conduire une voiture dans l'ordre juridique de destination et son champ d'application.

Mais il convient de faire attention à ne pas confondre ces effets de droit avec des effets d'autres natures, en particulier les effets de fait[1]. Ce sont notamment ces derniers que les sociologues du droit ont étudiés[2]. Par ailleurs, selon la doctrine des effets, les États se reconnaissent compétents pour des faits ayant lieu à l'étranger, mais ayant des effets de fait sur leur propre territoire. Ces effets ont joué un rôle important dans la détermination de la compétence des autorités du droit européen de la concurrence face aux pratiques anticoncurrentielles d'opérateurs extérieurs[3], mais aussi dans l'établissement d'une compétence extraterritoriale très large des États pour les situations relatives à l'émission internationale de contenu sur internet ou encore à la pollution transfrontalière[4].

Enfin, certains internationalistes se sont penchés sur la question des effets de fait des actes étrangers. Par exemple, Bartin a démontré que « des conséquences juridiques sont tirées, en France, par la justice française, du seul fait qu'une certaine décision judiciaire est intervenue à l'étranger sur tout ou partie du même rapport de droit sur lequel la juridiction française est appelée à se prononcer »[5]. Malgré tout cela, il n'existe pas de théorie stable sur l'opposition entre les effets de fait et les effets de droit.

Il sera retenu ici qu'un effet de fait est un évènement concret qui modifie l'ordre du réel alors qu'un effet de droit est une modification de l'ordre juridique qui est entendu comme un ordre théorique. La difficulté réside dans le constat qu'un effet de droit peut avoir pour conséquence un effet de fait et vice versa. La présence d'effets de droit ne pourra être assurée qu'en la présence du lien interadministratif entre l'État d'origine et l'État de destination.

Pour illustrer cette distinction, l'exemple du Foreign Account Tax Compliance Acte (FATCA) adopté en 2010 aux États-Unis est assez frappant. Ce pays a une compétence fiscale fondée sur la citoyenneté : tout Américain dans le monde doit déclarer ses revenus auprès de l'Internal Revenue Service (ou IRS). Afin de lutter

[1] la différence entre le droit et le fait. Voir : DE BÉCHILLON D., *Qu'est-ce qu'une règle de droit ?*, Éditions Odile Jacob, 1997, Paris, pp. 239-255.

[2] Voir pour exemple : CARBONNIER J., « Effectivité et ineffectivité de la règle de droit », *L'Année sociologique*, vol. 7, 1958, pp. 3-17.

[3] 25 mars 1999, *Gencor*, T-102/96, EUCLI :EU :T :1999 :65 ; TUE, 12 juin 2014, *Intel Corp.*, T-286/09, EUCLI :EU :T :2014 :547. IDOT L., « Regards sur l'arrêt Intel. Confirmation ou évolution ? », *Europe* 2014, n° 8, p. 7.

[4] BATTINI S., « Globalisation and Extraterritorial Regulation : an Unexceptional Exception", *in* ANTHONY G., AUBY J.-B., MORISON J. et al. (éds.), *Values in Global Administrative Law*, Hart Publishing, 2011, Oxford and Portland, Oregon, pp. 61-80.

[5] BARTIN E., « Le jugement étranger considéré comme un fait », *JDI* 1924, p. 862.

contre la fraude fiscale, le dispositif FATCA a décidé d'imposer une retenue à la source de 30 % sur tous les paiements effectués par des institutions financières étrangères aux États-Unis (principalement des acteurs privés tels que les banques). Seul le respect d'une coopération stricte dans l'échange de renseignements à propos de personnes répondant à des « critères d'américanité » permet l'exemption de cette retenue. Dès lors, les questionnaires adressés par l'IRS aux banques étrangères étaient de facto obligatoires, car la retenue à la source sur le marché américain est extrêmement dissuasive[1].

Ce mécanisme a été analysé comme un dispositif juridique extraterritorial[2]. Cette qualification est discutable selon les effets considérés. Car, techniquement, aucun effet juridique contraignant ne s'échappe de l'ordre interne américain : la législation est américaine, la sanction est mise en œuvre sur le territoire américain, par l'administration américaine. Et pourtant, il est indéniable que les banques étrangères ont dû obéir à cette législation ou arrêter de proposer des services aux clients réunissant les critères d'américanité. Cependant, cette obligation résultait d'un effet de fait : les effets de droit produits par cette législation et ses actes d'application restaient dans l'ordre juridique américain. Il n'y avait donc pas de lien interadministratif entre les administrations nationales. Les actes d'application émis par l'IRS à destination de pays étrangers n'étaient pas des actes administratifs transnationaux au sens de la définition posée dans cette étude.

Le mécanisme FATCA a par la suite évolué notamment à travers la conclusion d'accords bilatéraux, ce qui a changé la nature du système. Cependant, l'ancien mécanisme a permis de préciser concrètement l'identification de l'acte administratif transnational. Pour affiner la construction de cette notion, d'autres opérations de comparaison-exclusion sont nécessaires afin de livrer une définition complète de cette catégorie d'actes.

Il a été vu que l'acte administratif unilatéral transnational était un acte administratif produisant des effets de droit à l'étranger au travers d'un lien interadministratif. Cependant, il faut introduire une autre notion clef qui est sous-entendue dans cette définition : cet acte établit un lien entre deux territoires où s'exercent des souverainetés égales. L'acte administratif transnational pose effectivement un conflit de souverainetés qui entrent en collision entre elles.

Cette nécessité de la présence d'une confrontation entre deux États égaux conduit à exclure les actes administratifs, qualifiés comme tels en droit français, qui ne mettent pas en jeu une telle opposition. De plus, sont à évincer de la qualification d'acte administratif transnational tous les actes intervenant dans des situations où un État souverain en domine un autre.

La question de la souveraineté est au cœur de l'acte administratif unilatéral transnational qui circule d'un État à l'autre. C'est parce que l'acte administratif transnational viole en apparence la souveraineté de l'État de réception que sa con-

[1] BISMUTH R., « L'extraterritorialité du FATCA et le problème des 'Américains accidentels' », *JDI* n° 4, oct. 2017, doctr. 11.

[2] AN, Rapport de Mme Grelier sur le projet de loi autorisant l'approbation de (l'accord FATCA), Rapp. n° 2195, 10 sept. 2014, p. 22.

ceptualisation est restée lettre morte jusqu'à récemment. Le conflit de souverainetés constitue donc le nœud gordien de l'acte administratif transnational. Cependant, cette difficulté est évacuée dans deux cas : en présence de contrats administratifs internationaux et d'actes administratifs dits « verticaux ».

Le contrat se distingue de l'acte unilatéral dans la mesure où ses auteurs et ses destinataires sont identiques. Il résulte d'un accord de volontés destiné à produire des effets de droit[1]. Certains des contrats passés par les personnes publiques sont soumis à un régime de droit administratif en raison de la loi ou de caractéristiques intrinsèques posées comme critères d'administrativité par la jurisprudence[2]. Ces contrats sont de plus en plus nombreux formant une « contractualisation [qui] correspond à un nouveau style et à un nouveau registre de l'action politique et administrative en se fondant sur la négociation et le consensus plutôt que sur l'autorité »[3].

À titre égal avec les contrats de droit privé, les contrats administratifs peuvent avoir un caractère international. La définition de cette caractéristique a toujours été une question difficile pour la doctrine internationaliste-privatiste[4]. Cette même difficulté s'est posée à propos des contrats administratifs internationaux. Malik Laazouzi l'a expliqué dans sa thèse en reprenant la notion de contrat international du droit international privé pour l'appliquer aux contrats administratifs comportant un élément d'extranéité[5]. Selon lui, l'internationalité dans ce cas a un caractère fonctionnel empêchant toute conceptualisation d'une catégorie « contrat international ». Il en déduit « qu'une extranéité quelconque suffit à rechercher l'influence de l'internationalité sur la nature du 'contrat administratif' »[6]. Enfin, il conclut qu'en réalité les contrats à caractère international ne sont que « conditionnellement » administratifs en vertu de la jurisprudence Tegos du Conseil d'État fondée notamment sur la Convention de Rome du 19 juin 1980[7]. Dans cette espèce, un recours pour excès de pouvoir avait été formé devant le Conseil d'État contre une décision du directeur adjoint de l'Institut français d'Athènes de non-renouvellement d'un contrat de professeur suppléant. La haute juridiction a alors déclaré son incompétence, car le contrat en cause n'était régi par le droit administratif français, ni en vertu de la volonté des parties, ni par application du droit français au requérant ayant eu la qualité de professeur à l'Institut. Dès lors, le contrat international peut

---

[1] GUINCHARD S., DEBARD T., *Lexique des termes juridiques*, Dalloz, 28e éd., 2020, Paris, p. 276.

[2] Voir : RICHER L., LICHÈRE F., *Droit des contrats administratifs*, LGDJ, coll. Manuel, 12e éd., 2021, Issy-les-Moulineaux, pp. 89-137.

[3] Rapport, Conseil d'État, *Le contrat, mode d'action publique et de production de normes*, Doc. Fr., Rapport public 2008, p. 15.

[4] MAYER P., « Réflexions sur la notion de contrat international », in *Mélanges Pierre Tercier*, Schulthess, 2008, pp. 872-881 ; ANCEL M.-E., DEUMIER P., LAAZOUZI M., *Droit des contrats internationaux*, Sirey, coll. Université, 2e éd., 2020, Paris, pp. 5-15.

[5] LAAZOUZI M., *Les contrats administratifs à caractère international*, Economica, coll. « Recherches Juridiques », 2008, Paris, pp. 124-132.

[6] *Ibid*, pp. 132-133.

[7] CE, sect., 19 novembre 1999, *Tegos*, n° 183648, *Rec.*, p. 356 ; *RFDA*, 2000, p. 833, concl. J. Arrighi de Casanova et note S. Lemaire ; *JCP*, 2000, IV, 1439, obs. M.-C. ROUAULT ; *RDP*, 2000, p. 378, obs. Ch. Guettier. Voir aussi : AUDIT M., « Les contrats de travail conclus par l'administration à l'étranger », *RCDIP* 2002, pp. 39 et s.

être administratif soit par une approche statutaire, soit par une approche conflictuelle dépendant de la désignation du droit applicable par les parties à condition que cela le soumette au droit administratif[1]. C'est donc le droit applicable au contrat qui va en déterminer l'administrativité lorsque celui-ci présente une composante internationale.

Selon M. Laazouzi, cela traduit la primauté de l'internationalité sur le caractère administratif du contrat :

« L'ordre du raisonnement va ainsi clairement des conséquences de l'internationalité – la détermination du droit applicable – à la recherche de l'administrativité. Aucune recherche préalable de l'administrativité du contrat n'est donc entreprise. Seules l'internationalité et ses conséquences importent dans le premier temps du raisonnement[2]. »

Ainsi, la qualification n'est acquise que postérieurement à la désignation de la loi applicable[3].

Il découle de la définition précédente que le contrat administratif international est soumis à un ordre juridique national. Son existence est rendue possible par une conception dédoublée de l'État en tant que sujet de droit interne et de droit international. Cette conception se retrouve dans le droit international, notamment dans l'affaire des emprunts serbes et brésiliens où la Cour permanente de justice internationale a jugé que : « Tout contrat qui n'est pas un contrat entre des États en tant que sujets du droit international a son fondement dans une loi nationale »[4]. Dès lors, la question de la confusion de ces contrats avec les traités relevant du droit international peut être évacuée[5].

De tels contrats sembleraient remplir les conditions de l'acte administratif transnational. Prenons par exemple un contrat de marché public passé entre deux hôpitaux appartenant chacun à un pays différent. Il est décidé que le droit administratif du pays A est applicable audit contrat emportant concomitamment la compétence du juge de l'État A. Si ce pays est la France, on aurait dès lors un acte administratif français, produisant des effets de droit dans l'État B, et ce, au travers d'un lien interadministratif imposant certains comportements à l'hôpital B.

Cependant, il existe une différence cruciale avec l'acte unilatéral. En effet, par sa nature, le contrat est un accord de volontés. Dès lors, cet accord constitue, dans ce cas, une mesure de réception dans l'État B de l'acte formé dans l'ordre juridique de l'État A. Il n'existe donc pas vraiment d'effets de droit directs de l'acte A dans l'État B, sans mesure de réception, dans le sens où cet État participe à l'adoption de l'acte et n'est dès lors pas passif. Or, les mesures de réception ou l'accord de l'État de destination évacuent la problématique principale posée par la transnationalité admi-

[1] ANCEL M.-E., DEUMIER P., LAAZOUZI M., *op.cit.*, pp. 739-749.

[2] LAAZOUZI M., *op. cit.*, p. 142.

[3] CHAMBON M., *Le conflit de lois dans l'espace et le droit administratif*, Mare & Martin, coll. Bibliothèque des thèses, 2015, Paris, p. 355.

[4] CPJI, 12 juillet 1929 (arrêt), *Affaire des emprunts serbes et brésiliens*, série A, Nos 20 et 21.

[5] Voir : AUDIT M., *Les conventions transnationales entre personnes publiques*, LGDJ, coll. Bibliothèque de droit privé Tome 358, 2002, Paris, X-423 p. ; LEMAIRE S., *Les contrats internationaux de l'administration*, LGDJ, coll. Bibliothèque de Droit Privé t. 433, 2005, Paris, XII-414 p.

nistrative : à savoir un conflit de souverainetés. L'on n'est dès lors plus face à un acte produisant unilatéralement un effet de droit, ce qui contraint un État de réception presque « impuissant » face à cet acte. Au contraire, la nature du contrat implique nécessairement le consentement des deux États qui sont à même d'accepter ou non son effet dans leur ordre juridique national. Les deux situations sont donc très différentes. Par conséquent, l'étude des contrats administratifs internationaux ne présente pas d'intérêt au regard de l'angle de recherche adopté dans ce travail qui porte sur l'extraterritorialité de plano de l'action administrative unilatérale. De plus, ces contrats posent des questions d'identification complexes[1] et leur régime est très distinct de celui des actes administratifs unilatéraux. Leur inclusion empêcherait de construire une notion unitaire, ce qui nuirait à la clarté de l'étude. Par exemple, leur régime n'est pas traité par le CRPA comme c'est le cas pour les actes administratifs unilatéraux. À l'inverse, une grande partie des contrats passés par les personnes publiques tombent sous l'application du code de la commande publique, ce qui n'est pas le cas des actes administratifs unilatéraux. Les modalités de fin sont différentes, pour les actes unilatéraux l'on parle d'abrogation ou de retrait alors que pour les contrats il s'agit de la résiliation ou de la résolution. De plus, les contrats possèdent des notions propres telles que l'imprévision, la force majeure ou encore la responsabilité contractuelle. De même, des voies contentieuses leur sont spécifiquement dédiées comme le référé précontractuel et le référé contractuel. Les contrats composent donc un pan à part du droit administratif, bien distinct des actes administratifs unilatéraux justifiant une étude séparée.

Enfin, concernant les clauses réglementaires des contrats administratifs internationaux, elles ne peuvent pas être incluses dans la définition des actes administratifs transnationaux. De telles clauses sont certes par nature détachables du contrat et ont des effets sur les tiers[2]. Cependant, ce caractère détachable en termes contentieux n'emporte pas leur caractère détachable dans leur entrée en vigueur. Effectivement, ces clauses deviennent applicables en même temps que le contrat lui-même, elles lui restent de ce fait fortement liées. Elles sont présentes dans le contrat et la signature de celui-ci emporte l'acceptation de leur applicabilité. Ainsi, la clause prévoyant la tarification d'un bus entre bien en vigueur à partir du moment où le contrat commence à être exécuté, c'est-à-dire dès l'instant où le cocontractant de l'administration se doit de prendre en charge le service de bus concédé. Par ce lien que les clauses réglementaires présentent avec le contrat, elles sont, de fait, approuvées par la personne contractante de l'État B en même temps que le contrat. Elles reçoivent alors à cette occasion une mesure de réception. Par conséquent, elles ne produisent pas par elles-mêmes des effets de droit dans un État étranger. Elles ne s'imposent pas totalement d'elles-mêmes en territoire étranger, ce qui justifie leur exclusion de la définition. De plus, malgré un caractère réglementaire, ces clauses ne sont pas soumises à certaines dispositions normalement applicables à l'ensemble des actes administratifs unilatéraux. En particulier, le CRPA ne vise aucunement ce

[1] Voir : LAAZOUZI M., *Les contrats administratifs à caractère international*, Economica, coll. Recherches Juridiques, 2008, Paris, XV-507 p.

[2] CE, sect., 8 avr. 2009, *Association Alcaly et autres*, n° 290604, 290605, 291809 et 291810, *Rec.* p. 113.

type de clause. Certes, les clauses réglementaires excèdent le champ d'application du contrat, car elles affectent également des tiers à celui-ci, mais elles restent aussi des dispositions intéressant les cocontractants, en particulier lorsqu'elles définissent les conditions d'exploitation d'un service public[1]. De ce fait, elles ne sont pas entièrement équivalentes à des dispositions unilatérales. Au mieux, elles ont une nature mixte, mais leur attachement à un contrat préconise leur exclusion de l'étude à des fins d'homogénéisation de l'objet étudié.

La bilatéralité, ou multilatéralité, des contrats administratifs internationaux s'oppose donc à ce qu'ils soient inclus dans une étude portant sur les actes administratifs unilatéraux transnationaux. Cette éviction étant posée, il ne faut pas pour autant en conclure que tous les actes administratifs unilatéraux peuvent entrer dans la catégorie de l'acte administratif unilatéral transnational. En effet, les actes administratifs verticaux sont également exclus de la définition.

Les actes administratifs verticaux sont des actes matériellement administratifs, c'est-à-dire assurant une fonction administrative, mais, qui sont émis dans le cadre d'une relation d'un État avec une organisation internationale. Ils circulent de ce fait entre deux systèmes juridiques différents dont l'un est supposément « supérieur » (généralement l'ordre international ou européen) et l'autre « inférieur » (l'ordre étatique). C'est pourquoi l'on peut ici parler d'une relation « verticale » entre l'organisation internationale qui ressort d'un système juridique international et l'État qui est certes à la base de ce système international, mais y est également soumis notamment dans son ordre juridique interne. Une organisation internationale est une « institutionnalisation de rapports coopératifs des sujets [les États] appartenant à des systèmes juridiques différents »[2]. Les organisations internationales ont proliféré tout au long du XXe siècle, notamment en raison de l'incapacité des États, souverains égaux, à préserver la paix. Il existe aujourd'hui des centaines d'organisations dont certaines, telles que l'ONU, ont créé un véritable réseau d'entités interétatiques alors que d'autres sont qualifiées de « non-gouvernementales » (les « ONG ») et défendent des intérêts dits privés[3].

À propos des organisations interétatiques, Évelyne Lagrange explique que ces institutions ont dépassé le simple stade de la diplomatie internationale incarnant aujourd'hui une « nouvelle catégorie de collectivités publiques » qui participent à l'exercice de l'autorité publique. D'une part, car les États leur confient et leur délèguent des fonctions qu'ils renoncent ainsi à exercer (ou du moins en partie), d'autre part car elles opèrent la mise en partage du pouvoir entre les États lorsque la répartition du droit international traditionnel selon les frontières n'est pas adaptée[4]. Ainsi, il est possible de présenter les organisations internationales interétatiques comme

---

[1] Par exemple, voir sur la détermination des lignes exploitées par une compagnie aérienne : CE, sect., 18 mars 1977, *Chambre de commerce et d'industrie de La Rochelle*, n°97939, 97940 et 97941, *Rec.* p. 153.

[2] LAGRANGE E., « La catégorie 'Organisation internationale' », *in* LAGRANGE E., SOREL J.-M. (dir.), *Traité de droit des organisations internationales*, LGDJ, 2014, Paris, pp. 35-36.

[3] Pour une brève présentation de l'histoire des organisations internationales, voir : SOREL J.-M., « L'institutionnalisation des relations internationales », *in* LAGRANGE E., SOREL J.-M. (dir.), *op.cit.*, pp. 11-34.

[4] LAGRANGE E., *art. cit.*, pp. 62-64.

formant une strate supérieure de pouvoir par rapport au pouvoir étatique. Il existe donc un lien vertical entre une organisation internationale et ses États membres constitutifs.

Ces organisations sont investies de trois types de pouvoirs : le pouvoir de débattre, celui de mener une action opérationnelle et celui de décision[1]. Dans la mise en œuvre de ces derniers, elles sont susceptibles d'émettre des actes unilatéraux tant autonormateurs qu'hétéronormateurs qui s'adressent donc, le cas échéant, aux États constitutifs de l'organisation[2]. Ces actes relèvent d'un droit particulier, le droit international administratif défini comme « l'ensemble des sources du droit de l'organisation internationale qui lui permettent d'appliquer son acte constitutif et d'adopter des actes de gestion. Il correspond au droit de l'organisation internationale qui régit ses activités et relations administratives, soit en son sein et à l'égard de ses agents, soit vis-à-vis de l'extérieur »[3]. La qualification administrative s'opère en fonction d'un critère purement matériel en raison de la nature administrative des sujets concernés[4], ce qui est source d'incertitudes et de critiques.

Il est très difficile de rejeter la qualité administrative de ces actes, particulièrement d'un point de vue matériel. Un exemple éloquent est celui de la comparaison du contrôle des concentrations d'entreprises en France, qui ressort de l'ordre juridique national, et au niveau européen qui s'inscrit dans l'ordre juridique de l'Union européenne. Pour qu'une concentration d'entreprises soit soumise au contrôle de l'Autorité de la concurrence française, le Code de commerce prévoit des seuils en son article L. 430-2 exigeant un niveau minimum d'effet économique de l'opération sur le marché en cause. À l'issue de la procédure de contrôle, une décision d'autorisation simple, avec réserve ou de refus de l'opération est émise par l'Autorité. Il s'agit d'un acte administratif dont le contentieux est soumis au juge administratif[5]. Mais le Code de commerce précise que cette compétence de l'Autorité de la concurrence est écartée dans le cas où le règlement n° 139/2004 du Conseil relatif au contrôle des concentrations entre entreprises[6] est applicable. À cet effet, des seuils plus élevés sont prévus dans l'article premier dudit règlement. En conséquence de son applicabilité, la décision relative à l'opération de concentration considérée sera rendue par la Commission européenne, organe de l'ordre juridique européen dans lequel l'ordre juridique national est intégré. Si l'autorité émettrice est différente, l'acte d'autorisation est fonctionnellement le même. La nature

[1] VIRALLY M., « La notion de fonction dans la théorie de l'organisation internationale », in *La communauté internationale : mélanges offerts à Charles Rousseau*, Pédone, 1974, Paris, pp. 297-298.

[2] FORTEAU M., « Organisations internationales et sources du droit », », *in* LAGRANGE E., SOREL J.-M. (dir.), *op.cit.*, pp. 261-264.

[3] BORIES C., « Histoire des phénomènes administratifs au-delà de la sphère étatique : tâtonnements et hésitations du droit et/ou de la doctrine », *in* BORIES C. (éd), *Un droit administratif global ?*, Actes du colloque organisé les 16 et 17 juin 2011, Pedone, coll. Cahiers internationaux n° 28, 2012, pp. 37-38.

[4] *Ibid* p. 34.

[5] Cass. com., 12 juillet 2004, *Compagnie générale des eaux*, n° 03-12409.

[6] Règlement (CE) n°139/2004 du Conseil du 20 janvier 2004 relatif au contrôle des concentrations entre entreprises.

administrative d'une telle décision est selon nous acquise matériellement[1] et les effets de cet acte sont verticaux : ils partent de l'Union européenne, entité à mi-chemin entre l'organisation internationale et la Fédération[2], vers les États membres.

Ce cas est à distinguer des actes administratifs unilatéraux transnationaux en ce qu'ils ne s'inscrivent pas dans les mêmes rapports internationaux. L'acte administratif unilatéral transnational a pour caractéristique de mobiliser une interaction horizontale entre deux États souverains, deux ordres juridiques nationaux, et donc de soulever, de par son existence, la question du respect de la souveraineté de l'État de réception. L'acte administratif vertical ne relève pas de cela puisqu'il s'inscrit dans une relation verticale et hiérarchique entre une entité supérieure et un ou des État(s) en vertu d'une délégation de pouvoir préalable fixant cette relation. Cela mobilise deux systèmes juridiques qui se superposent avec un ascendant de l'un sur l'autre. De plus, l'acte vertical ne traverse pas de frontière en tant que telle si l'on considère que l'espace d'action d'une organisation internationale, ou de l'Union européenne, est constitué par la somme des territoires de ses États membres. La notion de flux transfrontière est donc étrangère à cet acte alors qu'elle est constitutive pour l'acte transnational. Par conséquent, sont éliminés de la définition proposée tous les actes à caractère administratif adoptés par les organisations internationales, quel que soit le degré d'intégration considéré.

Ainsi, il a été observé que l'acte administratif unilatéral transnational est consubstantiel à l'existence de flux mettant en cause la question du respect de la souveraineté des États de réception. Ces flux se doivent d'être horizontaux, car la question de la souveraineté est déjà réglée dans le cas des relations verticales. Cependant, même lors de mouvements horizontaux, tous les actes administratifs ne sont pas transnationaux, car ils ne mettent pas tous en relation deux États réellement égaux. En effet, il existe des cas où l'État de réception est tellement dominé par l'État d'émission qu'on ne peut pas considérer qu'il y ait une réelle transnationalité. Dans un tel cas, on considère que le territoire de l'État de réception est sous le contrôle de l'État d'émission rendant l'invocation de la transnationalité de l'acte sans objet.

La répartition du monde en États égaux et souverains correspond à un modèle idéal qui connaît en réalité de nombreuses exceptions. En effet, si cela illustre le « droit commun international », il ne faut pas oublier que souvent les États mènent

---

[1] Pour plus de développements sur l'existence d'actes administratifs européens, voir : ARZOZ SANTISTEBAN X., *Concepto y régimen jurídico del acto administrativo comunitario*, I.V.A.P., coll. Tesis Doctorales, 1998, Ognate, 818 p. Également, voir l'article ultérieur du même auteur : ARZOZ SANTISTEBAN X., « El acto administrativo en el derecho de la Unión Europa », *Revista de derecho de la Unión Europa*, n° 19, 2010, pp. 71-97. Il faut cependant noter que la doctrine peut préférer les termes d'« acte communautaire d'exécution », mais cela n'enlève pas le caractère matériellement administratif de tels actes selon nous. DUBOS O., GAUTIER M., « Actes communautaires d'exécution », *in* AUBY J.-B., DUTHEIL DE LA ROCHÈRE J. (dir.), *Traité de droit administratif européen*, Bruylant, coll. Droit administratif, 2e éd., 2014, Bruxelles, pp. 181-200.

[2] Sur la nature de l'Union européenne, voir : BEAUD O., « Peut-on penser l'Europe comme une Fédération ? », *in* ESPOSITO F., LEVRAT N. (dir.), *Europe : de l'intégration à la Fédération*, (colloque du LATSIS), Bruylant, coll. Publications de l'institut européen de l'université de Genève n°8, 2010, Bruxelles, pp. 71-103 ; CROISAT M., QUERMONNE J.-L., *L'Europe et le fédéralisme*, Montchrestien, coll. Clefs. Politique, 2e éd., 1999, Paris, 156 p.

des actions extérieures à des fins d'expansion ou d'opérations militaires. Dans de tels cas, la souveraineté de l'État dominé est mise entre parenthèses et le droit international considère largement que l'État dominant est tenu responsable des actes adoptés sur le territoire de ce premier. Deux cas principaux sont à distinguer : la colonisation qui est une assimilation durable d'un territoire étranger à celui de l'État colonisateur et l'opération militaire où le contrôle effectif du territoire est reconnu de manière transitoire.

La colonisation consiste en la prise de contrôle d'un territoire par un État en niant simultanément le caractère étranger dudit territoire et de sa population. La colonie « est conçue comme la continuité du territoire métropolitain et ses habitants dès lors soumis aux lois de la métropole »[1]. Il s'agit d'une annulation de l'indépendance du territoire envahi qui devient une partie de l'État colonisateur. L'une des illustrations historiques les plus connues est celle de la Conférence de Berlin de 1885 par laquelle les puissances européennes se répartirent le continent africain et évitèrent soigneusement de se prononcer sur l'éventuelle souveraineté des peuples indigènes malgré une déclaration américaine du 31 janvier 1885 ayant soulevé le problème[2]. L'État colonisé est annihilé au profit de l'État colonisateur.

Cette conception de la colonie se retrouve dans la jurisprudence administrative française comme dans l'arrêt Compagnie des eaux d'Hanoï rendu par le Conseil d'État le 9 février 1968[3]. En l'espèce, la France avait invité l'entreprise concessionnaire du service public de l'exploitation de l'eau au Viêtnam à continuer son activité malgré l'évacuation des troupes françaises. À la suite de la proclamation de l'indépendance, les nouvelles autorités vietnamiennes ont évincé l'entreprise de l'activité en cause. D'un côté, le Conseil d'État juge que l'invitation à poursuivre l'activité n'était qu'un rappel de ses obligations au concessionnaire et ne lui imposait pas une charge anormale et spéciale. De l'autre côté, le Conseil d'État juge, à propos de la résiliation du contrat, que la responsabilité de la France ne peut pas être engagée pour les actes d'une autorité étrangère. Ainsi, avant l'accès à l'indépendance du Viêtnam, le droit administratif français était applicable au contrat et le concessionnaire interagissait avec l'autorité française dans la colonie dite de l'Indochine. Une fois l'indépendance consacrée, les autorités agissant sur le territoire du Viêtnam étaient devenues des autorités étrangères manifestant une souveraineté étrangère. Cet exemple montre bien que dans le cas de la colonie, il n'y a pas de doute sur la nature conquise du territoire en cause.

Par conséquent, dans un tel cas, le critère du franchissement d'une frontière n'est pas rempli selon la définition proposée de l'acte administratif transnational. Cela exclut l'étude de la colonisation du présent travail puisque finalement le territoire colonisé est intégré au territoire national de l'État colonisateur. Cette exclusion n'est pas purement théorique, car si la question coloniale peut sembler être derrière

---

[1] LE ROY E., « Colonies », *in* ALLAND D., RIALS S. (dir.), *Dictionnaire de la culture juridique*, PUF, Lamy, coll. Quadrige Dicos Poche, 2003, Paris, pp. 231-237.

[2] DE COURCEL G., *L'influence de la Conférence de Berlin de 1885 sur le Droit Colonial International*, Les Éditions Internationales, Université de Paris, 1935, Paris, pp. 86-89.

[3] CE, 9 février 1968, *Compagnie des eaux d'Hanoï*, n°62705, *Rec.* p. 1096, concl. M. Fournier.

la France[1], il existe de nombreuses régions dans le monde qui restent juridiquement ou économiquement sous la coupe d'États étrangers.

Ce raisonnement, selon lequel l'État de destination est considéré comme anéanti, est transposable aux opérations militaires menées en territoire étranger. Cependant, il s'agit d'un cadre différent, car l'existence de l'État occupé n'est pas niée et son impuissance au profit de l'État étranger n'est que temporaire.

Il arrive en effet que les États mènent des opérations militaires en territoires étrangers. Dans un tel cas, le droit international attribue à l'État « tous les actes des membres de ses forces armées, régulières comme irrégulières, nationales comme étrangères si ces dernières se trouvent sous son contrôle effectif »[2].

Il semble donc qu'outre les critères d'identification traditionnels de l'État, celui-ci connaisse une extension en dehors de ses frontières par la notion de contrôle effectif. Dès lors, un État agissant à l'étranger peut être reconnu responsable d'actes administratifs émis dans le cadre d'actions militaires à l'étranger. Cela démontre alors que l'État de réception n'est pas considéré comme étant en contrôle de la situation et ne jouit donc pas d'une pleine et entière souveraineté sur son territoire. En raison du contrôle effectif exercé par l'État émetteur, les frontières sont comme déplacées et l'État de réception est écarté. Ainsi, ces frontières semblent pouvoir évoluer non simplement en fonction du territoire, mais également selon des critères matériels de contrôle[3].

Ce raisonnement d'extension de l'État par-delà ses frontières est notamment repris par la Cour européenne des droits de l'Homme. En effet, afin de s'assurer du respect maximal de la Convention des droits de l'Homme et des libertés fondamentales, la Cour a imposé une application extraterritoriale de la Convention pour les interventions militaires, notamment depuis l'arrêt fondateur de 2001 Bankovic[4]. Dans cette affaire, la Cour a rappelé que la juridiction des États parties à la Convention était en principe délimitée par leurs territoires respectifs, mais que, dans certaines circonstances exceptionnelles, la Convention était applicable de manière extraterritoriale à des situations sur lesquelles ils exerçaient un contrôle effectif. Il s'agissait de requêtes émanant de ressortissants yougoslaves qui avaient perdu des proches lors du bombardement par l'OTAN du siège de la radiotélévision serbe à Belgrade en 1999 et qui invoquaient la violation de leurs droit à la vie (art. 2 CEDH), droit à la liberté d'expression (art. 10 CEDH) et droit à un recours effectif (art. 13 CEDH). L'affaire était dirigée à l'encontre de 17 États membres de l'OTAN également parties à la CEDH parmi lesquels l'on ne trouvait pas la Serbie. Dès lors, la question principale était de savoir si du fait d'actes extraterritoriaux, en l'espèce le

[1] Pour une présentation de l'histoire coloniale du monde, voir : DURAND B., *Introduction historique au droit colonial*, Economica, coll. Corpus histoire du droit, 2015, Paris, 564 p.

[2] CUMIN D., *Le droit de la guerre. Traité sur l'emploi de la force armée en droit international*, L'Harmattan, coll. Droit comparé, vol. 3, 2015, Paris, p. 1351.

[3] SZIGETI P. D., « In the middle of nowhere. The futile quest to distinguish territoriality from extraterritoriality », *in* MARGOLIES D. S., ÖZSU U., PAL M., *et al.* (éds), *The Extraterritoriality of Law. History, Theory, Politics*, Routledge, coll. Politics of Transnational Law, 2019, Londres, pp. 30-48, spéc. pp. 32-33.

[4] CEDH, grde. ch., 12 décembre 2001, *Bancovic et autres c/ Belgique*, n° 52207/99.

bombardement en Serbie, les requérants pouvaient relever de la juridiction des États défendeurs qui avaient conduit l'opération. C'était seulement dans un tel cas qu'ils pouvaient alors se prévaloir de la Convention. Or, la Cour estima que les bombardements ne correspondaient pas à un contrôle effectif d'un territoire étranger, ce qui ne permettait donc pas de caractériser un lien juridictionnel entre les requérants et les États défendeurs. Ainsi, l'extension extraterritoriale de l'application de la CEDH fut exclue pour des bombardements menés à distance. Mais elle fut par la suite reconnue pour différentes situations rentrant dans les « circonstances exceptionnelles » comme pour des bombardements menés par hélicoptère[1] par la Turquie à 500m de sa frontière notamment, car une partie des hommes visés furent capturés puis emmenés sur le territoire turc pour y être torturés. L'extension de l'application de la CEDH fut encore poursuivie dans les années 2010 en la reconnaissant pour des centres de détention contrôlés par le Royaume-Uni en Irak, car ce pays y opérait un contrôle « absolu et exclusif »[2] ou encore pour une fusillade menée par l'armée royale néerlandaise, et ce, malgré le contrôle opérationnel d'un officier britannique là encore en Irak[3]. En effet, la Cour jugea que le simple fait d'obéir à un commandement étranger ne permettait pas à un État partie d'invoquer l'absence de « juridiction » et que, dans les faits de l'espèce, les Pays-Bas avaient un plein commandement sur leur personnel militaire. Ensuite, la Cour estima qu'ils exerçaient également un contrôle effectif sur le poste militaire d'où était partie la fusillade, faisant ainsi rentrer cette altercation dans la « juridiction » néerlandaise même si l'Irak était sous le contrôle des États-Unis et du Royaume-Uni à cette époque. L'extension de l'application de la CEDH trouva toutefois des limites puisque les opérations menées par drone ne sont pas considérées comme relevant de la juridiction de l'État au sens de la Convention[4].

Ainsi, si au contraire du cas de la colonisation, l'existence des États de réception n'est pas niée, il n'en reste pas moins que le cas des opérations militaires menées à l'étranger demeure particulier. De par le critère du contrôle effectif, le droit international semble bousculer les frontières afin de mettre chaque État face à la réalité de ses actes. Dès lors, il est ici aussi difficile d'établir le franchissement d'une frontière. Les actes de gestion de centres de détention opérés par le Royaume-Uni en Irak pendant les années 2000 ne peuvent pas être qualifiés d'actes administratifs transnationaux au sens de cette étude.

Ainsi, les colonies et les opérations militaires extérieures constituent des cas particuliers bouleversant la scène interétatique traditionnelle en étendant les frontières d'un État sur le territoire d'un autre. Pour cette raison, les actes émis ne peuvent pas être considérés comme traversant les frontières ni comme créant un lien interadmi-

---

[1] CEDH, 28 juin 2007, *Pad et autres c/ Turquie*, n° 60167/00.

[2] CEDH, grde ch., 7 juillet 2011, *Al-Jedda c/ Royaume-Uni*, n° 27021/08.

[3] CEDH, grde ch., 20 novembre 2014, *Jaloud c/ Pays-Bas*, n° 47708/08.

[4] VEDEL KESSING P., « Transnational Operations Carried Out from a State's Own Territory. Armed Drones and the Extraterritorial Effect of International Human Rights Conventions », *in* GAMMELTOFT-HANSEN T., VEDSTED-HANSEN J. (éds.), *Human Rights and the Dark Side of Globalisation. Transnational Law Enforcement and Migration Control*, Routledge, coll. Routledge Studies in Human Rights, 2017, Londres, pp. 81-98, spéc. pp. 81-82.

nistratif entre deux États souverains et égaux. Par conséquent, les actes administratifs émis dans de telles situations doivent être exclus du champ de l'étude. Un autre type d'extension de l'action d'un État à l'étranger doit également être évacué lorsque des États sont, tout ou en partie, administrés par tutelle.

À mi-chemin entre la colonisation stricte et l'indépendance existe la formation d'une tutelle d'un État sur un autre par le recours à un traité. Selon le déséquilibre existant dans le rapport de force entre les États parties lors de la négociation, la conclusion d'une convention peut constituer une forme de colonisation, ce qui explique que de tels mécanismes sont aujourd'hui cachés derrière des labels « d'associations d'États » comme c'est le cas pour Porto Rico et son statut d'État associé aux États-Unis. Aux XIXe et XXe siècles, l'existence de ce type de tutelle n'était absolument pas cachée et elle s'exerçait au travers de mandats ou de protectorats internationaux.

Pendant ces siècles, les États d'Europe se pensaient porteurs d'une civilisation à exporter dans des pays où, pour ce faire, l'instauration d'une véritable tutelle était vue comme nécessaire. Ainsi, le mandat international a été créé par l'article 22 du Pacte de la SDN « pour certains territoires ou colonies détachés des Puissances vaincues à la suite de la Première Guerre mondiale (l'Empire ottoman et l'Allemagne) ; ces territoires furent confiés à l'administration de certaines Puissances – dites Puissances mandataires – qui devaient, sous le contrôle de la SDN, assurer leur 'bien-être et leur développement' au nom d'une mission 'sacrée de civilisation' »[1]. Le Liban et la Syrie furent notamment placés sous mandat français[2].

Parallèlement existait la formule du protectorat qui constituait une « [r]elation entre États, établie généralement par traité, par laquelle un État dit protecteur, s'engage à défendre une autre entité territoriale organisée, dite protégé ou État protégé, contre certains dangers extérieurs ou intérieurs. En contrepartie, l'État protégé cède à l'État protecteur l'exercice de sa souveraineté dans les relations extérieures et parfois l'exercice de compétences internes dans les domaines militaire, économique et financier »[3]. Ce régime est donc fondé sur la faiblesse de l'État protégé qui risquerait de disparaître sans le protectorat[4]. Pour certaines collectivités qui n'avaient pas encore atteint le statut d'État, il s'agissait du protectorat colonial[5] qui était un véritable mode de colonisation comme nous l'avons étudié précédemment.

Au travers de ces mécanismes, des États pouvaient émettre de nombreux actes administratifs visant à gérer un État étranger dont l'individualité et la souveraineté étaient reconnues. Mais dans de tels cas, le juge administratif ne reconnaissait pas ces actes comme attribuables à l'État français et rejetait tout recours pour excès de

1 « Mandat dans le système de la S.D.N. », *in* SALMON J. (dir.), *Dictionnaire de droit international public*, Bruylant, coll. Universités francophones, 2001, Bruxelles, pp. 681-682.

2 Pour des approfondissements, voir : CARDAHI C., *Le mandat de la France sur la Syrie et le Liban. Son application en droit international public et privé*, Recueil Sirey, coll. Recueil des cours de l'Académie de droit international, 1934, Paris,135 p.

3 « Protectorat » », *in* SALMON J. (dir.), *Dictionnaire de droit international public*, Bruylant, coll. Universités francophones, 2001, Bruxelles, pp. 905-906.

4 GAIRAL F., *Le protectorat international*, thèse dactyl., 1896, Dijon, p. 117.

5 SCELLE G., *Précis de droit des gens*, Sirey, 1932, Paris, p. 159-167.

pouvoir formé contre eux devant lui[1]. Au contraire, ces actes étaient considérés comme pris par l'État protégé. Ainsi, le refus du haut-commissaire de la République française à Beyrouth de réviser le traitement de fonctionnaires de l'inspection générale des postes et des télégraphes de Syrie, du Grand-Liban et des alaouites ne constituait pas un acte de l'autorité française[2].

Par conséquent, là encore, la qualification de l'acte administratif transnational doit être écartée puisque les actes sont attribués à l'État sur le territoire duquel leurs effets doivent se déployer. Si dans les faits, l'acte est conçu par un État étranger, juridiquement il ne traverse aucune frontière. Un tel acte ne s'inscrit donc pas dans le cadre de la transnationalité administrative.

L'exclusion des mandats et des protectorats de l'étude peut apparaître artificielle, car ces mécanismes n'existent plus en tant que tels de nos jours. Cependant, l'exercice d'une tutelle d'un État sur un autre est une situation encore actuelle. Selon le degré d'influence, la transnationalité administrative peut également être considérée comme exclue. Il s'agit de phénomènes ponctuels qui ne relèvent pas d'une catégorie juridique établie. Il est choisi de les étudier au moyen de l'exemple de Porto Rico qui jouit d'un statut dit « d'État libre associé » aux États-Unis.

Définir la nature de Porto Rico n'est pas une tâche facile. État supposément indépendant, mais aussi territoire non incorporé des États-Unis, ce pays dépasse les catégories juridiques usuelles. Autrefois colonie des États-Unis depuis le traité de Paris de 1868, l'indépendance lui fut accordée en 1952 par le Puerto Rico Federal Relations Act de 1950[3]. Toutefois, Porto Rico conserve un lien particulier avec les États-Unis de par son statut d'État libre associé qui peut être analysé comme une forme déguisée de protectorat.

En effet, Porto Rico dispose bel et bien de ses institutions et d'une certaine autonomie gouvernementale. Cependant, cette île est considérée comme un territoire non incorporé des États-Unis. Cela provient d'une jurisprudence ancienne de la Cour suprême américaine dans les cas insulaires qui y posa la distinction entre les territoires incorporés et les territoires non incorporés, ces derniers appartenant aux États-Unis, mais n'en faisant pas partie[4]. La Cour suprême a notamment jugé que ces territoires ne pouvaient pas se prévaloir de toutes les protections pourvues par la Constitution américaine[5]. Cela s'illustre en particulier par le fait que les habitants de Porto Rico ne participent pas aux élections fédérales. La seule représentation de l'île au Congrès américain est un Commissaire Résident dont les pouvoirs se sont étendus au fil des ans,[6] mais qui malgré tout ne peut pas participer au vote des lois[1].

---

[1] SEILLER B., « Acte administratif : identification », in *Répertoire de contentieux administratif*, Dalloz, actualisation mai 2018, § 155.

[2] CE, 11 oct. 1929, *Caussèque et Cot*, n°98219 et 98220, *Rec.* p. 893.

[3] P.L. 81—6000.

[4] RIVERA RAMOS E., « Antecedentes históricos de la autonomía política de Puerto Rico como Estado Libre Asociado: elementos definidores de la autonomía política Puertorriqueña y sus fuentes de derecho », *Revista Jurídica UPR*, vol. 74, 2005, n° 2, pp. 241-262, spéc. p. 248.

[5] C.S., 1901, *Down v. Bidwell*, 182 U.S. 244 ; C.S., 1922, *Balzac v. Porto Rico*, 258 U.S. 298.

[6] TANSILL W. R., « The Resident Commissioner to the United States from Puerto Rico: an Historical Perspective », *Revista Jurídica UPR*, vol. XLVII, n° 1-2, 1978, pp. 68-106.

En application du Pacte d'association libre, les États-Unis exercent leur compétence fédérale sur le territoire de Porto Rico que ce soit à propos du contrôle de la monnaie, de l'immigration, du droit des brevets ou encore des relations extérieures[2]. L'exercice de ces fonctions génère nécessairement de nombreux actes administratifs dont un exemple simple est celui de l'octroi des visas. Ces missions sont de nature profondément régalienne et leur réalisation par les États-Unis brouille les contours de la souveraineté de Porto Rico. Carlos Gorrín Peralta a résumé la situation de l'île en une phrase :

« Porto Rico est une nation soumise à la subordination politique en tant que territoire non incorporé des États-Unis, sujet aux pouvoirs entiers du Congrès de ce pays en vertu du traité de Paris de 1868 et des diverses lois fédérales qui ont défini unilatéralement notre relation avec les États-Unis, c'est-à-dire, le Foraker Statute de 1900, le Jones Statute de 1917 et le Puerto Rico Federal Relations Act entré en vigueur en 1952 »[3] .

Ainsi Porto Rico constitue-t-il un exemple topique de la tutelle exercée par un État sur un autre. L'absence de souveraineté pleine et entière de ce pays ne permet pas de reconnaître l'existence d'actes administratifs transnationaux venant des États-Unis. Il faut rappeler, une fois encore, que la transnationalité administrative s'opère de manière horizontale entre États égaux, car pleinement souverains. Ce cadre est un prérequis impératif à l'identification d'un quelconque acte administratif transnational.

---

1 SABAT LAFONTAINE B. M., « Washington Politics Puerto Rican Style: the Role of the Resident Commissioner in USA-Puerto Rico Relations », *Revista Jurídica UPR*, vol. 80, 2011, n° 2, pp. 461-492, spéc. p. 466.

2 ÁLVAREZ GONZÁLEZ J. J., « La distribución de competencias entre Estados Unidos y Puerto Rico: conflictividad competencial y justicia constitucional », *Revista Jurídica UPR*, vol. 74, 2005, n° 2, pp. 285-302, spéc. p. 298.

3 [Nous traduisons] : « Puerto Rico es una nación sometida a subordinación política como territorio no incorporado de los Estados Unidos, sujeto a los poderes plenarios del Congreso de dicho país en virtud del Tratado de París de 1868 y de las diversas leyes federales que han definido unilateralmente nuestra relación con Estados Unidos, es decir, la Ley Foraker de 1900, la Ley Jones de 1917, y la Ley de Relaciones Federales vigente a partir de 1952 » (GORRÍN PERALTA C. I., « Autodeterminación del pueblo de Puerto Rico mediante la Asamblea Constitucional de Status », *Revista Jurídica UPR*, vol. 71, 2002, n° 3, p. 809).

Chapitre II : Typologie des actes administratifs unilatéraux transnationaux

La définition de l'acte administratif unilatéral transnational ne doit pas donner l'illusion d'une unité totale de la notion. La création de cette catégorie a été rendue nécessaire par l'absence de conceptualisation par le droit de la circulation interétatique des actes administratifs. Cependant, cette circulation ne s'opère pas de manière univoque, ce qui conduit à la nécessité de systématiser cette hétérogénéité au sein d'une typologie. À ce constat s'ajoute le fait que la notion française d'acte administratif est elle-même plurielle et appelle donc à une classification. Cette typologie se construit à partir d'exemples choisis illustrant les différentes situations dans lesquelles un acte administratif unilatéral transnational intervient. Au-delà d'un intérêt didactique, cette typologie est fondamentale pour établir un régime juridique adapté à chaque cas. En effet, la prise d'effet de la transnationalité sera un élément clef lors de l'analyse du droit applicable à ces actes alors qu'elle peut sensiblement différer d'un acte administratif transnational à un autre.

La doctrine a déjà effectué un certain travail de classification de l'acte administratif transnational. Ainsi, selon Matthias Ruffert[1], un acte administratif peut être transnational selon trois manières au regard de la façon dont il va produire ses effets à l'étranger. C'est pourquoi nous appellerons cette classification « typologie des effets de l'acte administratif unilatéral transnational ». D'abord, selon celle-ci, l'acte peut avoir un effet transnational s'il produit un effet juridique à l'étranger tel que l'octroi de la nationalité[2]. Ensuite, la transnationalité peut être relative au destinataire de l'acte qui se situe dans un autre État que l'autorité émettrice[3], c'est le cas pour les autorisations de transport de déchets prévues à l'article 9 du règlement n° 1013/2006[4]. Enfin, la transnationalité peut être relative à l'autorité émettrice qui se déplace en territoire étranger comme les opérations de police transfrontalières[5]. Bien qu'éminemment didactique, cette classification ne permet pas d'en tirer un éclairage quant au régime juridique applicable à ces actes. Cela provient de son critère principal qui est axé sur la manière dont les actes en cause produisent leurs effets. De plus, la distinction entre l'extraterritorialité d'un acte administratif et sa transnationalité n'est pas clairement tracée, en particulier dans la première catégorie

---

1 RUFFERT M., « European Composite Administration: The transnational administrative act », *in* JANSEN O., SCHÖNDORF-HAUBOLD B. (éds.), *The European Composite Administration*, Intersentia, 2011, Cambridge, pp. 277-306.

2 *Ibid.*, pp. 285-291.

3 *Ibid.*, pp. 291-294.

4 Règlement (CE) n° 1013/2006 du Parlement européen et du Conseil du 14 juin 2006 concernant les transferts de déchets.

5 RUFFERT M., *art. cit.*, pp. 294-296.

identifiée par M. Ruffert[1]. Un travail de définition préalable sur ce point pourrait permettre de définir plus clairement les situations rentrant dans le cadre de la transnationalité administrative.

Cet avis est d'ailleurs partagé et souligné par Angelos Gerontas[2] qui a proposé une autre classification très différente cette fois-ci axée sur le fondement juridique à l'origine de la transnationalité. Ainsi, il distingue tout d'abord les actes administratifs dont la transnationalité provient du droit de l'Union européenne et ceux dont la transnationalité est fondée sur le droit international[3]. Puis, au sein de ces deux catégories, il recourt lui aussi aux modalités selon lesquelles l'acte transnational peut produire ses effets. Par l'application de ce critère, il identifie la « vraie transnationalité »[4], où les actes produisent un effet sans aucune intervention des États récepteurs, et la transnationalité médiate qu'il ne définit toutefois pas réellement[5]. Ressortent de cette transnationalité médiate les actes fondés sur la ratification d'un traité international lorsque des mesures de droit interne doivent le mettre en place, ou les actes provenant de mesures de transposition des directives européennes. Cette distinction est critiquable, car dans les États monistes, les traités ne nécessitent pas nécessairement d'acte de réception de droit interne pour produire leurs effets[6]. De même, les actes de réception des directives sont parfois finalement « transparents », en ce que les États membres n'ont que peu de marge de manœuvre lors de leur adoption. En effet, il arrive que les actes de transposition ne fassent que reprendre textuellement la directive initiale, ce qui a d'ailleurs pu poser des problèmes complexes lorsque la constitutionnalité d'un acte réglementaire de ce type était contestée devant le juge administratif[7]. De plus, en l'absence d'acte de transposition, après l'expiration du délai de transposition, les directives peuvent jouir d'un effet direct sans le média d'aucun acte de droit interne[8]. Dans ces cas, il serait particulièrement ardu de déterminer si l'on se trouve dans une transnationalité médiate ou une forme de « vraie » transnationalité. Enfin, cet auteur tente de dresser une dernière classification des actes administratifs transnationaux selon les recours dont ils peuvent faire l'objet. Cependant, son propos relève plus d'un développement explicitant le sujet que d'une véritable typologie, puisqu'il constate finalement, qu'en principe, tous les actes administratifs transnationaux ne peuvent être revus que par le juge de leur État d'émission, selon leur droit national, sauf à de rares exceptions[9]. Ceci n'aboutit

---

[1] La doctrine espagnole a repris directement le travail de M. Ruffert. Voir : BOCANEGRA SIERRA R., GARCÍA LUENGO J., « Los actos administrativos transnacionales », *Revista de Administración Pública*, sept.-déc. 2008, pp. 9-29.

[2] GERONTAS A., « Deterritorialization in Administrative Law: Exploring Transnational Administrative Decisions », *Columbia Journal of European Law*, n° 3, 2013, p. 18.

[3] *Ibid.*, pp. 28-33.

[4] *Ibid.* p. 39.

[5] *Ibid.*, pp. 35-45.

[6] DUPUY P.-M., KERBAT Y., *Droit international public*, Dalloz, coll. Précis, 15e éd., 2020, Paris, pp. 463-467.

[7] Voir : CE, ass., 8 février 2007, *Société Arcelor Atlantique et Lorraine et a.*, n°287110, *Rec.* p. 56 ; concl. GUYOMAR M., *RFDA* 2007. 384.

[8] CJCE, 4 décembre 1974, *Van Duyn*, *aff.* 41-74, ECLI :EU :C :1974 :133.

[9] *Ibid.*, pp. 45-57.

donc pas à une classification de ces actes, mais à l'édiction d'un principe de compétence exclusive du juge national.

Enfin, pour d'autres auteurs, l'acte administratif transnational ne trouve sa source que dans le droit de l'Union européenne[1], ce qui a amené certains d'entre eux à proposer une classification bipartite entre une transnationalité stricte comportant les actes produisant un effet transnational immédiat et automatique, face à une transnationalité large recoupant des actes faisant l'objet d'une mesure de reconnaissance par l'État de réception sans réelle marge de manœuvre[2]. Toutefois, cette classification apparaît à la fois trop restreinte par sa focalisation sur le droit de l'Union européenne et trop large par l'absence de prise en compte de certaines spécificités justifiant la création d'un plus grand nombre de sous-catégories. En effet, la transnationalité existe sur le fondement du droit international, comme établi par M. Gerontas[3], et, ne considérer que le cadre de l'Union européenne revient à oblitérer un aspect important du phénomène. Également, l'identification d'une transnationalité stricte et large apparaît particulièrement intéressante, mais elle mériterait d'être approfondie et précisée à l'aune d'une étude de cas concret, ce que la présente recherche tente de réaliser par la suite.

Il résulte de ceci qu'aucune typologie établie actuellement n'apparaît comme pleinement satisfaisante. Celle de M. Ruffert ne comprend pas le régime, celles de M. Gerontas manquent d'une réflexion sur leur unité et leurs interactions, et celle de Mme Ortega Bernardo demeure trop générale et restreinte aux actes transnationalisés sur le fondement du droit de l'Union européenne. Aucune étude approfondie de l'acte administratif transnational n'est encore parue, ce qui motive la rédaction de cette thèse. Aussi, il faut rappeler la définition particulière de l'acte administratif en droit français qui comprend notamment l'acte réglementaire[4] qui est un acte administratif de portée générale et qui demeure absent des classifications proposées par M. Ruffert et Mme Ortega Bernardo. Ces éléments sont autant de raisons de tenter de construire une typologie nouvelle dont la fonction permettra d'éclairer le régime juridique applicable à ces actes qui sera exposé dans la deuxième partie de ce travail.

---

[1] SCHMIDT-ASSMANN E., « Les influences réciproques entre les droits administratifs nationaux et le droit administratif européen », *AJDA*, 20 juin 1996, numéro Hors Série « Droit administratif et droit communautaire. Des influences réciproques à la perspective d'un droit administratif européen : les données du débat contemporain », pp. 146-155 ; GAUTIER M., « Acte administratif transnational et droit de l'Union européenne », *in* J.-B. AUBY, J. DUTHEIL DE LA ROCHÈRE (dir.), *Traité de droit administratif européen*, Bruylant, coll. Droit administratif, 2007, Bruxelles, pp. 1303-1315, spéc. p. 1305.

[2] ORTEGA BERNARDO J., « El acto administrativo transnacional en el derecho europeo del mercado interior », *in* ARROYO JIMÉNEZ L., NIETO MARTÍN A. (dir.), *El reconocimiento mutuo en el Derecho español y europeo*, Marcial Pons, 2018, Madrid, pp. 98-121, spéc. pp. 102-109. Cette classification est également reprise par l'auteur italien Luca de Lucia qui y ajoute deux autres types d'actes administratifs transnationaux : les décisions communes et les sanctions relatives à l'application du droit de la concurrence. Voir : DE LUCIA L., *Amministrazione transnazionale e ordinamento europeo : saggio sul pluralismo amministrativo*, G. Giappichelli editore, coll. Costituzione e amministrazione n° 6, 2009, Turin, pp. 37-56.

[3] GERONTAS A., *art. cit.*, pp. 28-33.

[4] SEILLER B., *Droit administratif*, t. 2 « L'action administrative », Flammarion, coll. Champs Université, 8° éd., 2021, Paris, pp. 153-155.

Le critère utilisé pour fonder cette typologie est fonctionnel : il porte sur la transnationalité de l'acte, c'est-à-dire sa capacité à circuler horizontalement entre plusieurs États en produisant directement des effets juridiques contraignants. On distingue alors deux types de transnationalités qui formeront les étapes du raisonnement : d'abord la transnationalité dite stricte, et, ensuite, la transnationalité dont certains critères de qualification sont incertains et qui peut donc être qualifiée d'élargie.

Dans la transnationalité stricte, tous les éléments de la définition de l'acte administratif unilatéral transnational apparaissent : il s'agit d'un acte produisant des effets de droit sur le territoire d'un État étranger sans que ce dernier ait à adopter une mesure individuelle de réception pour en permettre l'effectivité. De cet acte résulte un lien interadministratif entre les administrations nationales en vertu duquel l'administration réceptrice se retrouve liée par l'acte émis. Parallèlement, il existe des situations obéissant à la même logique, mais ne disposant pas de toutes les caractéristiques de l'acte administratif transnational. Parfois, l'identification même de ses éléments constitutifs est impossible en raison de la nature hybride de l'objet juridique considéré. Au regard de l'importance quantitative d'actes administratifs très proches des actes transnationaux, il est choisi de les classifier dans une transnationalité administrative qualifiée d'élargie. Dans celle-ci, tous les critères d'identification ne sont pas totalement réunis bien que, finalement, le fonctionnement des actes administratifs en cause soit suffisamment caractéristique de la transnationalité administrative pour qu'ils soient inclus dans la notion. Selon la classification, le mécanisme de circulation de l'acte n'est pas le même ce qui constitue l'enjeu d'une telle typologie.

La transnationalité administrative stricte

La transnationalité administrative ici étudiée désigne le cas précis où un acte administratif est émis par un État et produit directement des effets de droit dans un ou plusieurs autre(s) État(s). En raison de l'éviction des contrats administratifs de notre définition, un tel acte peut être soit individuel, soit réglementaire (les décisions d'espèce, qui sont des actes administratifs ni réglementaires ni individuels, sont laissées de côté, car elles n'ont en principe pas de possibilité de circulation à l'étranger). L'intérêt de la distinction est que les actes individuels et réglementaires n'ont pas la même portée normative. L'acte individuel applique le droit à une situation donnée alors que l'acte réglementaire pose une règle générale. Cette distinction recoupe ainsi la dichotomie entre la règle et la décision posée par la doctrine internationaliste-privatiste[1], et qui fait l'objet de développements ultérieurs. Cette différence de nature peut expliquer le constat que l'acte individuel circule beaucoup plus facilement et est source de beaucoup plus d'actes administratifs transnationaux. Il constitue l'archétype de la catégorie alors que l'acte réglementaire fait figure d'exception. L'essence normative de l'acte réglementaire en rend la circulation diffi-

[1] MAYER P., *La distinction entre règles et décisions et le droit international privé*, Dalloz, coll. Bibliothèque de droit international privé, 1973, Paris, XI-244 p.

cile. Cet acte bouleverse plus profondément l'ordre juridique de réception et heurte donc plus fortement la souveraineté de l'État de destination.

Enfin, les actes individuels s'exportent plus facilement au cours de la circulation des personnes, car ils sont personnellement attachés à celles-ci. À l'inverse, l'acte réglementaire n'octroie pas un droit ou une condition individuels. Toutefois, l'existence d'actes réglementaires transnationaux mérite d'être notée et classifiée, leur faible nombre permettant de tirer certaines conclusions à propos du fonctionnement de la transnationalité administrative.

« La décision individuelle de l'Administration est l'acte non réglementaire qui opère l'application d'une règle préexistante à des situations juridiques déterminées dont, de surcroît, les personnes concernées sont individuellement identifiées, en elles-mêmes ou à travers la situation juridique dont elles sont parties prenantes »[1].

Cet acte individuel peut avoir un caractère transnational de deux manières possibles. Soit il s'adresse à un destinataire situé à l'étranger, soit son destinataire va se déplacer à l'étranger et l'emmener avec lui. Dans tous les cas, cet acte doit lier juridiquement l'administration de l'État de réception. Cette distinction d'effets réside dans l'objet de l'acte même : certains sont destinés à produire directement des effets à l'étranger alors que d'autres le feront en raison de circonstances de fait ultérieures à leur émission. Ainsi, il existe des actes qui sont intrinsèquement transnationaux et que nous nommerons actes administratifs individuels transnationaux per se. Mais, de l'autre côté, une grande partie des actes individuels transnationaux n'acquièrent ce caractère qu'en raison d'un déplacement ultérieur de leur destinataire à l'étranger. Ils n'avaient donc pas pour objet initial de produire des effets de droit à l'étranger. Ce sont les actes administratifs individuels potentiellement transnationaux.

L'acte administratif individuel transnational per se est un acte administratif individuel ayant vocation à produire des effets de droit à l'étranger. Cet effet extraterritorial fait partie intégrante de l'objet de l'acte. Aucun effet matériel sur le territoire national n'est prévu pour cet acte. Pour illustrer ce cas, il est choisi d'expliciter le fonctionnement du système des demandes d'informations fiscales entre les États membres de l'Union européenne parce qu'il repose sur l'effet juridique contraignant que ces demandes produisent sur les États destinataires. Ainsi, le choix de cet exemple vise à « sonder » les mécanismes à l'œuvre dans un cas particulièrement significatif afin d'en déduire une sous-catégorie de la typologie qu'il s'agit de construire. Outre la dimension concrète que cela donne au propos, cette étude de cas permet donc d'identifier les différents traits de l'acte administratif individuel transnational per se.

La lutte contre la fraude et l'évasion fiscale est une question relativement ancienne qui a mené les États à coopérer d'une manière nouvelle, et ce, dès 1920 et la création de la Conférence internationale sous l'égide de la SDN[2]. Cette conférence rendit un rapport en 1923 dont la logique fut par la suite reprise dans de nombreux

[1] PLESSIX B., *Droit administratif général*, LexisNexis, coll. Manuel, 3e éd., 2020, Paris, p. 1127 ; SEILLER B., *op.cit.*, p. 155.

[2] Voir : VERGNET N., *La création et la répartition de la valeur en droit fiscal international*, thèse dactyl. de droit public, soutenue le 1er décembre 2018 à l'Université Panthéon-Assas (Paris II), pp. 16-17

modèles de conventions organisant cette lutte[1]. Bien que le sujet ait également fait l'objet de travaux par l'ONU, puis l'OCDE, avec notamment son premier modèle de convention internationale en 1963, les Communautés européennes ne sont pas restées passives face à cette question[2]. Ainsi dans le droit de l'Union européenne, dès 1977, un dispositif d'échange d'informations fiscales sur requête fut instauré par la directive 77/799/CEE du Conseil du 19 décembre 1977 concernant l'assistance mutuelle des autorités compétentes des États membres dans le domaine des impôts directs. Ce texte prévoyait sobrement dans son article 2 que :

« L'autorité compétente d'un État membre peut demander à l'autorité compétente d'un autre État membre de lui communiquer les informations visées à l'article 1er paragraphe 1 en ce qui concerne un cas précis. L'autorité compétente de l'État requis n'est pas tenue de donner une suite favorable à cette demande lorsqu'il apparaît que l'autorité compétente de l'État requérant n'a pas épuisé ses propres sources habituelles d'information, qu'elle aurait pu, selon les circonstances utiliser pour obtenir les informations demandées sans risquer de nuire à l'obtention du résultat recherché. »

Ainsi, par une lecture a contrario, il ressortait de ce texte que les États membres étaient tenus de répondre aux demandes d'informations à moins qu'ils ne prouvent que l'État requérant n'eût pas épuisé ses propres ressources nationales. Cette directive fut cependant abrogée en 2011 afin de répondre « aux nouveaux besoins en matière de coopération administrative » créés par l'ère de la mondialisation. Ceci ressort des exposés des motifs de la directive 2011/16/UE du Conseil du 15 février 2011 relative à la coopération administrative dans le domaine fiscal, qui est le texte de référence actuel concernant l'échange d'informations entre États membres dans le domaine fiscal. En plus d'élargir son champ d'application à « tous types de taxes et d'impôts prélevés par un État membre »[3], cette directive propose trois articles[4] régissant les demandes d'informations fiscales entre États membres portant respectivement sur la procédure, les enquêtes administratives et les délais.

D'après l'article 5, un État membre doit transmettre toute information vraisemblablement pertinente demandée par un autre État membre. Pour ce faire, il est tenu d'effectuer les enquêtes administratives nécessaires à l'obtention d'une telle information. La demande peut même expressément commander une telle enquête qui ne peut être refusée par l'État requis que s'il justifie que de telles enquêtes seraient contraires à sa législation nationale (art. 17, §2). Les délais prévus par l'article 7 sont de 6 mois à compter de la réception de la demande dans le cas où une enquête serait nécessaire et de 2 mois si l'État requis est déjà en possession de l'information demandée. Cette obligation de collecte et de communication de l'information est rappelée à l'article 18, §1 de la directive qui précise que l'État requis est tenu d'y procéder même si cela ne poursuit pas son intérêt fiscal propre.

---

[1] DELAUNAY B., « Les évolutions de la fiscalité internationale depuis la crise financière de 2008 », *Droit fiscal* n° 39, 28 septembre 2017, pp. 470 et s.

[2] LAUMONIER A., *La coopération entre États dans la lutte contre la fraude et l'évasion fiscales internationales*, thèse dactyl. soutenue le 24 novembre 2017 à l'Université de Bordeaux, pp. 148-152.

[3] Voir l'article 2 de la directive 2011/16/UE.

[4] Les articles 5, 6 et 7.

Les limites à ces obligations sont posées à l'article 17 où l'on retrouve la condition que l'État requérant « ait déjà exploité les sources habituelles d'informations auxquelles » il peut avoir accès. De plus, cette coopération est annulée si elle amène l'État requis à violer sa propre législation nationale ou que l'État requérant ne peut pas fournir des informations similaires pour des raisons juridiques. Ce système se fonde ainsi sur une réciprocité entre les États. L'État requis peut également se soustraire aux obligations de communication si l'opération divulgue un secret commercial, industriel, professionnel ou un procédé commercial, ou si la divulgation est contraire à son ordre public. Enfin, une dernière limitation tient à la notion d'information « vraisemblablement pertinente » qui n'est pas définie en tant que telle dans les articles, mais qui, selon le considérant n° 9 de l'exposé des motifs, vise à interdire les recherches d'informations dans le vide (fishing expeditions définies comme des vérifications sans but prédéterminé [1]). Les demandes doivent ainsi être rattachées à des situations concrètes intéressant l'État requérant.

Concernant le droit applicable, chaque État agit selon sa propre législation nationale notamment pour mener à bien les enquêtes nécessaires à l'obtention des informations demandées (article 6, §3). La question de la charge financière n'est en revanche pas abordée dans le texte, on peut donc en déduire que l'État requis supporte le coût des enquêtes administratives menées.

Concrètement, en application de ce texte, si un État A souhaite connaître le revenu gagné par un de ses citoyens dans un État B, il pourra adresser à cet État B une demande d'échange d'informations. Si aucune condition limitative n'est remplie, l'État B devra mener une enquête administrative et/ou communiquer l'information demandée à l'État A. Ce système est donc un outil particulièrement efficace pour lutter contre l'évasion et la fraude fiscale et assurer aux États membres la perception des impôts qui leur sont dus.

La directive 2011/16/UE opère une véritable « division du travail administratif »[2] entre les États membres de l'Union européenne et cela au moyen de l'acte administratif transnational. En effet, la demande d'information adressée par un État à un autre peut être qualifiée comme telle. Il s'agit d'un acte administratif émanant d'une administration nationale qui produit des effets de droit à l'étranger. Ces effets de droit se manifestent dans l'obligation qui pèse sur l'administration requise de communiquer l'information demandée et de mener une enquête administrative le cas échéant. L'acte est intrinsèquement transnational, car destiné à produire des effets de droit à l'étranger. Il n'a pas vocation à modifier l'ordonnancement juridique national.

Ainsi le critère du franchissement de frontière est-il bien rempli, car on est en présence d'un acte administratif national, élaboré selon le droit applicable dans l'État émetteur, qui modifie directement l'ordonnancement juridique de l'État ré-

[1] JANSEN B., « Les pouvoirs d'investigation de la commission des Communautés européennes en matière de concurrence », *RMCUE*, 1990, pp. 696 et s.

[2] Nous reprenons l'expression à Luca De Lucia (DE LUCIA L., *op. cit.*, p. 44) ; DE LUCIA L., ROMANO M. C., « Transnational Administrative Acts in EU Environmental Law », *in* PEETERS M., ELIANTONIO M. (éds.), *Research Handbook on EU Environmental Law*, Edward Elgar Publishing, coll. Research Handbooks in European Law, 2020, Cheltenham, Northampton (Mass.), p. 113.

cepteur. L'acte est donc le produit d'un ordre juridique donné ayant des effets juridiques dans un ordre juridique étranger sans qu'il y ait le besoin d'un acte de réception individuel pour cela. En empruntant le vocabulaire du droit international privé, on peut parler d'efficacité de plano, c'est-à-dire que « l'efficacité de l'acte est accueillie de plein droit sans procédure particulière »[1].

En raison de l'effet exécutoire de la demande, différents actes sont adoptés dans l'État requis, comme des actes d'enquête administrative, selon le droit national afin de pouvoir répondre à la demande initiale. Ces obligations de communication et d'enquête qui pèsent sur l'administration requise constituent le lien interadministratif. L'acte transnational lie l'administration de réception comme s'il émanait de son propre ordre juridique. Le fait générateur de ces obligations est bien l'acte étranger : ceci est confirmé par le point de départ des délais prévu à l'article 7 de la directive 2011/16/UE, qui est la date de réception de la demande.

Cependant, des limites aux effets des actes administratifs individuels transnationaux per se sont prévues. Les raisons de leur existence renvoient, selon nous, principalement au conflit de souverainetés qui sera étudié plus tard. Il convient toutefois de souligner ici la nature de ces limites. Dans l'article 17, §2 de la directive 2011/16/UE les principales limites concernent le respect de la législation de l'État de réception. Ainsi, l'acte transnational ne peut pas commander à l'État de réception d'agir en enfreignant sa législation nationale, et, a fortiori, de violer son ordre public[2]. Cela se retrouve dans d'autres systèmes d'assistance mutuelle comme celui entre les autorités de contrôle veillant à la protection des données personnelles au sein de l'Union européenne qui peuvent refuser de satisfaire à une demande d'assistance si son exécution est contraire au « droit national »[3].

Cette notion de « droit national » est cependant plus large que celle de « législation » prévue par la directive 2011/16/UE. C'est pourquoi la précision du paragraphe 4 de l'article 17 de ce texte est nécessaire, car elle ajoute que l'autorité requise n'est pas tenue de communiquer l'information si sa divulgation était contraire à l'ordre public. Cependant, le texte reste approximatif, car il ne précise pas s'il s'agit de l'ordre public international ou de l'ordre public interne (« l'ordre public international constitue un mécanisme d'éviction de la loi étrangère normalement compétente lorsque les dispositions de celles-ci heurtent la conception française de l'ordre public international français [...] »[4] Alors que l'ordre public interne peut être défini comme toute « [n]orme impérative dont les individus ne peuvent s'écarter ni dans

---

[1] CALLÉ P., *L'acte public en droit international privé*, Economica, coll. Recherches Juridiques, 2004, Paris, p. 245.

[2] MAYER P., HEUZÉ V., REMY B., *Droit international privé*, LGDJ, coll. Domat droit privé, 12e éd., 2019, Issy-les-Moulineaux, p. 347.

[3] Article 61, 4), b) du Règlement (UE) 2016/679 du Parlement européen et du Conseil du 27 avril 2016 relatif à la protection des personnes physiques à l'égard du traitement des données à caractère personnel et à la libre circulation de ces données et abrogeant la directive 95/46/CE (règlement général sur la protection des données).

[4] Rapport annuel de la Cour de cassation, *L'ordre public*, La documentation française, 2013, Paris, p. 128.

leur comportement ni dans leurs conventions »[1]). De plus, seule la divulgation contraire à l'ordre public est envisagée en tant que limite alors qu'il est très probable que l'État de réception puisse également opposer une exception d'ordre public (international) à une simple demande d'information. C'est pourquoi la rédaction du texte du règlement (UE) 2016/679 portant sur la protection des données personnelles apparaît plus appropriée, car la notion de « droit national » comporte l'ordre public international alors que la « législation » de la directive 2011/16/UE peut être interprétée comme désignant uniquement la norme produite par un parlement.

Quoi qu'il en soit, par analogie avec le régime applicable aux jugements étrangers, l'ordre juridique de l'État de réception ne peut pas accueillir en son sein un acte administratif qui serait en contradiction avec ses principes les plus fondamentaux. En effet, une des conditions d'efficacité des jugements étrangers est leur conformité à l'ordre public international de l'État de réception que le juge se doit d'évaluer lorsque saisi à propos d'un tel jugement[2]. Ainsi, il semblerait que l'exception d'ordre public puisse être une limite à l'acte administratif individuel transnational même si elle n'est pas spécifiquement mentionnée dans les textes prévoyant la transnationalité. Cette condition apparaît nécessaire, car il est inenvisageable que la transnationalité administrative soit le moyen de la violation des règles juridiques fondamentales d'un État. Sans cette exception, la souveraineté de l'État de réception serait violée dans un tel cas.

Enfin, l'article 17 de la directive 2011/16/UE conditionne la recevabilité d'une demande d'information à l'épuisement des moyens disponibles par l'autorité requérante. Ce point est capital : il s'agit notamment d'éviter que les administrations nationales s'adressent systématiquement aux administrations des autres États membres ayant des niveaux de protection des droits et libertés des administrés moindres pour obtenir plus facilement des informations. En effet, la transnationalité administrative ne doit pas être un moyen pour une administration de contourner les standards de protection posés par son système juridique à destination des administrés. Il est donc primordial que le recours à l'assistance mutuelle soit restreint à des situations de stricte nécessité d'autant plus que l'État requis est particulièrement contraint par les demandes qu'il reçoit.

Parallèlement, certains actes administratifs individuels n'ont pas une vocation intrinsèque à la transnationalité. Cependant, le déplacement à l'étranger de leur destinataire peut leur donner un caractère transnational lorsque de tels actes s'imposent à l'État de réception. Ce cas de figure vise principalement les autorisations administratives bien qu'elles ne soient pas toutes soumises à ce type de transnationalité (quand il y en a une), comme il le sera étudié avec les autorisations de mise sur le marché des OGM. La reconnaissance du permis de conduire constitue un exemple typique de tels actes et son étude est intéressante, car elle jouit d'un régime juridique bien établi tant en droit international qu'en droit de l'Union européenne.

---

1 « Ordre public », Association Henri Capitant, CORNU G., CORNU M. *et al.*, *Vocabulaire juridique*, PUF, Coll. Quadrige, 11e éd., 2016, Paris.

2 MAYER P., HEUZÉ V., REMY B., *op.cit.*, pp. 280-284.

La Convention de Vienne sur la circulation routière du 8 novembre 1968 est le premier traité multilatéral posant une harmonisation des législations nationales en la matière et est complémentaire à la Convention de Vienne sur la signalisation routière adoptée le même jour. La Convention et ses 7 annexes forment un texte relativement conséquent (81 pages) dont les différents chapitres portent respectivement sur des dispositions à caractère général (chapitre 1), « les règles applicables à la circulation routière » (chapitre 2), les « conditions à remplir par les automobiles et les remorques pour être admises en circulation internationale » (chapitre 3), le permis de conduire (chapitre 4) et les « conditions à remplir par les cycles et les cyclomoteurs pour être admis en circulation internationale » (chapitre 5). Le texte est particulièrement détaillé se voulant être une sorte de code de la route commun pour les États parties comme en témoigne l'article 12.

Outre une harmonisation des règles applicables à la circulation, la Convention assure la possibilité d'une circulation internationale du conducteur au travers d'un système de reconnaissance des permis de conduire nationaux. Cela découle de l'article 41, §2 qui dispose que :

« a) Les Parties contractantes reconnaîtront :

i) Tout permis national conforme aux dispositions de l'annexe 6 de la présente Convention ;

ii) Tout permis international conforme aux dispositions de l'annexe 7 de la présente Convention, à condition qu'il soit présenté avec le permis national correspondant ;

Comme valables pour la conduite sur leurs territoires, d'un véhicule qui rentre dans les catégories couvertes par les permis, à condition que lesdits permis soient en cours de validité et qu'ils aient été délivrés par une autre Partie contractante ou une de ses subdivisions ou par une association habilitée à cet effet par cette autre Partie contractante ou par une de ses subdivisions ;

b) Les permis de conduire délivrés par une Partie contractante doivent être reconnus sur le territoire d'une autre Partie contractante jusqu'à ce que ce territoire devienne le lieu de résidence normale de leur titulaire. »

L'annexe 6 à laquelle il est fait référence pose des conditions communes de forme pour les permis nationaux. Ainsi, ils doivent se présenter sous la forme d'un document où figure le titre « Permis de conduire ». Un certain nombre de mentions est requis comme des éléments d'état civil du destinataire ou la catégorie de véhicules pour laquelle les permis sont valables. L'annexe 7 crée le modèle du permis international qui reste toutefois délivré par des autorités nationales légalement habilitées.

Il résulte de ces dispositions que les États parties à la Convention sont contraints de reconnaître les permis octroyés par les autorités des autres États parties, c'est-à-dire de leur donner un plein effet dans leur ordre juridique. Les moyens de cette reconnaissance ne sont pas précisés, mais, implicitement, il semble qu'il s'agisse d'une reconnaissance de plano donc sans mesure individuelle de réception. Par conséquent, ce mécanisme donne une dimension transnationale au permis de conduire puisque cet acte administratif sera opposable à des États de réception, c'est-à-dire à des États autres que celui dont l'administration a octroyé le permis, et ce, sans nécessiter d'acte de réception. Enfin, cette transnationalité n'est que potentielle dans le sens où l'acte ne devient transnational que dans le cas où son titulaire se déplacerait sur le territoire d'un autre État partie. Intrinsèquement, l'acte n'est donc pas destiné à produire de tels effets, d'où cette sous-classification. Il est remarquable que la transnationalité du permis de conduire soit prévue par ce texte alors que les modalités de son obtention ne sont pas vraiment fixées par la Convention puisqu'il y est fait un renvoi aux législations nationales. La seule obligation pesant sur les États parties est de vérifier que « le conducteur détient les connaissances et les capacités requises »[1]. L'harmonisation des conditions nationales d'obtention du permis est donc presque totalement absente de cette convention, ce qui explique certainement pourquoi la reconnaissance de plano des permis étrangers reste, en pratique, relativement restreinte en France.

Toutefois, cette convention a tenté d'étendre au maximum sa mise en œuvre par les États parties, notamment en prévoyant des limites à la transnationalité des permis, ce qui donne un relatif pouvoir de blocage aux États de réception.

Des exceptions à la reconnaissance de plano des permis de conduire émis par les autres États parties sont prévues au paragraphe 6 de l'article 41 de la Convention. Une simple possibilité de non-reconnaissance est posée dans les cas où le titulaire du permis étranger n'avait pas sa résidence normale sur le territoire de l'État qui lui a octroyé son permis lorsqu'il l'a passé, ou si cette résidence a depuis été transférée sur un autre territoire (toutefois, en France, le Conseil d'État a jugé que si à la date de la délivrance du permis, le détenteur avait la seule nationalité de l'État d'émission, alors la preuve de sa résidence normale dans cet État n'a pas à être rapportée[2]). Cette disposition a été prévue afin que les États puissent s'opposer à un « tourisme du permis de conduire ». Pour autant, nulle obligation n'est faite de s'opposer à cette reconnaissance. Cette souplesse est rendue nécessaire par le caractère multilatéral de la Convention en cause afin de convaincre un maximum d'États de la ratifier. Le refus de la reconnaissance est donc laissé dans ce cas à la discrétion de l'État de réception.

Dans la même logique, l'article 42 prévoit de nombreux cas de suspension de la validité des permis de conduire étrangers dans l'ordre juridique national :

« 1. Les Parties contractantes ou leurs subdivisions peuvent retirer à un conducteur qui commet sur leur territoire une infraction susceptible d'entraîner le retrait du permis de conduire en vertu de leur législation, le droit de faire usage sur leur territoire du permis de conduire, national ou international, dont il est titulaire. En pareil cas, l'autorité compétente de la Partie contractante ou de celle de ses subdivisions qui a retiré le droit de faire usage du permis pourra :

a) Se faire remettre le permis et le conserver qu'à l'expiration du délai pendant lequel le droit de faire usage du permis est retiré ou jusqu'à ce que le conducteur quitte son territoire, si ce départ intervient avant l'expiration de ce délai ;

[1] Article 41, §1, b) de la Convention.

[2] CE, 20 février 2019, n° 419143.

b) Aviser du retrait du droit de faire usage du permis l'autorité qui a délivré ou au nom de qui a été délivré le permis ;

c) S'il s'agit d'un permis international, porter à l'emplacement prévu à cet effet la mention que le permis n'est plus valable sur son territoire ;

d) Dans le cas où elle n'a pas fait application de la procédure visée à l'alinéa a) du présent paragraphe, compléter la communication mentionnée à l'alinéa b) en demandant à l'autorité qui a délivré le permis ou au nom de qui le permis a été délivré, d'aviser l'intéressé de la décision prise à son encontre.

2. Les Parties contractantes s'efforceront de faire notifier aux intéressés les décisions qui leur auront été communiquées conformément à la procédure visée au paragraphe 1, alinéa d) du présent article.

3. Rien dans la présente Convention ne saurait être interprété comme interdisant aux Parties contractantes ou à une de leurs subdivisions d'empêcher un conducteur titulaire d'un permis de conduire, national ou international, de conduire s'il est évident ou prouvé que son état ne lui permet pas de conduire en sécurité ou si le droit de conduire lui a été retiré dans l'État où il a sa résidence normale. »

Ainsi, les États de réception peuvent opérer, dans une certaine mesure, un contre-contrôle des habilités des conducteurs ayant obtenu leur permis à l'étranger. Si ce n'est pas l'acte en lui-même qui est réexaminé, ses conséquences peuvent en revanche être annihilées. En cas de suspension de sa validité, l'existence de l'acte en lui-même n'est pas remise en cause, ni son efficacité, sur les territoires des autres États parties. Il ne s'agit que d'une suspension des effets de l'acte sur le territoire national de l'État de réception qui n'a de toute façon pas compétence pour annuler ou abroger un acte administratif étranger.

Ainsi, l'étude du système mis en place par la Convention de Vienne sur la circulation routière donne l'exemple d'un acte administratif individuel potentiellement transnational fondé sur un traité international, mais ce texte reste toutefois assez vague, certainement en raison de la difficile adoption des traités multilatéraux. Un autre système de reconnaissance des permis de conduire, mis en place dans le cadre de l'Union européenne, propose de son côté un mécanisme beaucoup plus abouti. Ceci est un premier élément de preuve de la place particulière qu'occupe l'intégration européenne dans le développement de l'acte administratif transnational.

Traditionnellement, chaque État fixe ses règles permettant l'obtention du permis de conduire. Cependant, très tôt, l'Union européenne a perçu ce permis comme un élément particulier participant à l'exercice des libertés de circulation. C'est l'arrêt Choquet de la Cour de justice des communautés européennes de 1978 qui a initié ce mouvement en jugeant que portait atteinte aux libertés de circulation l'exigence d'obtention du permis national par un État d'accueil à un conducteur disposant du permis d'un autre État membre, dans le cas où les deux épreuves nationales faisaient « manifestement double emploi »[1]. Plusieurs directives[1] ont par

[1] CJCE, 28 novembre 1978, *Choquet*, aff. 16/78, EU :C :1978 :210.

la suite été adoptées pour arriver au système actuel qui est régi par la directive 2006/126/CE[2].

Cette directive établit un modèle communautaire de permis de conduire[3] et reprend le principe de reconnaissance mutuelle[4] qui avait déjà été posé dans les textes antérieurs. Ce principe s'appuie notamment sur une harmonisation minimale des conditions de délivrance des permis de conduire et la nécessité de leur circulation dans une région intégrée où la liberté de circulation des personnes est protégée. Ceci est souligné dès le deuxième paragraphe du préambule de la directive qui dispose :

« Les règles relatives aux permis de conduire sont un élément essentiel de la politique commune des transports, contribuent à améliorer la sécurité routière et facilitent la libre circulation des personnes qui transfèrent leur résidence dans un État membre autre que l'État de délivrance du permis. Compte tenu de l'importance des moyens de transport individuels, la possession d'un permis de conduire dûment reconnu par l'État d'accueil favorise la libre circulation et la liberté d'établissement des personnes. Malgré les progrès accomplis en matière d'harmonisation des règles relatives au permis de conduire, des divergences significatives ont subsisté entre les États membres quant aux dispositions concernant la périodicité du renouvellement des permis et les sous-catégories de véhicules, qui exigent une harmonisation plus poussée afin de contribuer à la mise en œuvre des politiques communautaires. »

Les conditions matérielles minimales de la délivrance du permis de conduire par les États membres sont posées aux articles 4 à 7. Il est notable qu'elles soient devenues de plus en plus précises au fil des codifications de la directive réalisant une harmonisation de plus en plus approfondie. À titre d'exemple, la directive requiert pour l'obtention du permis B la réussite d'« une épreuve de contrôle des aptitudes et des comportements et une épreuve de contrôle des connaissances et que [les candidats] répondent à des normes médicales »[5]. De même, le e) du §1 de l'article 7 de la directive délimite la compétence des autorités délivrant le permis : pour solliciter le permis d'un État membre, le candidat doit y avoir sa « résidence normale » ou pouvoir prouver qu'il y effectue des études depuis au moins six mois. La résidence normale est entendue par l'article 12 de la directive comme « le lieu où une personne demeure habituellement, c'est-à-dire pendant au moins 185 jours par année civile, en raison d'attaches personnelles et professionnelles, ou, dans le cas d'une personne sans attaches professionnelles, en raison d'attaches personnelles révélant des liens étroits entre elle-même et l'endroit où elle demeure ». Ainsi, pour chaque candidat, il ne devrait y avoir qu'une seule autorité compétente pour délivrer le permis. Cette disposition permet d'éviter la pratique du « tourisme des permis de

---

1 Directive 80/1263/CEE du Conseil du 4 décembre 1980 relative à l'instauration d'un permis de conduire communautaire ; Directive 91/439/CEE du Conseil du 29 juillet 1991 relative au permis de conduire.

2 Directive 2006/126/CE du Parlement européen et du Conseil du 20 décembre 2006 relative au permis de conduire (refonte).

3 Article 1 de la directive 2006/126/CE.

4 Article 2 de la directive 2006/126/CE.

5 Article 7, §1, a) de la directive 2006/126/CE.

conduire »[1] par laquelle les candidats se déplacent spécifiquement dans un État membre donné où les conditions d'obtention du permis de conduire sont plus souples que dans leur État de résidence.

Les conditions posées par la directive peuvent uniquement être vérifiées par l'État membre de délivrance du permis comme affirmé par les jurisprudences Hofmann et Aykul de la Cour de justice[2]. Dès lors, un permis de conduire régulièrement octroyé par un État membre s'impose aux autres États membres et seul ce premier État peut en apprécier les conditions d'obtention. Ainsi, selon une jurisprudence bien établie de la Cour de justice, « les autres États membres ne sont pas en droit de vérifier le respect des conditions de délivrance prévues par [la] directive »[3]. Le principe de reconnaissance mutuelle commande la reconnaissance directe, « sans formalité »[4], des permis de conduire provenant d'autres États membres même si un État avait auparavant refusé à un automobiliste l'attribution du permis sur son territoire[5]. Ainsi, seule la décision d'attribution du permis peut circuler, celle de refus ne s'impose pas aux autres États membres si un candidat remplit par la suite leurs conditions nationales et européennes. Face à un doute sur la régularité d'un permis octroyé par un autre État membre, l'État de réception ne peut qu'en référer à ce premier[6]. Une seule nuance est apportée par l'article 11, §4, 1er alinéa, de la directive 2006/126/CE qui dispose qu'un État membre refuse de délivrer le permis à un demandeur dont le permis a « fait l'objet d'une restriction, d'une suspension ou d'un retrait dans un autre État membre ». C'est ici que l'on trouve un second exemple d'acte administratif individuel potentiellement transnational, puisqu'une décision de sanction administrative peut alors produire un effet juridique obligatoire à destination d'une administration étrangère en lui interdisant de délivrer un permis dans ces conditions[7].

De même, un État peut refuser de reconnaître un permis étranger s'il a été délivré en échange d'un permis national invalide. Ce fut jugé par le Conseil d'État dans une affaire où un Français faisait valoir un permis belge qu'il avait obtenu en échange de son permis français qui était annulé en raison d'un solde de points nul[8].

Ainsi, la transnationalité ne s'impose pas de manière absolue, trois limites principales ont été posées à son effectivité.

Des limites à la transnationalité des permis ont été posées tant par la directive que par la jurisprudence de la Cour de justice. La première provient de l'article 11, §2 de la directive 2006/126/CE qui dispose que « l'État membre où est située la

[1] SNOY A.-L., *art.cit.*, pp. 79-96 ; SCHRÖDER M., « Mutual Recognition of Driving Licences in the EU – Current State of Integration and Perspectives », *REAL*, vol. 13, 2020, pp. 36-60.

[2] CJUE, 26 avril 2012, *Hofman c/ Freistaat Bayern*, *aff.* C-419/10, EU:C:2012:240, points 45 et 47 ; CJUE, 23 avril 2015, *Aykul c/ Land Baden-Württemberg*, *aff.* C-260/13, EU:C:2015:258, point 46.

[3] CJUE, 19 mai 2011, *Mathilde Grasser c/ Freistaat Bayern*, *aff.* C-184/10, ECLI :EU :C :2011 :324 ; §21. Voir : SCHRÖDER M., *art. cit.*, p. 52.

[4] Selon le mot même de la CJUE. Voir par exemple le §19 de la décision *Grasset.*

[5] CJUE, 1er mars 2012, *Akyüz*, *aff.* C-467/10, EU :C :2012 :112.

[6] CJCE, 26 juin 2008, *Wiedemann c/ Land Baden-Württemberg et Funk c/ Stadt Chemnitz*, *aff. jointes* C-329/06 et C-343/06, EU:C:2008:366, points 56 et 57.

[7] Voir : SCHRÖDER M., *art. cit.*, p. 50.

[8] CE, 12 février 2020, *ministre de l'Intérieur*, n° 428983.

résidence normale peut appliquer, au titulaire d'un permis de conduire délivré par un autre État membre, ses dispositions nationales concernant la restriction, la suspension, le retrait ou l'annulation du droit de conduire et, si nécessaire, procéder à ces fins à l'échange de ce permis ». Il en découle que l'État de réception reste muni de certains pouvoirs pouvant suspendre les effets d'un permis étranger sur son territoire.

La seconde limite est posée à l'article 11, § 4, alinéa 2 selon laquelle l'État de réception doit refuser la reconnaissance d'un permis octroyé par un autre État membre « à une personne dont le permis de conduire fait l'objet, sur son territoire, d'une restriction, d'une suspension ou d'un retrait » à moins que ce permis n'ait été obtenu en dehors d'une période d'interdiction de solliciter un nouveau permis de conduire[1]. Il est notable qu'il s'agisse ici d'une obligation s'imposant à l'État de réception. Ceci diffère ainsi de l'exception posée par la Convention de Vienne dans le même cas de figure.

La dernière limite est d'origine jurisprudentielle et résulte de la décision précitée Aykul. La Cour de justice y a jugé qu'un État pouvait refuser de reconnaître la validité d'un permis octroyé par un autre État membre dans le cas où son détenteur serait de passage sur son territoire et aurait commis des infractions (en l'espèce, il s'agissait de consommation de cannabis). Les effets d'une telle décision doivent cependant être circonscrits au territoire de l'État où l'infraction a été commise.

Le permis de conduire constitue un acte administratif national qui est seulement potentiellement transnational. Ce n'est que si son destinataire se déplace à l'étranger que cet acte va franchir une frontière et s'imposer à un État étranger formant ainsi le lien interadministratif. C'est ce déplacement qui entraîne l'application du régime particulier expliqué ci-dessus, qu'il soit fondé sur une convention internationale ou sur le droit de l'Union européenne.

L'élément le plus frappant dans l'exposé du système de circulation des permis de conduire, en particulier au sein de l'Union européenne, est la complexité du régime applicable qui comporte de nombreuses exceptions à la transnationalité dont les conditions d'ouverture sont très précises. Ceci est caractéristique de la transnationalité administrative qui met en relation des puissances souveraines en visant à faciliter la circulation des personnes, des services et autres, sans pour autant renoncer aux règles posées par leur droit national. La prise en compte de ces intérêts contraires est source de ce régime de compromis peu lisible et très technique. C'est donc dans l'art de la nuance que la transnationalité administrative est rendue possible.

L'exemple du permis de conduire est particulièrement intéressant, car il illustre les problèmes propres à ce phénomène. En effet, à la suite de l'instauration de la reconnaissance mutuelle des permis de conduire dans l'Union européenne, un « tourisme du permis de conduire »[2] vers les États dont la législation était moins contraignante est apparu. C'est pour cette raison que le critère de la résidence normale a été posé tant dans la Convention de Vienne que dans la directive

---

[1] CJCE, ord., 28 septembre 2006, *Kremer*, *aff.* C-340/05, points 33 à 35.

[2] SNOY, A.-L., *art. cit.*, p. 92.

2006/126/CE, de même que la limite de l'article 11, paragraphe 4, alinéa 2. Au sein de l'Union européenne, le critère de la résidence normale doit être analysé comme un critère de répartition des compétences entre les autorités délivrant le permis dans les États membres là où, avant, il existait une concurrence totale.

Ainsi, la circulation d'actes administratifs octroyant des droits à leurs destinataires peut poser des problèmes d'*administrative shopping*[1] : afin d'éviter les réglementations les plus exigeantes, les candidats se rendent dans les États membres les plus laxistes ou les moins coûteux[2]. Cette thématique est propre à la circulation juridique en général et est un thème classique du droit international privé. L'on parle alors de concurrence normative qui suppose une disparité entre différentes législations, ici nationales et administratives, ainsi qu'une possibilité de choix pour le sujet juridique de se soumettre à un régime plutôt qu'à un autre[3]. De cette possibilité de choix découle assez logiquement un appel des sujets juridiques vers les régimes les plus conciliants. Il a même été observé que ce phénomène pouvait exister pour les actes administratifs individuels transnationaux per se. Cependant, la situation diffère lorsqu'on est en présence de tels actes qui interviennent le plus souvent dans des réseaux d'administrations. Dans un tel cas, le risque d'abus se place du côté des administrations nationales au détriment de droits des administrés. Une administration pourrait en effet être tentée de solliciter une administration étrangère dont le droit national est plus laxiste, par exemple en permettant plus facilement l'accès à certaines informations. Tout ceci illustre une tendance nouvelle qui n'avait pas été envisagée par la doctrine traditionnelle en raison d'une application stricte du principe de territorialité du droit public.

Enfin, la comparaison de deux systèmes fondés respectivement sur le droit international et le droit de l'Union européenne apporte un certain éclairage sur le fonctionnement de la transnationalité administrative. Il apparaît, en effet, que la circulation des permis de conduire dans l'Union européenne est beaucoup plus forte dans le sens où les limitations opposables par l'État de réception sont beaucoup plus étroites. De plus, la directive procède à une certaine harmonisation de l'octroi du permis de conduire alors que la Convention sur la circulation routière reste presque muette sur les modalités d'un tel examen. Un lien entre intégration et efficacité de la transnationalité administrative semble ici se dessiner. Les États seraient plus enclins à reconnaître sur leur territoire les actes d'États ayant une culture juridique proche d'eux. Cet élément sera une des clefs qui permettront d'expliquer le fonctionnement de la transnationalité dans des développements ultérieurs.

Ainsi, une distinction doit être opérée entre le caractère intrinsèque ou non de la transnationalité de l'acte administratif individuel. Les mécanismes permettant la circulation de l'acte sont alors différents et présentent des enjeux divers. D'un côté, ce sont les droits des administrés qui sont menacés, de l'autre, c'est le respect des

---

[1] Voir §943-949.

[2] SCHRÖDER M., *art. cit.*

[3] USUNIER L., « La concurrence normative, un mode de représentation des rapports entre les systèmes juridiques en vogue », *in* SEFTON-GREEN R., USUNIER L. (dir.), *La concurrence normative mythes et réalités*, Société de législation comparée, coll. de l'UMR de droit comparé de Paris, 2013, Paris, pp. 15-33.

législations nationales. Malgré ces difficultés potentielles résultant de l'ouverture de l'*administrative shopping* par ces actes administratifs individuels transnationaux, il faut reconnaître qu'ils circulent relativement aisément quand un cadre juridique international ou européen le prévoit. En fin de compte, ils sont devenus pour certains presque banals. À l'inverse, la circulation d'un autre type d'actes transnationaux est beaucoup plus ardue à concevoir : celle de l'acte réglementaire transnational.

La transnationalité des actes réglementaires n'est généralement pas envisagée par la doctrine. Seul Angelos Gerontas fait figure d'exception en incluant l'acte réglementaire au sein de son analyse de la décision administrative transnationale dans un « but d'exhaustivité et de précision »[1]. Ce choix correspond à une acception large de la décision administrative puisqu'elle comporte alors des actes de portée générale[2]. Toutefois, l'acte réglementaire présente une différence matérielle importante avec les actes administratifs individuels. Celle-ci peut notamment être analysée par le prisme de la distinction « règle/décision » qu'a tracée l'internationaliste Pierre Mayer dans sa thèse[3]. Il en résulte que l'acte réglementaire serait constitutif d'une règle alors que les actes administratifs individuels relèveraient de la décision. Cette qualification permettrait alors d'expliquer le faible nombre d'actes réglementaires transnationaux identifiés en pratique. Malgré sa rareté incontestable, l'acte réglementaire transnational existe et ne peut donc pas être écarté de la présente étude.

Il est incontestable que seul un nombre relativement restreint de situations mène à la transnationalisation d'actes administratifs réglementaires, par la suite également désignés en tant « qu'actes réglementaires ». Il en existe pourtant un certain nombre dans le cadre, soit des enclaves, soit des infrastructures transnationales.

La ville de Büsingen présente une situation géographique particulière : c'est une enclave, c'est-à-dire une « portion du territoire d'un État entièrement enfermée dans le territoire d'un autre État »[4]. En effet, elle appartient à l'Allemagne bien qu'elle soit située dans le territoire Suisse. Cependant, afin d'éviter une discontinuation des situations juridiques que peut entraîner le franchissement d'une frontière, l'Allemagne (République fédérale allemande à l'époque) et la Suisse ont conclu un traité sur l'inclusion de la commune Büsingen am Hochrhein dans le territoire douanier suisse le 23 novembre 1964. Comme l'a souligné Pierre Raton, les territoires enclavés ne peuvent pas être autosuffisants en raison de leur taille trop petite et, la mise en place d'un blocus par l'État enclavant peut leur être fatal[5]. Il est donc essentiel pour les enclaves que soient réglées les questions de la circulation des biens et des personnes avec l'État enclavant.

---

[1] GERONTAS A., « Deterritorialization in Administrative Law: Exploring Transnational Administrative Decisions », *Columbia Journal of European Law*, n° 3, 2013, pp. 15-16.

[2] Voir : DEFOORT B., *La décision administrative*, LGDJ, coll. Bibliothèque de droit public t. 286, 2015, Issy-les-Moulineaux, p. 311.

[3] MAYER P., *La distinction entre règles et décisions et le droit international privé*, Dalloz, coll. Bibliothèque de droit international privé, 1973, Paris, XI-244 p.

[4] RATON P., « Les enclaves », *Annuaire français de droit international*, 1958, vol. 4, p. 186.

[5] RATON P., *art. cit.*, pp. 191-193.

Dans le cas de Büsingen, le traité résout le problème dans son article 2 en soumettant la circulation des biens et des personnes au droit suisse :

« Sous réserve des dispositions particulières figurant ci-après, les dispositions légales et réglementaires suisses (fédérales et cantonales) sont applicables à Büsingen en ce qui concerne les matières suivantes [...]. »

Cet énoncé est suivi d'une énumération des matières dans lesquelles les lois et règlements suisses ont une compétence de droit commun en particulier concernant les droits de douane, la circulation des marchandises ou encore le transport de cadavres lorsqu'il n'est pas circonscrit à l'intérieur des limites de la commune. Il découle donc de cette disposition que des actes réglementaires suisses ont un effet juridique sur le territoire de cette ville allemande. Il existe bien un franchissement d'une frontière et l'administration de la ville est contrainte juridiquement par ces règlements. Enfin, selon le droit suisse, l'acte réglementaire est compris dans la typologie de l'acte administratif[1], il s'agit donc bien d'un acte administratif unilatéral transnational.

Il faut également rappeler la souveraineté pleine et entière de l'État enclavé. En effet, « l'enclave n'est ni une colonie ni un protectorat ; elle est partie intégrante du territoire national »[2]. La condition d'une relation horizontale entre États souverains est donc remplie. Par conséquent, tous les critères sont vérifiés pour qualifier de transnationaux les règlements suisses qui s'appliquent sur le territoire de la ville de Büsingen. Cependant, ce mécanisme est complété par les 43 autres articles du traité qui précisent le droit applicable ou les autorités compétentes sur des points parfois très précis. Ainsi, l'autorité suisse est compétente pour délivrer les autorisations de vente du lait (article 6), mais elle doit se faire accompagner d'un douanier allemand en cas de saisie douanière à laquelle s'oppose un administré (article 4).

Un autre exemple d'enclave où sont apparues des questions de transnationalité est celui de la Ville libre de Dantzig, cité-État qui fut placée sous la protection de la Société des Nations de 1919 à 1939. Enclavée entre la Pologne et l'Allemagne, elle connaissait une situation particulière, car elle représentait le seul port d'accès en Mer Baltique pour la Pologne. C'est pourquoi l'on y a retrouvé des mécanismes juridiques particuliers relevant notamment de la transnationalité administrative. Certains ont d'ailleurs donné lieu à des décisions de la Cour permanente de justice internationale. Ainsi, ce fut le cas du système postal. En effet, par le jeu d'une succession de traités[3], la Pologne avait le droit « d'installer dans le port de Dantzig un service de postes, télégraphes et téléphones communiquant directement avec la Pologne »[4]. La question se posait, devant la Cour permanente de justice internationale[5], de délimiter le contour de ce service, à savoir s'il devait être réduit à l'enceinte

---

[1] KNAPP B., *Précis de droit administratif*, Éditions Helbing & Lichtenhahn, coll. Théorie et pratique du droit, 4e éd., 1991, Bâle, p. 197.

[2] *Ibid.*, p. 189.

[3] Art. 104 §4 du Traité de Versailles du 28 juin 1919 ; arts. 29 à 32 de la Convention de Paris entre la Pologne et la Ville libre de Dantzig du 9 novembre 1920 ; arts. 149-168 et l'art. 240 du Traité de Varsovie entre la Pologne et la Ville libre de Dantzig du 24 octobre 1921.

[4] Art. 29 de la Convention de Paris.

[5] CPJI, 16 mai 1925 (avis), *Service postal polonais à Dantzig*, Série B, n°11.

d'un seul bâtiment dans le port et s'il ne devait concerner que les officiels et fonctionnaires polonais. La cour jugea finalement que la Pologne pouvait avoir plusieurs boîtes aux lettres dans le port de Dantzig et que le public pouvait aussi accéder à ce service. Ainsi, tous les règlements adoptés par la Pologne pour organiser un tel service public produisaient un effet transnational puisqu'il s'exécutait sur un territoire étranger. Il en allait de même de la question des chemins de fer[1] dont l'administration avait été confiée à la Pologne notamment en vertu, du Traité de Versailles, de la Convention de Paris de 1920 et de l'accord définitif relatif aux fonctionnaires entre Dantzig et la Pologne du 22 octobre 1921. Les fonctionnaires Dantzikois avaient alors pu rejoindre le service administré par la Pologne. Là encore, il s'agissait d'un service public régi par les règlements polonais en territoire étranger.

Parallèlement au cas de l'enclave, il existe également des actes réglementaires transnationaux nécessaires au bon fonctionnement d'infrastructures transnationales. Par exemple, la ligne de train franco-britannique Eurostar voit une concurrence de polices administratives sur des aires de contrôles juxtaposées[2]. Par là même, les agents pourraient mettre en œuvre des actes réglementaires de leur ordre juridique national sur le territoire de l'autre État. Également, l'euroaéroport de Mulhouse-Bâle, qui est un établissement public franco-suisse sur le territoire français, contient dans son enceinte une zone à l'intérieur de laquelle les Autorités suisses ont le droit de contrôler les voyageurs et les marchandises provenant ou à destination de la Suisse selon « leurs lois et règlements nationaux »[3]. Enfin, l'on peut citer également l'Hôpital de la Cerdagne[4] situé en Espagne et qui peut voir des personnels soignants fonctionnaires français y être envoyés et rester sous le statut de la fonction publique avec, notamment, les actes réglementaires le régissant. Par conséquent, bien qu'ils soient anecdotiques en général, le nombre d'actes réglementaires transnationaux est assez significatif dans certaines structures réalisant des coopérations administratives particulièrement abouties. De ce fait, le processus d'intégration européenne pourrait tendre à développer ce type d'acte en encourageant la création d'entités transnationales similaires à celles susmentionnées.

Le premier constat est identique à celui déjà formé à propos du régime du permis de conduire en Europe : le régime de la transnationalité est synonyme de complexité, de technicité et de règles ad hoc. Cela ressort de la lettre du traité qui prévoit la transnationalité des règlements suisses de manière très ponctuelle comme en matière de statistique agricole, d'imposition du tabac ou encore de matériel de propagande subversive[5]. S'y ajoutent les fluctuations dans la détermination des autorités compétentes pour l'exécution de ces règles[6]. Finalement, le régime juridique

[1] CPJI, 3 mars 1928 (avis), *Compétence des tribunaux de Dantzig*, Série B, n°15.

[2] Art. 4, §3 du Traité de Canterbury du 12 février 1986.

[3] Art. 8 de la Convention franco-suisse, conclue à Berne le 4 juillet 1949, *relative à la construction et à l'exploitation de l'aéroport de Bâle-Mulhouse*.

[4] Art. 41 §2 des statuts du groupement européen de coopération territoriale de l'hôpital de Cerdagne.

[5] Voir les points c) 13), h) et p) de l'article 2 du traité.

[6] Sur ce point, voir l'art. 15 de la convention qui, lors de poursuites pénales, prévoit une alternance d'interventions d'autorités suisses ou allemandes selon les étapes considérées.

applicable à Büsingen apparaît particulièrement complexe. De même, le cas des infrastructures transnationales ne repose que sur des statuts ad hoc qui organisent la circulation des actes réglementaires là où les États parties aux conventions fondatrices l'ont estimé nécessaire. Il n'est donc pas possible d'identifier une rationalité globale transposable d'une infrastructure à l'autre.

Le deuxième constat est que l'acte réglementaire transnational constitue une exception et non un cas classique de transnationalité administrative. Puisqu'il faut chercher des exemples aussi particuliers que les enclaves pour trouver de tels actes, c'est que l'acte réglementaire est en principe jamais transnational. Cependant, pour des raisons pratiques tenant au franchissement quasi journalier de la frontière de l'enclave, il a été possible de transnationaliser des règlements. Cela est signe de la grande capacité d'adaptation du droit administratif qui peut parfaitement saisir des situations comportant des éléments d'extranéité. De même, les infrastructures transnationales sont des épiphénomènes qui, bien qu'intéressants, restent minoritaires. D'ailleurs, leur mise en œuvre ne transnationalise que les actes réglementaires strictement indispensables à leur fonctionnement. L'on reste ainsi dans la gestion adaptée de situations juridiques très particulières.

Enfin, dans le cas de la ville de Büsingen, il est intéressant de souligner que le traité ne se positionne pas sur le cas où un règlement suisse s'appliquant sur le territoire de Büsingen violerait l'ordre public international de l'Allemagne. Cette absence peut être interprétée comme le signe que les États parties considèrent avoir des valeurs si proches qu'ils n'envisagent pas la possibilité d'un règlement suisse allant à l'encontre des principes fondamentaux du droit allemand. Ainsi, outre les nécessités de circulation, la transnationalisation de l'acte réglementaire commande très certainement une proximité particulière entre les ordres juridiques intéressés. Il est très peu probable que ce mécanisme aurait été adopté si Büsingen était une ville Russe par exemple. La même question est transposable aux infrastructures transnationales, quoique le terrain particulièrement restreint de la transnationalisation des actes réglementaires ne laisse que peu de place à une violation de l'ordre public international de l'État récepteur.

Ce dernier point est un commencement d'explication de la rareté de l'acte réglementaire transnational. Mais l'élément crucial qui se doit d'être approfondi tient à la nature même de l'acte réglementaire. Contrairement à l'acte individuel qui est une « décision », l'acte réglementaire pose une « règle » administrative, ce qui complique fortement son exportation dans des ordres juridiques étrangers.

Bertrand Seiller, dans son manuel de droit administratif, a écrit :

« L'acte réglementaire se caractérise par la généralité de la norme qu'il pose : son objet est défini a priori, sans considération de ses destinataires. La norme édictée est voulue par elle-même dans un champ donné. Il n'en reste pas moins que la généralité, critère du caractère réglementaire, implique presque toujours le caractère impersonnel des effets : celle-ci ne vise que des individus abstraitement définis. »[1]

---

[1] SEILLER B., *Droit administratif*, t. 2 « L'action administrative », Flammarion, coll. Champs Université, 8° éd., 2021, Paris, p. 153.

L'acte réglementaire a donc pour effet de créer une nouvelle norme dans son ordre juridique, c'est une « loi matérielle »[1], alors que l'acte administratif individuel applique une telle norme à une situation donnée. C'est par cette différence de fonction que s'explique la différente transnationalisation de ces actes. Tout ceci peut être mis en parallèle avec la doctrine de droit international privé qui a établi des modalités de circulation différentes selon qu'un acte (en général) est une règle ou une décision. L'emprunt de la distinction règle/décision à la doctrine de droit international privé permet d'expliquer en quoi la circulation des actes réglementaires est moins usitée.

La distinction entre les règles et les décisions en droit international privé a notamment été conceptualisée par Pierre Mayer dans sa thèse. Selon lui, la règle est une norme abstraite et générale, dont la structure est hypothétique et qui pose une relation permanente[2]. Il lui oppose la décision qu'il caractérise comme une norme concrète, catégorique et non permanente, c'est-à-dire, qui ne dispose pas d'un nombre indéterminé d'effets nouveaux dans le futur[3]. La décision peut être individuelle ou collective selon le nombre de destinataires qu'elle identifie[4]. « Tandis que la règle pose et ordonne, la décision se contente d'ordonner. Elle ne s'intègre pas dans un ensemble destiné à régir la vie sociale. Elle réalise seulement certains objectifs particuliers, concrets »[5].

Cette grande division comprend toutes les normes. Ainsi, tout acte modifiant l'ordonnancement juridique est soit une règle, soit une décision[6]. L'utilité de cette distinction a été soulignée par Malik Laazouzi :

« Elle permet de déterminer selon quelle méthode une norme juridique étrangère peut être utilisée par le juge français comme base de déduction du droit. Alors que pour des situations régies par une règle, il s'agira d'indiquer au juge à quel ordre juridique appartient la norme à appliquer, les situations régies par une décision donneront lieu à la vérification de l'efficacité de la norme dans l'ordre juridique du juge, afin que celle-ci puisse servir de base de déduction du droit »[7].

De plus, selon Pierre Mayer, « tandis que les questions régies par des règles soulèvent en droit international privé un problème de conflit de lois, caractérisé par la nécessité d'effectuer un choix entre les diverses règles en présence, les questions régies par des décisions soulèvent le problème de l'efficacité internationale de la décision normalement unique qui a été prise à l'étranger, ce problème consistant en une simple alternative entre l'admission et le rejet de la décision »[8].

[1] VEDEL G., « De l'arrêt Septfonds à l'arrêt Barinstein (La légalité des actes administratifs devant les tribunaux judiciaires) », *JCP* 1948. I. 682.
[2] MAYER P., *op. cit.*, p. 48.
[3] *Ibid.*, p. 51.
[4] *Ibid.*, pp. 49-51.
[5] *Ibid.*, p. 53.
[6] *Ibid.*, p. 55.
[7] LAAZOUZI M., *Les contrats administratifs à caractère international*, Economica, coll. Recherches Juridiques, 2008, Paris, p. 31.
[8] MAYER P., *op. cit.*, p. 221.

Selon cette distinction, de par son caractère général, abstrait et permanent l'acte réglementaire est constitutif d'une règle alors que, de par son application à un cas concret donné, l'acte administratif individuel est une décision. Ceci est d'ailleurs admis par Malik Laazouzi selon lequel « les actes administratifs unilatéraux présentent les deux types de structures »[1]. C'est pour cela que l'unité de l'acte réglementaire et de l'acte individuel au sein de la catégorie de l'acte administratif unilatéral est parfois mal comprise par la doctrine étrangère. Autrement dit, en édictant une loi de droit public, une règle, l'acte règlementaire transnational rencontre beaucoup plus d'obstacles pour son application directe et demeure un « phénomène exceptionnel »[2]. Ceci recoupe la distinction opérée par Fedozzi entre l'application directe des lois de droit public et des actes de droit public qui représentent différents degrés de coopération, ces premières étant beaucoup plus rares[3].

La nature de règle ou de décision a une incidence certaine sur la circulation des normes. Très concrètement, il est beaucoup plus facile d'imaginer la circulation des décisions qui ont des effets finis que la circulation de règles aux effets indéterminés. Une règle comporte intrinsèquement un nombre indéfini de décisions qui résulteraient de son application à des situations données. Dès lors, l'importation d'une règle étrangère dans un système juridique revêt un caractère particulièrement invasif, surtout s'il s'agit d'une règle relative au droit public, droit qui poursuit la réalisation de l'intérêt général et qui est l'expression de la souveraineté d'un État. Il est ainsi très peu probable que la transnationalité d'un acte réglementaire puisse intervenir sans violer la souveraineté de l'État de réception, car il doit en principe y consentir, ce qui semble peu probable pour des actes de cette ampleur juridique. L'exemple de Büsingen est l'exception à la règle où l'Allemagne a jugé que l'application des actes réglementaires suisses pourvoyait à l'intérêt de la ville.

Hormis des cas particuliers, un État n'a que peu d'intérêt à voir une règle de droit public d'un autre État s'appliquer dans son ordre juridique. De plus, le principe de territorialité du droit public est encore très ancré dans la pensée juridique. Certains auteurs, comme Maxence Chambon, fondent cette compétence normative exclusive sur la coutume[4] et en déduisent l'impossibilité d'un conflit de lois dans l'espace en droit public[5]. M. Chambon donne l'exemple d'un litige relatif à l'octroi de la nationalité française qui ne peut être réglé, selon lui, que par le droit français et non la loi allemande qui ne se prononce que sur l'octroi de la nationalité allemande et non de la nationalité française. Cet exemple, déjà utilisé par Pierre Mayer en 1986[6], est fort éloquent, mais est inadapté face à des exemples nouveaux comme la régulation de l'internet où la notion de territoire est inadaptée.

---

[1] LAAZOUZI M., *op. cit.*, p. 36.

[2] FEDOZZI P., « De l'efficacité extraterritoriale des lois et des actes de droit public », *RCADI* 1929, II, t. 27, p. 182.

[3] *Ibid.*, pp. 181-182.

[4] CHAMBON M., *Le conflit de lois dans l'espace et le droit administratif*, Mare & Martin, coll. Bibliothèque des thèses, 2015, Paris, p. 250.

[5] *Ibid.*, p. 268.

[6] MAYER P., « Le rôle du droit public en droit international privé », *Revue internationale de droit comparé*, vol. 38 n° 2, avril-juin 1986, pp. 477-478.

M. Chambon poursuit sa démonstration en démontrant que les règles de droit public sont assimilables aux règles relatives à l'ordre juridique, telles que conçues par David Sindres dans sa thèse[1], et donc excluent toute concurrence normative. M. Sindres a en effet adopté une conception institutionnelle de l'ordre juridique dont les règles sont « celles que l'institution édicte à l'adresse de ses organes, afin de régir son propre fonctionnement et ses relations avec les particuliers »[2] et en a déduit une « clôture institutionnelle »[3] empêchant leur concurrence[4]. En réalité, la démonstration apportée par David Sindres est la même que celle du principe de territorialité du droit public, mais formulée avec des termes différents. On retrouve la définition du droit public dans la définition qu'il propose de l'ordre juridique, ainsi que le principe de territorialité dans ce phénomène de « clôture institutionnelle » et « normative ».

Néanmoins, cette étude propose de renouveler ce principe de territorialité au regard des phénomènes actuels. La circulation des actes réglementaires est beaucoup plus difficile à concevoir que celle des actes administratifs individuels en raison de cet héritage juridique, mais aussi parce que les États ont beaucoup plus besoin de faciliter la circulation de ces derniers. Le but étant d'assurer la continuité des situations juridiques malgré le déplacement des destinataires de ces actes administratifs individuels à l'étranger, c'est d'abord la question de leur reconnaissance de plano qui s'est posée. À l'inverse, un acte réglementaire ne statue pas sur une situation concrète. Il n'est donc normalement pas exporté par la circulation d'une situation juridique. Il ressort de ces éléments que l'acte réglementaire en raison de sa nature de règle n'a pas vocation à devenir transnational. Il existe toutefois des exceptions circonscrites à des nécessités particulières qui ne doivent pas être négligées. Leur existence traduit, là encore, une grande plasticité du droit administratif qui s'adapte malgré tout aux infrastructures transnationales.

Il résulte de cet exposé que la transnationalité administrative stricte s'illustre dans deux types d'actes principaux : les actes administratifs individuels transnationaux per se et les actes administratifs individuels potentiellement transnationaux. Pour ces premiers, l'objet de l'acte est de produire un effet de droit à l'étranger qui contraindra l'administration de l'État de réception. La plupart des exemples proviennent de la mise en œuvre des réseaux d'autorités administratives. Pour les actes potentiellement transnationaux, ce sont des actes, le plus souvent des autorisations administratives, qui acquièrent leur caractère transnational en raison du déplacement de leur destinataire à l'étranger. Ils se mettent alors à produire des effets de droit dans un État de réception et s'imposent à l'administration locale. De manière beaucoup plus anecdotique, l'on peut trouver également des exemples d'actes réglementaires transnationaux qui sont de véritables règles transnationales. Bien que rare, ce type d'acte se retrouve lorsque des infrastructures particulières le justifient telles que l'existence d'une enclave ou d'un aéroport co-administré par plusieurs États.

---

[1] SINDRES D., *La distinction des ordres et des systèmes juridiques dans les conflits de lois*, LGDJ, coll. Bibliothèque de droit privé, 2008, Paris, XV-356 p.
[2] *Ibid*, p. 40.
[3] *Ibid.*, p. 51.
[4] *Ibid.*, p. 54.

Cependant, cette typologie n'embrasse pas toutes les modalités de la transnationalité administrative. Par souci d'exhaustivité, doivent être présentés d'autres cas de figure correspondant à une transnationalité administrative « élargie ». Ils correspondent à des hypothèses de circulation d'actes administratifs unilatéraux qui contraignent dans une certaine mesure leur(s) État(s) de destination sans pour autant présenter tous les critères de la transnationalité administrative stricto sensu.

La transnationalité administrative élargie

Dans la transnationalité administrative élargie, il manque certains critères de la définition posée. Elle correspond à des cas impliquant une circulation d'actes administratifs exerçant une contrainte dans leur(s) État(s) de réception sans pour autant remplir tous les critères de la transnationalité administrative stricte. Elle inclut également les situations où des doutes existent quant au respect de ces critères sans qu'une réponse claire puisse être apportée. Deux grandes catégories constituent la transnationalité élargie : on distingue d'une part, les actes émis par plusieurs administrations et, d'autre part, les actes administratifs circulant au moyen de la reconnaissance mutuelle passive.

La multiplicité des auteurs d'un acte administratif unilatéral se retrouve dans deux types de situations qu'il s'agit de distinguer. D'un côté, plusieurs administrations peuvent être réunies au sein d'une seule administration plurinationale, d'un autre, plusieurs administrations peuvent intervenir séparément dans le processus d'adoption d'un même acte qui est alors intrinsèquement composite. Un autre terme pour faire référence à ce cas de figure spécifiquement européen est celui de « décision commune ».

La mondialisation et l'avènement de la régionalisation du monde ont eu une conséquence particulière : la création d'administrations bi- ou plurinationales. Ces termes relèvent de l'oxymore au regard de la doctrine traditionnelle pour laquelle l'administration est une émanation directe de la souveraineté étatique et poursuit uniquement le service de l'intérêt national. Selon Pierre Mayer, « tout État organise son fonctionnement en vue de la réalisation de ses buts propres, et non de ceux des autres États. Nous sommes concernés par le recouvrement de nos impôts, nous ne le sommes pas par celui des impôts dus aux États étrangers. Nos organes, parmi lesquels figurent nos tribunaux et nos organes de contrainte, n'ont pas pour mission d'aider les États étrangers ; l'égoïsme est pour eux une obligation, liée à l'étendue de leurs pouvoirs »[1]. Pourtant, les administrations plurinationales tendent de plus en plus à apparaître, et ce, notamment au sein de l'Union européenne. Ce phénomène est en expansion en particulier depuis la création par le droit de l'Union de la formule du GECT. Il existe aujourd'hui 77 GECT actifs dans le sein de l'Union manifestant l'importance de ce développement. L'hôpital de Cerdagne en Espagne cons-

[1] MAYER P., « Droit international privé et droit international public sous l'angle de la notion de compétence », *RCDIP* 1979, p. 370. Voir également dans ce sens : NEUMEYER K., « Le droit administratif international », *RGDIP*, 1911, pp. 496-497 ; DOLEZ B., « Le juge administratif et les conflits de lois », *RDP* 1995, pp. 1033-1034.

titue un exemple emblématique en réunissant les administrations françaises et espagnoles au sein d'une seule entité créée sous la forme d'un groupement européen de coopération territoriale. La présentation de cette administration particulière précédera l'analyse de la nature de ses actes.

Instauré par une convention internationale entre la France et la Catalogne le 26 avril 2010[1], l'hôpital de Cerdagne offre différents services de santé dans la région transfrontalière éponyme (article 3 de la convention). Outre la signature de la ministre de la santé française et du président du Gouvernement de la Catalogne, l'on retrouve celles de l'Agence régionale de santé du Languedoc-Roussillon que de l'Assurance maladie, ce qui indique que l'administration française a directement été intégrée au projet, voire aux négociations de l'accord.

La gouvernance de l'hôpital est prévue sur le mode de la coadministration (entendue comme un mode partagé d'administration, c'est-à-dire que le poids décisionnel des représentants de chaque État est pris en considération dans le fonctionnement de l'hôpital) : par exemple, « [l]e projet commun de santé du territoire est défini dans un document conventionnel entre les autorités sanitaires catalanes et françaises »[2]. Pour rendre cela possible, les statuts du GECT prévoient trois langues officielles : le français, l'espagnol et le catalan[3]. La présidence est exercée pendant deux ans par une personne nommée alternativement par le gouvernement de la Catalogne ou la France[4]. Le conseil d'administration, le conseil consultatif et le bureau exécutif sont composés à 60 % de membres représentant le gouvernement de Catalogne et à 40 % de membres représentant la France[5], ce qui équivaut à la répartition de la prise en charge financière entre cette Communauté et la France[6].

Le fonctionnement de l'hôpital fait également l'objet d'une stricte répartition de compétences entre les administrations nationales. Ainsi, l'Assurance Maladie française prend en charge les prestations sanitaires effectuées au bénéfice de ses assurés alors que cette dépense pèse sur le Service catalan de la Santé pour les assurés catalans[7]. Concernant les professionnels de santé, l'hôpital peut soit disposer de son personnel propre sous le régime du droit espagnol[8], soit d'un « personnel fonctionnaire ou contractuel appartenant à un des membres »[9].

Ainsi, tant du point de vue de la gouvernance que du fonctionnement, cet hôpital est une véritable entité binationale. Cependant, l'implantation physique de l'établissement sur le territoire espagnol explique une certaine prévalence du droit de ce pays comme le montre le fait que le personnel propre du GECT soit soumis

[1] Convention de coopération sanitaire transfrontalière et de constitution du Groupement européen de coopération territoriale (GECT) – Hôpital de Cerdagne du 26 avril 2010.

[2] Article 2. 4. de la Convention.

[3] Article 10 des Statuts du Groupement européen de coopération territoriale de l'Hôpital de Cerdagne.

[4] Article 21. 4. des Statuts.

[5] Article 11 des Statuts.

[6] Article 35. 1. a. des Statuts.

[7] Article 35. 1. b. des Statuts.

[8] Article 41. 1. des Statuts.

[9] Article 41. 2. des Statuts.

au droit espagnol[1] ou encore que la passation des marchés publics de biens et de services relève de ce même droit[2].

Toutefois, un choix différent a été opéré quant au droit applicable aux actes administratifs unilatéraux émis par l'hôpital. Le critère du contentieux permet d'identifier la nationalité de l'acte administratif. En effet, si le juge administratif français est compétent, l'acte sera considéré comme soumis au droit administratif français et donc assimilé à un acte issu d'une administration française. À l'inverse, s'il s'agit du tribunal administratif espagnol, l'acte sera considéré comme soumis au droit espagnol et donc considéré comme émanant d'une administration espagnole. La question du recours contre les actes adoptés par l'hôpital est réglée par l'article 9.3. des statuts du GECT qui dispose que :

« Il demeure que les citoyens sont libres d'exercer leurs droits de recours constitutionnels nationaux contre les organismes publics qui sont membres du GECT HC en ce qui concerne :

- « des décisions administratives relatives aux activités qui sont menées par le GECT HC »

[...]

Dans ces cas, les juridictions compétentes sont celles de l'État membre dont la constitution prévoit ledit recours. »

La rédaction est maladroite, mais il ressort de cet article que la répartition du contentieux des actes administratifs du GECT s'opère en fonction de la nationalité de l'usager du service prodigué par l'hôpital. Tout est fait pour qu'un usager soit traité comme dans un autre hôpital de son propre pays. En témoigne également le système partagé de prise en charge des soins entre l'Assurance Maladie et le Service catalan de santé. Par conséquent, selon la nationalité de l'usager en cause, un acte sera français ou espagnol emportant l'application du droit national correspondant.

La lecture des statuts réserve néanmoins certaines zones d'ombres. Le sort de l'usager d'une nationalité autre que Française ou Espagnole n'est pas abordé même s'il est probable que, dans un tel cas, le droit espagnol soit applicable puisque ce droit semble être le droit « par défaut » du groupement en raison de sa localisation. De même, le critère de la nationalité pose problème en cas de double nationalité franco-espagnole. L'usager aura alors le choix du recours à exercer, ce qui signifie que la nationalité de l'acte sera déterminée par sa volonté. Une telle solution est curieuse puisque le propre de l'acte unilatéral est de s'imposer à son destinataire et non de lui donner la possibilité de choisir les caractéristiques de cet acte et a fortiori du régime juridique lui étant applicable[3]. Il aurait été louable de prévenir un tel cas en ajoutant un autre critère de répartition des compétences comme celui du système de santé auquel la personne est affiliée. Toutefois, cette imprécision est un élément que l'on retrouve souvent dans la transnationalité administrative, car elle répond sur le moment à un besoin concret et ne fait l'objet d'aucune théorisation

[1] Article 41.4. des Statuts.

[2] Article 42 des Statuts.

[3] LAAZOUZI M., *op. cit.*, p. 189 et p. 203.

préalable aboutie. C'est pourquoi les systèmes essayant de l'organiser sont pour le moment encore très imparfaits.

Si l'hôpital de Cerdagne est un exemple particulièrement topique, d'autres formules d'administrations mixtes existent. C'est le cas, par exemple, pour l'aéroport de Bâle-Mulhouse qui est un établissement public international fondé sur la Convention franco-suisse, conclue à Berne le 4 juillet 1949. La genèse de cet aéroport prend racine dans la modernisation par l'entreprise Swissair de sa flotte aéronautique. L'acquisition de nouveaux aéronefs plus lourds et plus rapides les rendaient incompatibles avec l'aéroport suisse le plus proche de la ville de Bâle : l'aérodrome de Sternenfeld. Or, l'importance économique de la ville de Bâle rendait nécessaire un accès rapide par un aéroport proche et l'aérodrome existant ne pouvait pas être étendu, car limité par une ville. De même, aucun autre aéroport ne pouvait être construit sur le territoire suisse à proximité de Bâle pour des raisons de reliefs géographiques. La seule solution était alors de construire un aéroport en France : celui de Bâle-Mulhouse[1].

Ainsi, cet aéroport a notamment été créé pour permettre « la desserte aérienne de la ville de Bâle comme s'il était situé en Suisse »[2], ce qui fut matériellement réalisé par la possibilité pour les douanes suisses d'opérer des contrôles[3] sur les personnes ou les marchandises en provenance ou à destination de la Suisse. Le terme de contrôle a été explicité par une convention franco-suisse postérieure en tant que « [l']application de toutes les prescriptions légales, réglementaires et administratives des Parties contractantes concernant le franchissement de la frontière par les personnes, ainsi que l'entrée, la sortie et le transit de marchandises (comprenant également les véhicules) et autres biens »[4]. Les douanes suisses agissent alors selon le droit administratif suisse alors même qu'elles se trouvent localisées sur le territoire français[5]. Au sein de l'aéroport, il est donc possible de faire l'objet d'un contrôle français doublé d'un contrôle suisse selon sa destination ou sa provenance. Ce n'est donc pas la nationalité qui est en cause pour désigner la compétence des douanes suisses, mais le lieu géographique de départ ou d'arrivée. Puisque les douanes sont là pour contrôler tout ce qui rentre et sort des frontières nationales, il est logique que ce second critère ait primé sur la nationalité. Par comparaison avec l'hôpital de la Cerdagne, cela montre donc que dans ces cas de transnationalité administrative, le droit applicable peut être désigné selon des règles spécifiques à chaque situation et qu'il n'existe pas de principes généraux. Il y a donc une adaptation du critère du régime applicable selon l'objet de la transnationalité administrative.

Les cas de l'hôpital de la Cerdagne et de l'aéroport de Bâle-Mulhouse ont permis d'illustrer les principales caractéristiques d'une administration plurinationale

[1] Pour l'histoire des pourparlers ayant mené à la conclusion de la Convention de 1949, voir : LADET G., *Le statut de l'aéroport de Bâle-Mulhouse*, Pedone, 1984, Paris, pp. 18-23.

[2] *Ibid.*, p. 13.

[3] Voir : art. 2 de la Convention entre la Suisse et la France du 28 septembre 1960 relative aux bureaux à contrôles nationaux juxtaposés et aux contrôles en cours de route.

[4] Art. 8 de la Convention franco-suisse, conclue à Berne le 4 juillet 1949, relative à la construction et à l'exploitation de l'aéroport de Bâle-Mulhouse.

[5] L'art. 8 précise qu'elles agissent en selon leur droit national.

ainsi que les conséquences de cette plurinationalité sur le droit applicable à leurs actes administratifs unilatéraux. Une autre hypothèse allie la participation de plusieurs administrations nationales lors de l'élaboration d'un acte, mais de manière séparée : les décisions communes.

Luca de Lucia[1] a repris les termes de « décision commune » à l'avocat général Jean Mischo dans ses conclusions sur l'affaire Association Greenpeace[2]. Il a défini cet acte comme « le fruit d'une procédure à laquelle a participé un pays intéressé (ou parfois la Commission), avec le pouvoir de soulever une objection motivée sur la proposition de décision de l'administration émettrice »[3]. M. de Lucia ancre la décision commune dans un environnement bien spécifique. Selon lui, la décision commune intervient quand l'intérêt particulier d'un autre État est tellement touché par un acte administratif national qu'un droit de veto doit lui être donné pour assurer la légitimité de cet acte[4]. Pour cela, il faut nécessairement que la décision émise ait un effet juridique de plano dans l'ordre juridique de cet État et donc, un caractère transnational[5]. Ces décisions sont principalement des autorisations administratives où sont en jeu des risques sanitaires ainsi qu'une incertitude scientifique sur ceux-ci comme pour les autorisations d'exportation des biens à double usage selon le règlement n°428/2009[6]. Un autre exemple connu était l'admission de nouveaux aliments sur le marché européen sous l'empire du règlement n°258/97[7], mais la compétence pour délivrer les autorisations a finalement été placée dans les mains de la Commission à partir de 2015 avec le règlement n°2015/2283[8]. Ainsi, si le phénomène existe, il n'est pas la manifestation la plus commune de la transnationalité administrative.

Les autorisations de mise sur le marché des OGM, comme prévu par la directive 2001/18/CE[9], sont un exemple de décisions communes particulièrement intéressant à étudier en raison des différentes évolutions qu'a connu leur procédure. C'est pourquoi l'analyse de ce cas sera privilégiée pour les développements relatifs

---

[1] DE LUCIA L., « Autorizzazioni transnazionali e cooperazione amministrativa nell'ordinamento europeo », *Rivista di diritto publico comnitario*, 2010, n° 3, pp. 759-788 ; DE LUCIA L., « Administrative Pluralism, Horizontal Cooperation and Transnational Administrative Acts », *REAL*, 2012, n° 2, pp. 17-45.

[2] Conclusions rendues le 25 novembre 1999 à propos de l'affaire C-6/99, *Association Greenpeace*, EU-CLI :EU :C :1999 :587, §56.

[3] DE LUCIA L., *Amministrazione transnazionale e ordinamento europeo : saggio sul pluralismo amministrativo*, G. Giappichelli editore, coll. Costituzione e amministrazione n° 6, 2009, Turin, pp. 52-53.

[4] *Ibid*, p. 52.

[5] BERNARDO J., « El acto administrativo transnacional en el derecho europeo del mercado interior », *in* ARROYO JIMÉNEZ L., NIETO MARTÍN A. (dir.), *El reconocimiento mutuo en el Derecho español y europeo*, Marcial Pons, 2018, Madrid, p. 105.

[6] Règlement (CE) n°428/2009 du Conseil du 5 mai 2009 instituant un régime communautaire de contrôle des exportations, des transferts, du courtage et du transit de biens à double usage.

[7] Règlement (CE) n°258/97 du Parlement européen et du Conseil du 27 janvier 1997 relatif aux nouveaux aliments et aux nouveaux ingrédients alimentaires.

[8] Règlement (UE) 2015/2283 du Parlement européen et du Conseil du 25 novembre 2015 relatif aux nouveaux aliments.

[9] Directive 2001/18/CE du 12 mars 2001 relative à la dissémination volontaire d'organismes génétiquement modifiés dans l'environnement telle que modifiée par la directive 2008/27/CE du Parlement européen et du Conseil du 11 mars 2008.

aux décisions communes. La procédure actuelle consiste en la soumission d'un dossier à une autorité nationale compétente dont la réponse favorable permettra l'utilisation de l'OGM en cause dans toute l'Union européenne[1], ce qui pousse à la sélection de l'autorité en fonction de la souplesse de son droit national. C'est le pendant administratif du *forum shopping*[2], qui pourrait ainsi être appelé l'*administrative shopping*. Dans le cadre de ces autorisations, l'article 15 de la directive prévoit la possibilité pour une autorité nationale compétente d'émettre des objections motivées à une telle autorisation[3]. En cas d'objection, un délai de 105 jours est prévu « afin de parvenir à un accord »[4] sans quoi le produit ne peut pas être mis sur le marché[5]. Par conséquent, différentes autorités peuvent intervenir dans l'élaboration de l'acte, avoir un impact sur son contenu, voire en bloquer l'émission. Une fois adoptée, l'autorisation s'impose aux autres États membres[6].

Toutefois, une clause de sauvegarde est prévue à l'article 23 de la directive dans le cas où des informations nouvelles ou complémentaires, et ultérieures à l'autorisation permettraient à un État membre de penser qu'un OGM présente un risque particulier pour la santé ou l'environnement. Dans un tel cas, cet État membre n'est plus tenu de respecter l'autorisation antérieurement émise. Cela constitue finalement l'équivalent d'une procédure de réexamen qui, d'après M. de Lucia, est typique du régime juridique de la décision commune[7].

Lors de l'élaboration de la décision commune, une objection soulevée par un État peut être analysée comme un acte administratif individuel transnational puisqu'il contraint l'État saisi de la demande de commercialisation d'un nouvel OGM à y répondre. Par ailleurs, l'absence d'objection permettra à la décision commune de voir le jour[8]. L'inaction des États lors de l'élaboration de l'autorisation est donc, dans un sens, nécessaire pour conduire à son adoption. De ce point de vue, les autres États membres participent nécessairement à la procédure d'élaboration de l'acte. En s'abstenant de formuler des objections, les autres États membres permettent l'émission de l'autorisation. Il en résulte que plusieurs États interviennent dans le processus de fabrication des décisions communes.

Les actes issus d'administrations plurinationales et les décisions communes présentent de grandes similarités avec les caractéristiques de l'acte administratif transnational présentées supra. Toutefois, l'analyse de leur fonctionnement ne permet pas de conclure de façon certaine à leur inclusion dans cette catégorie. En effet, ces actes présentent un caractère transnational incertain.

---

[1] Article 18, §1 de la directive.
[2] Voir : MAYER P., HEUZÉ V., REMY B., *op. cit.*, p. 44.
[3] Article 15, §1, al. 1er de la directive.
[4] Article 15, §1 al. 3 de la directive.
[5] Article 15, §3 de la directive.
[6] Article 19, §1 de la directive.
[7] DE LUCIA L., *op. cit.*, p. 126.
[8] Voir : MARIE A., *Le silence de l'État comme manifestation de sa volonté*, Pédone, coll. Publication de la revue générale de droit international public, Nouvelle série n° 63, 2018, Paris, 719 p.

Les deux types d'actes abordés ont en commun de comporter une zone grise quant à l'identité de leur auteur. Cela a pour conséquence que le franchissement d'une frontière est difficile à établir avec certitude.

Il a été vu, au travers du cas de l'hôpital de Cerdagne, que les actes émis par une administration plurinationale pouvaient revêtir la nationalité de l'un des États participants selon des critères établis dans les règles régissant l'administration en cause (les statuts). Physiquement, cette administration est nécessairement localisée dans un des États participants. Par conséquent, tous les actes qui seront attribués à un autre État que celui du siège de l'administration devraient traverser une frontière puisqu'ils auront un effet sur le territoire de l'État du siège.

Cependant, ce serait sacrifier la réalité des faits selon laquelle l'acte est bien émis depuis l'État du siège, même si une autre nationalité est octroyée à cet acte. En approfondissant, cela questionne même la notion de frontière. Il s'agit d'un cas où une administration s'exporte à l'étranger et y émet un acte administratif. Un parallèle peut ici être dressé avec le contrôle de l'immigration exercé par un État sur le territoire d'un autre État producteur d'émigration[1]. Cette exportation du contrôle est analysée par une partie de la doctrine comme un déplacement de la frontière des États qui devient alors multiple selon la sphère du droit considérée[2]. De même, avec l'administration plurinationale, l'on peut voir un déplacement de la frontière lors de l'adoption de certains actes administratifs sur le territoire de l'État du siège.

En réalité, l'administration plurinationale n'est que peu compatible avec la conception classique de la frontière énoncée par M. Geouffre de la Pradelle dans sa thèse. Selon lui, « [d]u point de vue juridique, les limites des États ont toutes le même caractère. Ce sont des lignes séparatives de compétences absolues »[3]. Cet auteur en tire la conséquence que dans le domaine administratif, la frontière délimite le territoire des pouvoirs d'exécution matérielle d'un État[4]. Or, le cas de l'administration plurinationale donne un exemple où une administration nationale met en œuvre des actes d'exécution concrets sur un territoire étranger lorsque l'État du siège diffère de son État national. C'est donc une remise en cause directe de cette conception de la frontière qui apparaît par conséquent dépassée.

On peut en conclure que la notion de frontière perd de sa pertinence lorsque l'on envisage l'hypothèse des administrations plurinationales. En effet, ces administrations relevant de plusieurs États, l'on peut considérer que leur territoire comprend la somme des territoires de tous ces États. C'est d'ailleurs dans cette logique que sont créées ces structures. Le but est bien de gommer les obstacles résultant de la frontière. Dès lors, elle devient, par la création de ces administrations plurinationales, en quelque sorte inopérante. Par exemple, l'hôpital de Cerdagne a été créé

---

[1] Voir pour exemple : GISTI, « Mais qu'est allé faire l'OFPRA au Tchad ? », *Plein droit* 2017/4 (n° 115), pp. 1-2.

[2] DEN HEIJER M., « Europe beyond its Borders: Refugee and Human Rights Protection in Extraterritorial Immigration Control », *in* RYAN B., MITSILEGAS V. (éds.), *Extraterritorial Immigration Control: Legal Challenges*, Martinus Nijhoff Publishers, coll. Immigration and Asylum Law and Policy in Europe, 2010, Leiden, Boston, p. 170.

[3] GEOUFFRE DE LA PRADELLE G., *La Frontière*, Éd. Internationales, 1928, Paris, p. 62.

[4] *Ibid.*, p. 64.

afin de fournir des prestations de santé aux « populations transfrontalières de la Cerdagne et du Capcir »[1]. La frontière franco-espagnole est ainsi évacuée.

Par conséquent, selon la perspective adoptée, l'on pourra considérer qu'une frontière est franchie ou non. Une vision moderne de la notion de frontière tendrait à gommer l'existence d'une telle séparation entre les pays participants à une administration plurinationale, du moins pour ce qui relève du fonctionnement de cette administration. Une vision respectueuse du droit international public classique pourrait considérer que la frontière existe bel et bien et que les actes administratifs français émis par l'hôpital de Cerdagne franchissent une telle démarcation, car ils ont un effet en Espagne. La question demeure difficile à trancher ce qui explique pourquoi ces cas sont classés dans la transnationalité élargie.

Parallèlement, le propre des décisions communes est de permettre aux États qui pourraient se voir contraints par un acte émis par un autre État, de participer à l'élaboration dudit acte. Dès lors, l'identification de l'auteur de l'acte est problématique. Il est certain que l'État d'émission est un auteur de l'acte, mais il ne serait pas insensé de considérer que les autres États jouissent également, dans une certaine mesure, d'une paternité sur cet acte, car leur comportement, même passif, a contribué à son adoption.

Si l'on adopte ce point de vue, il peut alors être difficile de considérer que l'acte traverse une frontière. En effet, si un État A n'a pas soumis d'objection à la procédure d'autorisation de commercialisation d'un OGM dans un État B et que l'on considère que cela lui donne, de fait, un certain lien de paternité avec cette autorisation alors, lorsqu'une société commercialisera ledit OGM dans l'État A en se prévalant de l'autorisation, on pourra considérer qu'aucune frontière n'a été réellement franchie puisque l'État A disposerait d'une partie de la paternité de l'acte.

Toutefois, cette perspective n'est pas reprise par le droit qui ne reconnaît jamais une multiplicité d'auteurs pour un acte administratif unilatéral puisque par définition, il provient d'un émetteur unique. Malgré ses spécificités d'élaboration, la décision commune demeure émise par un seul ordre juridique spécifique qui est celui de l'État d'émission. Il en découle sa soumission au droit national de cet État ainsi que la possibilité de la mise en cause de la responsabilité de celui-ci du fait de cet acte. En cela, lorsque cette autorisation est opposée à un État étranger, il est certain qu'une frontière a été franchie même si ce dernier a participé par son comportement d'abstention à son édiction.

Le cas des décisions communes présente donc moins de difficultés sur le critère de la frontière que les actes des administrations plurinationales. Toutefois, la transnationalité des décisions communes reste très incertaine au regard du deuxième critère litigieux : celui de l'absence de mesures de réception. Il en va de même pour les actes administratifs des administrations plurinationales.

Le propre d'une administration plurinationale est d'allier des membres du personnel provenant de tous ses États participants. Ainsi, il a été vu que l'hôpital de la Cerdagne disposait à la fois de fonctionnaires ou contractuels espagnols et français.

---

[1] II. Du Préambule de la Convention de coopération sanitaire transfrontalière et de constitution du Groupement européen de coopération territoriale (GECT) – Hôpital de Cerdagne du 26 avril 2010.

Il n'est donc pas aisé de départir l'implication de chaque État dans l'élaboration des actes d'une telle administration puisqu'il n'existe pas une séparation institutionnalisée des équipes selon leur nationalité. Plusieurs points de vue peuvent être adoptés.

Le premier est de considérer que la détermination de la nationalité de l'acte exclut toute participation des autres États à son élaboration. Par exemple, un acte de l'hôpital de Cerdagne à destination d'un ressortissant français sera considéré comme un acte administratif français auquel l'Espagne n'a pas participé. En conséquence, l'effectivité de cet acte sur le territoire espagnol pourrait constituer un acte produisant des effets de droit en territoire étranger sans qu'un acte individuel de réception ait été adopté. Le problème posé par une telle clef de lecture est qu'elle nie la spécificité de l'administration plurinationale. En effet, dans le cas de l'hôpital de Cerdagne, il serait très probable qu'un médecin espagnol participe à une décision médicale concernant un patient français et donc soumise à son droit national. Cette position serait ainsi contredite par la réalité pratique.

À l'inverse, une autre perspective considèrerait que la présence de personnels de l'État de réception dans l'administration plurinationale équivaudrait à une mesure de réception, en particulier s'ils disposent d'un droit de veto. L'État de réception pouvant bloquer l'adoption de l'acte, son abstention est un comportement qui peut être analysé comme une mesure de réception individuelle de l'acte. Cependant, ce supposé droit de veto n'existe pas nécessairement. Lorsqu'un patient français est soigné à l'hôpital de Cerdagne et qu'une décision d'arrêt des soins est prise, il ne ressort pas des statuts de l'hôpital que le personnel espagnol peut s'y opposer au nom de l'intérêt national. L'adoption de ce point de vue apparaît même incompatible avec la nature de l'administration plurinationale qui a pour but d'aller au-delà d'une simple coopération entre administrations nationales.

Enfin, une troisième perspective peut considérer que les actes émis par l'administration plurinationale appartiennent simultanément aux différents ordres juridiques des États participants. L'avantage de cette vision est de prendre en compte la spécificité plurinationale d'une telle administration. Elle se démarque de la doctrine classique en considérant qu'un acte administratif d'exécution peut naître dans deux ordres juridiques supposément étanches en raison du monopole du pouvoir d'exécution des États sur leur territoire[1]. En revanche, cela est incompatible avec la réalité juridique qui exige qu'un acte administratif soit nécessairement soumis à un seul droit administratif national et au seul contrôle de son juge national.

Aucune de ces trois hypothèses n'est donc totalement satisfaisante à la fois en pratique et en droit. En réalité, les administrations plurinationales sont des « hybrides juridiques »[2], c'est-à-dire des « phénomènes juridiques que notre schéma conceptuel classique est incapable de capturer et d'emprisonner dans une case conceptuelle déterminée »[3]. C'est pourquoi la question de l'existence de mesures de réception

---

[1] TUORI K., « On Legal Hybrids and Perspectivism », *in* MADURO M., TUORI K., SANKARI S. (éds.), *Transnational Law. Rethinking European Law and Legal Thinking*, Cambridge University Press, 2014, Cambridge, p. 13.

[2] Nous reprenons cette expression à Kaarlo Tuori (*Ibid.*, pp. 11-57).

[3] *Ibid.*, p. 14.

individuelle est très théorique et hasardeuse à trancher. Tout comme pour la frontière, la notion de mesures de réception est en décalage complet avec une administration construite dans le but d'annihiler les effets des frontières. Ces catégories ne parlent pas la même langue, ce qui rend vaine toute analyse de l'administration plurinationale sous le prisme d'outils du droit international classique.

Par ailleurs, il a été exposé que lors de l'élaboration des décisions communes, les États de réception disposaient d'un véritable droit d'objection, voire de veto, quant à leur adoption. À l'instar du raisonnement tenu pour les actes des administrations plurinationales, l'absence d'usage de ce droit peut être analysée comme une mesure de réception individuelle de l'acte en cause. Dans un tel cas, le silence d'un État peut avoir un effet équivalent à celui d'un consentement[1].

Parallèlement, l'existence d'une clause de sauvegarde permet, selon M. de Lucia, une « procédure de réexamen de l'acte émis »[2]. Ainsi, dans le cadre de la commercialisation des OGM, quand il apparaît au vu d'informations nouvelles qu'un OGM autorisé présente un risque pour la santé ou l'environnement, l'État de réception « peut limiter ou interdire, à titre provisoire, l'utilisation et/ou la vente de cet OGM en tant que produit ou éléments de produit sur son territoire »[3]. Ceci constitue une limite certaine à la transnationalité des décisions communes. Cette possibilité de réexamen reste toutefois encadrée puisqu'il faut des informations « nouvelles ou complémentaires ». Il découle de cette clause de sauvegarde que les États peuvent réexaminer les décisions communes. Dans le cas où un tel contrôle ne conclurait pas à un danger pour la santé ou l'environnement, l'effectivité de l'autorisation ne serait pas remise en cause. Pourtant, l'intervention de ce contrôle peut alors constituer une autre forme de mesure de réception. Là encore, il s'agit d'une zone grise de l'analyse puisque la pratique de tels contrôles est extrêmement variable allant de l'absence totale à des vérifications régulières selon les informations scientifiques données. De plus, cet examen est restreint aux informations nouvelles et ne reprend pas l'intégralité de celui initialement réalisé par l'État d'origine. Toutefois, la question demeure quant à l'assimilation de ce contrôle de sauvegarde à d'éventuelles mesures individuelles de réception.

Il résulte de ces développements que les actes émis par les administrations plurinationales et les décisions communes présentent des difficultés spécifiques quant à l'analyse de leur transnationalité. De par leur nature particulière, ces actes représentent des réalités que les catégories juridiques usuelles ont du mal à saisir. Toutefois, ignorer leur existence rendrait la démonstration lacunaire et les classer dans les actes administratifs transnationaux strictement entendus viderait cette catégorie d'une définition précise. C'est pourquoi il a été choisi de se référer à une transnationalité administrative qualifiée d'élargie. C'est dans cette perspective que s'inscrit également

---

1 MARIE A., *op. cit.*, p. 166.

2 DE LUCIA L., *op. cit.*, p. 126.

3 Article 23, §1, al. 1er de la directive 2001/18/CE du 12 mars 2001 relative à la dissémination volontaire d'organismes génétiquement modifiés dans l'environnement telle que modifiée par la directive 2008/27/CE du Parlement européen et du Conseil du 11 mars 2008.

la circulation de certains actes qui n'est rendue possible qu'au moyen d'un second acte sans pour autant constituer une véritable mesure de réception individuelle.

La définition énoncée de l'acte administratif unilatéral transnational commande qu'un tel acte produise des effets de droit à l'étranger sans que l'État de réception ait à prendre d'acte de réception individuel pour en permettre l'effectivité. Or, la circulation de certains actes administratifs s'opère au moyen d'un second acte sans pour autant que ce dernier soit totalement équivalent à une mesure individuelle de réception. Là encore, il s'agit de configurations hybrides qui ne relèvent pas de la transnationalité administrative stricte, bien qu'entretenant des liens étroits avec ce mécanisme. C'est le cas pour le mécanisme de la reconnaissance mutuelle passive.

Le principe de reconnaissance mutuelle est un mécanisme qui joue un rôle particulièrement important dans la transnationalité administrative et sur lequel il conviendra de revenir ultérieurement. S'il n'existe pas de définition stricte de ce principe[1], l'on peut grossièrement le décrire comme un principe assurant la gestion de l'accès au marché dans les conditions du pluralisme juridique par la négociation sur l'application des contrôles par l'État d'origine et par l'État de réception[2]. Si dans certains cas, le principe de reconnaissance mutuelle implique une reconnaissance automatique des actes étrangers, dans d'autres, il requiert toutefois l'adoption d'un acte par l'État de réception. Ce sont ces derniers cas qui nous intéressent ici.

Dans le cadre de la reconnaissance mutuelle qui se réalise au moyen d'un acte adopté par l'État de réception, un acte administratif transnational peut se retrouver dans la mise en œuvre de la « reconnaissance mutuelle passive ». Ce terme est emprunté à Kenneth Armstrong[3] et est opposé à la reconnaissance dite « active » qui exige une véritable mesure de réception dans l'ordre juridique de réception qui opère un contrôle de la validité de l'acte reçu et souvent de l'équivalence entre le droit de l'État de réception et celui de l'État d'origine.

Selon Kenneth Armstrong, la reconnaissance mutuelle est passive lorsque l'acte de reconnaissance pris par un État de réception ne procède pas d'un réel contrôle. Il qualifie ainsi une telle reconnaissance comme une « procédure symbolique »[4] laissant à l'État d'origine la tâche d'assurer seul le véritable contrôle. « [L]a seule existence de l'acte suffit à provoquer l'exécution par l'autorité nationale et de lui donner un effet juridique concret »[5]. C'est pour cette raison que les actes soumis à la reconnaissance passive peuvent être analysés comme mettant en œuvre une certaine forme de transnationalité administrative. Ce développement sera précédé de l'exposé du fonctionnement des autorisations de mise sur le marché de l'Union européenne de nouveaux médicaments à usage humain qui constituent un exemple particulièrement didactique de ce procédé et permettra de donner une dimension concrète au raisonnement mené.

---

[1] BONIFAY E., *Le principe de reconnaissance mutuelle et le droit international privé. Contribution à l'édification d'un espace de liberté, sécurité et justice*, Institut Universitaire de Varenne, coll. des Thèses, 2015, p. 20.

[2] ARMSTRONG K. A., « Mutual Recognition », *in* BARNARD C., SCOTT J. (éds.), *The Law of the Single European Market. Unpacking the Premises*, Hart Publishing, 2002, Oxford et Portland (Or.), p. 230.

[3] *Ibid.*, pp. 240-241.

[4] *Ibid.*, pp. 240-241.

[5] *Ibid.*, p. 240.

La question de la commercialisation des médicaments à usage humain au sein de l'Union européenne est réglée par la directive n° 2001/83/CE[1]. D'après son article 6, « [a]ucun médicament ne peut être mis sur le marché d'un État membre sans qu'une autorisation de mise sur le marché n'ait été délivrée par l'autorité compétente de cet État membre [...] ». À première vue, ce mécanisme ne semble pas permettre la transnationalité des actes autorisant la commercialisation des médicaments à usage humain puisque chaque État sur le territoire duquel le médicament veut être commercialisé doit donner une autorisation.

Cependant, la procédure de délivrance d'une autorisation va avoir un certain effet extraterritorial. En effet, les articles 28 à 39 de la directive portent sur la « procédure de reconnaissance mutuelle » et la « procédure décentralisée » qui impliquent des éléments de transnationalité administrative dans le cas où l'octroi d'une autorisation serait sollicité pour plus d'un État membre. Dans un tel cas, le demandeur doit demander à un des États sollicités d'agir en tant qu' « État membre de référence »[2]. Il se peut que le demandeur ait déjà reçu une autorisation de mise sur le marché dans cet État de référence, alors ce dernier doit préparer un rapport d'évaluation du médicament[3] et les autres États membres « reconnaissent » cette autorisation. Cette reconnaissance apparaît comme obligatoire[4], les États ne pouvant refuser d'y procéder que s'ils justifient d'un « risque potentiel grave pour la santé publique »[5].

Dans le cas où le demandeur ne peut pas se prévaloir d'une quelconque autorisation nationale préalable, il s'agira seulement de préparer un projet de rapport d'évaluation[6]. Ensuite, les autres États membres concernés « approuvent le rapport d'évaluation », ce qui clôt la procédure[7]. Dans le cas où un État ne voudrait pas approuver un médicament, il devrait motiver sa position de manière détaillée, la Commission adopterait des lignes directrices à propos du risque médical présenté par la molécule en cause et les États membres concernés devraient déployer « tous leurs efforts pour parvenir à un accord sur les mesures à prendre »[8]. Ainsi, même dans le cas d'absence d'autorisation préalable donnée par un État, la procédure contraint les États à aboutir à un consensus, limitant les possibilités d'opposition à des cas très restrictifs où les États doivent prouver de manière convaincante les risques présentés par un médicament. Toutefois, ce cas de figure ne constitue pas une modalité de la reconnaissance passive puisqu'il n'y a pas de mécanisme de reconnaissance impliqué. Seule la procédure étudiée précédemment rentre donc dans la sous-catégorie étudiée.

Il en découle que lorsqu'un opérateur économique s'est vu adresser une autorisation de commercialisation d'un médicament par un État membre, il doit deman-

---

[1] Directive n° 2001/83/CE du Parlement européen et du Conseil du 6 novembre 2001 instituant un code communautaire relatif aux médicaments à usage humain.

[2] Art. 28, §1, al. 2 de la directive 2001/83/CE.

[3] Art. 28, §2 de la directive 2001/83/CE.

[4] DE GROVE-VALDEYRON N., « Médicament », *Répertoire de droit européen*, Dalloz, janvier 2007 (actualisation octobre 2020), §6.

[5] Art. 29, §1 de la directive 2001/83/CE.

[6] Art. 28, §3 de la directive 2001/83/CE.

[7] Art. 28, §4 de la directive 2001/83/CE.

[8] Art. 29, §1, §2, §3 de la directive 2001/83/CE.

der à ce dernier le rapport d'évaluation du médicament[1] qu'il transmettra à l'État de réception où il veut également commercialiser son produit. Si cet État de réception a un doute quant à la sécurité du médicament au regard de la santé, il doit en avertir l'État d'origine ainsi que tous les États concernés[2]. Ces États doivent alors se mettre d'accord sur l'avenir de la commercialisation du médicament en cause à défaut de quoi un comité institué par l'article 27 de la directive sera saisi. Ce comité a pour mission de rendre un avis motivé[3] qui aidera la Commission à trancher la question litigieuse par la suite[4]. Tout ceci contribue à circonscrire drastiquement la possibilité pour un État de déroger à l'obligation de reconnaissance posée par la directive. Ainsi, si l'État de réception adopte bien un acte de réception de l'autorisation, il ne dispose de presque aucune marge de manœuvre. En cela, la qualification de reconnaissance « passive » en tant que l'État adopte un comportement passif dans sa réalisation apparaît pertinente.

Il ressort de la directive susmentionnée qu'une fois une autorisation de commercialisation d'un médicament émise par un État membre, des effets transnationaux vont apparaître. Bien que les autres États doivent adopter des mesures individuelles de réception au travers d'un acte de reconnaissance, les conditions d'adoption de ce second acte cachent de la transnationalité administrative. En effet, d'après la lettre de la directive, l'État se doit de reconnaître l'autorisation de commercialisation. Il s'agit d'une obligation qui lie l'État de réception. L'unique exception prévue à cela est celle du risque pour la santé publique[5]. Ainsi, l'État de réception a une marge de contrôle extrêmement restreinte de l'autorisation d'origine. De surcroît, cette autorisation s'impose et contraint l'État de réception qui sera en principe tenu d'autoriser également la commercialisation du médicament en cause sur son territoire. Et même s'il estime qu'un risque pour la santé est présent, la décision ultérieure de la Commission pourrait obliger cet État à accepter la commercialisation du médicament. Il existe donc bien un lien interadministratif liant l'administration des États de réception. Le franchissement des frontières ne fait aucun doute.

Toutefois, ce système diffère de la transnationalité administrative stricto sensu en ce qu'il requiert formellement un acte individuel de réception. Sans l'acte de réception national, le médicament ne peut pas être commercialisé dans les États de réception. En cela, l'autorisation initiale ne circule pas de la même manière qu'un acte administratif transnational classique. Cependant, l'émission de l'acte de réception se fait de manière passive puisque l'État de réception n'a presque aucun moyen de contrôle hormis la question de la santé publique. M. de Lucia a analysé ce mécanisme comme un « lien interadministratif […] qui agit aussi automatiquement, mais avec la particularité que sa sphère d'action s'épuise dans la procédure et n'atteint pas de dimension substantielle »[6].

---

1 Article 28, al. 2, directive n° 2001/83/CE.
2 Article 29, §1, directive n° 2001/83/CE.
3 Article 32 de la directive n° 2001/83/CE.
4 Articles 33 et 34 de la directive n° 2001/83/CE.
5 Article 29, §1 de la directive 2001/83/CE.
6 DE LUCIA L., *op. cit.*, p. 178.

Enfin, une autre particularité identifiée par Luca de Lucia est que ce lien ne crée pas de relation permanente entre les deux actes. « La seconde autorisation n'est pas subordonnée à la permanence et à la validité de la première ; ni l'efficacité de la première n'est subordonnée à l'existence et la validité de l'acte de reconnaissance »[1]. Par conséquent, l'effet transnational dans les actes soumis à la reconnaissance mutuelle passive n'est que transitoire : elle prend fin une fois l'acte de reconnaissance adopté. Au regard de toutes ces considérations, la reconnaissance mutuelle passive s'inscrit en demi-teinte sur l'échelle de la transnationalité administrative justifiant son intégration à une conception élargie de cette dernière.

[1] *Ibid.*, p. 178.

TITRE II : LE FONCTIONNEMENT DE LA TRANSNATIONALITÉ ADMINISTRATIVE

L'acte administratif unilatéral transnational étant bien identifié, il s'agit dès lors d'en expliquer sa spécificité, c'est-à-dire, d'étudier son mécanisme de circulation. En effet, en vertu d'une certaine interprétation du principe de territorialité du droit public, l'efficacité des actes administratifs à l'étranger a longtemps été niée puisque considérée comme une violation de la souveraineté étrangère selon une interprétation de l'affaire précitée du Lotus. Il a déjà été exposé que ce principe de territorialité devait être relu de manière à s'accorder avec le constat selon lequel le droit public pouvait aujourd'hui avoir une portée extraterritoriale. Cependant, cette perspective ne rend pas pour autant la transnationalité administrative évidente. Elle demeure particulièrement complexe à propos de la question de la souveraineté puisqu'elle implique l'extension de la souveraineté d'un État en même temps que le retrait de celle de l'État de réception. Il semble ainsi que par l'adoption d'un acte administratif transnational, l'État d'émission empiète unilatéralement sur la souveraineté de l'État de réception. Dès lors, un des points essentiels du raisonnement est de démontrer en quoi la souveraineté étatique et la transnationalité administrative sont compatibles malgré une apparente contradiction.

Une fois la difficulté afférente à la potentielle violation de la souveraineté de l'État de réception écartée, un trouble subsiste toutefois quant à l'origine de l'acte administratif transnational. Il est très probable que la lecture des développements antérieurs ait suscité un questionnement relatif au nombre beaucoup plus important d'exemples d'actes administratifs transnationaux tirés du cadre de l'Union européenne que de celui du droit international. Deux principales raisons peuvent expliquer ce fait. Tout d'abord, la France est un État membre de l'Union européenne dont le droit irrigue fortement son ordre juridique national. Mais surtout, l'Union européenne est un terreau fertile pour l'apparition des actes administratifs transnationaux en raison des spécificités du processus d'intégration. Son étude est donc particulièrement importante pour éclairer les conditions nécessaires à la transnationalité administrative et ainsi mieux comprendre les mécanismes de ce nouveau phénomène juridique.

Chapitre I : La conciliation entre le concept de souveraineté et la transnationalité administrative

Il découle de sa propre définition que l'acte administratif unilatéral transnational est une sous-catégorie des actes administratifs extraterritoriaux. Ces derniers comprennent tous les actes administratifs produisant un effet de droit, mais aussi, un effet de fait à l'extérieur du territoire national (ce que nous désignons comme actes administratifs produisant des effets de fait extraterritoriaux sont des actes administratifs posant une norme qui ont vocation à s'appliquer à l'étranger, mais dont la sanction n'est mise en œuvre que sur le territoire national d'origine. Ainsi, l'acte n'est pas normatif dans l'ordre juridique de réception). Cette catégorie comporte donc également les actes adoptés par l'exercice de la compétence normative extraterritoriale des États. L'application extraterritoriale du droit est définie par Brigitte Stern « comme le fait pour celui-ci d'appréhender à travers son ordre juridique des situations extérieures à son territoire »[1]. En principe, cette application extraterritoriale du droit est donc possible dans sa composante normative, mais reste proscrite dans sa composante exécutive, sauf dans le cas d'une autorisation de l'État de réception, selon la jurisprudence consacrée de l'affaire du Lotus[2].

Ces règles découlent directement du concept de souveraineté qui présuppose une égalité entre les États ayant chacun un ordre juridique et un territoire sur lesquels ils exercent, en principe seuls, une compétence pleine et entière[3]. Ainsi, les rapports entre les systèmes juridiques en matière administrative devraient se dérouler sur le mode de l'ignorance tel des droites parallèles qui jamais ne se rencontrent. Il ressort cependant de la définition de l'acte administratif unilatéral transnational qu'il existerait des actes produisant un effet de droit sur des territoires étrangers sans que les États de destination aient à adopter des mesures individuelles de réception. Cet énoncé semble difficilement compatible avec le droit international et le respect de la souveraineté des États de réception. Il induirait ainsi un renouvellement du rapport entre les systèmes juridiques sur le mode de la rencontre conduisant à un conflit normatif. Plus concrètement, la création d'un lien interadministratif par un acte administratif transnational semble contradictoire avec le respect de la souveraineté de l'État de réception puisque cela suppose qu'un acte matérialisant l'exercice d'une souveraineté étrangère vienne limiter l'exercice de sa propre souveraineté nationale.

Parallèlement, on observe que le droit administratif français ne connaît pas de limites spatiales puisque son champ d'application n'est généralement défini que

1 STERN B., « Quelques observations sur les règles internationales relatives à l'application extraterritoriale du droit », *Annuaire français de droit international*, vol. 32, 1986, p. 10.

2 CPJI, 7 septembre 1927 (arrêt), *Affaire du « Lotus » (France c/ Turquie)*, *Rec. CPJI* 1927, *Série A* n° 10.

3 PELLET A., *Le droit international entre souveraineté et communauté*, IREDIES, Pédone, coll. Doctrine(s), 2014, Paris, pp. 44-48.

ratione materiae[1]. Cette considération pousse à penser que le droit administratif rentre naturellement en collision avec les souverainetés étrangères puisqu'il constitue un acte de souveraineté dérivée[2] qui vient s'imposer à une administration étrangère. Mais ce droit n'est pas avare en exceptions afin de régulariser le jeu interétatique : par exemple, le droit administratif peut venir s'autolimiter en déclarant son inapplicabilité à un contrat public international dont les parties ont entendu soumettre cet acte conventionnel à un droit autre, comme ce fut le cas dans la jurisprudence Tegos précitée[3]. Tous ces éléments conduisent à distinguer deux problématiques particulières qu'il convient de développer afin d'expliquer le fonctionnement de la transnationalité administrative et sa compatibilité avec le droit international.

En premier lieu, l'acte administratif transnational ne doit pas être une violation de la souveraineté de l'État de réception, sans quoi il serait nul et engagerait la responsabilité internationale de son État d'émission. Il s'agit donc d'expliquer comment la transnationalité administrative s'insère dans une articulation particulière des souverainetés étatiques, car ce type d'acte ne s'inscrit effectivement pas en violation de la jurisprudence du Lotus comme l'on pourrait le croire au premier abord. Que ce soit dans le cadre international, ou dans celui du droit de l'Union, il se trouve en réalité toujours une norme de droit international exprimant le consentement des États qui permet d'éviter une collision entre les souverainetés étatiques. En second lieu, si l'acte administratif transnational est compatible avec la souveraineté des États, il peut toutefois poser problème en créant une concurrence entre les autorités nationales compétentes. Cette question est relative à la répartition de la compétence internationale des autorités nationales qui doit être précisément organisée afin d'éviter les effets délétères d'un *forum shopping* trop intense. L'importation de certains outils du droit international privé dans la matière administrative, et notamment du conflit d'autorités qui est particulièrement bien adapté à l'acte administratif, constitue les clefs permettant de surmonter ces difficultés.

L'acte administratif unilatéral transnational et le conflit de souverainetés

Il a été exposé précédemment que l'acte administratif unilatéral transnational comprenait principalement des hypothèses d'actes administratifs individuels, mis à part quelques cas particuliers où des actes réglementaires transnationaux pouvaient être identifiés. Dès lors, ces actes ont pour objet d'appliquer des normes générales à des situations concrètes, de manière juridiquement contraignante, et sont de ce fait des actes d'exécution. Cette qualification d'acte d'exécution semble rendre l'acte administratif transnational intrinsèquement incompatible avec le droit international, car ne respectant pas le principe d'égale souveraineté entre les États. Si le principe

---

[1] AUDIT M., « La compétence extraterritoriale du droit administratif » in *La compétence*, Actes du colloque organisé les 12 et 13 juin 2008 par l'Association française pour la recherche en droit administratif à la faculté de droit, sciences économiques et gestion de Nancy, Litec, 2008, Paris, pp. 72-74.

[2] SCHWARTZENBERG R.-G., *L'autorité de chose décidée*, LGDJ, coll. Bibliothèque de droit public Tome 93, 1969, Paris, p. 42.

[3] CE, sect., 19 novembre 1999, *Tegos*, n° 183648, *Rec.*, p. 356.

proscrivant tout acte d'exécution sur le territoire d'un État étranger, à moins d'un accord, a bel et bien été posé par le droit international dans l'affaire du Lotus[1], il n'en reste pas moins qu'il ne s'agit pas d'un principe absolu. Par conséquent, des dérogations peuvent y être faites par le recours à une norme de droit international telle qu'une convention. Il en résulte que le conflit de souverainetés posé dans le cas des actes administratifs unilatéraux transnationaux peut finalement être résolu par le truchement d'une autre norme de droit international.

Andréas Kallergis, dans sa thèse, explique ce qu'il dénomme « la limite de validité de l'ordre juridique ». Fondée sur l'affaire du Lotus, et rappelée dans de nombreuses jurisprudences[2], cette limite veut que « la réalisation d'actes de souveraineté [ne soit] pas autorisée sur le territoire d'un autre État et qu'elle [soit] limitée à l'étendue spatiale de l'État normateur »[3]. Selon cet auteur, « [c]'est un principe de droit international coutumier incontesté que l'État territorial n'est pas tenu de tolérer la réalisation sur son territoire d'opérations matérielles par d'autres États et que son consentement à la réalisation de telles actions ne se présume pas »[4]. Cette exclusivité de la compétence territoriale est même protégée par l'Organisation des Nations Unies à l'article 2, §4 du Chapitre I de sa Charte portant sur les « buts et principes » de l'organisation[5]. Ainsi cette exclusivité fonde « juridiquement l'État à s'opposer à toute tentative d'un autre État de déployer sur son territoire quelque activité que ce soit »[6].

L'acte administratif transnational est avant tout un acte administratif, généralement individuel, et donc en appliquant une ou des norme(s) générale(s) à des situations concrètes. Les actes administratifs individuels constituent l'incarnation même des « actes d'exécution ». En cela, ils sont la manifestation du pouvoir exécutif et participent à l'exercice de la souveraineté d'un État. Ils sont revêtus de l'autorité de chose décidée qui implique qu'ils s'imposent à tous directement bien qu'un contrôle ultérieur de leur légalité soit potentiellement ouvert[7]. Ce sont donc des actes de souveraineté[8] qui, en vertu de leur caractère transnational, vont exercer une contrainte sur une administration étrangère. Ainsi, l'acte administratif émis par un État A qui produit des effets de droit dans un État B, au moyen d'un lien interadministratif, organise une collision entre la souveraineté de l'État A et celle de l'État B puisque l'État A entend régir une situation normalement rattachée à l'ordre juridique de l'État B.

---

[1] CPJI, 7 septembre 1927 (arrêt), *Affaire du « Lotus » (France c/ Turquie)*, *Rec. CPJI* 1927, *Série A* n° 10.

[2] CPA, *Affaire de l'île de Palmas (États-Unis d'Amérique c. Pays-Bas)*, sentence du 4 avril 1928, *RIAA* vol. 2, pp. 838-839 ; CIJ, 9 avril 1949 (arrêt), *Affaire du détroit de Corfou (Royaume-Uni c. Albanie)*, *CIJ Rec.* 1949, p. 4 ; CIJ, 22 novembre 2013 (ordonnance), *Certaines activités menées par le Nicaragua dans la région frontalière (Costa Rica c. Nicaragua)*, *CIJ Rec.* 2013, p. 354.

[3] KALLERGIS A., *La compétence fiscale*, Dalloz, coll. Nouvelle Bibliothèque de Thèses vol. 175, 2018, Paris, p. 453.

[4] *Ibid.*, p. 454.

[5] Article 2, §4 de la Charte des Nations unies signée à San Francisco le 26 juin 1945.

[6] FLEURY GRAFF T., t. 2, *Manuel de droit international public*, PUF, coll. Manuels, 2016, Paris, p. 33.

[7] SCHWARTZENBERG R.-G., *L'autorité de chose décidée*, LGDJ, coll. Bibliothèque de droit public t. 93, 1969, Paris, pp. 8-9.

[8] GUINCHARD S., DEBARD T., *Lexique des termes juridiques*, Dalloz, 27e éd., 2019, Paris, p. 23.

Autrement dit, l'acte administratif transnational soulève la question de la délimitation de la sphère de compétence de l'autorité dont il émane, ce qui est un conflit de souverainetés[1]. Cette notion de conflit de souverainetés, empruntée au droit international privé, connaît un renouveau de par son utilité pour trancher les litiges extraterritoriaux de l'administration[2]. La fonction du conflit de souverainetés est d'opérer une répartition des compétences des souverainetés en cause, le plus souvent spatialement[3]. Or, au regard du droit international public dont l'objet est de délimiter les sphères de compétences étatiques, le conflit de souverainetés posé par l'acte administratif transnational semble se résoudre en une nullité de l'acte, car intervenant dans la sphère de compétence de l'État B. En d'autres termes, l'acte administratif transnational semble violer la souveraineté de cet État.

Ceci est dû au fait que l'acte administratif transnational circule sans l'intervention de mesures individuelles de réception qui semblent constituer le moyen traditionnel du droit international pour permettre la circulation d'actes juridiques émanant de pouvoirs publics. L'étude d'exemples concrets révèle cependant que si cette solution est favorisée, d'autres possibilités existent parallèlement.

Traditionnellement, les actes administratifs n'avaient pas vocation à circuler entre les États puisqu'ils intervenaient pour régir les relations entre les administrations et les personnes privées sous l'empire de la souveraineté étatique, principalement conçue comme territoriale. Toutefois, après le constat du développement de « ponts » entre les systèmes juridiques, la doctrine de droit international privé s'est depuis longtemps penchée sur la question de la circulation d'actes révélant une nature particulière en lien avec l'expression de la souveraineté comme les actes publics tels que les actes notariés ou les constats d'huissier de justice. L'acte public est défini par la doctrine internationaliste-privatiste comme tout acte émis par une autorité publique intervenant dans les rapports de droit privés. Ce sont donc des actes qui sont à la frontière entre l'acte administratif et l'acte de droit privé[4]. La méthode de recherche consiste ici à aller analyser ces exemples déjà établis dans cette autre matière pour voir si leurs mécanismes de circulation ne seraient pas importables à la matière administrative. Il s'agit donc de sonder un terrain qui ne sera peut-être pas porteur d'une solution satisfaisante.

L'acte public peut être défini comme l'acte juridique par lequel une autorité publique intervient dans un rapport individuel de droit privé[5]. L'autorité publique y est

[1] BONNICHON A., « La notion de conflit de souverainetés dans la science des conflits de lois », *RCDIP*, 1949, p. 619.

[2] CHAMBON M., *Le conflit de lois dans l'espace et le droit administratif*, Mare & Martin, coll. Bibliothèque des thèses, 2015, Paris, p. 566.

[3] *Ibid.*, p. 571.

[4] Voir L'acte public est défini par la doctrine internationaliste-privatiste comme tout acte émis par une autorité publique intervenant dans les rapports de droit privés. Ce sont donc des actes qui sont à la frontière entre l'acte administratif et l'acte de droit privé. Un acte notarié peut par exemple être considéré comme un acte public. : PAMBOUKIS C., *L'acte public étranger en droit international privé*, LGDJ, coll. Bibliothèque de droit privé t. 219, 1993, Paris, XXII-360 p. ; CALLÉ P., *L'acte public en droit international privé*, Economica, coll. Recherches Juridiques, 2004, Paris, 411 p.

[5] CALLÉ P., *L'acte public en droit international privé*, Economica, coll. Recherches Juridiques, 2004, Paris, p. 3.

ici entendue comme l'entité instituée pour remplir une mission particulière en vertu de pouvoirs attribués comme le notaire, l'huissier de justice ou l'officier d'état civil[1]. Si la distinction entre l'acte public et l'acte administratif ne fait pas de doute, car le premier relève d'un régime de droit privé et est émis par une entité parapublique, alors que le second est soumis au droit administratif et est en principe édicté par l'administration, un parallèle peut cependant être établi entre les deux en ce qu'ils sont des décisions recourant à l'exercice de l'autorité publique. Autrement dit, parce qu'ils manifestent la puissance publique, ils sont des marques de la souveraineté d'un État. Il en découle que leur circulation dans des ordres juridiques étrangers pose des problématiques similaires en termes de conflit de souverainetés, ce qui rend la comparaison pertinente pour cette étude.

De même, en matière pénale, le mandat d'arrêt européen qui est un acte juridictionnel « émi[s] par un État membre en vue de l'arrestation et la remise par un autre État membre d'une personne recherchée pour l'exercice de poursuites pénales ou pour l'exécution d'une peine ou d'une mesure de sûreté privatives de liberté »[2] s'inscrit dans une logique similaire. En effet, l'émission d'un mandat européen est par nature destinée à un ordre juridique étranger et va lier l'État de réception s'il remplit toutes les conditions prévues par la décision-cadre qui en organise le régime[3]. Bien que le mandat d'arrêt européen soit d'une nature différente de l'acte administratif par détermination légale, la directive-cadre exigeant que le mandat européen soit une décision judiciaire, son analyse est intéressante, car il confronte également deux souverainetés et opère une translation directe d'un acte juridique dans un ordre juridique étranger. La différence entre l'acte juridictionnel et l'acte administratif unilatéral est premièrement formelle en ce que ce premier est « l'œuvre d'une autorité organisée spécialement pour l'exercice de la juridiction, et d'autre part, sa procédure, en tant qu'il a été accompli selon les règles propres à la fonction qui consiste à juger »[4]. C'est en raison de cette forme que les actes juridictionnels disposent d'une force supérieure disposant de l'autorité de chose jugée alors que les actes administratifs unilatéraux n'ont que l'autorité de chose décidée, les exposants à un potentiel réexamen[5]. Dès lors, ces deux types d'actes sont matériellement identiques[6] d'où l'intérêt d'étudier le cas du mandat d'arrêt européen dans le cadre d'un travail consacré à l'acte administratif transnational. Ces deux types d'actes mettent en jeu les mêmes rapports entre deux souverainetés égales. Ainsi, les mécanismes de circulation applicables aux mandats d'arrêt européens seraient potentiellement importables à la matière administrative.

Les produits juridiques d'un ordre juridique donné ne peuvent en principe en intégrer un autre qu'au moyen d'un processus de réception. Concernant les actes

---

[1] *Ibid.*, p. 5.

[2] Art. 1 §1 de la décision-cadre du Conseil du 13 juin 2002 *relative au mandat d'arrêt européen et aux procédures de remise entre États membres* transposée par l'art. 695-11 du Code de procédure pénale.

[3] *Ibid.*

[4] CARRÉ DE MALBERG R., *Contribution à la théorie générale de l'État*, t. 1, CNRS, 1920, rééd. 1962, Paris, p. 788.

[5] SCHWARTZENBERG R.-G., *op. cit.*, p. 11.

[6] CARRÉ DE MALBERG R., *op. cit.*, pp. 801-805.

juridiques, cela se fait généralement par une procédure de reconnaissance au moyen de laquelle l'ordre juridique de réception intègre en son sein l'acte concerné. La doctrine internationaliste-privatiste a identifié plusieurs « méthodes de la reconnaissance » [sic][1]. L'une d'elles, la méthode de la reconnaissance des décisions permet la circulation des actes publics entre les ordres juridiques. Selon Pierre Mayer, toutes les décisions étatiques affectant les droits privés des individus (incluant donc les actes administratifs) ont vocation à être soumises à cette méthode de reconnaissance pour permettre leur exportation à l'étranger. Elles ont en effet « vocation à être reconnues en dehors de leur pays d'origine, moyennant un contrôle, et l'état de droit qui résulte de cette reconnaissance est calqué en principe sur celui que la décision a voulu instaurer »[2].

Cependant, le lexique utilisé semble variable : M. Pamboukis parle lui aussi de la « méthode de la reconnaissance » à propos des actes publics[3], puis de la « reconnaissance » tout simplement[4]. De son côté, M. Callé place la « reconnaissance » parmi les « méthodes de réception des actes publics »[5]. Si l'on reprend la définition posée par Carlos Santulli : « [l]e mot de réception est normalement utilisé pour désigner la production de propositions légales d'un genre sur le modèle de propositions relevant d'un genre différent »[6], ce qui recoupe ce que M. Mayer appelle la méthode de reconnaissance des décisions. Ce flottement lexical traduit l'existence d'une certaine équivalence entre ces différents termes. Cela nécessite cependant que l'on fixe clairement le vocabulaire employé.

La réception est comprise comme le phénomène par lequel un ordre juridique accueille un produit juridique étranger en son sein. La reconnaissance est une des méthodes par lesquelles la réception peut être effectuée et consiste en l'adoption d'un acte de droit interne prévoyant l'efficacité de l'acte étranger dans cet ordre[7]. Dans le cas où la réception ne passe pas par l'intermédiaire d'un tel acte, la méthode utilisée est celle de la reconnaissance de plano où « l'efficacité de l'acte est accueillie de plein droit sans procédure particulière »[8]. Une autre méthode très usitée est celle de l'exequatur qui consiste en un contrôle juridictionnel d'un jugement étranger afin de lui octroyer efficacité et force exécutoire dans l'ordre interne[9].

Concernant la circulation des actes publics, il ressort des travaux de M. Callé qu'ils peuvent produire leur efficacité soit en vertu de la reconnaissance de plano, si une convention internationale est intervenue antérieurement et l'a prévue, soit en vertu de la reconnaissance classique nécessitant un certain contrôle par l'ordre juri-

---

[1] MAYER P., « Les méthodes de la reconnaissance en droit international privé », in *Le droit international privé : esprit et méthodes, Mélanges P. Lagarde*, Dalloz, 2005, Paris, pp. 549-558.
[2] *Ibid.*, pp. 552-553.
[3] PAMBOUKIS C., *op. cit.*, pp. 112-133.
[4] *Ibid.*, p. 139.
[5] CALLÉ P., *op. cit.*, pp. 243-248.
[6] SANTULLI C., *Le statut international de l'ordre juridique étatique*, Pédone, coll. Publication de la Revue Générale de Droit International Public, Nouvelle Série n°51, 2001, Paris, p. 41.
[7] GOTHOT P., HOLLEAUX D., *La Convention de Bruxelles du 27 septembre 1968*, éd. Jupiter, 1985, Paris, n° 247.
[8] CALLÉ P., *op. cit.*, p. 245.
[9] *Ibid.*, pp. 245-246.

dique de réception[1]. Ce contrôle, selon M. Callé, serait analogue à celui opéré par le juge lors de l'exequatur d'un jugement étranger. En France, de par une jurisprudence de moins en moins exigeante[2], les modalités de ce contrôle de l'exequatur ne comprennent plus que trois éléments. Tout d'abord le contrôle de la compétence indirecte de l'autorité ayant émis l'acte. L'autorité de contrôle doit alors « s'interroger sur l'existence d'un cas de compétence exclusive, avant de vérifier la présence d'un lien caractérisé et non frauduleux entre le for étranger »[3] et la situation en cause selon la méthode posée par l'arrêt Simitch[4]. Puis l'acte doit être contrôlé au regard de sa conformité avec l'ordre public international du for, c'est-à-dire avec « les valeurs juridiques fondamentales de l'ordre juridique du for »[5]. Enfin, l'acte ne doit pas être un moyen de frauder la loi de l'État d'origine[6]. Ces trois points de contrôle seraient ainsi, selon M. Callé, également valables dans le cadre de la reconnaissance des actes publics étrangers en France.

À ces critères traditionnels, M. Callé ajoute, spécifiquement pour les actes publics, un contrôle relatif de la compétence de l'autorité d'émission. En effet, celle-ci ne doit pas être dépourvue de toute compétence décisionnelle sinon la reconnaissance de l'acte serait, selon cet auteur, « inadmissible », car « [o]n ne peut reconnaître ce qui n'existe pas »[7]. Toutefois, ce contrôle ne vérifie pas que l'autorité en cause était compétente selon son droit interne pour émettre l'acte. Il reste donc restreint à l'absence totale de toute compétence décisionnelle pour l'autorité étudiée.

Cependant, un décret du 10 novembre 2020[8] est intervenu en France pour régir les actes publics étrangers. Selon son article premier, pour qu'un tel acte produise des effets en France, il doit être légalisé. « La légalisation est la formalité par laquelle est attestée la véracité de la signature, la qualité en laquelle le signataire de l'acte a agi et, le cas échéant, l'identité du sceau ou timbre dont cet acte est revêtu ». C'est donc finalement un contrôle beaucoup plus restreint qui est aujourd'hui mis en œuvre dans le droit positif français. Il demeure qu'en cas de convention internationale le spécifiant expressément, certains actes publics désignés peuvent produire un effet juridique de plano, comme le prévoit, par exemple, l'article 50 de la Convention de

---

1 *Ibid.*, pp. 244-259.

2 Cass. civ. 1èreciv., 7 janvier 1964, *Munzer*, *Bull. civ.* 1, n° 15, *RCDIP*, 1964. 344, note BATIFFOL H. ; *JDI*, 1964. 302, note GOLDMAN B. ; *JCP*, 1964. II. 13590, note ANCEL M., *GA*, n° 41 ; Cass. civ. 1èreciv., 4 octobre 1967, *Bachir*, *Bull. civ.* p. 207, *RCDIP*, 1968. 98, note LAGARDE P. ; *JDI*, 1969. 102, note GOLDMAN B. ; *D.*, 1968. 95, note MEZGER E. ; Cass. 1re civ., 20 février 2007, *Cornelissen*, n°05-14.082, Bull. civ. n° 68, *D.*, 2007. 1115, note d'AVOUT L. et BOLLÉE S. ; *LPA*, 2007, n° 102, p. 15, note LECUYER-THIEFFRY C.

3 BUREAU D., MUIR WATT H., *Droit international privé, Partie générale*, t.1, PUF, coll. Thémis droit, 5e éd., 2021, Paris, p. 332.

4 Cass. civ. 1re civ., 6 février 1985, *Simitch*, *Bull. civ.* 1, n° 55, *RCDIP*, 1985. 369 et chron. FRANCESCAKIS Ph., p. 243 ; *D.*, 1985. 469, note MASSIP J.

5 BUREAU D., MUIR WATT H., *op. cit.*, p. 335.

6 Cass. 1re civ., 20 février 2007, *Cornelissen*, n°05-14.082, Bull. civ. n° 68, *D.*, 2007. 1115, note d'AVOUT L. et BOLLÉE S. ; *LPA*, 2007, n° 102, p. 15, note LECUYER-THIEFFRY

7 CALLÉ P., *op. cit.*, p. 258.

8 Décret n°2020-1370 du 10 novembre 2020 relatif à la légalisation des actes publics établis par une autorité étrangère.

Bruxelles de 1968 à propos des actes authentiques émis par les États membres[1]. À cela s'ajoute le cas où le droit de l'Union européenne organise lui-même la reconnaissance de plano de certains actes publics comme c'est le cas pour les actes authentiques intervenant en matière successorale lorsqu'ils sont émis par d'autres États membres[2].

Il résulte de ces développements que la reconnaissance des actes publics dans l'ordre juridique français n'est en principe que médiate. Leur effectivité reste conditionnée à un certain contrôle. Cependant, ces conditions sont posées par le droit national et peuvent donc différer selon le pays considéré. De plus, des exceptions existent, car des conventions internationales ou le droit de l'Union européenne peuvent toujours décider d'instaurer une reconnaissance de plano. Ce point est fondamental, car il montre qu'il est possible de résoudre un apparent conflit de souverainetés grâce au truchement d'une norme de droit international ou de droit de l'Union. Ceci semble d'ailleurs confirmé par l'étude du cas du mandat d'arrêt européen qui dispose d'un régime harmonisé en raison de son origine européenne et bénéficie d'une reconnaissance de plano incontestée.

Le mandat d'arrêt européen est pour certains « le plus grand succès de la coopération judiciaire pénale mise en œuvre entre les États membres de l'Union européenne »,[3] car il remplace de manière particulièrement efficace la procédure d'extradition[4]. Notamment, à l'inverse du décret d'extradition, il n'y a plus de recours possible devant le Conseil d'État lorsque la France répond à un mandat étranger[5]. Ce point montre à la fois la proximité du mandat d'arrêt européen avec l'acte administratif, puisque matériellement il réalise la même fonction que le décret d'extradition, mais également sa différence formelle puisqu'il s'agit d'un acte judiciaire. Cet exemple confirme la réflexion faite par Carré de Malberg selon laquelle il n'existe qu'une différence formelle entre l'acte juridictionnel et l'acte administratif[6]. Cette proximité-différence justifie l'intérêt de l'étude de ce cas pour en déduire des informations sur le mode de circulation des actes administratifs. Le fonctionnement du mandat européen est relativement simple. Une décision judiciaire d'un État membre doit être adressée à l'État sur le territoire duquel la personne recherchée est

---

[1] Convention de Bruxelles de 27 septembre 1968 concernant la compétence judiciaire et l'exécution des décisions en matière civile et commerciale.

[2] Voir pour exemple l'article 59§1 du Règlement (UE) n°650/2012 du Parlement européen et du Conseil du 4 juillet 2012 relatif à la compétence, la loi applicable, la reconnaissance et l'exécution des décisions, et l'acceptation et l'exécution des actes authentiques en matière de successions et à la création d'un certificat successoral européen.

[3] LELIEUR J., « Mandat d'arrêt européen », *Répertoire de droit pénal et de procédure pénale*, Dalloz, juin 2017 (actualisation juin 2020), §1.

[4] Voir : HUET A., KOERING-JOULIN R., *Droit pénal international*, coll. Thémis droit, PUF, 3e éd., 2005, Paris, p. 471.

[5] LAGAUCHE P., « L'introduction du mandat d'arrêt européen dans notre droit positif », *in* CARTIER M.-E., *Le mandat d'arrêt européen*, Bruylant, coll. Droit de l'Union européenne, 2005, Bruxelles, p. 82.

[6] CARRÉ DE MALBERG R., *Contribution à la théorie générale de l'État*, t. 1, CNRS, 1920, rééd. 1962, Paris, p. 788.

présente[1]. En France, l'autorité compétente est le ministère public près la juridiction d'instruction, de jugement ou d'application des peines selon l'article 695-16 du Code de procédure pénale.

Le recours au mandat d'arrêt européen est restreint aux faits punis d'une peine ou d'une mesure de sûreté privative de liberté d'au moins 12 mois[2]. Tout refus d'exécuter un mandat européen doit être motivé[3] et doit s'inscrire dans les motifs de non-exécution du mandat énumérés aux articles 3 et 4 de la décision-cadre. Il en découle que le mandat d'arrêt européen a un véritable effet transnational puisqu'il lie l'État de réception qui doit y donner suite ou, à défaut, motiver son refus. Le fondement de cet effet repose sur le principe de reconnaissance mutuelle[4] qui organise l'intégration automatique du mandat dans l'ordre juridique de réception. Ce principe requiert que soient reconnus et produisent directement un plein effet les mandats émis par les autres États membres dans l'ordre juridique national. Ce n'est donc pas la même méthode que celle de la reconnaissance, en principe appliquée aux actes publics et qui veut qu'un acte de réception soit adopté par l'État de réception pour intégrer l'acte en cause à l'ordre juridique interne. Au contraire, le mandat européen semble fonctionner comme certains actes publics qui bénéficient de la reconnaissance de plano en vertu d'un texte international ou européen. Ici, le droit de l'Union européenne pose un principe de reconnaissance mutuelle des mandats. Le ciment de ce principe se retrouve dans l'existence d'une confiance entre les États membres à propos d'une certaine équivalence entre leurs législations pénales[5]. Des développements ultérieurs expliqueront comment la reconnaissance mutuelle joue un rôle particulier dans la transnationalité au sein de l'Union européenne. Cette seconde étude de cas semble également indiquer que l'utilisation d'une norme de droit international ou de droit de l'Union européenne puisse pallier le problème de collision entre les souverainetés que peuvent causer les mandats d'arrêt européens.

Il découle des développements précédents que les actes publics et le mandat européen illustrent deux méthodes de circulation distinctes. Ces exemples des actes publics et du mandat d'arrêt européen montrent une différence selon l'existence d'un principe de reconnaissance mutuelle ou non. Ainsi, pour les actes administratifs, l'absence d'un tel principe commande qu'ils circulent sur le mode de la reconnaissance applicable aux actes publics au travers de l'adoption d'un acte de réception par l'État B transposant le negotium d'un acte administratif émis par un État A. De par ce procédé, l'acte de l'État A est transposé dans l'ordre juridique de l'État B au moyen d'un acte de réception et peut ainsi produire ses effets dans l'État B. Ce recours à un acte de réception est le corollaire du principe de l'égale souveraineté entre les États qui prohibe l'extraterritorialité des actes d'exécution[6]. En effet, le

[1] Art. 1 §1 de la décision-cadre du Conseil du 13 juin 2002 *relative au mandat d'arrêt européen et aux procédures de remise entre États membres*.
[2] Art. 2 §1 de la décision-cadre.
[3] Art. 17, §6 de la décision-cadre.
[4] Art. 1, §2 de la décision-cadre.
[5] LELIEUR J., *art. cit.*, § 37.
[6] WENANDER H., « Recognition of Foreign Administrative Decisions », *ZaöRV*, 2011, vol. 71, pp. 762-764.

média de l'acte de réception empêche toute rencontre entre les souverainetés qui ne se chevauchent pas, chaque État régissant son propre ordre juridique applicable sur son territoire. De ce fait, juridiquement, l'acte produisant des effets dans l'État B est le second acte, adopté par ce dernier. C'est son acte national qui est effectif dans son ordre juridique national même si substantiellement il transpose un acte étranger. Ainsi, par cette méthode, un acte administratif ne peut produire des effets de droit dans un ordre juridique étranger qu'à condition qu'une norme de ce droit interne le transpose dans son ordre juridique[1]. Il y a donc un effet d'entremise de la norme nationale empêchant l'acte administratif de produire directement un effet juridique dans un ordre juridique étranger. Ce mode de circulation ne rentre donc pas dans la définition posée de l'acte administratif unilatéral transnational.

Effectivement, la transnationalité administrative semble déroger à ce fonctionnement puisqu'elle requiert, ontologiquement, une reconnaissance de plano d'après laquelle l'efficacité de l'acte est accueillie directement sans procédure de contrôle a priori de celui-ci[2]. On retrouve là un mécanisme proche de celui du mandat d'arrêt européen qui repose sur le principe de reconnaissance mutuelle et de certains actes publics quand est intervenue au préalable une norme de droit international ou de droit de l'Union européenne. Ainsi, l'ordre juridique de réception n'a pas à agir positivement pour que l'acte administratif unilatéral transnational vienne y produire un effet juridique. Dans le cas du mandat d'arrêt, la circulation est fondée sur le principe de reconnaissance mutuelle posé par le droit de l'Union européenne, elle sort du champ d'étude du droit international privé pour s'inscrire dans le droit de l'Union européenne. Il semble ainsi que l'organisation des rapports de souveraineté dans l'Union européenne permette le recours à l'acte administratif transnational. Ceci encourage dès lors à chercher une solution à la transnationalité administrative dans les rapports créés entre les systèmes juridiques au travers de nouveaux principes tels que celui de reconnaissance mutuelle. Par ailleurs, le cas des actes publics bénéficiant d'une reconnaissance de plano en raison d'une convention internationale incite également à investir la question de la fonction que peut occuper le droit international dans la circulation immédiate des actes posant un conflit de souverainetés. Finalement, l'intervention d'une norme de droit international semble elle aussi pouvoir réagencer les rapports entre souverainetés et permettre de ce fait une circulation qui ne serait pas possible autrement.

L'acte administratif transnational se traduit par une confrontation entre les souverainetés de l'État émetteur et de l'État de réception. De par cette caractéristique, il s'approche d'autres types d'actes que sont les actes publics et le mandat d'arrêt européen. Tous ont en commun d'exprimer une manifestation de la souveraineté étatique en ce qu'ils mobilisent un certain degré de puissance publique. C'est pourquoi l'on peut les catégoriser, de ce point de vue, en tant qu'actes de puissance publique. L'étude de leur mode de circulation est de prime abord hétérogène

---

[1] PARIS T., « La reconnaissance des actes administratifs étrangers au droit français », *in* RODRÍGUEZ-ARANA MUÑOZ, J. (ed.), *Recognition of Foreign Administrative Acts*, Ius Comparatum-Global Studies in Comparative Law 10, 2016, p. 126.

[2] CALLÉ P., *op. cit.,* p. 245.

puisque les actes publics seraient soumis à une procédure de reconnaissance dans les ordres juridiques de réception alors que le mandat d'arrêt bénéficierait, lui, d'une reconnaissance de plano. Mais en y regardant de plus près, les actes publics peuvent eux aussi connaître de ce régime lorsqu'est intervenue une norme de droit international ou de droit de l'Union européenne en ce sens. Il n'est d'ailleurs pas anodin que la circulation du mandat d'arrêt européen soit elle-même prévue par ce droit. Il ressort de tout ceci que le trait commun de ce que l'on nomme « actes de puissance publique » a pour conséquence une unité de méthode de circulation puisqu'il implique une même confrontation entre les souverainetés des États concernés. Ainsi, il n'est pas fantasque de commencer à supposer une unité de régime selon laquelle la circulation immédiate de tous ces actes est possible dès lors qu'une norme de droit international ou de droit de l'Union intervient. Toutefois, afin de consolider la construction de la recherche, une autre analyse de cas peut se révéler pertinente, toujours dans la recherche de cette éventuelle unité de régime. Il s'agit cette fois de s'arrêter sur les méthodes de circulation d'actes administratifs extraterritoriaux connus de longue date, parfois tellement établis que tombés dans l'oubli. C'est ainsi une autre sonde qui est ici lancée, afin d'identifier les mécanismes à la source de l'acte administratif transnational dans les îlots historiques de l'action administrative extraterritoriale, car la transnationalité administrative n'est pas un phénomène entièrement nouveau. En effet, l'on peut retracer l'existence d'actes administratifs unilatéraux transnationaux bien avant l'avènement de la mondialisation et l'étude de ces derniers permettra d'identifier le ou les mécanisme(s) juridique(s) offrant les moyens de cette transnationalité. Deux exemples bien connus portent sur les actes administratifs adoptés par les ambassades et les consulats ainsi que par les décisions de naturalisation.

Les relations diplomatiques sont définies comme les « [r]elations que les États entretiennent par l'intermédiaire des agents diplomatiques qu'ils accréditent les uns auprès des autres »[1]. Elles constituent la surface d'interaction dont les États disposent et elles sont le produit d'une pratique historique ancienne. La naissance de ces relations remonte à plus de deux mille ans avant Jésus-Christ où « le Proche-Orient ancien a connu des échanges dont la forme s'apparente à ce qui est saisi actuellement sous le nom de diplomatie »[2]. L'un des produits de ces relations diplomatiques est le droit relatif aux ambassades et aux consulats qui présente des exemples anciens d'actes administratifs unilatéraux transnationaux.

Outre l'entretien de communications médiates et la conclusion d'accords entre les différents États, les relations diplomatiques reposent sur le « droit de légation » visant à assurer la représentation permanente des États[3] et qui comporte lui-même deux volets. Ce droit est dit actif quand son exercice consiste en l'envoi à l'étranger

[1] « Relations diplomatiques », *in* Association Henri Capitant, CORNU G., CORNU M. *et alii.*, *Vocabulaire juridique*, PUF, Coll. Quadrige, 11e éd., 2016, Paris.
[2] BALZACQ T., CHARILLON F., RAMEL F., « Histoire et théorie de la diplomatie », *in* BALZACQ T., CHARILLON F., RAMEL F., *Manuel de diplomatie*, Sciences Po Presses, coll. Relations internationales, 2018, Paris, p. 8.
[3] BOUVIER D., *La représentation internationale de l'Union européenne*, thèse dactyl., soutenue le 23 septembre 2019 à l'Université Paris I Panthéon-Sorbonne, pp. 14-15.

de représentants diplomatiques permanents. À l'inverse, le droit de légation est passif quand il suppose la réception de représentants étrangers sur le territoire étatique[1]. Ce mécanisme d'envoi et de réception de représentants des États s'est institutionnalisé autour de la création des ambassades et des consulats.

L'ambassade, dont l'ambassadeur est le « dépositaire sur place de l'autorité de l'État »[2], est constituée d'un corps envoyé par un État accréditant auprès d'un État accréditaire. Le régime juridique applicable aux ambassades est notamment prévu dans la Convention de Vienne sur les relations diplomatiques, adoptée le 18 avril 1961, et entrée en vigueur le 24 avril 1964[3]. La mission d'une ambassade est de représenter l'État accréditant auprès de l'État accréditaire en entretenant des relations avec le gouvernement de ce dernier[4]. La personne désignée par l'État accréditant comme « chef de la mission » (soit l'ambassadeur) doit recevoir un agrément de la part de l'État accréditaire[5]. Cet agrément est octroyé discrétionnairement. De plus, l'État accréditaire peut déclarer à tout moment ce chef de mission comme « persona non grata » ce qui souligne que l'existence des ambassades n'est rendue possible que grâce à une tolérance des États accréditaires dont la souveraineté exige un certain contrôle sur l'identité des personnes accréditées par l'État d'envoi. Dans les cas où l'État accréditant ne rappellerait pas son agent déclaré persona non grata, l'État accréditaire peut toujours ultimement renvoyer un agent diplomatique étranger. Par exemple, des diplomates russes soupçonnés d'ingérence dans la campagne présidentielle américaine ont été renvoyés par Barack Obama en décembre 2016.

Il résulte de la lettre de la Convention de Vienne de 1961 que plusieurs obligations pèsent sur l'État accréditaire du fait de la délégation sur son territoire d'une mission par l'État accréditant. Ainsi, à titre non exhaustif, les locaux de cette mission sont inviolables[6], le chef de la mission est exonéré de tous les taxes et impôts nationaux(sauf les impôts et taxes perçus en rémunération de services particuliers rendus[7]), la valise diplomatique n'est ni ouverte ni retenue[8] ou encore, l'agent diplomatique ne peut être ni arrêté, ni détenu[9]. De nombreux privilèges attachés au statut de l'agent consulaire bénéficient également aux membres de sa famille[10]. La Convention pose donc un régime juridique particulier qui vient restreindre l'exercice de la souveraineté de l'État accréditaire en faveur de la protection des représentants de l'État accréditant. Le régime proposé constitue une solution d'équilibre recherchant une articulation satisfaisante des souverainetés des deux États concernés.

---

[1] DRAIN M., DUBERNET C., *Relations internationales*, Bruylant, coll. Paradigme, 26e éd., 2021, Bruxelles, p. 62.

[2] FERNANDEZ J., *Relations internationales*, Dalloz, coll. Précis, 3e éd., 2021, Paris, p. 104.

[3] Pour la France, sa ratification a été opérée par la loi n° 69-1039 du 20 novembre 1969. Selon cette loi, le texte de la convention est entré en vigueur pour la France le 31 janvier 1971.

[4] Article 3 de la Convention de Vienne sur les relations diplomatiques du 18 avril 1961.

[5] Article 4 de la Convention.

[6] Article 22, §1 de la Convention.

[7] Article 23 de la Convention.

[8] Article 27, §3 de la Convention.

[9] Article 29 de la Convention.

[10] Article 37 de la Convention.

Ce mécanisme se retrouve pour le fonctionnement des consulats. Le consulat est également une représentation officielle d'un État à l'étranger, mais il poursuit une fonction purement administrative. Il répond aux demandes de délivrance de visas, de documents officiels ou encore d'inscription à l'état civil. C'est une délégation de l'administration nationale à l'étranger dont la mission peut également être remplie par l'ambassade[1]. Le régime juridique applicable aux consulats est prévu par une autre Convention de Vienne en date de 1963 portant sur les relations consulaires[2]. Les chefs de poste sont nommés par l'État d'envoi[3] et doivent obtenir une autorisation, nommée « exequatur », délivrée discrétionnairement par l'État de résidence[4].

Mis à part l'emploi d'une terminologie différente, le régime prévu par cette Convention de 1963 est très similaire à celui prévu pour les ambassades par le texte de 1961. On retrouve la possibilité de déclaration de persona non grata par l'État d'accueil[5], l'inviolabilité des locaux consulaires[6] et la protection de la valise consulaire[7]. En revanche, la protection des agents consulaires est plus faible, car ils peuvent être arrêtés ou détenus en cas de crimes graves et suite à une décision judiciaire[8]. Dans le même temps, une compétence particulièrement symbolique est octroyée au poste consulaire qui peut prélever « les droits et taxes que les lois et règlements de l'État d'envoi prévoient pour les actes consulaires »[9]. Ainsi, le consulat exerce une véritable compétence fiscale sur un territoire étranger, acte d'exécution manifeste de sa souveraineté. Enfin, l'on retrouve l'exemption fiscale bénéficiant tant aux agents consulaires qu'à leur famille[10].

Au regard de la définition établie précédemment, les actes de nomination des ambassadeurs et des consuls généraux semblent constituer des exemples parfaits d'actes administratifs unilatéraux transnationaux. Ces actes sont, selon le droit français, des actes administratifs puisque le Conseil d'État s'estime compétent pour en contrôler la légalité. Cela résulte, pour les ambassadeurs, d'un arrêt d'assemblée de 2006, Syndicat CFDT du ministère des Affaires étrangères[11], et, pour les consuls généraux, d'un arrêt de section du 27 mars 2019, également Syndicat CFDT affaires étrangères[12]. Ces actes interviennent bien dans des relations entre États également souverains et produisent des effets de droit à l'étranger au travers de la nomination d'un représentant au sein d'un autre État. Enfin, ces actes créent un lien interadmi-

---

[1] FERNANDEZ J., *op. cit.*, p. 108.

[2] Convention de Vienne sur les relations consulaires du 24 avril 1963.

[3] Article 10, §1 de la Convention.

[4] Article 12 de la Convention.

[5] Article 23 de la Convention.

[6] Article 31 de la Convention.

[7] Article 35, §3 de la Convention.

[8] Article 41, §1 de la Convention.

[9] Article 39 de la Convention.

[10] Article 49 de la Convention.

[11] CE, ass., 31 mai 2006, *Syndicat CFDT du ministère des Affaires étrangères*, n°269635, *Rec.* p. 274, *AJDA* 2006. 1899, concl. OLSON T. ; *AJFP* 2006. 242 note GOUNIN Y.

[12] CE, sect., 27 mars 2019, *Syndicat CFDT affaires étrangères*, n° 424394, 424656 et 424695, *RFDA* 2019. 521, concl. VICTOR R.

nistratif puisque l'administration de l'État de réception est contrainte par les nominations dans la mesure où elle doit statuer sur leur agrément. Il résulte également de ces actes une limitation de la compétence de l'État de réception pour effectuer, par exemple, des recherches au domicile d'un ambassadeur ou d'un consul général.

Certes, l'État de réception doit octroyer un agrément ou un exequatur afin de permettre à un agent désigné d'exercer ses fonctions diplomatiques ou consulaires. Toutefois, cet acte ne peut pas être analysé en tant que mesure de réception dans l'ordre juridique de l'État de réception puisqu'un ambassadeur ou un consul exerce sa mission sur le fondement de l'acte de nomination de son État de nationalité. L'agrément ou l'exequatur constitue plutôt un droit de veto, soit un frein de secours, afin d'éviter l'espionnage ou quelque autre dommage que pourrait causer un agent trop clivant politiquement. Et, même si l'on analysait ces autorisations comme des mesures de réceptions individuelles, elles ne concernent pas les familles des agents qui bénéficient pourtant aussi de privilèges particuliers comme des exonérations fiscales en raison de l'acte de nomination.

Il est donc possible d'identifier des actes administratifs unilatéraux transnationaux dans le fonctionnement des ambassades et des consulats. Comme il a été exposé, le régime juridique afférent à ces institutions figure dans des conventions internationales. Ainsi, c'est par le recours au droit international que la transnationalité administrative semble ici fonctionner.

En effet, si les États ne donnent pas leur consentement pour chaque mesure d'exécution extraterritoriale comme le voudrait la jurisprudence du Lotus, ils semblent pouvoir donner en amont un consentement global lors de la signature des conventions en cause. Ce consentement est bien distinct des mesures de réception individuelles en ce qu'il est général et qu'en raison de son existence, l'État renonce au contrôle d'un nombre conséquent d'actes étrangers qui vont produire un effet juridique dans son ordre interne. Il en résulte que ce consentement préalable présente les caractéristiques d'une sorte de délégation de compétence accordée à l'État étranger pour certains actes.

Ce consentement apparaît suffisant pour pallier l'atteinte à la souveraineté posée par ces actes administratifs unilatéraux transnationaux. Ainsi, si la transnationalité administrative dans le cadre des relations diplomatiques se passe de mesures individuelles de réception, elle requiert tout de même, à un moment donné, le consentement de l'État dont la souveraineté est contrainte. C'est ce consentement qui permet de mettre l'acte administratif transnational en conformité avec le droit international et de résoudre le conflit de souverainetés. Ainsi, par le truchement de la conclusion d'une convention internationale, le conflit de souverainetés est ici résolu.

L'étude du cas des ambassades et des consulats est donc riche d'enseignements quant au fonctionnement de la transnationalité administrative qui peut se fonder sur une convention internationale. Un autre exemple, celui de la naturalisation permet d'identifier un second fondement juridique possible : celui de la coutume internationale.

Le procédé de la naturalisation est « l'octroi discrétionnaire par un État de la nationalité de cet État à l'étranger qui le demande »[1]. L'octroi de la nationalité est un acte opérant une séparation entre les nationaux, qui ont un lien d'allégeance politique envers un État, lui-même lié en retour par certaines obligations, et les étrangers qui ne disposent pas de ce lien avec l'État considéré[2]. La compétence pour octroyer la nationalité est étatique et exclusive[3], c'est-à-dire que chaque État fixe dans son droit interne les conditions d'obtention de sa propre nationalité[4]. Par conséquent, nul ne peut remettre en cause l'exercice par un État de cette compétence[5]. Ainsi, la légalité de l'acte octroyant la nationalité ne s'apprécie qu'au regard du droit national de l'État émetteur et non par rapport au droit international[6].

En France, il existe différentes manières d'obtenir la nationalité française (de plein droit, par déclaration ou par décision de l'autorité publique[7]), dont la naturalisation, qui est régie par les articles 21-15 à 21-25-1 du Code civil et par le décret n° 93-1362[8]. Ainsi, la demande de naturalisation est ouverte à toute personne majeure[9] ayant sa résidence en France au moment de la signature du décret de naturalisation[10] et justifiant d'une résidence habituelle en France (définie comme le fait pour le demandeur d'avoir établi de manière durable en France le centre de ses intérêts[11]) au moins pour les cinq années précédant le dépôt de la demande[12]. Toutefois, de nombreuses exceptions sont prévues dans les articles 21-18 à 21-21 du Code civil. De plus, le demandeur doit être « de bonnes vie et mœurs »[13] et ne pas avoir fait l'objet d'une des condamnations visées à l'article 21-27 du Code civil. Enfin, le demandeur doit remplir une condition d'assimilation qui requiert une maîtrise suffisante de la langue française ainsi que de la culture et de l'histoire de France[14].

La demande doit être déposée à la préfecture du lieu de résidence[15], et le préfet, s'il souhaite accueillir la demande, propose alors au ministre un décret de naturalisation. Le décret est ensuite adopté par le Premier ministre dont la date de signature

---

[1] JAULT-SESEKE F., CORNELOUP S., BARBOU DES PLACES S., *Droit de la nationalité et des étrangers*, PUF, coll. Thémis droit, 2015, Paris, p. 155.

[2] LAGARDE P., *La nationalité française*, Dalloz, 4e éd., 2011, Paris, pp. 2-3.

[3] LEPOUTRE J., *Nationalité et souveraineté*, Dalloz, coll. Nouvelle Bibliothèque des thèses vol. 196, 2020, Paris, pp. 22-26.

[4] COMBACAU J., SUR S., *Droit international public*, LGDJ, coll. Domat Droit public, 12e éd., 2016, Issy-les-Moulineaux, pp. 332-333.

[5] Jean Combacau et Serge Sur déduisent cela d'une lecture *a contrario* de l'avis de la CPJI du 7 février 1923 dans l'affaire des *Décrets de nationalité en Tunisie et au Maroc, série B* n° 4 (*Ibid.*, p. 333).

[6] CIJ, 6 avril 1955 (arrêt), *Nottebohm*, *Rec. CIJ* 1955, 4, p. 20.

[7] JAULT-SESEKE F., CORNELOUP S., BARBOU DES PLACES S., *op. cit.*, pp. 135-176.

[8] Décret n°93-1362 du 30 décembre 1993 relatif aux déclarations de nationalité, aux décisions de naturalisation, de réintégration, de perte, de déchéance et de retrait de la nationalité française.

[9] Article 21-22 du Code civil.

[10] Article 21-16 du Code civil.

[11] CE, sect., 28 février 1986, *Akbras*, n° 50277, *Rec.* p. 54.

[12] Article 21-27 du Code civil.

[13] Article 21-23 du Code civil.

[14] Article 21-24 du Code civil.

[15] Article 35 du décret n° 93-1362 du 30 décembre 1993.

marque l'acquisition de la nationalité pour le demandeur[1]. La naturalisation ne peut pas avoir d'effet rétroactif[2].

L'acte de naturalisation est sans aucun doute un acte administratif puisqu'il s'agit d'un décret dont le Conseil d'État est compétent pour en connaître en premier et dernier ressort selon l'article R. 311-1 du Code de la justice administrative. Cet acte peut circuler avec son destinataire à l'étranger. Par exemple, le destinataire d'un tel acte peut aller au Cambodge en avion sur le territoire duquel il devra solliciter, dès son arrivée, une demande de visa, car le droit cambodgien prévoit que les Français doivent remplir cette condition pour évoluer sur son territoire. Cet exemple montre ainsi que l'acte de droit français de naturalisation peut produire un effet de droit à l'étranger. Le lien interadministratif est constitué par l'obligation pour l'administration cambodgienne d'étudier la demande de visa au regard de sa qualité de Français. Elle ne peut pas discrétionnairement décider qu'il doive être considéré comme un Allemand et par conséquent être soumis à un autre régime de visa.

Ainsi, l'acte de naturalisation présente le caractère d'un acte administratif individuel potentiellement transnational puisqu'il ne produit pas d'effet juridique à l'étranger sans que son destinataire ne s'y déplace lui-même. L'effet transnational de la naturalisation trouve son fondement non pas dans une convention internationale, mais dans une coutume internationale en vertu de laquelle chaque État est compétent pour octroyer sa propre nationalité[3]. Ainsi, seule la France est compétente pour contrôler la validité d'une naturalisation française et le Français naturalisé peut se prévaloir de sa nationalité à l'étranger. Les États étrangers seront obligés, en raison de la coutume internationale, de le considérer et de le traiter comme un Français.

Le fondement de la transnationalité administrative sur la coutume est très intéressant. En effet, la transnationalité administrative repose aujourd'hui souvent sur des pratiques ad hoc qui, si elles sont répétées, pourront devenir parties du droit international. C'est le développement qu'a connu la naturalisation dont les effets sont même renforcés dans le cadre de l'Union européenne puisque l'octroi de la nationalité d'un État membre entraîne concomitamment la jouissance de la citoyenneté européenne pour le destinataire de la décision[4]. Ainsi, à chaque fois qu'un État membre de l'Union octroie sa nationalité à un individu provenant d'un État tiers, il crée des obligations à l'égard de cet individu pour tous les autres États de l'Union. C'est en vertu de cette décision que l'individu naturalisé obtient le droit d'entrer sur le territoire des autres États membres sans visa[5] et qu'il y dispose également d'un droit de séjour allant jusqu'à trois mois[6].

---

[1] JAULT-SESEKE F., CORNELOUP S., BARBOU DES PLACES S., *op. cit.*, p. 164.

[2] Article 27-1 du Code civil.

[3] CIJ, 6 avril 1955 (arrêt), *Nottebohm*, *Rec.* 1955, 4.

[4] Article 20, §1, du TFUE.

[5] Article 5, §1de la directive 2004/38/CE du Parlement européen et du Conseil du 29 avril 2004 relative au droit des citoyens de l'Union et des membres de leurs familles de circuler et de séjourner sur le territoire des États membres.

[6] Article 6, §1 de la directive citée.

Outre la naturalisation, l'octroi de la nationalité à un nouveau-né produit également des effets transnationaux. Un exemple est celui de l'affaire Chen où une dame chinoise, qui effectuait de nombreux voyages d'affaires en Grande-Bretagne pour son travail, décida de rester en Europe pour accoucher, plus précisément en Irlande où le droit du sol suffit pour obtenir la nationalité contrairement au Royaume-Uni. Par la suite, elle forma une demande de visa de longue durée au Royaume-Uni pour elle et sa fille qui fut refusée. La Cour de justice fut alors saisie de l'affaire[1] où elle jugea que, malgré la sélection du lieu d'accouchement dans le but admis d'obtenir une nationalité européenne pour l'enfant, le Royaume-Uni ne pouvait pas la priver de son droit au séjour dans un autre État membre, droit qui s'étendait également à la mère qui subvenait aux besoins financiers et affectifs de l'enfant. Là encore, la dimension transnationale de l'octroi de la nationalité à cet enfant ne fait aucun doute. Il s'agissait d'une décision irlandaise qui pourtant a lié le Royaume-Uni quant à l'obtention du visa demandé.

L'étude du cas des ambassades et consulats ainsi que de la naturalisation illustre deux modalités distinctes du fonctionnement de la transnationalité administrative. Il résulte de leur analyse que celle-ci peut être fondée soit sur une convention internationale, soit sur la coutume internationale. Ainsi, le recours au droit international semble être le moyen privilégié pour surmonter le conflit de souverainetés posé par l'acte administratif unilatéral transnational.

Le droit international connaît trois sources principales qui ne sont pas hiérarchisées : les traités, la coutume et les principes généraux de droit[2]. Par ailleurs, il découle de la jurisprudence du Lotus que la règle en droit international est la proscription de l'extraterritorialité des actes d'exécution étatiques qui peuvent comprendre les actes administratifs unilatéraux transnationaux. Il s'agit donc d'un principe général de droit international auquel l'acte administratif transnational déroge en vertu d'une autre règle internationale le permettant. Cette dérogation peut ainsi être prévue par une convention internationale ou par la coutume internationale. Cela est illustré par les exemples précédemment étudiés qui recouraient à ces moyens.

Ces deux sources du droit international doivent ainsi être étudiées plus précisément afin d'expliciter le mécanisme de la transnationalité administrative. Il faut cependant souligner leur utilisation inégale : en effet, le recours à la conclusion de traités internationaux est favorisé par rapport à l'utilisation de la coutume internationale, ce qui s'explique par la différence de nature entre les normes considérées.

La plupart des exemples d'actes administratifs transnationaux trouvent leur fondement dans un traité de droit international. À ce titre, le droit de l'Union européenne est compris dans le droit international conventionnel. Malgré une ambivalence certaine de l'Union quant à sa nature[3], elle reste une organisation internatio-

---

[1] CJCE, ass. pl., 19 octobre 2004, *Kunqian Catherine Zhu et Man Lavette Chen c/ Secretary of State for the Home Department*, *aff.* C-200/02, ECLI :EU :C :2004 :639.

[2] Ces sources sont notamment citées à l'article 38 du statut de la CIJ.

[3] BEAUD O., « Peut-on penser l'Europe comme une Fédération ? », *in.* ESPOSITO F., LEVRAT N. (dir.), *Europe : de l'intégration à la Fédération*, (colloque du LATSIS), Bruylant, 2010, Bruxelles, pp. 71-103 ; CJUE, 18 décembre 2014, *Avis 2/13, aff.* C- 2/13, EUCLI:EU:C:2014:2454, §156.

nale initialement fondée sur des traités internationaux[1]. Ainsi, si beaucoup d'actes administratifs transnationaux se fondent sur le droit européen dérivé, l'origine de ce dernier prend racine dans des traités internationaux. Monsieur Gerontas a d'ailleurs proposé une classification distinguant les actes administratifs transnationaux selon que l'origine de leur effet transnational se trouve dans le droit international ou le droit européen[2]. Cette distinction n'est pas retenue ici, car, si le droit de l'Union européenne dispose de nombreuses spécificités, il demeure fondé sur le droit international et obéit à ses règles. Le droit dérivé de l'Union européenne trouve ainsi sa source dans des traités internationaux, il constitue simplement une strate de droit supplémentaire que les États membres ont permis aux institutions européennes de produire. Il en découle que la conciliation de la transnationalité administrative avec la question de la souveraineté est réalisée de la même manière par les traités internationaux et le droit européen au moyen de l'expression d'un consentement préalable. Ce fondement peut apparaître encore plus médiat dans le cas où la transnationalisation de certains actes administratifs unilatéraux serait prévue par une directive et non un règlement de l'Union. En effet, la directive « lie tout État membre destinataire quant au résultat à atteindre, tout en laissant aux instances nationales la compétence quant à la forme et aux moyens »[3]. Elle suppose ainsi que les États membres adoptent des mesures de transpositions dans leur droit national pour la rendre effective. Par conséquent, la transnationalité administrative trouverait ici sa source directe dans le droit national, mais elle conserve tout de même une origine internationale et reste premièrement déterminée par la directive qui peut aussi produire un effet direct en absence de transposition dans un délai déterminé[4]. C'est pourquoi l'on considèrera dans cette étude que la directive peut être la source instaurant la transnationalité administrative bien qu'elle nécessite généralement une transposition. Par ailleurs, l'adoption de mesures de transposition des directives ne permet pas d'écarter la qualification transnationale des actes administratifs qui circuleront sur leur fondement, car il ne s'agit pas d'une mesure de réception individuelle de ces actes. Elle est au contraire générale à une catégorie désignée d'actes administratifs et elle est antérieure à leur édiction. L'on demeure donc dans le cadre de la définition posée dans cette étude.

Nonobstant la typologie proposée précédemment, presque tous les exemples déjà mentionnés d'actes administratifs transnationaux trouvent leur fondement dans un traité de droit international ou dans du droit dérivé de l'Union européenne. Ainsi, l'effet juridique contraignant des demandes d'information fiscale entre les États membres de l'Union est textuellement prévu dans la directive 2011/16/UE. La transnationalité de ces actes administratifs passe donc par ce texte.

Également, l'obligation de reconnaître un permis de conduire émis par un autre État membre et de permettre à son détenteur de conduire sur son territoire est

---

[1] MARTUCCI F., *Droit de l'Union européenne*, Dalloz, coll. Hypercours, 3e éd., 2021, Paris, pp. 40-46.

[2] GERONTAS A., « Deterritorialization in Administrative Law : Exploring Transnational Administrative Decisions », *Columbia Journal of European Law*, n° 3, 2013, pp. 28-33.

[3] Art. 288 TFUE.

[4] Sur ce point, voir : SIMON D., « Directive », in *Répertoire de droit européen*, Dalloz, janvier 2018 (actualisation : Mars 2021), §84-110.

posée par la directive 2006/126/CE. Sur le plan de la circulation internationale des permis de conduire, c'est la convention de Vienne sur la circulation routière de 1968 qui impose, certes moins strictement, une certaine reconnaissance des permis émis par les autres États signataires.

Concernant les actes transnationaux réglementaires, il a été vu que l'application des règlements suisses à la ville allemande de Büsingen était réglée par un traité sur l'inclusion de la commune dans le territoire douanier suisse du 23 novembre 1964. De même, pour le fonctionnement de l'aéroport de Bâle-Mulhouse, c'est le traité franco-suisse de 1949[1] qui permet dans certains cas l'application d'actes réglementaires suisses sur le territoire français.

Également, l'administration binationale de l'hôpital franco-espagnol de Cerdagne a été créée sur le fondement de la Convention de coopération sanitaire transfrontalière et de constitution du Groupement européen de coopération territoriale (GECT) – Hôpital de Cerdagne du 26 avril 2010.

Dans le cas des décisions communes, il a aussi été vu que les autorisations de mise sur le marché des OGM étaient envisagées par la directive 2001/18/CE.

Enfin, pour les actes relevant de la reconnaissance mutuelle passive, par exemple dans le cas des autorisations de commercialisation des médicaments à usage, c'est la directive 2001/83/CE qui l'organise.

Ainsi, tous ces exemples voient leur transnationalité permise, même indirectement, par du droit international conventionnel qu'il intervienne seul ou médiatisé par le droit de l'Union européenne. Le recours aux traités internationaux est une des solutions permettant de surmonter le conflit de souverainetés posé par la circulation des actes administratifs unilatéraux transnationaux sans que l'État de réception adopte de mesures individuelles de réception. En effet, comme l'a jugé la CPJI dans l'affaire du Lotus[2] : « la limitation primordiale qu'impose le droit international à l'État est celle d'exclure – sauf l'existence d'une règle permissive contraire – tout exercice de sa puissance sur le territoire d'un autre État ». L'hypothèse du recours à un traité (ou à la coutume internationale) s'inscrit dans cette exception constituée par l' « existence d'une règle permissive contraire ». Ainsi, s'il existe en droit international un principe proscrivant une compétence d'exécution extraterritoriale pour les États, il peut connaître des exceptions prévues dans des normes de droit international.

Le traité international est défini par la Convention de Vienne sur le droit des traités comme « un accord international conclu par écrit entre États et régi par le droit international, qu'il soit consigné dans un instrument unique ou dans deux ou plusieurs instruments connexes, et quelle que soit sa dénomination particulière »[3]. Cinq éléments[4] sont nécessaires à sa constitution : une manifestation de volontés

[1] Convention franco-suisse, conclue à Berne le 4 juillet 1949, relative à la construction et à l'exploitation de l'aéroport de Bâle-Mulhouse.

[2] CPJI, 7 septembre 1927 (arrêt), *Affaire du « Lotus » (France c/ Turquie)*, *Rec. CPJI* 1927, *Série A* n° 10.

[3] Article 2, a) de la Convention de Vienne sur le droit des traités du 23 mai 1969.

[4] REUTER P., CAHIER P., *Introduction au droit des traités*, PUF, coll. Publications de l'institut universitaire de hautes études internationales, 3e éd., 1995, Paris, pp. 26-31.

concordantes et formelles[1], l'imputation de l'acte à deux ou plusieurs sujets de droit, la qualité de sujets de droit international public des parties contractantes, l'intention de produire des effets de droit et la soumission au droit international public[2]. Cet acte de droit international a une nature ambivalente puisqu'il est à la fois un moyen de production du droit international, le droit finalement produit et l'instrumentum de ce droit[3].

Toutefois, parce que les traités interviennent dans des relations entre États souverains, et qu'ils sont fondés sur leur consentement, les États ont la possibilité d'émettre des réserves[4] afin de ne pas être tenus par certaines dispositions de l'accord concerné. De plus, de telles réserves peuvent intervenir à toutes les phases du processus d'adoption d'un traité que ce soit à sa ratification, son approbation ou encore lors de l'adhésion[5]. Enfin, le fondement consensualiste des traités implique que les États disposent d'un droit de retrait unilatéral dont ils peuvent faire usage à n'importe quel moment. C'est le mécanisme de la dénonciation auquel certains traités, comme la Charte de l'ONU, dérogent[6].

Le recours au traité international dans le cadre de la transnationalité administrative requiert donc l'obtention du consentement des États signataires de donner, sur leur territoire, un effet juridique à certains actes administratifs émis par les autres États. C'est souverainement que ces États acceptent de manière anticipée les effets transnationaux de ces actes. Cet accord matérialise la « règle permissive contraire » du droit international et met fin à un éventuel conflit de souverainetés, puisque les États de réception ont souverainement accepté de donner effet aux futurs actes administratifs transnationaux sur leur territoire.

Cette approbation est à différencier des mesures individuelles de réception. Tout d'abord, l'approbation est antérieure à l'existence même des actes en cause, elle ne peut donc pas être une transcription de l'acte même dans l'ordre juridique interne. De plus, elle a un caractère général et non individuel. En effet, à la lecture de tous les textes cités, d'aucuns désignent un acte en particulier, mais une catégorie d'acte (par exemple, le permis de conduire) alors que les mesures individuelles de réception interviennent pour chaque acte considéré séparément. Enfin, il faut souligner la différence pratique entre une approbation générale et la répétition de transcriptions particulières : l'approbation générale est, de fait, beaucoup moins précise que des mesures individuelles de réception et ne peut donc pas être considérée comme leur équivalent.

Il s'agit donc bien d'une hypothèse permettant à des actes administratifs de produire des effets juridiques à l'étranger sans nécessiter l'intervention de mesures

---

[1] CIJ, 20 février 1969 (arrêt), *Affaire de la Délimitation du plateau continental en mer du Nord*, *CIJ Rec.* 1969, p. 3.

[2] CPJI, 12 juillet 1929 (arrêt), affaire *Des emprunts serbes*, Série A, n° 20.

[3] POIRAT F., *Le traité, acte juridique international : recherches sur le traité international comme mode de production et comme produit*, Martinus Nijhoff Publishers, coll. Études de droit international vol. 2, 2005, Leiden / Boston, pp. 10-19.

[4] Article 2, 1), d. de la Convention de Vienne sur le droit des traités.

[5] CARREAU D., MARRELLA F., *op. cit.*, p. 177.

[6] *Ibid.*, p. 211.

individuelles de réception. Ce type de traité opère en quelque sorte une délégation d'une partie du pouvoir d'exécution de l'État de réception vers l'État d'émission. C'est parce que l'État de réception a donné son consentement que sa souveraineté n'est pas violée. L'Union européenne constitue un cas particulier dans lequel s'ajoute une couche normative entre le traité et l'acte transnational. Si les traités constitutifs sont composés de traités proprement dits et d'actes les complétant et les modifiant[1], eux seuls appartiennent au droit international en tant que conventions internationales. En revanche, le droit dérivé est un droit autre qui peut cependant être le fondement de la transnationalité administrative. Dans un tel cas, le fondement de la transnationalité réside donc dans le droit de l'Union européenne dont les racines puisent elles-mêmes dans le droit international. Ainsi, l'on retrouve toujours un lien plus ou moins direct avec le droit international quand il est question de transnationalité administrative. Ce lien est indispensable pour coordonner les souverainetés sans les entrechoquer.

Des limites à la transnationalité administrative restent nécessaires afin de ménager la souveraineté des États. Ces aménagements sont spécifiques à chaque texte et ont certainement été un moyen de négociation pour faire accepter la transnationalité administrative aux États. Par exemple, la directive 2011/16/UE restreint le recours aux demandes d'informations fiscales entre les États membres aux cas de stricte nécessité, puisque l'État requérant doit avoir exploité toutes les ressources d'information dont il dispose pour émettre une telle demande[2]. Dans la même perspective, cette directive prévoit également une limite à l'effet transnational d'une demande si elle implique pour l'État requis de violer sa propre législation nationale[3]. Un autre exemple peut être donné dans le cadre de la directive 2006/126/CE organisant la reconnaissance des permis de conduire entre États membres où, afin d'éviter qu'une personne s'étant vue retirer son permis sur un État A puisse continuer à y conduire en se prévalent d'un permis d'un État B, il est prévu qu'un « État membre refuse de reconnaître, à une personne dont le permis de conduire fait l'objet, sur son territoire, d'une restriction, d'une suspension ou d'un retrait, la validité de tout permis délivré par un autre État membre »[4].

De même, par transposition des raisonnements du droit international privé, il est imaginable que l'État de réception puisse opposer à l'effet transnational d'un acte une exception d'ordre public si le contenu ou l'élaboration de cet acte heurtent les principes fondamentaux du for. Toutefois, l'exception d'ordre public est généralement invoquée devant un juge. Cela implique donc que le juge de l'État de réception ait compétence pour apprécier la conformité d'un acte administratif étranger par rapport à l'ordre public international de son État, ce qui n'est pas garanti. De plus, là encore, cette notion d'ordre public jouit d'un certain flou conceptuel en

---

[1] BLUMANN C., DUBOUIS L., *Droit institutionnel de l'Union européenne*, LexisNexis, coll. Manuel, 7e éd., 2019, Paris, p. 647.

[2] Article 17, 1), de la directive 2011/16/UE.

[3] Article 17, 2) de la directive 2011/16/UE.

[4] Article 11, §4, al. 2 de la directive 2006/126/CE.

raison de son caractère prétorien[1]. En droit international privé, l'ordre public international est le dernier rempart contre l'application d'une loi étrangère ou la reconnaissance d'un jugement étranger qui irait à l'encontre des principes fondamentaux du for[2] et, en tant que tel, il devrait conserver la même fonction face aux actes administratifs transnationaux.

Ainsi, les traités internationaux constituent le fondement principal des actes administratifs unilatéraux transnationaux. La sécurité juridique donnée par l'écrit ainsi que la possibilité de prévoir des exceptions à la transnationalité administrative peuvent expliquer les raisons principales de ce succès. Pour autant, certains actes administratifs transnationaux ne sont pas fondés sur un traité, mais sur une autre norme de droit international : la coutume. Pour autant, mis à part les deux cas bien établis de l'extradition et la nationalité, la coutume semble être un moyen peu utilisé pour la circulation des actes administratifs transnationaux.

L'extradition consiste en « la remise, par un État, d'un individu se trouvant sur son territoire, à un autre État qui le réclame dans l'exercice de sa compétence pénale afin de le juger ou de lui faire subir une peine »[3]. En France, elle prend la forme d'un décret et est donc un acte administratif. Si l'extradition est aujourd'hui principalement fondée sur des conventions bilatérales passées entre les États concernés, certains États recourent toutefois à cette pratique sans le fondement d'un traité comme le fait la France. Ceci est rendu possible par l'application de la loi du 9 mars 2004 qui a fixé le droit commun de l'extradition applicable en l'absence de traité international[4].

Selon le droit français, l'extradition est encadrée tant au regard des personnes auxquelles elle s'applique qu'aux infractions pouvant la justifier. Ainsi, la France refuse d'extrader toute personne ayant la nationalité française à la date de commission de l'infraction en cause en vertu de l'article 696-4, 1° du Code de procédure pénale. De plus, le Conseil d'État a déclaré nul un décret extradant une personne à laquelle la France avait reconnu le statut de réfugié sur le fondement des « principes généraux du droit applicables aux réfugiés, résultant notamment [...] de la Convention de Genève »[5] du 28 juillet 1951.

Concernant les infractions, l'extradition ne s'applique qu'à celles « punies de peines criminelles par la loi de l'État requérant »[6] et à celles punies de peines correctionnelles comportant la possibilité d'une peine d'emprisonnement égale ou supérieure à deux ans selon la loi de l'État requérant[7]. De plus, l'extradition exige une double incrimination des faits, c'est-à-dire qu'ils sont punissables tant selon la loi de

[1] POUX C., *L'exception d'ordre public en droit international privé comparé français et anglais en matière de formation du mariage*, thèse dactyl. soutenue le 24 février 1955, Université de Paris, p. 5.
[2] DETHOMAS R., *L'intervention de l'ordre public international dans la détermination de la compétence internationale directe*, mémoire dactyl., Université Paris II, 2011, p. 3.
[3] CHAUVY Y., *L'extradition*, PUF, coll. Que sais-je ?, 1981, Paris, p. 3.
[4] REBUT D., *Droit pénal international*, Dalloz, coll. Précis, 3ère édition, 2019, Paris, pp. 175-176.
[5] CE, ass., 1er avril 1988, *Bereciartua-Echarri*, n° 85234, *Rec.* p. 135, *RFDA* 1988. 499, note GENEVOIS B., *RFDA* 1988. 723, obs. RUZIÉ D., *D.* 1988. 413, note LABAYLE H.
[6] Article 696-3, 1° CPP.
[7] Article 696-3, 2° CPP.

l'État requérant que selon la loi de l'État requis, en vertu de l'article 696-3, 2°, alinéa 2 du Code de procédure pénale. Enfin, l'extradition ne doit pas être demandée dans un but exclusivement politique[1].

Une fois émise, l'extradition rentre dans la catégorie des actes administratifs transnationaux per se puisqu'elle a pour objet de lier l'État de réception (donc l'État requis de l'extradition) en vertu du principe de spécialité posé par l'article 696-6 du Code de procédure pénale. Selon ce principe, la personne sera extradée seulement si elle est poursuivie dans l'État requérant pour l'infraction ayant motivé l'extradition. Ainsi, l'acte d'extradition pose une limite aux poursuites pénales possibles dans l'État requérant à propos de la personne extradée. L'État requérant est donc contraint par l'acte d'extradition. Ceci constitue le lien interadministratif entre les deux États en cause.

Ce principe de spécialité peut toutefois être écarté si l'État requis y consent selon l'article 696-34 du Code de procédure pénale[2]. Ces règles de droit interne sont en réalité une codification d'une pratique ancienne et largement partagée par les États. Il est très probable que ce principe de spécialité de l'extradition soit un principe coutumier de droit international qui ne peut être écarté que par le consentement explicite de l'État requis. De ce fait, l'acte d'extradition vient limiter les possibilités de poursuites judiciaires qui seront menées par l'État requérant à l'encontre de la personne extradée. Dès lors, la transnationalité de l'extradition ne fait aucun doute. Elle se fonde sur une norme coutumière du droit international donnant ainsi un exemple d'acte administratif transnational qui puise sa source dans la coutume internationale.

Un autre exemple d'acte administratif unilatéral transnational fondé sur la coutume internationale est celui de l'octroi de la nationalité. « Le droit de chaque État de déterminer ses nationaux est un principe coutumier du droit international, qui a d'abord été affirmé par la Cour permanente de justice internationale, puis par la Cour internationale de justice dans la célèbre affaire Nottebohm »[3]. Il résulte de cette exclusivité de compétence une certaine vacuité du droit français à propos de la détention d'une nationalité étrangère sur la validité de laquelle il n'a pas de compétence pour statuer[4].

Selon certains spécialistes de droit international privé, la question de la preuve d'une nationalité étrangère est une question spécifique qui ne doit pas être réglée par l'extension des règles du Code civil. Ainsi, ils tirent de la jurisprudence de la Cour de cassation que la charge de la preuve pèse sur le demandeur[5] et peut être fournie par tous les moyens. Ils soulignent que la Cour de cassation considère à tort qu'il s'agit d'une question de fait alors qu'il s'agit d'une « question de droit, dont la solution dépend des règles du droit étranger »[6].

---

[1] Article 696-4, 2° CPP.

[2] REBUT D., *op. cit.*, pp. 264-265.

[3] JAULT-SESEKE F., CORNELOUP S., BARBOU DES PLACES S., *op. cit.*, p. 54.

[4] MAYER P., HEUZÉ V., REMY B., *op. cit.*, p. 673.

[5] Cass., 1re civ., 17 février 1982, *Godek*, n° 80-13.378, *Bull.* I. p. 69.

[6] MAYER P., HEUZÉ V., REMY B., *op. cit.*, p. 674.

Il résulte de tout ceci que tant qu'un demandeur peut prouver qu'un État étranger lui a octroyé une nationalité, celle-ci s'impose à l'ordre juridique français. La France est alors contrainte de traiter cet individu en tant que ressortissant de cet État étranger. Là encore, cette pratique ancienne et répétée semble traduire un principe de droit international coutumier de reconnaissance des nationalités étrangères[1]. Et ceci peut avoir un effet juridique contraignant quand, en raison d'une nationalité spécifique, un étranger peut se prévaloir de droits à l'encontre de l'administration française. Par exemple, les universités françaises doivent accorder les mêmes tarifs aux étudiants étrangers provenant de l'Union européenne que ceux proposés aux étudiants de nationalité française. C'est en cela que l'acte d'octroi de la nationalité peut devenir un acte administratif transnational le faisant ainsi rentrer dans la catégorie des actes administratifs individuels potentiellement transnationaux.

Ainsi l'extradition et la nationalité fournissent deux illustrations d'actes administratifs unilatéraux transnationaux fondés sur la coutume internationale. Toutefois, il est bien difficile de trouver d'autres exemples pour illustrer ce phénomène. La conclusion logique serait donc que la coutume est un moyen peu utilisé pour établir la transnationalité administrative en raison de sa nature particulière.

La coutume est l'enfant terrible du droit international dont l'existence ne fait aucun doute, mais dont les contours sont des silences que l'on ne peut capturer. Gérard Cahin parlait du « mystère du phénomène coutumier » à propos de cette transformation du fait en droit[2]. De même, Serge Sur a souligné que « [l]'approche de la coutume plonge généralement le juriste formé à la discipline du droit écrit dans une certaine perplexité »[3]. Elle incarne le paroxysme du paradoxe des sources du droit international puisqu'elle est définie dans l'article 38, b) du statut de la Cour internationale de justice qui a valeur de traité, alors que le droit des traités est lui-même largement fondé sur la coutume internationale[4]. C'est en effet l'adage coutumier Pacta sunt servanda qui donne aux traités leur valeur juridique contraignante. Ceci a été qualifié par Serge Sur de « réversibilité permanente des rapports entre la coutume et le traité »[5] qui implique que ces deux normes ne peuvent exister l'une sans l'autre. À l'instar des traités internationaux, la coutume désigne tant la norme que son processus de formation.

Classiquement, la coutume est identifiée comme une pratique étatique[6] « constante et uniforme »[7] pouvant « faire l'objet d'une généralisation dépassant les cir-

---

[1] À propos de l'effet extraterritorial des « passeports et des cartes d'identité délivrés pour servir dans les rapports internationaux », voir : FEDOZZI P., « De l'efficacité extraterritoriale des lois et des actes de droit public », *RCADI* 1929, II, t. 27, p. 185.

[2] CAHIN G., *La coutume internationale et les organisations internationales. L'incidence de la dimension institutionnelle sur le processus coutumier*, Pédone, coll. Publication de la Revue de Générale du Droit International Public, 2001, Paris, p. 19.

[3] SUR S., *La coutume internationale*, Librairies techniques, 1990, Paris, p. 4.

[4] *Ibid.*, p. 10.

[5] *Ibid.*, p. 10.

[6] CIJ, 3 juin 1985 (arrêt), *Affaire du Plateau continental (Jamahiriya arabe libyenne/Malte)*, *Rec. CIJ* p. 33 ; CIJ, 27 juin 1986 (arrêt), *Affaire des Activités militaires et paramilitaires au Nicaragua et contre celui-ci (Nicaragua c/ États-Unis d'Amérique)*, *Rec. CIJ* p. 98.

[7] CIJ, 20 novembre 1950 (arrêt), *Affaire du droit d'asile*, *Rec.* p. 266.

constances de l'espèce »[1] doublée de la conviction de l'impérativité de la règle en cause, l'opinio juris[2]. Le problème posé par la nature de la coutume est qu'elle doit être recherchée et établie d'après un « raisonnement de type judiciaire »[3]. Ainsi, l'identification de la coutume est souvent incertaine et repose sur une analyse parfois subjective.

Toutefois, cette caractéristique est aussi porteuse d'avantages qui font qu'il existe une réelle « demande de coutume » là où les instruments conventionnels sont impuissants[4]. Ainsi, ce n'est pas en raison d'une « crise de la coutume »[5] que cette norme est peu utilisée dans la transnationalité administrative, mais à cause de l'inadaptation de cette norme à ce phénomène. En effet, la circulation des actes administratifs transnationaux repose sur une dérogation au principe du droit international dégagé dans l'affaire du Lotus et met en conflit deux souverainetés. C'est pourquoi un consentement de l'État de réception est nécessaire afin de surmonter cet obstacle.

Or, dans la coutume internationale, l'existence d'un consentement des États liés par cette norme est une question débattue. Jean Combacau et Serge Sur relèvent que la doctrine, d'un côté non volontariste et, de l'autre, volontariste, oppose deux dictums de la CIJ qui semblent alimenter leurs deux perspectives. Ils ne tranchent pas réellement la controverse puisqu'ils disent que le dictum de l'affaire du Plateau continental en mer du Nord n'est pas le jugement de la Cour, mais un résumé des arguments des demandeurs, tandis que d'un autre côté, ils soulignent que la théorie des vices du consentement n'est « que difficilement applicable en droit coutumier »[6]. Tout ce mystère accompagnant le processus de formation de la coutume[7] ainsi que la difficulté de son identification, qui se fait toujours ex post, expliquent le faible recours à la coutume internationale pour fonder la transnationalité d'un acte administratif. L'incertitude quant au contenu de la coutume et à sa date d'entrée en vigueur justifie sa faible utilisation. De plus, la généralité de la coutume rend ardue l'inclusion de limitations aussi précises que celles prévues par les traités et qui permettent de ménager la souveraineté de l'État de réception. Enfin, la coutume nécessite un fort consensus sur des « valeurs de référence »[8] qui n'existe pas toujours en matière administrative en raison de sa connexion directe avec l'exercice des compétences régaliennes au cœur des États. Tout ceci concourt à expliquer pourquoi le recours au traité est le moyen favorisé pour fonder les actes administratifs

[1] CIJ, 5 février 1970 (arrêt), *Affaire de la Barcelona Traction, Light and Power Company Limited (Belgique c/ Espagne)*, *Rec.* p. 292.

[2] CIJ, 3 juin 1985 (arrêt), *Affaire du Plateau continental (Jamahiriya arabe libyenne/Malte)*, *Rec. CIJ* p. 33 ; CIJ, 27 juin 1986 (arrêt), *Affaire des activités militaires et paramilitaires au Nicaragua et contre celui-ci (Nicaragua c/ États-Unis d'Amérique)*, *Rec. CIJ* p. 98.

[3] COMBACAU J., SUR S., *op. cit.*, p. 98.

[4] CAHIN G., *op. cit.*, p. 9.

[5] *Ibid.*, pp. 3-9.

[6] Voir : CIJ, 20 février 1969 (arrêt), *Affaire de la Délimitation du plateau continental en mer du Nord*, *CIJ Rec.* 1969, p. 3 :; CPJI, 7 septembre 1927 (arrêt), *Affaire du « Lotus » (France c/ Turquie)*, *Rec. CPJI* 1927, *Série A* n° 10 ; COMBACAU J., SUR S., *op. cit.*, p. 102.

[7] *Ibid.*, pp. 61-62.

[8] CAHIN G., *op. cit.*, p. 5.

transnationaux. Cela traduit également que la transnationalité administrative est le produit d'un consensus étatique qui requiert une certaine proximité juridico-sociétale entre les États, sur quoi il sera revenu ultérieurement pour expliquer en quoi l'Union européenne est un cadre largement favorable à la naissance des actes administratifs unilatéraux transnationaux.

Le recours au droit international permet ainsi de concilier la circulation des actes administratifs transnationaux avec les souverainetés des États concernés. Ces actes interviennent dans l'interstice posé par une dérogation au principe d'interdiction de l'extraterritorialité de la compétence d'exécution des États. Pour ce faire, un consentement préalable des États à la transnationalité de futurs actes administratifs unilatéraux doit se manifester dans un traité ou au travers d'une coutume internationale. Ceci permet alors de déroger au principe posé par la jurisprudence du Lotus. Ce mécanisme expliqué, il reste à savoir comment la désignation de l'autorité nationale compétente et du droit applicable est opérée. Cette étude penche en faveur de la redécouverte du conflit d'autorités et de son ajustement aux spécificités de l'acte administratif unilatéral transnational.

L'acte administratif unilatéral transnational et le conflit d'autorités

En 1949, Jean-Paul Niboyet écrivait que le conflit d'autorités était par principe étranger à l'extraterritorialité puisque les autorités publiques pourvoyaient à des services publics nationaux et n'avaient dès lors pas d'activités s'étendant hors du territoire national[1]. Toutefois, il reconnaissait l'existence d'exceptions qui, par une translation analogique à la matière publique, comprendraient aujourd'hui les actes administratifs transnationaux. Le conflit d'autorités peut être utilisé afin d'organiser la répartition des compétences entre les autorités édictant des actes administratifs unilatéraux transnationaux bien qu'il ne faille pas oblitérer certaines difficultés persistantes.

Historiquement, la notion du conflit d'autorités a été posée par Niboyet, mais elle a par la suite été délaissée par la doctrine internationaliste-privatiste. Par exemple, Pierre Callé critique vivement cette notion fondée sur le principe de la règle auctor regit actum qui est, selon lui, comprise de manière extensive. Il est partisan d'une compréhension de cette règle comme exigeant seulement que les autorités publiques suivent la loi française dans le domaine procédural, mais puissent appliquer une loi substantielle étrangère. Cet auteur réserve toutefois son raisonnement à propos des actes de droit public dont les méthodes de raisonnement diffèrent de celles en droit international privé. Charalambos Pamboukis n'aborde même pas la question dans sa thèse[2]. Aujourd'hui, le conflit d'autorités connaît un certain renouveau par sa réapparition chez un pan de cette doctrine[3] et laisse

---

[1] NIBOYET J.-P., *Traité de droit international privé*, Librairie du Recueil Sirey, t. 6, 1949, Paris, pp. 222-224.

[2] CALLÉ P., *op. cit.*, pp. 69-80 ; PAMBOUKIS C., *op. cit.*

[3] BUREAU D., MUIR WATT H., *Droit international privé, Partie générale*, t.1, PUF, coll. Thémis droit, 5e éd., 2021, Paris, pp. 759-795.

s'interroger sur sa possible application pour le droit public en particulier dans le cas de l'acte administratif unilatéral transnational. Le droit international privé utilise traditionnellement deux méthodes conflictuelles[1] : le conflit de lois et le conflit de juridictions. « Le confit de lois apparaît lorsque les législations de deux ou plusieurs États ont cumulativement vocation à régir une question de droit privée donnée »[2]. Il est résolu par le juge en application de méthodes de désignation de la loi applicable qui sont posées par le droit international privé du for auquel le juge appartient. Alors que le conflit de juridictions vise à identifier le juge qui est internationalement compétent pour trancher un litige comportant un élément d'extranéité. Il apparaît donc en cas de concurrence de compétences entre des juges d'ordres juridiques distincts[3].

Toutefois, cette approche purement contentieuse n'a pas toujours permis de répondre à toutes les questions posées par les conflits de systèmes. C'est ainsi que Niboyet a présenté le conflit d'autorités, notamment dans le sixième tome de son traité de droit international[4], comme le substitut au conflit de lois pour les actes publics. Selon lui, puisque les autorités publiques ont une compétence restreinte à certains actes qu'elles exécutent selon leur droit national, la question d'un conflit de lois ne peut pas se poser. Le droit applicable à l'acte adopté est nécessairement celui de l'autorité qui l'a émis et donc, par extension, le droit national de cette dernière. Ce raisonnement est fondé sur le principe de territorialité du droit public[5] dont il découle ici une inexistence de conflits de lois en droit public. Ainsi, si les actes publics sont soumis au droit privé, la nature publique du droit ayant investi leurs auteurs des compétences de l'exercice desquelles ces actes résultent évacue toute question de conflit de lois.

Le principe de territorialité postule que les autorités publiques ne mettent en œuvre que le droit national et que, de ce fait, le conflit posé n'est pas celui de la loi applicable, mais de l'autorité compétente, puisque l'identification de celle-ci indiquera le droit applicable. Ce lien est résumé par l'adage latin auctor regit actum et est opposé à celui de locus regit actum selon lequel le lieu de l'acte désigne la loi applicable, ce qui est souvent le cas pour les actes privés. Ainsi, pour analyser la validité d'un acte public étranger, la première question à examiner est celle de savoir si l'autorité étrangère avait la compétence internationale en la matière[6]. Puisque le système est fondé sur l'hypothèse d'une compétence exclusive des États en matière de droit public, ce qui suppose un monopole de compétence pour régir une situation donnée, une autorité étrangère ne peut être compétente que si l'autorité nationale (à savoir l'autorité française) ne l'est pas. Ceci permet de ne désigner qu'une seule autorité nationale compétente.

Le conflit d'autorités peut parfois être très comparable au conflit de juridictions qui cherche à déterminer quel juge est internationalement compétent pour con-

[1] MAYER P., HEUZÉ V., REMY B., *op. cit.*, pp. 57-74.
[2] *Ibid.*, pp. 75-117.
[3] *Ibid.*, pp. 197-264.
[4] NIBOYET J.-P., *op. cit.*
[5] *Ibid.*, p. 5.
[6] *Ibid.*, p. 7.

naître d'une affaire[1]. La distinction entre les deux conflits est parfois difficile à opérer, ce que Niboyet souligne. Il relève, en effet, que deux États peuvent considérer un même acte sous l'angle du conflit d'autorités ou du conflit de juridictions selon leur procédure nationale. L'exemple donné est celui du divorce qui peut être le fait d'un jugement ou d'une autorité administrative selon les différents droits nationaux. La solution donnée par l'auteur est d'adopter la conception du for, et non celle de l'État étranger ayant émis l'acte, afin de déterminer quel conflit est en cause[2]. Ceci peut être problématique en termes de cohérence entre les droits internationaux privés. Toutefois, le problème peut être conçu autrement : une juridiction dispose d'une nature double, celle de juridiction et celle d'administration. Le juge est d'ailleurs considéré par la constitution française comme mettant en œuvre l'autorité judiciaire[3]. De ce point de vue, le conflit d'autorités pourrait aussi être applicable aux juridictions, entretenant une équivalence entre ce conflit et celui de juridictions.

Le raisonnement de Niboyet sur la compétence internationale suscite de même quelques questions. En effet, il écrit que l'on doit d'abord se demander si la France n'est pas compétente, pour savoir si l'autorité étrangère était compétente pour adopter l'acte en cause[4]. Mais il ne dit rien de la situation où ce serait une autorité étrangère tierce qui était internationalement compétente pour adopter ledit acte. On ne sait même pas si la France aurait compétence pour apprécier cette question. Enfin, cet auteur n'évoque jamais l'hypothèse d'un conflit de compétences qui, bien qu'exclu en principe, présente un intérêt certain et fera l'objet de développements ultérieurs. Le conflit d'autorités de Niboyet a ainsi peiné à s'imposer en raison de son caractère lacunaire et de sa faible importance pratique au moment de sa conceptualisation. Cela n'empêche pas à cette notion de présenter aujourd'hui un réel intérêt pour le droit public.

On peut s'interroger sur la pertinence du conflit d'autorités pour le droit public. Dans la démarche empirique qui guide cette étude, il s'agit d'abord d'observer concrètement si ce conflit correspond à la réalité du droit public. L'étude d'un réseau d'autorités administratives pourrait, selon nous, permettre de vérifier la pertinence de cette hypothèse. Il est donc choisi de se pencher sur le fonctionnement du Réseau européen de la concurrence qui est composé des autorités nationales de concurrence, auxquelles s'ajoute la Commission européenne. L'intérêt de ce réseau est qu'il regroupe des entités administratives nationales qui mettent en œuvre le même droit, à savoir le droit européen de la concurrence, mais selon les procédures prévues par leur propre droit national.

Ce Réseau européen de la concurrence a été créé par le règlement 1/2003[5] et les pouvoirs des autorités nationales de concurrence (ANC) ont été harmonisés par la

---

[1] MAYER P., HEUZÉ V., REMY B., *op. cit.*, pp. 195-348.
[2] NIBOYET J.-P., *op. cit.*, pp. 8-11.
[3] Le titre VIII se réfère à l'autorité judiciaire.
[4] *Ibid.*, p. 7.
[5] Règlement (CE) n° 1/2003 du Conseil du 16 décembre 2002 relatif à la mise en œuvre des règles de concurrence prévues aux articles 81 et 82 du traité.

directive 2019/1[1]. Les articles 3 et 5 du règlement donnent compétence aux autorités nationales de concurrence pour poursuivre les infractions au droit antitrust européen[2]. Ce droit est applicable au niveau européen lorsqu'est rempli le critère de l'affectation du commerce entre les États membres. Il est donc parfaitement envisageable qu'il y ait une concurrence de compétences entre plusieurs ANC puisque les pratiques visées impliquent nécessairement plusieurs États.

C'est pourquoi une communication de la Commission de 2004[3] est venue proposer une règle de répartition des compétences dans ses points 5 à 25 en suggérant la réattribution de l'affaire à une seule autorité « bien placée » qui enquêtera sur l'affaire selon sa procédure de droit national. Dans un effort de rationalisation, il ressort de la lecture de ce texte qu'il est souhaité qu'une seule autorité soit en charge de l'affaire. La qualification d'autorité bien placée se fait par la réunion d'un faisceau d'indices donnés par la Communication, à savoir la présence d'effet de la pratique restrictive de concurrence sur le territoire national de l'autorité considérée, sa capacité à faire cesser l'infraction et la qualité de ses moyens afin de collecter les preuves nécessaires.

Ainsi, cette répartition facilite l'identification du droit applicable à une procédure de poursuite : ce sera celui de l'autorité reconnue comme compétente. Ce principe est d'ailleurs confirmé par la directive ECN+ dans les cas où une autre autorité est sollicitée pour exécuter une décision de sanction : dans un tel cas, l'autorité requise applique son droit national bien que la sanction émane d'un autre État[4]. Également, les voies de recours seront dépendantes de la nationalité de l'autorité en cause. En France, les décisions de l'autorité de la concurrence en matière de droit antitrust relèvent de la compétence du juge judiciaire[5], plus particulièrement de la Cour d'appel de Paris[6]. En cela, le conflit d'autorités semble pertinent puisque la question à propos de la poursuite des infractions au droit antitrust européen n'est pas « quel est le droit national applicable ? », mais « quelle est l'autorité compétente ? » dont la réponse indiquera concomitamment quelle procédure nationale peut être poursuivie.

---

[1] Directive (UE) 2019/1 du Parlement européen et du Conseil du 11 décembre 2018 visant à doter les autorités de concurrence des États membres des moyens de mettre en œuvre plus efficacement les règles de concurrence et à garantir le bon fonctionnement du marché intérieur.

[2] Voir les articles 101 et 102 du TFUE.

[3] Communication de la Commission 2004/C 101/03 relative à la coopération au sein du réseau des autorités de concurrence.

Originellement acte de droit mou, cette communication est devenue contraignante lorsque les États membres ont pris des déclarations d'adhésion à ce texte.

[4] Art. 26 et 27 de la directive 2019/1 du Parlement européen et du Conseil du 11 décembre 2018 visant à doter les autorités de concurrence des États membres des moyens de mettre en œuvre plus efficacement les règles de concurrence et à garantir le bon fonctionnement du marché intérieur.

[5] Article L. 420-7 du Code de commerce.

[6] Article R. 420-5 du Code de commerce.

Une logique similaire s'applique au marché européen de services de médias audiovisuels. En vertu de la directive 2010/13[1], tout service de médias audiovisuels légalement retransmis sur le territoire d'un État membre peut émettre sur l'ensemble du territoire européen (art. 3, §1). C'est une application du principe du pays d'origine[2] selon lequel l'autorisation donnée par un État est valable pour toute l'Union européenne, la répartition des compétences entre les autorités nationales faisant l'objet de l'article 2 de la directive. Ainsi, relèvent de la compétence d'un État membre les fournisseurs de services de médias établis dans cet État, ceux qui utilisent une liaison montante (vers un satellite) située dans cet État ou utilisent une capacité satellitaire relevant de cet État membre. Si aucun de ces critères ne permet de désigner l'État compétent, le §5 de l'article 2 renvoie à la notion d'établissement au sens des articles 49 à 55 du TFUE.

En France, l'autorisation est octroyée par le Conseil supérieur de l'audiovisuel (CSA) (aujourd'hui ARCOM) après signature d'une convention définissant les obligations applicables à l'émetteur[3]. L'on retrouve donc bien ici un acte administratif unilatéral transnational qui s'inscrit dans un conflit d'autorités dont la solution est donnée par l'article 2 de la directive qui désigne l'autorité compétente.

Il faut toutefois relever ici que cette conception du conflit d'autorités ne fait pas l'unanimité dans la doctrine. Ainsi, Maxence Chambon considère comme impossible tout conflit d'autorités en matière de décisions administratives, car « seule une autorité publique française a vocation à édicter un acte administratif français »[4]. Cet argument est certes logique, mais il donne à la « nationalité » d'un acte une importance qui n'est plus en cohérence avec le fonctionnement d'un monde d'États intégrés, et notamment de l'Union européenne. L'auteur n'est d'ailleurs pas fermé à cette possibilité puisqu'il réserve le cas « d'accords spécifiques »[5]. Seulement, la constitution d'un ordre européen intégré aux ordres nationaux constitue un peu plus qu'un tel accord et mérite d'être étudiée. En effet, en matière de transnationalité administrative européenne, l'origine de l'acte, à condition qu'elle provienne d'un État membre, est sans influence sur l'effet juridique dont jouira cet acte sur le territoire de l'Union européenne. Ainsi, dans le cas d'un service de médias audiovisuels, peu importe qu'une autorisation d'émettre lui soit délivrée par la France ou l'Allemagne, il pourra de toute façon diffuser ses émissions dans toute l'Union s'il le souhaite. Il en découle la possibilité d'un conflit d'autorités entre les administrations nationales bien qu'il ne soit pas contesté que seule l'administration française puisse émettre un acte administratif français. Par conséquent, si l'argument de Maxence Chambon est valable de manière générale, les rapports d'intégration entre systèmes juridiques peuvent y présenter des exceptions.

---

[1] Directive 2010/13/UE du Parlement européen et du Conseil du 10 mars 2020 visant à la coordination de certaines dispositions législatives, réglementaires et administratives des États membres relatives à la fourniture de services de médias audiovisuels.

[2] BROYELLE C., FRANCESCHINI L., *Droit de la régulation audiovisuelle*, LGDJ, coll. Systèmes pratique, 2020, Paris, p. 11.

[3] Art. 28 loi n° 86-1067 du 30 septembre 1986 relative à la liberté de communication.

[4] CHAMBON M., *op. cit.*, p. 526.

[5] *Ibid.*, p. 527.

Ainsi, le conflit d'autorités dispose de certains points d'accroche avec le droit public. Encore faut-il que l'intérêt de l'usage de ce type de conflit se confirme pour l'acte administratif transnational lui-même. Et, effectivement, le conflit d'autorités semble particulièrement bien adapté à la nature de l'acte administratif unilatéral transnational pour deux raisons. Premièrement, car il procède d'un raisonnement conflictuel inversé, ce qui préserve la composante nationale de cette notion conceptuelle. Secondement, car il permet de conserver le principe de liaison de la compétence et du fond, caractéristique du droit administratif français.

Dans le raisonnement conflictuel classique du conflit de lois, la détermination de la loi applicable précède celle de l'autorité compétente. Ainsi, si deux époux choisissent de se marier selon la loi française, ils ne pourront pas demander à une autorité religieuse de procéder au mariage, car « le régime matrimonial est soumis à la loi interne désignée par les époux avant le mariage »[1]. Avec le conflit d'autorités, ce raisonnement est inversé puisqu'il s'agit d'abord de rechercher l'autorité compétente pour en déduire le droit applicable. Il n'y a donc pas de conflit de lois. Cette spécificité est particulièrement attractive pour justifier de l'application de ce conflit à l'acte administratif transnational. En effet, comme exposé précédemment, la qualification d'acte administratif dépend, en principe, du droit national de l'autorité émettrice.

Ainsi, le droit applicable à l'acte administratif transnational est nécessairement son droit national. C'est une caractéristique inhérente à la définition donnée de l'acte administratif transnational. La question primordiale n'est donc pas celle de l'identification du droit applicable, mais celle de l'autorité compétente. En cela, le conflit d'autorités apparaît comme particulièrement approprié à la nature de l'acte administratif transnational.

Cela se retrouve dans les règles relatives à ces actes, par exemple, dans le régime juridique applicable aux permis de conduire émis par les États membres selon la directive 2006/126/CE. En effet, dans le cas où monsieur X irait passer son permis dans un État B pour l'utiliser dans l'État A où il a sa résidence normale[2], la question qui se pose pour l'État A n'est pas de savoir si le droit national de l'État B relatif au permis de conduire était bien applicable, mais si l'autorité de cet État B était compétente pour délivrer un tel permis. En raison de la règle imposant d'obtenir le permis de conduire auprès de l'autorité du pays dans lequel est située la « résidence normale »[3], il est évident que l'autorité de l'État B n'était pas compétente et donc que monsieur X ne peut pas légalement se prévaloir du permis qui lui a été octroyé.

Par ailleurs, le conflit d'autorités permet de préserver la cohérence du droit administratif français. De par son fondement sur le principe auctor regit actum qui doit être compris selon la grille de lecture donnée par Pierre Callé comme une règle « imposant l'obéissance aux seules règles procédurales de l'ordre juridique dont

---

[1] Article 3 de la Convention de La Haye du 14 mars 1978 sur la loi applicable aux régimes matrimoniaux.

[2] Article 12, al. 1er, de la directive 2006/126/CE.

[3] Article 7, e) de la directive 2006/126/CE.

dépend l'autorité »[1], ce conflit implique que chaque acte administratif transnational est émis selon les procédures de son droit national. Dans le cas de la France, ces actes sont édictés selon le droit administratif français puisque la qualification d'acte administratif emporte l'application d'un régime de droit administratif.

Parallèlement, il faut rappeler que le Conseil constitutionnel a déclaré que la compétence du juge administratif pour le contentieux « en matière d'annulation ou de réformation des décisions prises, dans l'exercice des prérogatives de puissance publique, par les autorités exerçant le pouvoir exécutif » constituait un principe fondamental reconnu par les lois de la République à l'exception des matières relevant par nature du juge judiciaire ou pour l'intérêt d'une bonne administration de la justice[2]. Il en découle que ces actes administratifs ne peuvent pas faire l'objet d'un contrôle par le juge judiciaire, et ce, même par voie d'exception[3]. Ainsi, la soumission des actes administratifs unilatéraux transnationaux au droit administratif est corrélée à leur contrôle nécessairement mené par le juge administratif.

Or, il existerait en droit administratif une « formule miracle »[4] de liaison entre la compétence et le fond qui exigerait une corrélation entre le droit applicable et le juge compétent[5]. Source de la célèbre controverse portant sur la primauté du droit sur la compétence ou de la compétence sur le droit[6], ce principe est relatif et souffre de très nombreuses exceptions[7]. Toutefois, il reste généralement représentatif du droit positif et mérite d'être considéré[8]. Cette règle a même été au fondement de l'autonomie du droit administratif français[9] et n'est absolument pas privée de toute positivité malgré des exceptions[10]. Dès lors, le juge administratif applique en général le droit public et le juge judiciaire, le droit privé. Il faut ainsi en déduire que, pour s'inscrire en cohérence avec le droit français, il faudrait que la règle de conflit utilisée dans la transnationalité administrative respecte ce principe, ce qui est le cas en pratique. C'est là un autre intérêt du conflit d'autorités puisqu'en désignant

---

[1] CALLÉ P., *op. cit.*, p. 75.

[2] Conseil constitutionnel, 23 janvier 1987, *Conseil de la concurrence*, n° 86-224 DC.

[3] TC, 16 juin 1923, *Septfonds*, n°00732, *Rec.* p. 498. Pour une analyse plus approfondie, voir : PLESSIX B., *Droit administratif général*, LexisNexis, coll. Manuel, 3e éd., 2020, Paris, pp. 521-522.

[4] LACHAUME J.-F., « La liaison entre la compétence et le fond en droit administratif », *in* MELLERAY F., *L'exorbitance du droit administratif en question(s)*, LGDJ, coll. De la faculté de droit et des sciences sociales, 2004, Paris, p. 72.

[5] Pour des positions contraires, voir : EISENMANN C., « Le rapport entre la compétence juridictionnelle et le droit applicable en droit administratif français », in *Mélanges offerts à Jacques Maury*, Dalloz & Sirey, 1960, Paris, pp. 381-382). Pour une réponse critique à l'article d'Eisenmann, voir : WALINE M., « À propos du rapport entre la règle de droit applicable au jugement d'un procès et l'ordre de juridiction compétent », *RDP*, 1961, pp. 8-20.

[6] CHAPUS R., *Responsabilité publique et responsabilité privée : les influences réciproques des jurisprudences administrative et judiciaire*, LGDJ, coll. Bibliothèque de droit public tome VIII, 1957, Paris, pp. 36-41 ; EISENMANN C., *art.cit.*, pp. 379-403.

[7] WALINE M., *art. cit.* ; CHAPUS R., *Droit administratif général*, t. 1, Montchrestien, coll. Domat droit public, 15e éd., 2001, Paris, pp. 764-766 ; PLESSIX B., *op. cit.*, pp. 735-745.

[8] LACHAUME J.-F., *art. cit.*, pp. 72-73.

[9] PLESSIX B., *op. cit.*, pp. 733-735.

[10] LAAZOUZI M., *Les contrats administratifs à caractère international*, Economica, coll. Recherches Juridiques, 2008, Paris, pp. 68-74.

l'autorité administrative compétente, il implique que l'acte émis le soit selon le droit de cette autorité. Ainsi, en France, l'autorité administrative produira l'acte en application du droit administratif français et le contrôle du juge administratif pourra s'opérer normalement puisqu'il connaîtra de l'application du droit administratif français. Cet argument renforce la pertinence de l'utilisation du conflit d'autorités puisqu'une solution contraire serait source de difficultés en imposant au juge administratif d'appliquer un droit autre que le droit administratif français. Un tel cas serait en réalité difficile à concevoir tellement il viendrait modifier l'office du juge administratif français.

Le juge administratif français apparaît en effet particulièrement rétif à l'application d'un droit étranger. Ceci est notamment illustré par l'affaire Gomez[1] où une ressortissante espagnole voulait procéder en France à l'insémination artificielle post-mortem des gamètes de son mari décédé de maladie. Face à l'interdiction d'une telle pratique en France, Mme Gomez sollicitait l'exportation des gamètes en Espagne où une telle insémination était possible. Cette demande se heurta à un refus, ce qui conduisit à un contentieux dans lequel le Conseil d'État choisit non pas d'appliquer le droit espagnol, mais de passer par la protection de la vie privée proclamée par la Convention européenne des droits de l'homme pour juger que si en théorie le droit français était légal, par une appréciation concrète de la situation de la requérante, le refus opposé portait atteinte à ce droit fondamental. Ce raisonnement particulièrement alambiqué traduit la volonté du Conseil d'État d'éviter à tout prix de passer par l'application d'un droit étranger – ce qui en l'espèce aurait été tant plus simple que plus compréhensible. Cela fut d'ailleurs l'occasion de certaines critiques qui auraient vu l'utilisation du conflit de lois comme plus efficiente et plus claire pour régler l'affaire[2]. Cependant, celui-ci aurait conduit à l'application de la loi étrangère, ce que le Conseil d'État ne souhaitait apparemment pas.

Ainsi, dans son principe, le conflit d'autorités apparaît bien adapté à l'acte administratif unilatéral transnational tant dans sa dimension extraterritoriale que dans son aspect interne. En effet, il permet d'assurer le respect de la répartition des compétences opérée entre les autorités nationales tout en assurant aux actes émis le respect des règles de leur droit national applicables aux actes administratifs. Ainsi, selon cette méthode, l'acte émis par une autorité française sera soumis au droit administratif français et au contrôle du juge administratif de cet ordre juridique. Cependant, il ne faudrait pas céder à la tentation de présenter le conflit d'autorités comme une solution miracle sans en souligner certaines limites.

Le conflit d'autorités n'est mobilisable que dans les cas où une répartition stricte et préalable des compétences entre les autorités nationales existe. Or, en pratique, ce n'est pas toujours le cas. Par exemple, l'étude du fonctionnement du Réseau européen de la Concurrence souligne le talon d'Achille du conflit d'autorités dont

[1] CE, ass., 31 mai 2016, *Gonzales Gomez*, n°396848, *Rec.* p. 208 ; *AJDA* 2016. 1398, note DUTHEILLET DE LAMOTHE L., ODINET G.

[2] HAFTEL B., « Insémination *post mortem* internationale, contrôle de proportionnalité et méthodes du droit international privé », *D.* 2016. 1477.

l'analyse permet d'en tirer des conséquences importantes quant à l'application de cet outil à l'acte administratif unilatéral transnational.

Afin de démontrer comment le conflit d'autorités peut se révéler lacunaire, il est choisi de reprendre l'exemple du Réseau européen de la Concurrence (REC). Au sein de celui-ci, il est bien établi que chaque autorité nationale de concurrence est compétente pour mettre en œuvre une partie du droit européen de la concurrence, prévu notamment aux articles 101 et 102 du TFUE. Il a été vu précédemment, qu'en application du conflit d'autorités, la décision concrétisant l'application de ce droit devrait suivre la procédure administrative du droit de la nationalité de l'autorité agissante. Ainsi, une décision de sanction d'une entente adoptée par l'autorité française de la concurrence sur le fondement de l'article 101 du TFUE est un acte administratif français comportant toutes les qualités attachées à un tel acte par le droit administratif français à l'exception de la compétence du juge administratif pour son contentieux.

Toutefois, la question de la compétence de l'autorité française se pose. L'article 5 du règlement 1/2003 dispose que les autorités nationales de concurrence sont compétentes pour mettre en œuvre le droit européen de la concurrence, et plus particulièrement les articles 101 et 102 du TFUE[1]. Cependant, le règlement n'opère en aucun cas une répartition claire et stricte des compétences entre les différentes autorités nationales. Le seul système prévu est celui de l'article 11 de ce règlement qui exige que toute autorité se saisissant d'une affaire sur le fondement du droit européen de la concurrence le notifie au REC[2]. Aucune priorité n'est prévue, seule la saisine de la Commission entraîne un dessaisissement de l'autorité notifiante[3].

Il existe donc une concurrence de compétences entre les autorités nationales pour la poursuite du droit européen de l'antitrust. Dès lors, la première question à se poser n'est pas qu'elle est l'autorité compétente afin de déterminer le droit applicable à un acte, mais plutôt, comment détermine-t-on l'autorité compétente ? C'est ce que les textes ont tenté de fixer avec le recours au critère de l'autorité « bien placée ». S'ils visaient effectivement à privilégier la saisine d'une seule autorité[4] à laquelle les autres autorités du réseau apporteraient leur concours, ces textes n'ont pour autant pas imposé la saisine d'une unique autorité par affaire. Il est donc possible que plusieurs autorités se saisissent de la même affaire rendant par la même occasion le simple recours au conflit d'autorités insuffisant. Ainsi, pour être adapté, ce conflit présuppose qu'une seule autorité nationale soit compétente, sans quoi il ne permet pas de déterminer in fine le droit applicable à l'acte examiné. Par conséquent, il semble que le conflit d'autorités doive être précédé d'une étape antérieure portant sur la détermination de l'autorité internationalement compétente.

Il faut rappeler que la genèse du conflit d'autorités trouve sa source dans la circulation des actes dits « publics » de droit international privé. Dominique Bureau et Horatia Muir Watt ont souligné que la spécificité de ces actes résidait, en partie,

[1] Anciens articles 81 et 82 cités dans le texte du règlement 1/2003.
[2] Article 11, §3 du règlement 1/2003.
[3] Article 11, §6 du règlement 1/2003.
[4] Point 10 de la Communication de 2004/C 101/03.

dans leur absence de fonction décisionnelle, évacuant tout « problème de compétence juridictionnelle ou décisionnelle internationale analogue à celui que pose le prononcé d'un jugement »[1]. Dans le cadre des actes publics, l'autorité compétente est généralement désignée par la loi applicable à la situation donnée. Un des exemples donnés par Dominique Bureau et Horatia Muir Watt est celui de la constitution d'une hypothèque conventionnelle, sur un immeuble situé en France, qui doit être faite sous la forme d'un acte notarié selon l'article 2416 du Code civil[2] et requiert donc l'intervention d'un notaire[3]. La compétence du notaire français est imposée par la loi même, il n'existe aucun élément relatif à une quelconque compétence internationale.

Or, dans le cas des actes administratifs transnationaux, ce raisonnement ne tient plus puisqu'ils ont eux-mêmes une fonction décisionnelle. Il faut donc s'interroger sur la question de la compétence internationale de l'autorité ayant édicté un tel acte dans une « démarche spécifique aux conflits de juridiction »[4]. Cette question doit être préalable à tout recours au conflit d'autorités et impose donc un métissage des techniques de droit international privé lors de leur application à la matière administrative. Bien évidemment, cela doit être réservé aux cas où une concurrence de compétences entre les autorités nationales existe.

Ainsi, le conflit d'autorités n'est pertinent que dans certains rapports entre ordres juridiques, car il suppose l'absence de tout conflit de lois : la compétence d'une autorité désigne le droit applicable. Il n'existe alors pas de concurrence entre les droits nationaux pour régir la situation donnée. Cet outil perd donc son utilité pour les hypothèses impliquant l'existence d'un conflit de lois, c'est-à-dire quand deux ordres juridiques au moins entrent en collision en ayant une vocation concurrente à régir une situation donnée. En droit international privé, cette concurrence s'apprécie de manière abstraite : peu importe que les solutions nationales soient convergentes ou divergentes, il suffit que plusieurs ordres juridiques nationaux soient intéressés pour déclencher un raisonnement conflictualiste[5]. En principe, le conflit de lois est étranger au droit public[6], ce qui confirme l'intérêt du conflit d'autorités pour cette étude. Cependant, une évolution récente de la doctrine a identifié des exceptions où un conflit de lois de droit public existait. C'est pourquoi il faut s'interroger sur la présence d'un tel conflit dans les actes administratifs transnationaux.

« Le conflit de lois de droit public suppose l'existence dans deux ordres juridiques au moins de réglementations de droit public ayant vocation à intervenir pour

[1] BUREAU D., MUIR WATT H., *op. cit.*, p. 730.

[2] L'article 2416 du Code civil dispose : « L'hypothèque conventionnelle ne peut être consentie que par acte notarié ».

[3] *Ibid.*, p. 731.

[4] *Ibid.* p. 731.

[5] DEUMIER P., « Repenser les outils des conflits de normes entre systèmes », *in* BONNET B. (dir.), *Traité des rapports entre ordres juridiques*, LGDJ, 2016, Issy-les-Moulineaux, p. 500.

[6] VOGEL K., « Administrative law : international aspects », *in* BERNHARDT R., *Encyclopedia of public international law*, vol. 1, North-Holland Pub. Co., 1992, Amsterdam, p. 25.

résoudre un même litige »[1]. Selon la doctrine privatiste comme publiciste, un tel conflit est en principe inexistant en raison d'une compétence normative exclusive en droit public, évacuant toute possibilité de compétences concurrentes[2]. D'ailleurs, le juge administratif semble tenter d'éviter ce genre de conflit comme le prouve l'affaire Gonzalez Gomez du Conseil d'État jugée le 31 mai 2016[3]. En l'espèce, un couple avait procédé à un prélèvement de gamètes en vue d'une fécondation in vitro en France. Suite au décès brutal du mari, la veuve a par la suite demandé le transfert de ces gamètes vers l'Espagne où l'insémination post-mortem est légale jusqu'à 12 mois après le décès de l'homme sous condition de son accord préalable. Dans cette affaire, le juge se retrouvait donc face au droit français qui proscrivait l'insémination post-mortem et le droit espagnol qui l'autorisait. La veuve étant une ressortissante espagnole, les faits de l'espèce conduisaient implicitement le juge à examiner et prendre en compte le droit étranger et, dans le cas de l'annulation du refus de transfert, à écarter une application stricte du droit national. En effet, l'annulation du refus, qui équivalait à la validation de la légalité du transfert, supposait par la suite l'application du droit espagnol, contraire au droit français. Ainsi, la légalité du refus était ici posée à l'aune de la possible application d'un droit étranger contraire au droit national dans un État étranger. C'est finalement à l'aune de la Convention européenne des droits de l'homme que le juge a réussi à agencer les relations entre les deux droits nationaux concernés au motif qu'un tel refus portait atteinte à l'article 8 portant sur la protection de la vie privée. Autrement dit, le refus du transfert, parce qu'il empêchait la requérante de se voir appliquer le droit espagnol en Espagne, portait une atteinte démesurée à sa vie privée. Il ressort de cette jurisprudence une volonté claire d'éviter le conflit de lois de droit public tout en reconnaissant cependant que deux droits publics nationaux ne sont pas exempts de tous contacts, car c'est au vu du contenu du droit espagnol que la violation de la vie privée fut ici reconnue par le Conseil d'État[4].

Cet arrêt fut particulièrement remarqué, car il inaugura un contrôle de conventionnalité dit in concreto qui « ajoute au contrôle classique (dit in abstracto) un second degré de contrôle consistant à vérifier si, en l'espèce l'application de la loi n'emporte pas une atteinte excessive aux droits du justiciable »[5]. Ici, c'est le caractère extraterritorial de la situation de la requérante – espagnole et d'un mari italien – qui a justifié cette appréciation du juge. Ainsi, même si la loi française était valide au regard du droit conventionnel, son application en l'espèce, qui conduisait à empêcher l'application du droit espagnol, n'était pas compatible avec les exigences con-

[1] LAAZOUZI M., *op.cit.*, p. 309.

[2] CAMUS C., *La distinction du droit public et du droit privé et le conflit de lois*, LGDJ, coll. Bibliothèque de droit privé t. 565, 2015, Issy-les-Moulineaux, pp. 27-31 ; CHAMBON M., *Le conflit de lois dans l'espace et le droit administratif*, Mare & Martin, coll. Bibliothèque des thèses, 2015, Paris, pp. 241-268. PLESSIX B., *op. cit.*, pp. 171-174.

[3] CE, ass., 31 mai 2016, *Gonzales Gomez*, n°396848, *Rec.* p. 208 ; *AJDA* 2016. 1398, note DUTHEILLET DE LAMOTHE L., ODINET G.

[4] HAFTEL B., « Insémination *post mortem* internationale, contrôle de proportionnalité et méthodes du droit international privé », *D.* 2016. 1477.

[5] MELLERAY F., « Vertige du contrôle de conventionnalité », *AJDA* 2022. 1001.

ventionnelles[1]. Ainsi, le juge reconnaît que concrètement il fallait permettre à la requérante de se voir appliquer le droit espagnol sans pour autant clairement passer par un conflit de lois. Le Conseil d'État a pu éviter un tel mécanisme grâce à la Convention européenne des droits de l'homme qui fait une sorte de tampon entre les deux droits nationaux.

Toutefois, l'affirmation de l'inexistence des conflits de droit public est contredite par certains exemples qui, bien qu'anecdotiques, prouvent qu'un tel principe n'est pas absolu. C'est notamment le cas déjà mentionné de l'île des Faisans qui appartient concomitamment à la France et à l'Espagne en vertu de l'article 9 du Traité de Bayonne du 2 décembre 1856[2]. En raison de ce statut particulier, il a fallu organiser l'administration de ce territoire et c'est alors vers le conflit de lois du droit international privé que la France et l'Espagne se sont tournées. Une convention de 1901[3] prévoit ainsi, dans son article premier, que le droit de police est exercé alternativement par ces deux pays tous les six mois. Concernant les infractions commises, les Espagnols et les Français restent soumis à leur droit national en vertu de l'article 2, mais pour les étrangers, ils relèvent du droit du pays exerçant le pouvoir de police au moment des faits. Ainsi, le recours au droit international privé en matière de droit public n'est pas une nouveauté et l'existence du conflit de lois de droit public est bien réelle même si peu développée.

De manière similaire, la possible extraterritorialité du droit administratif[4] vient parfois poser des exceptions à ce principe d'inexistence de conflit de lois de droit public. Un des exemples les plus largement commentés est celui du contrat administratif à caractère international auquel la jurisprudence Tegos[5] est venue apporter un régime juridique nouveau d'après la méthode du conflit de lois. Dans cette affaire, était en cause un contrat d'embauche d'un professeur à l'institut français d'Athènes en Grèce qui présentait toutes les caractéristiques d'un contrat administratif. Toutefois, le juge administratif a fait prévaloir l'élément d'internationalité de ce contrat en se déclarant incompétent, car la « commune volonté des parties » avait soustrait le contrat à l'application du droit français. Ainsi, le juge administratif recourt ici au conflit de lois pour déterminer le caractère administratif ou non d'un contrat international conclu par l'administration française à l'étranger[6]. Ceci révèle deux attitudes distinctes du juge administratif français face aux contrats et aux actes unilatéraux quand est en cause un conflit de lois. En effet, il semble beaucoup plus ouvert à son admission en matière contractuelle, alors qu'il l'évite en matière unila-

---

[1] DUTHEILLET DE LAMOTHE L., ODINET G., « Contrôle de conventionnalité : *in concreto veritas* ? », *AJDA* 2016. 1398.

[2] Convention de délimitation territoriale, de l'embouchure de la Bidassoa jusqu'au point où confinent le Département des Basses-Pyrénées, l'Aragon et la Navarre du 2 décembre 1856.

[3] Convention relative à la réglementation de la juridiction dans l'île des Faisans du 27 mars 1901.

[4] AUDIT M., « La compétence extraterritoriale du droit administratif » in *La compétence*, Actes du colloque organisé les 12 et 13 juin 2008 par l'Association française pour la recherche en droit administratif à la faculté de droit, sciences économiques et gestion de Nancy, Litec, 2008, Paris, pp. 69-78.

[5] CE, sect., 19 novembre 1999, *Tegos*, n° 183648, *Rec.*, p. 356 ; *RFDA*, 2000, p. 833, concl. J. Arrighi de Casanova et note S. Lemaire ; *JCP*, 2000, IV, 1439, obs. M.-C. ROUAULT ; *RDP*, 2000, p. 378, obs. Ch. Guettier.

[6] LAAZOUZI M., *op. cit.*, pp. 168-170.

térale. Ce constat alimente la justification de l'exclusion des contrats de cette étude, ceux-ci ayant un traitement très différent des actes administratifs unilatéraux.

Pour autant, cette jurisprudence ne consacre pas l'adoption des méthodes du droit international privé par le juge administratif. En effet, cette décision Tegos ne doit pas être extrapolée en ce sens. Elle doit au contraire être analysée au regard de l'histoire des contrats administratifs à caractère international, puisqu'elle avait pour volonté première de mettre fin aux contrats « juridictionnellement administratifs » (il s'agissait de contrats étrangers passés par des personnes publiques françaises à l'égard desquels le juge administratif se reconnaissait compétent, mais appliquait le droit étranger[1]). La preuve en est que, par la suite, le juge administratif n'a plus visé la convention de Rome du 19 juin 1980 sur laquelle se fondait l'arrêt Tegos à l'exception d'une seule décision tandis que le considérant de principe de l'arrêt Tegos a été réitéré de nombreuses fois[2]. Le juge administratif a ainsi par la suite abandonné le fondement sur ce texte majeur de droit international privé dans sa jurisprudence relative aux contrats administratifs internationaux. La conséquence de tout ceci est résumée par les mots de M. Laazouzi : « [l]e conflit de lois en droit public peut exister et est tranché selon des méthodes qui s'inspirent de celles relevant du droit international privé »,[3] mais qui ne se confondent pas totalement avec elles.

En principe, le conflit de lois de droit public est inexistant dans la problématique de l'acte administratif transnational puisque chaque administration agit selon les règles posées par le droit national l'ayant instituée. La transnationalité administrative porte dès lors plus sur la question de la répartition des compétences entre les autorités que sur celle d'une concurrence entre les systèmes juridiques nationaux[4]. Ceci est vrai notamment pour la transnationalité administrative stricte. Toutefois, au regard de la diversité de nature des actes compris dans la typologie générale de l'acte administratif transnational, il est possible de trouver l'existence d'un conflit de lois de droit public chez certains.

Plus particulièrement, la présence d'un conflit de lois est claire pour l'acte administratif adopté par une administration plurinationale. En raison de la spécificité d'une telle administration, il lui est possible de mettre en œuvre différents droits publics. Ainsi, l'hôpital de la Cerdagne peut soit suivre le droit administratif français, soit le droit administratif espagnol selon la nationalité de l'usager considéré. Ceci est l'exemple même d'un conflit de lois de droit public dont la solution est donnée par le critère de la nationalité de l'usager. Le conflit d'autorités n'est alors pas pertinent dans ce cas puisque l'autorité compétente, par sa nature binationale, ne permet pas par sa seule identification d'en déduire le droit applicable.

---

[1] CE, 28 janvier 1983, *Mme Johnston*, n°15093, *Rec.* p. 28 ; *RCDIP* 1985, pp. 316-327, concl. Franc, note COURSIER Ph. Voir : LAAZOUZI M., *op. cit.*, pp. 139-140.

[2] BRENET F., « Contrat administratif international et droit international privé », *AJDA*, 2015, pp. 1144 et s.

[3] LAAZOUZI M., « Quand droit administratif et droit international privé se rencontrent », *AJDA*, 2015, pp. 1134 et s.

[4] LAAZOUZI M., *art.cit.*

Les carences du conflit d'autorités sont doubles. D'un côté, ce conflit est privé d'efficacité en cas de compétences concurrentes de différentes autorités nationales, d'un autre, il est inopérant pour certains actes administratifs transnationaux qui, en raison de leur nature, impliquent un conflit de lois de droit public. Si la première limite peut être compensée par le recours au traité, la seconde reste un angle mort pour l'utilisation du conflit d'autorités.

Ainsi, un préalable indispensable à l'utilisation de ce conflit est la détermination de la compétence internationale. Comme l'acte administratif unilatéral transnational constitue une exception dans la répartition territoriale des compétences des autorités administratives, une seule solution semble envisageable : celle du recours au traité. En réalité, afin de réaliser la transnationalité des actes administratifs, il faut que l'acte de droit international permettant cette circulation opère également une répartition préalable des compétences, entre les autorités des différents États, répartition fondée sur un critère étranger à celui du territoire national. De plus, il faut que l'autorité nationale désignée soit unique pour donner au conflit d'autorités tout son intérêt.

Ce système n'est pas nouveau pour la matière administrative. C'est en effet le fondement même des conventions de double imposition qui visent à opérer une répartition des compétences fiscales entre les États parties afin d'éviter un exercice concomitant des compétences fiscales de plusieurs États sur une même situation.[1]

C'est également ce que poursuit l'Union européenne par la création de ses réseaux d'autorités de régulation[2]. Par exemple, l'article 56 du règlement 2016/679[3] à propos du traitement des données à caractère personnel dispose qu'en cas de traitement transfrontalier d'informations, donc dans les cas où il existe une pluralité d'autorités compétentes pour opérer le contrôle du traitement, une autorité chef de file est désignée, à savoir celle de l'établissement principal ou de l'établissement unique du responsable de traitement ou du sous-traitant. Cette disposition n'est rien d'autre qu'une règle de répartition de la compétence internationale des autorités de contrôle du traitement de l'information qui se doivent de coopérer entre elles[4]. Un autre exemple se retrouve dans le Réseau européen de la concurrence et le critère susmentionné de l'autorité « bien placée »[5]. Si la rédaction de la communication laisse certains doutes sur le partage de la compétence entre les autorités nationales

[1] DE NANTEUIL A., *Introduction aux conventions de double imposition*, Bruylant, coll. Paradigme, 2019, Bruxelles, pp. 57-159.

[2] SLAUGHTER A.-M., *A New World Order*, Princeton University Press, 2004, p. 134.

[3] Règlement 2016/679 du Parlement européen et du Conseil du 27 avril 2016 relatif à la protection des personnes physiques à l'égard du traitement des données à caractère personnel et à la libre circulation de ces données, et abrogeant la directive 95/46/CE (règlement général sur la protection des données).

[4] BOTCHORICHVILI N., « Le rôle des autorités de protection des données », *in* BENSAMOUN A., BERTRAND B. (dir.), *Le règlement général sur la protection des données. Aspects institutionnels et matériels*, Mare & Martin, coll. Droit et Science politique, 2020, pp. 227-229.

[5] Point 8 de la communication de la Commission 2004/C 101/03 relative à la coopération au sein du réseau des autorités de concurrence.

de concurrence[1], il est en revanche clair qu'elle est en faveur de la désignation d'une seule autorité compétente[2].

Tout cela se retrouve également en dehors des réseaux de régulation, mais aussi de l'Union européenne. C'est notamment, à propos du permis de conduire, le critère de la résidence normale qui opère une telle répartition. On le retrouve tant dans la Convention de Vienne de 1968 que dans la directive 2006/126/CE. Toutefois, la logique ici n'est pas de déterminer l'autorité compétente, en ce que plusieurs autorités se seraient saisies d'une affaire, mais plutôt d'empêcher les destinataires des actes administratifs en cause d'aller solliciter les autorités les plus arrangeantes, effectuant ainsi un tourisme administratif éventuellement constitutif de fraude à la loi de leur État.

Quel que soit le motif derrière cette opération, la répartition des compétences entre les autorités nationales est de première importance pour permettre le fonctionnement de la transnationalité administrative. Comme cette dernière intervient dans une exception au principe de la compétence d'exécution territoriale des administrations nationales, il n'existe pas de règle générale effectuant une telle répartition. C'est pourquoi le recours au traité est d'une importance capitale dans la transnationalité administrative, car c'est l'instrument qui pourra remédier à cette lacune. Également, dans le cadre de l'Union, le droit dérivé conférant un effet transnational à certains actes administratifs pourrait, lui aussi, prévoir une telle répartition des compétences.

Ainsi, lorsque les États parviennent à se mettre d'accord sur une répartition de leurs compétences afin de désigner une unique autorité nationale compétente, le conflit d'autorités est un raisonnement pertinent afin de déterminer le régime applicable à un acte administratif unilatéral transnational. Toutefois, pour certains actes administratifs transnationaux, ce raisonnement est impossible, car ils impliquent un conflit de lois. La présence d'un conflit de lois annihile la règle *actor regit actum* privant ainsi le conflit d'autorités de toute utilité.

Ainsi, pour déterminer le droit applicable à un tel acte, il faut alors rechercher dans la norme internationale qui le fonde une disposition statuant sur cette question. Comme présenté infra, dans le cas de l'hôpital de Cerdagne, ce conflit de lois est résolu par l'article 9.3 des statuts de l'établissement qui prévoit que le recours contre les décisions administratives concernant les activités menées par le GECT est celui du droit national de l'usager considéré.

Cette solution s'apparente beaucoup à celle de la méthode du conflit de lois qui vise à résoudre le conflit au travers d'une règle du for désignant la loi applicable[3]. Ceci constitue l'objet même du droit international privé. Dans le cas de l'hôpital de Cerdagne, ce sont les statuts qui remplissent cette fonction, puisque le droit international privé ne s'applique pas à la matière administrative tel quel. Ainsi, cette lacune est comblée, là encore, par le recours au droit international au travers de la Conven-

[1] Point 14 de la communication.
[2] Voir points 10 et 11 de la communication.
[3] MAYER P., HEUZÉ V., REMY B., *op. cit.*, pp. 119-194.

tion prévoyant ce GECT[1], et plus précisément dans son article 9 qui dispose que le droit applicable à l'établissement est le droit espagnol sous réserve de l'intégration nécessaire du droit français « en raison de la matière ou des sujets affectés ». Ainsi, à l'instar du droit international privé qui recherche la désignation de la loi la plus pertinente pour une situation donnée, les statuts du GECT ont établi que le droit applicable aux décisions administratives relatives aux activités de l'hôpital dépendait de la nationalité de l'usager en cause. Comme en droit international privé, le but ici recherché est d'appliquer le droit national le plus relié à la situation concernée. La nationalité de l'usager est alors déterminante lorsqu'il est français, justifiant l'application de son droit national pour recréer les conditions d'interaction dont il dispose habituellement avec son administration nationale.

Toutefois, les statuts de cet hôpital n'ont pas résolu tous les problèmes de conflit de lois qui pouvaient se poser. L'exemple de l'usager franco-espagnol a déjà été mentionné à cet effet. La rédaction actuelle des statuts ne permet pas de conclure à quel droit cet usager serait soumis. Actuellement, aucun contentieux portant sur ce point n'a été porté devant le juge, ce qui ne permet pas de conclure sur le droit qui serait applicable dans cette hypothèse. Toutefois, il est envisageable que le juge, saisi d'une telle question, ajoute un second critère comme la résidence normale ou encore le système de sécurité sociale auquel l'usager est affilié pour trancher la question. La cohérence serait d'appliquer le droit auquel l'usager est habituellement confronté dans ses interactions administratives. Ainsi, le critère mobilisé dans les statuts est insuffisant et devra être complété d'une manière ou d'une autre. L'on peut en déduire que les techniques du droit international privé restent encore peu connues des acteurs publics qui gagneraient à transposer des solutions déjà bien établies par ce droit.

Ainsi, l'acte administratif unilatéral transnational est un produit juridique placé à la croisée des chemins du droit administratif et du droit international. Il renouvelle les rapports entre les systèmes juridiques sur le mode de la rencontre, voire de la collision. Si l'acte administratif transnational est matériellement un acte de droit interne, ses caractéristiques particulières tenant à son mode de circulation trouvent leur fondement dans le droit international de manière plus ou moins directe. C'est parce que ce type d'acte s'inscrit dans une dérogation au principe posé par l'affaire du Lotus qu'il nécessite l'entremise d'une norme de droit international pour produire un effet juridique à l'étranger. Cette norme médiate peut être alternativement un traité international ou une norme relevant de la coutume internationale. Par ailleurs, le cas de l'Union européenne propose un fondement spécifique en ce que si elle est originellement une organisation internationale fondée sur le droit international, son œuvre de droit dérivé est aujourd'hui elle aussi créatrice d'actes administratifs transnationaux.

Cependant, l'exposé du fonctionnement de l'acte administratif transnational ne s'épuise pas dans l'explication de la manière par laquelle il produit des effets légaux en territoires étrangers. Face à son internationalité, il se pose nécessairement la

[1] Convention de coopération sanitaire transfrontalière et de constitution du Groupement européen de coopération territoriale (GECT) – Hôpital de Cerdagne du 26 avril 2010.

question du droit applicable à de tels actes. Comme ils ressortent de la matière administrative, la logique voudrait que ce soit celui de l'autorité d'émission. Toutefois, ce type d'acte peut créer des situations de concurrence de compétences entre les autorités nationales qu'il s'agit alors de résoudre. C'est au travers de l'importation des méthodes du droit international privé que se trouve la clef pour expliquer, au-delà de son simple fonctionnement intrinsèque, selon quelles règles, un tel acte peut être adopté. Ainsi, idéalement, l'acte administratif transnational requiert une répartition stricte des compétences entre les autorités internationalement compétentes pour n'en désigner qu'une seule. Seule une telle configuration permet de mettre en œuvre un conflit d'autorités et, par-là même, de respecter la nature administrative de cet acte dans les droits internes.

Un cas doit cependant être réservé : celui où l'acte administratif transnational mobilise un conflit de lois de droit public. Très rare en pratique, cet exemple résulte principalement du cas des administrations plurinationales qui présentent des spécificités particulières au regard de la transnationalité administrative. Face à celle-ci, les textes organisant l'effet transnational des actes administratifs en cause se doivent également d'en fixer les critères de désignation du droit applicable. Ceci se fait alors au moyen d'une véritable règle de conflit de lois qui intervient en droit public. Mais à l'analyse des exemples existants, ces règles sont encore incomplètes et laissent planer certaines incertitudes quant à la solution à apporter aux conflits de lois en cause. C'est pourquoi l'inspiration des méthodes éprouvées du droit international privé serait bénéfique pour venir parfaire ces outils juridiques.

Chapitre II : Le fonctionnement de la transnationalité administrative dans un espace d'intégration, le cas de l'Union européenne

Lors de l'étude de la diversité des actes administratifs unilatéraux transnationaux, il est frappant qu'un nombre important d'entre eux naisse dans le cadre de l'Union européenne. Logiquement, l'on peut en déduire que les caractéristiques propres de l'Union lui donnent une dimension particulièrement fertile pour la transnationalité administrative. Un de ces traits est la poursuite par les États d'un processus d'intégration qui dote un pouvoir effectif – l'Union – d'une certaine autonomie afin de conduire la réalisation d'intérêts communs[1]. Ceci constitue l'institutionnalisation de la fin des communautés nationales fermées sur elles-mêmes ainsi que la preuve que les États peuvent agir non seulement pour l'intérêt de leur nation, mais aussi dans la réalisation d'intérêts supra et transnationaux[2]. Initialement, les débuts de l'Union ont porté sur la gestion commune du charbon et de l'acier s'inscrivant dans une logique de fédéralisme fonctionnel, c'est-à-dire procédant de réalisations concrètes « de nature à engendrer une dynamique susceptible de conduire, à partir de la gestion commune de deux produits, par le jeu d'engrenages successifs, à une unification économique plus large et – à terme – à une union politique »[3]. Par la suite, s'est développé un marché intérieur amené à maturité avec l'Acte unique européen, puis les Communautés ont connu de nombreuses extensions tout en développant de plus en plus de coopérations politiques avant d'aboutir, en 1992, à l'Union européenne telle que créée par le Traité de Maastricht en même temps que l'Union économique et douanière[4]. Finalement, le dernier grand changement de l'Union a été opéré par le Traité de Lisbonne en 2007[5] qui a suppléé à l'échec de l'adoption d'une constitution européenne[6]. Certes, ce processus d'intégration n'est pas propre à l'Union européenne – d'ailleurs le mot d' « intégration » figurait déjà à l'article 24, §4, de l'accord du GATT de 1947[7]–, mais cette Union en constitue l'exemple le plus abouti auquel la France est partie, ce qui justifie l'étude de cette entité.

L'Union européenne est une énigme juridique[8]. Elle est certes une organisation internationale, mais ses institutions et son fonctionnement se rapprochent forte-

[1] Sur ce point, voir : PESCATORE P., *Le droit de l'intégration. Émergence d'un phénomène nouveau dans les relations internationales selon l'expérience des Communautés européennes*, Bruylant, coll. Droit de l'Union européenne, 2005, Bruxelles, 100 p.
[2] DUBOUT E., « Le Conseil d'État, juge constitutionnel européen », *RFDA* 2020. 297.
[3] SIMON D., *Le système juridique communautaire*, PUF, coll. Droit international, 3e éd., 2001, Paris, p. 28.
[4] *Ibid.*, pp. 29-35.
[5] Traité sur le fonctionnement de l'Union européenne (traité de Lisbonne) du 13 décembre 2007.
[6] GAUTRON J.-C., « Le traité de Lisbonne, mort et transfiguration de la Constitution européenne », *Politeia* n°13, 2008, pp. 143 et s. ; BLUMANN C., DUBOUIS L., *Droit institutionnel de l'Union européenne*, LexisNexis, coll. Manuel, 7e éd., 2019, Paris, pp. 19-23.
[7] PESCATORE P., *op. cit.*, p. 5.
[8] Voir : BLUMANN C., DUBOUIS L., *op. cit.*, pp. 102-109.

ment d'une Fédération[1]. Par exemple, elle dispose d'un statut très privilégié au sein des Nations Unies[2]. Cette ambiguïté de nature résulte d'une dynamique d'adaptation permanente au cadre sociopolitique dans lequel intervient cette Union : si les questions de la paix et de l'économie étaient primordiales lors de la conclusion du traité de Rome en 1957, c'est en revanche celle de la mondialisation qui prime aujourd'hui[3] ainsi qu'un élargissement considérable des missions de l'Union comme la prise en charge de la police des frontières au travers de l'agence Frontex (« corps européen de garde-frontières et de garde-côtes pour assurer la gestion européenne intégrée des frontières extérieures, dans le but de gérer efficacement ces frontières dans le plein respect des droits fondamentaux, et d'accroître l'efficacité de la politique de l'Union en matière de retour »[4]) ou encore la protection des droits fondamentaux avec l'adoption de la Charte des droits fondamentaux[5]. Autrement dit, ses orientations cardinales sont ainsi devenues à la fois celles du développement économique du marché intérieur pour faire face à la concurrence internationale et celles de la protection des droits et libertés fondamentaux, ce qui constitue un élargissement substantiel des fonctions attribuées à l'Union par rapport au début des communautés. Ceci est le produit de ce que Denys Simon appelle le « fédéralisme fonctionnel » qui part de constructions concrètes et sectorielles pour remonter à l'unité politique[6]. Cette méthode reflète l'intention manifestée par Robert Schuman lors de sa déclaration du 9 mai 1950 dans laquelle il clama que : « L'Europe ne se fera pas d'un coup, ni dans une construction d'ensemble : elle se fera par des réalisations concrètes, créant d'abord une solidarité de fait »[7].

Cette plasticité se retrouve également dans le fonctionnement de cette Union. En effet, si l'Union vise à abolir les frontières faisant obstacle aux libertés de circulation, elle permet toutefois des coopérations entre certains États membres, ce qui crée de nouveaux territoires en son sein[8]. Un exemple classique est l'espace Schen-

---

[1] BEAUD O., « Peut-on penser l'Europe comme une Fédération ? », *in* ESPOSITO F., LEVRAT N. (dir.), *Europe : de l'intégration à la Fédération,* (colloque du LATSIS), Bruylant, 2010, Bruxelles, pp. 71-103. La Fédération avec un « F » majuscule désigne l'entité politique alors que la fédération avec un « f » minuscule fait référence à l'échelon fédéral d'administration et de gouvernement. Voir : BEAUD O., *Théorie de la fédération*, PUF, coll. « Léviathan », 2e éd., 2009, Paris, 447 p.

[2] GRASLAND C., LEBON L., « Les représentations internes et externes de l'Union européenne au prisme des conséquences du Brexit », *in* BRUNET S., LEBON L., RICHARD Y. (dir.), *Prolifération des territoires et représentations territoriales de l'Union européenne*, PURH, coll. Les dossiers des annales de droit, 2019, p. 206.

[3] FERRY J.-M., *Fédéralisme ou cosmopolitisme ? Quel principe politique pour l'Union européenne ?*, Cours au Collège de France du 06 mars 2013, disponible sur https://www.college-de-france.fr/site/pierre-rosanvallon/seminar-2013-03-06-10h00.htm [en ligne, consulté le 28 janvier 2019].

[4] Voir : CHAMBAS E., « De la division à l'union sacrée en Europe face à la crise migratoire : le rôle de Frontex », *Jus Politicum blog*, 7 octobre 2019.

[5] Charte des droits fondamentaux de l'Union européenne, 18 décembre 2000, 2000/C 364/01.

[6] SIMON D., *op. cit.*, p. 28.

[7] SCHUMAN R., *Déclaration du 9 mai 1950*, disponible sur : https://www.robert-schuman.eu/fr/declaration-du-9-mai-1950 [consulté le 22 novembre 2021].

[8] Voir : LEBON L., *La territorialité et l'Union européenne. Approches de droit public*, Bruylant, coll. Droit de l'Union européenne Thèse n° 41, 2015, Bruxelles, pp. 473-610.

gen puisqu'afin de favoriser la libre circulation des personnes,[1] il a été choisi d'abolir les contrôles aux frontières pour les flux intraeuropéens. Toutefois, seuls 22 États membres participent à cet espace, ce qui trace une ligne de démarcation entre les États participant à Schengen et ceux qui s'y refusent, conservant ainsi leurs contrôles à leurs frontières[2]. Ainsi, cohabitent au sein de l'Union européenne plusieurs « territoires juridiques » puisqu'il est possible de ne trouver l'application de ce droit supranational émis par des États européens que dans les ordres juridiques de certains États membres et pas d'autres.

Le processus d'intégration poursuivi par l'Union européenne n'est donc pas un programme linéaire dont le début et la fin seraient fixés dès l'origine. Prétendre le contraire serait utopique. Cependant, cet espace d'intégration reste une zone où les flux de marchandises, de services, de personnes, de capitaux et de données non personnelles sont beaucoup plus forts qu'entre des États classiques dans le droit international. Or, lorsque ces éléments circulent, il est parfois nécessaire qu'ils emportent avec eux une part de leur situation juridique nationale. C'est ainsi que s'exportent avec eux certains actes administratifs dont ils sont les destinataires. L'Union européenne, ayant pour but de faciliter l'exercice des libertés de circulation, consacre alors des moyens particuliers pour la circulation de ces actes administratifs sans laquelle les libertés de circulation seraient rendues partiellement ineffectives[3]. Par conséquent, le processus d'intégration propre à l'Union européenne est un vecteur d'apparition des actes administratifs unilatéraux transnationaux dont il faut étudier les modalités. Outre leur offrir un cadre favorable, l'Union européenne propose également des techniques de transnationalité administrative qui lui sont propres et qui complètent ce cadre particulier bénéfique à l'essor de ce phénomène juridique.

L'intégration des espaces, vecteur de l'apparition de l'acte administratif unilatéral transnational

L'intégration est un processus qui s'autoalimente. En effet, elle suppose au préalable une certaine proximité politique et juridique entre les États qui peut ensuite être renforcée par la création de nouvelles structures institutionnelles ainsi que par l'harmonisation des systèmes juridiques nationaux. C'est pourquoi la relation entre la transnationalité administrative et l'intégration est duale. D'un côté, la transnationalité est favorisée par le cadre politico-juridique offert par l'Union européenne,

---

[1] Voir l'article 3 du TUE, l'article 21 du TFUE et l'article 45 de la Charte des droits fondamentaux.

[2] DUMAS P., « La représentation de l'espace Schengen au prisme de la politique commune des visas de court séjour. L'unification en trompe-l'œil de l'espace commun de circulation », *in* BRUNET S., LEBON L., RICHARD Y. (dir.), *op.cit.*, pp. 175-177.

[3] Pour un exemple en matière de droit de l'environnement, voir : DE LUCIA L., ROMANO M. C., « Transnational Administrative Acts in EU Environmental Law », *in* PEETERS M., ELIANTONIO M. (éds.), *Research Handbook on EU Environmental Law*, Edward Elgar Publishing, coll. Research Handbooks in European Law, 2020, Cheltenham, Northampton (Mass.), pp. 101-115.

d'un autre, cette Union donne les moyens institutionnels permettant une meilleure circulation des actes administratifs.

Analysant la naissance de la Communauté européenne du charbon et de l'acier, Ernst Haas a établi un lien entre l'intégration et la science politique en la définissant comme un « processus où les acteurs politiques de différents États sont convaincus de tourner leur loyauté, leurs attentes et leurs activités politiques vers un nouveau centre, dont les institutions demandent ou possèdent une autorité sur les États préexistants »[1]. Cet élément politique est central pour favoriser la transnationalité administrative. C'est l'existence de buts communs qui permet aux politiques européennes de voir le jour et qui met un point final à l'argument tiré de l'égoïsme consubstantiel des États.

L'Union européenne a effectivement été créée afin de répondre à des buts que les États membres partageaient. Elle est donc encadrée par une finalité qu'elle doit poursuivre. Ces buts sont exposés à l'article 3 du Traité sur l'Union européenne. Une emphase est mise sur la promotion de la paix, des valeurs de l'Union[2] et du bien-être des peuples qui figurent dans le premier paragraphe de cet article. Ensuite sont énumérés différents objectifs plus ou moins précis relatifs à des considérations d'ordre économique et social s'inscrivant dans le fonctionnement d'un marché intérieur et d'un espace de liberté, de sécurité et de justice fondés sur les grandes libertés de circulation. Un paragraphe est dédié aux relations internationales[3] et, enfin, il est rappelé que si l'Union doit poursuivre ces objectifs, elle ne peut le faire que dans le respect des compétences qui lui sont attribuées par les traités[4].

La liste faite des objectifs par l'article 3 peut apparaître de faible valeur juridique empilant des dizaines d'objectifs sans réel fil conducteur et recourant abusivement aux adjectifs pour proposer des néologismes barbares tels que « l'économie sociale de marché hautement compétitive » motivant son surnom de « sapin de Noël »[5]. De même, ces buts sont très hétérogènes, parfois globaux, parfois sectoriels, leur effet est plus ou moins immédiat bien qu'ils participent tous à la construction européenne[6]. Cependant, cet article 3 présente une importance majeure, car il consacre l'existence de buts communs entre les États membres. Ceux-ci reconnaissent ainsi que leur propre intérêt s'inscrit dans un intérêt régional distinct de la somme des intérêts nationaux.

Ces buts sont la première pierre de l'édifice des politiques européennes qui, d'un point de vue fonctionnel, se composent à la fois de ces finalités et de moyens pour

---

[1] HAAS E., *The Uniting of Europe. Political, Social and Economical Forces 1950-1957*, Stevens & Sons Limited, coll. The London Institute of World Affaires, n° 42, 1958, Londres, p. 16.

[2] Ces valeurs sont énumérées à l'article 2 du TUE.

[3] Art. 3, §5 TUE.

[4] Art. 3, §6 TUE.

[5] PRIOLLAUD F.-X., SIRITZKY D., *Le traité de Lisbonne. Texte et commentaire article par article des nouveaux traités européens (TUE-TFUE)*, La documentation française, 2008, Paris, p.35.

[6] BOUVERESSE A., *Le pouvoir discrétionnaire dans l'ordre juridique communautaire*, Bruylant, coll. Droit de l'Union européenne thèses 14, 2010, Bruxelles, p. 105.

réaliser ces buts[1]. Que les compétences soient partagées ou exclusives, tous les États doivent collaborer à la mise en œuvre des politiques de l'Union européenne. Par exemple, la politique de concurrence est une compétence exclusive de l'Union qui s'incarne dans des règles prohibitives des ententes, des abus de position dominante et de régulation des concentrations et des aides d'États fixées aux articles 101 à 109 du TFUE. Bien que les États ne puissent pas modifier ces règles, ils doivent toutefois les faire mettre en œuvre par leurs autorités nationales. Ce n'est donc pas parce qu'une compétence est exclusive que les États membres ne devront pas en connaître au stade de son exécution.

De plus, ces buts sont à la fois la justification et la limite de l'intervention pour la mise en œuvre des politiques européennes, notamment pour les institutions de l'Union[2]. Elles doivent d'ailleurs toujours poursuivre ces objectifs, mais aussi ne jamais les violer, en devant parfois concilier des objectifs de prime abord contradictoires[3]. Ils viennent alors encadrer le pouvoir discrétionnaire dont sont investies certaines institutions européennes, mais aussi les États membres lorsqu'ils mettent en œuvre le droit de l'Union[4]. Ces buts sont ainsi primordiaux pour permettre une quelconque réalisation européenne mesurée, sans eux, il n'y aurait pas de limite au pouvoir discrétionnaire confié aux institutions et aux États membres dans la réalisation de la construction européenne. C'est pourquoi l'article 5,§2 du TUE vient préciser que « l'Union n'agit que dans la limite des compétences que les États membres lui ont attribuées dans les traités pour atteindre les objectifs que ces traités établissent ». Cela illustre bien que toute action doit alors se faire dans le but de la réalisation de ces objectifs. Il existe ainsi un objet commun de l'action dans la construction européenne qui fait que tous, institutions européennes comme États membres, vont agir en regardant dans la même direction, en poursuivant le même but. L'on peut par conséquent dire que ces objectifs communs se trouvent au fondement de l'Union européenne[5].

C'est ainsi que par l'affirmation de buts communs, l'Union européenne renouvelle le paradigme d'action des États : ils ne sont plus des entités qui ne servent que leur propre intérêt. Au contraire, leur sort étant lié à celui des autres États membres, ils en viennent à réaliser des politiques communes. Certes, ils y trouvent un intérêt, mais celui-ci ne se confond pas entièrement avec l'intérêt national. Les États affectent alors des moyens à la mise en œuvre des politiques européennes, moyens qui ne sont donc pas utilisés pour les politiques nationales. Implicitement, cela traduit que la politique européenne peut parfois primer sur les considérations purement nationales, que de simples objectifs communs ont un effet sur la dimension juridique de l'action étatique. La participation à l'Union européenne opère donc une modification des priorités sur l'échelle des intérêts des États membres.

---

1 BERLIN D., *Politiques de l'Union européenne,* Bruylant, coll. Droit de l'Union européenne, 2016, Bruxelles, p. 8.

2 BOUVERESSE A., *op. cit.*, pp. 105-106.

3 *Ibid.*, pp. 106-107.

4 *Ibid*, pp. 105-112.

5 SIMON D., *op. cit.*, p. 84.

Il découle de ceci que l'Union européenne propose un modèle de fonctionnement où le meilleur intérêt d'un État ne se trouve plus dans son développement purement interne, mais dans son évolution au sein d'un espace comprenant d'autres États avec lesquels il concourt à un intérêt communautaire. À travers cette dynamique, l'Union européenne pose un frein d'arrêt à l'argument que les États agissent exclusivement dans leur intérêt national.

S'il a déjà été établi que, théoriquement, l'argument de l'égoïsme consubstantiel des États ne reposait sur aucun fondement juridique clairement identifiable, il convient à présent de s'interroger sur son effet d'un point de vue pratique afin de compléter la démonstration de sa relativité. Classiquement, il faut admettre qu'un État n'a pas d'intérêt à dédier certaines de ces institutions à la mise en œuvre d'un droit étranger et encore moins à l'effectivité d'actes administratifs étrangers.

Et pourtant, ce paradigme a évolué depuis longtemps. Les causes de cette évolution notamment relevées par Fedozzi étaient assez diverses dès le début du XXe siècle : « les exigences toujours plus impérieuses des relations internationales, l'accroissement des affinités entre les différentes organisations étatiques, l'intimité de la collaboration des peuples, l'esprit plus large et le sentiment plus vif de la communauté internationale »[1]. Tous ces éléments sont encore plus renforcés dans le cadre de l'Union européenne puisque les États membres ont fait le choix de rentrer dans un espace intégré. Or, cette étape est venue transformer leur action concrète en raison d'un nouvel intérêt à poursuive : celui de la Communauté, puis de l'Union européenne. Ainsi, puisque leur intérêt étatique s'est mis à comprendre également la réalisation de l'intérêt commun, il n'est plus possible de dire qu'un État est par nature égoïste, ne se concentrant que sur l'application de son droit administratif sur son territoire. C'est de par les aspects fédéralistes de l'Union que ses États membres sont en quelque sorte entrés dans un destin commun avec les autres États, leur imposant mécaniquement un partage d'intérêts mis en commun. La conséquence directe a été la conception de politiques européennes, c'est-à-dire au niveau institutionnel correspondant à ce dessein partagé. La création de politiques communes a alors pour corollaire des actes qui, bien que nationaux dans leur nature, exécutent en réalité une politique européenne. C'est ici que prennent racine de nombreux actes administratifs unilatéraux transnationaux puisque malgré leur caractère national, ils ont nécessairement un élément international, ou dans ce cas précis, européen. Ainsi, lorsqu'un État reconnaît les permis de conduire émis par les autres États membres, il poursuit un intérêt européen – la réalisation du marché intérieur énoncée à l'article 3, §3 du TUE – tout en mettant en œuvre le droit de l'Union. La transnationalité administrative est alors une méthode de concrétisation des politiques européennes découlant elles-mêmes de la fin de l'individualité des États qui sont entrés dans un programme commun.

Dès lors, l'argument de l'égoïsme consubstantiel des États se retourne contre lui-même dans le cadre européen puisque l'intérêt national commande la poursuite de l'intérêt communautaire. Celui-ci procède du constat qu'un intérêt commun peut

[1] FEDOZZI P., « De l'efficacité extraterritoriale des lois et des actes de droit public », *RCADI* 1929, II, t. 27, pp. 182-183.

être plus efficacement réalisé de manière collective qu'individuelle[1]. Il est alors dans l'intérêt d'un État membre que l'Union européenne fonctionne correctement et prospère. Autrement dit, l'esprit d'équipe est ici la clef de la victoire alors qu'une individualité totale serait finalement moins avantageuse pour un État membre donné. En bref, l'union d'intérêts est plus forte que la division stricte des intérêts nationaux. L'intérêt commun est dès lors une formule attrayante, de nature autonome il n'est ni l'addition des intérêts nationaux, ni celle des intérêts particuliers, mais celui de l'Union[2]. Il commande donc « l'effacement des intérêts particuliers des États, qui doivent trouver à s'ajuster mutuellement sans porter atteinte à l'intérêt général de [l'Union] »[3].

Encore faut-il, pour réaliser cet intérêt commun, faire appliquer le droit européen par les institutions nationales, puisque la formule institutionnelle de l'Union repose assez largement sur une administration indirecte[4]. De par le jeu des libertés de circulation et du fonctionnement du marché intérieur, l'intérêt commun a alors exigé des administrations nationales de reconnaître l'effectivité d'actes administratifs étrangers sur le territoire national. Sans cela, ces libertés pourraient rester ineffectives. Par exemple, le travailleur qui ne pourrait plus conduire dans un État de réception pourrait être amené à refuser une mutation dans un autre État membre pour cette raison. Subséquemment, le phénomène de l'acte administratif unilatéral transnational apparaît comme la conséquence matérielle procédant des exigences de la réalisation du projet européen.

C'est ainsi par le truchement de cette valse des intérêts que l'Union européenne crée un cadre favorable à l'acte administratif unilatéral transnational puisqu'elle le rend nécessaire à la mise en œuvre des politiques européennes et donc l'inscrit dans la réalisation des intérêts tant communautaires que nationaux. Un lien est établi de cette manière entre l'intégration et la transnationalité administrative. Elle devient de ce fait un mécanisme de réalisation du marché intérieur. Cette transnationalité requiert de toute façon l'existence d'un intérêt supranational puisqu'elle doit être acceptée directement ou indirectement par les États qu'elle concerne. Ainsi, cette acceptation ne peut être donnée que si les États y trouvent un intérêt national qui, ici, est de poursuivre un intérêt supranational. Cela confirme que la transnationalité est un produit de la mondialisation puisqu'elle procède de la supranationalisation des intérêts étatiques en raison du développement des flux et des difficultés rencontrées communément pour les organiser. De par ses processus spécifiques de régionalisation et de fédéralisme fonctionnel, l'Union occupe une place particulière en la matière. Elle, plus qu'aucune autre structure supranationale, crée des intérêts communs dans la réalisation desquels les États trouvent un intérêt étatique. Cette concrétisation se manifeste matériellement en partie par de la transnationalité adminis-

[1] SIMON D., *op. cit.*, p. 92.

[2] *Ibid.*

[3] *Ibid.*, p. 94.

[4] Voir : FRANCHINI C., « Les notions d'administration indirecte et de coadministration », *in* AUBY J.-B., DUTHEIL DE LA ROCHÈRE J. (dir.), *Traité de droit administratif* européen, Bruylant, coll. Droit administratif, 2e éd., 2014, Bruxelles, pp. 335-355.

trative, ce qui contribue à expliquer en quoi l'Union européenne offre un cadre propice au développement de l'acte administratif unilatéral transnational.

Outre la projection de l'intérêt national dans l'intérêt communautaire, l'Union européenne propose un cadre favorable à la multiplication des actes administratifs unilatéraux transnationaux, car ses États membres partagent une culture juridique commune qui explique que leurs ordres juridiques nationaux présentent une certaine proximité facilitant la mise en place de la transnationalité administrative.

Ce n'est pas un hasard si la CECA a été créée par des États qui partageaient une culture juridique commune. Certes, des impératifs de paix et de prospérité économique se présentaient, mais le processus d'intégration ne naît pas du vide, il requiert l'existence préalable de certaines similitudes afin que l'entité créée puisse s'appuyer sur des notions communes au cours de son développement. C'est pourquoi l'Union européenne est apparue dans une région qui avait déjà une culture juridique commune bien qu'il soit indéniable que sa construction a fortement participé à l'harmonisation et à l'unification des droits nationaux.

Même si tous les systèmes juridiques diffèrent, il est possible de les regrouper au sein de « familles » par l'identification de caractères fondamentaux communs[1]. Ce fut notamment l'une des réalisations du droit comparé qui, par la mise en lumière de traits communs à différents droits nationaux, a su identifier différents grands systèmes juridiques[2]. L'Europe a été le berceau du droit de tradition romano-germanique. Il s'agit d'une culture juridique millénaire qui est partie de la diffusion du droit romain sur tout le continent européen à l'époque de la Rome ancienne[3] et qui contient des concepts juridiques essentiels que les États d'Europe partagent entre eux. C'est le cas, par exemple, de la division entre le droit public et le droit privé, le droit des obligations ou encore le droit commercial[4]. Ce droit de tradition plutôt écrite a persisté pendant des centaines d'années sous certaines formes et est au fondement du droit aujourd'hui connu en France et dans beaucoup de pays européens. Issue du jus commune (réinterprétation du droit romain à partir du XIIe siècle par la doctrine selon la méthode de la scolastique[5]), cette culture commune a été entretenue par d'intenses échanges doctrinaux entre les États permettant ainsi une circulation des concepts juridiques[6]. C'est d'ailleurs bien ce qu'exprime la locution latine de jus commune qui signifie « droit commun ».

Il est toutefois vrai que l'Union européenne comprend également des pays ressortissants d'autres familles juridiques : il s'agit des pays de common law et de tradi-

---

1 DAVID R., JAUFFRET-SPINOSI C., GORÉ M., *Les grands systèmes de droit contemporains*, Dalloz, coll. Précis, 12e éd., 2016, Paris, pp. 15-17.

2 Voir : *Ibid.* ; LEGEAIS R., *Grands systèmes de droit contemporains : approche comparative*, LexisNexis, coll. Manuels, 3e éd., 2016, Paris, XX-583 p. ; CUNIBERTI G., *Grands systèmes de droit contemporains : introduction au droit comparé*, LGDJ, coll. Manuel, 4e éd., 2019, 443 p.

3 HERZOG T., *A Short History of European Law. The Last Two and a Half Millennia*, Harvard University Press, 2018, Cambridge (Mass.), p. 7.

4 DAVID R., JAUFFRET-SPINOSI C., GORÉ M., *op. cit.*, pp. 25-80.

5 HERZOG T., *op. cit.*, pp. 87-88.

6 SOLEIL S., « Introduction », *in* LE YONCOURT T., MERCEY A., SOLEIL S. (dir.), *L'idée de fonds juridique commun dans l'Europe du XIXe siècle. Les modèles, les réformateurs, les réseaux*, PUR, coll. L'univers des normes, 2014, Rennes, pp. 13-15.

tion scandinave voire de tradition mixte entre la common law et la culture civiliste comme en Écosse. Ces systèmes juridiques donnent une place plus forte au juge, notamment par l'usage du case law[1], mais aussi à la coutume[2], ce qui n'éclipse pas pour autant toute existence de droit écrit qui y est en réalité relativement développé[3]. Mais ces différences – qui existent réellement – ne doivent pas être conçues comme des barrières totalement étanches. L'existence de ces différentes traditions n'est pas synonyme de divergences inconciliables et l'on retrouve des éléments fondamentaux communs entre ces systèmes distincts.

En effet, la proximité géographique ainsi que l'existence d'échanges ont permis à ces systèmes, si ce n'est d'adopter, du moins de s'interroger sur la pertinence des outils juridiques étrangers. La preuve en est que le Royaume-Uni, pays de common law traditionnellement opposé aux pays de droit écrit du système romano-germanique, a étudié, dès 1833, l'éventuelle codification de son droit pénal dans le cadre d'un committee parlementaire en s'inspirant de ce qui existait notamment en France avec le Code pénal mis en place par Napoléon en 1810. La réforme anglaise fut cependant rejetée et, malgré d'autres propositions similaires en 1878, 1879 et 1880, le projet de codification fut abandonné[4]. Néanmoins, cet exemple témoigne qu'un véritable travail de réflexion et d'inspiration réciproque existait déjà entre les différentes traditions juridiques contribuant à la construction de bases communes.

Aujourd'hui, les échanges de notions juridiques se sont fortement accentués avec la mondialisation, à tel point que l'on parle désormais d' « hybridation » juridique correspondant à une certaine unification des droits[5]. En effet, « [l]a mondialisation contemporaine peut être perçue comme un facteur d'homogénéisation des cultures et des patrimoines »[6] qui s'étend nécessairement à la sphère juridique. Une des preuves de cette tendance est la propension renouvelée qu'ont les juges nationaux à faire référence à d'autres droits dans leurs décisions[7]. Par exemple, c'est ainsi que dans l'affaire Gonzales-Gomez[8], le Conseil d'État fit référence à la législation espagnole en matière de procréation médicalement assistée post-mortem. De même, dans le contentieux écologique Commune de Grande Synthe[9] où était mise en cause l'inaction du gouvernement face à sa mauvaise planification de la trajectoire carbone pour 2030, l'on retrouve dans les conclusions du rapporteur public des références directes à d'autres décisions rendues en la matière par des Cours

[1] CUNIBERTI G., *op. cit.*, pp. 89-109.

[2] *Ibid.*, pp. 105-106.

[3] LEGEAIS R., *op. cit.*, pp. 21-25.

[4] HERZOG T., *op. cit.*, p. 219.

[5] ROBIN-OLIVIER S., FASQUELLE D., « Sur l'idée d'échange dans et hors du droit », *in* ROBIN-OLIVIER S., FASQUELLE D., *Les échanges entre les droits, l'expérience communautaire. Une lecture des phénomènes de régionalisation et de mondialisation du droit*, Bruylant, coll. Droit de l'Union européenne, 2008, p. 4.

[6] *Ibid.*, p. 7.

[7] ROBIN-OLIVIER S., « La référence (non imposée) à d'autres droits par les juges des États membres de l'Union européenne », *in* ROBIN-OLIVIER S., FASQUELLE D., *Les échanges entre les droits, l'expérience communautaire. Une lecture des phénomènes de régionalisation et de mondialisation du droit*, Bruylant, coll. Droit de l'Union européenne, 2008, pp. 141-153.

[8] CE, ass., 31 mai 2016, *Gonzales Gomez*, n°396848, *Rec.* p. 208.

[9] CE, 19 novembre 2020, *Commune de Grande-Synthe*, n°427301.

étrangères[1]. L'on voit ainsi une véritable ouverture du droit français aux processus d'emprunts juridiques et d'hybridation des droits[2] qui vient percer une frontière, qui n'a d'ailleurs jamais été étanche, avec les droits étrangers.

Parallèlement et de manière plus générale, tous les systèmes juridiques ici visés sont ceux ayant évolué sur le continent européen et qui ont pu être intégrés dans le cadre de l'Union européenne. Or, de fait, ils présentent tous des éléments fondamentaux d'organisation commun en ce qu'ils connaissent une séparation des pouvoirs et un État de droit, puisque ce sont des conditions d'adhésion à l'Union[3]. Ils sont donc aussi sélectionnés sur des critères de bases communes qui rendent possibles les interactions entre les États. La distinction entre les grandes familles de systèmes juridiques doit être assez largement relativisée aujourd'hui, ou du moins, l'on peut les considérer comme des sous-branches d'une plus grande famille qu'est celle du courant du droit européen (entendu au sens géographique).

Les pays européens connaissent donc une histoire juridique commune qui ne doit cependant pas donner l'illusion d'une parfaite homogénéité[4]. C'est pourquoi ce passé ne suffisait pas à proposer un cadre juridique favorable à la transnationalité administrative. Ce phénomène a effectivement nécessité une harmonisation beaucoup plus poussée des droits nationaux, ce qui a, en grande partie, été réalisé par le projet européen.

Denys Simon a écrit que l'interpénétration des cultures juridiques communautaire et nationales pouvait être évaluée selon un impact horizontal, en ce qu'aucun secteur du droit national n'échappait au droit communautaire, et un impact vertical en ce que ce droit est venu modifier en profondeur les droits nationaux jusque dans leurs « fondamentaux » participant ainsi au renforcement de la culture juridique européenne[5]. Cela est rendu possible par la possibilité sans égal (par rapport aux compétences octroyées aux autres organisations internationales) accordée à l'Union d'adopter, dans le cadre de ses compétences, du droit dérivé primant sur le droit national[6] et dont le respect est contrôlé par un juge permanent, ce qui constitue un des vecteurs les plus forts de la pénétration du droit de l'Union européenne dans les systèmes juridiques nationaux[7]. De par son application dans tous les États membres, le droit de l'Union européenne est porteur de concepts juridiques qui sont diffusés dans toute l'Europe. Il peut s'agir de concepts purement communautaires – ou « autonomes » –, donc créés par le droit de l'Union européenne, mais

[1] HOYNCK S., « Le contentieux climatique devant le juge administratif », *RFDA* 2021, pp. 777 et s.

[2] PONTHOREAU M.-C., « 'L'argument de droit comparé' et les processus d'hybridation des droits. Les réformes en droit administratif français », *in* MELLERAY F., *L'argument de droit comparé en droit français*, Bruylant, coll. Droit administratif, 2007, Bruxelles, pp. 23-37.

[3] Art. 49 TUE.

[4] GROSSI P., trad. TAUSSIG S., *L'Europe du droit*, Éditions du seuil, coll. Faire l'Europe, 2011, Paris, pp. 17-18.

[5] SIMON D., « Rapport introductif », *in* POILLOT-PERUZZETTO S. (dir.), *Vers une culture juridique européenne ?*, Montchrestien, coll. Centre de droit des affaires, 1998, Paris, pp. 4-8.

[6] CJCE, 15 juillet 1964, *Costa c. ENEL*, *aff.* 6/64, EUCLI :EU :C :1964 :66.

[7] DUTHEIL DE LA ROCHÈRE J., « Introduction », *in* AUBY J.-B. (dir.), *L'influence du droit européen sur les catégories de droit public*, coll. Thèmes et commentaires, Dalloz, Paris, 2010, p. 15.

aussi de concepts nationaux repris soit directement, soit avec un contenu modifié au niveau européen[1].

Grâce à ce mécanisme, le droit de l'Union européenne recherche parfois à harmoniser les droits nationaux, c'est-à-dire à les rapprocher dans le cas où les disparités nationales pourraient compliquer l'exercice des libertés de circulation[2]. En effet, un tronc commun minimum est parfois nécessaire pour assurer la portabilité de situations individuelles notamment dans le cas où seraient en cause des catégories juridiques n'existant que dans l'État d'émission et pas dans celui d'accueil, qui ne pourrait donc pas donner une pleine efficacité juridique à la situation reçue. Il existe au sein de l'Union européenne différents degrés d'harmonisation mobilisés selon l'échelle du besoin d'unité juridique requis. Une classification élaborée par Damien Elkind a établi que les différents types d'harmonisation peuvent être répartis en trois catégories principales[3]. L'harmonisation peut d'abord être complète lorsqu'une « règle uniforme se substitue aux législations nationales »[4], on peut alors la qualifier d'unification des droits. À l'inverse, elle est minimale lorsqu'elle donne une réglementation que les États peuvent approfondir par des mesures plus strictes. Enfin, elle est optionnelle quand la réglementation communautaire existe en parallèle des règles nationales : dans un tel cas, si une situation satisfait à la réglementation communautaire, un État ne pourra pas opposer le non-respect de la réglementation nationale, mais dans le cas inverse si.

En matière administrative, si les règles sont posées au niveau communautaire, beaucoup proviennent des droits nationaux, car les États membres « constituent la base de l'édifice qu'est le droit administratif européen, les règles de provenance nationale continuant d'être les plus importantes (bien que non les seules) dès lors qu'il s'agit de régir l'activité administrative des États »[5]. C'est pourquoi le recours à l'harmonisation a été particulièrement nécessaire en la matière. D'ailleurs, en France, le Conseil d'État a eu un rôle proactif dans son versant consultatif pour favoriser une adaptation du droit administratif français au droit de l'Union européenne et mettre fin à certaines incompatibilités[6]. De ce fait, le droit dérivé de l'Union complète un socle juridique commun existant d'une manière inédite. C'est la première fois qu'en Europe, les ordres juridiques nationaux ont partagés tant de

---

[1] GRYNFOGEL C., « De la confrontation de la propriété industrielle au droit communautaire : apports à la culture juridique européenne », *in* POILLOT-PERUZZETTO S. (dir.), *Vers une culture juridique européenne ?*, Montchrestien, coll. Centre de droit des affaires, 1998, Paris, pp. 184-188.

[2] MATTERA A., « L'harmonisation des législations nationales : un instrument d'intégration et de reconnaissance mutuelle », *Revue du Droit de l'Union européenne*, n° 4, 2010, pp. 679-727.

[3] ELKIND D., *L'efficacité des décisions administratives étrangères dans l'Union européenne. Étude de droit administratif transnational*, Thèse dactyl. soutenue le 5 décembre 2018, Université de Bordeaux, p. 111.

[4] *Ibid.*

[5] SCHMIDT-ASSMANN E., « Les influences réciproques entre les droits administratifs nationaux et le droit administratif européen », *AJDA*, 20 juin 1996, numéro Hors-Série « Droit administratif et droit communautaire. Des influences réciproques à la perspective d'un droit administratif européen : les données du débat contemporain », pp. 146-155.

[6] BIANCARELLI J., « Le droit européen dans l'élaboration des textes administratifs », *in* AUBY J.-B. (dir.), *L'influence du droit européen sur les catégories du droit public*, Dalloz, coll. Thèmes et commentaires, 2010, Paris, pp. 39-46 et 51-59.

notions et de valeurs juridiques. C'est ainsi que, par le truchement de l'Union européenne, les États s'influencent les uns les autres dans la matière administrative, ce qui participe tout autant à l'existence d'une culture juridique commune.

Par ailleurs, l'existence d'une homogénéisation des droits nationaux est primordiale pour la transnationalité administrative. En effet, il a déjà été exposé que ce phénomène met en jeu un conflit de souverainetés qui ne peut être résolu que par le recours au droit international et donc au consentement préalable et général de l'État de réception. Logiquement, cet État n'acceptera pas de donner effet par avance aux actes administratifs d'un autre État dont les conceptions juridiques diffèrent, voire heurtent, son droit national. Cette question se pose même dans le cadre de l'Union européenne où, de par sa structure particulière, la transnationalité administrative peut directement être organisée par le droit dérivé sans que les États de réception aient à conclure de nouveaux traités. Ceci est rendu possible par la délégation de compétences qu'ils ont opérée à la faveur de l'Union et qui lui permet d'instaurer de nouveaux actes administratifs unilatéraux transnationaux.

Néanmoins, la question du consentement des États fait parfois débat à propos de certains actes administratifs transnationaux. Une illustration de ceci peut être donnée au travers de l'affaire dite du maïs transgénique. Il s'agit d'un OGM dont la dissémination avait été autorisée selon la procédure prévue aux articles 15 et 18 de la directive 2001/18/CE et dont un arrêté du ministre de l'Agriculture venait concrétiser cette commercialisation sur le territoire français[1]. Un recours pour excès de pouvoir avait alors été formé devant le Conseil d'État qui avait renvoyé une question préjudicielle à la Cour de justice. Dans sa décision du 21 mars 2000, Association Greenpeace France[2], la Cour a jugé que la France avait une compétence liée si aucun État membre n'avait émis d'objection lors de la procédure d'adoption de l'autorisation ou si la Commission avait rendu une « décision favorable ».

Par conséquent, la mise sur le marché du maïs transgénique s'imposait à la France. Toutefois, l'État français a par la suite interdit cette dissémination prétendant faire usage de la clause de sauvegarde prévue à l'article 23 de la directive 2001/18/CE. Le recours à cette clause est soumis à la condition de la prise de connaissance « d'informations nouvelles ou complémentaires », ce que le Conseil d'État a déclaré manquer dans une décision de 2011 annulant l'arrêté litigieux[3]. D'autres arrêtés similaires ont de nouveau été adoptés puis annulés par le Conseil d'État en 2013 et 2016[4]. Finalement, le législateur est intervenu pour interdire la commercialisation de ces OGM dans une loi en date du 2 juin 2014[5]. Cette dernière a été validée par le Conseil constitutionnel qui n'opère pas de contrôle de conventionnalité

[1] VAN LANG A., *Droit de l'environnement*, PUF, coll. Thémis droit, 4e éd., 2016, Paris, pp. 112-113.

[2] CJCE, 21 mars 2000, *Association Greenpeace France et autres c. ministère de l'Agriculture et de la Pêche*, *aff.* C-6/99, ECLI :EU :C :2000 :148.

[3] CE, 28 novembre 2011, *Sté Monsanto*, n° 313605, *Rec.* p. 586.

[4] CE, 1er août 2013, *Association générale des producteurs de maïs*, n° 358103 ; CE, 15 avril 2016, *Association générale des producteurs de maïs*, n° 376809.

[5] Loi n° 2014-567 du 2 juin 2014 relative à l'interdiction de la mise en culture des variétés de maïs génétiquement modifié.

des lois[1] à l'exception des lois de transposition des directives européennes si elles vont à « l'encontre d'une règle ou d'un principe inhérent à l'identité constitutionnelle de la France »[2].

Cette résistance menée par la France, mais également par d'autres États membres, a fini par obliger l'Union européenne à modifier le régime applicable à la dissémination des OGM. La directive 2015/402 est ainsi venue modifier la directive 2001/18, notamment en insérant dans un article 26 ter la possibilité pour les États membres de s'opposer à la culture d'un OGM au cours de la procédure d'autorisation ou de son renouvellement. En dehors de ces cas, un refus de culture de l'OGM est possible à condition que « ces mesures soient conformes au droit de l'Union, qu'elles soient motivées, proportionnées et non discriminatoires » et qu'elles soient fondées sur des motifs sérieux dont la directive donne une liste indicative. Ces motifs peuvent notamment être relatifs à des objectifs de politique environnementale, à l'aménagement du territoire, à l'affectation des sols, aux incidences socio-économiques, à la volonté d'éviter la présence d'OGM dans d'autres produits, à des objectifs de politique agricole ou encore à l'ordre public[3].

Cet exemple montre que si les États ne partagent pas un certain nombre de standards communs, la transnationalité administrative ne peut pas se développer même si un texte (en l'espèce une directive) l'organise formellement. Une trop grande hétérogénéité entre les droits nationaux conduit assez facilement au rejet de l'effet transnational des actes administratifs étrangers. La preuve en est que les normes internationales prévoyant la transnationalité administrative génèrent également souvent des normes d'harmonisation dans le domaine concerné pour éviter de telles difficultés. C'est ce qu'a fait la Convention de Vienne de 1968 qui a posé des règles communes sur la circulation routière afin de permettre une certaine transnationalité du permis de conduire entre les États signataires. C'est pourquoi l'Union européenne, tant de par l'histoire de ses États membres que de sa propre construction, propose un cadre juridique favorable à la transnationalité administrative en raison de l'homogénéité juridique qui y existe et qu'elle cultive.

Le processus d'intégration est un phénomène qui désamorce les obstacles traditionnels à la transnationalité administrative. D'un côté, il permet aux États de se construire un intérêt commun et, de l'autre, il opère une homogénéisation du droit qui est une condition de fait nécessaire à l'existence de l'acte administratif unilatéral transnational. Par-delà ce cadre, l'Union européenne est également le foyer de nombreux actes administratifs transnationaux en raison des outils institutionnels qu'elle propose et qui sont autant de moyens de réaliser la transnationalité administrative.

---

[1] Cons. constit., 15 janvier 1975, *IVG*, DC n° 74-54.

[2] Cons. constit., 10 juin 2004, *Loi pour la confiance dans l'économie numérique*, DC n° 2004-496 ; Cons. constit., 27 juillet 2006, *Loi relative au droit d'auteur et aux droits voisins dans la société de l'information*, DC n° 2006-540 ; Cons. constit., 30 novembre 2006, *Loi relative au secteur de l'énergie*, DC n°2006-543). Voir également : DRAGO G., *Contentieux constitutionnel français*, PUF, coll. Thémis, 5e éd., 2020, Paris, pp. 652-653 ; PICARD É., « Droit international : rapports avec le droit interne », *Répertoire de contentieux administratif*, Dalloz, février 2008 (actualisation : Octobre 2010), §195-212.

[3] Article 26 *ter*, § 3 créé par la directive 2015/402.

Il a été vu dans la typologie de l'acte administratif unilatéral transnational qu'il existait une distinction entre certains actes qui ne devenaient transnationaux que lors du déplacement de leur destinataire alors que d'autres avaient dès leur naissance pour objet de produire un effet juridique à l'étranger. Ce dernier cas est notamment le produit d'un schéma institutionnel relativement nouveau constitué par les réseaux d'administrations que l'Union européenne a largement favorisés afin que le droit puisse se saisir de situations plurinationales.

Parallèlement, l'Union européenne a également permis la création de nouvelles entités juridiques dont la nature peut emporter la qualification de leurs actes administratifs comme transnationaux. En particulier, c'est le cas des Groupements européens de coopération territoriale (GECT) qui peuvent se constituer sous la forme d'administrations plurinationales, elles-mêmes émettrices d'actes administratifs transnationaux selon une acception large de cette notion. Si le GECT reste un outil peu utilisé, les réseaux d'administrations jouent aujourd'hui un rôle majeur dans le fonctionnement de l'espace européen.

Le GECT est une entité juridique nouvelle créée par l'Union européenne en 2006 afin de répondre à des besoins de coopération entre certains territoires plurinationaux. La personnalité morale lui est reconnue et, de ce fait, lorsqu'il est composé de plusieurs administrations nationales, ce groupement entérine la naissance d'une administration plurinationale comme c'est le cas pour l'exemple de l'hôpital de la Cerdagne. Cette modalité d'action n'est pas une nouveauté européenne dans le sens où la figure de l'administration mixte existait déjà dans les Fédérations d'États qui ont servi de modèle à cette entité. Toutefois, la figure du GECT présente un fonctionnement compliqué, ce qui requiert une évolution future du droit européen pour en permettre une réelle démocratisation.

La forme de la Fédération partage plusieurs caractéristiques communes avec l'Union européenne dont l'existence de deux niveaux de pouvoirs[1]. Pour l'Union européenne, il s'agit du niveau national et du niveau européen, pour les Fédérations du niveau des instances fédérées et du niveau de l'instance fédérale. Une Fédération est composée d'États membres qui, s'ils conservent leur ordre juridique étatique, s'inscrivent dans un ordre supérieur qui est celui de la fédération[2]. Au sein des Fédérations, l'existence d'entités fédérées distinctes sur un espace unique a eu pour conséquence d'institutionnaliser des coopérations tant verticales, qu'horizontales entre administrations fédérales et fédérées, ce que María Jesús García Morales a étudié dans sa thèse de droit comparé portant sur les conventions de collaboration entre les systèmes fédéraux européens[3].

Dans le cadre de la collaboration entre les entités fédérées, les conventions étudiées ont pour objet, pour une grande partie d'entre elles, la création « d'organes ou d'organisations communes qui remplissent des fonctions consultatives, mais aussi

---

[1] BEAUD O., *Théorie de la fédération*, PUF, coll. « Léviathan », 2e éd., 2009, p. 39.

[2] BEAUD O., *op. cit.*, pp. 201-232.

[3] GARCÍA MORALES M. J., *Convenios de colaboración en los sistemas federales europeos. Estudio comparativo de Alemania, Suiza, Austria y Bélgica*, McGraw Hill/Interamericana de España, coll. Monografía, 1998, Madrid, 347 p.

de décision »[1]. Mme García Morales analyse ce phénomène comme une délégation de compétences, à un organe commun, qui ne peut être constitutionnelle qu'à condition que les entités fédérées puissent à tout moment les récupérer[2]. Selon elle, cette collaboration institutionnalisée peut prendre trois formes.

Tout d'abord, il peut s'agir de la création d'un « organe fiduciaire »[3] qui consiste en la création d'une entité au sein d'une administration d'un des États fédérés qui accomplit des fonctions déléguées par les autres États qui sont eux-mêmes tous représentés dans son mode de fonctionnement. Dans une telle configuration, l'organe n'est pas indépendant de l'administration à laquelle il est rattaché et n'est pas, de ce fait, une administration pluriétatique en tant que telle. Toutefois, la participation des autres États dans le fonctionnement de cet organe est une première étape vers l'avènement d'une administration mixte. Un exemple actuel est celui de l'Académie de santé publique de Düsseldorf qui a été fondée en Allemagne par les Länder de Berlin, Brandebourg, Brême, Hambourg, Hesse, Mecklembourg-Poméranie-Occidentale, Basse-Saxe, Rhénanie-du-Nord-Westphalie, Rhénanie-Palatinat et Schleswig-Holstein.

La deuxième forme est l'entité partagée[4] : il s'agit d'administrations qui appartiennent simultanément aux différents États fédérés participant à la convention. Ainsi, les fonctionnaires continuent d'appartenir à leur État d'origine et sont soumis à leur droit respectif bien qu'ils collaborent au sein d'une structure unique[5]. Cependant, la plupart des exemples dans les Fédérations portent sur le cas où le partage a lieu entre l'échelon fédéral et les échelons fédérés. C'est notamment le cas en Suisse avec la Commission des cantons pour les questions relatives à l'intégration européenne qui mobilise à la fois le secrétaire de la Conférence intercantonale (échelon fédéré) et le département fédéral des affaires étrangères (échelon fédéral)[6].

Enfin, la forme la plus aboutie est la véritable administration mixte[7] qui est une entité détachée des administrations des États fédérés et qui constitue un troisième niveau d'administration par rapport au niveau fédéré et au niveau fédéral[8]. Ses actes lui sont directement imputables, elle est dotée de moyens propres qu'elle utilise dans l'intérêt commun des États fédérés[9]. Toutefois, le siège d'une telle administration se situe nécessairement dans un lieu déterminé et donc dans un seul État fédéré. Cela a pu mener à des remises en cause de la nature mixte de ces administrations, notamment en Allemagne où l'existence de ce siège était perçue comme ancrant l'entité dans l'ordre juridique du Land considéré[10]. Mais cet argument peut

---

[1] [Nous traduisons] : « El objeto de multitud de convenios es la creación de órganos y organizaciones comunes que desempeñan funciones consultivas, pero también funciones de decisión » (*Ibid.*, p. 271).

[2] *Ibid.*

[3] *Ibid.*, p.272.

[4] María García Morales les nomme « organizaciones de varias instancias » (*Ibid.*, p. 273).

[5] *Ibid.*

[6] Convention du 7 octobre 1994 passée entre le Gouvernement fédéral et la Conférence des gouvernements cantonaux.

[7] María García Morales les nomme « auténticas organizaciones comunes » (*Ibid.*, p. 274).

[8] *Ibid.*

[9] *Ibid.*

[10] *Ibid.*, pp. 274-275.

être relativisé par la création de chambres juridictionnelles spécialisées au sein des juridictions compétentes pour le contentieux relatif à ces entités[1]. Certaines conventions peuvent parfois créer de véritables tribunaux communs[2]. C'est notamment le cas pour la Cour administrative supérieure de la ville de Linebourg qui est compétente pour le contentieux administratif de deux Länder différents : la Basse-Saxe et le Schleswig-Holstein. De telles juridictions permettent alors d'atténuer l'intensité du lien dont dispose l'administration considérée avec l'État de son siège.

Ces modèles de coopération préexistaient à la naissance de l'Union européenne dans différentes Fédérations. Ils sont une modalité d'expression du fédéralisme horizontal défini comme « un ensemble de mécanismes constitutionnel visant à prévenir ou à limiter les frictions interétatiques qui pourraient surgir de l'effet extraétatique de décisions émises par les États fédérés »[3]. Si l'étude de Mme García Morales est restreinte aux Fédérations européennes, l'on retrouve des coopérations similaires dans d'autres régions du monde. À titre d'exemple, il existe aux États-Unis des « compacts » interétatiques fondés sur un acte juridique à mi-chemin entre le contrat et le traité entre deux ou plusieurs États américains et qui sont souvent utilisés pour la gestion administrative transfrontalière, par exemple, pour la construction d'un pont entre le l'Arkansas et le Mississippi (compact de 1985) ou pour la gestion de déchets à faible radioactivité entre les États du Delaware, du Maryland, de la Virginie-Occidentale et du Commonwealth de Pennsylvanie (Appalachian States Low-Level Radioactive Waste Compact)[4]. Les Fédérations ainsi ont pu fournir des modèles de création d'administrations mixtes. Dans cette échelle de la coopération administrative, le GECT s'inscrit dans la deuxième forme étudiée : il permet la création de véritables administrations plurinationales, mais conserve une application concomitante des différents droits nationaux, ce qui en rend l'usage compliqué[5].

L'intégration européenne, notamment dans sa dimension parfois fédérale, a créé un besoin croissant de coopération territoriale particulièrement au niveau transfrontalier. D'abord laissée sans réponse européenne, cette question a fait l'objet d'une évolution disparate où le droit ne proposait aucun instrument satisfaisant. Ce n'est qu'à l'arrivée du GECT en 2006 que la coopération territoriale a pu être correctement institutionnalisée dans le cadre de l'Union européenne donnant cours à la création d'administrations mixtes, sources potentielles d'actes administratifs unilatéraux transnationaux.

Les moyens de la coopération entre territoires relevant de plusieurs États membres ont été mis en place tardivement par l'Union européenne. En effet, si les États pouvaient conclure des conventions organisant une coopération entre eux, les

---

[1] *Ibid.*, p. 280.

[2] *Ibid.*, p. 282.

[3] ERBSEN A., « Horizontal Federalism », *Minnesota Law Review*, 2008, vol. 93, n°2, p. 503.

[4] FLORESTANO P. S., « Past and Present Utilization of Interstate Compacts in the United States », *Publius : The Journal of Federalism*, vol. 24, n° 4, automne 1994, pp. 13-25.

[5] TAMBOU O., « Vers un nouveau mécanisme de développement opérationnel de la coopération transfrontalière. Consécration d'une forme de différenciation en faveur des collectivités frontalières européennes », *AJCT* 2018, pp. 443 et s.

collectivités territoriales ou infraétatiques ne savaient pas dans quel cadre juridique elles pouvaient recourir à une telle solution, ce qui a abouti à la création d'une multiplicité de régimes ad hoc[1]. Il existait même un doute quant à leur compétence en la matière en raison de la thèse de l'exclusivité de la compétence étatique pour mener les relations extérieures[2]. Enfin, la forme des coopérations interétatiques ou décentralisées ne connaissait aucun modèle institutionnel, ce qui freinait le développement de ce type d'initiatives.

L'Union européenne ne s'est pas saisie directement de cette problématique, elle a d'ailleurs été précédée par l'adoption d'une Convention-cadre de Madrid en 1980[3] et de ses protocoles, sous l'égide du Conseil de l'Europe, qui facilitaient la coopération transfrontalière entre collectivités locales[4]. Cinq traités en ont résulté[5], aboutissant à la « première forme de coopération décentralisée » : le Groupement local de coopération transfrontalière (GLCT), « personne morale soumise au droit national de l'État au sein duquel se trouve son siège »[6]. Toutefois, cette formule restait restreinte par de nombreuses réserves émises par les États signataires ainsi que l'exclusion stricte de certaines de leurs collectivités[7].

Parallèlement, l'Union européenne proposait depuis 1985 une structure prévue dans un règlement[8] et qui était dénommée « Groupement européen d'intérêt économique » (GEIE). Un exemple relativement connu est celui de la chaîne Culturelle Européenne Arte qui procède d'un traité international de 1990[9] ayant débouché sur la conclusion d'un contrat de formation du GEIE signé le 30 avril 1991. Ces groupements perdurent aujourd'hui et peuvent être constitués tant de personnes morales[10] que de « personnes physiques exerçant une activité industrielle, commerciale, artisanale, agricole, de profession libérale ou d'autres services dans la communauté économique »[11]. Ces membres semblent donc être premièrement des opérateurs économiques, ce qui n'est pas étonnant puisque le but du GEIE « est de faciliter ou

---

1 DUPUY P.-M., « La coopération régionale transfrontalière et le droit international », in *Annuaire français de droit international*, volume 23, 1977. pp. 837-860.

2 LAFORE R., « L'action à l'étranger des collectivités territoriales », *RDP*, 1988, pp. 769-789 ; GOEHRS M., *Coopération transfrontalière et intégration européenne : contribution à l'étude du principe fédéraliste*, P.I.E. Peter Lang, coll. Cultures juridiques et politiques vol. 14, 2018, Bruxelles, pp. 31-35.

3 Convention-cadre européenne sur la coopération transfrontalière des collectivités ou autorités territoriales, en vigueur le 22 décembre 1981, S.T.C.E., n° 106.

4 GOEHRS M., *op. cit.*, pp. 35-37.

5 Le Traité de Rome du 26 nov. 1993 avec l'Italie ; le Traité de Bayonne du 10 mars 1995 avec l'Espagne ; l'accord dit « de Karlsruhe » du 23 janv. 1996 entre la France, la République fédérale d'Allemagne, le Grand-Duché du Luxembourg et le Conseil fédéral suisse ; l'accord franco-belge de Bruxelles du 16 sept. 2002 et l'accord-cadre de coopération entre la France et la République fédérative du Brésil du 28 mai 1996.

6 CHAMBON M., « Les collectivités territoriales, acteurs de la globalisation du droit administratif ? », *RFDA* 2019, n°6, pp. 994 et s.

7 GOEHRS M., *op. cit.*, pp. 37-39.

8 Règlement (CEE) n° 2137/85 du Conseil, du 25 juillet 1985, relatif à l'institution d'un groupement européen d'intérêt économique (GEIE).

9 Traité sur la chaîne Culturelle Européenne du 2 octobre 1990.

10 Article 4, §1, a) du règlement 2137/85.

11 Article 4, §1, b) du règlement 2137/85.

de développer l'activité économique de ses membres, d'améliorer ou d'accroître les résultats de cette activité »[1].

Malgré cette vocation principalement économique, l'absence de formule institutionnelle alternative a poussé les États à détourner l'usage du GEIE pour l'utiliser dans le cadre de la coopération territoriale[2]. C'est par la possibilité de composer le GEIE « d'entités juridiques de droit public » que la figure de ce groupement a pu être mise à profit d'objectifs éloignés des considérations économiques. De même, l'appréciation de ces dernières peut être très large, la coopération territoriale pouvant toujours être présentée comme apportant des bienfaits économiques aux entités concernées. Quoi qu'il en soit, le GEIE était une « structure inadéquate » pour réaliser la coopération territoriale, mais il demeurait la seule option disponible[3].

Face à ces lacunes institutionnelles qui freinaient l'intégration européenne et poussaient au détournement juridique, l'Union a finalement créé le Groupement européen de coopération territoriale. Semblable au modèle des administrations mixtes des Fédérations, ce groupement a finalement proposé une solution adaptée à la coopération interétatique.

Tirant les leçons des lacunes juridiques du projet de l'Union en termes de coopération territoriale[4], c'est par un règlement de 2006[5] que fut créé le GECT. Il s'agit d'une entité jouissant de la personnalité morale[6] dont le but est de faciliter et de promouvoir la coopération territoriale[7]. Le GECT ne peut être composé que de personnes publiques à savoir les États membres, les collectivités régionales, les collectivités locales ainsi que les pouvoirs adjudicateurs visés par la directive 2004/18/CE[8], à condition que ces membres ressortent du territoire d'au moins deux États membres différents[9]. C'est cette composition qui justifie que le GECT soit qualifié « d'administration mixte » puisqu'elle implique la présence d'au moins deux administrations de nationalité distincte.

Le GECT doit être créé par une convention qui indique dans quel État membre est situé le siège du groupement[10]. Ce choix est déterminant puisque le droit applicable à l'interprétation et à l'application de la convention est celui de cet État membre. Cette règle de conflit de lois est posée explicitement par le règlement dans son article 8, §2, e). Une fois la convention adoptée, les statuts du GECT doivent être votés à l'unanimité et prévoir les modalités de fonctionnement dudit groupe-

[1] Article 3, §1 du règlement 2137/85.

[2] LEBON L., *La territorialité et l'Union européenne. Approches de droit public*, Bruylant, coll. Droit de l'Union européenne Thèse n° 41, 2015, Bruxelles, pp. 299-301.

[3] LEBON L., *op. cit.*, p. 300.

[4] Voir : paragraphe 2 et paragraphe 4 du préambule du règlement 1082/2006.

[5] Règlement (CE) n°1082/2006 du Parlement européen et du Conseil du 5 juillet 2006 relatif à un groupement européen de coopération territoriale (GECT).

[6] Article 1, §3 du règlement 1082/2006.

[7] Article 1, §2 du règlement.

[8] Ces pouvoirs adjudicateurs sont définis au paragraphe 9 de l'article premier de la directive 2004/18/CE.

[9] Article 3 du règlement.

[10] Article 8, §1 et §2 a) du règlement.

ment[1]. Un recours doit être ouvert contre les actes du GECT dont la juridiction de principe est celle de l'État membre du siège[2]. Toutefois, cela ne peut pas priver « les citoyens de l'exercice de leurs droits de recours constitutionnels nationaux contre les organismes publics qui sont membres du GECT » en ce qui concerne les décisions administratives relatives aux activités menées par le GECT, à l'accès au service dans leur propre langue et à l'accès à l'information[3]. Comme exposé lors de la présentation du GECT de l'hôpital de Cerdagne[4], c'est cette disposition (reprise textuellement dans les statuts de l'hôpital) qui peut donner naissance à un acte administratif transnational en recourant à l'application d'une règle de conflit de lois. La rédaction étant peu claire (qu'est-ce que le « droit de recours constitutionnel national » ?) et la disposition impérative, il est probable qu'elle figure telle quelle dans la plupart des statuts de GECT afin d'évacuer tout risque d'illégalité pour son non-respect.

Il en résulte que le régime juridique du GECT est particulièrement complexe mêlant application de droit communautaire, de droit international (au travers de la convention) et de plusieurs droits nationaux. Cela résulte d'un double mouvement d'unification et de recours au droit international privé tel que l'a analysé Lydia Lebon[5]. Elle a souligné que ce recours au conflit de lois est paradoxal puisqu'il suggère la multiplicité au sein d'une entité supposée entière. Ce phénomène est également désigné comme l'« interterritorialité » du GECT[6]. De même, le silence du règlement sur le droit applicable aux fonctionnaires affectés au GECT peut aussi traduire cette dualité du groupement puisqu'il est possible d'appliquer des droits différents aux fonctionnaires selon leur nationalité.

Ainsi, le GECT constitue une formule intermédiaire dans l'échelle des administrations mixtes des Fédérations. Cette solution moyenne reste toutefois trop complexe et obscure pour en généraliser l'usage[7]. Cette source d'insécurité juridique et le manque d'unification des droits nationaux expliquent pourquoi la formule du GECT n'a rencontré qu'un succès modéré : il en existe seulement 29 aujourd'hui dont le dernier date déjà de 2016. C'est peu lorsque l'on sait que les régions frontalières de l'Union –particulièrement concernées par ce genre d'outil – constituent 40 % du territoire européen pour 30 % de la population totale (soit 150 millions de personnes)[8]. Le GECT reste néanmoins un moyen institutionnel spécifique à l'Union européenne qui entre dans la production des actes administratifs unilaté-

[1] Article 9 du règlement.
[2] Article 15, §1 et §2 du règlement.
[3] Article 15, §3 du règlement.
[4] Voir §323-333.
[5] LEBON L., *op. cit.*, pp. 313-314.
[6] LUBAC J.-C., « Un nouvel outil communautaire de coopération : le groupement européen de coopération territoriale », *JCP A*, n° 48, 2006, pp. 1295 et s.
[7] GOEHRS M., *op. cit.*, pp. 81-82.
[8] Communication de la Commission européenne, *Stimuler la croissance et la cohésion des régions frontalières de l'Union européenne*, 20 septembre 2017, Doc. COM (2017). Pour une analyse de cette communication, voir : TAMBOU O., « L'affirmation d'un droit administratif européen de la coopération transfrontalière », *in* AUBY J.-B. (dir.), CHEVALIER E., SLAUTSKY E. (collaborations), *Le futur du droit administratif*, LexisNexis, 2019, Paris, pp. 505-526.

raux transnationaux. De ce fait, il participe aux raisons expliquant la corrélation entre la transnationalité administrative et l'Union européenne.

Le GECT constitue ainsi un moyen institutionnel de l'Union européenne favorable à la naissance des actes administratifs unilatéraux transnationaux. Toutefois, son caractère anecdotique ne permet pas d'expliquer à lui seul la floraison d'actes transnationaux au sein de la région. Un autre élément institutionnel particulièrement important est celui des réseaux d'administrations nationales dont l'Union européenne s'est fait une spécialité.

Défini par Anne-Marie Slaughter, le réseau est « une relation régulière dans un but défini entre des entités publiques qui travaillent par-delà les frontières délimitant les États et qui marquent les contours entre les sphères nationales et internationales »[1]. Le réseau est consubstantiel à la nature de l'Union européenne. Celle-ci exigeant que les États mettent en œuvre des politiques européennes au niveau national de manière harmonieuse, la collaboration s'impose à eux. L'institutionnalisation de cette collaboration a dès lors naturellement pris la forme de réseaux de différentes natures tels que des réseaux parlementaires (comme la Conférence des Présidents des parlements européens), juridictionnels (comme l'Association des Conseils d'État et des juridictions administratives suprêmes de l'Union européenne) ou encore administratifs[2].

Les réseaux administratifs ont notamment pour fonction de coordonner les ordres juridiques nationaux afin que les frontières ne soient pas des moyens de violer les droits nationaux en évitant toute sanction. Certaines affaires impliquant plusieurs États, une approche unitaire favorise un traitement efficace à l'inverse de la multiplication des actions nationales isolées. Pour remplir ces fonctions, les réseaux administratifs recourent souvent à des actes administratifs transnationaux per se. L'étude du réseau européen de la concurrence fournit un exemple pratique de cette relation entre les réseaux et l'acte administratif transnational. Les réseaux étant un mode de gouvernance approprié à la nature de l'Union européenne, ils devraient encore connaître un développement fort tant dans leur nombre que dans leurs attributions traçant ainsi un avenir certain pour les actes administratifs transnationaux per se.

Depuis la refonte du droit de la concurrence européen par le règlement 1/2003[3], le REC incarne un exemple de gouvernance au sein de l'Union européenne en ce qu'il était le premier réseau aussi abouti[4]. Institutionnalisant une initiative précédente datant de 2001, qui avait envisagé le réseau des Autorités euro-

[1] SLAUGHTER A.-M., *A New World Order*, Princeton University Press, 2004, p. 14.

[2] NEYRAT A., *Le rapport du droit administratif national aux droits administratifs étrangers. Les cas de la France et de l'Espagne*, L'Harmattan, coll. Logiques juridiques, 2019, Paris, pp. 469-480.

[3] Règlement (CE) n° 1/2003 du Conseil du 16 décembre 2002 relatif à la mise en œuvre des règles de concurrence prévues aux articles 81 et 82 du traité.

[4] VLACHOU C., *The European Competition Network. Challenges and Perspectives*, Esperia Publications Ltd, coll. Academy of European public law, 2010, Londres, p. 33.

péennes de la concurrence[1], ce règlement prévoit la création du REC qui est composé à la fois de la Commission européenne et des Autorités nationales de concurrence (ANC) que les États doivent obligatoirement désigner[2]. D'ailleurs, cet acte d'investiture de l'autorité nationale est déjà en lui-même un acte administratif transnational puisque sa fonction est d'identifier une autorité nationale de concurrence que les autres autorités nationales seront tenues de reconnaître comme telle et de la traiter en conséquence. En ce sens, la transnationalité administrative se trouve au fondement du REC.

Le règlement instituant ce réseau a opéré une décentralisation partielle de l'application du droit européen de la concurrence dans le sens où il a confié aux ANC la tâche d'assurer le respect des articles 101 et 102 du TFUE qui prohibent les ententes et les abus de position dominante ayant un effet sur le marché intérieur[3], ne laissant à la Commission que le monopole du contrôle des concentrations de taille européenne et des aides d'État prévu aux articles 107 et 108 du TFUE. Toutefois, la Commission reste « maître du système »[4] jouissant de certaines prérogatives comme celle de dessaisir les ANC d'une affaire donnée à son profit[5].

Le but de ce réseau est de permettre la meilleure application possible du droit européen de la concurrence[6]. La collaboration entre les ANC en est un élément majeur. Or, pour que cette collaboration entre autorités nationales soit effective, il fallait bien qu'elles reconnaissent les actes adoptés par les autres et en tirent des conséquences. Nécessairement, on retrouve dans la plupart des actes adoptés par les ANC trois éléments de la qualification de l'acte administratif transnational : l'absence d'une situation de domination, l'existence d'un acte juridique, et le franchissement d'une frontière. Toutefois, la plupart ne constituent pas des actes transnationaux, car ils ne créent aucun lien juridique contraignant. Ainsi, la saisine d'une ANC donnée pour une pratique anticoncurrentielle (PAC) n'ouvre que la possibilité pour les autres ANC de suspendre leur procédure ou de rejeter la plainte. Cette simple possibilité est cependant largement encouragée par la Communication complémentaire au règlement 1/2003 qui, dans son article 2, §10, soutient « qu'une seule autorité est généralement bien placée pour s'occuper des accords ou des pratiques qui affectent la concurrence de façon substantielle essentiellement sur son territoire ».

Par ailleurs, l'application d'un principe protégé tant par la Charte des droits fondamentaux de l'Union européenne, dans son article 50, que par la CEDH à l'article 4 de son protocole 7 (car elle considère qu'une sanction administrative portant sur les mêmes faits qu'une sanction pénale et condamnant la même personne porte

---

[1] IDOT L., *Droit communautaire de la concurrence. Le nouveau système de mise en œuvre des articles 81 et 82 CE*, Bruylant / Forum Européen de la Communication, coll. Fondation pour l'étude du droit et des usages du commerce international, 2004, pp. 52-53.

[2] Article 35, §1 du règlement 1/2003.

[3] Article 5 du règlement 1/2003.

[4] IDOT L., *op. cit.*, p. 51.

[5] Article 11, §6 du règlement 1/2003.

[6] Voir le premier paragraphe du préambule du règlement 1/2003.

atteinte au principe non bis in idem[1]) aurait pu apporter une dose de transnationalité administrative au REC. Il s'agit du principe non bis in idem qui proscrit que les mêmes faits illégaux soient condamnés à plusieurs reprises. Ce principe est notamment applicable aux sanctions prononcées par les autorités de concurrence pour les violations des articles 101 et 102 du TFUE[2]. Dès lors, se posait la question de savoir si les ANC saisies d'infractions identiques devaient prendre en compte les sanctions déjà rendues à propos de l'effet produit par cette opération sur le territoire national des autres ANC. La Cour de justice a proposé une interprétation restrictive de l'application du principe non bis in idem le soumettant à la triple condition d'identité des faits, d'unité de contrevenant et d'unité d'intérêt juridique[3]. Ces critères étant difficilement remplis lorsqu'il s'agit d'infractions dépassant les frontières, la transnationalité administrative a été reléguée au second plan rendant peu contraignante la sanction prise par une ANC étrangère à propos d'une PAC transnationale sur les effets produits sur son territoire.

Une affaire récente devant la Cour de justice illustre ce sujet. Deux entreprises de vente de sucre ont été sanctionnées par l'autorité allemande de la concurrence pour entente sur le fondement de son droit national. Par la suite, l'autorité autrichienne a également souhaité se saisir de la même entente en application de son droit national et du droit de l'Union. Cela donna cours à une question préjudicielle au regard du principe non bis in idem dont les éléments furent énoncés de nouveau par l'avocat général Michal Bobek[4]. Notamment, il se pencha sur la question de l'unité d'intérêt juridique protégé. Sa conclusion à ce sujet figure à l'article 58 de ses conclusions :

« En résumé, il convient de répondre à la deuxième question en ce sens que le point de savoir si le droit de la concurrence de l'Union et le droit national de la concurrence protègent le même intérêt juridique doit être établi en examinant les règles spécifiques appliquées. Il s'agit de déterminer si les règles nationales en cause s'écartent de celles de l'Union. Lorsque les autorités de concurrence de deux États membres sont appelées à appliquer l'article 101 TFUE et la disposition correspondante du droit national de la concurrence, elles protègent le même intérêt juridique ».

Se posait également la question de l'identité de faits puisque l'ANC allemande semblait avoir tenu compte des effets extraterritoriaux de l'entente. Dans un tel cas, selon l'avocat général, le principe non bis in idem s'oppose à une seconde procé-

---

1 CEDH, 4 mars 2014, *Grande Stevens et autres c/ Italie*, n°18640/10, 18647/10, 18663/10, 18668/10 et 18698/10.

2 Voir par exemple : CJCE, 15 octobre 2002, Limburgse Vinyl Maatschappij e.a./Commission, C-238/99 P, C-244/99 P,
C-245/99 P, C-247/99 P, C-250/99 P à C-252/99 P et C-254/99 P, ECLI:EU:C:2002:582, Rec. p. I-8375, point 59.

3 CJUE, 14 février 2012, Toshiba Corporation e.a. contre Úřad pro ochranu hospodářské soutěže, C-17/10, ECLI:EU:C:2012:72.

4 Conclusions de l'avocat général Michal BOBEK, 2 septembre 2021, *Nordsucker AG et Südzucker AG*, *aff.* C-151/20, ECLI :EU :C :2021 :68.

dure dans la mesure où la portée géographique et temporelle de l'objet des deux procédures est la même[1], dont l'appréciation est laissée au juge national[2].

De plus, malgré une certaine absence de contraintes juridiques, il faut souligner que lors de leur collaboration, les ANC prennent généralement en compte les actes émis par les autres autorités et plus particulièrement les sanctions. Ainsi, lors de la sanction du cartel franco-allemand de la farine où les meuniers français et allemands s'étaient entendus pour ne pas exporter leurs produits dans leur pays respectif afin de garder la mainmise sur le prix de la farine sur leur marché national, l'autorité de la concurrence allemande, le Bundeskartellamt, a pris en compte, dans le calcul du montant de la sanction, le fait que l'autorité française de la concurrence avait déjà prononcé une amende contre les entreprises en cause pour les effets de l'entente sur le marché français[3].

Il faut par ailleurs souligner que le règlement 1/2003 comporte des dispositions recourant directement à l'acte administratif unilatéral transnational, notamment dans son article 25, §3 :

« La prescription en matière d'imposition d'amendes ou d'astreintes est interrompue par tout acte de la Commission ou d'une autorité de concurrence d'un État membre visant à l'instruction ou à la poursuite de l'infraction. L'interruption de la prescription prend effet le jour où l'acte est notifié à au moins une entreprise ou association d'entreprises ayant participé à l'infraction ».

Il résulte de ceci que des procédures engagées devant d'autres États membres obligent l'ANC d'un État à suspendre les délais de prescription applicables à l'imposition d'amendes ou d'astreintes si cela concerne la même pratique anticoncurrentielle[4] prohibée par le droit européen de la concurrence. Dès lors, la saisine et l'engagement d'une procédure par une ANC ont cette fois-ci un véritable effet transnational puisqu'ils lient les autres ANC en termes de délai de prescription.

Par la suite, le REC a été approfondi par la directive ECN+ (ou REC+) qui a pour but de renforcer les moyens de mise en œuvre du droit européen de la concurrence dont disposent les ANC. Ce sont notamment des dispositions d'harmonisation procédurale qui ont été adoptées[5]. Cette nouvelle directive est venue mettre une dose de transnationalité avérée dans le fonctionnement du réseau,

---

[1] §87 des conclusions.

[2] Conclusions validées par l'arrêt CJUE, 22 mars 2022, *Nordsucker AG et Südzucker*, aff. C-151/20, ECLI:EU:C:2022:203.

[3] Voir : en France, Autorité de la concurrence, 12-D-09, décision relative à des pratiques mises en œuvre dans le secteur des farines alimentaires ; en Allemagne : Bundeskartellamt, 27 mai 2013, B11-13/06, case summary : http://www.bundeskartellamt.de/SharedDocs/Entscheidung/EN/Fallberichte/Kartellverbot/2013/B11-13-06.pdf?__blob=publicationFile&v=2 .

[4] Article 29, §1 de la directive dite ECN+ (ou REC+) (Directive (UE) 2019/1 du Parlement européen et du Conseil du 11 décembre 2018 visant à doter les autorités de concurrence des États membres des moyens de mettre en œuvre plus efficacement les règles de concurrence et à garantir le bon fonctionnement du marché intérieur).

[5] IDOT L., « Chronique Droit du contentieux de l'UE – La fin du premier mandat de la Commissaire Vestager marquée par un grand débat sur le rôle de la politique de concurrence », *RTD Eur.*, n° 4, 2019, pp. 883 et s.

en particulier à propos des demandes d'exécution des décisions de sanctions. Effectivement, dans son article 26, la directive pose que « Les États membres veillent à ce que, à la demande de l'autorité requérante, l'autorité requise exécute les décisions infligeant des amendes ou des astreintes adoptées [...] par l'autorité requérante ». En outre, l'article 27 vient ajouter que de telles demandes « sont exécutées sans retard injustifié ». Ainsi, les demandes d'exécution de décisions de sanction sont de véritables actes administratifs transnationaux, car elles lient les autorités nationales de réception qui doivent les mettre en œuvre dans un délai rapide. C'est ainsi que cette nouvelle directive a inséré plus de transnationalité administrative au sein du REC suggérant que le perfectionnement de ce réseau devait passer par cette transformation.

Si les réseaux administratifs peuvent globalement fonctionner sans recourir à l'acte administratif transnational, ils requièrent toutefois au moins un acte transnational pour identifier leurs membres qui sont généralement désignés par leur État de rattachement. Parallèlement, la transnationalité administrative peut leur assurer un fonctionnement plus efficace justifiant le développement de son usage. En effet, l'acte administratif transnational est le meilleur outil juridique pour assurer une véritable coopération effective entre les autorités nationales puisqu'il permet de créer une obligation de réponse aux requêtes qu'elles peuvent s'adresser entre elles. Ainsi, l'effet transnational rime ici avec efficacité au regard du fonctionnement des réseaux d'autorités nationales. C'est en cela que les réseaux peuvent constituer un schéma institutionnel favorable à la multiplication des actes administratifs unilatéraux transnationaux. La tendance étant à leur foisonnement au sein de l'Union européenne, c'est un élément de plus qui explique ce lien particulier qu'entretient l'Union avec la transnationalité administrative.

La présence de nombreux actes administratifs unilatéraux transnationaux dans le cadre de l'Union européenne n'est donc pas une coïncidence fortuite. Le projet de l'Union est de construire un marché unique dans lequel s'épanouissent les libertés de circulation. Pour ce faire, les droits des États membres ont été modifiés dans un sens convergent afin de rendre ces libertés effectives. Ce processus d'intégration a eu pour corollaire une certaine harmonisation des droits nationaux et de leurs standards, fournissant un cadre juridique favorable à l'existence de l'acte administratif transnational. De manière plus large, l'Union européenne est aussi allée de pair avec la transnationalité en la dotant des moyens institutionnels nécessaires à son épanouissement. En effet, les actes transnationaux per se interviennent le plus souvent dans le cadre de réseaux d'autorités administratives que l'Union institue. De plus, le cadre européen a aussi permis l'élaboration de structures sui generis pouvant laisser la place à de véritables administrations plurinationales dont la nature transnationale des actes peut être admise.

Il existe donc une corrélation indéniable entre le processus d'intégration et la potentialité du développement de l'acte administratif unilatéral transnational. Mais l'Union européenne ne s'est pas arrêtée à simplement proposer des conditions d'existence favorables à l'acte administratif transnational, elle l'a également activement développé. En effet, l'Union européenne a proposé de nouvelles techniques juridiques réalisant la transnationalité administrative, car l'acte administratif transnational est finalement devenu un nouveau mode d'exécution du droit de l'Union distinct de l'exécution directe ou indirecte[1]. Il s'agit donc, cette fois-ci, d'étudier comment le droit européen a pu faire naître des actes administratifs transnationaux. Cet élément de création de la transnationalité administrative par le cadre européen permet de parachever l'explication du lien entre la transnationalité administrative et l'intégration européenne.

Les techniques de la transnationalité administrative propres à l'Union européenne

L'Union européenne est porteuse d'un projet juridique unique qui est sorti du cadre normal de l'ordre international puisque ses traités fondateurs « crée[nt] plus que des obligations mutuelles entre les États contractants ». Notamment, il en résulte que l'Union « constitue un nouvel ordre juridique de droit international, au profit duquel les États ont limité, bien que dans des domaines restreints, leurs droits souverains, et dont les sujets sont non seulement les États membres, mais aussi leurs ressortissants »[2].

Cet essor de l'ordre européen a eu pour corollaire l'apparition de mécanismes juridiques propres à l'Union européenne comme celui de la question préjudicielle prévue à l'article 267 TFUE qui consiste en une question posée par une juridiction nationale à la Cour de justice sur l'interprétation des traités européens ou sur l'interprétation ou la validité des actes adoptés par les institutions de l'Union. Ces mécanismes spécifiques sont nés de nécessités propres à l'Union pour en assurer son fonctionnement. C'est dans cette logique que s'inscrit la transnationalité administrative. Il a été vu que l'intégration européenne favorisait déjà son apparition, soit en donnant des conditions juridiques favorables, soit en proposant des outils institutionnels s'inscrivant dans la transnationalité administrative. Mais au-delà de cet encadrement propice, l'Union a activement mis en place des mécanismes juridiques assurant la transnationalité de certains actes administratifs. Deux moyens principaux ont servi ce but : d'une part, le recours à l'adoption de textes juridiques et, d'autre part, une activité jurisprudentielle particulièrement proactive.

La reconnaissance des actes administratifs a très largement pris la forme de la reconnaissance mutuelle qui est elle-même née concomitamment à l'Union européenne dans le sens où elle figurait déjà au sein du Traité de Rome. Son article 57, §1 prévoyait la possibilité d'adopter des directives assurant la « reconnaissance mutuelle » des diplômes[3]. S'il n'existe pas de définition arrêtée de ce principe de reconnaissance mutuelle[4], il peut être envisagé ici comme une technique juridique donnant une efficacité légale à un acte provenant d'un ordre juridique étranger sous

[1] ORTEGA BERNARDO J., « El acto administrativo transnacional en el derecho europeo del mercado interior », *in* ARROYO JIMÉNEZ L., NIETO MARTÍN A. (dir.), *El reconocimiento mutuo en el Derecho español y europeo*, Marcial Pons, Madrid, 2018, pp. 99-102.
[2] CJCE, 5 février 1963, *Van Gend en Loos*, aff. 26/62, EUCLI :C :EU :1963 :1.
[3] Art. 57, §1, Traité de Rome du 25 mars 1957, *Traité instituant la Communauté économique européenne.*
[4] BONIFAY E., *Le principe de reconnaissance mutuelle et le droit international privé. Contribution à l'édification d'un espace de liberté, sécurité et justice*, Institut Universitaire Varenne, coll. des Thèses, 2015, p. 20.

réserve de certaines conditions tenant notamment à une proximité des ordres juridiques concernés. Cette reconnaissance peut prendre deux formes : soit elle nécessite l'adoption d'un acte par l'État de réception, ce qui exclut la transnationalité administrative ou constitue une composante de l'acception élargie de cette notion comme vue lors de l'établissement de la typologie de l'acte administratif transnational, soit elle se passe d'acte secondaire. C'est ce deuxième cas, typique de la transnationalité administrative, qui est ici développé.

Face à des situations de blocage où l'harmonisation ne pouvait plus être la clef de l'intégration européenne, le principe de reconnaissance mutuelle a été le nouvel outil de ce processus[1]. Outre une consécration premièrement jurisprudentielle, la reconnaissance mutuelle est présente dans de nombreux textes européens organisant la circulation de certains actes administratifs. Pour que ceux-ci répondent aux critères de la transnationalité, il faut que la reconnaissance mutuelle de ces actes soit imposée aux États par le droit de l'Union européenne afin d'opérer une répartition de compétences entre les différentes administrations nationales.

La reconnaissance mutuelle est le produit de la rencontre entre la confiance mutuelle et l'équivalence[2]. Si l'équivalence est une « situation » et la reconnaissance une « action »[3], ces deux notions sont intimement liées, car l'équivalence donne, d'une part, un « test de comparabilité » des législations nationales[4] et, d'autre part, atteste des similarités existant dans ces différents systèmes[5]. C'est en raison de cette équivalence que la reconnaissance mutuelle est justifiée et est acceptée par les États membres, car cette équivalence est source de confiance mutuelle. Le but du principe de reconnaissance mutuelle est d'éviter l'application successive de différents droits nationaux entraînant la multiplication de contrôles identiques[6]. C'est notamment grâce à ce principe que les actes administratifs individuels potentiellement transnationaux peuvent circuler. La reconnaissance mutuelle permet donc de simplifier les exigences administratives en supprimant celles normalement exigées dans les États de réception.

En effet, en postulant un principe de reconnaissance mutuelle de certains actes administratifs, le droit européen supprime la nécessité d'actes de réception pour leur donner effet à l'étranger. Cette technique est explicitement mentionnée dans les textes la prévoyant. Ainsi, la directive relative aux permis de conduire dans l'Union

[1] SINOPOLI L., OMARJEE I., LELIEUR J., BERGÉ J.-S., « Approche critique du vocabulaire juridique européen : la reconnaissance mutuelle en débat : chronique de droit européen et comparé », *LPA*, 22 février 2010, n° 37, pp. 8.

[2] FARTUNOVA-MICHEL M., MARZO C., « La notion de reconnaissance mutuelle : entre confiance et équivalence », *in* FARTUNOVA-MICHEL M., MARZO C. (dir.), *Les dimensions de la reconnaissance mutuelle en droit de l'Union européenne*, Bruylant, coll. Droit de l'Union européenne, 2018, Bruxelles, pp. 23-46.

[3] HATZOPOULOS V., *Le principe communautaire d'équivalence et de reconnaissance mutuelle dans la libre prestation de services*, Bruylant, 1999, Bruxelles, p. 65.

[4] FARTUNOVA-MICHEL M., MARZO C., *op. cit.*, p. 25.

[5] *Ibid.*

[6] *Ibid.*, p. 47.

européenne[1] comporte un article 2 intitulé « Reconnaissance mutuelle » qui dispose dans son premier paragraphe que « [l]es permis de conduire délivrés par les États membres sont mutuellement reconnus ». La mise en œuvre du principe de reconnaissance mutuelle implique que face à un acte administratif étranger donné, l'État de réception lui donne directement effet dans son ordre juridique, car cet acte est équivalent à l'acte qu'il aurait lui-même adopté face à la même situation. Ainsi trouve-t-on au fondement de la reconnaissance mutuelle une confiance mutuelle reposant sur la conviction que l'action administrative menée par un autre État membre est équivalente à celle qui aurait été réalisée dans l'ordre juridique de réception.

Par conséquent, la reconnaissance mutuelle se fonde sur la similarité des droits nationaux. Toutefois, l'équivalence des droits nationaux n'est pas toujours requise : dans un tel cas, il s'agit de la mise en œuvre du principe du pays d'origine.

Le principe du pays d'origine possède incontestablement la « même filiation » que le principe de reconnaissance mutuelle[2] ainsi que le même but : « dépasser la seule interdiction des discriminations [...] pour interdire des restrictions à la libre circulation »[3]. La différence réside dans l'absence de la notion d'équivalence entre les législations nationales. En réalité, si cette différence est importante quant à l'usage jurisprudentiel fait du principe de reconnaissance mutuelle (qui sera étudié ultérieurement), elle est à relativiser lorsque l'on étudie les textes européens. En effet, certains textes européens postulent une équivalence entre les législations nationales pour mettre en œuvre le principe de reconnaissance mutuelle alors que l'étude complète de ces droits révèle au contraire des différences marquées selon les États. La preuve en est qu'un tourisme du permis de conduire est apparu malgré le recours au principe de reconnaissance mutuelle, soulignant que l'obtention de celui-ci diffère en difficulté selon les pays.

De plus, la mise en œuvre d'un test d'équivalence n'est pas toujours possible. C'est pourquoi le principe du pays d'origine est le plus adapté au secteur des services, car ces derniers ne sont pas nécessairement régulés par des normes étatiques. L'exemple classique est celui de la réglementation des professions par les ordres professionnels. Or, l'Union européenne n'a pas de prise directe sur cette source normative rendant le procédé de l'harmonisation difficile à mettre en œuvre[4]. C'est pourquoi le principe du pays d'origine est au fondement de la reconnaissance des qualifications professionnelles comme pour les titres de formation de médecin qui bénéficient d'une « reconnaissance automatique »[5] ou encore des avocats[1]. Ce qui

---

[1] Directive 2006/126/CE du Parlement européen et du Conseil du 20 décembre 2006 relative au permis de conduire (refonte).

[2] PELLEGRINO P., « Réflexions autour du principe du pays d'origine », *Revue du Droit de l'Union européenne* n° 3 2010, Clément Juglar, p. 550.

[3] *Ibid.*, p. 552.

[4] *Ibid.*, p. 551.

[5] Article 21, §1, directive 2005/36/CE du Parlement européen et du Conseil du 7 septembre 2005 relative à la reconnaissance des qualifications professionnelles.

importe n'est pas que la qualité intrinsèque de la formation soit équivalente, mais que le migrant soit légalement autorisé à exercer la profession en cause dans son pays d'origine[2].

Malgré l'existence d'une différence entre le principe de reconnaissance mutuelle stricto sensu et le principe du pays d'origine, il est choisi dans cette étude de rassembler ces deux principes sous une acception plus large de la reconnaissance mutuelle. En effet, ils impliquent le même effet en matière administrative : la reconnaissance de plano d'autorisations administratives. Ainsi, au sein de l'Union européenne, certains actes administratifs individuels se transnationalisent en raison du déplacement à l'étranger de leur destinataire à condition de la mise en place d'un principe de reconnaissance mutuelle par le droit de l'Union. Le recours à ce principe permet d'opérer une répartition des compétences entre les autorités des États membres répondant à la logique du conflit d'autorités étudié précédemment.

En effet, e fonctionnement de la reconnaissance mutuelle posée par le droit européen opère de facto une répartition des compétences entre les autorités nationales, ce que Luca de Lucia appelle la « divisione del lavoro administrativo »[3]. La transnationalité administrative est fondée sur une coopération administrative puisqu'elle suppose qu'une autorité donnée prenne, dans une certaine mesure, une décision administrative à la place de l'autorité de réception[4].

Ainsi, en posant le principe de reconnaissance mutuelle, le droit de l'Union européenne vient donner une règle de conflit d'autorités : est compétente l'autorité nationale légalement saisie par le demandeur. Une fois que celle-ci s'est prononcée, l'acte administratif manifeste sa volonté qui s'impose aux autres autorités nationales qui n'ont donc plus compétence pour traiter de la même affaire. Évidemment, le demandeur n'est pas absolument libre de saisir n'importe quelle autorité, car il doit répondre aux conditions nationales – voire européennes – pour obtenir la décision demandée. Pour autant, ce mécanisme introduit une dimension nouvelle dans la détermination des compétences des autorités administratives : l'autonomie de la volonté du destinataire de l'acte.

L'autonomie de la volonté est une notion apparue en droit international privé français dans la jurisprudence judiciaire lors de l'arrêt American Trading Co[5] qui a posé que la loi applicable à un contrat était celle choisie par les parties[6]. Ce principe occupe aujourd'hui une place croissante en droit international privé trouvant à

---

[1] Article 3, §1 et §2 de la directive 98/5/CE du Parlement européen et du Conseil du 16 février 1998 visant à faciliter l'exercice permanent de la profession d'avocat dans un État membre autre que celui où la qualification a été acquise.

[2] BERTHOUD F., *op. cit.*, pp. 32-33.

[3] DE LUCIA L., *Amministrazione transnazionale e ordinamento europeo : saggio sul pluralismo amministrativo*, G. Giappichelli editore, coll. Costituzione e amministrazione n° 6, 2009, Turin, p. 34.

[4] DE LUCIA L., « Administrative Pluralism, Horizontal Cooperation and Transnational Administrative Acts », *REAL*, 2012, n° 2, pp. 22-24 ; DE LUCIA L., « Autorizzazioni transnazionali e cooperazione amministrativa nell'ordinamento europeo », *Rivista di diritto publico comnitario*, 2010, n° 3, pp. 765-768.

[5] Cass. civ., 5 déc. 1910, *S.* 1911.1.129.

[6] MAYER P., HEUZÉ V., REMY B., *Droit international privé*, LGDJ, Lextenso, coll. Domat droit privé, 12e éd., 2019, Issy-les-Moulineaux, pp. 516-517.

s'appliquer à la matière contractuelle, mais également dans le droit de la famille[1] et des successions et, plus généralement, à la matière extracontractuelle[2]. Il peut être défini comme « la faculté des particuliers concernés par une situation juridique présentant des liens avec plusieurs États [...] de désigner le droit applicable à cette situation »[3]. Ainsi, en matière d'actes administratifs individuels potentiellement transnationaux, les destinataires de ces actes peuvent choisir la loi leur étant applicable en choisissant l'autorité auprès de laquelle ils sollicitent l'acte[4]. Et ceci est particulièrement vrai dans l'Union européenne où les libertés de circulation n'ont eu de cesse d'effacer la différence entre les nationaux et les ressortissants des autres États membres.

Théoriquement, cette considération ne devrait pas poser de problème puisqu'obtenir un acte dans un État membre donné ne devrait pas être plus facile que dans un autre en raison d'une harmonisation des droits nationaux par l'Union européenne et/ou d'une équivalence entre les systèmes nationaux. Or, en pratique, les différences nationales sont plus fortes que ce que le principe de reconnaissance mutuelle présuppose. C'est ainsi qu'en Roumanie, trois facultés de Cluj, d'Iasi, et d'Arad dispensent des formations de médecine en langues françaises afin d'attirer les étudiants français qui auraient échoué en France. Pour les études de médecine dentaire, les universités EGAZ MONIZ à Lisbonne et CESPU à Porto au Portugal offrent des cursus ciblant les mêmes étudiants en leur proposant une première année en français. Ces deux exemples montrent que de véritables différences de difficulté entre les États membres pour l'accès aux professions médicales existent et sont utilisées à des fins de bénéfices économiques. C'est donc un détournement de la transnationalité administrative qui sert ici aux administrés pour choisir le droit national qu'ils veulent se voir appliquer. Cette question s'était d'ailleurs déjà posée entre la France et la Belgique où beaucoup d'étudiants de ce premier pays partaient pour ce second afin de suivre des cursus médicaux et paramédicaux, à tel point que la Belgique finit par adopter des quotas maximaux d'étudiants étrangers non résidents dans un décret de 2006. La raison était que les étudiants étrangers repartaient dans leur pays d'origine une fois diplômés, laissant la Belgique en pénurie de praticiens médicaux. L'affaire fut portée devant la Cour de justice de l'Union européenne[5] qui répondit qu'en principe une telle réglementation était incompatible, car discriminatoire à moins que le juge de renvoi ne l'estime justifiée au regard de l'objectif de protection de la santé publique notamment en raison du retour des étudiants étrangers dans leur pays à la fin de leurs études, ce qui pouvait potentiellement créer une pénurie de main-d'œuvre qualifiée en Belgique. Ceci illustre que la problématique de la transnationalité administrative en matière de diplôme n'est pas

---

[1] GANNAGÉ P., « La pénétration de l'autonomie de la volonté dans le droit international privé de la famille », *RCDIP* 1992, pp. 425 et s.

[2] KOHLER C., *L'autonomie de la volonté en droit international privé : un principe universel entre libéralisme et étatisme*, Académie de droit international de La Haye, coll. Les livres de poche, 2013, La Haye, pp. 21-37.

[3] *Ibid.*, p. 37.

[4] *Ibid.*, pp. 161-162.

[5] CJUE, gr. ch., 13 avril 2010, *Nicolas Bressol et a. c/ Gouvernement de la Communauté française*, *aff.* C-73/08, ECLI :EU :C :2010 :181.

nécessairement uniquement délétère au pays de réception des diplômés. Il demeure que les écoles visées en Roumanie ou au Portugal visent clairement à attirer les étudiants français qui repartiront par la suite en France. Ces écoles sont en réalité gérées comme des entreprises privées et ne visent pas à pourvoir le pays en praticiens diplômés.

Ce phénomène constitue littéralement un « tourisme administratif » qu'il est difficile de réguler. Le cas des permis de conduire préalablement étudié a été réglé par une condition de résidence. Toutefois, pour l'obtention d'un diplôme, il est impossible d'exiger à un étudiant de faire ses études dans l'État de son lieu de résidence, car cela serait complètement attentatoire à ses libertés de circulation. Par conséquent, la transnationalité administrative devrait faire l'objet d'une répartition des compétences plus stricte pour prévenir de tels écueils. On retrouve par ailleurs la même problématique à propos des contrats administratifs internationaux où, depuis la jurisprudence Tegos, l'administrativité du contrat cède face à la volonté des parties de le soumettre à un droit étranger. Malik Laazouzi a démontré que cette logique n'était satisfaisante ni au regard du droit administratif, puisque permettant à des individus de désigner si un contrat est administratif ou non, ni au regard du droit international par rapport au fonctionnement des règles de conflit de lois et de conflits de juridictions. Ce parallèle est intéressant, car il souligne la difficulté, mais aussi l'existence de la rencontre entre le droit international privé et la matière administrative. C'est certainement en raison du peu de travaux se concentrant sur ce sujet que les solutions trouvées relèvent d'un « bricolage » juridique[1].

Le principe de reconnaissance mutuelle est donc fondateur de la transnationalité administrative, mais rencontre des difficultés pratiques relatives à son fondement dans la fiction juridique d'une équivalence entre les législations nationales. En raison de la nécessité d'une telle équivalence, la réussite de la reconnaissance mutuelle s'inscrit dans la progression de l'intégration européenne au travers d'une harmonisation poussée des droits nationaux. La métaphore du mécanisme d'une montre où chaque composant est interconnecté avec les autres illustre le fonctionnement de la reconnaissance de l'acte administratif au sein de l'Union européenne : la transnationalité est réalisée par de nombreux phénomènes juridiques qui interagissent entre eux comme le font le principe de reconnaissance mutuelle, le principe d'équivalence, la confiance mutuelle et le processus d'intégration européenne d'où la difficulté à en présenter un exposé linéaire.

L'Union européenne est donc favorable à l'acte administratif transnational en ce qu'elle adopte de nombreux actes normatifs organisant leur circulation. Parallèlement, le juge européen s'est également emparé de la question de la transnationalité. Il a très rapidement produit de la jurisprudence favorable, et parfois même créatrice, pour la transnationalité administrative. Ainsi, l'activité jurisprudentielle est venue compléter le cadre posé par le droit primaire et dérivé de l'Union.

Le juge européen, principalement sous l'égide de la Cour de justice de l'Union européenne, a proposé des solutions juridiques à la fragmentation des marchés

---

[1] Voir : LAAZOUZI M., *Les contrats administratifs à caractère international*, Economica, coll. Recherches Juridiques, 2008, Paris, pp. 170-207.

nationaux qui rendait l'exercice des libertés de circulation difficile. Ainsi retrouve-t-on dans la jurisprudence européenne le principe de reconnaissance mutuelle dont le développement a été crucial pour l'acte administratif transnational. Si la reconnaissance mutuelle joue le rôle le plus important dans la transnationalité administrative, il faut toutefois souligner qu'elle est soutenue par d'autres principes juridiques mis en œuvre par le juge européen qui se révèlent par conséquent tout aussi fondamentaux.

L'arrêt fondateur pour la reconnaissance mutuelle est celui de l'affaire Cassis de Dijon rendu par la Cour de justice des communautés européennes le 20 février 1979[1] à propos de la prohibition des mesures d'effet équivalent à des restrictions quantitatives à l'importation alors prévue à l'article 30 TCEE. Dans cette affaire, une société allemande s'était vu opposer par l'administration allemande du monopole des alcools un refus de commercialisation d'une liqueur française importée dénommée Cassis de Dijon. Cette administration faisait valoir que la réglementation allemande n'autorisait la commercialisation des liqueurs de fruits qu'à condition qu'elles aient une teneur alcoolique minimale de 25 degrés, ce qui n'était pas le cas du Cassis de Dijon situé entre 15 et 20 degrés. Le juge allemand saisi de l'affaire avait alors posé une question préjudicielle à la Cour de justice afin de savoir si la réglementation allemande était compatible avec la libre circulation des marchandises.

La Cour de justice a reconnu qu'en l'absence de réglementation commune, il appartenait aux États de régler la production et la commercialisation de boissons et alcools spiritueux et que des obstacles à la libre circulation des marchandises pouvaient en résulter à condition d'être justifiés par des exigences impératives (§ 8). En l'espèce, la Cour a estimé que de telles exigences n'existaient pas. Elle a donc conclu :

« Qu'il n'y a donc aucun motif valable d'empêcher que des boissons alcoolisées, à condition qu'elles soient légalement produites et commercialisées dans l'un des États membres, soient introduites dans tout autre État membre sans que puisse être opposée, à l'écoulement de ces produits, une prohibition légale de commercialiser des boissons comportant un degré d'alcoolisation inférieur à la limite déterminée par la réglementation nationale. »

À la lecture de l'arrêt, aucune mention du principe de reconnaissance mutuelle n'apparaît[2]. En réalité, seul un principe d'admission des marchandises légalement

---

[1] CJCE, 20 février 1979, *Rewe-Zentral AG contre Bundesmonopolverwaltung für Branntwein*, aff. 120/78, EU-CLI :EU :C :1979 :42.

[2] Voir : JANSSENS C., *The Principle of Mutual Recognition*, Oxford University Press, coll. Oxford Studies in European Law, 2013, pp. 11-14 ; GASPARD R., *La reconnaissance mutuelle en droit bancaire et financier européen*, LGDJ, coll. Collection des Thèses, 2019, p. 11 ; BONIFAY E., *Le principe de reconnaissance mutuelle et le droit international privé. Contribution à l'édification d'un espace de liberté, sécurité et justice*, Institut Universitaire Varenne, coll. des Thèses, 2015, pp. 60-77 ; UTRILLA FERNÁNDEZ-BERMEJO D., « El reconocimiento mutuo y el derecho primario del mercado interior », *in* ARROYO JIMÉNEZ L., NIETO MARTÍN A. (dir.), *El reconocimiento mutuo en el Derecho español y europeo*, Marcial Pons, 2018, Madrid, pp. 14-15.

produites et commercialisées dans un État membre peut être tiré de cette décision[1]. D'ailleurs, la reconnaissance mutuelle n'est également pas mentionnée dans la communication interprétative de la Commission[2] à propos de cette même affaire[3]. La première fois que la reconnaissance mutuelle est utilisée en tant que telle, c'est dans un livre blanc de la Commission de 1985 qui rappelle la solution de la jurisprudence du Cassis de Dijon puis énonce que la reconnaissance mutuelle constitue la « nouvelle approche » de l'intégration européenne[4]. Il résulta de ceci qu'en vertu de l'interprétation donnée par la Commission à la décision de la Cour de justice, cette dernière se mit à appliquer le principe de reconnaissance mutuelle sans même le nommer. Car, ce n'est pas avant un arrêt Commission c. Italie de 2009[5] que la Cour de justice a employé ces termes précis de manière univoque[6].

Malgré ce flou sémantique, la logique de la reconnaissance mutuelle dans la jurisprudence européenne trouve bien ses racines dans l'arrêt Cassis de Dijon. C'est en vertu de cette jurisprudence qu'une autorisation de commercialisation du Cassis de Dijon en France oblige l'Allemagne à laisser un importateur le commercialiser sur son territoire. On retrouve ici le mécanisme de la transnationalité administrative : un acte administratif qui circule entre deux États également souverains et qui lie l'administration de l'État de réception. En cela, la jurisprudence européenne est venue consacrer un mécanisme de transnationalisation des actes administratifs dont l'importance est majeure. Le juge européen a donc, lui aussi, participé au développement de l'acte administratif transnational dans l'espace européen. Ce rôle a été d'autant plus important que le principe de reconnaissance mutuelle ne s'est pas arrêté à la libre circulation des marchandises, mais a également été étendu aux autres libertés de circulation.

L'application du principe de reconnaissance mutuelle a effectivement peu à peu été étendue par le juge européen aux autres libertés de circulation[7]. Dans le domaine de la libre prestation de service, c'est l'arrêt Säger[8] qui a pour la première fois clairement posé une obligation de reconnaissance mutuelle. En l'espèce, il était demandé à la Cour de justice si la réglementation allemande pouvait interdire à une société anglaise de prester un service de surveillance et de renouvellement des brevets à moins d'avoir reçu une autorisation prévue par le droit allemand. Reprenant la même logique que dans l'affaire du Cassis de Dijon, la Cour décida qu'une réglementation nationale ne pouvait pas interdire la prestation de services d'opérateurs économiques ressortissants d'autres États membres à moins qu'une telle réglementation ne fût justifiée par des raisons impérieuses d'intérêt général, ce qui n'était pas

[1] BONIFAY E., *op. cit.*, pp. 62-63.
[2] Communication interprétative du 3 octobre 1980 de la Commission sur les suites de l'affaire *Cassis de Dijon*, JOCE n° C 256.
[3] GASPARD R., *op. cit.*, p. 11.
[4] BONIFAY E., *op. cit.*, pp. 65-66.
[5] CJCE, 20 février 2009, *Commission c. Italie*, aff. C-110/05, EUCLI :C :2009 :66 (§ 34 et § 42).
[6] JANSSENS C., *op. cit.*, p. 12.
[7] *Ibid.*, pp. 14-22.
[8] CJCE, 25 juillet 1991, *Manfred Säger c. Dennemeyer & Co. Ltd.*, *aff.* C-76/90, EUCLI :EU :C :1991 :331.

le cas en l'espèce. Ainsi retrouve-t-on cette application innommée du principe de reconnaissance mutuelle en matière de services.

Pour la circulation des personnes, la Cour de justice a précédé l'intervention du législateur européen à propos de la liberté d'établissement des avocats dans d'autres États membres en statuant que : « les autorités nationales d'un État membre, saisies d'une demande d'autorisation d'exercer la profession d'avocat, introduite par un ressortissant communautaire qui est déjà admis à exercer cette même profession dans son pays d'origine et qui exerce des fonctions de conseil juridique dans cet État membre, sont tenues d' examiner dans quelle mesure les connaissances et qualifications attestées par le diplôme acquis par l' intéressé dans son pays d'origine correspondent à celles exigées par la réglementation de l'État d'accueil »[1]. Cet arrêt Vlassopoulou diffère toutefois des autres affaires étudiées en ce qu'il se concentre sur le critère d'équivalence entre les législations nationales et ne mentionne pas de possibles dérogations justifiées par des exigences ou raisons impérieuses d'intérêt général[2]. Toutefois, ces dérogations au titre de raisons impérieuses d'intérêt général ont par la suite été explicitement mentionnées dans un arrêt Kraus relatif à la reconnaissance d'un diplôme de troisième cycle[3].

Ainsi, le principe de reconnaissance mutuelle dans la jurisprudence de la Cour de justice a été appliqué de différentes manières[4] pour s'adapter aux exigences du marché intérieur[5]. C'est pour la réalisation de ce marché unique que la Cour de justice a été conduite à dire qu'en principe, une activité légalement déployée dans un État membre doit pouvoir être exercée dans le reste de l'Union[6]. Ce sont des raisons avant tout économiques qui ont poussé la Cour à appliquer ce principe dans des domaines, eux aussi, éminemment économiques. En effet, de ce point de vue, le principe de reconnaissance mutuelle présente l'avantage de favoriser la réalisation du marché intérieur, d'empêcher une réglementation trop forte de la part des États membres, de mettre les réglementations nationales en concurrence et de rechercher les meilleures pratiques de régulation[7].

Par ailleurs, la reconnaissance mutuelle est intervenue de nombreuses fois dans la jurisprudence pour mettre fin aux « entraves purement administratives »,[8] et ce, par le truchement de l'acte administratif unilatéral transnational. Ainsi, dans le cas où une activité économique serait soumise à un régime d'autorisation administrative dans l'État d'accueil et l'État d'origine, la Cour est favorable à l'effet transnational de l'autorisation octroyée par ce dernier à condition qu'elle soit délivrée dans des

---

[1] CJCE, 7 mai 1991, *Irène Vlassopoulou*, *aff.* 340/89, EUCLI :EU :C :1991 :193.
[2] JANSSENS C., *op. cit.*, p. 17.
[3] CJCE, 31 mars 1993, *Dieter Kraus*, *aff.* C-19/92, EUCLI :EU :C :1993 :125, § 32.
[4] HATZOPOULOS V., *op. cit.*, pp. 127-128.
[5] *Ibid.*, p. 29.
[6] AUDIT M., « Régulation du marché intérieur et libre circulation des lois », *JDI*, 2006, n°4, pp. 1333-1339.
[7] PELKMANS J., « Mutual Recognition in Goods and Services : An Economic Perspective », *in* KOSTORIS PADOA SCHIOPPA F., *The Principle of Mutual Recognition in the European Integration Process*, Palgrave Macmillan, 2005, pp. 85-128.
[8] HATZOPOULOS V., *op. cit.*, p. 139.

conditions similaires[1]. La transnationalité de tels actes administratifs est donc la conséquence même de la mise en œuvre du principe de reconnaissance mutuelle. Là encore, un lien particulier est établi entre le mode de fonctionnement et de développement de l'Union européenne et la transnationalité administrative.

Il existe donc une corrélation directe entre le principe de reconnaissance mutuelle posé par la jurisprudence de la Cour de justice et le développement de l'acte administratif transnational au sein de l'Union. Pour approfondir l'étude des fondements de la transnationalité administrative, il faut la compléter par l'analyse des principes adjacents à la reconnaissance mutuelle dans la jurisprudence de la Cour de justice. Il s'agit du principe d'équivalence des législations nationales et du principe de confiance mutuelle qui, s'ils jouissent d'une existence autonome, sont des « éléments constitutifs de la reconnaissance mutuelle dès lors qu'[ils] contribuent à l'identifier et à expliquer son mode opératoire dans le cadre de l'intégration européenne »[2].

Le principe d'équivalence se distingue de la reconnaissance mutuelle en ce qu'il traduit une « situation » alors que la reconnaissance est une « action »[3]. Ainsi, si l'équivalence ne peut qu'être déduite de l'observation d'une situation factuelle, la reconnaissance, elle, vient modifier l'ordonnancement juridique et donc le droit applicable à une situation donnée. Il existe un lien certain entre les deux notions en ce que l'équivalence est un prérequis de la mise en œuvre de la reconnaissance mutuelle, car « l'action de reconnaître est en soi une action positive qui vise à accepter une situation juridique dont les effets sont équivalents ou au moins comparables afin d'éviter les obstacles à la libre circulation »[4]. Ainsi, « l'équivalence serait un complément, consubstantiel du principe de reconnaissance mutuelle sans lequel il ne peut fonctionner »[5].

La reconnaissance mutuelle nécessite donc la réalisation d'une comparaison entre les législations nationales afin de justifier l'évincement de l'application du droit de l'État de réception[6]. Selon Klaus Vogel, une telle équivalence détermine comment un acte administratif étranger peut être reçu dans un ordre juridique, c'est-à-dire si la réception va être directe ou, au contraire, nécessiter un acte de réception[7]. Si la Cour de justice ne mentionne pas toujours explicitement le principe d'équivalence dans les affaires relatives à la reconnaissance mutuelle[8], certaines de

---

[1] *Ibid.*, pp. 139-142. Pour une application en matière d'agrément octroyé à des établissements d'assurance, voir : CJCE, 4 décembre 1986, *Commission c. Allemagne*, *aff.* 205/84, EU-CLI :EU :C :1986 :463.

[2] FARTUNOVA-MICHEL M., MARZO C., « La notion de reconnaissance mutuelle : entre confiance et équivalence », *in* FARTUNOVA-MICHEL M., MARZO C. (dir.), *Les dimensions de la reconnaissance mutuelle en droit de l'Union européenne*, Bruylant, coll. Droit de l'Union européenne, 2018, Bruxelles, p. 23.

[3] HATZOPOULOS V., *op. cit.*, p. 63.

[4] FARTUNOVA-MICHEL M., MARZO C., *art. cit.*, p. 24.

[5] TAUPIAC-NOUVELLE G., *Le principe de reconnaissance mutuelle des décisions répressives dans l'Union européenne*, Fondation Varenne, coll. de thèses, 2011, Clermont-Ferrand, p. 92.

[6] FARTUNOVA-MICHEL M., MARZO C., *art. cit.*, p. 24.

[7] VOGEL K., « Administrative law : international aspects », *in* BERNHARDT R., *Encyclopedia of public international law*, vol. 1, North-Holland Pub. Co., 1992, Amsterdam, p. 26.

[8] FARTUNOVA-MICHEL M., MARZO C., *art. cit.*, p. 23.

ses décisions ne laissent aucun doute quant à la nécessité d'une évaluation de la comparabilité des législations nationales. Ainsi, dans l'arrêt Vlassopoulou[1], la Cour juge que :

« Il s'ensuit qu'il incombe à un État membre, saisi d'une demande d'autorisation d'exercer une profession dont l'accès est, selon la législation nationale, subordonné à la possession d'un diplôme ou d'une qualification professionnelle, de prendre en considération les diplômes, certificats et autres titres que l'intéressé a acquis dans le but d'exercer cette même profession dans un autre État membre en procédant à une comparaison entre les compétences attestées par ces diplômes et les connaissances et qualifications exigées par les règles nationales.

Cette procédure d'examen doit permettre aux autorités de l'État membre d'accueil de s'assurer objectivement que le diplôme étranger atteste, dans le chef de son titulaire, de connaissances et qualifications sinon identiques, du moins équivalentes à celles attestées par le diplôme national. »

Cette condition d'équivalence a même eu des répercussions sur le contenu des normes nationales. En effet, il a été souligné qu'elle a eu pour conséquence un rapprochement des législations nationales, et ce, parfois au moyen d'une harmonisation des normes au niveau communautaire[2]. Également, la notion d'équivalence a pu être instrumentalisée dans la jurisprudence devenant une « présomption d'équivalence »[3]. Il s'agit d'une fiction juridique par laquelle le juge établit que les législations nationales en cause produisent un effet similaire[4]. Ainsi, l'équivalence est ce qui permet au juge de concilier les systèmes nationaux tout en assurant l'effectivité du droit de l'Union européenne. De ce fait, la reconnaissance mutuelle est inscrite dans « la dialectique des rapports de systèmes »[5]. Cette présomption permet d'organiser les rapports normatifs horizontaux en faveur de la réalisation de l'intégration européenne[6].

Par rapport à l'acte administratif transnational, cet exposé sur le principe d'équivalence montre que ce type de circulation des actes administratifs requiert une forte similarité entre les législations des États concernés ou, à défaut, une présomption d'équivalence. Du point de vue de la similarité des législations, les différentes harmonisations européennes ont été très bénéfiques au développement de la transnationalité administrative. Du côté de l'établissement d'une présomption d'équivalence, le juge communautaire est lui aussi venu apporter sa pierre à l'édifice.

À côté de l'équivalence, ma confiance est premièrement une notion psychologique : elle se réfère à un « sentiment de sécurité de celui qui se fie à quelqu'un, quelque chose »[7]. Ainsi, la confiance mutuelle suggère l'existence d'une réciprocité de ce sentiment entre deux personnes. La consécration du principe de confiance

---

[1] CJCE, 7 mai 1991, *Irène Vlassopoulou*, *aff.* 340/89, EUCLI :EU :C :1991 :193.

[2] VIGNES D., « Le rapprochement des législations mérite-t-il encore son nom ? », in *L'Europe et le droit : mélanges en hommage à Jean Boulouis*, Dalloz, 1991, Paris, p. 539.

[3] FARTUNOVA-MICHEL M., MARZO C., *art. cit.*, p. 26.

[4] *Ibid.*

[5] *Ibid.*, p. 28.

[6] BERTRAND B., « La systématique des présomptions », *RFDA* 2016, pp. 331 et s.

[7] « Confiance », in *Le petit Larousse illustré*, Larousse, 2016.

mutuelle procède donc de la récupération par le langage juridique d'une notion externe au droit[1].

Le principe de confiance mutuelle est pour la première fois explicitement utilisé[2] par la Cour de justice dans un arrêt Bouchara de 1989[3] dans son paragraphe 18 :

« Ainsi que la Cour l'a jugé, notamment dans son arrêt du 17 décembre 1981, Biologische Produkten (272/80, Rec . p. 3277), s'il n' est pas interdit à un État membre d'exiger l'agréation préalable de certains produits, même si ces produits ont déjà fait l'objet d' une agréation dans un autre État membre, les autorités de l'État importateur ne sont toutefois pas en droit d'exiger sans nécessité des analyses techniques ou chimiques ou des essais de laboratoire, lorsque les mêmes analyses et essais ont déjà été effectués dans l'autre État membre et que leurs résultats sont à la disposition de ces autorités . Cette règle constitue une expression spécifique d'un principe plus général de la confiance mutuelle entre les autorités des États membres et doit donc s'appliquer également lorsque la vérification incombe à l'importateur lui-même. Il s'ensuit que celui-ci doit pouvoir se dégager de sa responsabilité en produisant un certificat concernant la composition du produit délivré par les autorités de l'État membre de production ou par un laboratoire reconnu à cet effet par ces autorités. »

Il ressort de la lettre de cette décision que la confiance mutuelle est au fondement même de la reconnaissance mutuelle qui en est une conséquence pratique[4]. Mais par-delà cette application spécifique, la confiance mutuelle irrigue l'ensemble de la construction européenne puisque sans elle le projet européen serait au point mort[5]. Cependant, l'utilisation de la confiance mutuelle par le juge européen n'est pas constante, si dans l'affaire Bouchara la reconnaissance mutuelle était une application de la confiance mutuelle, il existe d'autres jurisprudences, plus récentes, où la Cour se réfère à deux principes distincts[6]. Par ailleurs, dans l'avis 2/13 relatif à l'adhésion de l'Union européenne à la Convention européenne des droits de l'homme, le principe de confiance mutuelle prend une autre dimension devenant un principe « fondamental »[7]. Cette dernière décision a alors soulevé des interrogations quant à la valeur du principe de confiance mutuelle dans l'Union européenne, car elle laisse penser qu'il s'agirait d'un principe à valeur euroconstitutionnelle[8]. Toutefois, la confiance mutuelle découlant des valeurs communes de l'Union euro-

---

[1] FARTUNOVA-MICHEL M., MARZO C., *art. cit.*, p. 34 ; FLORE D., « Réflexions sur l'idée de la 'confiance mutuelle' », *in* DE KERCHOVE G., WEYEMBERGH A., *Sécurité et justice : enjeu de la politique extérieure de l'Union européenne*, Éditions de l'Université de Bruxelles, coll. Études européennes, 2003, Bruxelles, p. 135.

[2] HATZOPOULOS V., *op. cit.*, pp. 118-119.

[3] CJCE, 11 mai 1989, *Esther Renée Wurmser, veuve Bouchara et société Norlaine*, *aff.* 25/88, ECLI :EU :C :1989 :187.

[4] TAUPIAC-NOUVELLE G., *op. cit.*, p. 71.

[5] LEBOEUF L., *Le droit européen de l'asile au défi de la confiance mutuelle*, Anthemis, Université Catholique de Louvain, 2016, Limal, p. 14.

[6] CJUE, 26 février 2013, *Stefano Melloni c. Ministerio fiscal*, *aff.* C-399/11, EUCLI :EU :C2012 :600, § 63.

[7] CJUE, 18 décembre 2014, *Avis 2/13*, *aff.* C- 2/13, EUCLI :EU :C :2014 : 2454, § 191.

[8] LEBOEUF L., *op. cit.*, pp. 49-52.

péenne[1] et du devoir de coopération loyale[2], il serait illogique qu'elle puisse être opposée à ces principes[3].

La confiance mutuelle est donc un principe intrinsèquement indéterminé qui est un outil fonctionnel utilisé par le juge européen pour assurer l'intégration européenne[4]. Il reste que la confiance mutuelle demeure cruciale pour la mise en œuvre du principe de reconnaissance mutuelle ainsi que de la transnationalité administrative. Ces deux phénomènes juridiques procèdent à une ouverture et à une perméabilisation des ordres juridiques qui ne sont possibles que si les États concernés ont confiance dans le droit des autres[5]. Que la confiance mutuelle soit le vecteur ou le produit de l'Union européenne (elle relève très certainement des deux), son identification participe au développement des actes administratifs unilatéraux transnationaux.

Ce lien peut notamment être illustré par la réponse européenne au Diesel gate qui avait révélé des défaillances dans les systèmes nationaux d'homologation des véhicules fonctionnant selon le principe de la reconnaissance mutuelle[6]. La mise en œuvre du principe a alors conduit à la mise en circulation de véhicules beaucoup plus polluants que ce qui était normalement autorisé par le droit de l'Union en raison des carences dans les contrôles nationaux, ce qui a brisé la confiance mutuelle entre les États membres en la matière[7]. À ce climat de méfiance, le législateur européen est venu apporter un règlement[8] encadrant beaucoup plus strictement la procédure d'homologation des véhicules dans le but de rétablir la confiance mutuelle[9]. Cette affaire démontre bien l'importance toute particulière que cette confiance revêt dans l'existence de la transnationalité administrative. Ainsi, l'inscription ontologique de la confiance mutuelle dans le projet européen est, elle aussi, une des raisons expliquant la multiplication des actes administratifs transnationaux au sein de l'Union européenne.

Il résulte des développements précédents que si certains auteurs ont inscrit l'acte administratif transnational uniquement dans le cadre européen[10], c'est parce que

---

1 Article 2 du TUE.

2 Article 4 §3 du TUE.

3 LEBOEUF L., *op. cit.*, p. 51.

4 FARTUNOVA-MICHEL M., MARZO C., *art. cit.*, pp. 34-35.

5 LAVENEX S., « Mutual recognition and the monopoly of force : limits of the single market analogy », *Journal of European Public Policy*, 2007, vol. 14, pp. 762-779.

6 PÉRALDI LENEUF F., « L'homologation des automobiles en Europe : du laisser-faire à la mise sous tutelle », *in* PICOD F., MARTUCCI F. (dir.), *La circulation des automobilistes en Europe*, Bruylant, coll. Droit de l'Union européenne, 2018, Bruxelles, pp. 55-78.

7 Règlement (UE) 2018/858 du Parlement européen et du Conseil du 30 mai 2018 relatif à la réception et à la surveillance du marché des véhicules à moteur et de leurs remorques, ainsi que des systèmes, composants et entités techniques distinctes destinés à ces véhicules.

8 Règlement (UE) 2018/858 du Parlement européen et du Conseil du 30 mai 2018 relatif à la réception et à la surveillance du marché des véhicules à moteur et de leurs remorques, ainsi que des systèmes, composants et entités techniques distinctes destinés à ces véhicules.

9 Considérant préliminaire n° 15 dudit règlement.

10 SCHMIDT-ASSMANN E., « Les influences réciproques entre les droits administratifs nationaux et le droit administratif européen », *AJDA*, 20 juin 1996, numéro Hors-Série « Droit administratif et droit communautaire. Des influences réciproques à la perspective d'un droit administratif européen : les

l'Union européenne développe la circulation de ce type d'acte d'une manière intensément unique. L'Union européenne est un espace dont l'intégration se réalise au moyen de la multiplication des flux. Ce phénomène doit saisir tous les aspects reliés plus ou moins directement à la vie économique et supprimer au maximum les obstacles aux échanges, fussent-ils administratifs. C'est pour cela que l'Union se doit d'encourager la transnationalité administrative puisqu'elle permet d'opérer une répartition des compétences entre autorités nationales et d'éliminer les formalités normalement requises dans les États de réception. Ainsi, si chacune existe indépendamment de l'autre, la rencontre entre l'Union et la transnationalité administrative bénéficie à toutes les deux puisqu'elles se renforcent l'une et l'autre. L'Union a besoin d'actes administratifs transnationaux pour fonctionner et la transnationalité administrative a besoin d'un cadre particulier pour s'épanouir. Ces deux phénomènes répondent à leurs besoins mutuels.

données du débat contemporain », pp. 146-155 ; BOCANEGRA SIERRA R., GARCÍA LUENGO J., « Los actos administrativos transnacionales », *Revista de Administración Pública*, sept.-déc. 2008, pp. 9-29 ; RUFFERT M., « European Composite Administration: The transnational administrative act », *in* JANSEN O., SCHÖNDORF-HAUBOLD B. (éds.), *The European Composite Administration*, Intersentia, 2011, Cambridge, pp. 277-306 ; GAUTIER M., « Une autre traversée du Rhin », *AJDA*, 2015, n° 20, p. 1139-1143.

La qualification de certains actes administratifs unilatéraux en tant qu'actes transnationaux, ainsi que leur inscription dans une typologie visant à refléter leur degré de transnationalité, n'a pas une vocation purement ornementale. Le constat de ces caractéristiques, encore non théorisées dans leur ensemble, s'accompagne d'une complexité forte quant aux régimes juridiques auxquels elles conduisent. En effet, si l'idée même qu'un acte administratif unilatéral puisse produire un effet juridique dans un ordre étranger est difficile à embrasser, la question du régime juridique applicable à de tels actes apparaît d'autant plus insoluble. Cela transparaît d'ailleurs dans les rares travaux consacrés par la doctrine aux actes administratifs transnationaux, car, le plus souvent, la thématique du régime de ces actes y est complètement absente[1]. La portée de ces articles s'arrête donc à attirer l'attention sur un phénomène nouveau sans en étudier les conséquences juridiques que cette qualification entraîne. Parfois, l'on retrouve tout de même la question du contrôle de ces actes qui est un enjeu majeur de la transnationalité administrative[2]. Seul l'article de Matthias Ruffert aborde clairement le sujet de leur régime juridique, mais d'une manière relativement brève[3]. Il explique que ces actes sont soumis à leur droit d'origine et ne permettent généralement pas aux États de réception d'en contrôler la légalité. Il souligne qu'il n'y a pas « de recours juridictionnels d'après le droit de la procédure administrative allemande pour les actes administratifs transnationaux qui développe des effets juridiques en Allemagne »[4]. Autrement dit, le contrôle demeure dans les mains de l'État d'origine.

Cette absence de développements fournis à propos du régime juridique des actes administratifs unilatéraux transnationaux traduit une réalité double. D'un côté, la catégorie de l'acte administratif transnational n'étant pas encore consacrée, la doctrine s'est concentrée sur la définition de ses contours et de son existence au détriment des conséquences juridiques qui n'interviennent, logiquement, que dans un second temps de la réflexion. D'un autre côté, la diversité des actes ainsi que des degrés de transnationalité rend difficile l'identification d'un régime unique et unitaire applicable à l'ensemble de ces actes. De plus, le format presque toujours court des publications qui y sont relatives n'est pas favorable à des développements véritablement approfondis. Enfin, parce que les actes compris dans la catégorie de l'acte administratif unilatéral transnational sont très divers, il est particulièrement

[1] GERONTAS A., « Deterritorialization in Administrative Law : Exploring Transnational Administrative Decisions », *Columbia Journal of European Law*, n° 3, 2013, pp. 1-65 ; WENANDER H. « Recognition of Foreign Administrative Decisions », *ZaöRV*, 2011, vol. 71, pp. 755-785.

[2] BOCANEGRA SIERRA R., GARCÍA LUENGO J., « Los actos administrativos transnacionales », *Revista de Administración Pública*, sept.-déc. 2008, pp. 9-29 ; ELKIND D., *L'efficacité des décisions administratives étrangères dans l'Union européenne. Étude de droit administratif transnational*, Thèse dactyl. soutenue le 5 décembre 2018, Université de Bordeaux, pp. 355-420.

[3] RUFFERT M., *art. cit.*, pp. 300-310.

[4] *Ibid.*, p. 303.

difficile de parler d'un seul régime. En réalité, il s'agit plutôt d'une multiplicité de solutions aboutissant à un camaïeu de régimes cousins.

Ainsi, ce demi-silence de la doctrine ne propose pas de pistes précisément identifiées quant aux régimes des actes administratifs transnationaux. L'incorporation de la typologie établie dans cette étude sous-tend l'idée qu'il existe des régimes distincts selon les différents cas de transnationalité administrative. Par conséquent, après avoir construit une notion nouvelle, il s'agit, là encore, de bâtir à partir de peu les caractéristiques du régime juridique propre à l'acte administratif unilatéral transnational. Autrement dit, il faut mener une étude à propos des conséquences de ce caractère transnational sur le droit applicable à l'acte administratif. La méthode reste alors essentiellement la même : analyser les exemples existants et les confronter à la typologie établie pour en extraire les traits saillants de leur régime. Ce dernier ne se restreint d'ailleurs pas au contrôle juridictionnel pouvant s'appliquer à ces actes, mais il comprend également l'ensemble des règles de droit applicables[1] depuis l'entrée en vigueur de ces actes jusqu'à leur disparition. Ainsi, l'analyse du régime de l'acte administratif unilatéral transnational commande une étude plus ample que celle réalisée par la doctrine jusqu'à présent uniquement restreinte à son contrôle.

Par ailleurs, le droit de l'Union européenne, qui occupe une place importante dans le fondement de la transnationalité administrative, n'efface pas cette diversité de régimes juridiques malgré une action homogénéisatrice. Il faut le rappeler, cette Union est un cadre particulièrement fertile pour les actes administratifs unilatéraux transnationaux, car elle organise un système d'administration novateur qui s'appuie sur les rapports horizontaux entre les États. Historiquement, deux modèles institutionnels s'opposaient pour la création des Communautés européennes : celui représenté par Jean Monnet qui se fondait sur l'instauration d'organismes supranationaux spécialisés et celui d'Altiero Spinelli appelant à la constitution d'une Fédération d'États[2]. Si l'idée de Jean Monnet a primé au début des communautés, c'est finalement aujourd'hui une solution mixte qui a été adoptée où l'on retrouve à la fois de l'administration directement réalisée par les institutions européennes et de l'administration indirecte, assurée par les États membres, ce que certains auteurs qualifient de « coadministration »[3]. Il n'est dès lors pas surprenant de trouver des actes administratifs nationaux mettant en œuvre des dispositions de certaines directives, comme l'octroi du permis de conduire, l'autorisation de mise sur le marché de nouveaux médicaments ou encore l'émission d'une demande d'information fiscale adressée à une autorité étrangère.

Toutefois, la question de leur régime n'est pas pour autant unifiée par cette origine européenne commune puisque l'administration indirecte de l'Union euro-

---

[1] Voir : « régime » *in* Association Henri Capitant, CORNU G., CORNU M. *et al.*, *Vocabulaire juridique*, PUF, Coll. Quadrige, 11e éd., 2016, Paris.

[2] FRANCHINI C., « Les notions d'administration indirecte et de coadministration », *in* AUBY J.-B., DUTHEIL DE LA ROCHÈRE J. (dir.), *Traité de droit administratif* européen, Bruylant, coll. Droit administratif, 2e éd., 2014, Bruxelles, p. 335.

[3] *Ibid.*, pp. 340-355 ; ZILLER J., « Les concepts d'administration directe, d'administration indirecte et de coadministration et les fondements du droit administratif européen », *in* AUBY J.-B., DUTHEIL DE LA ROCHÈRE J. (dir.), *op. cit.*, pp. 331-334.

péenne repose sur le principe d'autonomie procédurale et institutionnelle[1]. Ce principe prévoit que chaque État peut réaliser sa part d'administration indirecte en utilisant ses organes et ses procédures nationales. Que ce soit au niveau des institutions nationales mobilisées pour réaliser une politique européenne ou de la procédure suivie, ce principe d'autonomie veut que seul l'État national soit compétent pour les désigner. Il existe cependant un encadrement de ce principe d'autonomie institutionnelle et procédurale par le droit européen au moyen de contrôles administratifs, financiers ou juridictionnels[2]. Ainsi, une autorisation donnée par un État membre qui, en vertu du marché unique, équivaut à un point d'entrée pour tout le marché européen, participe à l'administration indirecte de l'Union européenne. Cependant, en application du principe d'autonomie institutionnelle et procédurale, une telle autorisation prendra la forme d'un acte de l'ordre juridique interne où la demande est effectuée, elle sera adoptée selon les voies de droit habituellement applicables dans son État d'émission et par les institutions désignées comme compétentes par le droit national. Il en découle que, même si l'Union garde un certain pouvoir d'encadrement de l'autonomie institutionnelle et procédurale des États membres[3], l'appartenance des actes administratifs unilatéraux transnationaux à l'ordre juridique européen ne permet pas une réelle unification de leur régime juridique qui reste en grande partie régi par le droit national.

Il résulte de ceci que le but recherché n'est pas d'établir une liste exhaustive des règles s'appliquant aux actes administratifs unilatéraux transnationaux selon chaque État et d'en tirer des analyses de droit comparé. Au contraire, l'étude réalisée se focalise sur l'identification des problématiques induites par la transnationalité sur le régime de ces actes en France. Ainsi, la démarche adoptée est proche de celle du droit international privé pour l'analyse des situations internationales. Ce droit ne recherche pas la comparaison du ou des droits nationaux concrètement applicables, mais vise à identifier comment résoudre un conflit de lois ou de juridictions. Ici, l'objet de l'analyse est d'identifier les spécificités juridiques qui sont inhérentes à la transnationalité administrative. C'est finalement le constat d'un régime éclaté, parfois propre aux actes transnationaux, mais également en partie commun aux actes administratifs unilatéraux simples, qui émerge. Finalement, il apparaît assez clairement que la transnationalité administrative est source de solutions très diverses et souvent divergentes, ce qui motive, dans une approche prospective, la proposition de nouveaux mécanismes qui pourraient apporter plus de sécurité et de rationalité juridiques dans ce labyrinthe conceptuel.

---

[1] RIDEAU J., « Le rôle des États membres dans l'application du droit communautaire », *Annuaire français de Droit international*, 1972, vol. 18, pp. 864-903, spéc. pp. 884-888 ; MEDHI R., « Le principe d'autonomie institutionnelle et procédurale et le droit administratif », *in* AUBY J.-B., DUTHEIL DE LA ROCHÈRE J. (dir.), *op. cit.*, pp. 887-936, spéc. pp. 887-903.

[2] Voir : BLUMANN C., DUBOUIS L., *Droit institutionnel de l'Union européenne*, LexisNexis, coll. Manuel, 7e éd., 2019, Paris, pp. 605-616.

[3] Voir : BLUMANN C., DUBOUIS L., *op.cit.*, pp. 605-621.

TITRE I : LE RÉGIME EXISTANT DE L'ACTE ADMINISTRATIF UNILATÉRAL TRANSNATIONAL, UNE MULTIPLICITÉ DE SOLUTIONS

L'exposé du régime de l'acte administratif obéit souvent à un schéma classique imposé par la logique qui commence par l'entrée en vigueur de ces actes jusqu'à la fin de leurs effets[1], leur contrôle juridictionnel étant généralement inséré dans l'examen des différents recours ouverts contre ces actes[2]. Ce cheminement, qui permet d'étudier chaque moment de la « vie » de l'acte (« [u]n acte administratif unilatéral naît, change, meurt, bref il a une vie[3]), reste assurément le plus pertinent en termes de cohérence. Il l'est d'autant plus que l'acte administratif unilatéral transnational est premièrement un acte administratif national. Certains d'entre eux ne sont d'ailleurs pas transnationaux dès leur naissance, mais ils le deviennent au cours de leur existence. En effet, les actes unilatéraux potentiellement transnationaux n'acquièrent cette qualité qu'à l'occasion du déplacement de leur destinataire à l'étranger.

Il est dès lors particulièrement intéressant d'examiner chaque étape de l'existence de l'acte administratif unilatéral transnational afin de pouvoir identifier toutes les conséquences que la transnationalité peut induire sur le régime de cet acte. Toutefois, une étape préalable est nécessaire, celle de la détermination du droit applicable qui peut différer par rapport aux autres actes administratifs en raison de ce caractère transnational qui place l'acte à la croisée des ordres juridiques internes. La méthodologie employée reste alors fortement inductive, partant de l'observation de la pratique, puisqu'il s'agit de regarder les solutions existantes tout en les transposant dans la théorie de l'acte administratif.

Ainsi, cette étude de la « vie » de l'acte administratif unilatéral transnational portera d'abord sur l'adoption et l'entrée en vigueur de l'acte administratif unilatéral transnational et ses effets pour ensuite se concentrer sur sa disparition. À cette occasion, les modalités de contrôle juridictionnel seront également prises en compte, le contentieux visant généralement à l'annulation de tels actes. La conclusion de l'étude de ce régime est alors en demi-teinte avec des règles communes aux actes administratifs normaux tant que cela n'empêche pas la transnationalité administrative. Dès que celle-ci nécessite des adaptations, des spécificités apparaissent. Cependant, une critique est à formuler à leur égard en ce qu'elles n'ont jamais été pensées dans une réflexion d'ensemble sur la transnationalité administrative, ce qui

---

[1] WALINE J., *Droit administratif*, Dalloz, coll. Précis, 28e éd., 2020, Paris, pp. 463- 494 ; FRIER P.-L., PETIT J., *Droit administratif*, LGDJ, coll. Précis Domat droit public, 14e éd., 2018, Issy-les-Moulineaux, pp. 402-466 ; SEILLER B., *Droit administratif*, t. 2 « L'action administrative », Flammarion, coll. Champs Université, 8° éd., 2021, Paris, pp. 159-195 ; PLESSIX B., *Droit administratif général*, LexisNexis, coll. Manuel, 3e éd., 2020, Paris, pp. 1103-1194.

[2] WALINE J., *op. cit.*, pp. 719-756 ; FRIER P.-L., PETIT J., *op. cit.*, pp. 617-666 ; SEILLER B., *Droit administratif*, t. 1 « Les sources et le juge », Flammarion, coll. Champs Université, 8e éd., 2021, Paris, pp. 171-217 ; PLESSIX B., *op. cit.*, pp. 1421-1555.

[3] TRUCHET D., *Droit administratif*, PUF, coll. Thémis droit, 9e éd., 2021, Paris, p. 270.

aboutit à trop d'incertitudes juridiques et de difficultés en termes d'accès au juge, justifiant la proposition de solutions nouvelles dans le titre suivant.

Chapitre I : L'adoption et l'entrée en vigueur de l'acte administratif unilatéral transnational et ses effets

La naissance des actes administratifs constitue indéniablement le tournant de leur existence. Avant celle-ci, l'on peut tout au plus trouver des actes préparatoires, après, il y a une mise en œuvre concrète de la puissance publique dont ces actes sont des moyens d'action. Une fois présents, ces actes administratifs emportent alors l'application d'un régime de droit administratif sous le contrôle du juge administratif. Autrement dit, ils transforment, par la mise en œuvre d'une volonté unilatérale, l'ordonnancement juridique selon des règles qui relèvent du droit administratif et dont le respect pourra être contrôlé par une saisine ultérieure du juge de l'ordre administratif.

Si « [s]euls les actes administratifs entrés en vigueur déploient l'intégralité des effets juridiques dont ils sont susceptibles »[1], encore faut-il pouvoir déterminer comment ces actes peuvent être adoptés. Ainsi, la question du droit applicable à la procédure d'élaboration de l'acte précède l'étude de son entrée en vigueur et doit faire l'objet d'une analyse distincte. Le caractère transnational de certains actes administratifs unilatéraux pose ici des interrogations particulières en raison des rapports de systèmes sollicités par ces « traversées » d'ordres juridiques internes. En effet, puisqu'il produit des effets juridiques dans des ordres juridiques étrangers, l'acte administratif unilatéral transnational s'inscrit nécessairement dans différents systèmes juridiques, ce qui peut impliquer une concurrence de droits applicables et le distingue donc de l'acte administratif classique. Ce caractère transnational rend alors impérative la question préalable de l'identification du droit national applicable qui dans le cadre d'un acte purement interne n'est pas pertinente.

La désignation du droit applicable aux actes administratifs unilatéraux transnationaux éclaircie, il s'agit ensuite d'étudier leur entrée en vigueur et les effets juridiques qu'elle comporte en termes de régime. Là encore, des spécificités apparaissent en raison de la transnationalité de ces actes qui prend diverses formes selon la typologie établie et qui n'est pas toujours présente au moment de l'élaboration de l'acte. Ainsi, en plus des diverses configurations administratives qui peuvent faire rentrer certains actes dans la catégorie étudiée, il existe également divers modes d'accession au caractère transnational qui peut parfois être postérieur à l'entrée en vigueur de l'acte. Par-delà une visée purement descriptive des conséquences du caractère transnational sur le régime de ces actes, une vision plus analytique des constatations relevées aboutit à dessiner les contours d'une transnationalité administrative plus hétérogène que ce que l'hypothèse de départ postulait.

[1] SEILLER B., « Acte administratif : régime », in *Répertoire de contentieux administratif*, Dalloz, actualisation avril 2020, § 295.

La détermination du droit applicable à l'acte administratif unilatéral transnational

Il a été soutenu, antérieurement, que le recours au conflit d'autorités était une méthode de raisonnement particulièrement adaptée à l'acte administratif unilatéral transnational puisque la détermination de l'autorité compétente était le nœud du problème posé par la transnationalité administrative. Ainsi, une fois l'autorité désignée, la question du droit applicable n'en était plus une puisqu'en vertu du principe auctor regit actum[1] l'acte serait soumis au droit national de l'autorité en cause (si l'application de ce principe fait débat en matière d'acte public, la doctrine considère en revanche qu'en matière administrative, il est peu envisageable de voir une autorité administrative obéir à un droit étranger[2]. Si cette soumission de principe n'est pas remise en cause, et est même au fondement de l'identification de l'acte transnational en tant qu'acte administratif individuel, puisque seul le droit national de l'État d'émission peut le qualifier comme tel, certaines nuances viennent pourtant s'y insérer. En outre, la question des droits supranationaux se doit d'être abordée afin de parfaire le tableau des droits concourant aux régimes juridiques des actes administratifs unilatéraux transnationaux.

L'analyse du droit applicable aux actes administratifs unilatéraux transnationaux se divise selon le type de transnationalité étudié. En effet, l'on retrouve une application classique du droit national aux actes relevant de la transnationalité stricte alors, qu'au contraire, ceux relevant de la transnationalité élargie peuvent connaître une application de droits concurrents complexifiant leur régime.

La transnationalité administrative stricte couvre trois hypothèses : les actes administratifs individuels transnationaux per se, les actes administratifs individuels potentiellement transnationaux et les actes réglementaires transnationaux. Dans chaque cas, un acte est classiquement émis par une seule autorité qui relève d'un ordre juridique donné et qui s'insère dans une hiérarchie normative. La hiérarchie normative s'explique souvent par la théorie kelsénienne de l'ordre juridique selon laquelle chaque norme est le produit d'une norme supérieure qui en prévoit l'édiction[3]. Par son application, il semble alors que les administrations nationales sont nécessairement instaurées par des normes de l'ordre juridique national qui prévoient elles-mêmes les procédures et le droit applicables à ces administrations[4]. Par conséquent, les administrations nationales mettent en œuvre le droit national et

[1] Voir : NIBOYET J.-P., *Traité de droit international privé français*, t. 6, Librairie du Recueil Sirey, 1949, Paris, pp. 1-4.

[2] Voir : CALLÉ P., *L'acte public en droit international privé*, Economica, coll. Recherches Juridiques, 2004, Paris, p. 72.

[3] KELSEN H., trad. EISENMANN C., *Théorie pure du droit*, Dalloz, coll. Philosophie du droit, 1962, Paris, pp. 299-314 ; trad. LAROCHE B., *Théorie générale du droit et de l'État*, Bruylant, LGDJ, coll. La pensée juridique, 1997 (éd. originale 1945), pp. 164-196.

[4] KELSEN H., *Théorie générale … op. cit.*, p. 184.

leurs actes sont donc soumis au même droit et cela fait consensus dans la doctrine actuelle[1].

Dans l'ordre juridique français, cela se concrétise par la mise en œuvre du principe de légalité qui suppose que l'administration agisse au moyen et dans le respect du droit[2]. À l'instar des personnes privées, les personnes publiques sont soumises à tout le droit, public ou privé, qui trouve à s'appliquer à leur situation[3]. Elles doivent en conséquence agir dans son respect, c'est l'essence même d'un ordonnancement juridique. Ainsi, lors de l'adoption des actes administratifs, l'administration se doit de respecter des règles de procédure[4] telles que la consultation d'organismes[5], l'organisation de procédures de consultations ouvertes[6] ou encore recourir à des enquêtes publiques[7], notamment en matière environnementale malgré les nuances apportées par la jurisprudence Danthony en termes de conséquences contentieuses[8]. Concernant les exigences de forme, deux principales peuvent être aujourd'hui identifiées sous peine de nullité[9] : la signature des actes prévue par l'article L. 212-1 du CRPA et leur motivation requise par les articles L. 211-2 à L. 211-4 du CRPA (toutefois, ces articles ne s'appliquent pas aux actes réglementaires qui semblent donc se soustraire à cette obligation de motivation). De plus, l'autorité émettrice doit être compétente pour adopter un tel acte en vertu de son droit national[10]. Une telle compétence peut être limitée de trois façons : matériellement, territorialement et temporellement[11]. La compétence, la procédure et la forme composent ce que l'on appelle la légalité externe de l'acte qui est généralement opposée à la légalité interne, c'est-à-dire au fond de l'acte[12]. Cette légalité interne se divise elle-même en trois principes. L'acte ne doit pas être une violation directe de la règle de droit qu'il applique, il ne doit pas être adopté dans un but étranger à celui en vue duquel son auteur s'est vu attribuer ses pouvoirs et, enfin, l'acte ne doit pas comporter d'erreurs dans ses motifs, c'est-à-dire que son auteur ne doit pas avoir fait une mauvaise appréciation des circonstances et des raisons l'ayant mené à adopter l'acte[13].

---

[1] Voir : MAYER P., « Le rôle du droit public en droit international privé », *Revue internationale de droit comparé*, vol. 38 n° 2, avril-juin 1986, pp. 471-474 ; CHAMBON M., *Le conflit de lois dans l'espace et le droit administratif*, Mare & Martin, coll. Bibliothèque des thèses, 2015, Paris, pp. 525-527.

[2] PLESSIX B., *Droit administratif général*, LexisNexis, coll. Manuel, 3e éd., Paris, 2020, p. 645.

[3] GAUDEMET Y., « Légalité (Principe de) », *in* ALLAND D., RIALS S. (dir.), Dictionnaire de la culture juridique, PUF, Lamy, coll. Quadrige Dicos Poche, 2003, Paris, pp. 917-920.

[4] SEILLER B., *Droit administratif*, t. 2 « L'action administrative », Flammarion, coll. Champs Université, 8° éd., 2021, Paris, pp. 166-170 ; PLESSIX B., *op. cit.*, pp. 1165-1171.

[5] Pour les commissions consultatives placées auprès de l'État et de ses établissements publics administratifs, voir les articles R. 133-1 à R. 133-15 du CRPA.

[6] Article L. 132-1 du CRPA.

[7] Article L. 134-2 CRPA.

[8] CE, 23 décembre 2011, *Danthony*, n° 335033, *Rec.* p. 649 ; *AJDA* 2012.7 ; *AJDA* 2012. 195, chron. DOMINO X. et BRETONNEAU A. ; *AJDA* 2012.296, note CASSIA P.

[9] SEILLER B., *op. cit.*, pp. 170-173.

[10] WALINE J., *Droit administratif*, Dalloz, coll. Précis, 28e éd., 2020, Paris, pp. 463-467.

[11] *Ibid.*

[12] MELLERAY F., « Recours pour excès de pouvoir : moyens d'annulation », *Répertoire de contentieux administratif*, Dalloz, janvier 2007 (actualisation janvier 2019), §12-42.

[13] PLESSIX B., *op. cit.*, pp. 1511-1517.

Toutes ces règles sont des illustrations de ce qu'impliquerait l'intervention d'une autorité française et l'application subséquente du droit administratif français lors de l'élaboration de l'acte administratif. Ces règles restent pour autant attachées à l'ordre juridique français et ne trouveraient pas, en principe, à s'appliquer aux actes émis par les autorités d'autres États. En effet, celles-ci doivent mettre en œuvre le droit désigné par les règles nationales les ayant instituées. Il serait hautement improbable qu'un droit national renvoie alors aux règles de droit public d'un autre État, bien qu'en théorie aucun principe juridique ne s'y oppose. L'équation est donc relativement simple dans le cadre de la transnationalité stricte puisqu'est applicable à tous les actes qui en relèvent le droit national de leur autorité émettrice. Si en principe ce raisonnement se suffit à lui seul, le cadre européen peut créer une concurrence entre les autorités nationales pour l'adoption de certains actes administratifs unilatéraux transnationaux. Cette concurrence requiert alors une strate de raisonnement préalable relative à la désignation de l'autorité compétente. Ceci est rendu possible par le recours au conflit d'autorités.

Le conflit d'autorités permet d'évacuer tout questionnement relatif au conflit de lois puisqu'en permettant l'identification de l'autorité compétente pour adopter un acte, l'on peut en déduire le droit qui lui est applicable. Parce que les actes administratifs sont établis en vertu du droit applicable à leurs autorités d'émissions, le conflit d'autorités apparaît être une solution simple pour déterminer le droit applicable aux actes administratifs unilatéraux dont la nature transnationale fait émerger des doutes quant à leur régime.

Cependant, ce raisonnement se voit opposer un argument commun qui vise à nier l'existence de tout conflit d'autorités en matière de droit public. Ce point de vue se fonde sur l'idée qu'en matière de droit public, il existe autant de droits différents que d'ordres juridiques. Seule une autorité administrative française peut émettre un acte administratif français[1]. L'on retrouve souvent l'exemple de la nationalité : l'État français est le seul compétent pour octroyer la nationalité française et sa compétence n'est donc pas en concurrence avec celles des autres États pour octroyer leur nationalité respective[2]. Les auteurs concluent alors au constat final de la « clôture institutionnelle des ordres juridiques étatiques dont le caractère souverain les incite, en dehors d'accords spécifiques, à ne poursuivre que leur intérêt propre »[3]. Or, il a déjà été relevé qu'un de ces « accords spécifiques » était présent dans l'Union européenne qui irrigue largement le droit national au point d'en devenir plus un principe qu'une exception. Dans le cadre de l'Union, les administrations étatiques sont à l'image de Janus avec ses deux visages : elles portent en elles tant une dimension nationale qu'européenne.

Ainsi, la participation de la France dans l'Union européenne renouvelle le paradigme de la concurrence des compétences entre autorités administratives nationales. Le processus d'intégration rompt avec la clôture institutionnelle et place les ordres

---

[1] CHAMBON M., *op. cit.*, pp. 525-527.
[2] MAYER P., « Droit international privé et droit international public sous l'angle de la notion de compétence », *RCDIP, vol. 68*, 1979, pp. 1-29 (1re partie).
[3] CHAMBON M., *op. cit.*, p. 527.

nationaux dans un ordre juridique supranational. Les actes transnationaux fondés sur le droit européen font disparaître la spécificité nationale : par exemple, l'État membre d'émission d'une nationalité n'a aucune importance pour les droits que son bénéficiaire pourra tirer de la citoyenneté européenne qui y est attachée[1]. De par l'octroi d'un effet de dimension européenne ou transnationale à l'échelle de l'Union, le droit européen efface l'importance de la nationalité de cet acte du point de vue de la citoyenneté européenne.

L'on se retrouve ainsi dans un schéma comparable à celui du droit interne. Le permis de construire peut constituer un exemple illustrant cette analogie. Selon le droit français, toute construction nouvelle doit faire l'objet d'un permis de construire sans quoi elle est illégale[2]. Ce permis de construire doit être sollicité auprès de la mairie de la commune au sein de laquelle les travaux sont envisagés en application de l'article R. 423-1 du Code de l'urbanisme. Cet article opère ainsi une répartition territoriale des compétences entre les collectivités locales pour l'octroi des permis de construire. Le non-respect de cette compétence territoriale expose le permis de construire à une annulation par le juge pour illégalité externe, et ce, même si le permis de construire porte sur le territoire d'une commune amenée à fusionner ultérieurement avec la commune émettrice[3]. Dans un tel cas, aucun argument ne peut être soulevé en invoquant que les différentes communes appliquent des droits différents et que le permis de construire de la commune X ressort d'une autre matière juridique que celui de la commune Y. Il en va de même pour l'octroi de la nationalité au regard de la citoyenneté européenne : peu importe que ce soit l'État A ou l'État B qui l'octroie puisque dans les deux cas, l'acte adopté impliquera la citoyenneté européenne. L'intégration européenne appelle donc à une relecture de certaines interprétations bien établies du droit international privé.

La composante fédérale du projet européen participe ainsi à la transformation des rapports entre les ordres juridiques qui se rapprochent de ceux que l'on peut y retrouver entre les entités fédérées, sans pour autant opérer un basculement complet vers ce modèle. C'est pourquoi le conflit d'autorités, qui a priori ne présente pas d'intérêt pour la matière publique, devient un mécanisme pertinent dans le cadre de l'acte administratif unilatéral transnational. Cela est vrai particulièrement dans le contexte européen, mais également sur un plan international puisque l'essence même de la transnationalité administrative est de décloisonner les ordres juridiques et d'admettre que le droit administratif d'un État puisse avoir un effet dans l'ordre juridique d'un autre. L'exemple est pris de la nationalité dans le droit de l'Union européenne, mais celui des permis de conduire sur le fondement de la Convention de Vienne de 1968[4] met également en lumière une concurrence de compétences entre les autorités nationales compétentes pour l'octroyer. Typiquement, à l'article

[1] Voir sur ce point : LECLERC S., « Les droits du citoyen européen », *in* LECLERC S., AKANDJI-KOMBÉ J.-F. (dir.), *La citoyenneté européenne*, Bruylant, coll. Rencontres européennes, 2006, Bruxelles, pp. 51-80.

[2] Art. R. 421-1 Code de l'urbanisme.

[3] CE, 27 novembre 2013, *Association Bois-Guillaume Réflexion*, n° 358765, *Rec. tables*, 885 ; *B.J.D.U.* 2014. 133, concl. LALLET A.

[4] Convention de Vienne sur la circulation routière du 8 novembre 1968.

41, 2, b, il est stipulé que le permis de conduire doit être reconnu par l'État de réception jusqu'à ce que cet État devienne le lieu de résidence normale du titulaire. Ceci correspond à une répartition des compétences entre l'autorité de l'État d'origine et celle de l'État de réception qui montre qu'à raison de l'application de la convention et, notamment, de son principe de reconnaissance des permis émis par les États parties, il existe bel et bien une concurrence de compétences entre les autorités nationales qu'il s'agit d'organiser par l'identification d'une règle de conflit d'autorités. Ainsi, selon l'application du critère de la résidence normale, la décision d'une autorité nationale n'aura pas la même portée puisqu'en cas de transfert de cette résidence dans un État qui reconnaissait originellement le permis émis par l'État d'origine, cette reconnaissance n'aura plus lieu d'être. À partir de ce constat-là, une concurrence de compétences entre les autorités nationales apparaît clairement et le conflit d'autorités est le meilleur moyen de déterminer le régime applicable aux actes administratifs transnationaux.

De son côté, la transnationalité élargie, telle que définie dans cette étude, comporte trois grands types d'actes : les actes émis par des autorités plurinationales, les décisions communes et les actes soumis au principe de reconnaissance mutuelle passive. Si l'application de l'adage auctor regit actum ne pose aucun problème pour les actes relevant de la reconnaissance mutuelle passive, il en va autrement pour le reste des actes composant la transnationalité élargie. En effet, les actes relevant de la reconnaissance mutuelle passive sont constitués par l'émanation d'un acte national qui est reçu par un second acte dans l'ordre juridique d'un État tiers. La qualification de transnationalité administrative est justifiée par le caractère lié de l'acte de reconnaissance qui ne peut généralement s'opposer à la reconnaissance de l'acte qu'en cas de violation d'un principe particulièrement important de son droit national. Il est donc aisé d'identifier l'autorité émettrice d'un tel acte. À l'inverse, les actes émis par des autorités plurinationales et les décisions communes ne semblent pas permettre une identification claire d'une autorité émettrice nationale donnée ce qui est la source d'une application concurrente de différents droits nationaux aux actes rendant l'utilisation de tels procédés complexe.

La notion d'administration fait partie de ces mots employés de longue date sans que l'on puisse en fixer clairement le contenu[1]. Autrefois employée dans le cadre des États absolutistes, l'administration désignait l'ensemble de l'action publique. C'est une fois la séparation des pouvoirs consacrée qu'elle se cantonna à devenir une partie du pouvoir exécutif[2]. Organiquement, elle regroupe « l'ensemble des organes, des structures, des agents et des personnes juridiques qui, sous l'autorité du gouvernement, sont appelés à assurer les tâches d'intérêt général qui incombent à l'État »[3]. Fonctionnellement, l'administration est subordonnée à l'action de gouverner[4]. Reprenant la définition classique posée par Laferrière : « [a]dministrer, c'est

---

[1] GUGLIELMI G. J., « Administration », *in* ALLAND D., RIALS S. (dir.), *op. cit.*, pp. 26-28.

[2] SCHWARZE J., *Droit administratif européen*, vol. 1, Bruylant, Office des publications officielles des communautés européennes, 1994, Bruxelles, Luxembourg, pp. 15-17.

[3] GUGLIELMI G. J., *art. cit.*

[4] *Ibid.*

assurer l'application journalière des lois, veiller aux rapports des citoyens avec l'administration centrale ou locale et des diverses administrations entre elles. Gouverner, c'est pourvoir aux besoins de la société politique tout entière, veiller à l'observation de la constitution, au fonctionnement des grands pouvoirs publics, aux rapports de l'État avec les puissances étrangères, à la sécurité intérieure et extérieure »[1].

L'administration, telle que définie aujourd'hui, est donc consubstantielle à la construction de l'État. Sa composante organique a cependant perdu de son importance au profit de son aspect fonctionnel : l'on parle alors de fonction administrative qui a permis tant d'identifier les actes administratifs que de déterminer quand les règles de droit administratif peuvent s'appliquer[2]. Ce glissement vers une conception plus fonctionnelle de l'administration explique peut-être que cette notion ait pu essaimer en dehors de l'État. Ainsi, les auteurs identifient des « organes administratifs intégrés » au sein même des organisations internationales[3], s'appropriant le vocabulaire classiquement dédié à l'État. Il est alors sans surprise que l'on parle également d'administration dans le cadre européen et que la définition de celle-ci soit tout aussi hésitante que dans le cadre étatique[4].

Malgré les imprécisions théoriques, il découle de tout ceci que l'administration s'inscrit toujours dans un pouvoir organisé par un ordre juridique donné dont la norme suprême opère la séparation des pouvoirs. Cette norme est la constitution dans le cadre étatique, le traité constitutif pour l'organisation internationale et, plus particulièrement, le TFUE, le TUE et la Charte des droits fondamentaux pour l'Union européenne. L'État s'inscrit dans l'ordre interne, l'Union européenne dans l'ordre communautaire et les organisations internationales dans le droit international. Le point commun à toutes ces administrations, c'est qu'elles sont unitaires à leur niveau de gouvernance : l'action administrative est réalisée au nom d'une seule personne, à savoir l'État, l'Union européenne ou l'organisation internationale. Ainsi, la notion d'administration semble allergique à la transnationalité qui implique l'intervention d'une dualité d'ordres juridiques égaux (c'est-à-dire d'ordres juridiques intervenant dans un rapport horizontal) et une allégeance à plusieurs États distincts. La plurinationalité d'une administration apparaît alors comme un oxymore et pourtant, il existe aujourd'hui des administrations qui présentent une telle caractéristique. C'est le cas pour l'hôpital de Cerdagne, constitué sous la forme d'un GECT, et, également, de l'aéroport européen de Bâle-Mulhouse qui est un établissement public franco-suisse[5].

---

[1] LAFERRIÈRE E., *Traité de la juridiction administrative et des recours contentieux*, t. 2, Berger-Levrault et Cie, 1888, Paris, p. 31.

[2] Voir : TIMSIT G., *Le rôle de la notion de fonction administrative en droit administratif français*, LGDJ, coll. Bibliothèque de droit public t. 54, 1963, Paris, VI-329 p.

[3] LATTY F., « L'organe administratif intégré de l'organisation internationale », *in* LAGRANGE E., SOREL J.-M. (dir.), *Traité de droit des organisations internationales*, LGDJ,2014, Paris, pp. 491-519.

[4] SCHWARTZ J., *op. cit.*, p. 29.

[5] Article 1er de la Convention franco-suisse, conclue à Berne le 4 juillet 1949, relative à la construction et à l'exploitation de l'aéroport de Bâle-Mulhouse.

La difficulté est qu'en l'absence de théorisation de l'administration plurinationale, celle-ci n'existe que de manière ad hoc. Son analyse est encore plus branlante puisque complètement novatrice. La question se pose de savoir comment identifier l'auteur d'un acte s'il fait partie intégrante d'une administration plurinationale. Est-ce l'entité plurinationale ? Est-ce une administration nationale seule selon une clef de répartition posée dans les règles de fonctionnement de l'entité considérée ? Les expériences de l'hôpital de Cerdagne et de l'aéroport de Bâle-Mulhouse ne permettent pas de déduire une quelconque conclusion générale à ce propos. D'un côté, l'hôpital émet bien des actes en son nom, mais leur régime varie selon le destinataire, ce qui peut faire douter d'une réelle unité administrative de cette entité. D'un autre côté, l'aéroport de Bâle-Mulhouse laisse coexister des douanes françaises et des douanes suisses, ces dernières pouvant intervenir pour les contrôles en fonction des lieux de départ et d'arrivée des passagers. Ce sont donc deux administrations séparées qui opèrent au sein d'une structure commune. La douane suisse reste l'auteur de son contrôle et la douane française du sien. Autrement dit, l'aéroport de Bâle-Mulhouse est une administration plurinationale en tant qu'établissement public franco-suisse, toutefois, à l'intérieur de cet aéroport, opèrent des administrations nationales de manière indépendante. Ces deux exemples proposent donc des modes de fonctionnement complètement différents. Ce constat n'est pas étonnant considérant que ces administrations sont des constructions ad hoc créées pour répondre à un besoin particulier à un moment donné. Ces entités n'obéissent donc pas à des règles générales communes, mais à des solutions spéciales taillées sur mesure pour la situation qu'il s'agissait d'encadrer. Il est ainsi impossible de déduire une règle générale permettant d'identifier clairement l'auteur des actes administratifs adoptés dans le cadre du fonctionnement des administrations plurinationales.

Il résulte de ces développements que les administrations plurinationales, de par leur caractère nouveau et expérimental, sont source de confusions pour l'identification de l'auteur de certains actes administratifs transnationaux. Un autre type d'acte administratif transnational pourrait rencontrer la même difficulté : la décision commune.

Les décisions communes ont par nature plusieurs auteurs, mais seulement d'un point de vue conceptuel. En effet, l'étude du fonctionnement de ces actes a montré que, dans le cadre de l'Union européenne, les décisions communes ne pouvaient voir le jour qu'après une procédure de négociation entre les États ou en l'absence de toute objection soulevée par les États potentiellement destinataires de l'acte. Si la négociation ou l'objection à l'édiction d'un tel acte constituent des actes administratifs transnationaux, ils restent cependant, d'un point de vue juridique, des actes distincts de la décision commune elle-même. Ainsi, il existe bien une procédure qui implique les différents États et qui peut être l'occasion d'une réelle collaboration dans l'adoption d'une décision commune, mais d'un point de vue purement formel, l'acte émis sera l'œuvre d'un seul État clairement identifiable et se verra soumis à son droit national. Il reste que l'identification d'un auteur n'éteint pas toutes les difficultés posées par la procédure d'adoption des décisions communes qui mêle l'intervention de plusieurs États et donc l'application de leurs droits nationaux. Somme toute, ces États ont aussi une certaine paternité sur l'acte émis et pourtant il ne sera attribué qu'à l'État finalisant son édiction. Ce constat peut être utilisé pour préciser le principe auctor regit actum en ce qu'il ne s'applique qu'à l'auteur formel de l'acte et non aux auteurs intervenus au stade de l'élaboration du contenu de l'acte.

Que l'on considère les actes des administrations plurinationales ou les décisions communes, il est difficile d'identifier nettement les administrations nationales auteures de ces actes bien que les décisions communes relèvent finalement de la paternité de l'État finalisant leur adoption. Cette difficulté de rattachement a des répercussions importantes puisqu'il devient alors complexe, voire impossible, d'identifier le droit national applicable à l'acte considéré. La réalité est que de tels actes peuvent relever de différents droits nationaux.

C'est ainsi que, potentiellement, peuvent s'appliquer différents droits nationaux qui entrent en concurrence entre eux. Une telle concurrence constitue alors le prérequis pour l'intervention d'un conflit de lois qui est la méthode principale du droit international privé pour résoudre la question de l'identification du droit applicable à une situation donnée[1]. Bien que la méthode du conflit de lois soit habituellement présentée comme incompatible avec le droit public[2], il a déjà été établi que le cas des autorités plurinationales incarnait un contre-exemple à une telle proposition. Plusieurs possibilités ex ante existent alors : soit les parties instituant une administration plurinationale désignent un seul droit national pour la régir de manière globale, soit elles décident de distinguer en fonction de critères choisis. Dans tous les cas, il s'agit de trancher un conflit de lois au moyen d'une règle de conflit. En principe, une telle règle doit être posée dans l'instrument procédant à la création de l'administration en cause et donc en amont de l'édiction des actes ici envisagés.

Dans le cas de l'hôpital de Cerdagne, il s'agit d'un GECT dont les statuts prévoient que son fonctionnement est soumis au droit espagnol (art. 1.3). Cependant, l'art. 9.3 des statuts pose que les décisions administratives relatives aux activités menées par le GECT peuvent faire l'objet de « recours constitutionnels » prévus par le droit national devant les juridictions de l'État membre dont la constitution prévoit le droit de recours. C'est ici qu'avait été identifiée une règle de conflit fondée sur la nationalité du demandeur : s'il est français, le juge administratif sera compétent et appliquera le droit administratif français. D'ailleurs, la compétence du juge administratif en matière d'annulation ou de réformation « des décisions prises, dans l'exercice des prérogatives de puissance publique, par les autorités exerçant le pouvoir exécutif, leurs agents, les collectivités territoriales de la République ou les organismes publics placés sous leur autorité ou leur contrôle » constitue un principe fondamental reconnu par les lois de la République[3]. Ce sera tout l'inverse si le requérant est espagnol. Pour le cas des nationalités tierces, l'on ne peut que supputer que le droit espagnol s'appliquera en l'absence d'une règle autre et clairement posée

[1] CAMUS C., *La distinction du droit public et du droit privé et le conflit de lois*, LGDJ, coll. Bibliothèque de droit privé t. 565, 2015, Issy-les-Moulineaux, p. 27.

[2] *Ibid.*, pp. 27-31 ; CHAMBON M., *op. cit.*, pp. 241-268. PLESSIX B., *op. cit.*, pp. 171-174.

[3] Cons. constit., 23 janvier 1987, *Loi transférant à la juridiction judiciaire le contentieux des décisions du Conseil de la concurrence*, DC n° 86-224.

par les statuts. L'application de cette règle de conflit est donc confuse et peut éventuellement aboutir à un choix du droit applicable (law shopping). Ce problème a par ailleurs déjà été souligné[1] à propos de l'art. 15, §3 du règlement n° 1082/2006[2] qui est ici repris textuellement par les statuts de l'hôpital. Ainsi, de manière plus générale, le GECT est source d'une complexité juridique forte et connaît de multiples possibilités contentieuses résumées par Jean-Christophe Lubac :

« La compétence juridictionnelle varie selon le type de contentieux. Tout d'abord, lorsqu'un GECT est partie à un différend, la compétence juridictionnelle est déterminée selon les règles du droit communautaire. Dans l'hypothèse où le droit communautaire ne trouve pas à s'appliquer, la compétence juridictionnelle du différend est par principe celle des juridictions de l'État où le GECT a son siège. Certains types de contentieux connaissaient un régime spécifique, tels que les contentieux relatifs aux décisions de participation d'un membre à un GECT, à la modification de la convention, des statuts ou à l'intérêt public du GECT, qui sont attribués aux juridictions de l'État membre dont la décision est contestée. »[3]

En dehors du cas des GECT, la détermination du droit applicable n'est pas plus claire pour d'autres administrations plurinationales. En reprenant l'exemple de l'établissement public franco-suisse de l'aéroport de Bâle-Mulhouse, il apparaît à la lecture de la Convention franco-suisse que cet établissement est censé être régi par « les statuts et le cahier des charges ci-annexés et par la loi française dans la mesure où il n'y est pas dérogé par la présente Convention et ses annexes »[4]. Là encore, l'on peut être interpelé par la multiplicité des droits impliqués par une telle formulation d'autant plus que les statuts de l'établissement[5] ne contiennent aucune disposition sur le droit applicable à l'entité. L'on peut déduire de la Convention qu'en principe le droit français est applicable à l'établissement public ainsi que dans son enceinte (art. 6). Toutefois, certaines compétences non déléguées par les États parties à l'aéroport doivent être réalisées sur son territoire : il s'agit principalement des contrôles sanitaires et douaniers[6]. Dans un tel cas, l'on retrouve une certaine cohérence avec le principe auctor regit actum puisque l'article 8 dispose qu'une zone de l'aéroport doit être réservée à l'administration douanière suisse afin qu'elle puisse opérer ses contrôles[7] selon son droit national pour les vols en provenance ou à destination de la Suisse. Enfin, la question de l'existence d'un établissement public international interroge fortement quant aux recours contre les actes adoptés par les instances de décision bipartites de l'établissement. Le silence des statuts à propos de

---

[1] LUBAC J.-C., « Un nouvel outil communautaire de coopération, le GECT », *JCP A* n° 48, nov. 2006, pp. 1295 et s. ; LEBON L., *La territorialité et l'Union européenne. Approches de droit public*, Bruylant, coll. Droit de l'Union européenne Thèse n° 41, 2015, Bruxelles, pp. 312-318.

[2] Règlement (CE) n°1082/2006 du Parlement européen et du Conseil du 5 juillet 2006 relatif à un groupement européen de coopération territoriale (GECT).

[3] LUBAC J.-C., *art. cit.*, § 20.

[4] Art. 1 de la Convention franco-suisse, conclue à Berne le 4 juillet 1949, relative à la construction et à l'exploitation de l'aéroport de Bâle-Mulhouse.

[5] Voir l'annexe I de la Convention.

[6] Voir l'article 4.

[7] Voir : art. 2 de la Convention entre la Suisse et la France du 28 septembre 1960 relative aux bureaux à contrôles nationaux juxtaposés et aux contrôles en cours de route.

potentiels recours laisse ouverts des questionnements juridiques complexes. Le fonctionnement de cet établissement binational est soumis à la double tutelle administrative française et suisse[1] ce qui parfait la confusion. Également, les deux gouvernements ont le pouvoir de dissoudre le Conseil de l'établissement public s'il mène une gestion contraire à l'intérêt public[2]. Ce statut d'établissement public international est d'ailleurs source de difficultés au sein même de l'administration française qui considère souvent l'aéroport comme étant un établissement public français sans véritablement prendre en compte sa nature binationale[3].

L'étude des administrations plurinationales ne permet pas de tirer des règles générales quant au droit applicable aux actes administratifs qui en proviennent. Bien au contraire, il semblerait que chaque administration dispose de règles particulières définies dans l'instrument qui l'institue. Ce manque de rationalité globale est un frein au développement de ce type de projet bien que le GECT propose une possible unité. Il reste que ces administrations sont exposées à un manque de sécurité juridique certain quant au contentieux de leurs actes. Tout ceci découle de l'impossibilité de désigner une autorité nationale comme auteure des actes. Ce constat n'est toutefois pas corroboré par l'étude des décisions communes dont le régime juridique est beaucoup moins problématique.

Si les décisions communes présentent certaines spécificités en impliquant l'intervention de différents droits nationaux dans leur élaboration, elles ne sont pour autant pas l'occasion d'un véritable conflit de lois. Ainsi, lors de leur adoption, l'État émetteur agit selon sa propre procédure nationale et si d'autres États membres veulent présenter une objection, ils le font suivant leur droit national. Il n'y a pas de doute quant au droit applicable à l'acte lui-même : il relève uniquement du droit de l'État l'ayant édicté. L'unique moment où l'on retrouve plusieurs droits nationaux mis en contact est la phase de discussion possible entre les États. Les relations entre ces droits relèvent alors de la coexistence et non de la concurrence.

Par-delà l'application du droit national, les rapports entre ordres juridiques impliquent que des droits supranationaux pourraient éventuellement s'appliquer aux actes administratifs unilatéraux transnationaux. L'origine de la transnationalité administrative indique même que cette possibilité est en réalité une certitude puisque sa source se situe toujours dans du droit supranational. Toutefois, il faut établir précisément comment les droits supranationaux peuvent s'appliquer aux actes administratifs transnationaux et surtout clarifier de potentielles confusions. En effet, l'on pourrait, au premier abord, croire que les actes administratifs transnationaux relèveraient du droit administratif global (ou Global administrative law) en ce qu'ils incarneraient un phénomène de globalisation du droit administratif. Il ne faut pas s'y tromper, le droit administratif global ne vise pas à s'appliquer à la transnationalité administrative telle que définie dans cette étude. Ainsi, l'analyse des droits supra-

[1] Article 13 des statuts contenus dans l'annexe I de la Convention de 1949 pour le contrôle des décisions les plus importantes. (art. 7 des statuts).
[2] Article 7 des statuts.
[3] LADET G., *Le statut de l'aéroport de Bâle-Mulhouse*, Pedone, 1984, Paris, pp. 266-271.

nationaux applicables ne comprend que le droit international et le droit de l'Union européenne qui présentent différentes modalités d'application.

Le droit administratif global est né sous le nom de « Global administrative law » en tant que projet de recherche au sein de l'université de New York et sa naissance est communément actée à partir d'un article fondateur[1] écrit par Benedict Kingsbury, Nico Krisch et Richard B. Stewart[2]. Ce mouvement est parti d'un constat selon lequel le paradigme étatique ne correspond plus à la réalité de l'action administrative, mais, qu'au contraire, de plus en plus d'organes supranationaux réalisent des fonctions que ces auteurs qualifient d'administratives[3]. Selon eux, il existe cinq types d'administrations qui peuvent être qualifiées de « globales » : les organisations intergouvernementales, les réseaux transnationaux, les administrations nationales quand elles émettent des décisions relatives à des questions étrangères ou globales, les administrations mixtes privées et intergouvernementales ainsi que certaines entités privées[4]. La conception retenue du caractère administratif est purement matérielle, les auteurs faisant principalement référence au pouvoir de réglementation et de décision dont sont dotées ces structures[5].

L'exclusion de tout critère organique est aussi ce qui motive la création du droit administratif global : puisque les entités concernées sont aussi diverses, elles ne sont jamais appréhendées comme un ensemble, car elles connaissent une disparité de régimes trop importante malgré le fait qu'elles exercent une fonction administrative commune[6]. Les excipant des principes du droit international, mais aussi de la « pratique normative existant dans les administrations globales »[7], le droit administratif global comprend principalement trois règles procédurales et deux standards substantiels. Il en résulte que, quelle que soit l'entité concernée, toute procédure d'adoption d'un acte doit se faire selon un principe de participation et de transparence[8], les décisions émises doivent être motivées[9] et pouvoir faire l'objet d'un réexamen[10]. Concernant les standards substantiels, il s'agit principalement du respect du principe de proportionnalité dans ses différentes déclinaisons. L'on retrouve ainsi l'exigence d'une corrélation entre l'objectif et les mesures arrêtées ainsi que l'absence de possibilité d'adopter des mesures moins restrictives[11]. S'y ajoute la protection des espérances légitimes[12].

---

[1] KINGSBURY B., KRISCH N., STEWART B. R., « The emergence of global administrative law », *Law and Contemporary Problems*, vol. 68, 2005, pp. 15-61.
[2] BOUCOBZA I., « Le droit administratif global, essai d'analyse critique d'un courant de pensée », *RFDA* 2019, pp. 824 et s.
[3] KINGSBURY B., KRISCH N., STEWART B. R., *art. cit.*, pp. 18-27.
[4] *Ibid.*, pp. 20-23.
[5] *Ibid.*, pp. 25-27.
[6] *Ibid.*, pp. 27-29.
[7] *Ibid.*, pp. 29-3,1 spéc. p. 29.
[8] *Ibid.*, pp. 37-39.
[9] *Ibid.*, p. 39.
[10] *Ibid.*, pp. 39-40.
[11] *Ibid.*, pp. 40-41.
[12] *Ibid.*

C'est ainsi que Benedict Kingsbury, Nico Krisch et Richard B. Stewart définissent le droit administratif global comme le droit « comprenant les mécanismes, les principes, les pratiques et les manifestations sociales positives qui promeuvent ou, au moins, affectent la responsabilité des organes administratifs globaux, en particulier en assurant qu'ils respectent les standards de transparence, de participation, de motivation des décisions, de légalité et en procurant un recours effectif contre les règlements et les décisions qu'ils adoptent »[1].

Toutefois, selon ces éléments posés, le droit administratif global apparaît comme une théorie aux contours incertains,[2] en particulier au regard de sa frontière avec le droit international. Certains y voient même un miroir déformant qui présenterait le droit international comme l'état de nature et le droit administratif global comme un « contrat social international » privant le droit international de la capacité à organiser le bon encadrement de la pratique des organisations internationales[3]. Malgré l'absence de consensus quant à la pertinence du droit administratif global, ses auteurs réitèrent son intérêt face aux limites du droit international et à l'existence constatée de principes communs applicables à différents organes internationaux[4]. Enfin, le caractère normatif de ce droit reste difficile à justifier de manière précise, même à la lecture de ses défenseurs, puisqu'ils invoquent différents fondements juridiques provenant du droit international, du jus cogens ou encore des droits nationaux sans proposer de corpus juridique rationalisé procédant d'une normativité clairement identifiable[5].

Enfin, les critères de l'administrativité du droit administratif global sont très différents de ceux que l'on peut retrouver dans le droit national. Les prérogatives de puissance publique, l'intérêt général ou encore le service public en sont totalement absents au profit d'une notion de fonction administrative, dont on peut saisir l'idée par référence à la mise en œuvre d'un « pouvoir administratif », mais qui reste trop largement indéfinie[6].

Si la théorie américaine du droit administratif global présente un grand intérêt pour repenser les procédures applicables aux entités internationales, faire face à leur déficit démocratique et assurer une certaine transparence, cette théorie exclut précisément de son objet le comportement des États. C'est pourquoi, malgré une dénomination qui pourrait donner à penser que ce droit serait pertinent pour les actes administratifs transnationaux, il est en réalité étranger à la question. Bien que le

---

[1] *Ibid.*, p. 17.

[2] BORIES C., « Histoire des phénomènes administratifs au-delà de la sphère étatique : tâtonnements et hésitations du droit et/ou de la doctrine », *in* BORIES C. (éd), *Un droit administratif global ?*, Actes du colloque organisé les 16 et 17 juin 2011, Pedone, coll. Cahiers internationaux n° 28, 2012, pp. 58-59 ; BORIES C., « Droit global, globalisation du droit, droit administratif… De la nécessité de définir un objet d'étude », *RFDA* 2019, pp. 815 et s.

[3] FORTEAU M., « Le droit administratif global, signe d'une évolution des techniques du droit international ? », *in* BORIES C. (éd), *op. cit.*, pp. 169-183, spéc. pp. 178-180.

[4] KINGSBURY B., CASINI L., « Global Administrative Law Dimensions of International Organizations Law », (2009) 6 *International Organizations Law Review* 319.

[5] KINGSBURY B., « The Concept of 'Law' in Global Administrative Law », 20 *European Journal of International Law Review* (2019), pp. 319 et s.

[6] BOUCOBZA I., *art. cit.*

droit administratif global ait été repris et enrichi par la pensée européenne, il reste extérieur au régime juridique applicable à ces actes transnationaux.

Parallèlement, la transnationalité administrative ne peut exister que si elle dispose d'une source de droit international qui l'organise puisqu'elle met en jeu un conflit de souverainetés qui doit être résolu par ce droit. Si certains actes trouvent leur fondement directement dans le droit international[1], d'autres voient leur transnationalité assurée par le truchement du droit de l'Union européenne[2] qui se fonde également, in fine, sur le droit international tel que cela fut exposé lors de la première partie de cette étude. Ces deux configurations ont une certaine importance quant au régime applicable aux actes qui en procèdent. Toutefois, le droit de l'Union européenne tient, là encore, une place particulière puisque ce droit couvre des domaines très étendus et qu'en tant qu'État membre, la France se doit de le respecter. Il reste que, lorsque la transnationalité est organisée par un instrument du droit international, ce dernier peut trouver à s'appliquer de manière spécifique aux actes qu'il vise. Le raisonnement se fonde sur l'exemple de l'acte administratif français, toutefois la place qu'occupent le droit de l'Union et le droit international par rapport aux actes administratifs reste relativement identique dans les autres États. Puisque dans chaque État membre, le droit de l'Union revêt en principe la même primauté (malgré quelques jurisprudences nationales récalcitrantes[3]) et que dans

[1] C'est par exemple le cas des permis de conduire en dehors de l'Union européenne (Convention de Vienne sur la circulation routière du 8 novembre 1968), des opérations de contrôle douanier effectuées par les douanes suisses dans l'aéroport de Bâle-Mulhouse (Convention franco-suisse, conclue à Berne le 4 juillet 1949, relative à la construction et à l'exploitation de l'aéroport de Bâle-Mulhouse) ou de la juxtaposition des contrôles de police et frontaliers dans certaines zones des gares de l'Eurostar (Traité de Canterbury du 12 février 1986).

[2] De nombreuses directives rendent transnationaux des actes administratifs individuels : c'est le cas des permis de conduire (Directive 2006/126/CE du Parlement européen et du Conseil du 20 décembre 2006 relative au permis de conduire (refonte)), des qualifications professionnelles (Directive 2005/36/CE du Parlement européen et du Conseil du 7 septembre 2005 relative à la reconnaissance des qualifications professionnelles), de la dissémination des OGM (Directive 2001/18/CE du 12 mars 2001 relative à la dissémination volontaire d'organismes génétiquement modifiés dans l'environnement telle que modifiée par la directive 2008/27/CE du Parlement européen et du Conseil du 11 mars 2008), ou encore de l'autorisation d'émission de services de médias audiovisuels (Directive 2010/13/UE du Parlement européen et du Conseil du 10 mars 2010 visant à la coordination de certaines dispositions législatives, réglementaires et administratives des États membres relatives à la fourniture de services de médias audiovisuels). Également, certains règlements donnent un effet transnational à certains actes unilatéraux adoptés par des autorités administratives pour organiser le bon fonctionnement de réseaux d'autorités en matière de répression des pratiques anticoncurrentielles (Règlement (CE) n° 1/2003 du Conseil du 16 décembre 2002 relatif à la mise en œuvre des règles de concurrence prévues aux articles 81 et 82 du traité) ou en matière de protection des données personnelles (Règlement (UE) 2016/679 du Parlement européen et du Conseil du 27 avril 2016 relatif à la protection des personnes physiques à l'égard du traitement des données à caractère personnel et à la libre circulation de ces données et abrogeant la directive 95/46/CE (règlement général sur la protection des données). Enfin, le droit européen peut organiser des administrations plurinationales au travers de la figure du GECT instituée par un règlement (Règlement (CE) n°1082/2006 du Parlement européen et du Conseil du 5 juillet 2006 relatif à un groupement européen de coopération territoriale (GECT)).

[3] Voir : Tribunal constitutionnel polonais, 7 octobre 2021, *Assessment of the conformity to the Polish Constitution of selected provisions of the Treaty on European Union*, K 3/21. Voir également : MARTUCCI F., « La

chaque État, le traité, ou son acte de transposition ont une valeur particulière que les actes administratifs ne peuvent contredire, il y a toujours une supériorité de ces normes par rapport aux actes administratifs. Les conclusions trouvées à propos de l'acte administratif unilatéral transnational français au regard de l'encadrement posé par le droit de l'Union européenne et le droit international peuvent donc être globalement extrapolées aux actes administratifs unilatéraux transnationaux en général et à ceux émis par les États membres en particulier. Mais outre les conséquences de l'application du principe de primauté, le droit de l'Union européenne peut forger un régime particulier pour certains actes administratifs spécifiques qui sont des actes de mise en œuvre du droit de l'Union européenne. L'étude de ce type d'encadrement est intéressante, car les actes administratifs unilatéraux transnationaux peuvent souvent être caractérisés d'actes de mise en œuvre du droit de l'Union européenne.

Malgré l'absence de consécration jurisprudentielle claire avec un vocable parfois changeant[1], Jean Sirinelli a proposé l'identification de l'acte de mise en œuvre du droit de l'Union en tant qu'il « serait l'acte national entrant dans le champ d'application du droit de l'Union et dont la compatibilité à celui-ci conditionnerait l'effectivité du droit européen sur le territoire d'un État membre »[2]. Sont intégrés à cette catégorie les actes d'exécution qui sont les « actes nécessaires à la complétude juridique des règles européennes et à leur concrétisation matérielle »[3] et les actes interférences qui sont des « acte[s] nationa[ux] adopté[s] pour des motifs étrangers au droit de l'Union [...], mais qui affecte[nt] la pleine réalisation des règles européennes »[4]. Selon cet auteur, l'acte administratif de mise en œuvre est à la fois un acte national en ce qu'il est émis dans un ordre juridique national, mais il est également « européanisé », car son contenu est préconçu par le droit de l'Union[5].

Cette catégorie doctrinale est intéressante dans le cadre de cette étude, car de nombreux actes administratifs unilatéraux transnationaux sont des actes administratifs de mise en œuvre du droit de l'Union. Il a ainsi été démontré qu'au sein de l'Union européenne, de nombreux actes trouvaient le fondement de leur transnationalité dans un texte de droit européen, qu'il s'agisse d'actes individuels transnationaux per se ou d'actes potentiellement transnationaux, d'actes émis par des GECT ou encore de décisions communes voire dans le cas de la reconnaissance mutuelle passive. En cela, tous ces actes entrent très clairement dans le champ d'application du droit de l'Union et procèdent même à son exécution puisqu'ils en permettent la réalisation concrète. 734. Sans la transnationalité administrative, certaines libertés de circulation ne peuvent pas être totalement effectives : sans la portabilité des rattachements à la Sécurité sociale des États membres, des permis de conduire, ou même des diplômes, il est certain que la liberté de circulation des tra-

---

Pologne et le respect de l'État de droit. Réflexions suscitées par la décision K 3/21 du Tribunal constitutionnel polonais », *JCP G* n°45, 8 novembre 2021, doctr. 1181.

[1] Voir : CJUE, 26 février 2013, *Aklagaren c/ Akerberg Fransson*, *aff.* C-617/10, ECLI :EU :C :2013 :105, §27 à 29.

[2] SIRINELLI J., *art. cit.*, p. 969.

[3] *Ibid.*, p. 969.

[4] *Ibid.*, p. 970.

[5] *Ibid.*, pp. 972-973.

vailleurs (art. 45 TFUE) et la liberté d'établissement (art. 49 TFUE) se trouveraient limitées. De même, sans l'effet transnational d'une décision d'autorisation d'émission d'un service de médias audiovisuels, c'est la libre prestation de service (art. 56 TFUE) qui serait restreinte. Enfin, l'existence d'obligations de réponse au sein des réseaux d'autorités administratives peut être vue comme une modalité d'expression du principe de coopération loyale (art. 4, §3 TUE) assurant une réelle efficacité dans la réalisation de l'assistance administrative mutuelle. L'acte administratif unilatéral transnational apparaît alors comme un outil indispensable à la réalisation des principes juridiques fondamentaux de l'Union européenne et participe pleinement à l'administration de l'Union.

Par ailleurs, Jean Sirinelli souligne également une caractéristique propre des actes administratifs transnationaux quand il écrit, à propos des actes de mise en œuvre du droit de l'Union, qu'ils sont des « actes passerelles », c'est-à-dire un « point de rencontre entre les ordres juridiques national et européen »[1]. Ceci traduit très justement l'essence de l'acte administratif transnational sauf qu'il présente avant tout une dimension horizontale en reliant les ordres juridiques étatiques. Ce caractère reflète sa fonction au sein de l'espace de l'Union et l'on voit ainsi que ce type d'acte revêt une importance majeure pour assurer le bon fonctionnement de cette entité juridique atypique.

Cette fonction de mise en œuvre du droit de l'Union européenne affecte globalement le régime de ces actes d'une manière particulière puisque le droit de l'Union vient la régir sous certains aspects[2]. Ces effets sont très divers et peuvent différer selon l'acte considéré, mais certains grands traits peuvent être mis en lumière. C'est tout d'abord la compétence des autorités d'édiction qui peut être restreinte ou élargie territorialement, ce qui est le propre de la transnationalité administrative[3]. La forme et la procédure de l'acte peuvent également être partiellement définies par le droit de l'Union[4]. Pour la forme, l'exemple du permis de conduire est topique, puisque l'annexe I de la directive 2006/126/CE[5] établit jusqu'au matériau de la carte du permis qui doit être en polycarbonate. Concernant la procédure, l'effet du droit de l'Union peut consister tant en l'application de principes juridiques – Jean Sirinelli cite par exemple l'obligation de motivation des actes posée à l'article 41 de la Charte des droits fondamentaux[6]–, qu'en l'organisation de procédures d'adoption particulières comme pour les décisions communes. Enfin, le droit de l'Union implique également des modalités spécifiques quant à la production d'effets juridiques de ces actes et à leur fin[7]. Il peut ainsi, par exemple, permettre de donner un effet

[1] SIRINELLI J., *art. cit.*, p. 974.
[2] *Ibid.*, pp. 975-977.
[3] *Ibid.*, pp. 977-979, spéc. p. 979.
[4] *Ibid.*, pp. 979-984.
[5] Directive 2006/126/CE du Parlement européen et du Conseil du 20 décembre 2006 relative au permis de conduire (refonte).
[6] SIRINELLI J., *art. cit.*, p. 980.
[7] À propos de l'effet du droit européen sur le droit administratif relatif au retrait et à l'abrogation des actes administratifs voir : SIRINELLI J., *Les transformations du droit administratif par le droit de l'Union*

rétroactif à certains actes[1] ou nécessiter le réexamen d'un acte contraire au droit de l'Union[2] dans des circonstances spécifiées par la jurisprudence.

Le régime des actes administratifs en général, et des actes administratifs unilatéraux tirant leur transnationalité du droit de l'Union en particulier, est ainsi fortement modifié par ce droit européen. Ce n'est pour autant pas l'unique source supranationale qui doit être prise en compte lors de l'étude du régime des actes administratifs unilatéraux transnationaux. L'achèvement de cette présentation des droits concourant au régime de ces actes doit également s'attarder sur les effets produits par les conventions internationales qui fondent la transnationalité de certains actes administratifs.

Par-delà le droit de l'Union européenne qui s'infuse directement dans les droits nationaux, les conventions internationales constituent une autre source du droit devenue tellement banale qu'il est un « lieu commun de la littérature juridique que de souligner l'extraordinaire foisonnement des sources externes du droit français »[3] et qu'un tel constat est également valable pour la très grande majorité des autres droits nationaux.

En France, la valeur juridique des traités et des conventions internationales est posée par l'article 55 de la Constitution qui dispose que « [l]es traités ou accords régulièrement ratifiés ou approuvés ont, dès leur publication, une autorité supérieure à celle des lois, sous réserve, pour chaque accord ou traité, de son application par l'autre partie ». C'est ainsi que, d'un point de vue formel, un traité ou une convention internationale peuvent venir régir le régime applicable aux actes administratifs puisqu'ils priment sur les principales sources juridiques de l'acte administratif. Il en résulte que le juge administratif est en mesure de veiller au respect du droit issu des traités et des conventions internationales que ce soit par la mise à l'écart d'une loi inconventionnelle ou l'annulation d'un acte administratif enfreignant une convention, pour autant qu'elle soit invocable par les parties au litige[4]. Il n'y a ainsi aucun obstacle à ce qu'une convention vienne régir une partie du régime d'un acte administratif.

Cependant, force est de constater que les conventions internationales ne portent généralement pas sur le contenu du droit administratif qui est confiné aux relations internes que l'État entretient avec ses sujets de droit. Des exceptions existent cependant, s'appliquant à des cas particuliers où l'action administrative dépasse les frontières que ce soit par la création d'une administration binationale, comme l'aéroport de Bâle-Mulhouse, ou par la reconnaissance de plano d'actes administra-

---

européenne : une contribution à l'étude du droit administratif européen, LGDJ, coll. Bibliothèque de droit public t. 266, 2011, Paris, pp. 441-464.

[1] À propos d'une réglementation des quotas de production de produits laitiers, voir : CJCE, 15 juillet 2004, *Gerekens c/ Procola*, *aff.* C- 459/02, ECLI :EU :C :2004 :454.

[2] CJCE, 13 janvier 2004, *Kühne & Heitz NV c. Producktschap voor Pluimvee en Eieren*, *aff.* C-453/00, ECLI :EU :C :2004 :17.

[3] PLESSIX B., *Droit administratif général*, LexisNexis, coll. Manuel, 3e éd., 2020, Paris, p. 79.

[4] CE, sect., 23 avril 1997, *GISTI*, n° 163043, *Rec.* p. 142 ; *RFDA* 1997, p. 585, concl. ABRAHAM R ; DUBOUIS L., « Droit international et juridiction administrative – Applicabilité des règles internationales », *Répertoire de droit international*, Dalloz, janvier 2006 (actualisation novembre 2018), §36-40.

tifs unilatéraux, comme les diplômes ou les permis de conduire, qui revêtent alors un caractère transnational. En effet, les conventions encadrant les situations administratives transnationales sont amenées à comporter des dispositions spécifiques pour le régime des actes administratifs qui viendront les mettre en œuvre. C'est donc de manière très sectorielle qu'une convention organisera le régime des actes administratifs transnationaux : seuls les actes visés par elle pourront être touchés, et ce, sur un point très spécifique. Par exemple, la Convention sur la circulation routière[1] prévoit que le certificat d'immatriculation d'une automobile ou d'une remorque légère contient différentes informations : un numéro d'immatriculation, le nom et le domicile du titulaire, le nom ou la marque de fabrique du constructeur, le numéro d'ordre du châssis et la période de validité si elle n'est pas limitée[2]. D'ici, la convention poursuit en encadrant même la typographie utilisée : le document ne doit contenir que des caractères latins ou des lettres cursives dites anglaises[3]. De même, pour le permis de conduire, de nombreuses obligations formelles sont posées par l'annexe 6 de la convention. Les contraintes issues des conventions internationales semblent être, de manière privilégiée, des contraintes formelles. En réalité, il serait peu intéressant pour les États de laisser des conventions régir substantiellement leurs actes administratifs, même transnationaux, et c'est pourquoi ils se concentrent généralement sur des considérations de forme afin d'assurer l'identification authentique des instrumenta qui, parce qu'ils matérialisent les actes administratifs, vont être amenés à circuler à l'étranger. Cependant, il existe certains exemples où les conventions internationales ont une approche beaucoup plus substantielle à propos des actes administratifs, c'est notamment le cas lorsque des conventions désignent le droit applicable à certains actes administratifs des États parties. Typiquement, la convention franco-suisse, conclue à Berne le 4 juillet 1949, relative à la construction et à l'exploitation de l'aéroport de Bâle-Mulhouse dispose expressément dans son article 8, §2 que lors des contrôles des douanes suisses dans leur zone réservée de l'aéroport, les autorités suisses procèdent selon leur droit national. Quelle que soit leur approche, les conventions internationales restent importantes en tant que participantes à la formation du régime juridique spécifique des actes administratifs unilatéraux dont elles fondent la transnationalité.

Puisque l'acte administratif unilatéral transnational est un objet hybride reliant d'une manière assez nouvelle les ordres juridiques nationaux entre eux, il est peu étonnant de trouver une richesse particulière dans la diversité des droits qui participent à son régime. Celle-ci s'illustre d'abord par l'identification d'un droit national applicable qui peut toutefois être mis en concurrence avec d'autres droits nationaux selon le type de transnationalité considéré. C'est ici que la typologie établie en première partie prend du sens : bien qu'ils réalisent tous une fonction similaire, tous les actes administratifs unilatéraux transnationaux ne sont pas identiques en termes de régime. Ce constat se renforce encore plus lorsque l'on considère les sources supranationales qui viennent les encadrer. Un fossé juridique se forme alors entre les

[1] Convention de Vienne sur la circulation routière du 8 novembre 1968.

[2] Art. 35 de la convention.

[3] *Ibid.*

actes de mise en œuvre du droit de l'Union européenne, qui tirent de ce droit de nombreux éléments de régime qui peuvent même déroger au droit national, des autres actes administratifs transnationaux. De même, dans le cas où la transnationalité d'un acte se fonde sur un instrument de droit international, il se peut que la convention ou le traité en cause contiennent des dispositions très spécifiques uniquement applicables à ce type d'actes.

Le panorama des droits applicables aux actes administratifs unilatéraux transnationaux ainsi dressé, il est alors possible de s'intéresser à la naissance juridique de ces actes, c'est-à-dire à leur entrée en vigueur et aux conséquences qui y sont attachées en termes d'exécution.

La naissance et l'exécution de l'acte administratif unilatéral transnational

L'étude de l'acte administratif unilatéral transnational n'a pas pour but de reproduire les manuels de droit administratif qui présentent l'entrée en vigueur des actes administratifs et les conséquences qui s'y attachent. Au contraire, l'intérêt de la recherche se porte sur le caractère transnational de certains actes administratifs, ce qui implique la focalisation du raisonnement sur les caractéristiques particulières qui en découlent du point de vue de leur naissance. Ainsi, classiquement, tous les actes administratifs unilatéraux transnationaux connaissent le régime de droit commun applicable aux actes administratifs. Par exemple en France, ils entrent en vigueur lors de leur signature, deviennent opposables après leur publication et revêtent l'autorité de chose décidée et une force exécutoire particulière[1]. À ce régime classique viennent toutefois s'ajouter des spécificités qui procèdent directement de leur caractère transnational. C'est sur ces particularités que se concentre ce travail et il en découle deux considérations principales. La première est celle de l'identification du moment d'apparition de la transnationalité d'un acte, de son entrée en vigueur, puisqu'elle marque l'avènement de caractères nouveaux qu'il s'agit d'étudier. La seconde est d'observer directement les effets propres au caractère transnational afin de parfaire la fresque des influences de la transnationalité sur le régime de l'acte administratif.

L'acte administratif unilatéral transnational recoupe plusieurs réalités qui ont été classifiées au sein de la typologie établie précédemment. Ainsi, il existe différents types de transnationalités administratives qui peuvent parfois différer assez substantiellement les uns des autres. C'est pourquoi il n'est dès lors pas étonnant de remarquer que l'entrée en vigueur de la transnationalité des actes administratifs unilatéraux varie selon le type de transnationalité considéré. Notamment, de par leur divergence de nature, la transnationalité stricte doit faire l'objet d'un développement distinct. Dans un second temps sera considérée la prise d'effet de la transnationalité comprise lato sensu.

---

[1] SEILLER B., « Acte administratif : régime », in *Répertoire de contentieux administratif*, Dalloz, actualisation avril 2020, §295-496 ; WALINE J., *Droit administratif*, Dalloz, coll. Précis, 28e éd., 2020, Paris, pp. 476-487.

La conception stricte du caractère transnational des actes administratifs unilatéraux recoupe trois types d'actes. Les actes individuels transnationaux per se, ceux potentiellement transnationaux ainsi que les actes réglementaires transnationaux. Si chaque catégorie d'actes, par ses caractéristiques essentielles, propose une prise d'effectivité de la transnationalité sur un mode propre, l'on peut cependant opérer une distinction principale entre les actes dont la transnationalité est concomitante à leur entrée en vigueur et ceux dont elle n'arrive que postérieurement en raison d'un changement de circonstances de fait ou de droit.

Les actes administratifs unilatéraux qui présentent un caractère transnational dès leur entrée en vigueur constituent le cas le plus simple à analyser puisque la prise d'effectivité de leur transnationalité est clairement identifiée. Dès leurs premiers instants d'existence, ces actes sont transnationaux et produisent donc un effet juridique dans un ou des ordre(s) juridique(s) étranger(s) sans nécessiter d'acte de réception de la part du ou des État(s) destinataire(s). Ainsi, cet effet transnational est prévu dans l'objet même de ces actes et ne résulte pas d'un changement de droit extérieur. Une différence de fonction de la transnationalité apparaît cependant selon la nature précise des actes considérés. Il s'agit alors de distinguer le cas des actes individuels transnationaux per se et ceux qui revêtent un caractère réglementaire.

Concernant les actes individuels transnationaux per se, ils regroupent les actes administratifs individuels qui ont vocation à produire des effets transnationaux tout en opérant l'application d'une règle de droit à une situation d'espèce. Lors de cette opération, la nécessité de recourir à un acte transnational ab initio peut s'imposer à son auteur en raison de la nature elle-même transnationale de la situation considérée. Ainsi, en matière fiscale, lorsqu'un État membre de l'Union européenne souhaite accéder à des « informations vraisemblablement pertinentes pour l'administration et l'application de [s]a législation interne »[1] qui seraient détenues par une administration d'un autre État membre, il ne peut que décider de lui adresser une demande d'information en application de l'article 5 de la directive 2011/16/UE. C'est donc face à une situation de fait transnationale, par exemple celle où l'information nécessaire à la mise en œuvre du droit national est détenue par une autorité étrangère, qu'un outil juridique transnational est mobilisé – à savoir la demande d'information qui constitue un acte administratif individuel transnational per se. Puisque l'on répond ici à une situation transnationale, il faut que la solution apportée soit également transnationale ab initio, d'où la prise d'effet concomitante de la transnationalité de tels actes à leur entrée en vigueur.

Un autre exemple est donné par la régulation des services de médias audiovisuels sur le marché européen. En effet, bien que chaque État membre soit compétent pour contrôler les fournisseurs de contenu localisés sur son territoire en vertu de critères donnés par la directive 2010/13/UE[2], un État membre peut toujours

[1] Art. 1, §1 de la directive 2011/16/UE du Conseil du 15 février 2011 relative à la coopération administrative dans le domaine fiscal et abrogeant la directive 77/799/CEE.

[2] Art. 2, §2 à 5 de la directive 2010/13/UE du Parlement européen et du Conseil du 10 mars 2010 visant à la coordination de certaines dispositions législatives, réglementaires et administratives des États membres relatives à la fourniture de services de médias audiovisuels.

adresser des demandes d'information sur les diffuseurs relevant d'autres États, mais dont les services sont destinés à son territoire[1]. C'est, là encore, une situation de fait transnationale qui commande l'édiction d'un acte juridiquement transnational. En effet, face à la mise en œuvre du principe du pays d'origine selon lequel un diffuseur autorisé par un État membre donné peut émettre son contenu sur l'intégralité du territoire de l'Union, il fallait mettre les administrations en mesure de réagir dans les cas d'abus où un opérateur se placerait volontairement dans un État donné pour échapper à la législation nationale d'un autre (l'art. 4, §1 de la directive 2010/13/UE laisse aux États membres la faculté d'adopter des règles plus détaillées et plus strictes que celles qu'elle instaure en matière de régulation audiovisuelle), alors même que son service serait principalement destiné au territoire de cet État. C'est ainsi qu'un dispositif anti-contournement a été instauré dans les cas où un fournisseur de médias fournit un service principalement ou entièrement destiné au territoire d'un État qui n'est pas compétent pour le contrôler. Dans un tel cas, l'article 4, §2 et §3 de la directive 2010/13/UE prévoit la possibilité pour l'État de réception d'adopter des mesures d'entrave, mais il faut cependant, au préalable, qu'il puisse établir que l'opérateur ne vise que son territoire pour son activité de diffusion. Et c'est ainsi, tel que le prévoit l'article 30 bis, §3 de la directive, que la possibilité d'adresser une demande d'information à un autre régulateur national, en l'espèce, celui dont relève l'opérateur économique, revêt une importance majeure pour résoudre la problématique transnationale qui se pose.

Il est donc assez limpide que les actes individuels transnationaux per se viennent en réponse directe à des problématiques dont les faits sont transnationaux et qui ne peuvent pas être traitées par une approche purement nationale. C'est donc pour cela que le caractère transnational de ces actes relève de leur essence même puisque, sans lui, ils perdent leur raison d'être. La perspective est cependant totalement différente lorsque sont considérés les actes réglementaires qui sont transnationaux dès leur origine.

Les actes réglementaires transnationaux naissent plus dans un souci d'opportunité qu'en vertu d'une nouvelle conceptualisation de l'action administrative. Ces actes sont rares,[2] car la transnationalisation de règles générales ne répond généralement pas aux besoins des États qui n'ont pas choisi de donner une place de choix à cet outil juridique dans l'organisation des rapports entre leurs ordres juridiques. Ainsi, les quelques exemples qui peuvent être trouvés – tels que l'enclave allemande de Büsingen sur le territoire suisse ou un point spécifique d'exécution de contrôle des douanes suisses dans l'aéroport de Bâle-Mulhouse situé en France – ne sont que des cas d'espèce dont aucune analyse générale ne peut être tirée quant à la naissance de la transnationalité de ces actes ni à leur fonction. Il est ainsi possible qu'à la suite de la conclusion du traité sur l'inclusion de la commune de Büsingen dans le territoire douanier suisse, la Suisse ait adopté un nouveau règlement en matière douanière qui trouverait alors à s'appliquer sur le territoire de la commune.

[1] Art. 30 bis, §3 de la directive 2010/13/UE.

[2] GERONTAS A., «Deterritorialization in Administrative Law : Exploring Transnational Administrative Decisions », *Columbia Journal of European Law*, n° 3, 2013, pp. 1-65, spéc. pp. 15-16.

Ainsi, ce règlement présenterait un caractère transnational dès son entrée en vigueur, mais ce n'est qu'en raison d'une situation particulière qui n'est pas au centre des considérations ayant conduit à son adoption. Son objet ne vise pas particulièrement à produire un effet transnational qui naît plutôt sur le mode de l'opportunité. En plus d'un caractère anecdotique, le règlement transnational n'apparaît donc pas pensé comme un outil transnational. Il l'est ou le devient de manière incidente, mais ce n'est pas inscrit dans son essence. La seule conclusion à en tirer est donc qu'un règlement peut entrer en vigueur avec un caractère transnational sans que cela révèle un trait particulier de son objet. Cet effet transnational est plus le résultat d'une souplesse accordée par les États, dans un objectif de gestion facilitée d'un territoire placé dans une situation frontalière spécifique, que d'une véritable action administrative conçue comme transnationale.

La seconde méthode d'apparition de la transnationalité stricte est postérieure à l'entrée en vigueur de l'acte administratif auquel elle est attachée. On peut y distinguer deux cas différents : le premier, où le caractère transnational est « activé » par une situation de fait et le second, où il procède simplement d'un changement normatif prévoyant sa création.

Lors de l'exposé de la typologie proposée par cette étude, une des classifications identifiées était celle des « actes administratifs individuels potentiellement transnationaux ». Ce mot, « potentiellement », dénote en tant qu'il ne relève pas du vocabulaire juridique ni ne désigne une réalité clairement identifiée. Au contraire, il instille une touche d'obscurité dans la matérialité du caractère transnational de ces actes. En réalité, ce mot cherche à traduire l'idée que certains actes administratifs individuels sont en puissance des actes transnationaux, la puissance étant ici entendue au sens aristotélicien du terme en tant que virtualité non réalisée[1]. Ces actes portent en eux la possibilité d'être transnationaux, le cadre juridique le prévoit, mais leur transnationalité ne va se concrétiser que lors d'un changement de fait qui va activer cette potentialité.

L'étude de la régulation du secteur audiovisuel sur le marché européen permet de rendre ces considérations plus concrètes. Prenons, par exemple, un fournisseur de service de médias audiovisuels qui souhaite émettre un programme sur le réseau câblé français. En application de la loi Léotard de 1986[2], cet opérateur doit demander au Conseil supérieur de l'audiovisuel (CSA) (aujourd'hui ARCOM) une autorisation d'utilisation de fréquences radioélectriques pour diffuser son programme, autorisation qui prend généralement la forme d'une convention passée entre le demandeur et le CSA (aujourd'hui ARCOM) [3]. Une fois celle-ci obtenue, l'opérateur peut réaliser son activité économique sans qu'aucune question de transnationalité de sa convention-autorisation ne soit soulevée : elle ne produit aucun effet juridique extraterritorial en tant que tel. Ce n'est que si cet opérateur décide

[1] ARISTOTE, trad. CARTERON H., *Physique*, t. 2, Les Belles Lettres, 1931, Paris, Livre VIII, chap. 4 et 5, spéc. § 255 b.
[2] Loi n° 86-1067 du 30 septembre 1986 relative à la liberté de communication.
[3] CE, 25 novembre 1998, *Compagnie luxembourgeoise de télédiffusion*, n° 168125, mentionné aux tables du recueil Lebon ; *AJDA* 1999, p. 54, concl. CHAUVAUX D.

d'émettre à destination du territoire d'autres États membres que cette autorisation leur devient opposable et contraint leur administration puisqu'en application de l'article 3, §1 de la directive 2010/13/UE ces États membres ont l'interdiction d'entraver les émissions en provenance d'autres États de l'Union. C'est en cela que le caractère transnational de la convention d'agrément n'est que potentiel : tant que l'opérateur ne décide pas d'émettre à l'étranger, elle ne crée aucun lien juridique réel pesant sur les administrations des autres États membres. Ainsi, certains actes administratifs individuels deviennent transnationaux lorsque la situation de leur destinataire devient elle-même transnationale. Le changement est donc déclenché par l'apparition de nouvelles circonstances factuelles qui viennent réaliser le potentiel transnational de ces actes.

Les actes administratifs individuels potentiellement transnationaux illustrent la capacité d'adaptation dont peut faire preuve le droit administratif, sous l'impulsion d'un droit supranational, puisque, bien qu'existant déjà, ces actes acquièrent un caractère nouveau en fonction de l'évolution de la situation de leur destinataire, et ce, afin d'assurer la continuité de leurs effets juridiques malgré le franchissement de frontières. Cette fonction est alors essentielle pour assurer la possibilité des flux de toutes sortes dans un monde globalisé et atteste du renouvellement du droit administratif interne face à des impératifs supranationaux nouveaux. Le cas des actes administratifs individuels potentiellement transnationaux n'épuise toutefois pas toutes les configurations où le caractère transnational d'un acte unilatéral apparaît postérieurement à son édiction. Dans certains cas, ce caractère résulte d'un changement de droit et non d'une modification de fait.

Il existe des actes administratifs unilatéraux qui vont acquérir un caractère transnational tout simplement, car une norme nouvelle va le prévoir. Le cas typique est celui du règlement qui est transnationalisé par un traité. Par exemple, les règlements douaniers suisses sont devenus applicables sur une zone de l'aéroport de Bâle-Mulhouse du fait de l'entrée en vigueur du traité franco-suisse du 4 juillet 1949[1]. Comme pour les règlements transnationaux ab initio, il n'y a pas de règle particulière à tirer d'un tel schéma qui répond avant tout à une opportunité ponctuelle requérant la transnationalisation exceptionnelle d'actes réglementaires. Il s'agit alors seulement de souligner que le changement de droit peut lui aussi être la cause d'une transnationalisation d'actes administratifs postérieurement à leur édiction.

L'étude de la prise d'effectivité du caractère transnational des actes compris dans la transnationalité stricto sensu est riche d'enseignements sur deux points. Le premier, est que le caractère transnational d'un acte peut être attaché à l'objet de l'acte lui-même, c'est le cas des actes administratifs individuels transnationaux per se, à la situation du destinataire de l'acte, c'est le cas des actes administratifs individuels potentiellement transnationaux, ou à des considérations d'opportunité déconnectées de l'acte en lui-même, c'est le cas des règlements transnationaux qu'ils le soient dès leur entrée en vigueur ou postérieurement. Le second point, qui découle de l'analyse du premier, est qu'en observant l'apparition du caractère transnational de

[1] Convention franco-suisse, conclue à Berne le 4 juillet 1949, relative à la construction et à l'exploitation de l'aéroport de Bâle-Mulhouse.

ces actes, l'on confirme des conclusions déjà esquissées en première partie d'étude. Finalement, la mise en œuvre de la transnationalité administrative est plus une affaire de décisions que de règles, au sens de la distinction posée par Pierre Mayer[1]. L'acte administratif individuel est le seul à être véritablement pensé comme transnational. L'acte transnational per se est même adopté spécifiquement pour produire de tels effets. L'acte individuel est en effet plus approprié, car il permet de faire le pont entre différents ordres juridiques sans pour autant opérer une incision aussi lourde que le font les règlements d'où sa prévalence sur ceux-ci. Ces constats fournissent des informations importantes quant aux outils à considérer pour organiser la transnationalité administrative. Afin de compléter ces données, il faut également s'intéresser aux situations couvertes par la transnationalité élargie qui occupent un rôle tout aussi important.

La transnationalité administrative élargie pourrait, au premier abord, présenter des difficultés particulières quant à son apparition temporelle en raison de son caractère incomplet qui empêche les actes qui en font partie de rejoindre la catégorie de la transnationalité stricte. Et pourtant, l'on retrouve finalement les mêmes modalités de prise d'effectivité de la composante transnationale de ces actes desquelles l'on peut tirer des constats similaires à ceux identifiés dans l'étude de la transnationalité stricte. Ces similitudes confirment ainsi la relative unité existant entre les deux catégories et réaffirment la pertinence de la présence de la transnationalité élargie dans cette étude. C'est donc sur une distinction précédemment établie que seront d'abord examinés les actes dont l'effectivité de la transnationalité est concomitante à leur entrée en vigueur et ceux dont elle est postérieure.

Concernant les administrations plurinationales, il a déjà été démontré à quel point elles étaient sources de difficultés quant à l'identification de la nationalité de l'auteur de leurs actes et du droit leur étant applicable en raison du métissage spécifique dont elles font l'objet. C'est alors par renvoi à une règle de conflit de lois pourvue par les instruments de création de ces administrations que l'on trouve généralement la solution à ce problème.

Ce recours à des dispositions propres à chaque administration plurinationale rend difficile de généraliser une unique conclusion à propos de la prise d'effectivité de la transnationalité de leurs actes administratifs unilatéraux. Cependant, le cadre des administrations plurinationales fournit des indications précieuses sur ce sujet. En effet, que l'on prenne l'aéroport de Bâle-Mulhouse ou l'hôpital de la Cerdagne, la création de ces entités mixtes répond à un besoin circonscrit à un territoire précis à cheval sur deux États. L'on voit ainsi que la portée des décisions de ces administrations ne vise qu'à régir ce qui se passe sur leur territoire et non à essaimer avec leurs destinataires comme ce qu'il se passe dans le cas des actes administratifs potentiellement transnationaux. En réalité, toutes les interrogations causées par les administrations plurinationales procèdent du fait qu'elles nient l'existence d'une frontière sur un territoire plurinational donné. Ces administrations découlent ainsi d'une sorte de redécoupage territorial s'absolvant partiellement du lien national.

---

[1] MAYER P., *La distinction entre règles et décisions et le droit international privé*, Dalloz, coll. Bibliothèque de droit international privé, 1973, Paris, XI-244 p.

C'est donc lorsque l'on persiste à vouloir analyser de telles administrations sous le prisme du territoire national que l'on voit apparaître des actes administratifs unilatéraux transnationaux. Par exemple, dans cette perspective, le GECT de l'hôpital de Cerdagne est placé en territoire espagnol, ainsi lorsqu'il rend une décision administrative concernant un patient français, cet acte est considéré comme émis par une administration française, puisqu'en vertu de l'article 9. 3 de ses statuts[1], le juge administratif français est compétent pour connaître d'éventuels recours fondés sur le droit administratif français. Ainsi, dans un tel cas, l'acte sera effectivement transnational ab initio puisqu'il sera exécuté sur le territoire espagnol. Mais l'on ne peut pas dire que cet acte soit fonctionnellement différent du même acte adressé à un patient espagnol. C'est même une distinction assez artificielle que de dire que le premier cas concerne un acte administratif transnational et l'autre non, bien qu'effectivement l'on trouve remplis les critères de qualification de ce type d'acte.

Finalement, l'analyse de la prise d'effet de la transnationalité des actes issus d'administrations plurinationales révèle une inadéquation de la grille de lecture du droit administratif pour réellement saisir leur nature profonde. Si la catégorie de l'acte administratif unilatéral transnational permet de saisir grossièrement leur fonctionnement, elle reste peu adaptée puisque seront transnationaux certains actes selon la solution du conflit de lois applicable sans pour autant que l'on retrouve ce rôle de passerelle entre les ordres juridiques que l'on identifiait pour d'autres sous-catégories d'actes transnationaux. C'est, somme toute, assez logique puisque cette passerelle existe antérieurement à ces actes par la création même d'une administration plurinationale au moyen d'un traité.

Ainsi, certains actes administratifs unilatéraux des administrations plurinationales peuvent présenter un caractère transnational dès leur naissance en raison de l'impossibilité à classer justement ces administrations avec les concepts existants. Ce constat renforce la spécificité de ces institutions métissées qui appellent ainsi à une analyse à part entière.

De son côté, la décision commune aurait pu adopter le fonctionnement des actes administratifs individuels potentiellement transnationaux qui acquièrent leur caractère transnational qu'en raison d'une modification de la situation de leur destinataire, plus spécifiquement, qu'à raison de leur déplacement à l'étranger. En effet, dans les décisions communes, l'on retrouve souvent la question d'une autorisation octroyée à un destinataire avec la possibilité de la faire valoir sur le territoire des autres États membres. Toutefois, la spécificité des décisions communes – ces décisions administratives élaborées dans un cadre européen souvent sur le fondement d'une directive et qui, parce qu'elles touchent l'ordre juridique d'autres États membres, leur donnent un droit de veto – leur transmet une dimension transnationale immédiate[2].

---

[1] Les statuts de l'hôpital figurent à l'annexe I de la convention de coopération sanitaire transfrontalière et de constitution du Groupement européen de coopération territoriale (GECT) – Hôpital de Cerdagne du 26 avril 2010.

[2] DE LUCIA L., *Amministrazione transnazionale e ordinamento europeo : saggio sul pluralismo amministrativo*, G. Giappichelli editore, coll. Costituzione e amministrazione n° 6, 2009, Turin, p. 52.

Un des exemples de telles décisions est celui des autorisations de mise sur le marché des OGM en application de la directive 2001/18/CE[1]. Ce texte prévoit ainsi une procédure de notification adressée à l'autorité compétente de l'État membre sur le territoire duquel un opérateur veut introduire un OGM sur le marché[2]. Il s'ensuit que lorsque l'autorité compétente décide si le produit peut être mis sur le marché, et en l'absence d'objection motivée par les États membres ou la Commission, une autorisation est émise[3].

De plus, la directive donne un effet particulier à une telle autorisation puisqu'une fois donnée, elle permet à ce que l'OGM en cause soit utilisé sur tout le territoire de l'Union[4]. Ainsi, une fois l'autorisation émise dans un État membre, les opérateurs économiques pourront décider d'aller vendre l'OGM autorisé sur le territoire d'autres États membres. L'on pourrait ainsi croire qu'il s'agit d'un effet potentiellement transnational, mais la lecture attentive de la directive conduit à des conclusions contraires. Typiquement, la clause de sauvegarde prévoit qu'un État membre peut adopter des mesures de restriction ou d'interdiction de la vente ou de l'utilisation d'un OGM en raison d'informations nouvelles et complémentaires suggérant que l'OGM en cause présente un risque particulier pour l'environnement[5]. Il est intéressant de relever que la directive ne soumet pas l'utilisation de cette clause à l'existence préalable d'une utilisation ou d'une vente de l'OGM en cause sur le territoire de l'État membre concerné. Autrement dit, même si l'OGM qui a reçu une autorisation ne traverse pas les frontières en étant utilisé ou vendu sur le territoire d'un État, la directive considère que cette autorisation initiale produit un effet transnational à destination des autres États qui peuvent, par conséquent, adopter des mesures de sauvegarde dans des cas spécifiques. Ces États n'ont pas à attendre que l'OGM en cause soit utilisé ou vendu sur leur territoire, ce qui montre qu'ils sont liés par l'autorisation dès son édiction.

Les décisions communes sont donc particulières en ce qu'elles sont pensées pour être des actes transnationaux ab initio tout en mimant la fonction des actes administratifs potentiellement transnationaux. Le fait qu'elles produisent directement un effet transnational peut être analysé comme la manifestation d'une intégration européenne poussée incarnée par cette procédure d'élaboration faisant intervenir au moins indirectement tous les États membres. C'est ainsi que la décision commune revêt une force particulière dès sa genèse et remplit pleinement une mission d'exécution du droit de l'Union européenne dans une perspective de fluidité du marché intérieur.

Les actes des administrations plurinationales et les décisions communes présentent donc un caractère transnational ab initio. Cependant, les actes soumis à la reconnaissance mutuelle passive présentent ici une spécificité en ce qu'ils ont un effet

---

[1] Directive 2001/18/CE du 12 mars 2001 relative à la dissémination volontaire d'organismes génétiquement modifiés dans l'environnement telle que modifiée par la directive 2008/27/CE du Parlement européen et du Conseil du 11 mars 2008.

[2] Pour la procédure de notification, voir l'article 13 de la directive 2001/18/CE.

[3] Article 15, §3 de la directive 2001/18/CE.

[4] Article 19, §1 de la directive 2001/18/CE.

[5] Article 23, §1 de la directive 2001/18/CE.

transnational différé en raison des modalités mêmes de l'acquisition de leur caractère transnational.

L'hypothèse de la prise d'effectivité du caractère transnational d'actes administratifs unilatéraux vise le cas particulier de la reconnaissance mutuelle dite « passive ». Il s'agit d'un phénomène au seuil de la qualification de la transnationalité élargie puisque les actes visés acquièrent une dimension transnationale après un acte individuel de reconnaissance. La raison pour laquelle ils restent cependant inclus dans cette étude est que cette reconnaissance est presque automatique, généralement imposée par le droit de l'Union européenne qui ne réserve que des possibilités très restreintes d'opposition. En ce sens, les États n'ont finalement pas à adopter un comportement actif pour opérer cette reconnaissance qui peut dès lors être qualifiée de « passive »[1]. C'est finalement par une approche réaliste que le manque de marge de manœuvre des États dans la reconnaissance des actes administratifs unilatéraux considérés permet leur inclusion dans la transnationalité élargie.

L'élaboration particulière de ces actes administratifs transnationaux réserve toutefois un mécanisme spécifique de prise d'effectivité de la transnationalité puisque c'est seulement une fois la reconnaissance effectuée que l'acte va produire ses effets dans des ordres juridiques étrangers. Ainsi, cela constitue un changement de droit – l'adoption d'un acte de reconnaissance – qui déclenche la transnationalité de ces actes.

Un exemple peut être donné par la mise sur le marché de nouveaux médicaments. En application de l'article 6 de la directive 2001/83/CE[2], tout médicament doit obtenir une autorisation de l'autorité compétente de l'État membre sur le marché duquel il vise à être commercialisé. Dans le cas où, après l'octroi d'une autorisation par un État membre, sa commercialisation devrait être étendue au territoire d'autres États membres, ces derniers devraient « reconna[ître] l'autorisation de mise sur le marché octroyée par l'État membre de référence »[3]. C'est ainsi que ces États sont soumis à une reconnaissance « obligatoire »[4] qui va conférer à la première autorisation un effet transnational. Cet acte de reconnaissance par les États de réception est un acte juridique qui modifie l'ordonnancement juridique et c'est en cela que la transnationalité est ici activée par un changement de droit.

L'on peut alors s'interroger sur la fonction de cette activation de la transnationalité par un changement de droit et non simplement par une circonstance factuelle comme pour d'autres actes administratifs unilatéraux transnationaux. Cela peut être analysé en tant que gradation dans l'activation de la transnationalité, l'activation par un changement de droit étant plus difficile à mettre en œuvre que par un simple changement de fait. Cette échelle de la transnationalisation traduit certainement

---

[1] Voir : ARMSTRONG K. A., « Mutual Recognition », *in* BARNARD C., SCOTT J. (éds.), *The Law of the Single European Market. Unpacking the Premises*, Hart Publishing, 2002, Oxford et Portland (Or.), pp. 225-267.

[2] Directive n° 2001/83/CE du Parlement européen et du Conseil du 6 novembre 2001 instituant un code communautaire relatif aux médicaments à usage humain.

[3] Article 28, §2 de la directive 2001/83/CE.

[4] DE GROVE-VALDEYRON N., « Médicament », in *Répertoire de droit européen*, Dalloz, Janvier 2007 (actualisation octobre 2020), §6.

l'importance que les États apportent aux matières concernées, certaines étant plus sensibles que d'autres et les encourageant donc à garder une certaine mainmise sur leur application. La reconnaissance mutuelle passive est donc un moyen pour les États de garder un droit de regard plus fort sur certains domaines bien que leur marge de manœuvre soit en réalité assez restreinte. L'on voit ainsi que la transnationalité administrative doit s'adapter à l'importance différenciée qu'accordent les États à certaines matières. La diversité des techniques activant la transnationalité des actes administratifs traduit une flexibilité certaine visant à pouvoir organiser la transnationalité administrative de la façon la plus large possible, là où elle est nécessaire.

L'analyse de la prise d'effectivité du caractère transnational des actes administratifs unilatéraux relevant de la transnationalité élargie ne diffère donc pas beaucoup de celle des actes appartenant à la transnationalité stricte. L'on retrouve ainsi des actes transnationaux dès leur naissance par opposition aux actes qui acquièrent ce caractère ultérieurement. C'est finalement selon deux considérations principales que ces différentes méthodes de transnationalisation s'organisent. Elles sont, d'une part, dépendantes de la raison même de la transnationalisation. Ainsi, la transnationalisation des règlements ou des actes des administrations plurinationales résulte plus d'un cadre juridique transnational global dans lequel vont naître ces actes, mais qui, finalement, ne sont pas pensés comme les vecteurs uniques de cette transnationalité. Par opposition, certains actes, comme les actes administratifs individuels, sont conçus comme des passerelles entre ordres juridiques dans un contexte plus classique. D'autre part, l'activation du caractère transnational varie selon les domaines concernés et la valeur que leur attribuent les États. C'est donc finalement un élément d'ordre politique qui vient formater les modalités d'expression de la transnationalité administrative. Par-delà l'entrée en vigueur de la transnationalité, l'analyse doit se poursuivre en considérant l'étude des effets découlant de ce caractère transnational des actes administratifs unilatéraux.

De plus, comme tout acte administratif, les actes transnationaux naissent avec un effet particulier qui leur est attaché. Les auteurs le présentent sous différentes formes. Certains y voient une « autorité provisoire de la chose décidée » qui comporte à la fois une force obligatoire, qui impose des obligations ou des droits sans le consentement des destinataires et une force exécutoire qui voudrait que ces actes soient obligatoirement exécutables sans le recours au juge[1]. D'autres s'arrêtent à la simple force exécutoire du fait de laquelle, un acte « produira, de par sa seule existence, tous ses effets »[2]. Cela s'oppose au principe selon lequel un acte administratif étranger ne pourrait pas avoir un effet exécutoire dans l'État de destination. Toutefois, déjà au début du XXe siècle, Fedozzi admettait que l'on « ne doit pas exclure la possibilité qu'un État, pour une hypothèse déterminée, reconnaisse de plano la force exécutoire d'un acte public étranger, soit de sa propre initiative, soit par suite

---

[1] Voir : SCHWARTZENBERG R.-G., *L'autorité de chose décidée*, LGDJ, coll. Bibliothèque de droit public t. 93, 1969, Paris, pp. 48-144.

[2] LAVIALLE C., *L'évolution de la conception de la décision exécutoire en droit administratif français*, LGDJ, coll. Bibliothèque de droit public t. 1018, 1974, Paris, p. 34.

d'une obligation assumée conventionnellement »[1]. Il réservait donc une possibilité pour un tel effet[2] que, selon notre hypothèse, les actes administratifs transnationaux produisent.

De manière générale, les actes administratifs ont pour caractéristique de produire directement leurs effets sans être conditionnés par le consentement de leurs destinataires et tiers concernés ni par la saisine d'un juge[3]. L'acte administratif modifie de plano l'ordonnancement juridique dès son entrée en vigueur. C'est même ce caractère exécutoire de l'acte administratif qui, selon l'arrêt Huglo du Conseil d'État, constitue la « règle fondamentale du droit public »[4]. Face à cet enjeu majeur, une interrogation quant à une éventuelle spécificité de l'acte administratif unilatéral transnational émerge puisqu'un tel acte produit des effets dans son ordre juridique national, mais aussi dans celui du ou des ordre(s) de destination. Pour mener cette analyse, la distinction entre la transnationalité administrative stricte et la transnationalité élargie reste pertinente pour ne pas gommer les différences existantes entre ces deux catégories.

Le cas des actes administratifs transnationaux ab initio, qu'ils soient individuels ou réglementaires présente un régime unitaire où l'entrée en vigueur de l'acte marque l'effectivité de ses caractères qui sont alors tous exécutoires.

Les actes individuels transnationaux per se constituent un type d'actes particuliers en ce qu'ils ont pour objet principal de produire un effet juridique dans un ordre étranger. Ils recouvrent le plus souvent les actes administratifs intervenant dans les réseaux d'administrations. En reprenant l'exemple des demandes d'informations fiscales entre les autorités administratives des États membres de l'Union européenne, l'on peut identifier des éléments prouvant que ces actes peuvent produire par eux-mêmes un effet contraignant pour leurs destinataires sur le fondement du droit de l'Union, qui sont d'ailleurs le plus souvent des entités publiques.

D'après l'article 5 de la directive 2011/16/UE[5], une autorité nationale peut adresser une demande d'information à une ou des autorité(s) nationale(s) d'autres États membres à condition que ces informations soient « vraisemblablement pertinentes pour l'administration et l'application de la législation interne des États membres relative aux taxes et impôts »[6]. Il est alors intéressant de noter que la directive, en plus d'obliger les administrations de réception à faire droit à ce type de demande, enserre la production d'une réponse dans un délai fixé à deux mois quand l'autorité destinataire est déjà en possession de l'information demandée, ou 6

[1] FEDOZZI P., « De l'efficacité extraterritoriale des lois et des actes de droit public », *RCADI* 1929, II, t. 27, p. 225.
[2] *Ibid.*, p. 239.
[3] SEILLER B., « Acte administratif : régime », in *Répertoire de contentieux administratif*, Dalloz, actualisation avril 2020, § 411.
[4] CE, ass., 2 juillet 1982, *Huglo*, n° 25288 et 25323, *Rec.* p. 257 ; concl. BIANCARELLI J., *AJDA* 1982. 657 ; *D.* 1983. IR 270, obs. DELVOLVÉ P.
[5] Directive 2011/16/UE du Conseil du 15 février 2011 relative à la coopération administrative dans le domaine fiscal et abrogeant la directive 77/799/CEE.
[6] *Ibid.*, article 1, spéc. §1.

mois dans le cas inverse[1]. L'existence de ce délai est symptomatique du caractère exécutoire de l'acte de demande, notamment de sa composante transnationale. De même, en matière de protection des données, l'on retrouve l'existence d'un délai d'un mois pour répondre à une demande d'information ou effectuer une mesure de contrôle demandée par une autorité nationale de mise en œuvre du règlement général de la protection des données en provenance d'un autre État membre[2]. En matière audiovisuelle, il y a un délai de deux mois pour répondre aux demandes d'informations entre les régulateurs nationaux des services de médias audiovisuels[3]. Pour la régulation financière, c'est un délai immédiat pour les demandes d'information entre autorités nationales de régulation des marchés financiers dans le cadre de la poursuite des abus de marché[4].

Dans tous ces exemples, jamais l'effectivité de l'obligation créée par ces actes n'est soumise à l'intervention préalable du juge ou au consentement de leurs destinataires. La composante transnationale est ainsi exécutoire au même titre que les autres caractéristiques de l'acte administratif. Autrement dit, en plus de produire de lui-même un effet contraignant dans l'ordre juridique français, l'acte administratif individuel transnational per se comporte un effet contraignant dans un ou des ordre(s) juridique(s) étranger(s) qui est véritablement exécutoire.

Un effet similaire se retrouve chez les règlements transnationaux. Un exemple, qui n'a pas encore été cité, est celui de l'aéroport de Genève où, en vertu d'une convention franco-suisse du 25 avril 1956[5], il existe un secteur dit « France » où s'appliquent « les lois et règlements français régissant en France l'entrée, la sortie et le transit des personnes, des bagages, des marchandises et des capitaux », pour les flux en provenance ou à destination de la France[6]. Ainsi, la question du caractère exécutoire des règlements nés ou devenus transnationaux en application de la présente convention ne fait alors aucun doute. Lorsque la convention dispose que ces actes sont applicables, elle sous-entend justement qu'ils soient directement exécutoires et non qu'il faille attendre un autre acte juridictionnel ou de reconnaissance. Finalement, la seule distinction qu'il existe ici par rapport à l'acte individuel transnational per se est que l'acte réglementaire peut devenir transnational après être entré

[1] Article 7, §1 de la directive 2011/16/UE.

[2] Règlement (UE) 2016/679 du Parlement européen et du Conseil du 27 avril 2016 relatif à la protection des personnes physiques à l'égard du traitement des données à caractère personnel et à la libre circulation de ces données et abrogeant la directive 95/46/CE (règlement général sur la protection des données), spéc. art. 61, §1.

[3] Voir : art. 30 bis, §3 de la directive 2010/13/UE du Parlement européen et du Conseil du 10 mars 2010 visant à la coordination de certaines dispositions législatives, réglementaires et administratives des États membres relatives à la fourniture de services de médias audiovisuels.

[4] Article 25, §4 du Règlement (UE) n° 596/2014 du Parlement européen et du Conseil du 16 avril 2014 sur les abus de marché (règlement relatif aux abus de marché) et abrogeant la directive 2003/6/CE du Parlement européen et du Conseil et les directives 2003/124/CE, 2003/125/CE et 2004/72/CE de la Commission.

[5] Convention entre la Suisse et la France concernant l'aménagement de l'aéroport de Genève-Cointrin et la création de bureaux à contrôles nationaux juxtaposés à Ferney-Voltaire et à Genève-Cointrin, conclue le 25 avril 1956.

[6] Voir spéc. l'art. 15, §1 de la convention.

en vigueur, notamment dans les cas de la signature d'une convention internationale organisant un tel changement. Cependant, mis à part un décalage temporel, ce cas ne présente pas de spécificité importante quant à son caractère exécutoire dans l'ordre juridique de réception. Le cas des actes réglementaires transnationaux est en fin de compte beaucoup plus simple que celui des actes individuels puisqu'il constitue une extravagance, au sein de la catégorie de l'acte administratif unilatéral transnational, qui ne doit son existence qu'à des phénomènes particuliers reposant généralement sur une fiction d'inexistence de certaines portions de frontière.

De leur côté, les actes administratifs individuels potentiellement transnationaux présentent des spécificités quant à leur caractère exécutoire puisque, au regard des développements précédents, ces actes acquièrent une composante transnationale en raison d'un changement factuel postérieur à leur entrée en vigueur. Ainsi, il semble qu'initialement, ces actes n'intéressent pas les ordres juridiques étrangers et ne créent en leur for aucune obligation juridique. Ce n'est que lorsqu'ils deviennent transnationaux que le schéma se transformerait. Autrement dit, pour que de tels actes deviennent exécutoires dans des ordres juridiques étrangers, il faudrait que la situation à laquelle ils participent devienne pertinente pour ces ordres.

Une vision de ce phénomène est donc de considérer que tant que l'acte n'a pas effectivement mis en rapport deux droits administratifs nationaux ni créé un effet contraignant transnational concret, l'on ne peut pas parler d'effet exécutoire de cet acte pour l'ordre juridique étranger concerné. Par exemple, dans le cadre de la reconnaissance des qualifications professionnelles pour l'exercice de professions réglementées, il est établi par le droit de l'Union européenne que les bénéficiaires d'une qualification professionnelle nationale peuvent accéder à la même profession dans un autre État membre en application d'un principe de reconnaissance automatique posé dans la directive 2005/36/CE[1]. Pour autant, tant que ces bénéficiaires ne sortent pas de leur État d'origine, cette reconnaissance est totalement virtuelle puisque l'acte de qualification n'a jamais rencontré les ordres juridiques étrangers. C'est donc un effet très circonscrit, voire inexistant, qui pèse alors sur les États étrangers. Ce n'est finalement que lorsque le bénéficiaire va exercer son activité à l'étranger que l'on peut observer un véritable caractère exécutoire dans l'ordre juridique de réception. L'exemple de la prestation de service d'un avocat auprès d'un autre État membre en témoigne, puisque ce n'est qu'une fois l'activité transnationale commencée, que les autorités compétentes de l'État membre d'accueil peuvent demander aux autorités de l'État d'origine des renseignements sur la légalité de l'établissement du prestataire[2]. Cela marque bien que le déplacement, c'est-à-dire la prestation d'un service dans un État de réception, modifie la situation juridique de cet État qui devient alors éligible à requérir des informations complémentaires à son égard. Cela met en lumière que le déplacement factuel du bénéficiaire de l'acte de qualification transforme ses rapports juridiques avec l'État de réception, mais aussi entre cet État et celui d'où il provient. Par conséquent, ces éléments indiquent

[1] Article 4, §1 de la directive 2005/36/CE du Parlement européen et du Conseil du 7 septembre 2005 relative à la reconnaissance des qualifications professionnelles.

[2] Article 8, §1 de la directive 2005/36/CE

une acquisition tardive d'un caractère exécutoire dans l'ordre juridique de réception par rapport à celui d'origine. Cette spécificité se trouve donc conditionnée par la réalisation d'une situation qu'est le déplacement du bénéficiaire de l'acte à l'étranger.

Cependant, un autre point de vue peut aussi être admis. C'est celui qui considère que le caractère exécutoire existe entièrement dès l'entrée en vigueur de l'acte et que l'État de réception est directement contraint par l'acte. Cela est compatible avec les textes organisant la transnationalité administrative puisqu'ils ne soumettent pas la reconnaissance à une condition de franchissement de frontière pour le bénéficiaire de l'acte. C'est notamment le cas pour la reconnaissance des qualifications professionnelles[1] ou encore pour les permis de conduire[2]. Toutefois, cette perspective aboutit à considérer des actes administratifs individuels comme produisant un effet exécutoire transnational alors que beaucoup d'entre eux n'auront jamais à être opposés à des États étrangers. C'est donc une conception particulièrement théorique à laquelle mène ce positionnement, ce qui n'est pas en adéquation avec la démarche première de cette étude qui adopte une perspective concrète. En effet, la proposition de création de la notion de l'acte administratif unilatéral transnational se porte sur la suggestion d'une notion conceptuelle qui n'est pertinente que si elle permet de proposer un meilleur encadrement de situations concrètes que le droit ne saisit pas encore pleinement. C'est donc au regard de ces considérations que cette seconde position est délaissée au profit de la production décalée de l'effet exécutoire du caractère transnational de ces actes lorsque la situation à laquelle ils s'appliquent prend elle-même une dimension transnationale.

L'exécution des actes relevant de la transnationalité administrative stricte est donc à la fois unifiée et divergente avec un schisme quant à leur prise d'effet temporelle qui est différée de l'entrée en vigueur de l'acte pour le cas des actes administratifs individuels potentiellement transnationaux. Ces analyses mettent en lumière la diversité juridique que l'on peut trouver au sein de la transnationalité administrative. Ce constat se complète lors de l'étude des actes relevant de la transnationalité élargie.

Comme pour l'étude de l'entrée en vigueur des actes relevant de la transnationalité élargie, l'on retrouve dans cette catégorie deux grands groupes dont le fonctionnement diffère significativement. D'un côté, les actes issus des administrations plurinationales obéissent à une logique très spécifique qu'il est d'ailleurs difficile d'analyser avec les outils fournis par le droit administratif. D'un autre côté se regroupent les décisions communes et les actes soumis à une reconnaissance mutuelle passive qui requièrent un certain degré de collaboration – passive – entre les États pour leur élaboration. L'on distingue ainsi deux grands procédés d'édiction qui ont des répercussions sur l'exécution même de ces actes qu'il s'agit alors d'étudier.

L'exécution des actes administratifs unilatéraux des administrations plurinationales est marquée par une originalité propre à ce type de structure. Une des conclu-

[1] Article 1 de la directive 2005/36/CE.

[2] Article 2, §1 de la directive 2006/126/ ; article 41 §2 de la Convention de Vienne sur la circulation routière du 8 novembre 1968.

sions précédemment esquissées suggérait que la transnationalité, dans le cadre de ces administrations, était d'une nature différente en ce que les actes qu'elles émettaient n'avaient pas pour fonction d'être des passerelles entre les ordres juridiques concernés. Ces derniers étaient en réalité déjà mis en contact au préalable lors de la création de ces entités. Ainsi, lorsque les actes administratifs émis par ces administrations sont qualifiés de transnationaux c'est plus par incidence catégorielle que par fonction véritable. Par exemple, il a déjà été mentionné que les actes administratifs émis à destination des usagers de l'hôpital de la Cerdagne relevaient du droit espagnol sauf pour les Français, qui les voyaient alors soumis au droit administratif français et au contrôle du juge administratif national[1]. L'hôpital étant situé sur le territoire espagnol, cela emportait alors la qualification d'acte administratif transnational. Pour autant, il est assez clair que ces actes soumis au droit français ne diffèrent aucunement dans leur fonction de ceux soumis au droit espagnol et également adoptés par l'hôpital lors de l'exécution de sa mission. En fin de compte, ces actes émanent de la même administration et ne contiennent pas de spécificité substantielle selon le droit qui s'applique à eux. C'est pourquoi le caractère transnational de ces actes est subsidiaire.

Par ailleurs, les actes émis par les administrations plurinationales ne traversent pas différents ordres juridiques nationaux pour venir contraindre une administration de réception par le portage d'une situation juridique nationale. C'est là encore une spécificité que l'on ne retrouve pas dans les autres cas étudiés où l'acte avait directement pour destinataire une administration étrangère ou avait pour fonction de permettre la continuité de la situation juridique de leurs destinataires lors de leur déplacement à l'étranger. C'était par ce truchement qu'un effet exécutoire produisait alors ses conséquences dans l'ordre juridique de réception en exerçant une contrainte à l'égard de son administration. Dans le cas des administrations plurinationales, l'idée de frontière est effacée par leur structure même : elles ont pour mission d'administrer une zone donnée qui recouvre les territoires de plusieurs États avec une sorte de fiction cachée qui voudrait que la frontière y soit inexistante. Mais les actes qu'elles édictent lors de l'administration de ces zones ne sont pas conçus comme des passerelles pour relier des ordres juridiques puisqu'ils le sont déjà par l'existence même de ces administrations. Finalement, l'exécution de ces actes se déroule sur le mode de la normalité comme s'ils étaient des actes administratifs classiques jouissant directement d'un plein effet exécutoire. C'est en cohérence avec l'esprit de ces administrations qui, en étant plurinationales, permettent que chaque usager puisse être traité juridiquement comme il le serait par son administration nationale.

Malgré une originalité particulière, les administrations plurinationales proposent une exécution très classique de leurs actes administratifs qui pourraient être qualifiés de transnationaux. Cela contribue à marquer ces entités en tant que cas à part au sein de la typologie de la transnationalité administrative. Le constat est toutefois autre pour le reste des actes classifiés dans la transnationalité élargie.

[1] Voir l'art. 9.3 des statuts de l'hôpital.

Parallèlement, lors de l'étude de l'entrée en vigueur des décisions communes et des actes soumis à une reconnaissance mutuelle passive, il a été conclu que leur caractère transnational prenait effet soit concomitamment à leur édiction pour les premières, soit en vertu d'un changement de droit pour les secondes. Ainsi, les décisions communes adoptent un mode de fonctionnement très similaire aux actes administratifs transnationaux per se. L'étude du cas de la mise sur le marché des OGM a montré que l'autorisation octroyée par une administration nationale était conçue par la directive comme contraignant directement toutes les autres administrations nationales, ce qui avait motivé la conclusion de l'existence d'un effet transnational ab initio. Il en découle que ces décisions communes possèdent directement un effet exécutoire dans leur État d'origine et dans les autres États membres de l'Union européenne. Ce sont ainsi les actes qui ont le plus large spectre d'effet exécutoire. Cela conforte le constat que les décisions communes sont l'émanation d'une intégration particulièrement forte au niveau de l'Union européenne qui poursuit l'unité du marché intérieur. Finalement, les décisions communes fonctionnent sur le même mode que les actes administratifs transnationaux per se en jouissant d'un caractère exécutoire immédiatement transnational tout en poursuivant la même fonction de continuité des situations juridiques que celle des actes administratifs potentiellement transnationaux. L'on trouve ainsi un entre-deux rendu possible politiquement par le recours à une procédure collaborative qui implique, dès l'édiction de la décision, un consensus partagé par tous les États, condition fondamentale pour doter un acte d'un tel effet.

De leur côté, les actes soumis à une reconnaissance mutuelle passive acquièrent un effet exécutoire transnational, c'est-à-dire dans les ordres juridiques des États de réception, quand ces derniers procèdent à leur reconnaissance. C'est, somme toute, inévitable puisque l'effet transnational est soumis à la procédure de reconnaissance même si l'État est quasiment contraint d'y procéder. Ces actes connaissent ainsi également un temps de latence entre leur édiction et l'acquisition d'un caractère exécutoire transnational. De plus, ces actes n'ont pas un effet exécutoire par eux-mêmes : ils nécessitent tout de même un acte de la part des États de réception. Cet effet est donc médiat, temporellement et matériellement, marquant leur faible intensité sur l'échelle de la transnationalité.

Chapitre II : La disparition des actes administratifs unilatéraux transnationaux

La vie est traditionnellement conçue comme un cycle marqué par un début, une existence et une fin. L'acte administratif unilatéral transnational n'y déroge pas et l'étude complète de son régime se doit de s'attarder sur la question de sa disparition. Par disparition, l'on veut étudier la fin du caractère transnational attaché à certains actes administratifs. Autrement dit, il s'agit de la cessation de production d'effets juridiques directs dans un État de réception, sans nécessiter l'intervention d'un acte de reconnaissance. Cela englobe ainsi la sortie de vigueur des actes comportant une dimension transnationale, mais aussi d'autres cas où, tout en restant en vigueur, ces actes perdent leur caractère transnational et sortent ainsi de la catégorie considérée. C'est donc, comme le souligne Bertrand Seiller, à une dualité de considérations qu'appartient la disparition d'un acte administratif revêtant l'autorité de chose décidée : d'un côté, il s'agit d' « amputer l'acte d'une partie de ses effets sans remettre en cause son existence même », alors que de l'autre, l'acte est anéanti rétroactivement[1].

Il faut toutefois réitérer la méthodologie de cette étude portant sur l'acte administratif transnational en ce qu'elle se focalise sur l'analyse des conséquences de ce caractère transnational sur le régime de l'acte. C'est pourquoi, la seule cessation de l'effet transnational d'un acte est ici entendue comme une disparition de l'acte administratif unilatéral transnational puisque cet acte ne pourra plus être qualifié comme tel à sa suite. Parce que l'acte administratif peut exister indépendamment de tout effet transnational, il n'est pas incohérent que la perte d'un tel caractère n'implique pas nécessairement la fin de l'acte qui le supporte. Ainsi, la fin de la transnationalité d'un acte administratif n'est pas nécessairement indexée à sa seule existence, mais peut procéder d'autres éléments qu'il s'agit d'identifier et d'exposer. Par ailleurs, la fin de l'acte peut être le fait tant de l'administration que du juge lors du contrôle qu'il exerce sur ces actes[2] quand elle ne relève pas d'éléments extérieurs résultant par exemple de l'écoulement du temps ou de la survenue d'un évènement particulier. Ici se trace une dualité dans les modes d'extinction de l'acte en ce qu'ils peuvent procéder soit d'une phase non contentieuse, ce qui inclut notamment une potentielle intervention ex post de l'administration, soit d'une phase contentieuse, c'est-à-dire placée sous l'égide du juge administratif. Afin d'évoquer l'ensemble de ces différentes modalités au moyen d'un seul terme, il est choisi de faire référence à la disparition de l'acte administratif unilatéral transnational. Ainsi la disparition cherche-t-elle à couvrir toutes les manières par lesquelles un acte va cesser de produire ses effets de droit. Une place particulière doit cependant être faite au cas de l'annulation juridictionnelle qui constitue un contrôle impartial des actes administra-

---

[1] SEILLER B., « Acte administratif : régime », in *Répertoire de contentieux administratif*, Dalloz, actualisation avril 2020, § 498.

[2] CROUZATIER-DURAND F., *La fin de l'acte administratif unilatéral*, L'Harmattan, coll. Logiques juridiques, 2003, Paris, pp. 45-93.

tifs transnationaux, impératif dans tout État de droit et qui est source de nombreux questionnements juridiques en raison de la spécificité transnationale de ces actes.

La fin de la transnationalité administrative attachée à des actes administratifs unilatéraux

Selon Florence Crouzatier-Durand, « la fin de l'acte administratif unilatéral est une procédure, protéiforme dans ses manifestations, par laquelle l'autorité administrative ou le juge anéantit un acte administratif unilatéral ou tout ou partie de ses effets, soit rétroactivement soit uniquement pour l'avenir »[1]. Cette fin dépasse donc la simple sortie de vigueur de l'acte par laquelle il cesse de produire tout effet dans l'ordonnancement juridique[2]. Ainsi, la focale placée sur l'élément transnational des actes administratifs unilatéraux étudiés conduit à considérer comme une fin de l'acte administratif transnational la simple cessation de ses effets transnationaux. C'est pourquoi une telle fin recoupe finalement deux configurations principales. Il y a d'abord une fin de l'acte administratif unilatéral transnational lorsque l'acte lui-même, support de la transnationalité, disparaît. Enfin, une telle fin peut être attachée à la disparition des seuls effets transnationaux de l'acte considéré.

La question de la disparition des actes administratifs met souvent en jeu deux intérêts contraires qui sont, d'un côté, le principe de légalité et, de l'autre, la sécurité juridique[3]. La recherche de l'équilibre juste entre ces deux considérations a conduit à organiser la disparition des actes administratifs unilatéraux selon diverses modalités qui sont souvent définies par les caractéristiques des actes en cause. Si le régime de la disparition des actes administratifs n'est pas uniforme dans tous les ordres juridiques nationaux, l'étude du cas français est indispensable en ce que cette thèse s'inscrit dans une recherche en droit public français. Il demeure que ces considérations ne sont pas exportables dans les ordres juridiques étrangers qui devraient alors faire l'objet d'études distinctes pour préciser les modalités de fin des actes administratifs unilatéraux transnationaux produisant leurs effets en France.

Du point de vue du droit administratif français, l'on trouve deux voies principales de disparition de l'acte administratif unilatéral. D'un côté, l'acte administratif peut disparaître en cessant de produire tout effet pour l'avenir sans remettre en cause ses effets passés, d'un autre, il peut y être effacé de manière rétroactive sur le mode d'une fiction juridique posant que cet acte n'a jamais existé[4]. L'exposé de ces différentes « morts » de l'acte administratif unilatéral dans le droit français permet ainsi d'établir les diverses façons dont l'acte administratif unilatéral transnational peut s'éteindre quand cette disparition est causée par celle de l'acte support du caractère transnational.

---

[1] *Ibid.*, p. 213.

[2] *Ibid.*, pp. 33-34 et pp. 43-135.

[3] FRIER P.-L., PETIT J., *op. cit.*, p. 447.

[4] Voir : SEILLER B., *art. cit.*, §497-583 ; WALINE J., *Droit administratif*, Dalloz, coll. Précis, 28e éd., 2020, Paris, pp. 488-493, FRIER P.-L., PETIT J., *op. cit.*, pp. 453-467.

Un acte administratif transnational peut disparaître parce qu'il cesse de produire tout effet juridique pour l'avenir à un moment donné. Cela peut être le fruit de deux causes distinctes qu'il faut étudier séparément : l'intervention d'un fait postérieur et indépendant de la volonté de l'autorité émettrice, ou bien, l'intervention de cette autorité afin de priver l'acte de tout ou partie de ses effets juridiques pour l'avenir. C'est ainsi que l'on distingue d'un côté l'extinction et la caducité des actes administratifs unilatéraux, et, de l'autre, leur abrogation et modification.

L'extinction d'un acte administratif se produit lorsqu'est arrivé son terme[1]. Le terme extinctif est un moment « déterminé par un évènement dont la réalisation est certaine »[2] et, pour que l'extinction d'un acte ait lieu, ce terme doit être prévu par l'autorité l'ayant édicté[3]. Lorsque l'évènement déclenchant l'extinction de l'acte est aléatoire, il s'agit alors d'une condition extinctive qui fonctionne de la même façon, mais dont il est préférable, en raison du caractère aléatoire, d'en constater la réalisation[4]. Sans ce constat, l'absence de connaissance de l'extinction de l'acte peut conduire à une circulation informelle dans le cas de l'acte administratif transnational. Par exemple, l'État de réception qui n'était pas informé de l'extinction d'une autorisation étrangère pourra continuer à l'exécuter sur son territoire. Ce type d'extinction recouvre ainsi de nombreux actes administratifs unilatéraux et le caractère transnational n'exerce pas d'influence spécifique à cet égard. Dès lors, si un acte administratif unilatéral est éteint dans son ordre juridique d'origine, il ne pourra plus être opposable dans l'État de réception. C'est notamment le cas pour les actes potentiellement transnationaux qui constituent le plus souvent des autorisations octroyées à des destinataires qui perdent alors le bénéfice à l'étranger d'un droit qu'elles leur accordaient.

Il faut ajouter à cela que certains actes administratifs unilatéraux se consument lors de leur exécution. C'est typiquement le cas, en matière de transnationalité administrative, des demandes d'information entre autorités nationales[5]. En effet, une fois que l'autorité de réception a répondu à la demande soit en y faisant droit, soit

---

[1] WALINE J., *op. cit.*, p. 487.

[2] SEILLER B., *art. cit.*, § 501.

[3] *Ibid.*

[4] C'est l'analyse qu'en tire Bertrand Seiller d'après la lecture des arrêts CE, sect., 12 octobre 1984, *Lafon*, n°37168, *Rec.* p. 331 ; CE, 8 octobre 1986, *GIE Centre de tomo-densitométrie*, n°46451, *Rec.* p. 226 et CE, sect., 22 mars 1996, *Sté NRJ SA*, n° 131861, *Rec.* p. 91 (*Ibid.* §504).

[5] Différents textes européens donnent des exemples de réseaux d'information d'autorités administratives nationales notamment en matière fiscale (directive 2011/16/UE du Conseil du 15 février 2011 relative à la coopération administrative dans le domaine fiscal et abrogeant la directive 77/799/CEE) ; de traitement de données personnelles (règlement (UE) 2016/679 du Parlement européen et du Conseil du 27 avril 2016 relatif à la protection des personnes physiques à l'égard du traitement des données à caractère personnel et à la libre circulation de ces données et abrogeant la directive 95/46/CE (règlement général sur la protection des données) ; d'audiovisuel (directive 2010/13/UE du Parlement européen et du Conseil du 10 mars 2010 visant à la coordination de certaines dispositions législatives, réglementaires et administratives des États membres relatives à la fourniture de services de médias audiovisuels) ou encore de régulation financière (règlement (UE) n° 596/2014 du Parlement européen et du Conseil du 16 avril 2014 sur les abus de marché (règlement relatif aux abus de marché) et abrogeant la directive 2003/6/CE du Parlement européen et du Conseil et les directives 2003/124/CE, 2003/125/CE et 2004/72/CE de la Commission).

en invoquant une raison susceptible de justifier un refus, l'acte de la demande ne produit plus d'effets juridiques, car il n'a plus d'objet. En soi, de par son objet, un tel acte comporte un terme extinctif implicite puisque la réponse donnée par l'autorité de réception constitue bien un évènement dont la réalisation est certaine – en ce que l'autorité est généralement tenue d'y répondre – qui met fin aux effets de l'acte de demande. L'on peut alors considérer cette hypothèse comme une modalité d'expression particulière de l'extinction des actes administratifs au moyen de la réalisation d'un terme[1].

« La caducité désigne un phénomène juridique autonome et irréversible privant d'effet de plein droit et pour l'avenir la norme d'un acte valablement formé. Elle est déclenchée par la survenance d'un évènement juridique ou factuel, nécessairement postérieur à la confection de l'acte, imprévu ou encadré, mais indépendant de la volonté de l'autorité éditrice »[2]. Bien que certains auteurs excluent la caducité des modes de disparition des actes administratifs, l'hypothèse existe bel et bien même si elle reste relativement rare en pratique[3]. Cette notion qui « mérite […] encore certains éclairages »[4] est donc ici comprise dans les modes de cessation des effets des actes administratifs unilatéraux pour l'avenir. Selon Laurence Crouzatier-Durand, la caducité peut revêtir deux formes. L'une est dite planifiée, car prévue par l'acte d'origine alors que la seconde est naturelle, car causée par un changement de circonstances ou par une modification de l'état du droit rendant l'acte en cause obsolète[5].

La caducité planifiée des actes administratifs individuels est la plus commune et correspond le plus souvent à l'obligation adressée par les textes au bénéficiaire d'une décision favorable d'en faire usage dans un délai déterminé. Une fois celui-ci écoulé, l'inaction du bénéficiaire de l'acte entraîne sa caducité. Il existe également des cas où la caducité peut concerner l'interruption de l'exécution afin d'éluder des commencements d'exécution dont le seul but serait d'éviter la caducité[6]. Cette caducité est donc intéressante pour les actes administratifs individuels potentiellement transnationaux qui peuvent être exportés dans des ordres juridiques étrangers par leurs bénéficiaires puisqu'ils constituent le plus souvent des décisions favorables octroyant des droits à leurs destinataires. Par ailleurs, les actes réglementaires peuvent également relever de la caducité planifiée, mais seulement dans des cas extrêmement spécifiques puisqu'en l'absence de bénéficiaire identifié de l'acte, l'inaction ne peut pas en provoquer la caducité[7]. C'est par exemple le cas des ordonnances de l'article 38 de la Constitution qui sont en principe caduques si le projet de loi relatif à leur ratification n'intervient pas dans le délai fixé par la loi d'habilitation. Les actes

[1] Pour une position contraire, voir : CROUZATIER-DURAND L., *op. cit.*, pp. 121-122.

[2] CHAVRIER G., *La caducité des actes juridiques en droit public français*, thèse dactyl., Université Panthéon-Assas Paris II, 1997, vol. 1, p. 116.

[3] SEILLER B., *art. cit.*, §545 et 547.

[4] PARINET-HODIMONT P., « La caducité administrative », *RFDA* 2019. 447.

[5] CROUZATIER-DURAND F., *op. cit.*, p. 128 ; GONZALEZ G., « La caducité des actes administratifs unilatéraux », *RDP* 1991, pp. 1690-1705.

[6] PARINET-HODIMONT P., *art. cit.*

[7] *Ibid.*

réglementaires transnationaux étant déjà rares, ce mode de disparition ne peut qu'être un épiphénomène dont la mention est motivée par un souci de précision.

La caducité naturelle, quant à elle, si elle existe en droit privé, ne s'applique pas en droit administratif français. Ce type de caducité résulte de l'inadéquation du droit au fait et correspond le plus généralement à l'obsolescence d'actes qui ne sont plus utilisés[1]. Le problème posé par cette caducité à l'égard des actes administratifs est qu'elle rendrait incertaines les règles de l'ordonnancement juridique qui s'appliquent aux administrés et porterait par là même une atteinte trop forte au principe de sécurité juridique[2]. De plus, cela pourrait entraver l'action administrative dans les cas où l'administration souhaiterait agir sur le fondement d'un texte qui est en réalité tombé en désuétude[3]. Il n'existe donc pas de caducité naturelle en droit administratif français, mais les auteurs émettent toutefois une réserve portant sur la fin des circonstances exceptionnelles où les actes réglementaires adoptés doivent cesser de recevoir application une fois la normalité revenue[4].

C'est ainsi que l'extinction et la caducité des actes administratifs unilatéraux peuvent conduire à l'arrêt de leurs effets pour l'avenir dans leur ordre juridique d'origine ce qui, de ce fait, amène également à la fin de leur effet transnational dans les ordres juridiques de réception. Le même résultat peut aussi être le fait d'une intervention de l'autorité émettrice postérieurement à l'édiction de ces actes. Il convient alors d'étudier ce second cas de figure.

Il existe des circonstances où l'auteur d'un acte administratif unilatéral peut mettre fin à ses effets pour l'avenir œuvrant ainsi à sa disparition. La manifestation la plus connue d'un tel pouvoir est l'abrogation des actes administratifs unilatéraux définie par le CRPA comme la disparition juridique de l'acte considéré pour l'avenir, par opposition au retrait qui vaut également pour le passé[5]. Parallèlement, une autre modalité actant de la fin d'un acte pour l'avenir concerne certaines modifications auxquelles peut procéder l'autorité émettrice de l'acte à propos de ses effets transnationaux.

L'abrogation d'un acte administratif unilatéral correspond à l'extinction de ses effets juridiques au moyen de l'adoption d'un second acte, que cette abrogation soit explicitement mentionnée ou implicite[6]. Ainsi, si les effets passés de l'acte sont conservés, il disparaît alors de l'ordonnancement juridique et ne peut plus être invoqué par quiconque, ni appliqué ou utilisé pour fonder l'adoption d'un autre acte[7]. « Forme de modulation des effets dans le temps » d'un acte donné[8], il reste que, quelle que soit la raison justifiant l'abrogation – que ce soit à cause de l'illégalité de

[1] CROUZATIER-DURAND G., *op. cit.*, pp. 130-133.
[2] *Ibid.*
[3] *Ibid.*
[4] GONZALEZ G., *art. cit.*, pp. 1701-1705.
[5] Art. L. 240-1 CRPA.
[6] SEILLER B., *art. cit.*, §506-507.
[7] CROUZATIER-DURAND F., *op. cit.*, pp. 111-112.
[8] SEILLER B., *Droit administratif*, t. 2 « L'action administrative », Flammarion, coll. Champs Université, 8° éd., 2021, Paris, p. 185.

l'acte ou pour des raisons d'opportunité – « [l]a décision de faire disparaître une norme menace la sécurité juridique »[1].

Au regard de cette considération, le droit est venu encadrer la possibilité du recours à l'abrogation pour l'administration avec un « régime d'une redoutable complexité » que l'adoption du CRPA est venue simplifier[2]. Ce régime s'adapte selon deux variables principales : les droits nés de l'acte en cause et la légalité ou l'illégalité de celui-ci[3]. Si la question de la légalité relève d'une certaine clarté, à savoir si l'acte est bien conforme aux règles juridiques de valeur supérieure[4], celle des droits procédant de l'acte est plus imprécise. Elle fait écho à la distinction établie par Bertrand Seiller selon laquelle l'autorité de chose décidée revêtue par les actes administratifs engendre deux types de droits au profit des administrés[5]. Le premier est le droit à l'effet de l'acte, c'est-à-dire que « les destinataires sont en droit de s'en prévaloir, d'en revendiquer l'application tant qu'il est en vigueur et, évidemment, s'ils satisfont aux conditions posées »[6]. Le second est le droit au maintien des effets de l'acte qui peut varier en fonction de l'écoulement d'un certain délai[7]. Si tous les actes administratifs unilatéraux donnent droit à leurs effets, seuls certains procurent le droit au maintien de ceux-ci. Ce sont les « décisions créatrices de droit » dont la sortie de vigueur est organisée par les articles L. 242-1 à L. 242-5 CRPA. La terminologie de désignation de ces actes n'est pas fixe dans la doctrine puisque l'on y trouve différentes expressions comme « actes créateurs de droit »[8], « décisions qui créent des droits acquis »[9] ou encore « actes créateurs de droits susceptibles d'être acquis »[10]. Ce vocable variable est le résultat d'une relative confusion entre les droits émanant des actes administratifs, de divergences doctrinales[11] et d'un usage évolutif de l'expression « droits acquis » dans la jurisprudence administrative[12]. Finalement, bien qu'il n'existe pas de concept constant et clairement identifiable[13], il semblerait que la notion de droits acquis soit qualifiée lorsqu'il existe à la fois le droit aux effets de l'acte et le droit à son maintien[14]. Ces droits acquis peuvent être « provisoires »[15] ou « susceptibles d'être acquis »,[16] car ce n'est qu'après un certain temps que l'acte les supportant verra son existence consolidée dans l'ordre juridique. Il reste que la

---

1 *Ibid.*
2 SEILLER B., « La sortie de vigueur des actes administratifs », *RFDA* 2016.58.
3 WALINE J., *op. cit.*, pp. 488-490.
4 Voir : « Contrôle de légalité », *in* GUINCHARD S., DEBARD T., *Lexique des termes juridiques*, Dalloz, 28e éd., 2020, p. 289.
5 SEILLER B., *op. cit.*, pp. 183-185.
6 *Ibid.*, p. 183.
7 *Ibid.*
8 SEILLER B., « La sortie [...] » *art. cit.*
9 CROUZATIER-DURAND L., *op. cit.*, p. 114.
10 SEILLER B., *op. cit.*, p. 184.
11 VINCE V., « L'introuvable notion d'acte créateur de droits ? », *AJDA* 2017. 2181.
12 YANNAKAPOULOS C., *La notion de droits acquis en droit administratif français*, LGDJ, coll. Bibliothèque de droit public t. 188, 1997, Paris, pp. 5-7.
13 VINCE V., *art. cit.*
14 *Ibid.*
15 *Ibid.*
16 SEILLER B., *op. cit.*, p. 184.

terminologie consacrée par la codification entreprise par le CRPA est celle de « décisions créatrices de droits » dont l'absence de définition a pu faire l'objet de critiques[1].

Tout l'intérêt de cette catégorisation des actes administratifs unilatéraux porte sur le régime applicable à leur abrogation. En effet, il ressort de l'article L. 242-1 du CRPA que « l'administration ne peut abroger ou retirer une décision créatrice de droits de sa propre initiative ou sur la demande d'un tiers que si elle est illégale et si l'abrogation ou le retrait intervient dans le délai de quatre mois suivant la prise de cette position ». Une telle abrogation peut également être initiée par une demande du bénéficiaire de l'acte[2]. Dans un tel cas, elle est d'ailleurs possible sans condition de délai quand il s'agit de la remplacer par une décision qui est plus favorable au bénéficiaire et si cela n'est pas susceptible de porter atteinte aux droits des tiers[3]. Enfin, lorsqu'un recours administratif préalable obligatoire a été exercé, l'abrogation est possible jusqu'à l'expiration du délai imparti à l'administration pour se prononcer sur ledit recours (L. 242-5 CRPA).

Concernant les actes non créateurs de droits, qui sont désignés par le CRPA comme les « actes réglementaires et les actes non réglementaires non créateurs de droits », leur retrait est toujours possible[4]. L'abrogation devient même une obligation pour l'administration si l'acte est illégal ou dépourvu d'objet[5].

Dans le cadre de ce régime juridique, les actes administratifs unilatéraux transnationaux s'inscrivent dans les différents cas de figure envisagés. Ainsi, les actes réglementaires transnationaux français peuvent faire l'objet d'une abrogation à tout moment alors qu'un acte potentiellement transnational illégal qui est également créateur de droits, comme le permis de conduire, ne peut être abrogé que dans un délai de quatre mois. Une fois ce délai passé, l'acte considéré est consolidé à la fois dans l'ordre juridique national, mais aussi dans celui de réception. De ce fait, ces règles relatives aux retraits des actes administratifs prennent elles aussi une dimension transnationale puisqu'elles vont avoir un effet juridique dans les ordres étrangers. Cela montre, là encore, l'intérêt de l'étude de l'acte administratif transnational puisqu'on trouve ici une véritable exportation du régime juridique de l'acte administratif français par son truchement. L'on peut ici encore évoquer cette image de l'acte passerelle qui met en contact le droit administratif national avec l'ordre juridique de réception dans un mouvement de flux d'exportation. Ainsi, puisque les droits susceptibles d'être acquis au moyen de décisions administratives transnationales peuvent être transnationaux, leur caractère définitif est également transnational. L'exemple du permis de conduire l'illustre bien puisque le droit tiré de ce permis administratif vaut pour l'ordre juridique national, mais également dans des ordres étrangers.

---

[1] SEILLER B., *art. cit.*
[2] L. 242-3 CRPA.
[3] L. 242-4 CRPA.
[4] L. 243-1 CRPA.
[5] L. 243-2 CRPA.

De son côté, la modification de l'acte administratif unilatéral ne figure généralement qu'en filigrane dans les manuels de droit administratif, car elle se rapproche de l'abrogation pour les auteurs[1], mais aussi pour le législateur[2]. Il existe en effet un lien de proximité entre la modification de l'acte et son abrogation en ce qu'ils peuvent tous les deux entraîner la fin des effets de l'acte considéré et, car ils procèdent toujours d'un acte ultérieur. De même, à l'image de l'abrogation, la modification diverge du retrait par la temporalité de ses conséquences. Sur ce sujet, le Conseil d'État a bien établi la distinction entre le retrait rétroactif d'un acte et sa modification dans une décision de section du 6 mars 2002, Mme Besombes[3]. Dans cette affaire, étaient en cause deux arrêtés du maire de Champigny-sur-Yonne qui octroyaient un permis de construire un centre commercial et une station-service sur un même terrain. Le second arrêté disposait qu'il annulait et remplaçait le premier et avait pour effet de « ne pas retarder le début des travaux en les subordonnant à la condition de la réalisation préalable d'un carrefour giratoire ». Des requérants avaient alors saisi le juge pour prononcer l'annulation et suspendre l'exécution des deux arrêtés en cause, mais le juge des référés avait prononcé un non-lieu à statuer quant au premier arrêté et jugé les conclusions irrecevables, car tardives à l'encontre du second arrêté. L'on pouvait en déduire que le juge avait conclu que le second arrêté prononçait le retrait du premier qui avait dès lors disparu de l'ordre juridique. Cette position fut cependant contredite par le Conseil d'État qui releva que puisque le second arrêté reprenait l'intégralité des dispositions du premier arrêté, à l'exception de l'une d'entre elles, il s'agissait d'une décision modificatrice qui n'avait pas eu pour effet de retirer le premier arrêté, ce qui motiva la cassation de l'ordonnance du juge des référés.

Il en découle que la modification d'un acte administratif porte sur une altération de ses effets pour l'avenir à condition que les principaux éléments de l'acte initial soient conservés. Ainsi, l'on peut différencier la modification de l'abrogation sur deux points : l'acte modifié reste en vigueur et la modification suppose un remplacement de l'acte qui est absent de l'abrogation[4]. Quant au retrait, la modification s'en distingue également par l'absence de sortie de vigueur de l'acte qui, dans le cas du retrait, est rétroactivement anéanti.

Cependant, le spectre de la modification est large puisqu'elle peut à la fois enlever à l'acte et lui ajouter. Dans le cas où la modification ne serait constituée que par un ou des ajout(s), il n'y a pas de disparition de l'acte d'origine. C'est pourquoi, pour qu'une modification signe la disparition d'un acte administratif unilatéral transnational, il faut qu'elle ait pour conséquence d'effacer pour l'avenir son élément trans-

---

[1] CE, 19 nov. 1986, *Sté Smanor*, n°41852 et n°45416, *Rec.* p. 260, AJDA 1986. 681, chron. Azibert et de Boisdeffre ; CE, 30 juill. 2003, *Synd. des avocats de France*, n° 247940, *Rec.* p. 358, JCP Adm. 2003. 1999, note Tchen ; SEILLER B., « Acte administratif [...] », *art. cit.*, §509. Également voir : CROUZATIER-DURAND L., *op. cit.*, pp. 123-126.

[2] Voir l'article L. 243-1 du CRPA.

[3] CE, sect., 6 mars 2002, *Mme Besombes*, n° 238478, *Rec.* p. 78 ; *AJDA* 2002. 802, note CROUZATIER-DURAND F. ; *RDI* 2002. 342, obs. DEREPAS L. ; *RDA* n° 6 2002, comm. 119, note SCHWARTZ R.

[4] CROUZATIER-DURAND L., *op. cit.*, pp. 123-124.

national. Dans un tel cas, elle fonctionne comme une abrogation dont elle partage le régime juridique[1] et les mêmes restrictions déterminées dans le CRPA par des considérations de temps et de création de droits. Ceci est d'ailleurs conforté par la rédaction même du code qui, en son article L. 243-1, soumet la modification et l'abrogation des actes non créateurs de droits au même régime juridique.

L'extinction et la caducité d'un côté, l'abrogation et la modification de l'autre constituent autant de modalités selon lesquelles les actes administratifs unilatéraux peuvent cesser d'avoir un effet pour l'avenir. La composante transnationale de certains de ces actes n'y fait pas obstacle et, de fait, elle s'éteint alors avec eux. C'est ainsi que lorsqu'un acte administratif transnational disparaît dans son ordre juridique national, cela vaut également pour le ou les ordre(s) juridique(s) de réception où il produisait un effet juridique[2]. Cette disparition concomitante dans les ordres de réception est logique puisque si l'acte s'éteint dans son ordre d'origine, il n'y a plus de fondement juridique pour la perpétuation des effets qu'il produisait à l'étranger. Il reste que le droit administratif français connaît d'autres modalités de fin de l'acte administratif où, cette fois-ci, il disparaît de manière rétroactive soulevant des questions particulières, car il ne s'agit plus de la simple extinction d'effets juridiques en provenance d'un État étranger, mais d'une modification rétroactive de l'ordre juridique de réception. Ici, la transnationalité administrative se présente encore plus dense au regard des liens juridiques qu'elle tisse entre les ordres juridiques concernés.

La rétroactivité en droit est un concept qui semble souligner un point de rupture entre le droit et l'écoulement du temps[3]. Pour certains, la rétroactivité consiste en une fiction juridique opérant la substitution du passé par un autre[4], une sorte de réécriture de l'histoire afin de donner des effets passés à un acte adopté au présent. Pour d'autres, cette position conduit à contredire un « ordre immuable et irréversible du temps objectif »[5]. Une seconde manière d'appréhender la rétroactivité serait alors de la voir comme une « technique réelle de retraitement du passé au présent »[6]. Il ne s'agit alors pas de modifier les faits passés, mais de leur attribuer de nouvelles conséquences normatives[7]. Si cette seconde position est aussi intéressante que la première, elle laisse subsister certaines interrogations, car elle est fondée sur un postulat scientifiquement faux – il n'existe pas de « temps objectif »[8] – et, car les textes juridiques semblent faire plus référence, et depuis longtemps[9], à la fiction juridique. En témoigne l'article L. 240-1 du CRPA qui dispose que le « retrait d'un

---

[1] *Ibid.*, p. 127.
[2] WENANDER H., « Recognition of Foreign Administrative Decisions », *ZaöRV*, 2011, vol. 71, pp. 774-775.
[3] FERRARI S., *La rétroactivité en droit public français*, thèse dactyl. de droit public, Université Panthéon-Assas (Paris II), soutenue le 10 décembre 2011, p. 1.
[4] ODENT R., concl. sur CE 27 mai 1949 Véron Réville, *GP* 1949, n°2, p. 34.
[5] FERRARI S., *op. cit.*, p. 27.
[6] *Ibid.*, pp. 25-26.
[7] *Ibid.*
[8] LACHIÈZE-REY M., « La disparition du temps en relativité », *Revue de métaphysique et de morale*, avril 2011, n° 72, pp. 443-449.
[9] CE, 26 décembre 1925, *Rodière*, n°88369, *Rec.* p. 1065.

acte » correspond à « sa disparition juridique pour l'avenir comme pour le passé ». Cette formulation apparaît plus comme une modification de l'état du droit passé que comme un retraitement juridique du passé au présent. Quelle que soit la conception adoptée, la sortie de vigueur d'un acte administratif donnée est rétroactive lorsqu'elle produit des effets juridiques antérieurs à l'entrée en vigueur de l'acte opérant cette disparition[1]. Ceci constitue d'ailleurs une dérogation à la règle de non-rétroactivité des actes administratifs[2].

Ainsi, l'anéantissement rétroactif de l'acte administratif unilatéral désigne la fiction juridique selon laquelle un acte donné, déjà entré en vigueur, n'a en réalité jamais existé. En droit administratif français, il existe deux procédés réalisant un tel anéantissement : l'annulation et le retrait. Également, une condition résolutoire placée dans un acte administratif peut avoir un effet identique si elle se trouve réalisée. La rétroactivité fait l'objet d'encadrements particuliers, car elle met en tension la sécurité juridique, en ce qu'elle contrevient à la connaissance, la prévisibilité et la stabilité du droit, avec le principe de légalité qui veut que toute norme soit conforme à la norme qui lui est supérieure prescrivant alors l'apurement de l'ordre juridique[3]. La rétroactivité est aussi la traduction d'une inégalité de rapports avec l'administration qui peut ainsi revenir sur des situations préexistantes et par conséquent menacer les libertés individuelles[4]. L'équilibre entre ces intérêts contradictoires est difficile à établir, la preuve en est que le régime du retrait des actes administratifs a connu de très nombreuses évolutions[5] et, ainsi, le caractère rétroactif de la disparition de l'acte administratif pose alors la question de son articulation avec l'ordre juridique de réception dans le cas où l'acte en cause revêtirait un caractère transnational.

Le juge administratif est le gardien de la légalité administrative et, en tant que tel, il est compétent pour contrôler la légalité des actes administratifs ce qui, en cas de non-conformité, l'amène à les annuler ou à les réformer[6]. C'est donc pour assurer le respect du principe de légalité que le juge doit prononcer l'annulation rétroactive d'un acte administratif illégal, ce qui est un « rétablissement rétroactif de la légalité »[7]. Le juge se doit d'apprécier l'acte à la date de son édiction[8]. Si l'acte est entaché d'illégalité, il l'est en principe depuis sa naissance, ce qui requiert qu'il soit effacé depuis lors afin de restaurer l'ordonnancement juridique. Il est alors « indis-

---

[1] PETIT J., *Les conflits de lois dans le temps en droit public*, LGDJ, coll. Bibliothèque de droit public t. 195, 2002, Paris, p. 91.

[2] Sur cette règle, voir : DUPEYROUX O., *La règle de la non-rétroactivité des actes administratifs*, LGDJ, 1954, Paris, VIII-350 p.

[3] SEILLER B., *art. cit.*, § 548-549 ; FERRARI S., *op. cit.*, pp. 4-5.

[4] *Ibid.*, p. 474.

[5] Voir : SEILLER B., *op. cit.*, pp. 191-195 ; *art. cit.*, §548-583.

[6] Cons. constit., DC du 23 janvier 1987, *Loi transférant à la juridiction judiciaire le contentieux des décisions du Conseil de la concurrence*, n° 86-224.

[7] SEILLER B., « Le procès de la rétroactivité », *in* SEILLER B. (dir.), *La rétroactivité des décisions du juge administratif*, Économica, coll. Études juridiques, n°29, 2007, Paris, p. 22.

[8] ARRIGHI DE CASANOVA J., « Rétroactivité et annulation dans l'ordre administratif », *in* SEILLER B. (dir.), *op. cit.*, p. 59 ; PETIT J., *op. cit.*, pp. 165-170. Voir notamment : CE, sect., 15 février 1961, *M. Leseur et autres*, n°47680 et n°47681, *Rec.* p. 114.

pensable » que l'acte en cause ne soit jamais intervenu[1] et, dans le cas où cette annulation créerait un vide juridique, l'administration devrait alors adopter des mesures rétroactives visant à le combler[2] (par exemple, dans le cas de l'annulation d'un tableau d'avancement, l'administration doit reconstituer la carrière des fonctionnaires intéressés pour déterminer la position exacte qu'ils occuperaient si la mesure n'était jamais intervenue)[3].

Cette annulation ne peut toutefois pas intervenir à tout moment puisque le recours pour excès de pouvoir n'est ouvert que dans un délai relativement bref afin d'assurer une certaine pérennité des actes administratifs et donc de ne pas porter une atteinte trop importante à la sécurité juridique[4]. En principe, le délai franc pour exercer un tel recours est fixé à deux mois à compter de la date de publication de l'acte en cause (R. 421-1 CJA). Toutefois, ce délai ne court pas dans le cas où l'acte ne mentionnerait pas les voies et délais de recours. Le requérant dispose alors d'un délai d'un an à compter du jour où il a pris connaissance de l'acte, sauf circonstances exceptionnelles[5].

Depuis l'émergence du recours pour excès de pouvoir, la rétroactivité des annulations contentieuses a toujours connu des difficultés de mise en œuvre ou des exceptions qui sont venues relativiser sa systématicité[6]. Il a cependant fallu attendre presque 80 ans pour que ce principe connaisse une dérogation explicite qui fut le fruit de la jurisprudence du Conseil d'État du 11 mai 2004 Association AC ! et autres[7]. Dans cette décision, le Conseil d'État a d'abord rappelé que « l'annulation d'un acte administratif implique en principe que cet acte est réputé n'être jamais intervenu », tel que la jurisprudence l'avait fixé notamment depuis l'arrêt Rodière. Toutefois, il réserva ensuite le cas où il « apparaît que cet effet rétroactif de l'annulation est de nature à emporter des conséquences manifestement excessives en raison tant des effets que cet acte a produits et des situations qui ont pu se constituer lorsqu'il était en vigueur que de l'intérêt général pouvant s'attacher à un maintien temporaire de ses effets ». Face à cette situation, et après avoir recueilli l'avis des parties sur la rétroactivité de l'annulation et examiné « l'ensemble des moyens d'ordre public ou invoqués devant lui pouvant affecter la légalité de l'acte en cause », le juge peut décider de moduler l'effet de l'annulation dans le temps que ce soit par un simple « décalage » ou une disparition totale de la rétroactivité. Il reste que le juge a précisé explicitement qu'une telle modulation ne pouvait être utilisée

---

[1] SEILLER B., *art. cit.*, §549 ; FERRARI S., *op. cit.*, pp. 267-271.

[2] Voir : ÉVEILLARD G., *Les dispositions transitoires en droit public français*, Dalloz, coll. Nouvelle bibliothèque des thèses, 2007, Paris, XIII-988 p. ; PETIT J., *Les conflits de lois dans le temps en droit public interne*, LGDJ, coll. Bibliothèque de droit public t. 195, 2002, Paris, pp. 283-284.

[3] CE, 26 décembre 1925, *Rodière*, n°88369, *Rec.* p. 1065 ; DELVOLVÉ P., LONG M., WEIL P., BRAIBANT G., GENEVOIS B., *Les grands arrêts de la jurisprudence administrative*, Dalloz, coll. Grands arrêts, 22e éd., 2019, Paris, n° 38.

[4] PLESSIX B., *Droit administratif général*, LexisNexis, coll. Manuel, 3e éd., 2020, Paris, pp. 1492-1494.

[5] CE, ass., 13 juillet 2016, *Czabaj*, n°387763, *Rec.* p. 340 avec les concl. HENRARD.

[6] WEIL P., *Les conséquences de l'annulation d'un acte administratif pour excès de pouvoir*, Pédone, 1952, Paris, pp. 8-10 et 143-152.

[7] CE, ass., 11 mai 2004, *Association AC ! et autres*, n°255886, *Rec.* p. 197 ; *RFDA* 2004.438, étude Stahl et Courrèges, et 454, concl. Devys ; ; DELVOLVÉ P., LONG M., *et ali.*, *op. cit.*, n°103.

qu'à titre exceptionnel et qu'ainsi, les annulations contentieuses sont pour la plupart d'entre elles des causes d'anéantissement rétroactif des actes administratifs[1]. Toutefois, cette condition d'exceptionnalité explicite a disparu dans la jurisprudence ultérieure ouvrant un accès plus large à ce mécanisme de report dans le temps des effets de l'annulation[2].

Parallèlement, s'il existe un principe général du droit prohibant l'effet rétroactif des actes administratifs[3], une exception y est posée pour le retrait des actes administratifs qui produit, selon le mot d'Olivier Dupeyroux, « un effet rétroactif comparable à celui produit par la décision juridictionnelle d'annulation »[4]. En raison de l'atteinte portée par le retrait à la sécurité juridique, ce procédé ne peut intervenir que dans des conditions particulièrement restreintes[5].

Si le retrait des actes administratifs unilatéraux a longtemps connu un régime relativement complexe et évolutif[6], il est aujourd'hui rationalisé et codifié dans le CRPA. L'article L. 240-1 le définit comme la disparition de l'acte « pour l'avenir comme pour le passé ». Que l'acte soit créateur de droit ou non, l'administration ne peut le retirer que s'il est illégal et dans un délai de quatre mois suivant son édiction (L. 242-1 CRPA pour les actes créateurs de droits et L. 243-3 CRPA pour les actes réglementaires et les actes non réglementaires non créateurs de droits). Une exception au délai de quatre mois est posée pour les actes créateurs de droit, même légaux, quand le retrait est demandé par le bénéficiaire et qu'il s'agit de les remplacer par une décision plus favorable pour celui-ci (L. 242-4 CRPA). Également, les sanctions peuvent toujours être retirées (L. 243-4 CRPA).

Comme pour l'abrogation, lorsqu'un recours administratif préalable obligatoire a été exercé, le retrait est possible jusqu'à l'expiration du délai imparti à l'administration pour se prononcer sur ledit recours (L. 242-5 CRPA). Enfin, lorsqu'un acte est obtenu par fraude, il peut toujours être retiré à tout moment (L. 241-2 CRPA). Il reste que pour se soustraire à l'empire de ces règles, l'administration peut également insérer dans l'acte d'origine une condition résolutoire qui, si elle se voit réalisée, entraînera également la disparition rétroactive de l'acte sans pour autant nécessiter l'illégalité de l'acte ni une intervention avant l'expiration du délai de quatre mois courant à partir de l'édiction de l'acte.

Finalement, bien que l'une soit d'origine contentieuse et l'autre dans les mains de l'administration, l'annulation comme le retrait produisent le même effet d'anéantissement rétroactif de l'acte dans des conditions peu ou prou similaires. Les conditions d'existence de l'acte administratif transnational sont celles de son ordre

---

[1] Pour une analyse développée de la modulation des effets dans le temps d'une annulation, voir : FERRARI S., *op. cit.*, pp. 527-550.

[2] CE, ass., 23 décembre 2013, *Sté Métropole Télévision*, n°363702, *Rec.* p. 328 ; *RDA* 2014, n°29, obs. BAZEX M. ; *AJDA* 2014.4, osb. PASTOR J.-M.

[3] J., *op. cit.*, pp. 36-41 ; FERRARI S., *op. cit.*, pp. 475-478.

[4] DUPEYROUX O., *La règle de la non-rétroactivité des actes administratifs*, LGDJ, 1954, Paris, p. 250.

[5] CARBAJO J., *L'application dans le temps des décisions administratives exécutoires*, LGDJ, coll. Bibliothèque de droit public t. CXXXIV, 1980, Paris, pp. 156-157.

[6] Voir SEILLER B., *op. cit.*, pp. 191-195 ; *art. cit.*, §548-583.

d'origine et, en cas d'annulation ou de retrait, son anéantissement rétroactif vaut tant pour cet ordre juridique d'origine que celui de réception[1].

Si théoriquement ce mécanisme fonctionne, le retrait[2] ou l'annulation[3] peuvent toutefois présenter un danger sur le long terme pour le fonctionnement de la transnationalité administrative. En effet, leur effet rétroactif affecte la sécurité juridique[4], et dans le cas d'un acte transnational, la sécurité juridique de l'État de réception sera autant touchée que celle de l'État d'origine. Or, cela peut émousser la confiance mutuelle qui se trouve au fondement de la reconnaissance mutuelle, moyen le plus couramment utilisé pour réaliser la transnationalité administrative. L'on peut très bien imaginer que l'annulation ou le retrait répété d'un type d'autorisation (permis de conduire, émissions de chaîne de télévision, qualification professionnelle) peut faire naître un doute sur la qualité du contrôle opéré par l'État membre d'origine et donc sur l'existence d'une réelle équivalence avec le contrôle national qui participe, avec la confiance mutuelle, à la mise en place de la reconnaissance mutuelle.

De plus, l'annulation ou le retrait d'un acte administratif unilatéral transnational marque une gradation supérieure dans la pénétration de l'ordre juridique de réception puisque cela dote l'État d'origine d'un pouvoir d'action rétroactif sur l'ordonnancement juridique de l'État de réception. Cependant, cet effet reste tout de même relatif, car les possibilités d'annulation et de retrait demeurent strictement encadrées temporellement dans des délais courts n'excédant pas quatre mois en principe. En revanche, les décisions ne mentionnant pas les voies de délai et de recours peuvent ouvrir le recours pour excès de pouvoir pour une durée d'un an faisant planer une potentielle annulation pendant une période devenant réellement significative. Cet effet rétroactif est alors une autre manifestation du lien juridique interadministratif créé par l'acte administratif unilatéral transnational entre l'ordre juridique d'émission et celui de réception. Ceci démontre que l'acte administratif unilatéral transnational n'exporte pas son seul contenu, mais également des éléments de son droit administratif national auquel il est soumis. Les implications de l'existence de ce type d'acte sont donc plus profondes que celles premièrement envisagées et ne s'arrêtent pas à leur objet.

Quel que soit le mode d'extinction considéré, il produit automatiquement un effet dans les ordres juridiques de réception où l'acte transnational opérait. Cette conséquence découle de la nature même de ce type d'acte qui exporte aussi bien des effets juridiques relatifs à son contenu qu'à son régime national. Encore faut-il, toutefois, que l'État de réception ait connaissance de la disparition de l'acte en cause[5]. C'est une difficulté réelle à laquelle il est ardu de trouver une solution appli-

---

1 WENANDER H., « Recognition of Foreign Administrative Decisions », *ZaöRV*, 2011, vol. 71, p. 775.

2 Dans le cas du retrait d'un règlement, voir : PETIT J., *Les conflits de lois dans le temps en droit public interne*, LGDJ, coll. Bibliothèque de droit public t. 195, 2002, Paris, pp. 138-144.

3 Dans le cas de l'annulation d'un règlement, voir : *Ibid.*, pp. 283-284.

4 ÉVEILLARD G., *Les dispositions transitoires en droit public français*, Dalloz, coll. Nouvelle bibliothèque des thèses, 2007, Paris, p. 280.

5 ELKIND D., *L'efficacité des décisions administratives étrangères dans l'Union européenne. Étude de droit administratif transnational*, Thèse dactyl. soutenue le 5 décembre 2018, Université de Bordeaux, pp. 290-291.

cable en pratique. Les systèmes d'information montés au sein des réseaux d'autorités peuvent permettre de signaler certaines décisions de retrait ou d'abrogation des actes administratifs individuels potentiellement transnationaux, mais il n'existe pas à ce jour suffisamment de bases de données communes pour éviter toute mise en œuvre d'actes ayant disparu dans leur ordonnancement d'origine.

Pour autant, dans le cadre de l'Union européenne et de manière sectorielle, les réseaux d'autorités mettent en place différents systèmes d'information dans lesquels toute suspension ou tout retrait doit être notifié au réseau permettant ainsi d'assurer la connaissance par tous les régulateurs nationaux de la décision. C'est notamment le cas pour les suspensions ou le retrait des licences ferroviaires qui sont des actes administratifs individuels potentiellement transnationaux que les entreprises prenant en charge une activité de transport ferroviaire doivent obtenir auprès d'une autorité nationale référente selon l'article 16 de la directive 2012/34/UE[1]. En cas de suspension, de retrait ou de modification d'une telle licence, l'autorité qui y procède doit, en vertu de l'article 24, §8 de cette directive, en informer l'Agence ferroviaire européenne qui avertira elle-même les autres autorités nationales responsables des licences. Cet exemple peut constituer une solution facile à développer dans les matières régulées par des réseaux d'autorités et semble ainsi particulièrement adapté aux actes intervenant dans le cadre de l'Union européenne.

Parallèlement à la disparition de l'acte administratif unilatéral support, la transnationalité peut également prendre fin par l'extinction du seul caractère transnational de l'acte en cause. Dans un tel cas, l'existence de la transnationalité est détachée de la vie même de l'acte. Il est ainsi possible que le caractère transnational disparaisse sans que cela touche l'existence même de l'acte considéré.

L'étude de l'entrée en vigueur de la transnationalité a souligné que celle-ci n'était pas nécessairement concomitante à la naissance de l'acte lui-même. Cette indépendance a pour corollaire que l'acte administratif unilatéral peut perdre son caractère transnational au cours de sa vie sans pour autant sortir de vigueur. Dans un tel cas, l'acte en cause reste valide et effectif dans son ordre juridique d'origine, mais il ne produit plus aucun effet juridique dans l'État de réception. La passerelle autrefois établie entre les deux ordres juridiques est alors détruite.

La transnationalité administrative étant le résultat soit d'une norme internationale soit d'une norme de droit de l'Union européenne, le caractère transnational des actes administratifs unilatéraux échappe en partie à l'auteur de l'acte. En effet, ce n'est pas la volonté de l'auteur de l'acte, mais le droit international ou le droit de l'Union qui lui permettent de produire directement un effet juridique à l'étranger. De même, l'État de réception n'est pas plus investi d'une capacité de contrôle sur un tel effet puisque, par définition, l'acte y est exécutoire sans nécessiter d'acte de réception. Néanmoins, afin que la transnationalité administrative soit initialement acceptée par les États lors de l'élaboration du droit international la prévoyant, ou lors de l'édiction des normes de droit dérivé dans une entité d'intégration comme

[1] Directive 2012/34/UE du Parlement européen et du conseil du 21 novembre 2012, établissant un espace ferroviaire unique européen (refonte).

l'Union européenne, il est généralement prévu un mécanisme de blocage pour les États de réception face à certains actes transnationaux. Son utilisation peut alors mettre un terme au moins temporairement au caractère transnational de l'acte. Toutefois, un tel mécanisme ne suffit pas toujours à conserver l'accord des États sur la transnationalité administrative et, à tout moment, un renouvellement du cadre international ou européen peut également intervenir et mettre fin à la transnationalité auparavant établie . C'est ainsi que de nouvelles négociations sur le plan des relations interétatiques peuvent également marquer la fin de l'acte administratif unilatéral transnational.

Le « blocage » de l'effet transnational des actes administratifs unilatéraux fait référence aux moyens par lesquels l'État de réception peut s'opposer à tout effet produit par l'acte étranger dans son propre ordonnancement juridique. Si les États sont parfois investis directement d'une telle compétence par les actes organisant la transnationalité administrative, l'on peut également se demander si les exceptions classiques du droit international privé ne pourraient pas être ici opposées à la transnationalité dans le silence des textes : le blocage pourrait alors être le fruit d'une exception d'ordre public international ou de l'invocation d'une fraude. La pertinence de la transposition de ces solutions au cas de l'acte administratif unilatéral transnational se trouve dans l'objet même de ces exceptions qui visent à protéger l'intégrité du cœur de l'ordre juridique de réception ainsi que de prévenir le détournement abusif du droit applicable aux situations internationales, ce qui n'apparaît pas inutile en droit public.

La transnationalité administrative est souvent l'œuvre de négociations interétatiques ou européennes soutenues conduisant à l'adoption de l'acte de droit international ou de droit de l'Union européenne qui en sera le fondement. Non dupes des conséquences importantes qu'un tel procédé met en place, les États laissent rarement s'installer une transnationalité absolue. D'ailleurs, même une fois instaurée, la transnationalité administrative soulève parfois de fortes oppositions de la part des États potentiellement destinataires. Celles-ci découlent de l'existence d'une concurrence normative entre les ordres juridiques selon laquelle il « existe plusieurs ordres juridiques, entre lesquels les individus sont susceptibles d'exercer un choix, sans impliquer nécessairement qu'il existe un rapport compétitif entre eux »[1]. Bien que théorisée d'abord en droit privé, la concurrence normative est en effet bien loin d'être inexistante en droit public[2]. Un cas emblématique des conséquences de son existence fut la résistance française face à la mise en culture des maïs OGM autori-

[1] USUNIER L., « La concurrence normative, un mode de représentation des rapports entre les systèmes juridiques en vogue », *in* SEFTON-GREEN R., USUNIER L. (dir.), *La concurrence normative mythes et réalités*, Société de législation comparée, coll. de l'UMR de droit comparé de Paris, 2013, Paris, p. 19. Pour un avis niant l'existence de la concurrence normative, voir : RAYNOUARD A., « La concurrence normative dans l'Union européenne », in *Mélanges en l'honneur de Philippe Tourneau*, Dalloz, 2008, Paris, pp. 903-918.

[2] BOUSTA R., « Concurrence normative et droit public : un couple impossible ? », *in* SEFTON-GREEN R., USUNIER L. (dir.), *La concurrence normative mythes et réalités*, Société de législation comparée, coll. de l'UMR de droit comparé de Paris, 2013, Paris, pp. 237-258.

sés sur le marché européen[1] qui se concrétisa par une loi du 2 juin 2014[2] dans son article unique. Ce fut également le cœur de la contestation de la directive Bolkenstein qui, par l'application de son principe du pays d'origine, « transnationalisait » de nombreux actes administratifs participant à l'exportation de travailleurs relevant de droits nationaux considérés comme moins exigeants[3]. De telles objections à la transnationalité administrative n'ont pu apparaître qu'au sein de l'Union européenne puisque dans les relations internationales classiques, les États décident directement eux-mêmes des accords qu'ils signent et peuvent toujours les dénoncer[4] ou les suspendre en cas de violation de leurs obligations par les autres États parties[5]. Il en résulte que les instruments organisant la transnationalité connaissent pour la plupart des clauses dérogatoires à l'effet transnational des actes administratifs unilatéraux qu'ils visent. Les États de réception gardent ainsi des possibilités pour s'opposer à un effet qu'ils jugeraient particulièrement délétère pour leur ordre juridique national.

Ces dérogations sont propres à chaque instrument et il serait un vœu pieu que de prétendre toutes les énumérer. Toutefois, l'analyse de certaines d'entre elles permet de mettre en lumière les enjeux soulevés par la transnationalité. Tout d'abord, l'absence de tel mécanisme de sauvegarde est révélatrice de la spécificité des actes émis par des administrations plurinationales. C'est d'ailleurs le seul cas de la typologie proposée qui ne prévoit pas de dérogation potentielle à la transnationalité d'un acte administratif unilatéral. Ce constat contribue à isoler cette catégorie qui obéit, là encore, à une logique sensiblement différente de celles des autres branches de la typologie. Une des raisons que l'on pourrait avancer est la même que celle invoquée lors de l'étude de l'exécution des actes des administrations plurinationales : il ne s'agit pas d'un cas où l'acte est une passerelle entre les ordres juridiques, mais, au contraire, c'est une fusion des ordres juridiques en amont de la production de l'acte par la création d'une personne morale publique et commune à plusieurs États. Puisque l'administration plurinationale est co-administrée, il semblerait alors paradoxal qu'un État souhaite bloquer un acte alors qu'il en est quelque part co-auteur.

Le cas des administrations plurinationales étant réservé, le reste de la typologie des actes administratifs transnationaux connaît des modalités dérogatoires mises à la disposition des États de réception. En premier lieu, à propos des actes administratifs unilatéraux transnationaux per se qui interviennent dans les relations directes entre administrations nationales, l'on retrouve toujours une limite à l'exécution d'une demande : celle du respect du droit national. En effet, dans le cadre des de-

---

[1] DE SADELEER N., « Terroir et génie génétique : la réglementation des OGM à l'épreuve de forces centrifuges et centripètes », *RTD eur.* 2015. 497.

[2] Loi n°2014-567 du 2 juin 2014 relative à l'interdiction de la mise en culture des variétés de maïs génétiquement modifié.

[3] JENNAR R. M., « La proposition de directive Bolkenstein », *Courrier hebdomadaire du CRISP*, 2005/25-28 (n°1890-1891), pp. 5-68.

[4] Art. 56 de la Convention de Vienne sur le droit des traités du 23 mai 1969 ; CARREAU D., « Traité international », *Répertoire de droit international*, Dalloz, sept. 2010 (actualisation avril 2019), §168.

[5] Article 60 de la Convention de Vienne sur le droit des traités ; article 55 de la Constitution de la Ve République.

mandes d'informations fiscales adressées entre administrations nationales, la directive 2011/16/UE[1] prévoit dans son article 17 les limites à l'obligation faite aux États membres de répondre à de telles demandes. Si le premier paragraphe de cet article est relatif aux conditions que l'autorité demanderesse doit remplir pour voir sa requête valide – à savoir avoir « exploité les sources habituelles d'information auxquelles elle peut avoir recours pour obtenir les informations demandées sans risquer de nuire à la réalisation de ses objectifs » – , le second paragraphe pose bel et bien une dérogation au cas où l'enquête ou la collecte des informations nécessitées par la demande seraient contraires à la législation de l'État requis. À cela s'ajoute le paragraphe 3 qui complète ces limites dans les cas où l'autorité requise serait dans l'impossibilité de donner suite à une demande « pour des raisons juridiques ». Il reste que l'on retrouve la même dérogation relative au respect de la législation nationale au sein des demandes d'information et d'assistance mutuelle entre les autorités de contrôle du traitement des données personnelles qui ne peuvent refuser d'y répondre que si elles sont incompétentes ou alors que la demande violait le droit de son État membre (ou de l'Union) d'après l'article 61, §4 du règlement n°2016/679[2]. Cependant, il n'est pas possible d'en déduire une limite générale qui serait toujours prévue pour les actes individuels transnationaux per se. La preuve en est que le règlement « MAR »[3], qui organise les coopérations entre les autorités nationales responsables de la lutte contre les abus de marché, ne prévoit que quatre dérogations à l'obligation de répondre à une demande d'information ou de coopération et qu'aucune ne porte sur la violation du droit national. Ces exceptions sont prévues à l'article 25, §2 du règlement et comprennent le cas où cela présenterait un risque pour la sécurité de l'État requis, nuirait à une enquête répressive ou pénale au plan national ou alors qu'une procédure judiciaire serait déjà engagée pour les mêmes faits et contre les mêmes personnes devant les autorités de l'État membre ou, enfin, qu'un jugement définitif aurait déjà été rendu dans la même affaire. Il n'existe donc pas de règle dérogatoire générale applicable à tous les actes administratifs transnationaux per se, ce qui ne surprend guère, car la transnationalité administrative ne fait pas l'objet de systématisation, mais est au contraire construite de cas ad hoc, ce qui motive la réalisation de cette étude et indique que l'édiction d'un régime juridique commun à ces actes permettrait de rationaliser cet ensemble de règles hétérogènes.

Le constat n'est d'ailleurs pas différent à propos des autres cas d'actes transnationaux. Si l'on prend le cas des décisions communes intervenant dans l'autorisation

[1] Directive 2011/16/UE du Conseil du 15 février 2011 relative à la coopération administrative dans le domaine fiscal et abrogeant la directive 77/799/CEE.

[2] Règlement (UE) 2016/679 du Parlement européen et du Conseil du 27 avril 2016 relatif à la protection des personnes physiques à l'égard du traitement des données à caractère personnel et à la libre circulation de ces données et abrogeant la directive 95/46/CE (règlement général sur la protection des données).

[3] Règlement (UE) n° 596/2014 du Parlement européen et du Conseil du 16 avril 2014 sur les abus de marché (règlement relatif aux abus de marché) et abrogeant la directive 2003/6/CE du Parlement européen et du Conseil et les directives 2003/124/CE, 2003/125/CE et 2004/72/CE de la Commission.

de mise sur le marché des OGM, la directive 2001/18/CE[1] contient une clause de sauvegarde dans son article 23 selon laquelle, en cas d'information scientifique nouvelle impliquant un risque pour la santé humaine ou l'environnement à propos d'un OGM dont la mise sur le marché a fait l'objet d'une autorisation, un État peut limiter ou interdire à titre provisoire la commercialisation dudit OGM sur son territoire. Les conditions d'utilisation de cette dérogation sont ainsi circonstanciées à la nature et au risque que peuvent poser les OGM, ce qui en empêche alors la généralisation à d'autres types d'actes transnationaux qui n'auraient aucun effet relatif à la protection de la santé ou de l'environnement. Il n'est dès lors pas surprenant que pour la circulation des qualifications professionnelles organisée par la directive 2005/36/CE[2], le critère permettant une dérogation à la reconnaissance automatique soit tout autre, à savoir celui du décalage du niveau d'études exigé entre l'État d'origine et celui de destination pour l'exercice d'une profession. C'est ce que prévoit l'article 13, §4 de cette directive selon lequel la reconnaissance automatique ne fonctionne pas, alors même que la personne en cause exerçait la profession considérée dans son État d'origine, si l'attestation de titre professionnel de ce dernier fait état de l'absence de formation ou d'une formation restreinte au primaire ou au secondaire alors même que l'État de réception exige un master pour l'accès à cette profession. Toutefois, il faut souligner que tous les instruments n'organisent pas nécessairement une possibilité de dérogation. À ce titre, les licences ferroviaires octroyées par les autorités nationales et qui sont valables dans l'ensemble du territoire de l'Union ne peuvent pas faire l'objet de dérogation par les États de réception[3]. La seule option qui leur est alors disponible est de faire état de leurs doutes à l'autorité d'émission de l'acte selon l'article 24, §2 de la directive 2012/34/UE.

Enfin, pour parfaire ce maelström de cas particuliers, il faut également réserver celui des actes classés comme transnationaux, car soumis à une reconnaissance mutuelle passive. Comme il existe un acte de reconnaissance, la question de la dérogation ne se pose pas de la même façon puisque l'État est compétent pour retirer ou suspendre cet acte qui, même s'il est « fantôme » en ce que l'État n'a pas vraiment de marge de manœuvre dans son adoption, conserve une intervention obligatoire. Il reste que les textes peuvent encadrer un tel pouvoir, comme c'est le cas pour les autorisations de commercialisation des médicaments à usage humain où, par exemple, l'article 107 septies de la directive 2001/83/CE[4] prévoit la possibilité pour les autorités nationales de « maintenir, modifier, suspendre ou retirer l'autorisation de mise sur le marché » uniquement après l'évaluation des rapports périodiques actualisés de sécurité.

[1] Directive 2001/18/CE du 12 mars 2001 relative à la dissémination volontaire d'organismes génétiquement modifiés dans l'environnement telle que modifiée par la directive 2008/27/CE du Parlement européen et du Conseil du 11 mars 2008

[2] Directive 2005/36/CE du Parlement européen et du Conseil du 7 septembre 2005 relative à la reconnaissance des qualifications professionnelles.

[3] Voir notamment l'article 23 de la directive 2012/34/UE du Parlement européen et du conseil du 21 novembre 2012, établissant un espace ferroviaire unique européen (refonte).

[4] Directive n° 2001/83/CE du Parlement européen et du Conseil du 6 novembre 2001 instituant un code communautaire relatif aux médicaments à usage humain.

Il existe ainsi presque autant de cas de blocage que d'instruments organisant la transnationalité d'actes administratifs unilatéraux. Cette diversité est propre à cette matière encore non théorisée et qui reste l'apanage de solutions d'opportunité ne s'inscrivant pas dans un régime unifié. De plus, pour parfaire les possibilités de blocage reposant dans les mains des États de réception et apporter encore plus d'unicité dans la protection des ordres juridiques de réception contre les atteintes les plus manifestes auxquelles peut conduire la transnationalité administrative, l'importation d'exceptions propres au droit international privé peut apparaître opportune.

En effet, en droit international privé, il existe deux méthodes d'éviction de la loi étrangère. L'une prend sa source dans le contenu même de la loi étrangère qui est jugée contraire à l'ordre public international alors que l'autre correspond à la sanction de la manipulation frauduleuse des éléments de rattachement dans le but de bénéficier de l'application d'une loi donnée et ainsi écarter l'application d'une autre loi nationale plus défavorable ou contraignante. À l'image de cette branche du droit, l'on peut se demander s'il existerait des dérogations généralement opposables par les États à l'effet transnational de certains actes administratifs transnationaux lorsque sont en jeu soit le cœur des valeurs de leur système juridique soit un détournement manifeste des possibilités offertes par la transnationalité.

En effet, même en matière de droit privé, un ordre juridique donné ne peut pas accueillir n'importe quelle règle de droit étranger. En effet, la loi étrangère peut se voir évincer en raison de son contenu en ce qu'il contrevient à l'ordre public international[1]. Cette éviction est désignée en tant qu'exception d'ordre public international[2]. Si la doctrine peine à donner une définition circonscrite de cette notion, l'on peut du moins en établir clairement la fonction qui est d'être « un correctif exceptionnel permettant d'écarter la loi étrangère normalement compétente, lorsque cette dernière contient des dispositions dont l'application est jugée inadmissible par le tribunal saisi »[3]. Par conséquent, l'ordre public international est mobilisé dans les cas où l'application de la loi étrangère vient heurter les conceptions juridiques et sociales fondamentales de l'État du for, à tel point qu'il est impossible de l'appliquer[4]. L'exemple couramment donné pour illustrer son contenu est celui de la polygamie qui est refusée en France aux étrangers alors que leur loi personnelle, dans leur État d'origine, le leur permet[5].

Il est donc possible d'imaginer que si l'exception d'ordre public international peut évincer l'application de la loi étrangère, elle pourrait éventuellement être oppo-

---

[1] LOUSSOUARN Y., BOUREL P., DE VAREILLES-SOMMIÈRES P., *Droit international privé*, Dalloz, coll. Précis, 10e éd., 2013, Paris, pp. 353-361.

[2] Pour une brève histoire de l'exception d'ordre public international, voir : MAURY J., *L'éviction de la loi normalement compétente : l'ordre public international et la fraude à la loi*, Casa Martin, coll. Cuadernos de la Cátedra del « Dr. James Brown Scott », Universidad de Valladolid, 1952, Valladolid, pp. 21-42.

[3] *Ibid.*, pp. 337-338.

[4] LAGARDE P., « Ordre public », *Répertoire de droit international*, Dalloz, décembre 1998 (actualisation : Mai 2020), §1.

[5] *Ibid.* ; LOUSSOUARN Y., BOUREL P., DE VAREILLES-SOMMIÈRES P., *op. cit.*, p. 363 ; BUREAU D., MUIR WATT H., *op. cit.*, p. 542.

sée à la transnationalité d'un acte administratif étranger qui violerait le noyau de l'identité juridique et sociale de l'État de réception. Ce serait alors une sorte d'ultime manifestation de la souveraineté, selon laquelle l'État ne peut pas autoriser une quelconque atteinte à certaines valeurs, même s'il a autorisé par traité ou par sa participation à l'Union européenne la transnationalité d'un acte administratif donné. Un tel moyen est d'ailleurs mobilisé par le juge administratif lors de son contrôle de jugements étrangers[1]. Cette notion n'est donc pas étrangère à la matière administrative et permettrait de bloquer les actes transnationaux ne requérant aucune action positive de l'administration de réception empêchant le recours à la clause de sauvegarde. En effet, la clause recommandée à l'issue de cette étude est mobilisable lorsque l'acte administratif transnational conduit l'État de réception à violer lui-même son droit national par une action subséquente. Cela vise particulièrement les actes transnationaux per se, mais ne s'applique pas aux autres actes impliquant seulement un comportement négatif. C'est donc dans ce cas que l'exception d'ordre public international prendrait tout son sens. De plus, dans le cadre spécifique de l'Union européenne, il existerait des cas, selon Damien Elkind, où le droit de l'Union reconnaît la possibilité d'invoquer une exception d'ordre public européen notamment dans le cadre de la violation de la Charte des droits fondamentaux comme dans l'affaire Donnellan jugée par la CJUE le 26 avril 2018[2].

Cette possibilité semble entrer en résonance avec la limite que le Conseil constitutionnel a posée à la primauté du droit de l'Union européenne dans les modalités de son contrôle des lois de transposition des directives européennes. Effectivement, par application du primat du droit de l'Union sur le droit interne dans une décision Loi pour la confiance dans l'économie numérique de 2004[3], le Conseil constitutionnel a abandonné le contrôle des lois de pure transposition des directives européennes reconnaissant que cela équivalait au contrôle direct des directives, ce dont seul le juge communautaire était compétent. Néanmoins, par deux décisions de 2006[4], le Conseil constitutionnel vint circonscrire cette jurisprudence en réservant le contrôle des lois de transpositions lorsqu'elles entrent en contradiction avec les principes inhérents à l'identité constitutionnelle française[5]. Cette jurisprudence française n'était pas sans rappeler[6] la saga So Lange[1] devant la Cour constitution-

---

[1] CE, 24 novembre 2006, *Bellounis*, n°275527, *Rec.* p. 484. À propos du contrôle des jugements étrangers par le juge administratif, voir : BLANQUET P., « Le juge administratif et les jugements étrangers », *RFDA* 2021, p. 329.

[2] ELKIND D., *L'efficacité des décisions administratives étrangères dans l'Union européenne. Étude de droit administratif transnational*, Thèse dactyl. soutenue le 5 décembre 2018, Université de Bordeaux, pp. 385-389, spéc. p. 389.

[3] Cons. constit., 10 juin 2004, *Loi pour la confiance dans l'économie numérique*, DC n° 2004-496.

[4] Cons. constit., 27 juillet 2006, *Loi relative au droit d'auteur et aux droits voisins dans la société de l'information*, DC n°2006-540 ; Cons. constit., 30 novembre 2006, *Loi relative au secteur de l'énergie*, DC n°2006-543.

[5] DRAGO G., *Contentieux constitutionnel français*, PUF, coll. Thémis, 5e éd., 2020, Paris, pp. 652-653 ; PICARD É., « Droit international : rapports avec le droit interne », *Répertoire de contentieux administratif*, Dalloz, février 2008 (actualisation : Octobre 2010), §195-212.

[6] PONTHOREAU M.-C., « Constitutions nationales et droit(s) sans frontières », *Constitutions* 2010, pp. 61 et s.

nelle allemande qui avait, en 1974[2], suspendu l'applicabilité du droit dérivé de l'Union européenne tant que celui-ci ne garantissait pas l'effectivité des droits et libertés protégés par la Loi fondamentale, avant de reconnaître que c'était désormais le cas en 1986[3]. L'on peut voir ici l'existence d'un noyau auquel le constituant seul peut toucher et qui défie la primauté du droit de l'Union européenne en cas de contrariété, et ce, malgré l'engagement des États membres dans cette organisation. Par conséquent, l'idée d'un cœur de règles intouchables en droit public existe déjà dans les ordres juridiques internes, ce qui renforce la possible importation du mécanisme d'exception d'ordre public.

À l'image de ce mécanisme, l'on pourrait envisager que l'effet transnational d'un acte administratif étranger puisse être neutralisé par l'État de réception si ledit acte contrevenait aux principes fondamentaux qui organisent cet ordre juridique alors même que sa transnationalité est prévue par une norme de droit l'Union. De tels moyens sont d'ailleurs invoqués par certains requérants dans le cadre de procédures administratives transnationales en droit de la concurrence, notamment quand des mesures d'enquête sont effectuées par des autorités étrangères pour le compte de l'Autorité de la concurrence sans recourir à un juge alors que cela constituerait une étape nécessaire dans le cadre de la procédure française[4]. Toutefois, le juge ne s'est pas encore saisi de tels moyens invoquant une exception d'ordre public international[5].

Également, des précautions sont déployées par les textes organisant la transnationalité administrative pour éviter des confrontations de ce type. C'est par exemple, dans les réseaux d'administrations, l'absence d'obligation créée par une demande adressée à une autorité requise si, pour y répondre, elle devait violer son droit national. Cette limite est certes plus large que ne le serait l'exception d'ordre public, puisqu'elle couvre l'intégralité de l'ordre juridique national, mais pour autant cela s'inscrit dans la même logique qui est celle de préserver l'ordre juridique national face à l'intrusion d'une norme étrangère en son sein. Il n'est ainsi pas incohérent de penser que, notamment dans les réseaux d'administrations, une dérogation fonctionnant sur le même mode que l'exception d'ordre public puisse également être opposée à la transnationalité d'un acte administratif unilatéral même sans texte explicite. Néanmoins, cette possibilité reste à l'état de supposition en l'absence d'un droit clair et unifié[6].

Parallèlement, toujours en droit international privé, la fraude à la loi se « définit traditionnellement comme l'utilisation volontaire d'une règle de conflit dans le but

---

1 Pour un résumé de cette saga, voir : BLUMANN C., DUBOUIS L., *Droit institutionnel de l'Union européenne*, LexisNexis, coll. Manuel, 7e éd., 2019, Paris, pp. 954-955.

2 BVerfGE, 29 mai 1974, *So Lange I*, 37, p. 271.

3 BVerfGE, 22 octobre 1986, *So Lange II*, 73, p. 339.

4 Cass. com. 20 janv. 2015, n° 1316.745, 1316.764, 1316.765, 1316.955, D. 2015. 261, obs. CHEVRIER E.r ; ibid. 2016. 964, obs. FERRIER D. ; AJCA 2015. 169, note PARLEANI G. ; RTD com. 2015. 258, obs. CLAUDEL E. ; RTD eur. 2016. 37428, obs. ZAMPINI F. ; *RCDIP* 2016. 521, note D'AVOUT L.

5 *Ibid.*

6 WENANDER H., *art. cit.*, pp. 775-776.

d'échapper à une disposition impérative de la loi normalement compétente »[1]. Il s'agit alors d'une manœuvre visant à manipuler les liens de rattachement d'une situation, par exemple par la demande d'une naturalisation ou par un changement de résidence, pour échapper à la loi normalement compétente. Pour que la fraude soit qualifiée, il faut que soient réunis un élément matériel et un élément psychologique. Il faut alors que « par un procédé techniquement régulier, soit effectivement changé le point de rattachement de la règle de conflit applicable au rapport envisagé et, par suite, la loi de droit matériel compétente »[2] et que ceci soit réalisé sous une « intention frauduleuse, c'est-à-dire l'intention de tourner la règle de conflit, d'en fausser le jeu, afin d'éviter l'application de la loi normalement compétente »[3]. Autrement dit, la fraude résulte d'une combinaison entre le *forum shopping* et l'abus de droit puisque le but recherché est d'être soumis à une autre loi moins contraignante de manière frauduleuse. La sanction qui y est attachée est celle de l'inopposabilité de l'acte frauduleux : comme il n'incombe généralement pas à l'État du for de décider de la validité de l'acte, il ne peut que le considérer comme dépourvu d'effet dans son ordre juridique[4].

Bien que la fraude n'existe qu'en demi-teinte en droit administratif[5], la transposition de cette réserve à la transnationalité d'un acte administratif apparaît obligatoirement admise : un acte obtenu par fraude ne doit pas pouvoir produire des effets dans les ordres juridiques de réception[6]. Les États de réception devraient ainsi pouvoir bloquer ces actes en les rendant inopposables, mais, comme en droit international privé, ils ne pourraient pas se prononcer sur leur validité puisque seul l'État d'origine est compétent pour statuer sur cette question. Ce point a d'ailleurs été envisagé par la Cour de justice de l'Union européenne qui a explicitement jugé que « l'application des règlements communautaires ne saurait être étendue jusqu'à couvrir des pratiques abusives d'opérateurs économiques »[7]. Or, elle a défini de telles pratiques abusives comme la réunion, d'une part, d'un « ensemble de circonstances objectives d'où il résulte que, malgré un respect formel des conditions prévues par la réglementation communautaire, l'objectif poursuivi par cette réglementation n'a pas été atteint », et, d'autre part, d'un « élément subjectif consistant en la volonté d'obtenir un avantage résultant de la réglementation communautaire en créant artificiellement les conditions requises pour son obtention »[8]. Il semble donc que ce soit la fraude que la Cour désigne par ces pratiques abusives (bien que son vocable ne soit pas toujours clair puisqu'elle semble mêler fraude à la loi et abus de droit

---

[1] LOUSSOUARN Y., BOUREL P., DE VAREILLES-SOMMIÈRES P., *op. cit*, p. 392.
[2] MAURY J., *op. cit.*, p. 158.
[3] *Ibid.*
[4] *Ibid.*, p. 369.
[5] DUBUY M., « La fraude à la loi », *RFDA* 2009.243.
[6] Sur l'utilisation de la fraude en matière de naturalisation, voir : FEDOZZI P., « De l'efficacité extraterritoriale des lois et des actes de droit public », *RCADI* 1929, II, t. 27, p. 198.
[7] CJCE, 14 décembre 2000, *Emsland-Stärke GmbH c/ Hauptzollamt Hamburg-Jonas*, *aff.* C-110/99, ECLI :EU :C :2000 :695, §51.
[8] *Ibid.*, §52 et 53.

faisant écho à une confusion déjà existante en droit fiscal[1]) et qui peut alors venir s'opposer à la transnationalité d'un acte administratif comme un document douanier établissant la libre pratique d'une denrée sur le territoire d'un État tiers.

Finalement, la fraude représente certainement le moyen d'interception de la transnationalité administrative le plus pertinent puisque le mécanisme même de cette transnationalité laisse une voie ouverte pour l'*administrative shopping qui* peut favoriser la fraude à la loi en plongeant l'action administrative dans un cadre similaire à celui du droit international privé. Cela concerne principalement les actes administratifs unilatéraux potentiellement transnationaux, lesquels établissent généralement une autorisation ou des droits à destination de leurs bénéficiaires qui peuvent ensuite les faire valoir dans les États de réception. Ainsi, la tentation est grande de partir solliciter un tel acte dans un État ayant une procédure plus souple que celui normalement compétent.

Une illustration topique nous est donnée par le permis de conduire dans l'Union européenne où la directive 2006/126/CE[2] désigne comme autorité compétente celle de l'État membre où le demandeur à sa résidence normale selon son article 7, §1, e). La définition de cette « résidence normale » est ensuite précisée par l'article 12 en tant que lieu où une personne demeure au moins 185 jours par année civile. Une dérogation à ce critère est cependant posée si le demandeur peut faire état d'études datant d'au moins six mois effectuées dans le pays dont il sollicite l'administration. Par ces critères, qui figuraient déjà à l'article 7, §1, b) de la directive antérieure datant de 1991[3], l'objectif était d'empêcher tout « tourisme du permis de conduire », ce qui n'empêcha pas de voir émerger de nombreux cas, notamment en Allemagne, où des conducteurs ayant vu leur permis leur être retiré étaient par la suite partis le repasser dans des États frontaliers moins exigeants comme la Pologne et la République tchèque[4]. Pour renforcer la lutte contre ces pratiques, la directive 2006/126/CE a posé une obligation à la charge des États membres dans son article 11 §4 al.2, là où la directive 91/439/CEE ne donnait qu'une possibilité, de refuser de reconnaître le permis d'une personne ayant fait l'objet d'une restriction, d'une suspension ou d'un retrait de permis sur leur propre territoire. De même, un État membre doit refuser de délivrer un permis de conduire à un demandeur dont le permis a fait l'objet d'une restriction, d'une suspension ou d'un retrait dans un autre État membre (art. 11 §4 al. 1er). Enfin, en dehors de toute restriction, suspension ou retrait, le non-respect du critère de la résidence normale permet aux États membres de refuser la reconnaissance d'après une jurisprudence constante de la Cour de justice[5].

---

[1] DUBUY M., *art. cit.*

[2] Directive 2006/126/CE du Parlement européen et du Conseil du 20 décembre 2006 relative au permis de conduire (refonte).

[3] Directive n°91/438/CEE du Conseil du 29 juillet 1991 relative au permis de conduire.

[4] SNOY A.-L., « La reconnaissance des permis de conduire dans l'Union européenne », *in* PICOD F., MARTUCCI F. (dir.), *La circulation des automobilistes en Europe*, Bruylant, coll. Droit de l'Union européenne, 2018, Bruxelles, p. 88.

[5] CJUE, 19 mai 2011, *Grasser c/ Freistaat Bayern*, *aff.* C-184/10, EU :C :2011 :324 ; CJUE, 1er mars 2012, *Akyüz*, *aff.* C-467/10, EU :C :2012 :112 ; CJUE, 25 juin 2015, *VAS « Cefu satiksmes drosibas direkcija » et Latvijas Republikas Satiksmes ministrija c/ Nīmanis*, *aff.* C-664/13, EU :C :2015 :417.

C'est donc par sanction de fraudes que la directive prévoit l'inopposabilité du caractère transnational du permis de conduire aux États membres de réception. L'existence de telles dispositions au sein de la directive révèle que cet enjeu est significatif, mais aussi qu'il n'est pas automatique que la fraude emporte de telles conséquences. Dans le cadre de l'Union européenne, il semble qu'il vaille mieux que la sanction de la fraude soit explicitement prévue par le texte organisant la transnationalité ou alors qu'une décision de la Cour de justice soit intervenue en ce sens. C'est notamment le cas pour les certificats A1 où la Cour de justice a admis, dans un arrêt Altun de 2018, que les États de réception peuvent écarter ceux obtenus par fraude[1]. Cela doit donc encourager les États à poser des questions préjudicielles face à des fraudes supposées afin de s'assurer de leur capacité à bloquer l'effet transnational d'un acte. Dans un cadre non européen, l'on pourrait imaginer que la fraude produise directement son effet, toutefois la jurisprudence fait plus état du problème de la falsification de documents que de la fraude à la loi qui est en réalité souvent prise en compte dans la rédaction de l'instrument de droit international fondant la transnationalité administrative comme le montre l'article 41, §6 de la Convention de Vienne sur la circulation routière du 8 novembre 1968. En effet, cette disposition permet de déroger à l'obligation de reconnaissance des permis des personnes qui avaient leur résidence normale sur le territoire de l'État de réception au moment de leur délivrance ou qui ont transféré leur résidence normale sur son territoire depuis la délivrance du permis.

Cependant, tous les instruments organisant la transnationalité administrative ne prévoient pas toujours de dispositions spécifiques aux cas de fraude. Par exemple, pour les autorisations d'exportations des biens à double usage, le règlement 428/2009[2] se contente de donner compétence aux autorités de l'État membre où l'exportateur est établi sans pour autant prévoir de dispositions similaires à celles de la directive 2006/126/CE pour la résidence des demandeurs de permis de conduire. Un tel silence réserve alors le sort qui peut être fait à la fraude. L'absence d'unité du régime des actes administratifs transnationaux nous laisse ici face à une impossibilité de conclure quant à l'effectivité de la fraude sans appui textuel comme en droit international privé. Néanmoins, sa pertinence en termes de nécessité apparaît sans aucun doute avérée.

Ainsi, les blocages dont disposent les États de réception des actes administratifs unilatéraux transnationaux procèdent principalement des dispositions figurant dans les textes fondateurs de la transnationalité. Cependant, la question de l'importation de l'exception d'ordre public international et de la fraude du droit international privé reste ouverte tant ils apparaissent comme des tempéraments nécessaires à des effets excessifs de la transnationalité en termes d'atteinte à l'ordre juridique de réception ou de détournement de son fonctionnement au profit d'un dumping nor-

[1] CJUE, 6 février 2018, *Altun*, *aff.* C-359/15, ECLI :EU :C :2018 :63. Pour une analyse détaillée de l'admission de la fraude comme obstacle à l'effet des certificats A1 à l'étranger, voir : WENANDER H., « Sincere Cooperation, Mutual Trust, and Mutual Recognition in Social Security Coordination », *REAL* n°3, 2020, pp. 89-108.

[2] Règlement (CE) n°428/2009 du Conseil du 5 mai 2009 instituant un régime communautaire de contrôle des exportations, des transferts, du courtage et du transit de biens à double usage.

matif. L'absence de conclusion claire lors de l'analyse des dispositifs existants traduit un manque d'unité du régime des actes transnationaux procédant directement de leurs créations ad hoc. Il reste que la neutralisation de l'acte support de la transnationalité, ou directement de son effet transnational, ne constitue pas la seule fin de l'acte administratif transnational puisqu'elle peut également résulter d'une modification du cadre juridique ayant établi la transnationalité. Dans un tel cas, ce n'est pas un acte qui est remis en cause, mais une sous-catégorie d'actes auxquels était auparavant conféré un effet transnational.

En effet, les relations entre les États peuvent parfois se distendre au point qu'il soit mis fin à la transnationalité administrative qui pouvait exister. Pour cela, une renégociation des rapports juridiques entre les États est nécessaire, le plus souvent au moyen d'un traité international. Un exemple particulièrement éloquent est celui du Brexit, processus par lequel le Royaume-Uni est sorti de l'Union européenne à la suite d'un référendum consultatif ayant reçu l'approbation royale le 17 décembre 2015 (European Union Referendum Act)[1]. La conséquence première de cette décision est l'exclusion de cet État de l'intégration européenne et donc du marché commun[2], tous deux facteurs de transnationalité administrative. C'est ainsi que des passerelles formées par les actes administratifs unilatéraux transnationaux entre les ordres juridiques ont été coupées rétablissant, si ce n'est une imperméabilité, une interpénétration moindre entre les ordres juridiques des États membres et celui du Royaume-Uni. De cette manière, de nombreux actes administratifs unilatéraux transnationaux ont disparu.

Il serait vain de chercher à répertorier tous les actes qui ont perdu une part de leur efficacité transnationale au 1er janvier 2021, date de fin de la période transitoire marquant l'effectivité juridique du retrait. L'effet le plus direct pour les citoyens du Royaume-Uni est la perte de leur citoyenneté européenne, corollaire de leur citoyenneté nationale, à laquelle est attaché un « droit subjectif »[3] de libre circulation opposable aux États membres[4]. C'est donc tout un pan de la transnationalité autrefois conférée à la nationalité du Royaume-Uni qui tombe. Les États ont toutefois nuancé l'effet de ce changement en excluant réciproquement l'exigence d'un visa pour les séjours de courte durée effectués par les ressortissants de l'autre partie[5], ce qui montre que la disparition soudaine de la transnationalité n'est pas toujours vue

---

1 Pour une présentation du processus du retrait du Royaume-Uni de l'Union européenne, voir : JACQUÉ J. P., « Brexit », *RTD Eur.* 2016. 689 ; ILIOPOULOU-PENOT A., MARTUCCI F., « Le Brexit – Présentation », *RFDA* 2020. 401 ; BLUMANN C., « Union européenne – Brexit : coup de tonnerre dans un ciel chargé », *JCP G* n°41, octobre 2016, doctr. 1085.

2 MARTUCCI F., « Le Brexit, la [sic] marché unique et la régulation financière », *RFDA* 2020. 427.

3 RONDU J., *L'individu, sujet du droit de l'Union européenne*, Bruylant, coll. Droit de l'Union européenne Thèses 62, 2020, Bruxelles, pp. 414-416.

4 Art. 21, §1 TFUE ; art. 45, §1 Charte des droits fondamentaux ; directive 2004/38/CE du Parlement européen et du Conseil du 29 avril 2004 relative au droit des citoyens de l'Union et des membres de leurs familles de circuler et de séjourner sur le territoire des États membres.

5 Art. VSTV 1, §1 de l'accord de commerce et de coopération entre l'Union européenne et la communauté européenne de l'énergie atomique, d'une part, et le Royaume-Uni de Grande-Bretagne et d'Irlande du Nord, d'autre part du 31 décembre 2020.

comme bénéfique même dans le cadre d'un refroidissement des relations entre les États.

Autre exemple, les marchandises importées sur le territoire de l'Union européenne font l'objet d'une libre pratique qui leur confère le statut douanier de marchandises de l'Union impliquant leur libre circulation dans l'espace européen[1]. Cette mise en libre pratique consiste principalement dans le paiement des droits d'importation et la réalisation de contrôles et de formalités, c'est alors une autorisation d'entrée sur le territoire d'un État membre et par extension de l'Union. Une fois obtenue, les marchandises sont alors libres de circuler dans le marché intérieur sans que des droits de douane soient à payer lors du franchissement des frontières des États membres que ce soit à l'importation ou à l'exportation[2]. Cependant, avec le Brexit, les articles GOODS 13 et 14 de l'accord de commerce et de coopération rétablissent des licences à l'exportation et à l'importation marquant la sortie du marché intérieur pour le Royaume-Uni. Dès lors, la mise en pratique n'est plus valable pour ce territoire, ce qui l'ampute d'une part de ses effets transnationaux et implique un rétablissement de la barrière douanière entre le territoire de l'Union et celui du Royaume-Uni. Là encore, les effets trop abrupts d'un tel changement ont été atténués par une réglementation qui élimine les droits de douane sauf en cas de dumping fiscal, social et/ou environnemental, ce qui fait que la barrière douanière ne se manifeste que par des formalités à remplir (voir les articles GOODS 4 à 7 de l'accord de commerce et de coopération).

Le Brexit sonne donc le glas de l'effet transnational de beaucoup d'actes administratifs fondés sur le droit de l'Union européenne. Cependant, et paradoxalement, le Brexit ne marque pas la fin de toute transnationalité administrative puisqu'il crée également de nouveaux actes administratifs unilatéraux transnationaux qui n'existaient pas auparavant. C'est ainsi que l'article ROAD 5 de l'accord de commerce et de coopération prévoit que les transporteurs routiers doivent être titulaires d'une licence octroyée par l'État où ils sont établis pour pouvoir transporter des marchandises sur le territoire de l'autre État partie. Ce type d'autorisation est par la suite défini dans l'annexe ROAD 1, en son article 2, en tant que « décision administrative qui autorise une personne physique ou morale qui remplit les conditions prévues par la présente section à exercer la profession de transporteur routier ». Ainsi, dans le cas d'un transporteur exerçant son activité entre les pays membres de l'Union européenne et le Royaume-Uni, l'on a un acte administratif unilatéral qui va produire des effets de droit dans un autre État sans nécessité d'acte de réception individuel. C'est donc sans aucun doute que l'on peut qualifier ces actes de transnationaux. Cette naissance d'actes administratifs transnationaux dans le contexte d'un retrait de l'Union européenne se doit d'attirer l'attention sur l'importance que revêt la transnationalité administrative, puisque même lorsqu'un État chercher à se départir des liens d'intégration qu'il a tissés, il reste nécessaire de recourir à cette transnationalité sans quoi cet État subirait des effets qu'il juge trop délétères – en l'espèce,

[1] Art. 201 du règlement (UE) n°952/2013 du Parlement européen et du Conseil du 9 octobre 2013 établissant le code des douanes de l'Union.

[2] Articles 34 et 35 TFUE.

un ralentissement trop important du transport routier en raison d'un double agrément. Cet exemple souligne ainsi l'importance du mécanisme de la transnationalité administrative qui est un moyen efficace pour lutter contre l'empilement des procédures administratives nationales chronophages, onéreuses et parfois inadaptées à la rapidité escomptée des échanges dans un monde globalisé.

Également, le Brexit a été l'occasion de l'institutionnalisation de nouvelles coopérations administratives dans lesquelles des actes administratifs transnationaux per se se sont infiltrés. Par exemple, est annexé à l'accord de commerce, un protocole portant sur la coopération administrative dans le cadre de la lutte contre la fraude à la taxe sur la valeur ajoutée (TVA) et à l'assistance mutuelle pour le recouvrement des créances liées à l'impôt[1]. Classiquement, ce protocole prévoit que chaque État doit désigner une autorité compétente en charge de son application[2]. Les autorités nationales ainsi désignées, un réseau d'échanges d'information est alors instauré entre elles à propos de toute donnée « susceptible de permettre l'établissement correct de la TVA, le contrôle de l'application correcte de la TVA et la lutte contre la fraude à la TVA[3]. Ceci est concrétisé par une obligation de réponse par l'autorité requise aux demandes formulées par l'autorité requérante relatives à de telles informations[4]. L'on retrouve ainsi dans cette formule un acte administratif transnational per se qui vient contraindre l'autorité requise à répondre à la demande. Une obligation similaire est également posée pour les demandes relatives à « toute information vraisemblablement pertinente pour le recouvrement, par l'autorité demanderesse, de ses créances »[5]. Plus aboutie encore, est l'obligation faite à l'autorité requise de procéder sur demande au recouvrement des « créances qui font l'objet d'un instrument permettant l'adoption de mesures exécutoires dans l'État de l'autorité demanderesse »[6]. Tous ces éléments témoignent d'une véritable coopération administrative particulièrement développée qui repose sur des recours multiples à la transnationalité administrative. Ici encore, le Brexit ne marque donc pas un coup d'arrêt à toute transnationalité, mais, au contraire, en institue de nouvelles concrétisations.

Il résulte de ceci que le Brexit a pu permettre l'apparition de nouveaux actes administratifs transnationaux. Mais il ne faut pas perdre de vue que ce processus de distanciation a avant tout mis un terme à l'effet transnational de beaucoup d'actes trouvant leur fondement dans le droit de l'Union européenne. La balance penche indéniablement plus du côté de la disparition que de la création de ce type d'acte. Ce phénomène d'extinction corrobore les conclusions tirées de l'analyse du processus d'intégration comme terreau fertile de la transnationalité administrative. La confiance mutuelle et un niveau équivalent entre les législations nationales demeu-

---

[1] Protocole sur la coopération administrative et la lutte contre la fraude dans le domaine de la taxe sur la valeur ajoutée et sur l'assistance mutuelle en matière de recouvrement des créances relatives à des taxes, impôts et droits.
[2] Art. 4, §1 du protocole.
[3] Art. 2, §1, a).
[4] L'art. 7, §1.
[5] Art. 20, §1.
[6] Art. 25, §1.

rent les principaux facteurs de la transnationalité administrative qui, en cas de distanciation, est ébranlée. Mais il faut toutefois tempérer cette corrélation, car un approfondissement encore plus poussé de l'intégration peut également être à l'origine de la fin de la transnationalité administrative.

De manière contre-intuitive, le processus d'intégration peut ultimement conduire à une centralisation administrative à un échelon supra-étatique sapant toute pertinence de l'acte administratif transnational. Cette idée est bien illustrée par le cas de l'Union européenne qui connaît une centralisation administrative de plus en plus forte dans certains domaines, ce qui remet en question l'avenir de la catégorie de l'acte administratif transnational pour certains auteurs[1]. Cette centralisation peut revêtir la forme de deux types de transferts de compétences : l'un au profit de la Commission européenne et l'autre à destination d'agences spécialement créées dans un objectif de déplacement du pouvoir administratif depuis les États vers l'Union[2]. Une telle délégation peut être opérée par voie de droit dérivé lorsqu'est poursuivi un but d'harmonisation améliorant les conditions de l'établissement et du fonctionnement du marché intérieur[3]. Il est ainsi possible de mettre un terme à l'existence d'actes administratifs transnationaux par le basculement de compétences administratives vers le niveau supranational.

Un tel procédé n'est pas rare dans le cadre de l'Union européenne. Un exemple notoire est celui de l'agrément bancaire octroyé aux établissements de crédit afin qu'ils puissent exercer leur activité[4]. De longue date, la directive 89/646/CEE[5] avait mis fin à la possibilité pour les États membres de soumettre, sur leur territoire, à un agrément préalable, les succursales des établissements de crédit agréés dans d'autres États membres (art. 6, §1). Ce faisant, elle avait consacré un effet transnational aux agréments émis par les administrations nationales d'origine qui permettaient alors à leurs destinataires de proposer des activités de crédit dans tout le territoire de la

---

[1] DE LUCIA L., « From mutual recognition to EU Authorization : a decline of transnational administrative acts ? », *Italian journal of public Law* 1, 2016, pp. 104-105 ; ORTEGA BERNARDO J., « El acto administrativo transnacional en el derecho europeo del mercado interior », *Revista española de Derecho Administrativo* n° 188, oct.-déc. 2017, pp. 112-116 ; « El acto administrativo transnacional en el derecho europeo del mercado interior », *in* ARROYO JIMÉNEZ L., NIETO MARTÍN A. (dir.), *El reconocimiento mutuo en el Derecho español y europeo*, Marcial Pons, 2018, Madrid, pp. 115-122.

[2] MOLINIER J., « Agences de l'Union européenne », *Répertoire de droit européen*, mars 2012 (actualisation septembre 2019), § 8 et 9. Le terme d'agence est ici entendu au sens large, incluant les agences européennes indépendantes comme l'Autorité bancaire européenne ou l'Autorité européenne des marchés financiers. Voir : CHITI E., « Existe-t-il un modèle d'agence de l'Union européenne ? », *in* MOLINIER J. (dir.), *Les agences de l'Union européenne*, Bruylant, coll. Droit de l'Union européenne Colloques 15, 2011, Bruxelles, pp. 60-73.

[3] CJUE, grde. ch., 22 janvier 2014, *Royaume-Uni c/ Parlement européen et Conseil de l'Union européenne*, *aff.* C-270-12, ECLI :EU :C :2014 :18 ; concl. contraires de Niilo Jääskinen (ECLI :EU :C :2013 :562) ; *Europe* n°3, mars 2014, comm. 113 SIMON D.

[4] Pour une brève présentation de l'évolution de l'agrément bancaire dans le cadre de l'Union européenne, voir : SALA A., LEROY M., POSOCCO L., « Banque », *Répertoire de droit européen*, Dalloz, juin 2020, §25-27.

[5] Directive 89/646/CEE du Conseil du 15 décembre 1989 visant à la coordination des dispositions législatives, réglementaires et administratives concernant l'accès à l'activité des établissements de crédit et son exercice, et modifiant la directive 77/780/CEE.

Communauté, ce qui fut repris par les directives 2000/12[1] et 2006/48[2]. Également, la directive 2013/36[3], actuellement en vigueur, reprend l'obligation pour les États membres d'exiger un agrément aux établissements de crédit avant qu'ils puissent démarrer leur activité (art. 8, §1). Cependant, les autorités nationales n'ont plus l'entière mainmise sur ce procédé puisque, depuis le règlement 1024/2013[4], il est prévu que la décision finale revient à la BCE[5].

En effet, si la directive 2013/36 procure bien la compétence aux États membres de poser les exigences des agréments (art. 8, §1), la procédure d'octroi de ces derniers est fixée par l'article 14 du règlement 1024/2013 selon lequel une fois que l'autorité nationale a examiné une demande au regard de son droit national, elle doit transmettre un projet de décision à la BCE qui est réputé adopté suite à un silence de dix jours ouvrés (§3). Cette décision est ensuite communiquée au demandeur par son autorité nationale (§4). L'article 14, §5 confère également à la BCE le pouvoir de retirer un agrément dans les cas prévus par le droit de l'Union. De ce fait, la réforme conduite par le règlement 1024/2013 a eu pour conséquence de semi-centraliser la procédure d'agrément des établissements bancaires en plaçant dans les mains de la BCE le pouvoir de décision finale quant à leur octroi tout en incluant l'intervention des autorités nationales[6].

Un autre exemple est celui des autorisations de mise en service du matériel ferroviaire roulant. Ces autorisations ont fait l'objet de dispositions européennes pour la première fois lors du deuxième paquet ferroviaire dans la directive 2004/49[7] dont l'article 14, §1 prévoyait que seules les autorisations de mise en service de matériel qui ne remplissait pas toutes les spécifications techniques d'interopérabilité (STI) posées dans le droit dérivé pouvaient être suivies d'autre autorisation de mise en service dans le reste des États membres. Ainsi, c'est par une lecture a contrario que se dessinait la transnationalité nouvelle des autorisations de mise en service relative au matériel roulant respectant intégralement les STI. Le troisième paquet législatif ne vint pas modifier cette directive qui n'évolua que quelque peu sur ce point par la

---

[1] Art. 4 de la directive 2000/12/CE du Parlement européen et du Conseil du 20 mars 2000 concernant l'accès à l'activité des établissements de crédit et son exercice.

[2] Art. 6 de la directive 2006/48/CE du Parlement européen et du Conseil du 14 juin 2006 concernant l'accès à l'activité des établissements de crédit et son exercice.

[3] Directive 2013/36/UE du Parlement européen et du Conseil du 26 juin 2013 concernant l'accès à l'activité des établissements de crédit et la surveillance prudentielle des établissements de crédit et des entreprises d'investissement, modifiant la directive 2002/87/CE et abrogeant les directives 2006/48/CE et 2006/49/CE.

[4] Règlement (UE) 1024/2013 du Conseil du 15 octobre 2013 confiant à la Banque centrale européenne des missions spécifiques ayant trait aux politiques en matière de surveillance prudentielle des établissements de crédit.

[5] SALA A., LEROY M., POSOCCO L., *art. cit.*, §30.

[6] ANTONIAZZI S., « The ECB's Banking Supervision and European Administrative Integration: Organisation, Procedures and Legal Acts », *Italian Journal of Public Law* 2015, n°2, pp. 338-340.

[7] Directive 2004/49/CE du Parlement européen et du Conseil du 29 avril 2004 concernant la sécurité des chemins de fer communautaires et modifiant la directive 95/18/CE du Conseil concernant les licences des entreprises ferroviaires, ainsi que la directive 2001/14/CE concernant la répartition des capacités d'infrastructure ferroviaire, la tarification de l'infrastructure ferroviaire et la certification en matière de sécurité.

suite[1] déplaçant en son article 16, d), dans une disposition relative à l'autorité de sécurité nationale, la nécessité de l'octroi d'une autorisation de mise en service de « matériel roulant nouveau ou substantiellement modifié qui n'est pas encore couvert par une STI ». Cette compétence d'autorisation fut cependant retirée aux autorités nationales de sécurité dont les fonctions sont aujourd'hui énumérées à l'article 16 de la directive 2016/798[2]. Cette disparition fut concomitante alors à l'apparition, dans les attributions de l'Agence ferroviaire européenne, d'une telle compétence d'autorisation puisque l'article 20 du règlement 2016/796[3] lui donne aujourd'hui la compétence de délivrer en amont des autorisations de mise sur le marché des véhicules ferroviaires. L'on observe donc ici aussi une aspiration vers le haut du contrôle administratif qui vient mettre un terme au recours à certains actes administratifs unilatéraux transnationaux.

L'on retrouve ainsi le même mouvement partant d'une administration décentralisée et indirecte mise en œuvre par les administrations nationales vers une administration centralisée placée dans les mains des organes et institutions de l'Union européenne. Ce transfert « vers le haut » est la manifestation du développement de l'administration directe[4] de l'Union européenne qui, bien qu'en principe exceptionnelle, s'étoffe de plus en plus[5]. Le développement de cette centralisation vient donc mettre fin à l'existence de multiples actes administratifs unilatéraux transnationaux. Par conséquent, la relation entre le processus d'intégration et la transnationalité administrative apparaît ici équivoque, car il peut autant la favoriser qu'y mettre fin.

Il ressort des développements précédents que la fin de l'acte administratif unilatéral transnational ne résulte pas uniquement de la vie de l'acte lui-même, mais peut être due à des actions extérieures. Soit l'État de réception peut bloquer l'effet transnational d'un tel acte, soit les relations interétatiques peuvent évoluer en mettant un terme à son utilisation. Concernant la capacité de blocage de l'État de réception, il est difficile de déterminer si elle peut s'étendre au-delà des possibilités expressément prévues par les textes fondant la transnationalité. Cependant, il n'est pas incohérent de s'interroger sur l'éventuelle pertinence de l'importation de l'exception d'ordre public international et de la fraude à la loi telles que conçues par le droit international privé. Concernant l'évolution des relations interétatiques, il est notable que la disparition de l'acte administratif unilatéral transnational puisse se produire tant dans un cas de distanciation relationnelle entre les États que dans le cas de l'approfondissement d'un processus d'intégration, ce qui révèle que ce type d'acte

---

[1] Voir les directives 2008/57/CE, 2008/110/CE, 2009/149/CE, 2012/34/UE et 2014/88/UE.

[2] Directive (UE) 2016/798 du Parlement européen et du Conseil du 11 mai 2016 relative à la sécurité ferroviaire.

[3] Règlement (UE) 2016/796 du Parlement européen et du Conseil du 11 mai 2016 relatif à l'Agence de l'Union européenne pour les chemins de fer et abrogeant le règlement (CE) n°881/2004.

[4] Voir : ZILLER J., « Les concepts d'administration directe, d'administration indirecte et de coadministration et les fondements du droit administratif européen », *in* AUBY J.-B., DUTHEIL DE LA ROCHÈRE J. (dir.), *Traité de droit administratif* européen, Bruylant, coll. Droit administratif, 2e éd., 2014, Bruxelles, pp. 332-333.

[5] CHITI E., « Les agences exécutives et l'administration directe dans l'Union européenne », *in* AUBY J.-B., DUTHEIL DE LA ROCHÈRE J. (dir.), *op. cit.*, pp. 149-156.

est pertinent pour intervenir dans le cadre d'un équilibre précis entre séparation et unité. L'étude de ces différentes modalités de fin extérieures à l'acte administratif transnational est révélatrice d'une caractéristique notable de son régime qui consiste en un amas de solutions particulières sans réelle rationalisation. C'est ainsi que l'on peut parler d'une multiplicité de solutions auxquelles un effort de systématisation peut venir donner une cohérence. Outre cette hétérogénéité dans leurs modes de disparition, l'absence de rationalisation est aussi lourde de conséquences quant au contrôle juridictionnel de ces actes qui n'est pas satisfaisant à la fois en termes de protection des ordres juridiques nationaux que de sauvegarde des droits et libertés fondamentaux.

Le contrôle complexe de l'acte administratif unilatéral transnational

Le phénomène de la transnationalité administrative repose, sur une confiance mutuelle entre les États et sur l'équivalence de leurs législations nationales qui aboutissent à l'acceptation par avance de la production d'effets transnationaux par les actes administratifs qui en résultent. De ce fait, pourrait menacer cette transnationalité, l'adoption répétée d'actes illégaux par un État, car cela entraînerait nécessairement une méfiance de la part des États de réception. Il faut donc que les actes administratifs unilatéraux transnationaux puissent être purgés de leurs illégalités et, si nécessaire, annulés ou abrogés selon les procédés vus antérieurement.

C'est en particulier par l'existence de voies de recours juridictionnelles qu'un tel contrôle peut être opéré, assurant l'apurement des ordonnancements juridiques. Ce constat effectué, la spécificité des actes administratifs transnationaux, en ce qu'ils produisent des effets dans différents ordres juridiques, soulève différentes questions relatives à l'identité du juge qui pourrait mener un tel contrôle. Plus concrètement, l'on peut se demander si des voies de recours existent en parallèle à la fois dans l'ordre juridique d'origine et l'ordre juridique de réception. Si l'existence d'un contrôle juridictionnel dans l'État d'origine semble normale, le tableau se dessine différemment quant aux États de réception. De plus, en analysant les solutions existantes, l'on retrouve un assemblage de solutions particulières qui rend l'exercice des voies de recours éminemment complexe, en particulier pour les requérants situés dans les États de réception.

La conséquence de ces incertitudes procédurales n'est pas insignifiante puisque la transnationalité administrative peut avoir des conséquences particulièrement néfastes à la fois pour les ordres juridiques nationaux et pour les droits et libertés fondamentaux des sujets de droit. C'est pourquoi, face à cette multiplicité de solutions, la proposition de mécanismes de rationalisation apparaît incontournable.

Un acte administratif unilatéral transnational est premièrement un acte administratif ordinaire pour l'ordre juridique où il naît. Ce n'est que pour les ordres de réception qu'il présente un caractère particulier qui lui vaut alors d'être qualifié de transnational. En raison de son essence première, celle d'être un acte administratif unilatéral dans son ordonnancement d'origine, il ne fait aucun doute qu'il peut faire l'objet d'un recours dans son État d'origine[1]. Cependant, si ce premier point fait l'unanimité parmi la doctrine, il faut souligner que l'étude des recours contre les actes administratifs transnationaux reste parcellaire conduisant au mieux certains auteurs à interroger l'existence de recours par voie d'exception devant les États de réception[2], au pire, à ignorer de telles possibilités[3].

Si le recours juridictionnel est généralement présenté comme le moyen de contrôle des actes administratifs, il ne faut pas oblitérer qu'il existe également des recours non juridictionnels. En France, cela prend la forme de recours administratifs qualifiés de gracieux, lorsqu'ils sont directement adressés à l'auteur de l'acte en cause, ou de hiérarchiques quand présentés au supérieur hiérarchique de leur auteur[4]. Si ces voies de recours revêtent une certaine importance, elles ne se suffisent pas à elles seules, car elles restent dans le giron de l'administration émettrice ne procurant ainsi pas la même qualité qu'un contrôle externe opéré par un organe indépendant : le juge. C'est ainsi que tous les actes administratifs unilatéraux transnationaux peuvent, en principe, faire l'objet d'un recours juridictionnel dans leur État d'origine. Toutefois, cette possibilité n'est parfois que théorique en raison des situations concrètes dans lesquelles interviennent les actes administratifs transnationaux.

Il existe un consensus pour dire que « lorsque la légalité d'un acte administratif transnational est contestée par voie d'action, seules les juridictions, dans le ressort desquelles se trouve le siège de l'auteur de l'acte, semblent pouvoir connaître de sa légalité »[5]. D'ailleurs, le juge administratif français se refuse, en principe, à contrôler

---

[1] DUBOS O., « Le territoire », *in* AUBY J.-B. (dir.), *L'influence du droit européen sur les catégories de droit public*, Dalloz, coll. Thèmes et commentaires, 2010, Paris, pp. 365-368 ; GAUTIER-MELLERAY G., « Du nouveau du côté du contrôle transnational des actes administratifs », *AJDA* n° 19, 2017. 1081 ; « Acte administratif transnational et droit de l'Union européenne », *in* J.-B. AUBY, J. DUTHEIL DE LA ROCHÈRE (dir.), *op. cit.*, pp. 1310-1313 ; DE LUCIA L., « From mutual recognition to EU Authorization : a decline of transnational administrative acts ? », *Italian journal of public Law* 1, 2016, pp. 102-104 ; RUFFERT M., « European Composite Administration: The transnational administrative act », *in* JANSEN O., SCHÖNDORF-HAUBOLD B. (éds.), *The European Composite Administration*, Intersentia, 2011, Cambridge, pp. 295-299 ; GERONTAS A., «Deterritorialization in Administrative Law : Exploring Transnational Administrative Decisions », *Columbia Journal of European Law*, n° 3, 2013, pp. 55-56 ; BOCANEGRA SIERRA R., GARCÍA LUENGO J., « Los actos administrativos transnacionales », *Revista de Administración Pública*, sept.-déc. 2008, pp. 22-24 ; ORTEGA BERNARDO J., « El acto administrativo transnacional en el derecho europeo del mercado interior », *Revista española de Derecho Administrativo* n° 188, oct.-déc. 2017. 81.

[2] DUBOS O., *art. cit.*, pp. 367-369 ; GAUTIER-MELLERAY M., « Le dispositif Schengen, vecteur d'une nouvelle forme d'intégration juridictionnelle », in *Les dynamiques du droit européen en début de siècle (Études en l'honneur de Jean-Claude Gautron)*, Pédone, 2004, Paris, pp. 69-82 ; « Le dépassement du caractère national de la juridiction administrative : le contentieux de Schengen », *RDA*, mai 2005, étude 8 ; « Acte administratif transnational […] », *art. cit.*, pp. 1313-1315 ; « Une autre traversée du Rhin », *A.J.D.A.*, 2015. 1139 ; « Du nouveau […] », *art. cit.*

[3] DE LUCIA A., *art. cit.*, pp. 102-104 ; GERONTAS A., *art. cit.*, pp. 55-56 ; BOCANEGRA SIERRA R., GARCÍA LUENGO J., *art. cit.*, pp. 22-24 ; ORTEGA BERNARDO J., *art. cit.*

[4] LASSERRE B., « Recours », *Répertoire de contentieux administratif*, novembre 2001 (actualisation : Avril 2020), §8-12.

[5] DUBOS O., *art. cit.*, p. 367. Pour une position contraire, voir : FEDOZZI P., « De l'efficacité extraterritoriale des lois et des actes de droit public », *RCADI* 1929, II, t. 27, pp. 200-206).

des actes administratifs étrangers[1]. Par exemple, il n'examina pas une décision du Président de la République adoptée en tant que co-prince des vallées d'Andorre[2] ni une décision des autorités américaines ordonnant la restitution de matériel militaire à la France après la Seconde Guerre mondiale[3].

Cependant, le fondement juridique de cette interdiction de contrôle des actes administratifs étrangers n'est pas aisé à identifier. L'on peut y voir, comme Olivier Dubos, « l'application de la règle *actor sequitur forum rei* qui est un principe relativement universel »[4] et qui veut que le tribunal compétent soit celui du lieu du défendeur qui, dans le cas d'un recours contre un acte, serait l'administration émettrice. Un autre point de vue, celui de Marie Gautier-Melleray est d'expliquer cette compétence purement nationale par le lien qu'entretient la justice déléguée avec la souveraineté nationale dont elle procède[5]. Ce lien tracerait alors la limite de cette justice qui ne pourrait s'appliquer qu'aux autorités procédant de la même souveraineté nationale[6]. Cette position peut être mise en rapport avec le principe d'immunité de juridiction des États posé par le droit international selon lequel ils ne peuvent pas être traduits devant les tribunaux nationaux étrangers. Cette immunité trouve son fondement dans le principe de territorialité et la souveraineté des États[7]. Toutefois, ces fondements étant aujourd'hui relativisés, cette immunité de juridiction se trouve elle-même atténuée d'autant plus que, dans le cas du contrôle de la légalité des actes administratifs, le caractère objectif de ce type de contentieux peut être vu comme n'impliquant pas la comparution directe d'un État devant un tribunal étranger. D'ailleurs, les études portant sur l'immunité de juridiction ne font référence qu'aux cas où la responsabilité des États serait mise en jeu devant un juge étranger, mais jamais de ceux où seule la légalité d'un acte administratif est remise en cause[8]. Ce cas de figure demeure un impensé de la doctrine de droit international et de droit interne, car l'acte administratif était jusqu'à présent conçu comme produisant un effet uniquement national.

Enfin, ces deux explications fournies par Olivier Dubos et Marie Gautier-Melleray ne sont par ailleurs pas exclusives l'une de l'autre et peuvent être combinées puisqu'un acte administratif est toujours une manifestation d'une souveraineté étatique et qu'en fin de compte, pour attaquer cet acte, il faut saisir le juge de son auteur qui se retrouve alors en position de défendeur. Ainsi, que l'on considère qu'il s'agit du tribunal du défenseur ou que la justice déléguée par la souveraineté nationale ne peut qu'investir le tribunal national d'une telle compétence, le contrôle de

[1] MEURANT C., « L'État étranger devant le juge administratif français », *JDI* n°4, octobre 2021, doctr. 9.

[2] CE, sect., 1er décembre 1933, *Sté « Le Nickel »*, n°5578, *Rec.* p. 1132.

[3] CE, sect., 30 novembre 1962, *Consorts Manfred-Weiss*, n°45500, *Rec.* p. 643.

[4] *Ibid.*

[5] GAUTIER-MELLERAY M., « Le dispositif Schengen [...] », *art. cit.*, pp. 72-73 ; « Le dépassement [...] », *art. cit.*.

[6] *Ibid.*

[7] LALIVE J.-F., « L'immunité de juridiction des États et des organisations internationales », *RCADI*, vol. 84, 1953-III.

[8] Voir : COSNARD M., *La soumission des États aux tribunaux internes : face à la théorie des immunités des États*, Pédone, coll. Publication de la Revue générale de droit international public vol. 48, 1996, Paris, 478 p.

l'acte administratif unilatéral transnational ne semble appartenir qu'au juge de son État d'origine.

Ce fondement peut être complété par l'analyse des rapports entre les ordres juridiques nationaux. En effet, la souveraineté dont dispose chaque État a pour conséquence une égalité horizontale dans laquelle s'inscrivent tous les États. Ainsi, en principe, un ordre juridique étatique n'est pas supérieur à un autre d'où le fait que l'acte administratif transnational circule dans des rapports horizontaux. Si aucun ordre juridique n'est supérieur à l'autre alors un ordre étatique donné ne peut pas permettre à ses propres juges de vérifier de la légalité des actes émis par un autre État. C'est le même raisonnement qui fonde l'immunité juridictionnelle des États[1]. Les ordonnancements juridiques en cause ne sont pas organisés selon une hiérarchie, mais sur le mode de la coexistence égale proscrivant un tel procédé. Néanmoins, si la logique et la nature même de l'acte administratif en tant que manifestation de la souveraineté d'un État, au même titre que le contrôle juridictionnel, induisent avec évidence l'impossibilité pour le juge de connaître d'un acte administratif étranger, il demeure difficile d'identifier le fondement juridique précis et universel qui le justifie.

Il reste que la jurisprudence administrative française semble acter de cette incompétence du juge administratif pour juger de la légalité d'actes administratifs étrangers. Ceci peut d'abord être déduit au moyen d'un raisonnement par analogie avec les actes des organisations internationales. Par exemple, dans un arrêt de 1994, Chambre syndicale du transport aérien, le Conseil d'État avait refusé d'examiner la légalité du taux de redevance de route applicable aux services aériens, car il était décidé par une commission instituée par un accord multilatéral[2]. L'on pourrait y lire une prohibition pour le juge administratif de connaître d'actes émis par des administrations étrangères, supraétatique en l'espèce, mais extérieure à l'ordre juridique quand même. Ainsi, la comparaison prêterait à étendre cette interdiction aux actes émis par des administrations étatiques étrangères. Cette conclusion semble d'ailleurs étayée par une autre jurisprudence similaire qui jugea que le juge administratif ne pouvait pas connaître des décisions de la commission de contrôle interne des fichiers de l'organisation internationale de police criminelle « INTERPOL », car celle-ci « n'est pas une autorité administrative française »[3]. Ainsi, en prenant la lettre de cette décision, les actes émis par des autorités administratives non françaises, c'est-à-dire étrangères, ne peuvent pas être contrôlés par le juge administratif français.

Malgré une justification flottante, la compétence exclusive du juge national pour évaluer la légalité des actes administratifs unilatéraux est largement accueillie par la doctrine et même confirmée par la jurisprudence du droit de l'Union européenne. Effectivement, la Cour de justice consacre l'« exigence d'un contrôle juridictionnel de toute décision d'une autorité nationale » comme « principe général de droit communautaire, qui découle des traditions constitutionnelles communes aux États

---

[1] COSNARD M., *op. cit.*, pp. 75-79.

[2] CE, 22 juillet 1994, *Chambre syndicale du transport aérien*, n°145606, *Rec.* p. 1208.

[3] CE, 29 décembre 1997, *Thorel*, n°140325, *Rec.* p. 625.

membres et qui a trouvé sa consécration dans les articles 6 et 13 de la Convention européenne des droits de l'homme »[1] ainsi qu'à l'article 47 de la Charte des droits fondamentaux de l'Union européenne. La Cour en déduit alors qu'il appartient « aux juridictions nationales de statuer, le cas échéant après renvoi préjudiciel à la Cour, sur la légalité de l'acte national en cause »[2]. Ceci démontre donc bien que, pour la Cour, l'exigence d'un recours juridictionnel contre les décisions des autorités nationales est conçue comme un contrôle uniquement effectué par les juridictions nationales. Par conséquent, ce raisonnement implique implicitement que seules les juridictions nationales peuvent être compétentes pour contrôler la légalité d'un acte administratif donné. Seul le contrôle mené à propos des actes nationaux est requis par le droit de l'Union, ce qui renforce l'idée d'un lien de nationalité entre le juge et l'acte administratif examiné.

Cependant, il faut réserver le cas de deux sous-catégories de la typologie précédemment établie. L'une est le cas des administrations plurinationales dont la nature même rend impossible l'attribution de leurs actes à un seul ordre étatique donné, et l'autre est le cas de la reconnaissance mutuelle passive. Cette dernière est un cas qui sort du principe du recours juridictionnel devant le juge de l'État d'émission, car malgré l'absence de marge de manœuvre de l'État de réception pour reconnaître ces actes, il adopte tout de même un acte de réception qui va faire « écran » avec l'acte originel. Ainsi, en cas de recours dans l'État de réception, c'est l'acte de reconnaissance qui sera mis en cause devant son juge national. Toutefois, cela ne servira pas toujours à changer l'état du droit puisque par principe, il s'agit d'une reconnaissance mutuelle presque obligatoire. Par conséquent, le juge national ne pourra que constater la légalité de l'acte de réception qui est contraint par l'acte d'origine, d'où l'intégration de ce cas de figure dans la typologie de l'acte administratif transnational. Dès lors, pour véritablement modifier l'état du droit, il faudra faire un recours contre l'acte originel devant le juge de l'État d'émission.

De plus, il y a eu des exemples historiques où le juge compétent n'était pas nécessairement celui de l'État d'émission d'un acte. Ce fut notamment le cas devant la Cour permanente de justice internationale en 1928 dans l'affaire de la compétence des tribunaux de Dantzig[3]. En l'espèce, le service des voies ferrées sur le territoire de la Ville libre de Dantzig avait été confié à l'issue du traité de Versailles à la Pologne. Ainsi, les fonctionnaires dantzikois avaient pu rejoindre le service nouvellement administré par la Pologne. Il demeurait cependant la question de la compétence des tribunaux pour connaître des recours pécuniaires. Les relations entre ces fonctionnaires et la Pologne étaient notamment réglées par un contrat de service,

[1] CJCE, 3 décembre 1992, *Oleificio Borelli SpA c/ Commission*, *aff.* C-97/91, ECLI :EU :C :1992 :491, §14. Voir également : CJCE, 15 mai 1986, *Johnston*, *aff.* 222/84, ECLI :EU :C :1986 :206, §17-18 ; CJCE, 15 octobre 1987, *Heylens*, *aff.* 222/86, ECLI :EU :C :1987 :442, §14. Voir également : CJUE, 8 décembre 2011, *Chalkor AE Epexergasias Metallon c/ Commission*, *aff.* C-386/10P, ECLI :EU :C :2011 :815, §51 ; CJUE, grde. ch., 6 novembre 2012, *Europese Gemeenschap c/ Otis NV e.a.*, *aff.* C-119/11, ECLI :EU :C :2012 :684, §46-47 ; CJUE, grde. ch., 16 mai 2017, *Berlioz Investment Fund SA*, *aff.* C-682/15, ECLI :EU :C :2017 :373, §54.

[2] CJCE, 3 décembre 1992, *Oleificio Borelli SpA c/ Commission*, *aff.* C-97/91, ECLI :EU :C :1992 :491, §13.

[3] CPJI, 3 mars 1928 (avis), *Compétence des tribunaux de Dantzig*, Série B, n°15.

mais la Cour permanente de justice internationale devait juger si un accord international préalable[1] pouvait être invoqué dans de tels recours devant les tribunaux dantzikois. La Cour décida, notamment en application de cet accord, qu'il jouissait d'un effet direct en procurant des droits et des obligations à destination de ces fonctionnaires et que ces derniers pouvaient donc saisir les juridictions dantzikoises pour les recours de nature pécuniaire sur le fondement d'un tel accord. Ainsi, des juges étrangers se retrouvaient à connaître de litiges relatifs à un service public administré par la Pologne. Ceci montre qu'historiquement, il a pu y avoir des exemples de contrôles réalisés par le juge étranger.

Cependant, dans le cas des administrations plurinationales, il n'est pas possible de déterminer d'emblée quel juge peut être compétent en l'absence d'une affiliation claire des actes émis à un ordre juridique donné. Ceci est une conséquence logique de l'essence même de ces administrations qui ressortent de plusieurs ordres juridiques distincts. Il faut alors rechercher dans les statuts de ces administrations les solutions données à la question du recours juridictionnel contre leurs actes.

Dans le cas du GECT de l'hôpital de Cerdagne, administration franco-espagnole, les statuts[2] renvoient au droit communautaire relatif à la compétence juridictionnelle ou, dans son silence, à la juridiction espagnole (art. 9.1). Parallèlement, le droit de recours « national » contre les « décisions administratives relatives aux activités qui sont menées par le GECT HC » ainsi que pour « l'accès à des services dans leur propre langue » et « l'accès à l'information » est préservé et il est précisé que, par conséquent, dans un tel cas « les juridictions compétentes sont celles de l'État membre dont la constitution prévoit ledit droit de recours » (art. 9.3). Cette possibilité est en réalité directement reprise de l'article 15 du règlement 1082/2006[3] organisant la compétence juridictionnelle de contrôle des actes des GECT. Il apparaît ainsi qu'elle est applicable à tous les GECT et que ce type de structure implique toujours le recours à un conflit de juridictions instauré notamment pour préserver la compétence du juge national pour revoir la légalité des actes administratifs qui seraient soumis à son droit administratif national. La logique est donc de conserver le lien entre le juge compétent et les actes relevant de son droit administratif national malgré la nature particulière de ces entités.

Cet exemple démontre que l'administration plurinationale nécessite des dispositions particulières pour préciser le régime contentieux de ses actes. Sans elles, la conséquence serait de voir plusieurs juridictions nationales désignées comme compétentes pour les différents États dont relève l'administration et donc prendre le risque de décisions contraires. En réalité, au même titre que la détermination du droit applicable est réalisée par ses statuts selon une règle de conflit de lois, les statuts proposent ici une règle de conflit de juridictions, normalement propre au droit international privé, sans laquelle les différentes juridictions nationales seraient con-

---

[1] L'accord définitif relatif aux fonctionnaires entre Dantzig et la Pologne du 22 octobre 1921

[2] Statuts du groupement européen de coopération territoriale de l'hôpital de Cerdagne annexés à la convention de coopération sanitaire transfrontalière et de constitution du Groupement européen de coopération territoriale (GECT) – Hôpital de Cerdagne du 26 avril 2010.

[3] Règlement (CE) n°1082/2006 du Parlement européen et du Conseil du 5 juillet 2006 relatif à un groupement européen de coopération territoriale (GECT).

curremment compétentes. En effet, « [c]omme son nom l'indique le droit des conflits de juridictions traite des difficultés qui surgissent en raison de la concurrence susceptible d'exister entre juridictions de différents États relativement à un rapport de droit privé donné »[1]. Ces règles de conflit de juridictions ont alors pour but de désigner la juridiction la plus pertinente au regard d'un lien privilégié avec la situation en cause[2]. Ainsi, comme en droit international privé[3], il s'agit ici de déterminer la compétence internationale des juridictions nationales pour le contrôle des actes de l'administration plurinationale. Dans le cadre du GECT, l'on remarque qu'une concordance entre le droit national applicable et le juge national désigné a été instaurée afin que le juge soit bien compétent pour contrôler les actes administratifs soumis à son droit national. Ce choix fait par le droit de l'Union européenne apparaît comme le plus logique, mais dans d'autres types de structures la règle peut être différente. L'on se place alors dans une authentique méthode de droit international privé, ici le droit de l'Union européenne donnant à la fois la règle du conflit de juridictions et celle du conflit de lois en veillant à lier la nationalité du juge désigné avec celle du droit applicable. De ce fait, il vient redessiner le périmètre de la compétence du juge national : en désignant un seul juge compétent pour connaître des actes d'une administration plurinationale, le droit de l'Union vient quelque part retirer une partie de sa compétence au juge déclaré incompétent par la règle de conflit. Cette privation est cependant inévitable pour éviter toute concurrence juridictionnelle qui affaiblirait la sécurité juridique en ouvrant la possibilité à des jugements nationaux contraires.

L'administration plurinationale se distingue, une fois de plus, du reste de la transnationalité administrative en ce qu'elle opère un véritable basculement dans les mécanismes du droit international privé qu'elle importe dans la matière administrative et ceci, en raison de la fusion d'ordres juridiques égaux de laquelle elle émane empêchant la détermination d'un seul ordre juridique d'origine. Pour le reste, bien qu'il ait pour caractéristique essentielle d'établir des ponts entre les ordres juridiques, l'on peut affirmer avec une certaine certitude que l'acte administratif transnational ne peut faire l'objet d'un contrôle juridictionnel entier que dans son ordre juridique d'origine. Si cela donne une garantie du respect de la légalité de l'ordre juridique d'origine, et donc de la validité de l'acte qui produit des effets dans des ordres de réception, l'exercice d'un tel recours se doit d'être relativisé en pratique.

Généralement, la question du recours juridictionnel n'est pas problématique pour le destinataire de l'acte[4]. La raison de ce constat est que la majorité des actes

[1] LOUSSOUARN Y., BOUREL P., DE VAREILLES-SOMMIÈRES P., *Droit international privé*, Dalloz, coll. Précis, 10e éd., 2013, Paris, p. 689.

[2] GAUDEMET-TALLON H., « L'irrésistible ascension des conflits de juridictions », *in* ANCEL M.-E., d'AVOUT L., FERNÁNDES ROZAS J. C., *et alii.*, *Le droit à l'épreuve des siècles et des frontières. Mélanges en l'honneur du Professeur Bertrand Ancel*, LGDJ, 2018, Paris Madrid, p. 745.

[3] Pour un exposé succinct sur la question de la compétence juridictionnelle internationale en droit international privé, voir : GAUDEMET-TALLON H., « Compétence internationale : matière civile et commerciale », *Répertoire de droit international*, Dalloz, mars 2019 (actualisation : Décembre 2020).

[4] DE LUCIA L., « From mutual recognition to EU Authorization : a decline of transnational administrative acts ? », *Italian journal of public Law* 1, 2016, pp. 102-103.

administratifs transnationaux relève de la catégorie des actes potentiellement transnationaux, et donc, généralement, d'autorisations administratives. Or, de tels actes naissent en tant qu'actes administratifs individuels classiques et peuvent se transformer en actes transnationaux à l'occasion du déplacement de leur destinataire à l'étranger. Il est dès lors facile pour ce dernier d'exercer un recours à leur encontre puisqu'il s'agit pour lui de saisir sa juridiction nationale normalement compétente comme s'il était face à un acte administratif classique. Cependant, l'accès facile à ce recours juridictionnel est peu utile en pratique puisque cela couvre généralement le cas d'autorisations. Il serait alors étrange que leurs bénéficiaires choisissent de demander leur annulation sauf dans les cas d'une erreur dans leur attribution ou leur contenu. Les décisions communes et les actes soumis à reconnaissance mutuelle passive s'inscrivent dans la même logique, ils ne posent donc pas plus de difficulté.

À propos des actes transnationaux per se, ils concernent les actes intervenant dans les réseaux d'administrations. Ce faisant, leurs destinataires sont en principe directement les administrations de réception. La mobilisation d'un recours juridictionnel est alors peu probable puisque les instruments régissant le réseau d'administrations organisent généralement des procédures dans les cas où une autorité ne peut pas répondre à l'obligation contenue dans l'acte transnational. Ces clauses couvrent souvent la question du respect du droit national : ainsi une autorité peut opposer la violation de son droit national que causerait la réalisation de l'obligation. Rappelons ici qu'en principe les autorités répondent aux demandes selon les procédures prévues par leur droit national[1], il n'est donc pas envisageable de faire aboutir une demande impliquant une violation de celui-ci. Par conséquent, la question du recours est ici très peu utile, l'autorité saisie ayant la possibilité de ne pas donner suite à la demande dans un tel cas.

Enfin, il faut réserver le cas des administrations plurinationales en raison des spécificités tenant à leur recours qui repose sur la mise en œuvre d'une règle de conflit de juridictions pouvant éventuellement être propre à chaque structure selon la volonté des parties l'ayant constituée. Toutefois, dans le cadre des GECT, il y a une corrélation directe établie entre la nationalité du destinataire de l'acte et le recours juridictionnel ouvert ainsi que le droit applicable. C'est l'article 15 du règlement 1082/2006 qui pose ce lien en disposant : qu'aucune « disposition du présent règlement ne prive les citoyens de l'exercice de leurs droits de recours constitutionnels nationaux contre les organismes publics qui sont membres d'un GECT » notamment en ce qui concerne les « décisions administratives relatives aux activités qui sont menées par le GECT ». Par conséquent, l'on se retrouve ici, en termes d'accès au recours juridictionnel pour le destinataire de l'acte, dans le même cas que pour les actes potentiellement transnationaux, les décisions communes et les actes soumis à reconnaissance mutuelle passive. Néanmoins, en dehors du cadre du GECT, il serait possible de trouver d'autres solutions qui rendraient l'exercice du droit de recours plus ardu par le destinataire de l'acte transnational.

[1] Pour un exemple jurisprudentiel en matière de droit de la concurrence, voir : Cass., com. 20 janv. 2015, n° 13-16.745, 13-16.764, 13-16.765, 13-16.955, D. 2015. 261.

Finalement, le cas des règlements transnationaux doit être mentionné. Ils ont par définition une portée générale. Pour les administrés qu'ils affectent dans leur État d'origine, le constat est similaire aux autres types d'actes transnationaux avec un recours facilement accessible. En revanche, la question est plus complexe pour les administrés placés à l'étranger dont la situation s'apparente alors à celle des tiers étrangers aux autres actes transnationaux : ils doivent former leur recours devant les juridictions de l'État d'origine. Ceci est par exemple expressément prévu par le traité germano-suisse relatif à la ville de Büsingen puisque son article 2, §4 dispose : « Les personnes affectées par les dispositions législatives et réglementaires suisses applicables à Büsingen ou par l'application de ces mesures sont assimilées aux habitants suisses du reste du territoire douanier suisse en ce qui concerne les moyens et instances de recours ». Par-delà la confirmation de la compétence des juridictions nationales, cet article confirme la qualité à agir des habitants de la ville devant les juridictions suisses, ce qui consolide l'exercice d'éventuels recours. Le principe sous-tendant cela est une forme de reconnaissance implicite que l'État compétent dispose d'un système de protection équivalent sans quoi l'État cédant sa compétence ne le ferait pas. Ainsi, l'intégration de dispositions spécifiques au recours dans ce type de traité est primordiale pour assurer un recours effectif bien que la solution d'un recours dans l'État d'origine soit parfois elle-même source de difficultés pratiques pour les requérants. En l'absence de telles dispositions, la possibilité d'un tel recours pour les destinataires à l'étranger reposerait sur le contenu du droit de l'État d'émission qui ne leur reconnaîtrait pas nécessairement un intérêt à agir propre.

En réalité, c'est le recours juridictionnel ouvert aux tiers contre les actes qui en relèvent qui est beaucoup plus incertain. Une distinction s'impose ici entre les tiers présents dans l'État d'origine et ceux des États de réception. En effet, pour les tiers que l'on peut qualifier de « nationaux » à l'acte transnational, le recours contre celui-ci correspond à celui qui leur est normalement ouvert par le droit national. La nature transnationale de l'acte en cause est sans influence sur cette possibilité. Par conséquent, que l'on se place du côté du destinataire ou de celui du tiers national, le recours juridictionnel contre un acte administratif transnational dans son État d'origine est absolument banal. Ce constat est somme toute logique puisque, tel que le postule la définition donnée de la catégorie, un acte administratif transnational est avant tout un acte administratif qualifié comme tel par son droit national.

À l'inverse et paradoxalement, le bilan diverge quant au recours ouvert aux tiers des États de réception alors même que ce recours reste le même. En effet, si ces tiers veulent contester cet acte par voie d'action, ils doivent former leur recours devant les juridictions nationales de l'État d'émission de l'acte. Or, cette unique possibilité de recours dans un État qui diffère de celui de leur lieu de résidence ou d'établissement peut potentiellement venir restreindre leur droit à un recours effectif[1]. Cela peut être dû au fait que le droit national leur refuse un intérêt à agir en tant

[1] DE LUCIA L., « Administrative Pluralism, Horizontal Cooperation and Transnational Administrative Acts », *REAL*, 2012, n° 2, p. 36 ; « From mutual recognition [...] », *art. cit.*, p. 103. Cette idée avait déjà été développée par Nicola Bassi à propos des « actes administratifs soumis à reconnaissance mutuelle » dans le droit de l'Union européenne qui recoupent la catégorie des actes potentiellement transnatio-

que tiers[1] d'autant plus s'ils sont étrangers (rappelons le cas du traité germano-suisse qui a dû expressément prévoir la qualité à agir des Allemands de la ville de Büsingen contre les actes réglementaires suisses devant les juridictions nationales). Néanmoins, même dans les cas où l'intérêt à agir leur est reconnu, d'autres problèmes se posent. Effectivement, l'exercice de ce recours constitue alors pour ces tiers une dépense économique plus importante que pour les nationaux[2] en raison des voyages, des frais de procédure, de traduction et de conseil qui sont démultipliés par rapport à ceux normalement supportés par un national[3]. Ceci est également souligné par Damien Elkind qui écrit : « La perspective de devoir introduire une action en justice dans un État étranger, les problèmes de langue et le coût économique d'une telle procédure constituent assurément une limite importante à l'accès des tiers aux tribunaux »[4]. Ces obstacles économiques peuvent alors éventuellement constituer des restrictions au droit à un recours effectif pour ces tiers[5]. Il ne faut aussi pas négliger l'aspect psychologiquement décourageant de devoir former un recours dans un pays étranger où l'on n'a aucun repère et dont on ne comprend pas la langue, d'autant plus que les différences d'interprétation et d'application du droit entre les différentes juridictions nationales alimentent ce sentiment d'impuissance[6]. Enfin, les tiers ne sont souvent pas notifiés de l'acte transnational qui pourtant affecte in fine leur situation juridique.

Pour toutes ces raisons, il est difficile de parler d'un recours véritablement accessible pour les tiers à l'acte situés dans un État étranger alors même qu'ils peuvent être concernés directement par celui-ci. Il ressort finalement de ces développements que le contrôle juridictionnel de l'acte administratif unilatéral transnational a manqué de réussir à adapter le contrôle national préexistant à la spécificité de ce type d'acte. Ainsi, si le recours par voie d'action dans l'État d'origine fonctionne comme pour un acte administratif classique, il reste peu abordable pour des tiers à l'acte situés à l'étranger. Face à cette lacune, l'on a pu voir émerger des systèmes visant à pallier l'absence de contrôle par le juge étranger lors de l'examen par voie d'exception de certains actes administratifs transnationaux.

Cette hypothèse semble s'inscrire en contradiction avec le principe voulant que seul le juge national puisse évaluer la légalité d'un acte administratif. Toutefois, ce type de contrôle existe déjà dans certains cas[7]. L'on retrouve une fois de plus des solutions particulières qui n'adoptent pas le même fonctionnement, mais qui dé-

---

naux. Voir : BASSI N., *Mutuo riconoscimento e tutela giurisdizionale. La circolazione degli effetti del provvedimento amministrativo straniero fra diritto europeo e protezione degli interessi del terzo*, Guiffrè editore, coll. Università degli studi di milano – Bicocca, 2008, Milano, pp. 69- 81.

[1] *Ibid.*

[2] *Ibid.*

[3] ELKIND D., *L'efficacité des décisions administratives étrangères dans l'Union européenne. Étude de droit administratif transnational*, Thèse dactyl. soutenue le 5 décembre 2018, Université de Bordeaux, p. 368.

[4] *Ibid.*

[5] DE LUCIA L., « From mutual recognition […] », *art. cit.*, pp. 103-104 ; BASSI N., *op. cit.*, pp. 59-60.

[6] Voir : RÖTTGER-WIRTZ S., « Mutual Recognition and the Ever-incomplete Internal Market for Pharmaceuticals », *REAL*, vol. 13, 2020, pp. 81-83).

[7] DUBOS O., « Le territoire », *in* AUBY J.-B. (dir.), *L'influence du droit européen sur les catégories de droit public*, Dalloz, coll. Thèmes et commentaires, 2010, Paris, pp. 367-369.

montrent que le caractère transnational d'un acte administratif peut nécessiter des adaptations quant aux recours juridictionnels possibles contre lui. Deux exemples peuvent être mentionnés : le cas des décisions de signalement au Système d'information de Schengen (SIS) et le cas de la mise en œuvre de l'assistance administrative mutuelle en matière fiscale dans le cadre de la directive 2011/16.

Le dispositif de Schengen fait référence à différents instruments ayant conduit à la disparition des contrôles aux frontières des ressortissants des différents États y étant parties. Initialement, c'est avec l'accord de Schengen de 1985[1] que la France, l'Allemagne, le Luxembourg, les Pays-Bas et la Belgique ont pour la première fois envisagé l'élimination des frontières auxquelles les flux de personnes restaient soumis, même au sein des Communautés européennes. Ce fut réalisé par la Convention d'application de cet accord, adoptée le 19 juin 1990[2], dont l'article 2, §1 dispose que : « Les frontières intérieures peuvent être franchies en tout lieu sans qu'un contrôle des personnes soit effectué ». Par la suite, ce dispositif fut intégré au droit communautaire en tant que « l'acquis de Schengen » par le Protocole n°2 annexé au traité d'Amsterdam du 2 octobre 1997[3]. Cependant, tous les États membres de l'Union européenne ne participent pas à l'espace Schengen comme l'Irlande, la Roumanie et la Croatie alors que des États tiers y sont associés partiellement ou totalement[4]. Ces derniers comportent la Norvège, l'Islande, la Suisse et le Lichtenstein. Un « code frontière Schengen » est aujourd'hui prévu par le règlement 2016/399[5] qui comporte les principales règles de fonctionnement de l'espace.

Si cet espace connaît depuis la crise migratoire de 2015[6] et avec la crise sanitaire du Covid-19[7] de nombreuses altérations, les États invoquant la protection de leur ordre public ou de leur sécurité nationale pour replacer des contrôles à leurs frontières[8], ces dérogations ne sont présentées que comme temporaires et ne marquent donc pas la fin de l'acquis de Schengen.

Ce dispositif repose depuis ses débuts sur le Système d'information de Schengen (SIS) qui était la clef de voûte de la Convention d'application de 1990[9] dans ses articles 92 à 119. Il s'agit d'un « immense fichier interconnecté entre différents réseaux informatiques des polices et douanes nationales, et qui est organisé en ré-

---

[1] Accord entre les gouvernements des États de l'Union économique Benelux, de la République fédérale d'Allemagne et de la République française relatif à la suppression graduelle des contrôles aux frontières communes, signé à Schengen le 14 juin 1985.

[2] Convention d'application de l'Accord de Schengen du 14 juin 1985 du 19 juin 1990.

[3] Voir : MARMISSE-D'ABBADIE D'ARRAST A., « Coopération et harmonisation : matière pénale », *Répertoire de droit européen*, Dalloz, avril 2017 (actualisation : Mars 2020), §33.

[4] GUILLARD C., « La fragmentation de l'espace Schengen », in *Mélanges en l'honneur du Professeur Jean Rossetto*, LGDJ, 2016, Issy-les-Moulineaux, pp. 176-180.

[5] Règlement (UE) 2016/399 du Parlement européen et du Conseil du 9 mars 2016 concernant un code de l'Union relatif au régime de franchissement des frontières par les personnes (code frontières de Schengen).

[6] GAUTIER-MELLERAY M., « The Life and Death [...] », *art. cit.*, pp. 115-126.

[7] BORIES Claire, « Quand l'Union européenne reconsidère la question de ses frontières par temps de coronavirus », *Revue de l'Union européenne* 2020. 296.

[8] Article 25, §1 du règlement 2016/399.

[9] PREUSS-LAUSSINOTE S., *Les fichiers et les étrangers au cœur des nouvelles politiques de sécurité*, LGDJ, coll. Bibliothèque de droit public t. 209, 2000, Paris, p. 128.

seau »[1] où figurent les différents signalements réalisés par les autorités nationales à propos de personnes recherchées pour des infractions ou d'étrangers notifiés à des fins de non-admission[2]. Depuis le règlement 1987/2006[3], le SIS II (dit de deuxième génération) est en place. L'on y trouve un chapitre IV relatif aux « signalements de ressortissants de pays tiers aux fins de non-admission ou d'interdiction de séjour » qui sont généralement liés à une infraction ou à une conduite violente des personnes en cause.

L'inscription dans ce « fichier commun des étrangers indésirables »[4] peut avoir des conséquences majeures pour l'examen des demandes de visas formées par un individu signalé. En effet, un tel signalement peut constituer le fondement d'un refus de visa ou d'une décision de reconduite à la frontière[5]. C'est ainsi que des litiges portant sur des refus de visas ont pu mettre en cause la légalité du signalement originaire par voie d'exception même lorsque celui-ci avait été émis par un État autre que celui dont les juridictions étaient saisies et qui avait statué sur la demande de visas. Ce fut notamment le cas dans l'affaire Forabosco[6] qui marqua un tournant dans la jurisprudence du Conseil d'État quant au contrôle des déclarations de signalement au SIS faites par les autres États parties[7]. Ce contentieux concernait le refus opposé par la France à une demande de visa formée par une ressortissante roumaine récemment mariée à un Français, et ce, au motif qu'elle faisait l'objet d'un signalement au SIS par l'Allemagne. Or, cette inscription ne résultait que du fait que la ressortissante roumaine avait vu une demande d'asile antérieure refusée en Allemagne, ce qui ne constituait pas un motif légitime d'inscription au SIS. Ainsi se retrouvait-on avec une décision de refus de visa française et légale quand bien même il était évident que le signalement au SIS qui la fondait était lui-même illégal au regard de la Convention de Schengen.

La question se posait alors, tel que l'a relevé Bruno Martin-Laprade dans ses conclusions, de savoir quelles conséquences le juge français pouvait tirer de cette erreur commise par une autorité étrangère. Étudiant les règles posées par la Convention de Schengen, M. Martin-Laprade développa alors le raisonnement suivant : puisque les articles 111 et 116 de la Convention habilitent n'importe quel juge (ou autorité) national à être saisi d'une action en rectification d'erreur matérielle, en effacement, en information ou en indemnisation par rapport aux signalements, et que « toute administration peut être condamnée par sa propre juridiction nationale pour avoir opposé un signalement au SIS qui se révélerait entaché d'une erreur de droit ou de fait » même commise par une administration étrangère, il en résulte que

---

[1] *Ibid.*, p. 134.

[2] Voir les art. 95 et 96 de la Convention d'application.

[3] Règlement (CE) 1987/2006 du Parlement européen et du Conseil du 20 décembre 2006 sur l'établissement, le fonctionnement et l'utilisation du système d'information Schengen de deuxième génération (SIS II).

[4] GAUTIER-MELLERAY M., « Le dépassement du caractère national [...] », *art. cit.*.

[5] *Ibid.*

[6] CE, 9 juin 1999, *Epx Forabosco*, n° 190384, *Rec.* p. 170 ; *AJDA* 1999.725, concl. MARTIN-LAPRADE B.

[7] GAUTIER-MELLERAY M., *art. cit.*, §9 à 11 ; « Le dispositif Schengen [...] », *art. cit.*, pp. 73-75.

« cette juridiction est habilitée à se prononcer sur l'existence d'une telle erreur sans avoir à poser une question préjudicielle à la juridiction de cet autre État »[1]. Finalement, suivant les conclusions de son rapporteur, le Conseil d'État jugea le refus de visa illégal, car pris sur le « fondement d'une inscription injustifiée » au SIS.

C'est ainsi que le juge administratif français, en ce qu'il intervenait comme juge de la Convention Schengen, a pu accepter d'opérer un contrôle par voie d'exception d'un acte administratif étranger. Il convient de souligner que ce contrôle est bien restreint à la simple compatibilité d'un tel acte avec les dispositions de la Convention ce qui fut par la suite précisé par un arrêt Catrina du Conseil d'État jugé en 2003[2]. En l'espèce, un recours en excès de pouvoir avait été formé devant le juge administratif par une ressortissante roumaine à laquelle l'administration française avait refusé de délivrer un visa, car elle avait fait l'objet d'un signalement au SIS par l'Italie pour cause de séjour irrégulier suivi d'une interdiction de territoire. Elle invoquait pour cela que la procédure italienne avait été irrégulière et que la décision de signalement était disproportionnée par rapport aux faits commis. Ici, le Conseil d'État fit une application stricte du précédent posé par Forabosco en jugeant que l'interdiction de territoire était bien une décision justifiant un tel signalement selon l'article 96 de la Convention d'application de l'accord Schengen et qu'il n'était pas compétent pour évaluer la régularité de la procédure menée en Italie au regard de son droit national. De ce fait, le juge administratif a bien marqué qu'il ne devenait pas un juge du droit étranger, mais pouvait seulement opérer un contrôle au regard du dispositif Schengen duquel il tirait directement sa compétence. Cette autolimitation entraîne nécessairement une diminution de protection dans le contrôle opéré par rapport à celui connu des actes administratifs nationaux. De ce fait, cette jurisprudence redessine les contours de la légalité administrative dans le cas précis de décisions de signalement pour l'adapter à leur origine étrangère.

Ces deux jurisprudences ont ainsi permis un contrôle nouveau sur les actes administratifs étrangers, mais qui reste pour autant très limité. Marie Gautier-Melleray[3] a d'ailleurs souligné la faiblesse de la jurisprudence Catrina en relevant que si le signalement initial était bien illégal selon le droit national italien, alors ce signalement était indirectement contraire au dispositif Schengen et qu'ainsi la décision ultérieure de refus d'accès au territoire était elle-même illégale. Par conséquent, l'incompétence du juge national pour tirer les conséquences d'un tel vice aboutissait à un déni de justice pour la victime qui ne pouvait pas véritablement voir sa situation rectifiée. C'est donc une position relativement nuancée pour laquelle a opté le Conseil d'État, mais qui demeure très novatrice. Une démarche tout aussi originale se retrouve dans la jurisprudence de la Cour de justice, ce qui prouve bien que la transnationalité administrative requiert des solutions nouvelles et audacieuses.

Examinons la question de contrôle par voie d'exception en matière fiscale dès à présent. L'assistance administrative internationale en ce domaine n'est pas nouvelle

---

1 Concl. de Bruno Martin-Laprade.

2 CE, 23 mai 2003, *Catrina*, n° 237934, *Rec.* p. 614.

3 GAUTIER-MELLERAY M., « Le dépassement du caractère national [...] », *art. cit.*, pp. 78-80.

et pourtant il a fallu attendre un arrêt Berlioz de 2017 rendu par la CJUE[1] pour que son contrôle juridictionnel sorte de ses « limbes »[2]. Dans cette affaire, la société de droit luxembourgeois Berlioz avait perçu de sa filiale française des dividendes en exonération de retenue à la source. L'administration fiscale française, ayant émis un doute quant à la légalité de cette exonération en France, avait alors formé une demande d'information à destination de l'administration luxembourgeoise à propos de la société d'investissement Berlioz. Cette demande s'appuyait sur la directive 2011/16[3] sur le fondement de laquelle des demandes de coopération transnationales sont émises constituant ainsi des actes administratifs transnationaux per se.

Pour répondre à cette demande, l'administration fiscale luxembourgeoise a par la suite enjoint à la société Berlioz de lui communiquer certaines informations. La société n'y répondit que partiellement, estimant que les noms et les adresses de ses associés, le montant du capital détenu par chacun d'eux et le pourcentage de détention de chaque associé ne constituaient pas des « informations vraisemblablement pertinentes » au sens de la directive 2011/16 (art. 1, §1). Ce refus fut par la suite sanctionné par l'administration luxembourgeoise d'une amende de 250 000 € contre laquelle Berlioz forma un recours. Ce faisant, en contestant la légalité de la sanction, Berlioz demandait à ce que le juge fasse un contrôle par voie d'exception de la décision d'injonction, elle-même fondée sur la demande d'information adressée par la France. Le juge de première instance réduisit l'amende sans pour autant l'annuler. Berlioz fit appel en invoquant une atteinte à son droit au recours. Le juge d'appel se demanda alors si la Charte des droits fondamentaux, et notamment son article 47, était applicable au litige et quelles en seraient les conséquences, ce qui le conduisit à poser une question préjudicielle à la Cour de justice. C'est ainsi que, comme l'a souligné l'avocat général Melchior Wathelet, se posait la « question de l'équilibre entre, d'une part, l'efficacité administrative et, d'autre part, le respect des droits du citoyen, dont le droit à un recours effectif »[4]. Autrement dit, ce contentieux s'inscrivait dans la didactique opposant l'intérêt général aux droits subjectifs.

La Cour de justice reconnut bien que l'article 47 de la Charte des droits fondamentaux était applicable au cas de la société Berlioz et lui conférait un droit au recours effectif supposant la possibilité de contester la légalité de la décision d'injonction dont le non-respect avait entraîné la sanction contestée. Or, la légalité de la décision d'injonction était ici remise en cause, car ne portant pas sur des « informations vraisemblablement pertinentes » au sens de la directive 2011/16 alors même que son étendue correspondait au contenu de la demande d'information initialement formée par la France. Sur ce point, la Cour établit bien que la « norme de la 'pertinence vraisemblable' conditionnait la régularité de la demande

[1] CJUE, grde. ch., 16 mai 2017, *Berlioz Investment Fund SA*, *aff.* C-682/15, ECLI :EU :C :2017 :373 ; *AJDA* 2017.1081, obs. GAUTIER-MELLERAY M.

[2] TUROT J., « L'assistance administrative internationale a trouvé ses juges. À propos de l'arrêt *Berlioz* de la CJUE », *Revue de droit fiscal*, 19 octobre 2017, n° 42, §1.

[3] Directive 2011/16/UE du Conseil du 15 février 2011 relative à la coopération administrative dans le domaine fiscal et abrogeant la directive 77/799/CEE.

[4] Concl. WATHELET M. présentées le 10 janvier 2017.

d'information » et que son respect devait être vérifié par l'autorité requise[1]. Elle en déduisit que cette norme constituait par conséquent un critère de légalité de la décision d'injonction[2]. C'est ainsi que le juge national peut opérer le contrôle de la régularité de la demande d'information au regard de la norme de la pertinence vraisemblable des informations demandées. Cependant, la Cour est venue poser une limite à un tel contrôle, afin de ne pas priver le mécanisme d'assistance administrative internationale de toute efficacité, alors qu'il poursuit un objectif d'intérêt général de lutte contre la fraude et l'évasion fiscales[3], en le restreignant à l'erreur manifeste[4]. Ce cas illustre donc une seconde hypothèse dans laquelle le juge de l'État de réception d'un acte administratif transnational peut examiner la légalité de ce dernier même s'il a été émis par un autre État[5].

Néanmoins, cette possibilité de contrôle reste éminemment restreinte en particulier pour le contribuable visé par l'enquête qui ne peut en aucun cas former un recours contre l'injonction faite à un tiers de communiquer des informations sur son compte. Cette question s'est notamment posée dans un arrêt du 6 octobre 2020 de la Cour de justice[6] joignant deux affaires relatives à deux demandes d'échange d'informations adressées par l'Espagne au Luxembourg à propos de monsieur C., résident espagnol. Il en a suivi une injonction émise par l'administration luxembourgeoise à l'égard de la société B pour des informations relatives à différents contrats au sujet des droits de F.C., les factures émises en rapport avec ces contrats, leur mode de recouvrement et leur paiement ainsi que le détail des comptes bancaires et des établissements financiers dans lesquels avait été déposée la trésorerie comptabilisée au bilan. Par la suite, l'administration luxembourgeoise émit une deuxième injonction, cette fois-ci à destination de la banque A, lui demandant de communiquer le nom du titulaire d'un compte bancaire déterminé, des personnes autorisées à effectuer des opérations sur ce compte ou qui l'ont ouvert, les relevés du compte et le bénéficiaire effectif. Également, elle voulait savoir si un autre compte bancaire avait été ouvert et alimenté par des fonds provenant d'un autre compte de la banque ainsi que prendre connaissance des relevés des actifs financiers de F.C. dans la société B, D ou toute autre société qu'il avait contrôlée.

Les deux décisions d'injonction précisaient qu'elles ne pouvaient pas faire l'objet d'un recours, il se posait alors la question de la compatibilité de ce dispositif au regard du droit à un recours effectif consacré par l'article 47 de la Charte des droits fondamentaux. Analysant cette question, la Cour de justice a choisi de distinguer les cas du contribuable faisant l'objet de la demande d'informations, celui des tiers à la demande et celui des détenteurs d'informations destinataires des injonctions pouvant être sanctionnés par une amende en cas de non-coopération. Pour ces derniers, la Cour reconnut bien un droit à un recours effectif que le législateur de

[1] §78 de l'arrêt, §94 des conclusions.

[2] §86 de l'arrêt, §95 des conclusions.

[3] §77 de l'arrêt, §97 des conclusions.

[4] §89 de l'arrêt, §105 des conclusions.

[5] GAUTIER-MELLERAY M., *obs. préc.*

[6] CJUE, grde. ch., 6 octobre 2020, *État luxembourgeois*, *aff.* C-245/19 et C-246/19, ECLI :EU :C :2020 :795.

l'Union n'a pas entendu limiter en adoptant le texte de la directive 2011/16[1] et que, la seule possibilité pour contester la décision d'injonction étant pour eux de ne pas la respecter, de recevoir une sanction pour ensuite la contester, cet état du droit était incompatible avec le droit de l'Union, car il ne garantissait pas une protection juridictionnelle effective[2].

Concernant le contribuable, la Cour reconnut bien qu'il était titulaire du droit à un recours effectif « en présence d'une décision d'injonction de communication d'informations »[3]. Cependant, il n'était pas destinataire de cette injonction et n'encourait donc pas de sanction ce qui ne le contraignait pas à se placer dans l'illégalité – recevoir une sanction — pour pouvoir la contester. Au contraire, il pouvait contester de manière incidente une telle injonction dans le cas où elle conduisait son administration nationale à lui adresser une décision de redressement contre laquelle il pouvait former un recours. Enfin, l'exclusion d'un recours direct contre la décision d'injonction poursuivait un intérêt général de lutte contre la fraude et l'évasion fiscales, ce qui a conduit la Cour à conclure que ce mécanisme ne portait pas atteinte au droit à un recours effectif du contribuable.

Il restait la question du recours des tiers avec lesquels le contribuable visé par l'enquête entretenait des relations et qui pouvaient de ce fait faire l'objet de demandes d'information sans pour autant être inquiétés pour un quelconque redressement fiscal. La Cour reconnut que l'absence d'une voie de recours venait restreindre leur exercice du droit à un recours effectif, mais que cette limitation était clairement et précisément définie par la législation luxembourgeoise, que l'injonction n'exposait ces tiers à aucune sanction et qu'était poursuivi un objectif d'intérêt général de lutte contre la fraude et l'évasion fiscales. En fin de compte, elle valida l'absence de recours pour les tiers qui se retrouvaient totalement privés de recours juridictionnel à l'encontre des décisions d'injonction en cause. Ceux-ci n'avaient même pas la possibilité d'un recours incident comme le contribuable objet de la demande d'information puisqu'en principe ils n'étaient pas exposés à un redressement fiscal, car ils n'étaient pas l'objet de l'enquête. C'est donc un déni de justice qui est ici justifié au regard des impératifs de lutte contre l'évasion et la fraude fiscales que la Cour accepta dans cet arrêt.

L'étude de ce second arrêt révèle ainsi que la portée de l'arrêt Berlioz est en réalité particulièrement restreinte, mais elle permet aussi de mettre en lumière les différents paramètres venant contraindre la reconnaissance d'un contrôle juridictionnel transnational. Celui-ci ne peut ainsi jouer que pour les détenteurs d'informations qui peuvent être exposés à des amendes par l'administration fiscale requise dans la recherche des informations demandées par une administration étrangère. Il est intéressant de noter que si la Cour limite un tel contrôle transnational, ce n'est pas pour des raisons d'atteintes excessives à la souveraineté de l'État d'émission qui en résulteraient, mais au regard de considérations relatives à l'efficacité de la coopération administrative transnationale dans la lutte contre la fraude et l'évasion fiscales.

---

[1] §61 à 64 de l'arrêt.

[2] §68.

[3] §75.

Ainsi, en empêchant la démultiplication des recours dans les États concernés, la Cour cherche à préserver des procédures qui, en raison de leur caractère transnational, pourraient être gelées par une prolifération des contentieux nationaux. L'on en revient à ce que soulignait l'avocat général Melchior Wathelet, ce n'est pas une question de souveraineté, mais bien celle d'un équilibre entre l'efficacité d'un réseau d'administrations fiscales et le droit à un recours effectif.

S'il existe bien des mécanismes innovants permettant de combler, au moins partiellement, l'atteinte au droit à un recours effectif que peut représenter l'acte administratif unilatéral transnational pour les tiers, ils demeurent particulièrement restreints, mais aussi très rares. Pour le reste des actes administratifs unilatéraux transnationaux, il existe une véritable lacune dans l'accès au recours, car le contrôle juridictionnel de l'acte administratif transnational n'est en réalité pas adapté à ses spécificités. Ce décalage n'est pas sans conséquences qui remettent d'ailleurs en question l'intérêt de recourir à l'acte administratif transnational alors même qu'il constitue une réponse pratique à l'incapacité du droit à saisir une certaine déterritorialisation de la société.

L'absence d'une construction contentieuse propre aux spécificités de l'acte administratif unilatéral transnational est en pratique source de problèmes épineux qui justifient une méfiance dans l'usage d'un tel outil juridique. Ainsi, ce constat, que l'on peut qualifier de lacune, ne se limite pas à celui d'une restriction du droit au recours effectif, mais également à une érosion de la confiance mutuelle qui pourrait in fine remettre en cause la transnationalité administrative. Dans le cadre de procédures administratives transnationales, l'intervention des actes administratifs transnationaux est source d'une complexification contentieuse excessive pour les administrés qui voient alors leur capacité à faire valoir leur droit au recours réduite face à une multiplicité d'actes émanant d'autorités relevant de différents États. Mais par-delà cette question d'accès au recours, l'impossibilité d'un contrôle adapté des actes administratifs transnationaux ouvre la voie à leur instrumentalisation pour choisir la légalité que l'on veut se voir appliquer, phénomène ici désigné par l'expression « administrative shopping » et dont les excès peuvent motiver la défiance face à la transnationalité administrative.

La procédure administrative transnationale peut être définie comme une procédure administrative impliquant l'intervention de plusieurs administrations relevant d'États différents et où survient au moins un acte administratif transnational qui sert alors de fondement, en aval, à au moins un acte administratif subséquent et purement national d'une autorité d'un État de réception. Autrement dit, de par l'existence d'un acte administratif transnational, la coopération entre autorités de différents pays va être liée, notamment quant à la décision finale que peut adopter une autorité d'un État de réception, justifiant que l'on englobe les actes adoptés par les différentes autorités dans une seule procédure administrative alors qualifiée de transnationale. Ainsi, lorsqu'est évoquée une procédure administrative transnationale, il ne faut pas la confondre avec la procédure administrative nationale d'élaboration d'un acte administratif transnational. Au contraire, ce type de procédure ne peut être identifié que si plusieurs autorités d'États différents sont intervenues sur le fondement d'un acte administratif transnational. Il faut alors insister sur la nécessité de l'existence d'un acte administratif transnational, mais aussi sur son insuffisance à caractériser par lui seul une procédure administrative transnationale qui relève de ce que le droit administratif français désigne comme une opération complexe[1].

L'idée de reconnaître une procédure unique malgré l'intervention de différentes administrations nationales n'est pas nouvelle et a notamment été théorisée dans le cadre de la coopération administrative européenne. En particulier, des chercheurs allemands ont étudié ce phénomène à travers le prisme de ce qu'ils ont nommé « Verwaltungsverbund » ou « administration composite »[2]. Selon eux, les concepts administratifs traditionnels ainsi que ceux de la Fédération[3] ne permettent pas de saisir la véritable nature administrative de l'Union européenne, car ils ne conduisent qu'à opposer l'administration directe à l'administration indirecte[4]. Contestant ce paradigme, ils ont alors proposé de regarder l'administration de l'Union européenne non pas d'un point de vue organique, mais depuis une focale fonctionnelle[5]. C'est ainsi qu'en analysant la manière dont est assurée l'exécution du droit de l'Union, ont pu être soulignées les « connexions inter-administratives » existant entre les administrations nationales et européennes aussi bien dans un sens vertical qu'horizontal[6]. Ces liens, complétés par deux principes organisationnels, celui de coopération et celui de hiérarchie[7], révèlent un agencement complexe des différentes administrations justifiant, selon ce courant, que l'on parle « d'administration européenne composite » (« Europäischer Verwaltungsverbund »)[8]. Or, au sein du droit de l'Union, il est assez commun de voir institutions européennes et États nationaux coopérer dans le cadre d'une procédure qui peut être identifiée comme unique. Dès lors, l'on pourrait parler de procédure composite en ce qu'elle mobilise plusieurs entités distinctes relevant de cette administration composite. C'est précisément l'un des enjeux de l'étude de l'acte administratif unilatéral transnational, car, dans le cadre de l'Union, il est un outil de fonctionnement d'une telle administration composite. Son essence est de participer à cette nouveauté administrative qu'est cette sorte de demi-mesure entre l'administration directe et indirecte.

Ainsi, bien que la jurisprudence de la Cour de justice tende plutôt à considérer de manière distincte les étapes d'une procédure pour évaluer les éventuelles atteintes au droit d'un justiciable, car plusieurs administrations interviennent, certains auteurs soutiennent qu'il faut au contraire inscrire un acte donné dans un schéma

---

[1] FEILHÈS L., « Le concept d'opération complexe. Perspectives croisées de droit administratif et de droit de l'Union européenne », *RFDA* 2020, pp. 39 et s.
[2] JANSEN O., SCHÖNDORF-HAUBOLD B. (eds), *The European Composite Administration*, Intersentia, 2011, XXVIII-582 p.
[3] SCHMIDT-ASSMANN E., « Introduction: European Composite Administration and the Role of European Administrative Law », *in* JANSEN O., SCHÖNDORF-HAUBOLD B. (eds), *op. cit.*, pp. 6-8.
[4] HOFMANN J., « Legal Protection and Liability in the European Composite Administration », *in* JANSEN O., SCHÖNDORF-HAUBOLD B. (eds), *The European Composite Administration*, Intersentia, 2011, p. 441.
[5] *Ibid.*
[6] *Ibid.*, p. 442.
[7] *Ibid.*, p. 442 ; SCHMIDT-ASSMANN E., *art. cit.*, p. 7.
[8] HOFMANN J., *art. cit.*, p. 442.

plus global de coopération pour saisir les effets réels d'une prétendue violation[1]. C'est ainsi que, dans un sens large, les procédures composites sont celles où contribuent à la fois des administrations européennes et des administrations nationales au résultat final[2]. Un sens plus restreint a également été dégagé où la contribution de chaque entité a un effet décisif sur l'issue de la procédure avec une responsabilité partagée pour la décision ou la mesure adoptée[3].

En ce sens, certaines procédures composites correspondraient indubitablement aux procédures administratives transnationales telles que définies dans cette étude. Toutefois, ces premières constituent une catégorie à la fois plus large et plus restreinte. En effet, les procédures composites englobent tant des relations horizontales que verticales. Or, ces dernières sont exclues de la transnationalité administrative qui ne comprend que des rapports horizontaux entre États. De surcroît, les procédures dites « composites » n'ont, par essence, vocation à n'être caractérisées que dans le cadre de l'administration européenne alors qualifiée d'administration composite. À l'inverse, la procédure administrative transnationale n'exclut pas des phénomènes extraeuropéens bien qu'en pratique, il demeure que la plupart des exemples actuels proviennent de l'Union en raison des conditions favorables qu'elle propose à la transnationalité administrative.

Pour ces raisons, il est choisi ici de distinguer les procédures administratives composites des procédures administratives transnationales. L'identification de ces dernières est un préalable nécessaire pour expliquer en quoi elles constituent une impossibilité de fait pour le justiciable de faire valoir son droit à un recours effectif dans le cadre de ces procédures transnationales, notamment en raison de leur fondement originaire sur un acte administratif transnational. Le mille-feuille procédural qu'elles constituent permet certes une meilleure coopération interétatique, ainsi qu'une régulation plus efficace de phénomènes économiques et sociaux qui dépassent bien souvent la sphère d'un État, mais cela au détriment de l'intelligibilité du droit par les individus, ce qui peut être critiqué.

À des fins de clarification du propos, il est choisi de recourir à une étude de cas relativement simple qui tente de souligner les difficultés accrues posées par les procédures administratives transnationales.

M. Harry Cover est un Français exerçant une activité de primeur de légumes. Il vend en particulier des courgettes qu'il exporte dans différents États membres de l'Union européenne (l'Allemagne, l'Italie et l'Espagne). Cherchant à étendre son activité, il souhaite commercialiser ses produits en Belgique. Entre-temps, l'Italie signale au système d'alerte rapide mis en place par le règlement 178/2002[4] qu'une substance dangereuse est contenue dans les courgettes qu'il vend sur son territoire. La Belgique lui interdit par conséquent de commercialiser ses produits sur son

---

[1] ALONSO DE LEÓN A., *Composite administrative procedures in the European Union*, Iustel, 2017, Madrid, pp. 150-151.
[2] *Ibid.*, p. 151.
[3] *Ibid.*, pp. 153-154.
[4] Règlement (CE) n°178/2002 du Parlement européen et du Conseil du 28 janvier 2002 établissant les principes généraux et les prescriptions générales de la législation alimentaire, instituant l'Autorité européenne de sécurité des aliments et fixant des procédures relatives à la sécurité des denrées alimentaires.

territoire invoquant l'existence d'une substance dangereuse dans ses courgettes. Il saisit alors le juge belge contre cette décision émanant de l'administration de cet État invoquant une erreur puisque sa production est intégralement biologique, mais son recours est rejeté. Il se retrouve alors totalement dépourvu face à une telle situation où son recours national n'a aucune chance de modifier la décision défavorable que lui a rendue l'administration belge puisqu'elle est elle-même fondée sur le signalement de l'administration italienne. Or, le juge belge n'a pas la compétence pour apprécier de la légalité de ce signalement en raison de son origine étrangère.

L'affaire de M. Cover est relative à la sécurité alimentaire dont les principes généraux sont posés par le règlement 178/2002. Ce texte « contient les dispositions de base permettant d'assurer, en ce qui concerne les denrées alimentaires, un niveau élevé de protection de la santé des personnes et des intérêts des consommateurs, compte tenu notamment de la diversité de l'offre alimentaire, y compris les productions traditionnelles, tout en veillant au fonctionnement effectif du marché intérieur »[1]. Pour ce faire, les denrées alimentaires dangereuses pour la santé sont interdites de commercialisation dans l'espace européen. Le règlement prévoit alors un système de contrôles officiels placés sous la responsabilité des États membres pour veiller au respect de la législation alimentaire et empêcher la commercialisation de toute denrée dangereuse (art. 17, §2). Parallèlement, le règlement institue un réseau dénommé « système d'alerte rapide » qui associe les États membres, la Commission et l'Autorité européenne pour la sécurité des aliments (art. 50, §1). Toute information « au sujet d'un risque grave direct ou indirect pour la santé humaine lié à une denrée alimentaire » doit être transmise via le canal de ce réseau à la Commission qui passera à son tour l'information aux autres membres (art. 50, §2).

Il résulte de ces différentes dispositions que les États membres ont l'obligation de procéder à des contrôles relatifs à la sécurité des aliments et, dans le cas où ils identifieraient une substance dangereuse, il leur est requis d'en informer le système d'alerte rapide qui permet de transmettre l'information aux autres États. Une fois une telle information communiquée, les autres États se retrouvent contraints d'interdire la commercialisation des denrées signalées puisque le règlement pose une interdiction explicite de toute commercialisation des denrées alimentaires dangereuses. C'est ainsi qu'à la suite du signalement fait par l'Italie, l'administration belge ne peut pas émettre d'autre décision que celle interdisant à M. Cover de commercialiser ses courgettes sur son territoire national. C'est donc en toute logique que son recours fut rejeté par le juge belge. Il aurait pu toutefois soulever une question préjudicielle quant à l'interprétation faite par l'administration belge du règlement 178/2002, mais il apparaît peu vraisemblable que la Cour de justice en aurait eu une appréciation divergente.

En réalité, le seul recours qui pouvait réellement lui permettre de voir son cas réexaminé serait celui formé contre le signalement fait par l'Italie à condition que celui-ci soit reconnu comme un acte à part entière, et non seulement préparatoire, ouvrant l'accès à un recours. En effet, la Cour de justice considère que les actes

---

[1] Art. 1, §1.

préparatoires ne sont pas susceptibles de recours en eux-mêmes[1]. Dans un tel cas, M. Cover se trouve dans une impossibilité totale d'exercer un véritable recours. S'il s'agit d'un acte administratif, qui dans ce cas rentrerait dans la qualification de l'acte administratif transnational, alors par application de la jurisprudence Oleificio Borelli SpA,[2] seul le juge italien est compétent pour juger d'un acte de son administration nationale. Encore faut-il que M. Cover soit mis au courant de cet acte de signalement qui ne lui était pas adressé. Cette absence de connaissance constitue le frein principal à l'exercice de son droit de recours, c'est un problème majeur de l'acte administratif transnational. Car au mieux M. Cover découvre-t-il l'existence du signalement italien lorsqu'il essaye de contester la décision belge devant le juge de ce pays. Ainsi, si un acte administratif transnational se trouve à l'origine d'une procédure comme celle en cause, le requérant est, dans les faits, obligé de saisir le juge de l'État d'origine de l'acte pour voir son cas réexaminé. Logiquement, le premier réflexe de tout justiciable sera cependant le même que celui de M. Cover : aller devant le juge de la décision finale opposée par l'administration belge. En réalité, cela constituera simplement une perte de temps et de moyens qui s'additionnera au coût économique et temporel qu'un second recours, formé en Italie cette fois-ci, lui demandera. L'issue la plus probable est donc que le commerce de M. Cover soit économiquement pénalisé de manière significative.

Finalement, la situation de M. Cover est très similaire à celle de Mme Forabosco qui, lors de son recours contre le refus de délivrance d'un visa de long séjour, avait découvert que l'Allemagne l'avait signalée au SIS. Or, dans le cas de Mme Forabosco, le juge national a pris l'initiative d'opérer un certain contrôle incident lui épargnant un empilement de procédures contentieuses. Néanmoins, le cas des déclarations au SIS reste isolé alors que les procédures administratives transnationales sont nombreuses et placent les individus dans une situation non satisfaisante en termes d'accès au juge alors même que cette protection « tient une place prééminente dans le firmament des droits fondamentaux »[3]. Cette lacune s'illustre d'ailleurs également en matière de visas Schengen puisque le cas des déclarations au SIS jouit d'un traitement particulier. Ainsi, un contentieux du 24 novembre 2020 a montré que des demandeurs de visas pouvaient se voir opposer un refus au motif qu'un ou plusieurs États considéraient qu'ils constituaient une menace pour l'ordre public, la sécurité intérieure ou la santé publique au sens de l'article 2, point 21 du règlement 2016/399[4], sans pour autant connaître l'identité des États membres à l'origine de ces objections. Dans les faits, ces demandeurs se retrouvaient privés d'un recours effectif, ce que reconnut la Cour de justice qui jugea que la décision de refus devait indiquer l'identité de l'État membre ayant émis l'objection, ses raisons

---

[1] ALONSO DE LEÓN, *op. cit.*, pp. 297-305.

[2] CJCE, 3 décembre 1992, *Oleificio Borelli SpA c/ Commission*, *aff.* C-97/91, ECLI :EU :C :1992 :491 ; voir §895.

[3] Voir les conclusions de l'avocat général Poiares Maduro sous CJCE, 3 septembre 2008, *Kadi*, *aff. jointes* C-402/05P et C-415/05P, ECLI :EU :C :2008 :461.

[4] Règlement (UE) 2016/399 du Parlement européen et du Conseil du 9 mars 2016 concernant un code de l'Union relatif au régime de franchissement des frontières par les personnes (code frontières de Schengen).

ainsi que l'autorité à laquelle le demandeur pouvait s'adresser pour connaître les voies de recours disponibles dans cet autre État membre contre cette objection dont la légalité ne peut pas être évaluée par la juridiction nationale saisie du refus de visa[1]. Si la connaissance de l'identité de l'État membre ayant émis une objection marque une certaine avancée pour l'exercice d'un recours effectif, tel que protégé par l'article 47 de la Charte des droits fondamentaux, la faisabilité matérielle d'un recours dans un autre État membre, que les requérants ne connaissent pas, peut rester un obstacle de taille ou, selon certains auteurs, des « interstices de 'non-droit' »[2].

Ainsi, la complexité excessive de la question du recours effectif dans le cadre des procédures administratives transnationales souligne un véritable problème que pose l'acte administratif transnational qui en est à l'origine. Outre ce dilemme contentieux, ce type d'acte représente d'autres dangers juridiques qui peuvent motiver une méfiance justifiée à son égard.

L'expression d' « administrative shopping » est créée sur mesure pour expliquer comment le phénomène d'une concurrence normative entre les administrations nationales peut être exploité par les individus en leur faveur[3]. Elle provient de l'adaptation de l'expression de *forum shopping* à la matière administrative, toutefois, elle n'en retient pas l'étrange mélange de latin et d'anglais[4]. Plus précisément, le *forum shopping*, qui ne connaît pas d'équivalent satisfaisant en langue française, consiste dans des contentieux de dimension internationale, pour lesquels plusieurs juges nationaux peuvent être internationalement compétents, à faire valoir son affaire devant la juridiction qui répondrait le mieux aux objectifs personnels des requérants[5]. C'est ainsi un terme propre au droit international privé que vise une technique exploitant les éventuelles failles ou contradictions des règles résolvant les conflits de juridictions et qui déterminent le juge compétent pour connaître d'une affaire. C'est donc par un rattachement plus ou moins artificiel à un lieu, le « forum », que l'on peut décider d'entraîner la compétence d'un juge spécifique sur le fondement d'un calcul comparatif d'anticipation des différentes décisions que les juges éventuellement compétents rendraient sur l'affaire. Autrement dit, le *forum*

---

[1] CJUE, gr. ch., 24 novembre 2020, *R.N.N.S. et K.A. c/ Minister van Buitenlandse Zaken*, *aff.* C-225/19 et C-226/19, ECLI :EU :C :2020 :951.

[2] GAZIN F., « Droit à un recours effectif à l'encontre d'une décision de refus de visa », *Europe* n°1, janvier 2021, comm. 14.

[3] Voir : USUNIER L., « La concurrence normative, un mode de représentation des rapports entre les systèmes juridiques en vogue », *in* SEFTON-GREEN R., USUNIER L. (dir.), *La concurrence normative mythes et réalités*, Société de législation comparée, coll. de l'UMR de droit comparé de Paris, 2013, Paris, pp. 15-33. Contre l'existence de la concurrence normative, voir : RAYNOUARD A., « La concurrence normative dans l'Union européenne », in *Mélanges en l'honneur de Philippe Tourneau*, Dalloz, 2008, Paris, pp. 903-918.

[4] DE VAREILLES-SOMMIÈRES P., « Le forum shopping devant les juridictions françaises », *Travaux du comité français de droit international privé*, 2001, n°14, p. 49.

[5] *Ibid.*, pp. 49-51 ; CAVICCHIOLI C., « Le forum shopping dans le contentieux international », *Revue de droit international d'Assas* n°2, décembre 2019, 18 ; VALLENS J.-L., « Forum shopping », *Cahiers de droit de l'entreprise* n°5, septembre 2009, dossier 30 ; FERRARI F., « *Forum shopping* : pour une définition ample dénuée de jugements de valeurs », *RC DIP* 2016. 85.

shopping est un mécanisme d'optimisation juridictionnelle trouvant sa source dans la concurrence des compétences internationales des juges.

Dans le cadre de la transnationalité administrative, la question est très similaire à celle du droit international privé sauf qu'au lieu de choisir leur lieu de juridiction, ici les personnes vont chercher à choisir leur administration nationale, généralement pour obtenir des décisions favorables douées d'une efficacité transnationale à des conditions plus souples. L'exemple topique, déjà étudié, est celui que la doctrine a nommé le « forum shopping des permis de conduire » en Union européenne où, notamment, les citoyens allemands allaient passer ou repasser leur permis dans les pays limitrophes à la frontière orientale dans lesquels les exigences de l'examen étaient moindres, ce qui a conduit à une modification de la directive relative au permis de conduire[1]. Cependant, la récupération de l'expression « forum shopping » n'est peut-être pas la plus pertinente, car elle reste très fortement associée au droit international privé qui n'a pas pour objet de s'appliquer aux administrations étatiques. De plus, le *forum shopping* s'attache en principe à choisir une juridiction donnée. Ainsi, son importation dans le cadre de la transnationalité administrative pourrait apparaître comme une assimilation malvenue entre la juridiction et l'administration. C'est pourquoi il lui est ici préféré l'expression « administrative shopping » qui se veut spécifique à la matière du droit administratif transnational.

Malgré cette différence d'objet, l'*administrative shopping* nourrit les mêmes critiques qu'a endurées depuis longtemps le *forum shopping* en droit international privé. Effectivement, si celui-ci n'est pas en lui-même illégal, il flirte avec la fraude à la loi en offrant un canal facile d'accès pour commettre un tel abus[2]. Ce faisant, le *forum shopping* est devenu une expression à la connotation négative contre lequel luttent tant les Fédérations entre leurs États fédérés, que les textes internationaux comme la Convention de Rome de 1980 ou la législation européenne au sein de l'Union[3]. Cependant, cette position frontale manque de nuances, car si le *forum shopping* laisse un certain choix entre les mains des requérants, il ne permet en aucun cas de tout faire[4] et il est parfois même organisé par certains textes internationaux visant à unifier le droit international privé[5]. Ainsi, le *forum shopping* n'est pas une activité blâmable par nature et doit plutôt s'entendre comme un comportement qui n'est pas illégal tant qu'il n'est pas interdit et qu'il est dénué de toute intention frauduleuse[6].

---

[1] Voir la note de E. ALLAIN sous l'arrêt CJUE, 1er mars 2012, *Akyüz*, *aff.* C-467/10, EU :C :2012 :112, *Dalloz actualité*, 5 mars 2012 ; CHAMBON M., « Les rapports transnationaux induits par la libre circulation des automobilistes », *in* PICOD F., MARTUCCI F. (dir.), *La circulation des automobilistes en Europe*, Bruylant, coll. Droit de l'Union européenne, 2018, Bruxelles, p. 174. La doctrine désigne également ce phénomène par l'expression de « tourisme des permis de conduire », voir SNOY A.-L., « La reconnaissance des permis de conduire dans l'Union européenne », *in* PICOD F., MARTUCCI F. (dir.), *op. cit.*, pp. 88-96.

[2] DE VAREILLES-SOMMIÈRES P., « Fraude à la loi », *Répertoire de droit international*, Dalloz, décembre 1998 (actualisation : Mars 2009), §21.

[3] Pour des détails plus précis, voir : FERRARI F., *art. cit.*

[4] DE VAREILLES-SOMMIÈRES P., *art. cit.*, pp. 52-53.

[5] FERRARI F., *art. cit.*

[6] *Ibid.*

Il en résulte, qu'en principe, le *forum shopping* ne doit pas être associé à un phénomène juridiquement néfaste. Il en découlerait alors que l'*administrative* shopping ne devrait pas non plus poser de problème. Seulement, si le *forum shopping*, et donc par extension l'*administrative shopping*, ne constituent pas en eux-mêmes des illégalités, les comportements adoptés par les législateurs nationaux en raison de leur existence peuvent venir susciter de nombreuses critiques. Est en cause la question du nivellement des législations par le bas, souvent appelé dumping, afin d'attirer pour l'un les contentieux, pour l'autre les demandes administratives, souvent dans une politique de concurrence économique et juridique agressive. Cette question se pose avec encore plus d'acuité dans le cadre de l'*administrative shopping* auquel peut donner lieu l'acte administratif transnational, notamment dans sa forme d'acte individuel potentiellement transnational. En effet, l'octroi d'une autorisation, d'une licence ou encore d'un permis ayant un effet transnational peut encourager certains États à les délivrer plus facilement pour percevoir des taxes et frais de dossier importants à cette occasion ou encore attirer l'implantation des opérateurs économiques. Dans un tel cas, les individus rechercheraient naturellement les administrations nationales les plus clémentes. L'on peut ainsi très bien imaginer que les États en fassent une ressource financière au détriment du bon fonctionnement du système initialement prévu qui se fonde généralement sur un principe d'équivalence entre les législations nationales et leur application.

La pertinence de ce problème est étayée par des conclusions récentes de l'avocat général Michal Bobek dans un contentieux Facebook[1]. Dans cette affaire, une juridiction belge avait posé une question préjudicielle relative à l'interprétation du RGPD[2] et notamment aux pouvoirs dont disposent les autorités de contrôle quand une autorité chef de file est identifiée pour traiter d'une affaire[3]. Plus précisément, le juge demandait à la Cour si une autorité de contrôle pouvait saisir son juge national d'une affaire alors même qu'une autre autorité nationale était chef de file. À cette question, Michal Bobek répondit par la négative, mais il développa également un propos intéressant en réponse à l'argument belge qui était celui du risque d'une neutralisation du système dans le cas où l'autorité de contrôle n'était pas investie d'une telle compétence. Il soutint alors que :

« D'un point de vue structurel, ce pourrait en effet être le cas si la nouvelle structure devait générer des « nids » réglementaires pour certains opérateurs qui, après avoir effectivement choisi eux-mêmes leur régulateur national en situant leur établissement principal dans l'Union en conséquence, seraient non pas surveillés, mais en réalité protégés des autres régulateurs par une ACF [autorité chef de file] donnée. La plupart des gens conviendront qu'une concurrence réglementaire prenant la forme d'une course au nivellement par le bas entre les États membres serait

---

[1] Conclusions de l'avocat général M. Michal Bobek présentées le 13 janvier 2021 sous l'affaire C-645/19.

[2] Règlement (UE) 2016/679 du Parlement européen et du Conseil du 27 avril 2016 relatif à la protection des personnes physiques à l'égard du traitement des données à caractère personnel et à la libre circulation de ces données et abrogeant la directive 95/46/CE (règlement général sur la protection des données).

[3] Voir les articles 55 et 56 du règlement.

tout aussi malsaine et dangereuse que l'incohérence réglementaire – le type d'absence de coordination et de cohérence caractéristique de l'ancienne structure. Un réseau de régimes réglementaires pourrait permettre d'éviter les incohérences et divergences en favorisant le consensus et la coopération. Mais le prix du consensus serait le blocage des plus actifs, particulièrement dans un système où la coopération renforcée est nécessaire pour parvenir à une décision. Dans un tel système, la responsabilité collective pourrait aboutir à l'irresponsabilité collective et partant, à l'inertie. »[1]

Ce propos souligne bien que l'*administrative shopping* pourrait ici conduire à enrayer le système de contrôle mis en place par le RGPD soit en raison d'une absence de coordination dans la mise en œuvre de cette législation par les différentes autorités nationales, soit, en voulant régler ce problème, par un consensus difficile à atteindre à propos de l'unification de la réglementation conduisant à une inertie collective. C'est ici une illustration d'un risque porté par la transnationalité administrative. Cependant, l'avocat général est venu ensuite préciser que cette apocalypse n'était pour le moment que théoriquement envisageable et qu'il fallait rester prudent face à ce genre de scénario spéculatif. De plus, soulignant la volonté du législateur européen lors de l'élaboration du RGPD de mettre fin au système d'indépendance des procédures nationales pour les regrouper dans les mains d'une autorité chef de file, Michal Bobek finit par trancher nettement en faveur de la conservation du nouveau système mis en place. Dans l'arrêt final, la Cour de justice entérina le principe de la compétence exclusive de l'autorité chef de file tout en le nuançant par la mobilisation du principe de coopération loyale dans les cas de carences de cette autorité[2]. Cette décision confirme donc le choix du guichet unique, mais y apporte un correctif pour contrecarrer l'*administrative shopping* dans le cas où l'autorité chef de file ne remplirait pas correctement sa mission. De ce fait, la Cour de justice reconnaît ici le problème que peut présenter ce phénomène.

L'*administrative shopping*, bien qu'innommé, est un phénomène qui existe déjà et qui est une conséquence logique de l'acte administratif unilatéral transnational. Bien qu'en principe légal et non problématique, ce phénomène peut vite mener à une compétition normative vers le bas entre les États conduisant alors à une perte de confiance entre eux, ciment essentiel de la transnationalité administrative. C'est donc un effet délétère pour la transnationalité administrative elle-même qui se doit d'être encadré sans quoi il pourrait en causer la remise en question. Outre l'*administrative shopping*, un moyen par lequel l'acte administratif transnational peut se retourner contre lui-même porte sur la question des droits et libertés que les États accordent aux individus.

Dans le cadre des réseaux d'autorités administratives, l'acte administratif transnational est un vecteur d'efficacité pour assurer la régulation de certains secteurs où les pratiques des opérateurs dépassent souvent le cadre d'un seul État. C'est alors grâce au recours aux actes administratifs individuels transnationaux per se qu'est

---

[1] §124 des conclusions.

[2] CJUE, gr. ch., 15 juin 2021, *Facebook Ireland Ltd e.a. c/ Gegevensbeschermingsautoriteit*, *aff.* C-645/19, ECLI :EU ::C :2021 :483 ; note BERTRAND B., *D. actu.* 30 juin 2021.

mise en branle une coopération entre différentes autorités nationales aboutissant ainsi à la conduite d'une procédure administrative transnationale. L'exemple topique dans l'Union européenne est celui des réseaux d'informations où, pour réussir à conclure une procédure nationale, une autorité va demander à une autre de lui transmettre des informations auxquelles seule cette dernière peut avoir accès. La demande alors contraignante constitue l'acte transnational fondateur de la procédure en cause. Ainsi, si l'avocat général Melchior Wathelet avait mis en exergue, dans le cadre de l'affaire Berlioz et de la coopération administrative fiscale dans l'Union, la tension qui existait entre l'objectif d'efficacité du réseau et l'exercice du droit au recours effectif par les cibles de telles procédures[1], l'on peut cependant, plus généralement, étendre ce constat au droits et libertés accordés aux personnes par les États.

Cette question n'a d'ailleurs pas été ignorée par le législateur européen qui a posé des limites à l'assistance administrative internationale pour en éviter les excès. Ainsi, dans l'exemple de la coopération fiscale, la directive 2011/16[2] pose des limites dans son article 17 à l'exercice de la demande d'informations par les autorités nationales. En effet, une autorité doit avoir épuisé toutes les sources d'informations à sa disposition avant de formuler une telle requête et l'autorité requise peut refuser de coopérer lorsque cela conduirait à divulguer un secret commercial, industriel, professionnel ou un procédé commercial[3]. De plus, les informations communiquées doivent être couvertes par le secret officiel « et bénéficient de la protection accordée à des informations de même nature par la législation de l'État membre qui les a reçues ». Enfin, elles ne peuvent servir qu'à « l'application de la législation interne des États membres relative aux taxes et impôts visés à l'article 2 »[4]. Une dérogation est toutefois prévue en cas d'accord de la part de l'autorité requise si son droit interne autorise également une utilisation autre des informations demandées[5]. Il demeure que l'utilisation de ces informations est donc restreinte à la matière fiscale empêchant l'usage de l'assistance administrative internationale à d'autres fins.

Ces différentes dispositions visent principalement à empêcher les fishing expeditions de la part des autorités nationales ainsi qu'à circonscrire l'usage fait des informations transmises pour que cela ne soit pas la voie d'alimentation d'autres procédures nationales qui ne font pas l'objet d'un même système de coopération. Le but poursuivi est donc de prévenir tout usage détourné du système mis en place, mais ces limites restent, pour la plupart, fondées sur les normes du droit interne des États notamment en ce qui concerne leur couverture par le « secret officiel », notion que la directive ne définit pas et qui peut donc varier selon les États. Outre une exécution potentiellement hétérogène de la directive par les États membres, il se pose également la question des conséquences de la mise en œuvre des différentes

---

[1] Concl. WATHELET M. présentées le 10 janvier 2017 sous CJUE, grde. ch., 16 mai 2017, *Berlioz Investment Fund SA*, *aff.* C-682/15, ECLI :EU :C :2017 :373.

[2] Directive 2011/16/UE du Conseil du 15 février 2011 relative à la coopération administrative dans le domaine fiscal et abrogeant la directive 77/799/CEE.

[3] Art. 17, §1 et §4.

[4] Art. 16, §1.

[5] Art. 16, §2.

procédures nationales. En effet, une fois saisie d'une demande, l'autorité requise doit obtenir les informations recherchées suivant « les mêmes procédures que si elle agissait de sa propre initiative ou à la demande d'une autre autorité de son propre État membre »[1]. Autrement dit, elle va alors suivre les règles posées par son droit national. Or, là encore, tous les droits nationaux n'offrent pas la même protection aux individus, ce qui peut justifier certaines critiques.

La question s'est notamment posée dans le cadre de la coopération administrative au sein du Réseau européen de concurrence, en particulier dans la mise en œuvre de l'article 22 du règlement 1/2003[2] qui prévoit la réalisation de mesures d'enquête au profit d'une autre autorité de concurrence nationale à sa demande. Bien qu'une telle requête ne constitue pas ici un véritable acte administratif transnational, car elle ne lie pas juridiquement l'autorité requise, une analogie peut être faite quant aux conséquences que peut causer une disparité entre les législations nationales relatives aux pouvoirs des autorités.

Ainsi, dans les années 2010, l'Autorité française de la concurrence enquêtait sur une pratique anticoncurrentielle commise sur le marché des carburéacteurs aéronautiques sur l'île de la Réunion. Les bureaux d'une des entreprises mises en cause se trouvant à Londres, l'autorité forma alors une demande à l'Office of Fair Trading, l'autorité du Royaume-Uni, pour procéder à des mesures d'inspection au siège social de l'entreprise et ainsi étayer le dossier de la procédure en cours. L'autorité requise admit la demande et communiqua certaines informations. Toutefois, lors d'un contentieux formé contre la décision finale de sanction prononcée par l'autorité française, un requérant soulevait que ces informations communiquées par le Royaume-Uni n'avaient pas été recueillies sur autorisation d'un juge comme il l'aurait fallu en France et violait par conséquent l'ordre public international ainsi que les droits fondamentaux garantis par les articles 6 et 8 de la CESDH et 7, 47 et 52 de la Charte des droits fondamentaux de l'Union européenne. Dans un arrêt du 20 janvier 2015[3], la chambre commerciale de la Cour de cassation balaya une telle argumentation rappelant que selon l'article 22 du règlement 1/2003, seul le droit britannique était applicable à la procédure menée par l'Office of Fair Trading et qu'elle n'avait pas la compétence pour en apprécier la légalité. Ainsi, seul un recours distinct devant le juge britannique aurait pu permettre de contester une telle procédure, mais cela aurait été en vain puisque le droit de cet État ne requérait pas l'intervention d'un juge. Cette solution apparaît en parfait accord avec les dispositions du règlement organisant le fonctionnement du Réseau européen de concurrence et se répéterait sans aucun doute dans les autres réseaux administratifs où de véritables actes administratifs transnationaux fondent des procédures elles-mêmes transnationales. Toutefois, un grincement persiste en arrière-plan. Si en France l'on

[1] Art. 6, §3 de la directive 2011/16.

[2] Règlement (CE) n° 1/2003 du Conseil du 16 décembre 2002 relatif à la mise en œuvre des règles de concurrence prévues aux articles 81 et 82 du traité.

[3] Cass. com. 20 janv. 2015, n° 1316.745, 1316.764, 1316.765, 1316.955, D. 2015. 261, obs. CHEVRIER E.r ; ibid. 2016. 964, obs. FERRIER D. ; AJCA 2015. 169, note PARLEANI G. ; RTD com. 2015. 258, obs. CLAUDEL E. ; RTD eur. 2016. 37428, obs. ZAMPINI F. ; *RCDIP* 2016. 521, note D'AVOUT L.

reconnaît une place particulière au juge dans les procédures parapénales, c'est parce qu'il est le gardien des droits et libertés selon l'article 66 de la Constitution. Dès lors, la possibilité donnée aux administrations d'échapper à une telle exigence procédurale par le recours à l'assistance administrative internationale peut laisser dubitatif quant à la restriction que l'acte administratif transnational peut représenter pour des droits fondamentaux reconnus par notre ordre juridique national. Finalement, de par l'organisation de la circulation des actes administratifs, la transnationalité administrative opère nécessairement le transfert de conceptions et de valeurs juridiques inhérentes à chaque ordre concerné. Selon l'autorité saisie d'une demande, un administré ne bénéficiera pas des mêmes droits et garanties. Cette disparité peut être critiquable.

Une difficulté similaire s'est également posée devant l'AMF sur le fondement cette fois de l'entraide internationale avec l'autorité des marchés financiers québécoise[1]. Il s'agit plus précisément de l'affaire Ubisoft où l'AMF avait déclenché des poursuites contre cette société pour manquements d'initié qui avaient conduit à requérir une enquête auprès de l'autorité québécoise notamment pour auditionner certaines personnes physiques concernées qui résidaient dans cet État[2]. La demande fut acceptée et le procès-verbal en découlant fut mobilisé par la suite dans la procédure conduite par l'AMF. Or, les mis en cause contestèrent alors cette production au moyen d'irrégularités commises par les autorités québécoises par rapport à leurs droits fondamentaux. À l'inverse du cas étudié devant les autorités de la concurrence, la commission des sanctions de l'AMF décida cette fois-ci d'écarter effectivement le procès-verbal. Elle l'évalua au regard du droit québécois, mais aussi de standards procéduraux français bien qu'une affaire à propos de cette même enquête fût pendante devant le juge québécois[3]. C'est d'ailleurs au regard de l'article 6 convention européenne de sauvegarde des droits de l'homme que l'AMF décida finalement d'écarter les auditions réalisées sous l'égide de son homologue québécois, car les personnes visées étaient tenues de répondre aux questions qui leur étaient posées sans quoi elles pouvaient faire l'objet d'une sanction pénale. Un tel dispositif allait donc à l'encontre du droit à un procès équitable qui comprend le droit de se taire et de ne pas contribuer à sa propre incrimination. Toutefois, l'AMF n'annula pas l'ensemble de la procédure, car les mis en cause avaient pu faire valoir « tout au long de la procédure de sanction, les moyens de fait et de droit qu'ils jugeaient utiles à leur défense, notamment en réponse aux notifications de griefs, au rapport du rapporteur et enfin au cours de la séance de la Commission »[4]. Il était dès lors surprenant que l'AMF applique un droit français et européen à une procédure québécoise. La question était celle de la force de la preuve étrangère qui fut accueillie au même titre qu'un élément de procédure national à la condition d'un contrôle de

[1] Voir l'Accord multilatéral portant sur la consultation, la coopération et l'échange d'informations rédigé sous les auspices de l'Organisation internationale des commissions de valeurs en mai 2002.

[2] D'AVOUT L., « L'entraide internationale au soutien de la preuve du manquement d'initié », *Bulletin Joly Bourse*, 1er mars 2017, n°2, pp. 96 et s.

[3] AMF, déc., 7 déc. 2016, *Ubisoft*, SAN-2016-15. Pour une analyse critique de ce raisonnement, voir : D'AVOUT L., *art. cit.*

[4] AMF, déc., 7 déc. 2016, *Ubisoft*, SAN-2016-15.

légalité dual, composé tant du droit du for que « des droits fondamentaux garantis par la Constitution française ou la CESDH »[1]. C'est, finalement, selon l'analyse de Louis d'Avout l'utilisation masquée d'une exception d'ordre public international appréciée abstraitement, ce qu'il critique par ailleurs[2]. Dans le cas où ces auditions n'auraient pas été écartées, elles auraient pleinement joué le rôle de preuves dans la procédure devant l'AMF sans même qu'un texte ne le prévoit.

Cependant, il y eut un épilogue à cette décision lors du recours fait contre elle devant la Cour d'appel de Paris[3]. Un des moyens était justement relatif à l'admissibilité ou non des procès-verbaux d'audition dans la procédure. Cette dernière juridiction jugea que :

« Comme l'ont relevé l'ensemble des parties, les questions de la régularité de l'enquête québécoise, concomitamment soulevée devant la Cour supérieure de Québec et la présente cour, doivent être examinées au regard de la loi du for, c'est-à-dire le droit canadien, notamment les chartes canadienne et québécoise des droits fondamentaux. Il ne fait pas de doute sur ce point que le juge québécois est le mieux placé pour apprécier le respect par l'AMF Québec des garanties fondamentales offertes par le droit canadien ».

Ce recadrage permit alors de restaurer le contrôle du juge québécois sur la procédure menée au Québec ainsi que la bonne application du droit québécois à ce cas[4]. De plus, cette décision rejoignit finalement ce qui avait déjà cours en matière de concurrence en l'appliquant cette fois-ci dans le cadre international et non plus seulement européen. Enfin, cette espèce permet là encore de souligner la menace que peut présenter une procédure transnationale pour les droits et libertés des individus qui en sont l'objet ainsi que la difficulté du contrôle de leur respect qui nécessite l'intervention de plusieurs juges nationaux et l'application de différents droits nationaux et donc de différents standards de protection.

Les procédures administratives transnationales présentent ainsi un danger pour les droits et libertés accordés aux individus en ce qu'en faisant intervenir différentes administrations nationales, sont mises en œuvre des procédures obéissant à des règles différentes qui ne protègent pas toujours les mêmes objets. Il est alors mécanique que les justiciables reçoivent des traitements différents au cours de la procédure transnationale selon l'autorité qui intervient. Ce fait est inévitable et ne pourrait être résolu que par une harmonisation extrêmement poussée des droits nationaux, ce qui ne semble pas être la voie choisie par l'Union européenne. Par conséquent, c'est au détriment de l'homogénéité du traitement des administrés que se développent les procédures administratives transnationales. Leur utilisation est motivée par des raisons d'efficacité administrative pour encadrer des situations elles-mêmes transnationales. L'on retrouve alors la nécessaire conciliation entre cette efficacité et les droits et libertés des administrés qui peut aboutir à la critique,

---

[1] *Ibid.*

[2] D'AVOUT L., *art. cit.*.

[3] CA Paris, 29 juin 2017, n°17/02898.

[4] D'AVOUT, « Ubisoft : sursis à statuer pour cause de connexité internationale », *Bulletin Joly Bourse*, nov.-déc.2017, n° 6, p. 386.

voire à la remise en cause, de la transnationalité administrative dans les cas où il serait porté une atteinte excessive à ces droits et libertés.

TITRE II : RÉFLEXIONS PROSPECTIVES VISANT À RATIONALISER LE RÉGIME DES ACTES ADMINISTRATIFS UNILATÉRAUX TRANSNATIONAUX

L'étude du régime de l'acte administratif unilatéral transnational conclut au constat de certains écueils auxquels le droit n'apporte, pour le moment, aucune solution satisfaisante. En effet, la disparité des modes d'entrée en vigueur, d'exécution et de disparition de ces actes, parfois au sein d'une même sous-catégorie, génère une impression d'éclatement de leur régime juridique. Cela procède directement de la naissance des actes administratifs transnationaux qui relève généralement d'une création sur mesure pour s'adresser à des situations de fait transnationales. Toutefois, cette prolifération de régimes ad hoc est source de confusions, voire d'incertitudes juridiques. Cela vient alors directement amenuiser la confiance mutuelle, qui est pourtant au fondement de la reconnaissance mutuelle[1], et donc, de la transnationalité administrative. En outre, les disparités nationales contribuent à alimenter une défiance qui peut parfois être particulièrement forte – par exemple, dans le cas des OGM dans l'Union européenne pour la France ou dans celui du dieselgate. Ces hésitations peuvent alors résulter de deux facteurs principaux : soit les fondements d'un acte administratif transnational donné sont trop ténus, soit le recours à l'acte administratif transnational est inadapté à une situation considérée. Si, dans le premier cas, il est possible de consolider l'acte administratif transnational en venant renforcer ses fondements juridiques, dans le second cas, il faut renoncer à son utilisation. En effet, la mauvaise utilisation d'un outil juridique entache nécessairement celui-ci d'incertitudes juridiques causant, en fin de compte, de la méfiance à son encontre. Dans tous les cas, ces deux points faibles invitent à se détourner de l'acte administratif transnational. Pour éviter ce mouvement, l'on peut viser à perfectionner la circulation des actes administratifs unilatéraux transnationaux en rationalisant leur usage. Le but est alors de rechercher les moyens du renforcement de leurs fondements juridiques, ainsi que les critères d'identification des situations dans lesquelles ils sont les plus adaptés à intervenir.

Cette proposition permet alors de sécuriser le recours à l'acte administratif unilatéral transnational. Il demeure, cependant, que cela ne résout pas les problèmes soulevés par le contrôle de ces actes. En effet, l'unique possibilité de contrôle ouverte l'est au seul juge national de l'autorité d'émission, ce qui peut présenter un souci d'accès au juge, notamment pour les tiers à l'acte ou pour les destinataires des actes finaux de procédures administratives transnationales. D'autres profitent de cette configuration pour se livrer à un *administrative shopping* excessif, voire abusif. Or, ces pratiques restent très peu contrôlées et suscitent également de la méfiance envers ces actes administratifs transnationaux. Il résulte de ceci que le second axe de

[1] FARTUNOVA-MICHEL M., MARZO C., « La notion de reconnaissance mutuelle : entre confiance et équivalence », *in* FARTUNOVA-MICHEL M., MARZO C. (dir.), *Les dimensions de la reconnaissance mutuelle en droit de l'Union européenne*, Bruylant, coll. Droit de l'Union européenne, 2018, Bruxelles, pp. 32-46.

réformation porte sur le renouvellement du contrôle de ces actes afin de le rendre plus accessible et plus efficace.

Bien que l'acte administratif unilatéral transnational existe dans les relations interétatiques classiques, ces deux grandes propositions s'inscrivent dans le cadre de l'Union européenne. Tout d'abord, parce que la France en fait partie, mais ensuite, parce que cette Union procure des moyens pouvant vraisemblablement mettre en œuvre ces propositions. Enfin, cette Union est aussi source d'un très grand nombre d'actes administratifs transnationaux qui sont, dès lors, un enjeu important sur lequel elle peut avoir intérêt à se pencher. Dans cette optique, il apparaît plus approprié de réfléchir au perfectionnement de la transnationalité administrative dans le cadre restreint de l'Union européenne qui offre une plus grande possibilité d'action concrète. Cependant, les analyses et les moyens proposés demeurent extensibles aux actes intervenant avec des États tiers. Les conclusions restent les mêmes, seulement la faisabilité de la mise en place des solutions apparaît comme très faible. Ainsi, cette étude débouche sur la rédaction d'une proposition de directive dont l'adoption par l'Union européenne permettrait de significativement améliorer le régime applicable aux actes administratifs unilatéraux transnationaux.

Chapitre I : Rationaliser le recours à l'acte administratif unilatéral transnational

L'étude des multiples exemples d'actes administratifs unilatéraux transnationaux amène à un constat limpide : leur utilisation et leurs fondements juridiques sont assez variables ne permettant pas d'en dresser un régime clair. C'est pourquoi il s'agit maintenant de tenter de rationaliser le recours à ce type d'acte, dans le but de lui procurer une meilleure sécurité juridique. De plus, l'identification de la meilleure utilisation des actes administratifs unilatéraux permettra de pérenniser leur usage en déterminant les situations dans lesquelles ils présentent un intérêt et celles où ils sont inadaptés. Ainsi, cette optimisation renforcera la pertinence de la construction de cette nouvelle notion en caractérisant les circonstances face auxquelles sa mobilisation est pertinente. Cela évitera alors de mener à des critiques relatives à l'inutilité de ce type d'acte au regard de certains cadres où il présente peu d'intérêt. Cette entreprise de rationalisation passe nécessairement par une démarche prospective visant à proposer des nouveautés juridiques ainsi qu'à synthétiser et clarifier des solutions déjà existantes. Également, il faut préciser le cadre dans lequel ces propositions pourront s'inscrire. En effet, si l'acte administratif transnational n'est pas restreint aux relations des États dans l'Union européenne, cette structure procure toutefois un terreau fertile pour leur multiplication, mais aussi des outils juridiques – notamment grâce à la primauté du droit de l'Union – qui peuvent réellement permettre de venir modifier le régime des actes transnationaux. C'est pourquoi les propositions avancées sont ici imaginées dans la limite de l'Union européenne.

En fin de compte, ce travail conduit à conclure à deux propositions principales. La première proposition visant à améliorer la circulation des actes administratifs unilatéraux transnationaux porte sur la rationalisation de leur utilisation. Dans le but de renforcer la confiance dans cet outil juridique nouveau, c'est d'abord, le renforcement des fondements juridiques justifiant la transnationalité de ces actes qu'il faut rechercher afin de les ancrer plus solidement dans le paysage juridique. Pour ce faire, il faut comprendre quels sont les facteurs concourant à la bonne circulation des actes administratifs unilatéraux, outre l'équivalence des législations et la confiance mutuelle qui ont déjà été étudiées. Cependant, puisque l'acte administratif unilatéral transnational est un phénomène nouveau, il n'existe que peu d'éléments pour réellement identifier ces vecteurs de sécurisation du recours à ce type d'acte. Dès lors, analyser une situation qui s'y apparente et qui dispose d'un meilleur recul constitue la meilleure méthode pour atteindre l'objectif visé. C'est pourquoi il est choisi d'étudier la circulation des actes administratifs dans les États composites pour observer la manière dont celle-ci est organisée. En effet, ce type d'organisation étatique connaît une sorte de « transnationalité interne », ci-après désignée en tant que « transrégionalité », qui a appelé par le passé à trouver des solutions particulières pour organiser certaines relations administratives notamment entre les entités fédérées ou régionales pour le cas des États régionaux. Par conséquent, les Fédérations d'État et les États régionaux ont pu éprouver différentes solutions relatives à l'organisation de cette transrégionalité et cette expérience peut alors se révéler très instructive pour optimiser les fondements juridiques de la transnationalité administrative entre les États.

Mais le renforcement des fondements juridiques de l'acte administratif unilatéral transnational ne se suffit pas à lui seul pour créer une confiance en cet outil et en normaliser l'usage. En effet, il faut également que l'acte administratif transnational soit utilisé de manière opportune. Pour cela, il s'agit d'étudier la place que devrait occuper l'acte administratif unilatéral transnational dans les relations interétatiques contemporaines. Or, l'émergence d'un nouveau mode de gouvernance mondiale est venue parfois réduire l'action étatique unilatérale au profit d'un droit souple, plus adapté à ses exigences de flexibilité, de rapidité et de diminution de la place du territoire étatique dans les relations internationales. La confrontation de l'acte administratif transnational à cette nouvelle gouvernance permet d'en questionner la pertinence et ainsi d'identifier la place qu'il doit occuper au sein des relations administratives entre les États. Ainsi, cette analyse a pour but d'identifier un champ d'action précis dans lequel l'acte administratif unilatéral transnational est pertinent pour optimiser son utilisation et, par ricochet, son efficacité.

Étude de la transrégionalité administrative dans les États composites, source d'amélioration du fondement juridique de l'acte administratif unilatéral transnational

Dans un article portant sur l'identification des actes administratifs transnationaux, Mathias Ruffert a opéré un parallèle entre ceux-ci et la circulation des actes administratifs dans les Fédérations d'États[1]. Il reconnaît que des actes administratifs circulent entre les États fédérés en les dénommant « actes administratifs supra-régionaux »[2]. En effet, les Fédérations ont rapidement été confrontées à la question de la circulation des actes administratifs entre les États fédérés, ce qui constituait un enjeu majeur pour assurer l'unité de ces organisations politiques. Dans un cas où un acte administratif circule entre plusieurs États fédérés, sans nécessiter d'acte de réception individuel, l'on peut parler d'actes administratifs unilatéraux « transrégionaux ». Ce vocable permet de les distinguer des actes transnationaux, sujets de cette étude, qui circulent entre des États et non au sein d'une unité politique sous la forme d'une Fédération. Il s'applique également à la circulation des actes administratifs entre les entités régionales des États régionaux comme l'Espagne ou l'Italie.

Dans son article, Mathias Ruffert souligne que les situations administratives transfrontières soulèvent des questionnements communs pour la circulation des actes transnationaux entre États et celle des actes transrégionaux entre entités fédérées. Cet auteur précise que cela recoupe le cas où une compétence administrative locale s'est étendue sur toute la fédération, mais aussi le cas où l'autorité d'un État

---

[1] RUFFERT M., « European Composite Administration: The transnational administrative act », *in* JANSEN O., SCHÖNDORF-HAUBOLD B. (éds.), *The European Composite Administration*, Intersentia, 2011, Cambridge, pp. 297-299.

[2] *Ibid.*, p. 298.

se déplace dans un autre comme pour la police. Il apparaît ainsi qu'une analogie peut être établie entre les relations transnationales et les relations transrégionales du point de vue de la circulation des actes administratifs. Cette comparaison peut également être étendue aux États composites en général, qui comprennent à la fois les Fédérations et les États dits régionaux. Cette comparaison présente un grand intérêt puisque les États composites ont fait face dès leur constitution à la problématique de la circulation des actes administratifs. Ainsi, l'étude des solutions qu'ils y ont opposées pourrait apporter des idées pour rationaliser l'utilisation de l'acte administratif transnational, notamment dans le cadre de l'Union européenne. Toutefois, dans le cas du fédéralisme, force est de constater que la transnationalité administrative n'est pas totalement organisée comme dans l'Union européenne. La comparaison entre les solutions fédérales et celles de l'Union participe alors à la compréhension des spécificités de la transnationalité administrative en même temps qu'à une analyse du processus d'intégration de l'Union européenne qui emprunte de nombreux éléments au fédéralisme sans pour autant s'y confondre.

La première figure de l'État composite est la Fédération qui est définie par Olivier Beaud, comme une entité politique autonome composée d'une union d'États fondée sur un pacte fédératif ayant entraîné leur agrégation[1]. En tant qu'association d'États, la question de la circulation des actes administratifs entre eux est très tôt apparue. De même les États régionaux, qui peuvent être définis comme « une forme d'État évolutive où le cadre constitutionnel reste celui d'un État unitaire, mais où l'autonomie des collectivités territoriales n'est plus seulement administrative, mais aussi politique et institutionnelle »[2], connaissent eux aussi la question de la circulation des actes administratifs entre ces collectivités. Une analogie semble pouvoir être menée entre la question des actes administratifs transnationaux dans l'Union européenne et celle des actes administratifs transrégionaux dans les États composites, suggérant que les solutions trouvées par ces derniers soient réplicables dans le cadre de l'Union. C'est alors que l'analyse des procédés, notamment mis en place par les Fédérations, conduit à identifier deux principaux modes d'organisation de la circulation des actes administratifs.

Le fédéralisme est un processus par lequel des États souverains et indépendants, qualifiés d' « États-monades » par Olivier Beaud[3], s'associent pour devenir les États membres d'une Fédération. Ainsi, Olivier Beaud souligne qu'au cours d'un tel processus, les États conservent leur unité politique en maintenant la structure d'une même puissance publique s'exerçant sur un territoire et une population identiques[4]. Cependant, lors de la formation d'une Fédération, les relations entre les États changent passant du statut de relations internationales à celui de relations internes, que l'auteur désigne comme « rapports interfédérés »[5]. Le fédéralisme repose donc premièrement sur la modification des rapports entre ses membres. Cela implique

---

[1] BEAUD O., *Théorie de la fédération*, PUF, coll. « Léviathan », 2e éd., 2009, Paris, pp. 30-34.

[2] PORTELLI H., EHRHARD T., *Droit constitutionnel*, Dalloz, coll. Hypercours, 14e éd., 2021, Paris, p. 10.

[3] BEAUD O., *op. cit.*, pp. 201-209.

[4] *Ibid.*, p. 205.

[5] *Ibid.*, p. 206.

que l'entité fédérale soit « le résultat d'un processus d'agrégation d'unités politiques sans que cette association débouche sur la 'fusion' de ces unités dans la nouvelle unité créée »[1] renouvelant de ce fait les rapports horizontaux entre les États fédérés et créant un nouveau rapport vertical entre eux et la fédération.

À l'origine de la Fédération se trouve un processus d'association libre, ce qui la distingue notamment de l'empire[2]. Elle repose donc sur une base conventionnelle, un pacte fédératif, qui fait état de la volonté des États d'y adhérer[3]. Il en résulte que la Fédération comporte des États membres « qui sont à la fois autonomes et interdépendants les uns des autres »[4]. Ainsi retrouve-t-on dans une Fédération, avec un « F » majuscule pour désigner l'entité politique, un ensemble fédéral comprenant les instances fédérales et fédérées ainsi que la puissance publique fédérale constituée par l'ensemble des organes fédéraux, ce qu'Olivier Beaud propose de dénommer « fédération » avec une lettre minuscule[5]. C'est alors une relation tripartite qui permet de définir la Fédération, car une telle entité est au moins composée de la fédération et des États membres[6].

De par sa structure, la Fédération suppose une répartition des pouvoirs entre les entités fédérées et la fédération. En effet, ni la fédération ni les États membres n'exercent de l'entièreté des compétences normalement dévolues à un État. Par exemple, les États fédérés peuvent abandonner à la fédération la compétence d'entretenir des relations extérieures avec d'autres États, ce que certains auteurs traduisent en tant que transfert de la souveraineté externe vers cette fédération[7]. Appliquant cela au cas des États-Unis, Thibault Fleury Graff en a conclu, comme conséquence de cette transmission de compétence, qu'ils « forment à l'égard des Nations étrangères, une unité juridique »[8]. Il s'ensuit que dans la Fédération, ni la fédération ni les États fédérés ne prennent le pas l'un sur l'autre au point de réunir toutes les caractéristiques de l'État. Au contraire, les États fédérés conservent une relative autonomie dans le cadre d'un système de « répartition et de distribution des compétences »[9]. Il n'est, de ce fait, pas possible d'identifier un seul détenteur de la souveraineté puisque les États fédérés comme la fédération doivent se répartir les fonctions normalement exercées par un État. C'est ce que Jérémy Heymann a désigné en tant qu' « inapplicabilité du principe d'omnicompétence »[10]. Ainsi, puisqu'aucun élément de la Fédération ne jouit d'une souveraineté pleine et entière,

---

[1] *Ibid.*, p. 106.
[2] *Ibid.*, p. 107.
[3] *Ibid.*, pp. 123-129.
[4] *Ibid.*, pp. 140-141.
[5] *Ibid.*, p. 141.
[6] *Ibid.*, p. 142.
[7] FLEURY GRAFF T., *État et territoire en droit international. L'exemple de la construction du territoire des États-Unis (1789-1914)*, Pedone, coll. Publication de la Revue Générale de Droit International Public Nouvelle Série n° 58, 2013, Paris, pp. 102-103.
[8] *Ibid.* p. 104.
[9] HEYMANN J., *Le droit international privé à l'épreuve du fédéralisme européen*, Economica, coll. Recherches juridiques, 2010, Paris, p. 7.
[10] *Ibid.*, pp. 26-27.

il ne peut pas exister un État en tant que tel[1]. Olivier Beaud soutient d'ailleurs que la Fédération est antinomique du concept de souveraineté et qu'il faut alors isoler ces deux concepts « de façon à ce qu'ils n'entrent pas en contact, tout en reconnaissant, dans leur ordre, leurs mérites »[2]. Il ajoute : « La Fédération n'a pas de Centre, alors que la souveraineté présuppose évidemment le contraire »[3]. Il en résulte que le processus fédéraliste ne réalise pas un transfert de la souveraineté des États-monades vers la fédération. La notion de souveraineté est en réalité absente de la Fédération puisque cette dernière repose sur la division, caractère totalement antinomique au concept de souveraineté.

Il en résulte que deux types d'ordres juridiques coexistent au sein d'une Fédération : l'ordre fédéral et les ordres fédérés[4]. Selon Olivier Beaud, les rapports entre ces différents ordres s'organisent selon un principe d'indépendance et un principe d'interdépendance. Le principe d'indépendance vient souligner l'autonomie des États membres qui conservent des compétences protégées et jouissent d'immunités devant les instances de la Fédération[5]. À l'inverse, le principe d'interdépendance « illustre l'idée d'une connexion entre les deux ordres juridiques en présence, d'une imbrication permanente qui implique l'existence de 'passerelles' entre eux »[6]. C'est ainsi qu'un système de renvoi existe entre l'ordre fédéral et les ordres fédérés pour les objets qui relèvent de la compétence de l'autre ordre juridique[7].

De cette coexistence des différents ordres juridiques fédérés avec l'ordre fédéral résulte, nécessairement, des questions relatives à l'effet des actes juridiques émis par les organes d'un État membre sur le territoire d'un autre. C'est notamment ce qu'Olivier Beaud aborde en examinant l'exécution des décisions de justice dans un autre État fédéré qui disposent ainsi d'un véritable effet extraterritorial ou transrégional[8]. Mais la réflexion peut également être transposée à propos de l'efficacité transrégionale des actes administratifs et donc de leur effet juridique de plano dans les autres États fédérés. Il existe, en effet, la possibilité qu'un acte administratif provenant d'un État membre donné puisse avoir un effet juridique ab initio au sein d'un autre État membre notamment dans le but d'abaisser les barrières administratives pouvant exister entre les entités fédérées. C'est pour assurer le fonctionnement de la Fédération que des mécanismes ont dû être mis en place, assurant une certaine unité politique. En cela, la Fédération dépasse effectivement la simple association d'États.

Ce même constat est relevé par Mathias Ruffert qui souligne qu'il existe, en République fédérale d'Allemagne, des actes administratifs produisant un effet « supra-régional » – transrégional selon notre terminologie – qui ont appelé à différentes

[1]BEAUD O., *op. cit.*, pp. 58-65.
[2] *Ibid.*, p. 63.
[3] *Ibid.*, p. 64.
[4] *Ibid.*, p. 184.
[5] *Ibid.*, pp. 184-185.
[6] *Ibid.*, p. 189.
[7] *Ibid.*, p. 190.
[8] *Ibid.*, pp. 207-209.

solutions[1]. Il distingue alors la mise en œuvre de la loi fédérale, qui requiert une application égale sur le territoire, de celle du droit des États fédérés qui se doit généralement d'être restreinte aux territoires des États concernés[2]. Toutefois, le développement de son argumentation reste assez élusif ne permettant pas de totalement saisir la place et la solution de la transrégionalité administrative quand elle est fondée sur la loi fédérale[3]. À l'inverse, concernant l'exécution des lois étatiques, il rappelle un principe de limitation territoriale de la compétence administrative des États fédérés[4], ce qui amène à s'interroger sur le cas des actes qui produiraient tout de même un effet sur le territoire d'un autre État fédéré sans passer par le truchement d'un acte individuel de réception. Nécessaires à une certaine unité de la Fédération, les actes administratifs transrégionaux apparaissent donc comme un véritable défi pour ces entités politiques complexes. Bien entendu, cette difficulté est apparue dès la naissance des différentes Fédérations existantes, qui ont alors développé des techniques pour y faire face et ainsi favoriser la circulation des actes administratifs entre leurs entités fédérées et, avec elle, la circulation des situations juridiques participant à la dynamique d'une même structure politique.

Concernant les États régionaux, l'on retrouve la même difficulté résultant d'une pluralité d'ordres juridiques selon l'application de la théorie de l'institution notamment posée par Santi Romano dans son ouvrage sur l'ordre juridique[5]. Leur cas est étudié ultérieurement notamment à travers l'analyse des évolutions récentes de la jurisprudence constitutionnelle espagnole à propos de la reconnaissance automatique de certains actes administratifs en matière commerciale.

L'effet transrégional des actes administratifs émis dans le cadre des États composites est ainsi une question apparue de longue date dans ce type d'entité politique. Cette étude soutient qu'une comparaison de cette transrégionalité administrative dans les Fédérations avec celle de l'acte administratif transnational dans l'Union européenne est pertinente, ce qui justifie la concentration du résonnement sur ce type d'organisation étatique.

Il est donc ici avancé que la Fédération présente une comparaison utile avec l'Union européenne du point de vue des actes administratifs unilatéraux transterritoriaux, c'est-à-dire transrégionaux pour l'une et transnationaux pour l'autre. En effet, si l'Union européenne n'est pas une Fédération, elle partage avec cette dernière certaines caractéristiques qui rendent la comparaison pertinente. C'est d'ailleurs une idée également soutenue par Olivier Beaud pour qui, la reconstruction du fédéralisme peut « servir à mieux expliquer l'Union européenne »[6]. Pour

---

[1] RUFFERT M., *art. cit.*, p. 298.

[2] *Ibid.*

[3] *Ibid.*

[4] *Ibid.*

[5] ROMANO S., trad. FRANÇOIS L. et GOTHOT P., *L'ordre juridique*, Dalloz, 2e éd., 2002, (éd. originale 1918), XXII-174 p.

[6] BEAUD O., « L'Europe vue sous l'angle de la Fédération. Le regard paradoxal de Paul Reuter », *Droits* n°45, 2007, pp. 47-71 ; « Peut-on penser l'Europe comme une Fédération ? », *in* ESPOSITO F., LEVRAT N. (dir.), *Europe : de l'intégration à la Fédération,* (colloque du LATSIS), Bruylant, 2010, Bruxelles, pp. 71-103.

justifier sa position, cet auteur procède à une analyse relevant les différents points de convergence entre l'Union européenne et la Fédération. Ces points communs permettront aussi de défendre la pertinence de cette comparaison dans le cadre des actes administratifs transnationaux et transrégionaux, aussi est-il nécessaire de les expliciter.

Premièrement, Olivier Beaud soutient que l'Union européenne et la Fédération ont une nature presque commune en ce que l'Union n'est ni un État ni une organisation internationale. Elle repose sur une composition tripartite, comme la Fédération, car l'Union est composée de l'administration européenne et de celle des États membres[1]. L'on peut y ajouter que, comme dans la Fédération, les États membres de l'Union européenne ne sont plus totalement des États-monades, la transformation est évidente même si les États conservent le droit de se retirer de l'Union. L'on a ainsi une similarité de structure entre la Fédération et l'Union européenne qui sera importante pour la comparaison entre les actes administratifs transnationaux et transrégionaux.

Ensuite, Olivier Beaud relève également que l'Union européenne se fonde, comme la Fédération, sur un engagement contractuel des États membres qui s'associent dans un but commun de prospérité partagée tout en gardant une partie de leur autonomie politique[2]. Elle repose ainsi sur un processus de libre association auquel seuls des États souverains peuvent participer par l'exercice de leur libre arbitre. C'est alors que l'Union européenne, comme la Fédération, opère une métamorphose des États-monades qui décident de s'associer et deviennent de ce fait des « États membres ». Ce processus chamboule également la conception de la citoyenneté qui, dans l'Union européenne, a la même nature duale que dans la Fédération[3] comprenant une citoyenneté nationale à laquelle se superpose une citoyenneté européenne.

Malgré ces points de convergence certains, il faut souligner, comme Olivier Beaud, que l'Union européenne n'en est pas pour autant une Fédération d'États. Cet auteur soutient même que l'Europe « s'est arrêtée au milieu du gué », soulignant l'hétérogénéité de l'intégration européenne qui est très forte en matière économique, mais quasiment absente d'autres matières comme la défense[4]. Ainsi, l'Union européenne manque de remplir certaines conditions pour être qualifiée de Fédération, notamment pour deux raisons principales.

Tout d'abord, l'Union européenne ne propose pas de véritable politique extérieure et de défense[5]. Il n'existe pas d'armée européenne ni de politique extérieure commune. Toutefois, cet argument commence à être relativisé, en particulier depuis la réforme de Frontex par le règlement n°2016/1624[6] qui a institué un corps euro-

[1] BEAUD O., « Peut-on... » *art. cit.*, p. 92.

[2] *Ibid.*

[3] *Ibid.*, p. 94.

[4] BEAUD O., « L'Europe vue [...] », *art. cit.*, pp. 70-71.

[5] BEAUD O., « Peut-on [...] », *art. cit.*, p. 100.

[6] Règlement n°2016/1624 du Parlement européen et du Conseil du 14 septembre 2016 relatif au corps européen de garde-frontières et de garde-côtes. Voir également : CHEVALLIER-GOVERS C., « La création du corps européen des garde-frontières et garde-côtes », *in* CHEVALLIER-GOVERS C.,

péen de garde-frontières et de garde-côtes, bien que ces agents restent détachés par leurs États membres auprès de l'agence[1]. Il demeure que, pour le moment, l'idée d'une défense militaire commune n'est pas d'actualité dans le processus d'intégration de l'Union, marquant ici une divergence flagrante avec la Fédération.

Ensuite, l'Union européenne comporte trop de disparités sur l'engagement des États dans des matières supposées communes comme la participation à l'euro qui n'implique que 19 États sur 27 alors que des États extérieurs ont décidé d'y participer, comme Andorre, Monaco, Saint-Marin ou la cité du Vatican. De même, à la suite de la crise financière de 2008, tous les États membres n'ont pas souhaité être liés par de nouvelles règles budgétaires et financières posées dans le Pacte budgétaire européen auquel seulement 25 États membres participent[2]. Par le jeu de clauses permettant de sortir de l'application de tels mécanismes, certains États se placent en dehors de règles majeures applicables dans les matières communes, ce qui ne serait pas possible dans le cadre d'une Fédération[3]. Il en résulte que l'Union reste moins intégrée que la Fédération et s'en distingue de ce fait.

Ainsi l'a-t-on écrit, l'Union européenne et la Fédération présentent une identité de structure dans laquelle coexistent des États membres et une strate d'administration « fédérale » ou « européenne », toutes regroupées sous l'égide d'une entité autonome. Cette composition a pour conséquence que l'Union européenne et la Fédération se retrouvent confrontées à des problèmes similaires, d'où l'intérêt de la comparaison entre ces deux systèmes afin de mieux comprendre l'Union.

C'est d'abord à propos du concept de souveraineté que l'Union et la Fédération sont placées dans des situations comparables. Olivier Beaud le relève d'ailleurs en soulignant que l'intérêt de l'étude de l'Union européenne au travers du prisme de la Fédération permet de se débarrasser d'un « faux problème » : celui de la souveraineté[4]. La difficulté à penser la souveraineté dans le cadre de l'Union européenne proviendrait tout simplement du fait que ce concept n'est pas pertinent pour étudier une telle entité. Ce constat s'inscrit complètement dans des conclusions défendues en première partie de cette étude selon lesquelles si l'on continue de recourir au concept de souveraineté actuellement, c'est à un concept vidé de sa substance auquel il est fait référence.

Outre rendre le concept de souveraineté peu pertinent, les structures de l'Union européenne et de la Fédération ont pour conséquence commune d'opérer une savante imbrication entre un ordre juridique fédéral, ou européen, et des ordres juridiques fédérés, ou nationaux, selon les principes d'autonomie et

---

TINIÈRE R. (dir.), *De Frontex à Frontex. Vers l'émergence d'un service européen des garde-côtes et garde-frontières*, Bruylant, coll. Droit de l'Union européenne, Colloques, 2019, Bruxelles, pp. 25-40 ; BALAN G., « La réforme de Frontex, prélude à une politique européenne d'immigration ? », *in* CHEVALLIER-GOVERS C., TINIÈRE R. (dir.), *op. cit.*, pp. 75-84

[1] Art. 56 du règlement (UE) 2019/1896 du Parlement européen et du Conseil du 13 novembre 2019 relatif au corps européen de garde-frontières et de garde-côtes.

[2] Traité sur la stabilité, la coordination et la gouvernance du 2 mars 2012.

[3] BEAUD O., *art. cit.*, p. 101.

[4] *Ibid.*, pp. 95-96.

d'interdépendance. Ainsi, ces deux types d'entités connaissent la coexistence d'une multiplicité d'ordres juridiques (fédérés ou nationaux) qui exercent chacune des compétences propres et qui vont nécessairement entrer en relation par la circulation des objets et des situations juridiques qu'ils réglementent. Or, cette circulation aboutit à la création de passerelles juridiques horizontales entre les ordres juridiques des États fédérés, ou des États membres. Il y a donc une mise en relation de même nature reposant sur un effet juridique extraterritorial d'actes nationaux. Autrement dit, la question des rapports de systèmes se pose selon les mêmes termes dans ces deux types de structures politiques.

Par conséquent, l'Union et la Fédération connaissent la même problématique à l'égard des actes administratifs qui produisent des effets sur le territoire d'un État membre distinct de celui les ayant émis. Comme pour la Fédération, la question de la circulation des actes administratifs est déterminante pour l'Union européenne sans quoi elle se retrouverait fort limitée pour mener à bien ses projets. C'est donc l'existence d'un projet commun, impliquant des actions communes et des échanges d'une intensité forte que naît la nécessité de s'interroger sur les effets transnationaux ou transrégionaux des actes administratifs. Pour toutes ces raisons, l'étude des solutions proposées dans les Fédérations à la question des actes administratifs transrégionaux est utile pour trouver des idées d'amélioration de l'acte administratif transnational dans le cadre de l'Union européenne. Également, ces constats peuvent également être faits à l'égard des États régionaux où les entités régionales forment aussi des ordres juridiques distincts, soulevant ainsi la même question de la circulation horizontale des actes administratifs.

La structure des Fédérations, dans lesquelles se superposent des États fédérés et la fédération, devrait ouvrir deux principaux vecteurs de transrégionalité des actes administratifs en leur sein. En effet, d'abord, cette transrégionalité pourrait être organisée par le droit fédéral. Dans un tel cas, une norme fédérale commune donnerait à certains actes émis par les États fédérés la possibilité de produire un effet dans les ordres juridiques des autres États, sans que ceux-ci n'aient à opérer un contrôle ni adopter un acte de réception pour leur donner une pleine et entière efficacité. Cependant, l'analyse des Fédérations montre qu'au contraire, lorsqu'une telle norme fédérale intervient, elle concerne en réalité principalement des actes administratifs émis par la fédération. C'est par le détour d'une étude de cas dans un État régional que l'on peut expliquer ce constat. Ainsi, la transrégionalité des actes émis par les États fédérés s'organise plutôt selon un second modèle : la conclusion d'accords interétatiques ayant pour objet de donner un effet transrégional à certains actes administratifs qui circuleraient entre leurs territoires. Il en résulte que, selon les États parties à de tels accords, la transrégionalité des actes administratifs concernés sera possible dans tout ou une partie de la Fédération.

Les développements antérieurs sur l'acte administratif unilatéral transnational poussaient à examiner la piste de l'organisation, chez les Fédérations d'États, de la transrégionalité administrative par le droit fédéral. En effet, notamment dans le cadre de l'Union européenne, nombre d'actes administratifs transnationaux résultent de directives[1] ou de règlements[2] qui prévoient une reconnaissance automatique de leurs effets par les États de réception. L'on aurait pu dès lors s'attendre à ce que chez les Fédérations d'État, le droit fédéral prévoie des dispositions similaires conférant un effet juridique transrégional à certains actes émis par les États fédérés. Toutefois, les recherches effectuées n'ont pas permis d'identifier un tel phénomène dans le cadre des Fédérations. Il semble qu'au contraire, lorsque le droit fédéral intervient à propos d'actes administratifs, il ne concerne que les actes émis par la

---

[1] Voir par exemple : directive 2011/16/UE du Conseil du 15 février 2011 relative à la coopération administrative dans le domaine fiscal et abrogeant la directive 77/799/CEE ; directive 2010/13/UE du Parlement européen et du Conseil du 10 mars 2020 visant à la coordination de certaines dispositions législatives, réglementaires et administratives des États membres relatives à la fourniture de services de médias audiovisuels ; directive 2013/36/UE du Parlement européen et du Conseil du 26 juin 2013 concernant l'accès à l'activité des établissements de crédit et la surveillance prudentielle des établissements de crédit et des entreprises d'investissement, modifiant la directive 2002/87/CE et abrogeant les directives 2006/48/CE et 2006/49/CE ; directive 2010/24/UE du Conseil du 16 mars 2010 concernant l'assistance mutuelle en matière de recouvrement des créances relatives aux taxes, impôts, droits et autres mesures ; directive 2006/126/CE du Parlement européen et du Conseil du 20 décembre 2006 relative au permis de conduire (refonte) ; directive 2009/50/CE du Conseil du 25 mai 2009 établissant les conditions d'entrée et de séjour des ressortissants de pays tiers aux fins d'un emploi hautement qualifié ; directive 2005/36/CE du Parlement européen et du Conseil du 7 septembre 2005 relative à la reconnaissance des qualifications professionnelles ; directive 2012/34/UE du Parlement européen et du conseil du 21 novembre 2012, établissant un espace ferroviaire unique européen (refonte) ; directive 2013/36/UE du Parlement européen et du Conseil du 26 juin 2013 concernant l'accès à l'activité des établissements de crédit et la surveillance prudentielle des établissements de crédit et des entreprises d'investissement, modifiant la directive 2002/87/CE et abrogeant les directives 2006/48/CE et 2006/49/CE ; directive 2001/18/CE du 12 mars 2001 relative à la dissémination volontaire d'organismes génétiquement modifiés dans l'environnement telle que modifiée par la directive 2008/27/CE du Parlement européen et du Conseil du 11 mars 2008 ; directive n° 2001/83/CE du Parlement européen et du Conseil du 6 novembre 2001 instituant un code communautaire relatif aux médicaments à usage humain.

[2] Voir par exemple : règlement (UE) 2016/679 du Parlement européen et du Conseil du 27 avril 2016 relatif à la protection des personnes physiques à l'égard du traitement des données à caractère personnel et à la libre circulation de ces données et abrogeant la directive 95/46/CE ; règlement (CE) n° 1/2003 du Conseil du 16 décembre 2002 relatif à la mise en œuvre des règles de concurrence prévues aux articles 81 et 82 du traité ; règlement (UE) n° 596/2014 du Parlement européen et du Conseil du 16 avril 2014 sur les abus de marché (règlement relatif aux abus de marché) et abrogeant la directive 2003/6/CE du Parlement européen et du Conseil et les directives 2003/124/CE, 2003/125/CE et 2004/72/CE de la Commission ; règlement (CE) n° 883/2004 du Parlement européen et du Conseil du 29 avril 2004 portant sur la coordination des systèmes de sécurité sociale ; règlement (CE) n°987/2009 du Parlement européen et du Conseil du 16 septembre 2009 fixant les modalités d'application du règlement (CE) n°883/2004 portant sur la coordination des systèmes de sécurité sociale ; règlement (UE) 2018/858 du Parlement européen et du Conseil du 30 mai 2018 relatif à la réception et à la surveillance du marché des véhicules à moteur et de leurs remorques, ainsi que des systèmes, composants et entités techniques distinctes destinés à ces véhicules ; règlement (CE) n°116/2009 du Conseil du 18 décembre 2008 concernant l'exportation de biens culturels (version codifiée) ; règlement (UE) n°952/2013 du Parlement européen et du Conseil du 9 octobre 2013 établissant le code des douanes de l'Union ; règlement (CE) n°1008/2008 du Parlement européen et du Conseil du 24 septembre 2008 établissant des règles communes pour l'exploitation de services aériens dans la Communauté (refonte) ; règlement (UE) 2018/848 du Parlement européen et du Conseil du 30 mai 2018 relative à la production biologique et à l'étiquetage des produits biologiques, et abrogeant le règlement (CE) n°834/2007 du Conseil.

fédération et non par les États fédérés. Ainsi, ces actes ne sont pas transrégionaux, au sens ici entendu, puisqu'ils ne traversent pas les ordres juridiques étatiques de manière horizontale. Étant émis par l'administration de la fédération, ils ont par nature vocation à s'appliquer à l'ensemble du territoire fédéral.

L'étude du cas de la Suisse est assez éloquente. Il y est en effet facile de trouver des lois fédérales portant sur des actes administratifs qualifiés eux-mêmes de fédéraux. Par exemple, en matière de diplôme médical, la loi sur les professions médicales universitaires[1] prévoit qu'un diplôme fédéral est octroyé pour permettre l'exercice des professions médicales suite à la réussite d'un examen fédéral (art. 12 à 14 de la loi). Il en va de même pour l'obtention du permis de conduire. En effet, ce permis est octroyé au nom de la Suisse, et non des entités fédérées que sont les cantons, et son régime est fixé par une loi fédérale portant sur la circulation routière[2].

Ainsi, il apparaît que lorsque le droit fédéral intervient pour uniformiser la procédure d'obtention d'un acte, il le fait à propos d'actes émis par la fédération et non par les États fédérés. L'on ne retrouve donc pas la dynamique propre à l'Union européenne qui vise à uniformiser les droits nationaux et à poser une reconnaissance mutuelle des actes administratifs adoptés par les États. À l'inverse, le droit fédéral porte sur les actes relevant de la compétence de la fédération et laisse les États fédérés libres d'adopter les actes s'inscrivant dans leur compétence. C'est finalement un constat plutôt logique qui marque un point de différenciation majeur entre l'Union européenne et les Fédérations. En effet, l'Union est fondée sur une association d'États qui, pour réaliser rapidement la construction d'un marché unique, a dû procéder à des harmonisations extensives dans certains domaines[3]. C'est notamment en raison de cet impératif de célérité et d'efficience ainsi qu'au regard de la lourdeur administrative de l'Union qu'il a été choisi de recourir à l'harmonisation et à la reconnaissance mutuelle des actes administratifs entre les États membres[4]. Or, les Fédérations d'États n'ont pas nécessairement connu le même impératif de création d'un marché unique aussi rapidement. C'est bien là une différence essentielle des Fédérations, qui ont pour vocation première d'être des entités politiques autonomes, alors que l'Union européenne est d'abord une association d'États finalisée en vue d'un objectif économique commun.

Il n'est dès lors pas surprenant que la dynamique des Fédérations se distingue de l'Union notamment au regard de la répartition des compétences entre le droit fédéral et les droits fédérés. Ce premier ne sert pas à unifier ces derniers ni à organiser un système de reconnaissance mutuelle entre les actes administratifs émis par les États fédérés. Cette assertion peut certainement souffrir d'exceptions, mais il demeure que l'on ne trouve pas, dans les Fédérations, une logique similaire à celle de

[1] Loi fédérale sur les professions médicales universitaires du 23 juin 2006.

[2] Art. 14 à 17 de la loi fédérale sur la circulation routière du 19 décembre 1958.

[3] BUZELAY A., « 1951-2001 Cinquante ans d'exigence pour une harmonisation en Europe », *RMCUE* 2001. 153.

[4] Commission européenne, *L'achèvement du marché intérieur*, livre blanc des 28 et 29 juin 1985, COM(85)310.

l'Union selon laquelle le droit fédéral serait un vecteur privilégié de transrégionalité des actes administratifs des États fédérés.

Par un raisonnement par analogie, l'on peut potentiellement venir expliquer l'incompétence du droit fédéral pour opérer la transrégionalisation des actes administratifs entre États fédérés. Il s'agit toutefois de l'Espagne qui n'est pas une Fédération en tant que telle, mais qui présente des spécificités particulières justifiant qu'elle soit qualifiée d'État régional[1]. En effet, la Constitution espagnole de 1978 reconnaît en son article 2 le « droit à l'autonomie des nationalités et des régions ». Le territoire y est ainsi divisé en 17 Communautés autonomes régies par des statuts qui organisent notamment en leur sein l'exercice d'un pouvoir exécutif et législatif. Ainsi retrouve-t-on dans chaque Communauté un gouvernement et un parlement avec une répartition de pouvoirs entre l'État et les communautés. Il demeure que le cadre constitutionnel est celui d'un État unitaire, faisant de l'Espagne un objet mixte à mi-chemin entre l'État unitaire classique et la Fédération[2]. Là où la comparaison devient pertinente pour notre étude, c'est que la doctrine espagnole reconnaît l'existence en Espagne d'une pluralité d'ordres juridiques[3], ce qui conduit à identifier un élément d'unité dans les États composites. La doctrine espagnole parle alors « d'ordres secondaires » intégrés à « l'ordre général », les premiers étant placés à l'échelon des Communautés autonomes, le second à celui de l'État central[4]. Ainsi, les traits communs que l'Espagne présente avec la Fédération en termes de relations entre les ordres juridiques sont similaires du point de vue de la recherche ici menée. Cela peut justifier une comparaison utile au regard des enseignements que l'on peut tirer des difficultés que ce pays a pu rencontrer dans la circulation des actes administratifs entre les ordres juridiques des Communautés autonomes. L'on se place alors dans un raisonnement par analogie qui implique cependant une certaine prudence quant à ses conclusions.

Il est effectivement intéressant d'étudier l'annulation récente, par le Tribunal constitutionnel espagnol, d'une loi centrale qui avait pour objet d'imposer une reconnaissance mutuelle des actes adoptés par les Communautés autonomes pour permettre la réalisation d'activités économiques[5]. Il découlait de cette loi que toute personne légalement établie dans une Communauté donnée pouvait étendre son activité économique au reste du territoire espagnol sans pour autant solliciter les éventuelles autorisations ou procédures normalement requises pour opérer cette même activité dans les Communautés de destination. Autrement dit, cette loi don-

[1] CHAGNOLLAUD DE SABOURET D., DE MONTALIVET P., *Droit constitutionnel contemporain 1*, Dalloz, coll. Le cours, 10e éd., 2019, Paris, pp. 173-181.

[2] CHAGNOLLAUD DE SABOURET D., DE MONTALIVET P., *op. cit.*, p. 173. Sur la qualification de l'Espagne comme État régional, voir : PORTELLI H., EHRHARD T., *Droit constitutionnel*, Dalloz, coll. Hypercours, 14e éd., 2021, Paris, pp. 10-11. Certains auteurs soutiennent que la différence entre la Fédération et l'État régional relève plus de « la gradation que de l'opposition » (PONTIER J.-M., « Région : collectivité régionale Coll. loc. », in *Encyclopédie des collectivités locales*, Dalloz, août 2017, §22).

[3] GARCÍA DE ENTERRÍA E., FERNÁNDEZ T.-R., *Curso de derecho administrativo*, Thomson Reuters/Civitas, t. 1, 18° éd., 2017, pp. 314-316, spéc. p. 314.

[4] GARCÍA DE ENTERRÍA E., FERNÁNDEZ T.-R., *Curso de derecho administrativo*, Thomson Reuters/Civitas, t. 1, 18° éd., 2017, pp. 99-100.

[5] Art. 6 de la loi 20/2013, du 9 décembre 2013, de garantie de l'unité du marché.

nait un « effet transrégional à toute autorisation, licence, permis, notification préalable, inscription dans un registre public » qui serait requis dans la Communauté d'établissement[1]. Face à cette reconnaissance impérative, des recours furent formés contre cette loi par le Parlement catalan et les exécutifs catalan et andalou[2]. Le Tribunal constitutionnel les accueillit tous favorablement,[3] rappelant un principe de territorialité selon lequel l'efficacité juridique des actes émis par les Communautés autonomes était circonscrite à leur territoire. Ce principe était fondé, selon le tribunal, sur le respect de l'autonomie des Communautés prévu à l'article 2 de la Constitution et sur le principe de démocratie proclamé à son article 1, §1 qui est assuré notamment par les Parlements régionaux. Or, la reconnaissance mutuelle impliquait que les réglementations adoptées par d'autres Communautés puissent produire un effet dans une Communauté donnée alors même que ses citoyens n'avaient pas pu participer au processus d'adoption de ces règles[4]. Toutefois, le Tribunal a reconnu que des exceptions au principe de territorialité étaient possibles, mais d'une manière limitée. Le Parlement national pouvait dès lors adopter de telles mesures à condition qu'elles soient sectorielles et en cas de niveau équivalent de protection des réglementations des Communautés concernées, conditions que la loi de 2013 ne remplissait pas ce qui entraîna son annulation. L'on retrouve d'ailleurs ici des considérations relatives aux risques d'*administrative shopping* que peuvent représenter des niveaux disparates de réglementation, ce que la jurisprudence constitutionnelle espagnole cherche ici à éviter.

Bien que l'Espagne ne soit pas une Fédération, cet exemple illustre bien la problématique de l'intervention du droit fédéral à propos de l'effet transrégional des actes administratifs émis par les États fédérés. C'est finalement porter atteinte à leur indépendance, et même à leur démocratie, que d'organiser une telle reconnaissance mutuelle d'une manière aussi inconditionnelle et aussi vaste. Par analogie, le raisonnement du Tribunal constitutionnel espagnol permet d'expliquer l'absence d'intervention du droit fédéral en la matière. En effet, il semblerait qu'une telle intervention ne pourrait qu'être très limitée, notamment d'une manière sectorielle, et devrait être précédée d'une équivalence entre les droits des entités fédérées. Par conséquent, du fait de ces préconditions, le droit fédéral apparaît peu efficace pour venir organiser la transrégionalité administrative.

Pour toutes ces raisons, le droit fédéral n'est pas utilisé comme moyen de transrégionalisation des actes administratifs au sein des Fédérations. En réalité, un tel processus repose avant tout sur la collaboration entre les États fédérés, notamment au moyen de la conclusion de conventions de collaboration.

---

1 ARROYO JIMÉNEZ L., « Mutual Recognition in the Spanish Multi-level Administrative State », *REAL*, vol. 13, 2020, p. 172. Voir également : DE LA QUADRA-SALCEDO JANINI T., « El principio de reconocimiento mutuo en los sistemas políticos descentralizados », *in* ARROYO JIMÉNEZ L., NIETO MARTÍN A. (dir.), *El reconocimiento mutuo en el Derecho español y europeo*, Marcial Pons, 2018, Madrid, pp. 123-172.

2 *Ibid.*, p. 174.

3 TC, 22 juin 2017, sentence n°79/2017 ; TC, 24 octobre 2017, sentence n°110/2017 ; TC, 24 octobre 2017, sentence n°111/2017.

4 ARROYO JIMÉNEZ L., *art. cit.*, p. 176.

Effectivement, au sein des Fédérations, les États fédérés peuvent décider de coopérer entre eux sur le fondement de conventions visant à organiser leurs relations dans certains domaines. Ce phénomène peut être de nature verticale lorsque la fédération est également partie à la convention, ou simplement horizontale, quand seuls des États fédérés y participent[1]. Cela s'inscrit alors dans le fédéralisme horizontal qui comprend « un ensemble de mécanismes constitutionnel visant à prévenir ou à limiter les frictions interétatiques qui pourraient surgir de l'effet extraétatique de décisions émises par les États fédérés »[2]. Ces conventions peuvent être dénommées de diverses manières – ententes intergouvernementales, accords de coopération, accords-cadres[3] – mais elles reposent toutes sur un mécanisme conventionnel qui justifie que la terminologie retenue par cette étude ne conserve que le terme de « convention ». Par ailleurs, ce type de convention intervient dans des domaines assez diversifiés, car elles permettent « d'articuler l'action de divers intervenants publics dont les compétences matérielles et territoriales sont, en principe, cadenassées par l'architecture fédérale »[4]. Outre l'articulation des compétences entre différents organes d'une Fédération, ces conventions peuvent être le moyen de financement de projets en commun, de prestations de service ou de résolutions des conflits[5]. Toutefois, seules certaines conventions sont pertinentes au titre de cette étude. Il s'agit ainsi des conventions horizontales, entre États fédérés donc, qui portent sur le domaine de la collaboration administrative en ce qu'elles prévoient une reconnaissance mutuelle de certains actes administratifs émis par ces États, leur conférant de ce fait un effet transrégional.

Le recours à de telles conventions est une conséquence logique du fédéralisme, car l'existence de compétences propres aux États fédérés peut rapidement devenir un obstacle aux échanges entre eux. Face à ce problème, deux solutions sont possibles : soit le recours à ce type de conventions, soit la centralisation du domaine considéré dans les mains du pouvoir fédéral[6]. C'est donc parce qu'il y a une situation de fait suprarégionale et que les États fédérés ont une compétence exclusive que le recours à ces conventions s'impose[7]. Sans elles, les États fédérés seraient piégés dans le morcellement territorial propre à l'organisation des Fédérations.

C'est ainsi que l'on trouve, par exemple, entre les Provinces canadiennes de l'Ontario et du Québec, une convention visant à assurer la mobilité de la main-d'œuvre dans le secteur de construction en date de 2006[8]. Dans les parties 2 et 3 de cette convention sont prévues les reconnaissances mutuelles tant des qualifications,

---

[1] GARCÍA MORALES M. J., *Convenios de colaboración en los sistemas federales europeos. Estudio comparativo de Alemania, Suiza, Austria y Bélgica*, McGraw Hill/Interamericana de España, coll. Monografía, 1998, Madrid, pp. 83-144, spéc. p. 84.

[2] ERBSEN A., « Horizontal Federalism », *Minnesota Law Review*, 2008, vol. 93, n°2, p. 503.

[3] POIRIER J., « Une source paradoxale du droit constitutionnel canadien : les ententes intergouvernementales », *Revue québécoise de droit constitutionnel*, vol.1, 2009, p. 5.

[4] *Ibid.*, pp. 6-7.

[5] *Ibid.*, p. 7.

[6] *Ibid.*, p. 14.

[7] GARCÍA MORALES M. J., *op. cit.*, p. 100.

[8] Entente n°2006-040 entre l'Ontario et le Québec, visant la mobilité de la main-d'œuvre dans le secteur de la construction.

des compétences, de l'expérience et de la formation en santé et sécurité du travail des travailleurs de la construction que des qualifications, des compétences et de l'expérience des entrepreneurs de construction. Il en résulte qu'un travailleur de la construction qualifié par un diplôme ou un permis dans une des deux provinces pourra aller exercer son activité dans la seconde en se prévalant de cet acte administratif.

Un autre exemple nous est donné par le Driver Licence Compact aux États-Unis, convention passée entre différents États pour permettre la reconnaissance mutuelle de leurs permis de conduire. Depuis la première adhésion par le Nevada en 1961, presque tous les États de la Fédération y ont souscrit. L'art. I, b, 2 de cette convention pose une reconnaissance mutuelle des permis à l'image de ce qui existe dans l'Union européenne sous l'empire de la directive 2006/126. L'on retrouve par ailleurs des dispositions spécifiques à la demande d'un permis de conduire dans un État à la suite d'une suspension ou d'un retrait de permis dans un autre État. Dans un tel cas, l'article V de la Convention prévoit une impossibilité pour l'État sollicité de délivrer un permis selon sa procédure nationale. Cet article témoigne ainsi que des difficultés relatives à l'*administrative shopping* ont également été identifiées dans le cadre de la Fédération américaine traduisant, une fois encore, une réelle similarité entre la question de la transrégionalité et celle de la transnationalité administrative. En ce sens, les enjeux de la reconnaissance des permis dans le Driver Licence Compact aux États-Unis et dans la directive 2006/126/CE dans l'Union européenne demeurent fort similaires.

Ainsi, au sein des Fédérations, la circulation transrégionale des actes émis par les États fédérés est principalement opérée au moyen de conventions qu'ils contractent entre eux. L'absence de l'intervention de la loi fédérale est, somme toute, logique puisqu'il s'agit généralement de compétences propres aux États fédérés dans lesquelles la fédération n'a pas vocation à intervenir. Ce constat sur le fonctionnement de la transrégionalité des actes administratifs dans les Fédérations est finalement assez contraire à l'organisation de la transnationalité administrative au sein de l'Union européenne, puisqu'elle y est principalement organisée au moyen du droit dérivé. Ceci s'explique notamment par une organisation reposant sur l'administration indirecte, mais l'analyse du cas des Fédérations peut tout de même permettre de réfléchir depuis une nouvelle perspective à l'utilisation optimale de l'acte administratif unilatéral transnational.

La comparaison des mécanismes placés au cœur de la transrégionalité dans les Fédérations d'États avec ceux relatifs à la transnationalité administrative dans l'Union européenne aboutit donc à un constat dual. C'est d'abord sur le mode de la divergence que s'organise cette analogie en ce que l'Union européenne recourt extensivement à l'adoption de normes de droit dérivé pour fonder la transnationalité de certains actes administratifs unilatéraux, là où les Fédérations n'utilisent pas le droit fédéral pour réaliser la transrégionalité. C'est encore au détour de l'analyse du cas de l'État régional espagnol que ce constat peut encore une fois être potentiellement expliqué. Cette distinction est fondamentale pour expliquer la différence de dynamique et de nature entre ces deux entités. Pour autant, elles partagent l'usage de conventions de collaboration administrative. Ce phénomène est encore peu répandu dans l'Union européenne et constitue une piste intéressante pour développer la transnationalité administrative en son sein.

L'analyse de la jurisprudence du Tribunal constitutionnel espagnol à propos de la loi 20/2013 de garantie de l'unité du marché[1] est particulièrement intéressante pour identifier un élément clef de la transnationalité. L'article 6 de cette loi prévoyait que « les actes, dispositions et moyens d'intervention des autorités compétentes en lien avec le libre accès et exercice des activités économiques ser[aie]nt efficaces sur tout le territoire national ». Cette disposition était notamment complétée par le premier paragraphe de l'article 19 déclarant que « dès le moment où un opérateur économique est légalement établi dans en lieu du territoire espagnol, il pourra exercer son activité économique dans tout le territoire, au moyen d'un établissement physique ou non, s'il continue de remplir les conditions d'accès à l'activité dans le lieu d'origine, même dans les cas où une telle activité ne serait soumise à aucune condition dans ce même lieu ». Ainsi, cette loi venait s'inscrire en contradiction avec le principe de territorialité des compétences autonomes selon lequel les actes émis par une Communauté autonome n'ont d'efficacité juridique que sur le territoire de cette dernière[2]. Cet argument fut alors soulevé par la Communauté autonome de Catalogne lors de son recours devant le Tribunal constitutionnel à l'encontre de ce principe d'efficacité nationale[3].

Dans sa décision, le Tribunal regarda l'objet de la loi en cause qui visait à remédier à une diversité de régimes juridiques existants sur le territoire espagnol, ce qui constituait un obstacle aux activités économiques. Face à cette pluralité de régimes, le juge décida de comparer cette situation à d'autres cas poursuivant la même finalité, notamment dans l'ordre juridique de l'Union européenne. Il dressa alors un parallèle entre le principe d'efficacité nationale en cause et le principe de reconnaissance mutuelle développé dans le cadre du droit de l'Union européenne. Or, selon le juge espagnol, le principe de reconnaissance mutuelle était conditionné par l'existence d'un niveau de protection équivalent entre les différentes législations nationales, pouvant notamment être produit par une norme d'harmonisation européenne, sans quoi les États membres pouvaient justifier de l'application d'un standard propre pour promouvoir des objectifs légitimes (les exigences et raisons impérieuses d'intérêt général)[4]. Il reprit ainsi fidèlement le principe de reconnaissance mutuelle tel que dessiné par la jurisprudence de la Cour de justice.

De ceci, le Tribunal en déduisit que l'État espagnol ne pouvait reconnaître un effet extraterritorial aux actes des Communautés autonomes au moyen d'une reconnaissance automatique que dans les cas où une norme d'harmonisation de l'Union européenne ou une loi étatique fixait des standards communs aux différentes régulations en cause dans un domaine donné. Ainsi, en l'absence d'une harmonisation centralisée, les Communautés autonomes devaient conserver la possibi-

[1] Loi 20/2013, du 9 décembre 2013, de garantie de l'unité du marché.

[2] BLASCO A., « Alcance territorial de las competencias », in *Comentarios sobre el estatuto de autonomía de Cataluña*, IEA, 1990, Barcelona, pp. 361-376.

[3] TC, 22 juin 2017, sentence n°79/2017.

[4] TC, 22 juin 2017, sentence n°79/2017.

lité de poser leur propre niveau de protection[1]. Or, si l'État espagnol pouvait uniformiser le cadre juridique relatif à l'exercice des activités économiques, il n'y procédait pas dans la loi considérée, préférant recourir au principe d'efficacité nationale des actes des Communautés autonomes. De ce fait, le Tribunal conclut qu'en l'espèce, il ne s'agissait ni de l'utilisation d'un principe de reconnaissance mutuelle semblable à celui de l'Union européenne ni de la mise en place d'une régulation commune à tout le territoire. Il souligna alors qu'en l'absence d'équivalence entre les législations des Communautés autonomes, l'État ne pouvait pas reconnaître un effet transrégional à leurs actes.

Cette décision révèle toute l'importance que peut revêtir l'équivalence des législations dans le cadre de la transrégionalité et, plus largement, de la transnationalité. La conclusion de l'analyse de cette décision aboutit à reconnaître que l'équivalence peut être un socle important pour la transnationalité qui serait organisée par une norme commune, ce qui vise principalement le cas des actes transnationaux fondés sur une norme dérivée du droit de l'Union européenne. Le tribunal est clair à ce propos, car il a mis en lumière qu'en l'absence d'une telle harmonisation, le principe d'efficacité nationale prévu par la loi 20/2013 amènerait à ce que 17 législations autonomes soient applicables en même temps sur un même territoire, ce qui contrevenait au principe de territorialité des Communautés autonomes. Ce raisonnement tenu par le tribunal constitutionnel fut accueilli plutôt favorablement par une partie de la doctrine espagnole qui y vit une application correcte des principes régissant les rapports entre les ordres juridiques secondaires et l'ordre général[2].

Il ressort de l'analyse de la décision TC 79/2017 que l'équivalence entre les législations mises en relation au travers de la transrégionalité est décisive pour admettre un tel phénomène qui remet en question le principe de territorialité de la compétence des Communautés autonomes. Un parallèle peut alors être dressé avec la transnationalité administrative entre États indépendants : celle-ci, lorsqu'elle provient d'une norme commune aux États, distincte des conventions de coopération qu'ils peuvent passer entre eux, se trouve renforcée dans les cas où les législations nationales sont équivalentes. Ainsi, un enjeu pour garantir la pérennité et le développement de l'acte administratif unilatéral transnational dans l'Union européenne est d'assurer une équivalence entre les droits nationaux. Le moyen le plus approprié pour cela apparaît alors être l'harmonisation.

Le premier défi de l'Union européenne a été de construire un marché unique sur le territoire de multiples États connaissant des législations nationales très diverses. C'est ainsi que la construction européenne a mécaniquement poursuivi une œuvre de rapprochement des législations au moyen de diverses techniques – la coordination, l'harmonisation, l'unification ou l'uniformisation – qui, si leur définition est restée parfois flottante[3], ont joué un rôle majeur dans la réalisation du mar-

---

[1] TC, 22 juin 2017, sentence n°79/2017.

[2] DE LA QUADRA-SALCEDO JANINI T., « El principio de reconocimiento mutuo en los sistemas políticos descentralizados », *in* ARROYO JIMÉNEZ L., NIETO MARTÍN A. (dir.), *El reconocimiento mutuo en el Derecho español y europeo*, Marcial Pons, 2018, Madrid, pp. 123-172.

[3] VANDER ELST R., « Les notions de coordination, d'harmonisation, de rapprochement et d'unification du droit dans le cadre juridique de la Communauté européenne économique », *in* DE

ché intérieur. Tous ces termes désignent des méthodes œuvrant à la construction d'un socle juridique commun entre les États membres selon une gradation quant à leurs effets. Ainsi, « la coordination viserait un équilibre de rapports que l'on institue entre des normes ou des systèmes juridiques qui peuvent rester complètement différents ; l'harmonisation impliquerait certains changements de ces normes et systèmes, pour créer entre eux les similitudes nécessaires au résultat que l'on s'est fixé ; quant à l'unification, celle-ci comporte une identité de normes devenant communes aux divers systèmes juridiques envisagés »[1]. Enfin, l'uniformisation serait un moyen terme entre l'unification et l'harmonisation en incorporant une règle commune dans les droits nationaux sans pour autant venir se substituer aux règles nationales préexistantes[2].

Tous ces instruments de rapprochement des règles nationales visent à assurer l'effectivité des libertés de circulation,[3] mais l'harmonisation présente l'avantage de permettre d'instaurer une réelle équivalence entre les droits nationaux sans pour autant passer par une modification-unification qui serait trop invasive. Depuis les débuts des Communautés européennes, l'harmonisation a ainsi été l'outil privilégié pour construire le marché intérieur[4] présentant des degrés divers entre d'un côté l'harmonisation totale et de l'autre l'harmonisation minimale[5]. En permettant de poser un cadre commun, l'harmonisation participe à l'intégration européenne et au développement de la reconnaissance mutuelle[6]. Elle supprime les entraves aux échanges en empêchant les législations nationales d'opposer des standards particuliers à l'exercice des libertés de circulation[7].

Ceci découle directement des dispositions du TFUE relatives à l'harmonisation puisque l'article 114, par renvoi à l'article 26, prévoit que cette technique peut être mise en œuvre pour « établir ou assurer le fonctionnement du marché intérieur » par l'adoption d'actes législatifs de l'Union selon la procédure législative ordinaire, c'est-à-dire par un vote à la majorité qualifiée. Toutefois, le deuxième paragraphe pose plusieurs limites que sont la fiscalité, la libre circulation des personnes et les droits et intérêts des travailleurs salariés. Parallèlement, l'article 115 du TFUE permet au Conseil d'adopter à l'unanimité des directives visant « le rapprochement des dispositions législatives, réglementaires et administratives des États membres qui

---

RIPAINSEL-LANDY D., GERARD A., LIMPENS-MEINERTZHAGEN A., *et ali.*, *Les instruments du rapprochement des législations dans la Communauté économique européenne*, Éditions de l'Université de Bruxelles, coll. Bibliothèque de l'institut d'études européennes Thèses et travaux juridiques, 1976, Bruxelles, pp. 1-14.

[1] *Ibid.*, p. 14.

[2] *Ibid.* ; CHRISTIANOS V., « Le mécanisme de l'harmonisation procédurale dans l'Union européenne », *RAE* 2007-2008, n°3, p. 589.

[3] *Ibid.*, pp. 589-590.

[4] Commission européenne, *L'achèvement du marché intérieur*, livre blanc des 28 et 29 juin 1985, COM(85)310, §61.

[5] DOUGAN M., « Minimum Harmonization and the Internal Market », *CMLR* 2000, n°37, pp. 853-885.

[6] MATTERA A., « L'harmonisation des législations nationales : un instrument d'intégration et de reconnaissance mutuelle », *Revue du Droit de l'Union européenne* n° 4 2010, p. 681.

[7] *Ibid.*, pp. 685-690.

ont une incidence directe sur l'établissement ou le fonctionnement du marché intérieur ». Il reprend l'ancien article 100 CEE qui avait, le premier, encadré le processus d'harmonisation des législations nationales, mais il hérite aussi de sa difficile mise en œuvre en raison de l'exigence d'unanimité[1]. De fait, cet article est peu mobilisé tandis que l'article 114 TFUE constitue un fondement juridique plus accessible pour réaliser l'harmonisation.

Le fondement juridique de l'harmonisation étant identifié, il faut cependant préciser dans quelle mesure son usage peut être bénéfique pour la transnationalité administrative. Un excès serait de viser une harmonisation totale des procédures nationales d'adoption des actes administratifs unilatéraux transnationaux. Or, depuis le livre blanc de 1985, portant sur l'achèvement du marché intérieur, il n'est plus question d'uniformiser à outrance, mais, au contraire, de réduire l'harmonisation à ce qui est strictement nécessaire[2]. Ainsi, ce ne sont pas les procédures administratives nationales qu'il faut harmoniser pour que la transnationalité administrative puisse se déployer sans opposition, mais les intérêts publics que ces procédures protègent. Il appartient ainsi au législateur de l'Union d'apprécier le juste dosage d'une harmonisation minimale qui permet de procurer une défense équivalente de ces intérêts dans les différents États membres. Un travail de comparaison des législations nationales est le seul pouvant identifier les règles clefs à prendre en considération pour reconnaître les intérêts protégés par les États membres. Une analyse ultérieure de ces règles livrerait alors le noyau dur devant être repris dans l'harmonisation pour réaliser une équivalence effective des législations nationales. S'ensuivraient alors un renforcement de la confiance mutuelle et une fluidification de la circulation des actes administratifs unilatéraux transnationaux.

L'observation de la jurisprudence espagnole a conduit à identifier un lien entre la circulation transrégionale et transnationale des actes administratifs avec l'équivalence des législations des entités territoriales en cause. L'instauration d'une équivalence entre les droits nationaux des États membres constitue alors un moyen de renforcer la place de l'acte administratif transnational dans l'Union. Pour cela, la méthode de l'harmonisation, utilisée depuis la naissance des Communautés européennes, semble être l'outil le plus adapté à condition d'être mobilisé dans la mesure de ce qui est strictement nécessaire pour réaliser l'équivalence de protection des intérêts couverts par les droits nationaux. Cette intervention très centralisée dans les mains de l'Union européenne n'est cependant pas la seule manière de développer la transnationalité administrative. En effet, l'étude des Fédérations d'États montre que les conventions de collaboration administrative entre États fédérés sont beaucoup utilisées pour donner un effet transrégional à leurs actes administratifs. Un phénomène similaire existe déjà dans l'Union européenne, mais reste peu développé et, par conséquent, à approfondir.

---

[1] MATTERA A., *art. cit.*, pp. 708-709.

[2] Commission européenne, *L'achèvement du marché intérieur*, livre blanc des 28 et 29 juin 1985, COM(85)310 ; Résolution n°85/C136/01 du Conseil du 7 mai 1985 concernant une nouvelle approche en matière d'harmonisation technique et de normalisation.

En effet, es conventions de collaboration administrative ne sont pas étrangères à l'Union européenne. Par exemple, comme exposé en première partie de la recherche, l'Union offre la possibilité de créer des groupements pour permettre une meilleure coopération entre certains États membres partageant des enjeux communs. Il existe les Groupements européens d'intérêts économiques (GEIE) depuis 1985[1], mais également les Groupements européens de coopération territoriale (GECT) qui, depuis 2006, proposent la formule la plus adéquate pour permettre une véritable coopération administrative transnationale[2]. Cependant, le constat dressé antérieurement était que l'usage du GECT restait timide dans l'Union européenne avec seulement 29 GECT constitués depuis 2006 alors que plus de 40% du territoire de l'Union est composé de régions frontalières auxquelles la formule du GECT est particulièrement adaptée. Il y a donc une forte marge de développement possible de ce type de structures qui entraînerait mécaniquement la multiplication des actes administratifs émis par les administrations plurinationales.

La formule européenne des groupements présente toutefois certaines spécificités en ce qu'elle passe par la création d'une nouvelle entité juridique et non par un simple accord de reconnaissance mutuelle comme vu dans le cas des Fédérations. Pour autant, il existe également des conventions passées entre certains États membres qui correspondent plus largement aux accords étudiés dans les Fédérations. Par exemple, il existe un accord du 16 novembre 2006, passé entre la France et l'Espagne facilitant la « reconnaissance mutuelle des périodes d'études, des diplômes nationaux français et des diplômes officiels de l'enseignement supérieur espagnols »[3]. Ainsi, dans les domaines où les États membres ressentiraient un besoin d'approfondir ou de mettre en place une reconnaissance mutuelle d'actes administratifs unilatéraux, le moyen de la convention est ouvert. Dans un tel cas, la transnationalité sera fondée sur cette norme de droit international.

De manière similaire à l'organisation des relations entre États fédérés, les États membres de l'Union ont la possibilité d'approfondir leurs relations et de développer la transnationalité administrative au moyen de conventions prévoyant une collaboration administrative. Cela peut se faire à travers la création d'une entité nouvelle ou tout simplement par la mise en place d'une reconnaissance mutuelle. Toutefois, la multiplication de ces conventions peut être perçue comme participant à la dynamique du morcellement de l'Union européenne au détriment de son unité. Est alors soulevée la question de savoir si ces conventions n'iraient pas à rebours du projet de l'intégration européenne.

En effet, le développement des conventions de collaboration administrative entre certains États membres de l'Union peut apparaître comme contradictoire avec l'objectif de création d'une « union sans cesse plus étroite entre les peuples de

---

[1] Règlement (CEE) n° 2137/85 du Conseil, du 25 juillet 1985, relatif à l'institution d'un groupement européen d'intérêt économique (GEIE).

[2] Règlement (CE) n°1082/2006 du Parlement européen et du Conseil du 5 juillet 2006 relatif à un groupement européen de coopération territoriale (GECT).

[3] Art. 1, §1 de l'accord entre le Gouvernement de la République française et le Gouvernement du Royaume d'Espagne sur la reconnaissance des diplômes et des grades de l'enseignement supérieur signé à Gérone le 16 novembre 2006.

l'Europe » proclamé par l'article premier du TUE ainsi qu'avec la promotion de la « cohésion économique, sociale et territoriale, et la solidarité entre les États membres » figurant à l'article 3, §3 de ce même traité. En effet, bien que ces conventions puissent être la source d'une fluidification des échanges entre les États, elles dressent également les contours d'un morcellement de l'Union puisque certains États membres peuvent entretenir des relations privilégiées dans lesquelles la circulation des situations juridiques est facilitée par l'effacement des barrières administratives. Il est alors légitime de se demander si au lieu de favoriser le processus d'intégration, ce type de transnationalité administrative ne serait finalement pas la cause d'un morcellement délétère de l'Union.

Ce serait toutefois oublier que la construction européenne n'a jamais été unitaire. Bien au contraire, la notion d'intégration différenciée est une composante importante de son évolution[1] qui refait souvent surface lors des crises rencontrées par l'Union[2]. C'est notamment en raison des élargissements successifs que se sont installées des différences parce que des conceptions politiques très diverses devaient être alliées[3]. Des statuts dérogatoires ont été accordés de manière temporaire, mais ils sont pour la plupart devenus définitifs[4]. Par exemple, il est écrit dans le TUE que l'Union « établit une union économique et monétaire dont la monnaie est l'euro »[5] et pourtant, seuls dix-neuf États sur vingt-sept participent à la « zone euro » alors même que certains non-participants remplissent les critères de l'Union économique et monétaire. Cette possibilité de retrait (aussi appelée « opt out ») fut, lors de l'adoption du traité de Maastricht, l'initiation de nouvelles modalités d'une intégration « flexible »[6] permettant à certains États membres de ne pas participer aux politiques communes.

Parallèlement aux options de retrait, la coopération renforcée introduite par le Traité d'Amsterdam et aujourd'hui prévue à l'article 20 du TUE permet à un nombre restreint d'États membres de choisir d'approfondir leur coopération sur un domaine donné, ne relevant pas des compétences exclusives de l'Union[7]. Une telle coopération doit être autorisée par le Conseil qui vérifie que les objectifs ne sont pas atteignables dans un délai raisonnable par l'Union dans son ensemble et à condition qu'au moins neuf États y participent[8]. Seuls les États participant à une coopération renforcée sont liés par les actes adoptés dans son cadre et ces derniers ne sont pas considérés comme des acquis que les États candidats à l'Union devraient respecter[9]. Il existe aujourd'hui dans l'Union trois coopérations renforcées : une

[1] LERUTH B., LORD C., « Differentiated Integration in the European Union : A Concept, a process, a system or a theory ? », *Journal of European Public Policy*, vol. 22, n°6, pp. 754-763.
[2] IVAN R., « Une Europe à plusieurs vitesses ou à plusieurs destinations ? », *in* DELTEIL V., RICHET X. (dir.), *L'Europe, une fracture à retardement. Intégration asymétrique, dépendances, fragmentation*, L'Harmattan, coll. Questionner l'Europe, 2019, Paris, p. 33.
[3] CHATIEL F., « Pour une clarification du débat sur l'Europe à plusieurs vitesses », *RMCUE* 1995.5.
[4] *Ibid.*
[5] Art. 3, §4 TUE.
[6] FROMAGE D., « La flexibilité au sein de l'Union : bilan et perspectives futures », *RUE* 2019. 225.
[7] Art. 20, §1 TUE.
[8] Art. 20, §2 TUE.
[9] Art. 20, §4 TUE.

visant à poser des règles de détermination commune du droit applicable à un divorce, une portant sur un brevet unitaire européen et une dernière relative à la taxe sur les transactions financières[1].

Enfin, aux options d'intégration différenciée, s'ajoute la possibilité pour les États membres de s'abstenir lors du vote et de faire une déclaration formelle lors de l'adoption de décisions relatives à la politique étrangère et de sécurité commune[2]. Le but de cette abstention constructive est de permettre aux États membres de se soustraire à l'application d'une décision sans pour autant bloquer son processus d'adhésion lorsqu'est prévue la règle de l'unanimité[3]. Toutefois, si au moins un tiers des États membres représentant au moins un tiers de la population de l'Union fait usage de cette abstention constructive, la décision ne peut pas être adoptée[4].

La conséquence de l'existence de tels mécanismes est claire : il existe au sein de l'Union différents corps de normes qui ne s'appliquent pas toujours à tous les États membres. Finalement, l'on trouve une diversité de régimes juridiques applicables à certains États qui fait que l'Union pourrait être représentée comme un empilement de cercles qui se recoupent, c'est ce que la doctrine appelle l'intégration différenciée[5]. Plusieurs notions distinctes en relèvent.

C'est d'abord la notion d'une « Europe à deux ou plusieurs vitesses »[6] qui permet à certains États d'aller plus vite sur le chemin d'objectifs qui restent communs[7]. Cette idée a notamment été reprise dans le livre blanc sur l'avenir de l'Europe de 2017 sous la formule de « ceux qui veulent faire plus font plus »[8]. Parallèlement, il existe la notion d'une « Europe à la carte » qui ne repose pas sur une différence de vitesse dans la réalisation d'objectifs communs, mais sur une différenciation par « matières ou sujets »[9]. C'est en particulier la conséquence des options de retrait qui permettent aux États d'échapper à certaines politiques communes. Également, l'on retrouve la notion d'une « Europe à géométrie variable » où « tous les États ne participent pas aux mêmes actions »[10]. Les accords de Schengen en sont un exemple éloquent. Enfin, face à ces différentes Europes, il resterait un « noyau dur de l'Union »[11] qui serait un socle commun cohabitant avec différents niveaux et vitesses d'intégration.

Ainsi, l'Union européenne est très loin de proposer un bloc unifié dans lequel les États membres entretiendraient des relations totalement équivalentes avec tous leurs semblables. Bien au contraire, des différences d'intégration ont toujours fait

---

[1] IVAN R., *art. cit.*, pp. 39-40.

[2] Art. 31, §1 TUE.

[3] IVAN R., *art. cit.*, p. 40.

[4] Art. 31, §1, al. 2 TUE.

[5] KOLLER B., « The differentiated Union the only way forward or one that leads to disintegration? », *in* DELTEIL V., RICHET X. (dir.), *op. cit.*, pp. 97-98.

[6] C'est le rapport Tindemans sur l'Union européenne du 29 décembre 1975 qui a envisagé le premier cette « Europe à deux vitesses ». Voir : CHALTIEL F., *art. cit.*

[7] *Ibid.*

[8] Commission européenne, *Livre blanc sur l'avenir de l'Europe*, 1er mars 2017, COM(2017)2025, pp. 18-20.

[9] CHALTIEL F., *art. cit.*

[10] *Ibid.*

[11] *Ibid.*

partie de la construction européenne. Par conséquent, la passation de conventions de collaboration administrative dotant certains actes administratifs d'un caractère transnational ne paraît pas contradictoire avec la réalité de l'Union européenne qui relève plus de la nuance que du contraste. De ce fait, la multiplication de ces conventions participerait à l'intégration différenciée au même titre que les options de retrait ou les coopérations renforcées. Toutefois, il demeure que ces fragmentations représentent un danger politique pour l'Union, car elles alimentent des clivages entre États membres qui deviennent de plus en plus proéminents et menacent sa pérennité comme l'en atteste le Brexit[1].

Étude de la pertinence de l'acte administratif unilatéral transnational dans la nouvelle gouvernance mondiale, source d'optimisation de son utilisation

Dans un article paru en 2016, Luca de Lucia questionnait le déclin de l'acte administratif transnational[2]. Cette interrogation met au centre de l'analyse l'enjeu de la place de l'acte administratif unilatéral transnational dans l'action publique inscrite dans le paradigme contemporain d'un monde globalisé. Une des prémisses de la recherche était que l'accélération des échanges de toutes sortes entraînait mécaniquement une circulation des actes administratifs. Cependant, une autre conséquence de la globalisation est celle d'une interdépendance croissante des États pour gérer des problématiques qui nécessitent une action commune (telles que l'environnement, la santé ou encore la croissance économique)[3]. Face à ces thématiques globales est apparue une nouvelle forme de gouvernance qui peut être qualifiée de supranationale lorsqu'elle se réfère à « des processus politiques et des institutions cherchant à prendre en charge l'interdépendance internationale »[4].

Le Daniel Esty a identifié neuf processus principaux par lesquels la gouvernance supranationale est conduite : « les négociations interétatiques pour la conclusion des traités, le règlement des différends au sein des organisations internationales, l'émission de normes par des entités internationales pour la mise en œuvre des traités, le développement de codes de conduite, de recommandations et normes soutenus par les gouvernements, la pré-négociation des traités et son analyse, la normalisation technique pour faciliter le commerce, les réseaux et les politiques de coordination des régulateurs, la création de normes par des structures publiques-privées, les réunions informelles où les représentants politiques, les organisations non-gouvernementales, les acteurs économiques majeurs et les universitaires échangent leurs idées, et les activités normatives du secteur privé »[5]. Ces processus laissent alors une place moins prépondérante à l'État qui se retrouve concurrencé par

---

[1] IVAN R., *art. cit.*, pp. 41-43.
[2] DE LUCIA L., « From mutual recognition to EU Authorization : a decline of transnational administrative acts ? », *Italian journal of public Law* 1, 2016, pp. 90-114.
[3] ESTY D.C., « Good governance at the supranational scale : globalizing administrative law », 115 *Yale Law Journal* 1490, 2006, p. 1495.
[4] ESTY D.C., *art. cit.*, p. 1497.
[5] *Ibid.*

d'autres acteurs. Par conséquent, la nouvelle gouvernance mondiale semble aller de pair avec une modification du rôle de l'État sur la scène supranationale qui se doit de composer avec l'émergence de ces nouveaux acteurs.

Ainsi le voit-on, la gouvernance supranationale semble remettre en cause la place centrale de l'État qui, face aux enjeux globaux, a dû transformer ses modalités d'action, ce qui passe notamment par la constitution de réseaux auxquels des autorités nationales participent. Ce phénomène, par lequel les États interviennent non plus directement en tant qu'entité politique souveraine, mais par le truchement de certains acteurs de leur administration nationale, mérite d'être explicité afin d'apprécier la pertinence de l'acte administratif unilatéral transnational au sein de cette nouvelle configuration internationale.

L'émergence de la gouvernance multiniveau a particulièrement été analysée par Anne-Marie Slaughter dans son ouvrage A New World Order paru en 2004[1]. Elle y a mis en évidence un paradoxe fondamental : il existe un besoin de gouvernement au niveau global, mais sans pour autant qu'il y ait le souhait d'une centralisation du pouvoir de décision et de l'autorité loin des gouvernés[2]. À partir de ceci, elle a procédé à l'analyse d'un « Nouvel ordre mondial » qui permet de mieux comprendre le fonctionnement et les caractéristiques de la gouvernance globale actuelle. Or, il apparaît à l'étude de ce modèle que la gouvernance globale au travers des réseaux favorise le recours à la soft law questionnant par la suite la pertinence de l'acte administratif unilatéral transnational.

La place traditionnelle de l'État s'est modifiée au contact de nouvelles formes de gouvernance globale. La théorie proposée par Anne-Marie Slaughter à propos de l'ordre mondial le définit comme « un système de gouvernance globale qui institutionnalise la coopération et prévient suffisamment les conflits pour permettre aux nations et à leurs peuples de réaliser une plus grande paix, la prospérité, l'intendance de la planète, et des standards minimaux de dignité humaine »[3]. Dans cet ordre, l'État interviendrait de plus en plus au travers de réseaux qu'elle qualifie de « gouvernementaux » qui sont composés d'administrations nationales et non directement d'États[4]. Ce phénomène s'explique d'abord par une désagrégation de l'État pour répondre à de nouveaux besoins d'interaction transnationaux et conduit à la formation de ces réseaux de régulateurs, d'autorités ou de gouvernements obéissant à des dynamiques nouvelles.

Dans son ouvrage, Anne-Marie Slaughter soutient que si la doctrine s'est intéressée au passage du national au global et du gouvernement à la gouvernance, elle est passée à côté de la question de la désagrégation de l'État[5]. Ce barbarisme, qu'elle qualifie elle-même de « Frankensteinien »[6] est la conséquence de la nécessité pour les autorités publiques d'agir extraterritorialement pour répondre à des situations extraterritoriales, ce qui passe notamment par la coopération avec leurs homologues

---

[1] SLAUGHTER A.-M., *A New World Order*, Princeton University Press, 2004, XVIII-341 p.
[2] *Ibid.*, p. 8.
[3] *Ibid.*, pp. 14 et 166.
[4] *Ibid.*, p. 1.
[5] SLAUGHTER A.-M., *op. cit.*, p. 12.
[6] *Ibid.*

étrangers[1]. Selon elle, il s'agit alors de considérer que les États ne parlent pas toujours d'une seule et même voix en tant qu'ils sont composés de différents types d'institutions, comme les juridictions, les parlements, les agences de régulation ou encore l'exécutif, qui poursuivent différentes missions. Or, ces différentes entités entrent dans des réseaux horizontaux ou verticaux avec d'autres acteurs similaires dans le but de réaliser les missions qui leur sont propres[2].

Ainsi, la thèse soutenue par cette auteure n'est pas celle de la disparition de l'État, qui reste malgré tout central, mais de sa désagrégation en ce que les institutions le composant, représentant différents intérêts nationaux, interagissent de plus en plus avec leurs homologues étrangers entrant de ce fait dans une logique de réseau[3]. Au soutien de cet argument, l'auteure se fonde sur la multiplication des rencontres avec des régulateurs étrangers au sein des ambassades américaines ou encore la forte augmentation des budgets relatifs à l'action extérieure des agences de régulation[4]. De même, les gouvernements participent à la logique de réseau, par exemple au travers du G-7 qui est un regroupement informel des chefs d'État des puissances économiques mondiales[5]. Cette même dynamique se retrouve auprès d'autres officiels comme les membres des banques centrales ou les commissaires de valeurs au sein d'organisations transgouvernementales comme le comité de Bâle ou l'OICV[6]. La différence avec certaines organisations comme les Nations Unies ou l'Union européenne est qu'il ne s'agit ici pas d'organisations formellement constituées sur le fondement d'un traité. Elles relèvent au contraire d'un mode de constitution informel, ce qui justifie que de telles relations ne soient pas qualifiées d'interétatiques[7].

La désagrégation de l'État signifie donc une séparation entre ses missions et les agents qui les exécutent. C'est finalement une spécialisation de l'action étatique qui est ici en cause. Parce que la mondialisation a entraîné une rapidité inégalée de flux et une technicité croissante des normes, la surspécialisation des organes de décision a été une nécessité. De même, l'habituel paradigme des relations interétatiques que seul le chef de l'État peut conduire, en particulier au travers de la conclusion des traités, est aujourd'hui bien trop rigide et lent pour permettre une régulation ou une gestion adéquate des enjeux de la globalisation. Ainsi, les interactions informelles entre les institutions étatiques spécialisées dans les mêmes domaines sont les plus à même de favoriser un traitement efficace des questions transnationales. Autrement dit, les relations internationales sont aujourd'hui également conduites par des acteurs qui autrefois restaient circonscrits au territoire national et qui prennent place pour échanger avec leurs homologues étrangers, car les sujets qu'ils traitent sont devenus eux-mêmes transnationaux. Il demeure toutefois que le chef de l'État conserve un rôle prépondérant en matière de relations internationales et que la

[1] *Ibid.*
[2] *Ibid*, p. 13.
[3] *Ibid.*, p. 18.
[4] *Ibid.*, p. 36
[5] *Ibid.*, p. 37.
[6] *Ibid.*, p. 38.
[7] *Ibid.*

passation de conventions internationales ne s'est pas arrêtée pour autant. Ce n'est donc pas une annihilation de l'ancienne conduite des relations interétatiques, mais une superposition sur celle-ci d'un nouveau mode de relations qualifiables de « transnationales ».

Ce mode d'action renouvelé des États a remodelé les relations entre eux conduisant à la formation de réseaux d'acteurs. Si Anne-Marie Slaughter reconnaît bien que les représentants des États ont toujours entretenu des liens avec leurs homologues étrangers, elle souligne cependant une expansion de ceux-ci tant au regard des domaines concernés que de leur intensité[1]. C'est l'émergence de réseaux dont une définition précise a été donnée par François Ost et Michel Van de Kerchove :

« De manière positive, on retiendra ainsi le fait que le réseau constitue une 'trame' ou une 'structure', composée d' 'éléments' ou de 'points', souvent qualifiés de 'nœud' ou de 'sommets', reliés entre eux par des 'liens' ou 'liaisons', assurant leur 'interconnexion' ou leur 'interaction' et dont les variations obéissent à certaines 'règles de fonctionnement'.»[2].

Selon la classification d'Anne-Marie Slaughter, les réseaux qu'elle appelle gouvernementaux recoupent tant des réseaux relevant du pouvoir exécutif que des réseaux de juges ou encore de législateurs[3]. Ces deux derniers sont ici écartés, car ils ne peuvent pas de toute façon faire intervenir d'actes administratifs, les juges édictant des décisions juridictionnelles et les législateurs des actes législatifs. Néanmoins, la question des réseaux de juges sera étudiée lors des propositions pour améliorer le contrôle des actes administratifs transnationaux, notamment par la possible création d'une question préjudicielle transnationale. Ainsi, l'étude se concentre sur les « réseaux de représentants du pouvoir exécutif »[4]. Au sein de ceux-ci, Anne-Marie Slaughter en distingue trois types. Le premier comprend les réseaux réalisés par les représentants au sein même des organisations internationales[5]. C'est ainsi que les ministres des Finances peuvent se rencontrer lorsqu'une question relative à leur domaine de compétence se doit d'être traitée ensuite par l'organisation en cause. L'auteure donne également l'exemple du GATT qui était « dominé » par les ministres de l'Économie des États parties[6]. C'est ainsi que sont menées des négociations informelles qui seront par la suite répercutées au sein de l'organisation concernée, mais également dans les droits internes.

Le second type de réseaux intervient sur la base d'un cadre posé par un traité international conclu par des chefs d'État sans pour autant être formellement organisé par celui-ci[7]. C'était notamment le cas dans les négociations relatives au Partenariat transatlantique de commerce et d'investissement.

[1] *Ibid.*, p. 44.
[2] OST F., VAN DE KERCHOVE M., *op. cit.*, pp. 24-25.
[3] SLAUGHTER A.-M., *op. cit.*, pp. 36-130.
[4] SLAUGHTER A.-M., *op. cit.*, p. 45.
[5] *Ibid.*
[6] *Ibid.*
[7] SLAUGHTER A.-M., *op. cit.*, pp. 46-47.

Enfin, le troisième type de réseaux est constitué de relations spontanées principalement tissées entre les agences et différents types d'autorités administratives[1]. Anne-Marie Slaughter prend pour exemple le Comité de Bâle qui est selon elle le « suspect principal » de ces réseaux qui peuvent soulever des inquiétudes du fait de leur mode de création en dehors de la mainmise des chefs d'État et de leur manque de légitimité démocratique[2]. Cependant, il n'est pas exclu que de tels réseaux finissent par s'institutionnaliser comme l'ont fait le Comité de Bâle ou l'OICV[3].

Tous ces réseaux réalisent trois fonctions principales : l'harmonisation des normes, l'échange d'informations voire d'assistance ou encore la surveillance de la bonne mise en œuvre du droit[4]. La structure la plus commune de ces réseaux se fait sur le mode de l'horizontalité, ce qui génère une organisation plus souple et moins contraignante ménageant la compétence des États dont les organes prennent parti au réseau[5]. Toutefois, selon l'auteure, des réseaux verticaux peuvent exister particulièrement dans le cas des réseaux de juges[6], dont une des manifestations concrètes est le « dialogue des juges »[7]. Ainsi, pour résumer, les réseaux impliquant des entités participant au pouvoir exécutif au sein des États s'établissent de manière plus ou moins formalisée sous la forme de réseaux horizontaux. L'on semble alors retrouver ici un cadre favorable au développement de l'acte administratif unilatéral transnational, car il a été soutenu précédemment que la création de réseaux d'autorités au sein de l'Union européenne favorisait la multiplication de ce type d'acte. Pour autant, les réseaux ici envisagés par Anne-Marie Slaughter sont beaucoup moins formalisés que ceux prévus dans le droit secondaire de l'Union européenne. Se pose donc réellement la question de la place de l'acte administratif transnational dans ce mode de gouvernance très flexible où l'on peine à démarquer la diplomatie du droit.

La nature même de ces réseaux informels vise à échapper au surplus de contraintes, notamment procédurales, que l'on peut trouver dans des structures organisées par un cadre juridique rigide. Ainsi, l'on peut pressentir que l'acte administratif unilatéral transnational serait inutile dans ce type de réseaux, circonscrivant son utilisation à certains modes d'action administrative.

En dehors des réseaux formellement organisés, notamment par le droit secondaire de l'Union européenne, la formation de certains réseaux repose fondamentalement sur un cadre flexible et peu contraignant juridiquement. Pour expliciter cette assertion, l'étude du réseau des points de contact de l'OCDE est un cas intéressant qui révèle aisément pourquoi le droit souple y est privilégié pour assurer le fonctionnement de tels réseaux.

---

[1] SLAUGHTER A.-M., *op. cit.*, pp. 48-49.
[2] *Ibid.*
[3] *Ibid.*
[4] *Ibid.*, pp. 52-61.
[5] *Ibid.*, pp. 135-144, et p. 145.
[6] *Ibid.*, pp. 144-151.
[7] Concl. de Bruno Genevois sous CE, ass., 22 décembre 1978, *ministre de l'Intérieur c/ Cohn-Bendit*, n°11604, *Rec.* p. 524 ; DELMAS-MARTY M., « Du dialogue à la montée en puissance des juges », in *Mélanges Bruno Genevois*, Dalloz, 2009, Paris, p. 306.

L'Organisation de coopération et de développement économiques (OCDE) est une organisation internationale fondée en 1961[1] ayant pour objectif de favoriser l'expansion de l'économie et de l'emploi tout en assurant la stabilité financière de ses États parties ainsi que de contribuer à la croissance du commerce mondial[2]. En 1976, l'OCDE a émis des principes directeurs à destination des entreprises multinationales (révisés en 2011[3]) qui énoncent « des principes et des normes volontaires de conduite responsable des entreprises, en conformité avec les législations applicables et les normes internationalement admises »[4]. L'objectif de ces principes est « d'encourager la contribution positive que les entreprises multinationales peuvent apporter au progrès économique, environnemental et social, et de réduire au minimum les difficultés que leurs diverses activités peuvent engendrer »[5]. Ainsi retrouve-t-on notamment au nombre de ces principes le respect des droits de l'homme internationalement reconnus, la formation de capital humain ou encore le fait de s'abstenir de toute ingérence dans les politiques locales[6].

Pour permettre la bonne mise en œuvre des principes directeurs, les lignes directrices de procédure[7] recommandent la création de Points de contact nationaux par les pays adhérents. Leur structure est relativement libre, mais ces Points de contact doivent fonctionner de manière impartiale et peuvent être composés de représentants de ministères, de hauts fonctionnaires, d'experts indépendants, de représentants des milieux d'affaires et des travailleurs ou encore d'organisations non gouvernementales[8]. Ces Points de contact nationaux peuvent être saisis de questions relatives à la mise en œuvre des principes directeurs. Leur mission est alors d'offrir une enceinte de dialogue, mais également de prendre position sur les questions posées[9]. Un rapport d'activité est transmis par chaque Point de contact à l'OCDE tous les ans[10].

En France, le Point de contact national est placé sous la présidence de la Direction générale du Trésor[11], elle-même placée sous le contrôle du ministère de l'Économie[12]. Cependant, le Point de contact n'est pas rattaché dans les services ni soumis au pouvoir hiérarchique pour assurer son impartialité. Il est présidé par un conseiller de la direction générale du Trésor et est composé de représentants de syndicats français ainsi que de plusieurs administrations nationales. Le Point de

---

[1] Convention du 14 décembre 1960 relative à l'Organisation de coopération et de développement économiques.

[2] Art. 1 de la Convention du 14 décembre 1960.

[3] OCDE, *Les principes directeurs de l'OCDE à l'intention des entreprises multinationales*, Éditions OCDE, 2011, 101 p.

[4] *Ibid.*, p. 15.

[5] *Ibid.*, p. 17.

[6] *Ibid.*, pp. 22-23.

[7] *Ibid.*, pp. 81-86.

[8] *Ibid.*, p. 81.

[9] *Ibid.*, pp. 82-84.

[10] *Ibid.*, p. 84.

[11] Art. 8, II arrêté du 18 décembre 2019 portant organisation de la direction générale du Trésor.

[12] Art. 2, I décret n°2020-871 du 15 juillet 2020 relatif aux attributions du ministre de l'Économie, des Finances et de la Relance.

contact français peut être saisi de toute demande relative à la conformité du comportement d'une entreprise par rapport aux principes directeurs dans le cas où cette entreprise a son siège en France ou que le lieu des pratiques incriminées est situé sur le territoire national[1]. Par conséquent, le Point de contact français peut avoir une action extraterritoriale dans les cas où il serait saisi d'agissements d'une entreprise française à l'étranger. C'est même le quotidien de ce Point de contact puisque, selon sa secrétaire générale, plus de 90% des saisines concernent des situations à l'extérieur de la France.

Ce fut notamment le cas dans une affaire dont fut saisi le Point de contact français qui était relative aux activités du groupe Michelin en Inde. Cette espèce concernait la construction d'une usine pneumatique dans un village dont le conseil municipal avait décidé de transformer une zone de pâturage en zone industrielle, provoquant l'expropriation de quelques habitants et l'amenuisement des espaces de pâturage[2]. Des recours avaient été formés et la Haute Cour de Madras avait alors enjoint aux autorités locales de prévoir des mesures de compensation. Toutefois, ce projet industriel souleva une contestation locale et plusieurs associations indiennes, ainsi que des syndicats français, saisirent le Point de contact français de cette affaire. Réalisant une procédure de bons offices, le Point de contact entendit les parties au différend, mais également des experts afin d'évaluer la compatibilité du projet avec les lignes directrices de l'OCDE[3]. Les plaignants demandaient trois séries de mesures comprenant la suspension des travaux de construction dans l'attente que toutes les procédures judiciaires en cours en Inde aboutissent, la mise en place d'un comité multipartite visant à assurer la participation et l'adhésion des acteurs impliqués et la réalisation d'une étude indépendante sur les impacts sociaux, environnementaux et sur les droits de l'homme de l'implantation de l'usine[4].

Dans son communiqué final clôturant la procédure de bons offices, le Point de contact a constaté « que le Groupe Michelin n'a pas violé les Principes directeurs de l'OCDE »,[5] mais il a toutefois souligné « des insuffisances ou une application incomplète de plusieurs recommandations des Principes directeurs »[6]. Ces insuffisances comprenaient notamment l'absence d'une étude d'impact complète sur l'environnement[7]. Le Point de contact devait alors se prononcer sur la question de la suspension des travaux de construction qui avaient pourtant été autorisés par les autorités locales et la décision de la Haute Cour de Madras. Il estima cependant

---

[1] GUIMEZANES M., « L'affaire SOCAPALM : une illustration des potentialités ouvertes par les points de contact nationaux pour garantir l'effectivité des principes directeurs de l'OCDE », *in* DUBIN L., BODEAU-LIVINEC P., ITEN J.-L. (dir.) *et al.*, *L'entreprise multinationale et le droit international*, colloque de Paris 8 Vincennes-Saint-Denis, Société française pour le droit international, Pédone, 2017, Paris, p. 346.

[2] Point de contact France, communiqué final du 27 septembre 2013, pp. 1-2.

[3] SOUQUE M., « L'affaire Michelin en Inde (PCN français) : une illustration du rôle normatif du PCN et de l'effectivité des principes directeurs de l'OCDE », *in* DUBIN L., BODEAU-LIVINEC P., ITEN J.-L. (dir.) *et al.*, *op. cit.*, pp. 386-387.

[4] Point de contact France, communiqué final du 27 septembre 2013, p. 11.

[5] *Ibid.*, p. 13.

[6] *Ibid.*

[7] *Ibid.*, pp. 9-10.

qu'une telle mesure n'était pas un préalable nécessaire à la réalisation de l'étude d'impact qu'il recommandait de réaliser[1]. Également, il incita le groupe Michelin à continuer d'user de son influence auprès des autorités locales pour voir les mesures compensatoires édictées par la Haute Cour de Madras concrétisées[2].

Il résulte de ce cas d'espèce que le Point de contact français s'est prononcé à propos de la construction d'une usine en Inde, pays non membre de l'OCDE, au regard de la conformité de ce projet aux lignes directrices émises par cette organisation internationale. De plus, son communiqué final a semblé encourager une intervention du groupe Michelin auprès des autorités locales pour faire respecter une décision de justice locale. Cette action du Point de contact français est éminemment extraterritoriale et n'est rendue possible que par l'usage de normes de droit souple qui pourtant reçoivent une application suivie par le Point de contact les ayant formulées.

C'est ainsi que le fonctionnement des Points de contact nationaux requière le strict usage du droit souple sans quoi les modalités de leur action seraient irréalisables en raison de leur extraterritorialité[3]. Par conséquent, le réseau des Points de contact nationaux est entièrement fondé sur le recours au droit souple, demeurant donc très éloigné de l'utilisation d'actes administratifs unilatéraux transnationaux.

Le droit souple est défini dans l'étude annuelle du Conseil d'État de 2013 comme l'ensemble des instruments qui « ont pour objet de modifier ou d'orienter les comportements de leurs destinataires en suscitant, dans la mesure du possible leur adhésion » sans créer « par eux-mêmes de droits ou d'obligations pour leurs destinataires » tout en présentant « par leur contenu et leur mode d'élaboration, un degré de formalisation et de structuration qui les apparente aux règles de droit »[4]. Ce droit remet alors en cause une identification de la norme juridique par l'existence d'une sanction répondant à sa violation[5]. C'est donc une nouvelle conception du droit qui est notamment née dans les relations internationales où la sanction du droit « dur » est difficile en raison de l'absence d'une instance juridique supérieure investie de la mise en œuvre du respect du droit international[6]. Toutefois, le droit souple n'est pas dénué de toute impérativité en ce qu'il mobilise la contrainte sociale : son non-respect peut en effet entraîner une pression sociale qui a pour conséquence une force de fait non négligeable[7]. De plus, il repose également sur le consentement de ses destinataires qui sont le plus souvent associés à l'élaboration de son contenu dans une logique de dialogue participatif[8]. Le droit

---

[1] *Ibid.*, pp. 11-12.

[2] *Ibid.*, p. 12.

[3] Voir : CPJI, 7 septembre 1927 (arrêt), *Affaire du « Lotus » (France c/ Turquie)*, *Rec. CPJI* 1927, *Série A* n°10.

[4] Conseil d'État, « Le droit souple », *Étude annuelle 2013*, La documentation française, p. 9.

[5] THIBIERGE C., « Le droit souple », *RTD civ.* 2003. 599.

[6] Conseil d'État, *op. cit.*, p. 24.

[7] THIBIERGE C., *art. cit.*

[8] PÉRÈS C., « La réception du droit souple par les destinataires », *in* Association Henri Capitant, *Le droit souple*, Dalloz, coll. Thèmes et commentaires, 2009, Paris, p. 94.

souple vient ainsi dessiner une « gradation de la normativité »[1] que les réseaux informels comme celui des Points de contact nationaux de l'OCDE viennent utiliser pour mener à bien une activité extraterritoriale.

Les principes directeurs énoncés par l'OCDE n'ont en effet qu'une simple valeur de « recommandations que les gouvernements adressent aux entreprises multinationales exerçant leur activité dans les pays adhérents ou à partir de ces derniers »[2]. C'est ainsi que le déroulement de la procédure menée par un Point de contact national saisi requiert la coopération volontaire de l'entreprise visée. Dans le cas de l'affaire Michelin, l'entreprise a promptement accepté l'intervention du Point de contact français permettant un lancement rapide de la procédure[3]. Mais cela n'est pas toujours le cas. Par exemple, dans une affaire concernant une société Camerounaise SOCAPALM, le Point de contact français fut saisi en raison des relations d'affaires du groupe Bolloré avec la société en cause. Or, le groupe s'est opposé à la saisine du Point de contact français au motif qu'il n'était qu'un actionnaire minoritaire de SOCAPALM. C'est finalement plus de deux ans après la saisine effectuée en 2010 que le groupe a accepté de coopérer pour des raisons d'image médiatique et donc de sanction sociale[4]. Ce changement d'attitude est particulièrement révélateur de la normativité du droit souple mis en œuvre par les Points de contact nationaux qui passe notamment par la publication de rapports quant aux saisines et aux communiqués finaux. En fin de compte, la contrainte sociale relative à la réputation des entreprises concernées procure aux principes directeurs de l'OCDE une véritable effectivité.

De même, c'est parce que ce droit est de nature souple et non contraignante juridiquement que l'extraterritorialité de l'action des Points de contact nationaux est possible. Il faut rappeler que dans l'affaire Michelin, le Point de contact français intervenait à propos d'une situation en Inde, pays qui n'est pas membre de l'OCDE. Et pourtant, la procédure engagée a abouti à un réel changement par la prise d'engagement de l'entreprise. Mais l'usage du droit souple est également un avantage pour permettre au réseau des Points de contact nationaux de fonctionner de la manière la plus efficace possible. Il arrive en effet que plusieurs Points de contact soient compétents pour traiter d'une affaire – c'était notamment le cas dans l'affaire SOCAPALM où les Points de contact français, belge et luxembourgeois étaient saisis concomitamment. Dans un tel cas, les principes directeurs de l'OCDE prévoient que les Points de contact concernés se concertent afin de déterminer lequel d'entre eux prendra le rôle de chef de file[5]. Cependant, aucun critère n'est

---

[1] MEKKI M., « Propos introductifs sur le droit souple », *in* Association Henri Capitant, *Le droit souple*, Dalloz, coll. Thèmes et commentaires, 2009, Paris, p. 7.

[2] OCDE, *Les principes directeurs de l'OCDE à l'intention des entreprises multinationales*, Éditions OCDE, 2011, p. 3.

[3] SOUQUE M., *art. cit.*, p. 386.

[4] GUIMEZANES M., *art. cit.*, pp. 353-354. Le Point de contact français a finalement rendu un rapport en 2013. Voir : Point de contact national France, Rapport du 3 juin 2013.

[5] OCDE, *Les principes directeurs de l'OCDE à l'intention des entreprises multinationales*, Éditions OCDE, 2011, pp. 93-94. Dans l'affaire SOCAPALM, ce rôle fut endossé par le Point de contact national français.

fourni dans ces principes pour identifier l'entité compétente[1]. L'on retrouve ici une logique de concertation dont la flexibilité vise à permettre la plus grande efficacité de l'action des Points de contact nationaux sans être alourdie par des procédures rigides. L'informalité de ce réseau est ici synonyme de rapidité et d'une collaboration facilitée entre Points de contact nationaux.

Il résulte de ceci que le réseau des Points de contact nationaux n'a vocation à fonctionner qu'au moyen du droit souple, que ce soit dans ses méthodes de coopération entre entités nationales ou dans leur action à l'égard des entreprises dont ils sont saisis. Il ressort d'un entretien avec la secrétaire générale du Point de contact France que la position de ce dernier est même de nier son statut d'administration préférant parler « d'instance étatique de règlement non juridictionnel des différends »[2]. De même, la qualification des actes de cette entité paraît sensible puisqu'à la question sur leur potentielle nature administrative, la secrétaire générale a répondu : « N'écrivez pas que c'est un acte administratif avant d'en être bien sûre et même avant d'en parler avec mon Président, car c'est quelque chose qui va nous intéresser ». Elle a alors souligné que le plus important était que les méthodes d'action du Point de contact restent souples, car leur rigidification nuirait à leur efficacité. Il est donc assez clair que l'activité des Points de contact nationaux cherche à échapper à l'édiction d'actes administratifs unilatéraux en tant que tels. Ainsi, malgré une compétence très largement extraterritoriale, il est très probable que le réseau des Points de contact nationaux ne donne pas lieu à l'adoption d'actes administratifs unilatéraux transnationaux. La volonté d'éviter le recours à ce type d'acte est alors révélatrice des raisons de l'intérêt – ou de l'absence d'intérêt de l'acte administratif transnational.

Ainsi, l'acte administratif unilatéral transnational n'est pas l'outil privilégié de toute coopération administrative impliquant de l'extraterritorialité. C'est pourquoi afin d'identifier le meilleur usage de ce type d'acte, il faut alors s'interroger sur les conditions dans lesquelles il est pertinent. La recherche de la meilleure utilisation de ce type d'acte est essentielle pour pérenniser leur existence par la démonstration de leur utilité. Une ligne de démarcation claire semble se dessiner selon le type de relations transnationales considéré. En effet, si l'acte administratif transnational apparaît comme un poids dans les réseaux d'administrations informels, il est toutefois un mécanisme particulièrement efficace au service de la mise en œuvre des politiques sectorielles conduites dans les espaces intégrés comme l'Union européenne.

L'acte administratif unilatéral transnational est premièrement un acte administratif, ce qui implique qu'il respecte la procédure administrative non contentieuse définie comme l'ensemble des règles qui gouvernent l'édiction des actes administratifs[3]. Cette procédure est régie depuis 2016 en France par le Code des relations entre le public et l'administration, codification relativement tardive qui est la pre-

---

[1] GUIMEZANES M., *art. cit.*, pp. 351-352.

[2] *Ibid.*

[3] GONOD P., « La codification de la procédure administrative », *AJDA* 2006. 489 ; SAUNIER S., « Caractères essentiels du droit français de la procédure administrative », *in* AUBY J.-B. (dir.), *Droit comparé de la procédure administrative / Comparative Law of Administrative Procedure*, 1re éd., Bruylant, 2016, Bruxelles, pp. 79-81.

mière loi générale adoptée dans cette matière. Elle vise notamment à conférer des garanties aux administrés[1] et déroule ainsi les différentes étapes requises pour élaborer les actes administratifs. Si ces obligations procédurales peuvent varier selon les actes concernés, Benoît Plessix dresse cependant une systématisation de celles-ci sous trois idées principales : « celle de l'information, qui donne le droit à l'administré d'avoir connaissance de certaines données entourant le processus d'élaboration d'une décision ; celle de la réclamation, qui offre à l'administré des garanties spécifiques lorsqu'il demande quelque chose à l'Administration ; celle de l'expression, qui permet à l'administré de faire tout de même entendre sa voix dans un processus unilatéral auquel il reste fondamentalement extérieur »[2]. Ainsi peut-on retrouver des exigences de consultation de commissions, du public ou encore d'autorités administratives indépendantes préalablement à l'édiction de certains actes[3]. De même, la réalisation d'enquêtes publiques dans le but d'assurer l'information, la participation du public et la prise en compte des intérêts des tiers peut être légalement obligatoire[4]. Toutes ces règles de procédures prennent nécessairement du temps et mobilisent des moyens humains importants. De ce fait, la production d'un acte administratif unilatéral est automatiquement plus lourde qu'un acte non juridique ou de droit souple. Dans le cadre de la gouvernance informelle, cette dépense de temps et de moyens peut constituer un véritable obstacle au bon fonctionnement d'un réseau comme celui des Points de contact de l'OCDE qui veulent agir rapidement tout en disposant de peu de personnel.

Également, les obligations de publicité qui conditionnent l'entrée en vigueur des actes administratifs unilatéraux[5] ont très logiquement pour effet de lever tout secret relatif au contenu de l'acte donné. D'ailleurs, les administrations sont globalement tenues de communiquer les documents administratifs que les administrés viendraient solliciter[6]. Or, il est parfois intéressant d'attendre le dénouement d'une procédure, comme la coopération entre le Point de contact français et l'entreprise Michelin, avant de dévoiler toutes les informations de l'affaire pour éviter des répercussions néfastes et hâtives ainsi qu'encourager la collaboration des entités en cause.

Par ailleurs, tout acte administratif décisoire faisant grief peut faire l'objet d'un recours pour excès de pouvoir, et ce, même sans texte le prévoyant expressément[7]. C'est une composante essentielle de l'État de droit, car un tel recours contrôle le respect de la légalité par l'administration,[8] mais, dans le cadre de réseaux informels, cela serait source d'une rigidification excessive de leur action qui pourrait être annulée rétrospectivement. Également, cela demanderait plus de moyens humains pour pouvoir traiter de ce contentieux. La méthode de l'action unilatérale contraignante

---

[1] *Ibid.*, pp. 1137-1138.
[2] *Ibid.*, p. 1141.
[3] Art. L. 132-1 CRPA.
[4] Art. L. 134-1 et L. 134-2 CRPA.
[5] L. 221-2 CRPA.
[6] Art. L. 311-1 CRPA.
[7] CE, ass., 17 février 1950, *ministre de l'Agriculture c/ Dame Lamotte*, n°86949, *Rec.* p. 110.
[8] PELLISSIER G., « Recours pour excès de pouvoir : conditions de recevabilité », *Répertoire de contentieux administratif*, Dalloz, janvier 2010 (actualisation : Mai 2018), §9.

n'est ainsi donc pas privilégiée en raison de ses multiples contraintes chronophages et il ressort clairement de l'entretien avec la secrétaire générale du Point de contact français que la soumission au régime de l'acte administratif apparaît comme un handicap sérieux à la réalisation des missions des Points de contact nationaux.

Cependant, l'évolution de la jurisprudence française quant aux actes de droit souple a instauré un doute quant à la justiciabilité des recommandations et autres actes incitatifs émis par de telles entités. En effet, depuis les jurisprudences Fairvesta[1] et Numéricâble[2], les actes non décisoires qui sont « de nature à produire des effets notables, notamment de nature économique, ou [qui] ont pour objet d'influer de manière significative sur les comportements des personnes auxquelles ils s'adressent » peuvent faire l'objet d'un recours pour excès de pouvoir devant le juge administratif. Si initialement cette possibilité n'existait que pour les actes des autorités de régulation, la jurisprudence Le Pen en 2019[3] ouvrit le recours aux actes de la Haute autorité pour la transparence de la vie publique. Enfin, concernant les documents de portée générale et non décisoires émis par les autorités publiques, le Conseil d'État admit qu'ils peuvent être contestés devant le juge administratif dans une décision GISTI de 2020 à condition toutefois qu'ils soient « susceptibles d'avoir des effets notables sur les droits ou la situation d'autres personnes que les agents chargés, le cas échéant, de les mettre en œuvre »[4].

Cette ouverture progressive du recours pour excès de pouvoir à propos des actes de droit souple peut alors représenter un changement notable du cadre juridique d'intervention des réseaux informels. Si le droit souple devient justiciable devant le juge, c'est qu'il doit alors respecter un minimum d'exigences procédurales et matérielles qui ont dès lors pour conséquence de rigidifier son édiction. Ainsi, la flexibilité d'action d'entités comme le Point de contact national français est potentiellement menacée par l'évolution de la jurisprudence administrative. Il demeure pour le moment que le droit souple lui offre une souplesse et une rapidité d'action inégalées qui expliquent que l'acte administratif unilatéral transnational apparaisse comme totalement inadapté aux besoins de tels réseaux. Enfin, l'unilatéralité n'est pas inscrite dans leur ADN qui repose beaucoup plus sur la concertation, l'échange et la collaboration volontaire.

Ainsi, que ce soit du point de vue des exigences procédurales qui lui sont attachées, ou de son contrôle, l'acte administratif unilatéral transnational est inadapté au fonctionnement de réseaux informels eux-mêmes fondés sur la concertation et la rapidité de leur action. Une autre raison explique leur défiance vis-à-vis du procé-

---

[1] CE, ass., 21 mars 2016, *Société Fairvesta International GmbH*, n°368082, *Rec.* p. 76, concl. S. von Coester ; *AJDA* 2016. 572, chron. DUTHEILLET DE LAMOTHE L. et ODINET G. ; *D.* 2016. 715, obs. DE MONTECLER M.-C. ; *RTD civ.* 2016. 571, obs. DEUMIER P.

[2] CE, ass., 21 mars 2016, *Société NC Numericable*, n° 390023, *Rec.* p. 88, concl. V. Daumas ; *AJDA* 2016. 572, chron. DUTHEILLET DE LAMOTHE L. et ODINET G. ; *D.* 2017. 881, obs. FERRIER D. ; *RTD civ.* 2016. 571, obs. DEUMIER P.

[3] CE, 19 juillet 2019, n°426389, *Mme. Le Pen*, *Rec.* p. 326, concl. A. Iljic ; *AJDA* 2019. 1544, chron. MALVERTI C. et BEAUFILS C.

[4] CE, sect., 12 juin 2020, *GISTI*, n° 418142, *Rec.* p. 192, concl. G. Odinet ; *AJDA* 2020. 1196 ; *Ibid.* 1407, chron. MALVERTI C. et BEAUFILS C. ; *RFDA* 2020. 801, note MELLERAY F.

dé d'action classique et unilatéral de l'administration : la possible ouverture de la responsabilité des États émetteurs d'actes administratifs unilatéraux.

L'usage des actes administratifs transnationaux implique nécessairement la mise en œuvre du régime applicable aux actes administratifs unilatéraux classiques, ce qui, en droit administratif français, comprend la question de la responsabilité de l'administration pour les actes illégaux. Depuis la jurisprudence Driancourt de 1973[1], toute illégalité est fautive et donc susceptible de mettre en cause la responsabilité de l'administration à condition que le requérant justifie d'un préjudice direct et certain résultant de la décision illégale. Un des seuls tempéraments est que cette responsabilité ne peut pas être engagée dans le cas où le préjudice découlerait directement et exclusivement de la situation irrégulière dans laquelle la victime s'est elle-même placée[2].

Ainsi, dans le cas où un acte administratif unilatéral serait illégal et aurait entraîné un préjudice certain, personnel et direct, un recours de plein contentieux devrait aboutir à conclure en faveur de l'indemnisation de l'intégralité de ce préjudice par l'administration[3]. Cette possibilité implique, ici encore, une consommation de temps, de moyens humains et de ressources financières importants. C'est une raison de plus pour laquelle les réseaux administratifs informels évitent le recours à l'acte administratif unilatéral transnational. Par exemple, le Point de contact national français ne dispose pas d'un service contentieux composé de juristes spécialisés en la matière. L'exposition à d'éventuels recours en responsabilité nécessiterait d'étoffer les équipes mises à disposition du Point de contact et donc de développer un fonctionnement plus codifié et rigide que celui d'une entité n'impliquant que quelques personnes.

À l'inverse, l'usage d'un processus collaboratif reposant sur du droit souple évite toute mise en cause de responsabilité, car fondé par nature sur l'adhésion des destinataires. Ainsi, les affaires des Points de contact nationaux de l'OCDE requièrent toujours la participation volontaire des entreprises qui en sont l'objet. Il est dès lors impossible pour ces entreprises d'invoquer un préjudice qui résulterait directement des recommandations émises. Les conditions de l'ouverture de la responsabilité administrative ne seraient donc pas remplies. C'est parce que le fonctionnement de ce type de réseaux ne repose pas sur l'unilatéralité juridiquement contraignante que la question de la responsabilité est évacuée.

Il ressort de ces dernières analyses que l'acte administratif unilatéral transnational n'est pas un outil approprié à tous les réseaux d'administrations nationales réalisant une activité extraterritoriale. En effet, la logique des réseaux informels obéit plus à des considérations de collaboration qu'à une dynamique unilatérale et contraignante. De ce fait, ils mobilisent des instruments de droit souple, ce qui leur

---

[1] CE, sect., 26 janvier 1973, *Ville de Paris c/ Driancourt*, n°84768, *Rec.* p. 78 ; *Rev. adm.* 1974. 29, note MODERNE ; *AJDA* 1973. 245, chron. CABANES et LÉGER.

[2] CE, 30 janvier 2013, n°339918, *Imbert* ; *AJDA* 2013. 792, chron. DOMINO X. et BRETONNEAU A.

[3] BELRHALI H., *Responsabilité administrative*, LGDJ, coll. Manuel, 2e éd., 2020, Paris, pp. 273-312 ; SÉNERS F., ROUSSEL F., « Préjudice réparable », in *Répertoire de la responsabilité de la puissance publique*, Dalloz, juillet 2019 (actualisation décembre 2020), §106-237.

permet une action plus rapide, moins coûteuse et parfois plus efficace en raison de l'adhésion de leurs destinataires. Ainsi, le recours à l'acte administratif unilatéral transnational représente parfois un véritable obstacle à la réalisation de la mission de certains réseaux, car il implique un respect de nombreuses procédures chronophages ouvrant la possibilité de recours pouvant conduire à l'annulation des actes émis, mais aussi à la mise en cause de la responsabilité administrative des États. Tous ces éléments de régime, qui assurent certes le respect de la légalité, présentent des caractéristiques trop rigides qui freineraient l'efficacité des réseaux informels. Dans de tels cas, l'usage de l'acte administratif unilatéral transnational paraît très peu pertinent. Il s'agit dès lors de rechercher dans quel cadre ce type d'acte est le plus utile pour déterminer sa place optimale dans l'action administrative extraterritoriale.

Il est soutenu dans cette étude que le cadre de l'Union européenne, notamment par le développement en son sein de réseaux d'administrations nationales organisés, est favorable à la multiplication des actes administratifs unilatéraux transnationaux. Ce type d'acte est nécessaire au fonctionnement de l'intégration européenne qui repose fondamentalement sur l'effectivité des libertés de circulation. Se pose alors la question de la différence expliquant pourquoi dans le cadre de l'Union l'acte administratif transnational est incontournable alors que, dans des réseaux informels, il représente une contrainte lourde, voire une menace quant à l'efficacité de leur action. C'est alors le degré d'intégration qui apparaît être la variable déterminante de l'équation. En effet, l'Union européenne est une entité à laquelle les États membres ont conféré d'importantes compétences permettant la mise en place de la transnationalité administrative pour venir réaliser un large éventail de politiques sectorielles.

Contrairement à la notion de gouvernance globale qui prend une acception particulièrement large des acteurs et des modes d'action intervenant dans les relations internationales, les espaces intégrés sont fondés sur le mode précis du transfert de compétences depuis les États vers une organisation supranationale qui pourra alors les mettre en œuvre dans le but de réaliser des objectifs qui lui sont assignés[1]. Un principe de spécialité restreint alors la capacité d'action des entités supranationales et internationales aux compétences que les États ont bien voulu leur transférer[2].

Dans l'Union européenne, un principe d'attribution posé à l'article 5, §1 du TUE « régit la délimitation des compétences de l'Union » à la façon du principe de spécialité habituellement retrouvé pour les organisations internationales[3]. Le §2 du même article vient préciser qu'il s'agit des compétences que « les États membres lui ont attribuées dans les traités pour atteindre les objectifs que ces traités établissent ». Le corollaire de cette règle est que seuls les États membres conservent les compé-

[1] NEFRAMI E., « Le rapport entre objectifs et compétences : de la structuration et de l'identité de l'Union européenne », *in* NEFRAMI E. (dir.), *Objectifs et compétences dans l'Union européenne*, Bruylant, coll. Droit de l'Union européenne Colloques, 2012, Bruxelles, p. 5.
[2] COMBACAU J., SUR S., *Droit international public*, LGDJ, coll. Domat Droit public, 13e éd., 2019, Issy-les-Moulineaux, pp. 770-771.
[3] BLUMANN C., DUBOUIS L., *Droit institutionnel de l'Union européenne*, LexisNexis, coll. Manuel, 7e éd., 2019, Paris, p. 492.

tences qui n'ont pas été attribuées à l'Union[1], l'on parle alors des « compétences retenues » des États membres[2]. Il faut toutefois souligner que l'attribution d'une compétence à l'Union ne constitue pas toujours un transfert intégral de celle-ci. En effet, le TFUE distingue les compétences exclusives de l'Union, c'est-à-dire celles qui ne peuvent être mises en œuvre que par elle[3], des compétences partagées qui appartiennent concomitamment aux États membres et à l'Union[4]. Ces dernières sont alors mises en œuvre selon un principe de subsidiarité qui veut que l'Union n'intervienne que dans la mesure où les États membres ne sont pas aptes à réaliser l'action envisagée de la manière la plus efficiente possible[5]. Ainsi, les compétences partagées ne peuvent être mises en œuvre par les États membres que dans la mesure où l'Union n'est pas intervenue sur un sujet donné[6].

À ces compétences propres, exclusives et partagées s'ajoutent les compétences d'appui, de coordination ou de complément qui visent à compléter l'intervention préalable des États membres sur un sujet donné[7]. Également, les traités semblent investir l'Union de compétences spéciales en matière de coordination des politiques économiques et de l'emploi ainsi que pour la Politique étrangère de sécurité commune sans pour autant les qualifier précisément, ce qui conduit certains auteurs à s'interroger sur leur nature et leur étendue[8].

En plus d'être de différentes natures, les compétences intégralement ou partiellement attribuées à l'Union sont matériellement très diverses. Ainsi y trouve-t-on, par exemple, la matière douanière, les règles de concurrence, la politique monétaire (compétences propres) ou encore la cohésion économique, sociale et territoriale, l'agriculture et la pêche ou les transports (compétences partagées). Également, sont compris dans les compétences d'appui l'industrie, la culture ou encore le tourisme. Il résulte de ce constat que l'Union européenne correspond à ce que l'on peut appeler une organisation internationale « multifonctionnelle » par opposition à celles qui sont « unifonctionnelles », c'est-à-dire qui n'interviennent que dans une matière donnée[9]. Par conséquent, l'Union dispose de compétences doublement étendues : d'abord en raison de leur intensité, puisque l'Union est, pour certaines d'entre elles, la seule à pouvoir les mettre en œuvre ; ensuite en raison de leur étendue qui couvre des domaines très divers.

Cette spécificité de l'Union en termes de compétences marque ici une distinction fondamentale avec d'autres organisations internationales et, a fortiori, avec des réseaux informels fondés sur du droit souple et très peu structurés. En effet, les compétences dont l'Union est investie sont sans commune mesure avec, par

---

[1] Art. 4, §1 et 5, §2 TUE.
[2] CONSTANTINESCO V., MICHEL V., « Compétences de l'Union européenne », in *Répertoire de droit européen*, Dalloz, juin 2011 (actualisation : avril 2017), §162-168.
[3] Art. 2, §1 TFUE. Ces compétences sont notamment énumérées à l'art. 3, §1 du TFUE.
[4] Art. 2, §2 TFUE. Ces compétences sont notamment énumérées à l'art. 4 du TFUE.
[5] Art. 5, §3 TUE.
[6] Art. 2, §2 TFUE.
[7] Art. 2, §5 TFUE.
[8] CONSTANTINESCO V., MICHEL V., *art. cit.*, §157-161.
[9] COMBACAU J., SUR S., *op. cit.*, p. 757.

exemple, les Points de contact nationaux qui ne peuvent que veiller au respect des Principes directeurs de l'OCDE au moyen d'actes de droit souple édictés à la suite d'une coopération avec leur destinataire final. La conséquence est qu'à la faveur de ces compétences particulièrement étendues, l'Union est mise à même de produire des normes contraignantes et applicables dans tous les États membres pour réaliser les objectifs poursuivis. L'article 288 du TFUE relatif aux actes de droit dérivé est d'ailleurs clair à ce sujet, puisqu'il investit les institutions européennes du pouvoir d'adopter de tels actes « [p]our exercer les compétences de l'Union ». Or, c'est notamment grâce à l'édiction du droit dérivé que l'Union peut organiser la transnationalité administrative en posant des règles communes, comme certaines conditions pour l'obtention du permis de conduire[1], mais aussi en instaurant le lien interadministratif qui viendra lier l'administration de réception et transnationaliser l'acte en cause. Un tel lien peut alors être concrétisé par le principe de reconnaissance mutuelle, comme c'est le cas pour le permis de conduire[2], ou par une obligation de réponse imposée aux administrations recevant des demandes de la part de leurs homologues étrangères, comme c'est le cas pour les demandes d'informations fiscales entre les États membres[3].

Ainsi, le transfert de compétences opéré dans les espaces intégrés se distingue de celui que l'on peut retrouver dans le cadre de réseaux informels en ce qu'il couvre une plus grande multiplicité de domaines et qu'il est beaucoup plus approfondi, certaines compétences étant intégralement attribuées à l'entité destinataire. Or, cette spécificité procure à l'entité supranationale la possibilité de poser les conditions nécessaires à la transnationalité administrative. C'est pourquoi les réseaux développés au sein d'un espace intégré de manière institutionnalisée mettent en œuvre des politiques sectorielles d'une manière très différente de celle des réseaux informels. Puisque l'entité au sommet de la chaîne d'intégration remplit une véritable fonction politique, elle peut alors organiser des réseaux plus structurés requérant l'usage de l'acte administratif unilatéral transnational.

Une approche fonctionnelle de la définition de la politique peut la décrire comme « un ensemble de moyens au service d'un ou plusieurs buts relatifs à l'organisation interne de la communauté [...] ou à ses relations avec d'autres ensembles »[4]. Depuis cette perspective, l'Union est assurément un « système politique »,[5] car elle conduit de nombreuses politiques publiques, que celles-ci relèvent de sa compétence exclusive ou de compétences partagées[6]. Ainsi, là où seuls les États pouvaient mener des politiques, l'Union européenne est venue créer un nou-

---

[1] Voir la directive 2006/126/CE du Parlement européen et du Conseil du 20 décembre 2006 relative au permis de conduire (refonte).

[2] Art. 2, §1 de la directive 2006/126/CE.

[3] Voir la directive 2011/16/UE du Conseil du 15 février 2011 relative à la coopération administrative dans le domaine fiscal et abrogeant la directive 77/799/CEE.

[4] BERLIN D., *Politiques de l'Union européenne*, Bruylant, coll. Droit de l'Union européenne, 2e éd., 2020, Bruxelles, p. 8.

[5] QUERMONNE J.-L., *Le système politique de l'Union européenne*, Montchrestien, coll. Clefs. Politique, 3e éd., 1998, Paris, p. 8.

[6] *Ibid.*, p. 59.

vel acteur dans ce champ d'action[1]. Il n'est dès lors pas étonnant que l'on trouve dans le TFUE 168 mentions du terme de « politique ». Il est le plus souvent relatif à la politique étrangère et de sécurité commune,[2] mais il concerne également la politique monétaire qui est conduite par la Banque centrale européenne et les banques centrales nationales[3] ou encore les politiques économiques[4], douanières, fiscales, agricoles ou relatives à la pêche[5]. La fonction politique de l'Union est même clairement affirmée par l'article 311 du TFUE qui dispose que : « L'Union se dote des moyens nécessaires pour atteindre ses objectifs et pour mener à bien ses politiques ».

L'Union européenne est donc indéniablement une entité politique malgré sa nature d'organisation internationale[6]. Si la construction du marché intérieur constitue une politique globale de l'Union, des politiques sectorielles sont nécessaires pour venir participer à sa réalisation. Ainsi, la libre prestation de service, prévue pour assurer l'effectivité de la libre circulation dans le marché intérieur, est concrétisée par de multiples politiques sectorielles subséquentes comme la politique audiovisuelle de l'Union[7].

Or, la politique serait réduite à une existence théorique si elle n'était pas relayée par le droit. Ce droit est alors le produit de la politique en ce qu'il vient concrétiser les choix adoptés par les détenteurs du pouvoir et les imposer à l'égard de tous les sujets de droit soumis à l'entité politique en cause. En plus d'être le moyen principal de la mise en œuvre de la politique, le droit marque également l'encadrement de cette dernière que ce soit par les processus décisionnels qu'il impose ou par la rigidification, au moins temporaire, de choix formulés selon les procédures qu'il organise[8]. Le droit est donc à la fois le résultat de choix politiques et un encadrement du processus politique[9]. Par conséquent, afin de réaliser cette fonction, l'Union européenne s'est naturellement appuyée sur le droit que ce soit par ses traités fondateurs ou l'édiction de normes de droit dérivé[10]. Pour reprendre l'exemple de la politique de l'audiovisuel, c'est notamment la directive 2010/13[11] qui concrétise juridiquement la possibilité pour les services de médias audiovisuels d'avoir accès à tout le

---

1 LERON N., « Penser la double démocratie européenne », *in* HAGUENAU-MOIZARD C., MESTRE C., *La démocratie dans l'Union européenne*, Bruylant, coll. Droit de l'Union européenne Colloques, 2018, Bruxelles, pp. 109-110.

2 Voir par exemple les arts. 220, §2, 221, §2, 222, §3 TFUE.

3 Art. 282, §1 TFUE.

4 Art. 282, §2 TFUE.

5 Art. 349, al. 2 TFUE.

6 BERLIN D., *op. cit.*, pp. 8-9.

7 FORREST A., « La politique audiovisuelle de l'Union européenne », *RMCUE* 1997, p. 595.

8 GUSY C., « Considérations sur le droit politique », *Jus Politicum*, n°1).

9 Par exemple, J. Gicquel et J.-É. Gicquel définissent l'objet du droit constitutionnel comme « l'encadrement juridique des phénomènes politiques » (GICQUEL J., GICQUEL J.-É., *op. cit.*, p. 23.

10 Les sources de droit secondaire de l'Union européenne sont énumérées à l'art. 288 du TFUE et comprennent les règlements, les directives, les décisions, les recommandations et les avis.

11 Directive 2010/13/UE du Parlement européen et du Conseil du 10 mars 2020 visant à la coordination de certaines dispositions législatives, réglementaires et administratives des États membres relatives à la fourniture de services de médias audiovisuels.

territoire de l'Union lorsqu'ils obtiennent une autorisation d'émettre dans un État membre donné.

Face à l'étendue des ambitions politiques de l'Union européenne que ce soit par leur diversité, le nombre d'États auxquels elles doivent s'appliquer ou encore par l'importance des changements qu'elles impliquent dans les ordres juridiques nationaux, il est évident que l'Union a dû recourir premièrement au droit dur. Pour permettre à un ensemble aussi complexe de fonctionner et de s'intégrer au moyen d'une certaine harmonisation des systèmes juridiques et d'une coopération inégalée jusqu'alors, l'Union n'a pas eu d'autres options que celle de mobiliser des sources de droit rigides, contraignantes et sanctionnées. Le projet européen n'aurait jamais pu aboutir s'il n'avait reposé que sur du droit souple. De plus, en tant qu'entité politique supranationale, il existe une unilatéralité venant de l'Union qui est censée, dans certaines matières, primer sur les États. C'est notamment le cas en matière de politique monétaire.

Ainsi, parce que la construction européenne établit une hiérarchie impliquant la primauté du droit de l'Union sur les droits nationaux[1], elle a dû adopter un mode de fonctionnement bien particulier. Spécialement, la régulation sectorielle a conduit à la création de réseaux d'autorités nationales qui se distinguent très largement des réseaux informels s'inscrivant dans la gouvernance globale. En effet, il est impossible pour l'Union de mettre en œuvre certaines de ses politiques sectorielles en se reposant intégralement sur la coopération et le dialogue des destinataires de ses recommandations comme c'est le cas avec les Points de contact nationaux de l'OCDE. Au contraire, l'efficacité des réseaux dans l'Union est organisée par le droit dérivé d'une manière généralement contraignante comprenant des obligations de coopération entre les autorités nationales. Cette différence de dynamique est alors fondamentale pour expliquer les raisons pour lesquelles malgré l'existence de nombreux réseaux d'autorités nationales organisés dans l'Union européenne, ceux-ci n'utilisent pas les mêmes outils juridiques que d'autres réseaux plus informels.

En effet, les réseaux dans le cadre de l'Union européenne sont organisés généralement par des actes de droit dérivé impératifs (règlements ou directives)[2]. Cette structuration relativement rigide est alors propice à l'utilisation de la transnationalité administrative assurant – voire forçant – l'effectivité du réseau nouvellement créé. Ainsi, l'acte administratif unilatéral transnational est pertinent pour organiser les relations de réseaux où la coopération est à la fois plus aboutie et imposée par des instruments juridiques contraignants. De même, ce type d'acte est nécessaire pour la réalisation de politiques supranationales qui transcendent les frontières étatiques par un mode d'émission unilatéral et contraignant, par exemple depuis l'Union jusqu'aux États membres. Alors, les politiques sectorielles ainsi poursuivies, lorsqu'elles sont fondées sur un objectif de libre circulation dans un espace intégré,

---

[1] CJCE, 15 juillet 1964, *Costa c. ENEL*, *aff.* 6/64, EUCLI :EU :C :1964 :66.

[2] Pour une illustration de la création des réseaux dans le cadre des communications électroniques et de l'énergie, voir : VLACHOU C., *La coopération entre les autorités de régulation en Europe (communications électroniques, énergie)*, thèse de doctorat de droit public soutenue le 18 novembre 2014, Université Panthéon-Assas, pp. 195-275.

requièrent la transnationalisation de certains actes administratifs. L'acte administratif transnational apparaît ainsi comme un outil pertinent quand une véritable politique sectorielle est mise en œuvre à un niveau supranational, en l'espèce au niveau européen, lorsqu'une entité supranationale dispose des compétences pour réaliser cette politique de manière contraignante. Il nécessite alors un cadre très formalisé sans lequel son utilisation demeure peu pertinente, voire contre-productive.

Ainsi, la nature politique de l'Union, qui procède des compétences que les États membres lui ont attribuées, la conduit à recourir à l'acte administratif unilatéral transnational afin de réaliser les politiques qu'elle décide de mettre en place. La dynamique des réseaux d'autorités nationales y est alors organisée d'une manière beaucoup plus structurée et rigide, mais vise également à une coopération beaucoup plus extensive que celle existant dans les réseaux informels. C'est pourquoi l'on y retrouve beaucoup d'actes administratifs unilatéraux transnationaux. Ce type d'acte apparaît donc pertinent dans le cadre de la mise en œuvre de politiques sectorielles supranationales s'imposant uniformément à plusieurs États et supposant la circulation de diverses situations juridiques entre eux. Le cadre d'un espace intégré semble alors être déterminant pour donner une juste place à l'acte administratif transnational dans le fonctionnement des réseaux d'autorités.

Chapitre II : Renouveler le contrôle de l'acte administratif unilatéral transnational au sein de l'Union européenne

Le dernier chapitre de cette étude vise à proposer une solution aux lacunes soulignées antérieurement et relatives au contrôle des actes administratifs transnationaux. En effet, le constat était fait précédemment que ce type d'acte posait de réelles difficultés face au droit à un recours effectif pourtant protégé par l'article 47 de la Charte des droits fondamentaux ainsi que l'article 6, §1 de la Convention européenne des droits de l'homme. En particulier, l'accès des tiers à un recours effectif est très largement réduit dans le cadre des procédures administratives transnationales comprenant un enchaînement d'actes administratifs émanant de différents États membres de l'Union. Ceci résulte notamment du fait que lors de la transnationalisation de ces actes administratifs unilatéraux, la question de leur contrôle a souvent été éludée conduisant à un état du droit insatisfaisant. Il convient par conséquent de rechercher les moyens permettant d'améliorer le contrôle de ces actes, qu'il s'agisse d'un contrôle juridictionnel ou d'un contrôle administratif opéré par l'administration. Cette question, qui en est encore à ses balbutiements, présente un intérêt majeur dans le développement et la pérennité des actes administratifs transnationaux, car en l'absence d'un contrôle effectif, leur usage peut être justement critiqué.

De plus, un autre enjeu déterminant pour la mise en œuvre des actes administratifs unilatéraux transnationaux est celui de la confiance mutuelle, en particulier entre les États membres de l'Union européenne. Purger ces actes transnationaux de leurs éventuelles illégalités, notamment au regard de la norme internationale ou européenne organisant leur transnationalité, amène mécaniquement les États à s'accorder une meilleure confiance dans l'exécution de la fonction administrative à laquelle ces actes participent. Autrement dit, améliorer le contrôle de ces actes équivaut à rassurer les États sur l'équivalence entre les actes administratifs transnationaux étrangers et ceux qu'ils émettent eux-mêmes. Par conséquent, l'amélioration du contrôle de ces actes est pertinente tant au regard du droit à un recours effectif qu'au regard du renforcement de la confiance mutuelle, prérequis fondamental à la mise en place de la transnationalité administrative. Par extension, cela participerait également à l'approfondissement de l'intégration européenne qui devrait alors se saisir plus largement de ce nouvel outil juridique et donc aboutirait à normaliser son usage.

Assez naturellement, l'étude du contrôle de ces actes se doit d'être divisée en deux axes principaux. Le premier est relatif au contrôle conduit par l'État ayant émis l'acte administratif unilatéral transnational. Ce contrôle est normalement le seul possible en raison de la souveraineté attachée à ces actes qui ne permet en principe qu'un contrôle national. Mais ce contrôle revêt un caractère original, car la spécificité de l'effet transnational de ces actes se doit d'être prise en compte. Ainsi, le caractère transnational d'un acte administratif devrait modifier les possibilités de son contrôle dans son ordre juridique d'émission. En ceci, les propositions faites suggèrent un renouvellement de ce contrôle pour le rendre plus compatible avec le droit à un recours effectif. Mais outre les aspects juridiques, des considérations d'ordre plus concret doivent également être étudiées. En effet, la transnationalité administrative est premièrement source d'obstacles pratiques pour les destinataires et les tiers qui, de ce fait, se retrouvent souvent confrontés à des langues étrangères ainsi qu'à des droits étrangers. Ces paramètres, parfois non juridiques, sont déterminants pour déclencher le contrôle des actes administratifs transnationaux en pratique. Ils doivent alors être étudiés au même titre que les modalités purement juridiques de ce contrôle. C'est donc une acception très large du contrôle qui est ici retenue, ne se limitant ni au recours juridictionnel ni à des considérations exclusivement juridiques.

La même méthode est retenue pour le deuxième axe de l'étude du contrôle de l'acte administratif transnational qui concerne les possibilités placées dans les mains de l'État de réception. Si de prime abord cette configuration apparaît impossible, seul l'État d'émission pouvant contrôler un acte administratif de son cru, il a été vu que le caractère transnational de certains actes administratifs avait conduit à des conclusions contraires. Ainsi, s'inspirant de ces innovations, il s'agit de proposer un cadre pour un contrôle qui serait potentiellement mené par les États de réception. Bien évidemment, il ne serait pas équivalent à celui de l'État d'émission, mais le développement d'un contrôle minimal renforcerait le respect du principe de légalité, l'intégrité des ordres juridiques de réception, ainsi qu'une meilleure acceptation par les États de la transnationalité administrative. Ce contrôle revêt donc une importance capitale pour approfondir l'usage de l'acte administratif unilatéral transnational.

Les propositions énoncées peuvent s'appliquer généralement à toute relation de transnationalité administrative. Cependant, leur nature rend peu probable leur mise en œuvre en dehors d'un cadre supranational particulièrement intégré. C'est pourquoi le meilleur environnement pour leur réalisation est, une fois encore, l'Union européenne qui dispose des moyens juridiques appropriés pour cela. De plus, les solutions envisagées reposent parfois sur un certain degré de confiance mutuelle et de proximité juridique entre les différents États concernés, ce qui n'existe que très difficilement en dehors d'un processus d'intégration régionale. Enfin, la France étant membre de l'Union européenne, cette institution est définitivement la plus pertinente pour étudier la transnationalité administrative d'un point de vue interniste. C'est pour toutes ces raisons que les propositions avancées sembleront s'inscrire particulièrement dans la dynamique de l'Union européenne, incitant notamment à la modification ou à l'édiction de droit dérivé. Il demeure cependant que ces solutions sont potentiellement transposables à la transnationalité administrative intervenant dans les relations interétatiques classiques.

Renouveler le contrôle de l'acte administratif unilatéral transnational par l'État d'émission

Un acte administratif unilatéral transnational combine à la fois les caractéristiques d'un acte administratif unilatéral classique et celles propres à sa nature transnationale. Il en résulte que son contrôle est premièrement constitué par les voies de recours habituellement ouvertes contre les actes administratifs au sein de l'ordre juridique de son État d'émission. Si des possibilités de contrôle par d'autres États existent, la suite de cette étude montrera qu'elles restent des exceptions au principe du contrôle national. Dès lors, ce dernier occupe une place centrale et décisive dans la recherche d'une amélioration du contrôle des actes administratifs unilatéraux transnationaux. Centrale, car il va être le contrôle privilégié, représentant la part la plus conséquente du contentieux développé contre ces actes. Décisive, car il est le seul qui pourra porter sur l'examen de l'entière légalité des actes en cause, que ce soit à propos de leur fond ou de leur forme. De plus, ce contrôle par les juridictions et autorités nationales compétentes ne fait l'objet d'aucun doute quant à son existence ou à sa possibilité. Il est donc le meilleur vecteur d'épuration des actes administratifs transnationaux.

Afin d'étudier et d'améliorer les modalités de contrôle des actes administratifs transnationaux par leur État d'émission, il est possible de distinguer selon l'instigateur de ce contrôle dans le but de clarifier les schémas juridiques concernés. Ainsi, une scission apparaît selon que le contrôle d'un acte administratif transnational est demandé par son destinataire ou des tiers ayant un intérêt à agir ou qu'au contraire, ce soit l'État de réception qui en souhaite la révision. Cette séparation apparaît justifiée, car elle ne met pas en cause le même type de relations. D'un côté, il s'agit d'une situation « classique » où un administré conteste un acte administratif, même si ce dernier présente un caractère exceptionnel du fait de sa transnationalité. De l'autre côté, l'intervention d'un État étranger contre un acte administratif national est inhabituelle et appelle à des solutions nouvelles. Prises ensemble, ces deux voies conduisant au contrôle des actes administratifs transnationaux peuvent être améliorées pour contribuer à assurer une meilleure confiance mutuelle entre les États impliqués dans la relation administrative transnationale, ainsi que sécuriser un droit au recours effectif pour les administrés.

Le recours contre les actes administratifs transnationaux dans leur État d'origine est nécessairement plus complexe d'accès, car ces actes impliquent une interaction entre plusieurs ordres juridiques nationaux. Rappelons-le, ces actes établissent des passerelles entre les ordres juridiques nationaux, ce dont la théorie classique de l'acte administratif ne se saisit pas. Par conséquent, lorsque de tels actes sont en jeu, la situation juridique sort d'un contexte purement national alors même, qu'en principe, leurs modalités de contrôle restent ancrées dans leur État d'émission. Ces conditions peuvent alors présenter un obstacle sérieux à tout type de recours qui pourrait être exercé par les administrés et qui serait ouvert dans l'ordre juridique d'origine.

En droit administratif français, il existe deux principaux types de recours contre les actes administratifs unilatéraux. Tout d'abord, les recours administratifs comprennent « les recours adressés à une autorité qui exerce une compétence administrative et qui, par conséquent, statue sur le recours par une décision administrative »[1]. Ils sont par définition non contentieux. L'on y distingue le recours gracieux présenté à l'auteur de l'acte et le recours hiérarchique formé devant son supérieur[2]. Ils sont en principe toujours ouverts, même sans texte, sauf en cas de disposition expresse contraire[3]. Les modalités de ce type de recours sont presque inexistantes, ne requérant aucune condition de capacité ni d'intérêt à agir[4]. De ce fait, dans les cas des actes administratifs transnationaux, ces recours sont ouverts tant au destinataire de l'acte qu'à ses tiers.

Parallèlement aux recours administratifs, le droit administratif français ouvre un recours contentieux devant le juge administratif, en particulier le recours pour excès de pouvoir qui peut toujours être exercé contre un acte administratif pour en contester la légalité[5]. Par ailleurs, le recours peut parfois être attribué au juge judiciaire par la loi. C'est par exemple le cas des décisions de sanction rendues par l'autorité de la concurrence en matière de pratiques anticoncurrentielles dont les recours doivent être formés devant la Cour d'appel de Paris[6]. Ces recours sont ouverts à toute personne juridique ayant la capacité juridique, pour autant qu'elle fasse preuve d'un intérêt à agir et ne dispose pas d'un autre recours qui lui permettrait d'obtenir satisfaction[7]. De ce point de vue, les destinataires et les tiers à un acte administratif transnational édicté par une autorité française, qui disposent d'un intérêt à agir, peuvent saisir le juge administratif français du contrôle de la légalité de cet acte. Par exception, il s'agira du juge judiciaire.

Cependant, le caractère transnational des actes administratifs implique souvent que ces requérants potentiels soient situés dans un État autre que celui ayant émis ces actes. C'est en effet le propre de la transnationalité administrative que de produire un effet juridique contraignant dans un ordre juridique étranger. Or, cette extranéité de la localisation des requérants potentiels peut être source de difficultés qui, en pratique, peuvent conduire à les priver de l'accès à un véritable recours effectif soit qu'ils ignorent comment contester l'acte étranger, soit qu'ils aient laissé passer les délais de recours qui sont généralement relativement brefs[8]. Ceci mène alors à rechercher des solutions concrètes venant compenser la situation particulière dans laquelle se trouvent ces requérants en raison de la transnationalité de l'acte

---

[1] LASSERRE B., « Recours », *Répertoire de contentieux administratif*, novembre 2001 (actualisation : Avril 2020), §5.

[2] *Ibid.*, §8-12.

[3] Pour le recours hiérarchique, voir : CE, 30 juin 1950, *Quéralt*, n°99882, *Rec.* p. 413 ; pour le recours gracieux, voir : CE, sect., 20 avril 1956, *École professionnelle de dessin industriel*, n°34327 et 34328, *Rec.* p. 163.

[4] LASSERRE B., *art. cit.*, §18.

[5] CE, ass., 17 février 1950, *ministre de l'Agriculture c/ Dame Lamotte*, n°86949, *Rec.* p. 110.

[6] Article L. 420-7 et article R. 420-5 du Code de commerce.

[7] Voir : PLESSIX B., *Droit administratif général*, LexisNexis, coll. Manuel, 3e éd., 2020, Paris, pp. 1483-1491.

[8] BASSI N., *Mutuo riconoscimento e tutela giurisdizionale. La circolazione degli effetti del provvedimento amministrativo straniero fra diritto europeo e protezione degli interessi del terzo*, Guiffrè editore, coll. Università degli studi di milano – Bicocca, 2008, Milano, p. 98.

qu'ils souhaitent contester. Cette étude aboutit alors à deux propositions principales, l'une passant par la précision du contenu minimal que doivent comporter de tels actes, l'autre par un accès renouvelé et facilité à l'administration de l'État d'émission.

Le contenu d'un acte administratif est déterminant en particulier pour identifier l'acte en cause et en établir les fondements juridiques[1]. C'est ainsi que l'on retrouve diverses mentions obligatoires devant figurer dans les actes administratifs français comme l'identité et la qualité de son signataire (art. L. 212-1 CRPA) ou encore les motifs ayant conduit à adopter une décision administrative individuelle défavorable (art. L. 211-2 CRPA). Ces éléments sont primordiaux pour que le destinataire puisse comprendre l'acte auquel il fait face. En particulier, la motivation devient cruciale dans le cas où un recours serait formé contre un acte défavorable, car elle permet de déterminer les moyens les plus pertinents à invoquer devant le juge. Ainsi, le contenu de l'acte a un effet direct sur l'exercice des voies de recours : en l'absence d'informations sur son auteur, ses motivations ou même sa signature, le destinataire, voire le tiers ayant un intérêt à agir, ne peuvent pas réellement en contester la légalité. Par conséquent, agir sur le contenu de l'acte administratif permet de faciliter l'accès aux voies de recours ouvertes à son destinataire ou aux tiers. Dans le cas de l'acte administratif transnational, où ces requérants sont dans une position plus difficile, car ils sont situés à l'étranger, deux modifications quant au contenu de l'acte optimiseraient leur capacité à former un recours. C'est d'abord et tout simplement la mention obligatoire des voies de recours gracieuses et contentieuses, première étape fondamentale pour réaliser ce but. Également se pose le problème de la langue qui, lorsqu'elle n'est pas comprise par le requérant potentiel, empêche l'exercice des voies de recours. L'on peut alors imaginer, notamment dans le cadre de l'Union européenne, la création d'un système de traduction officiel accessible via internet pour les actes administratifs unilatéraux transnationaux.

Le prérequis à l'exercice de toute voie de recours est la connaissance de l'existence d'une telle possibilité par l'administré souhaitant contester un acte. Pour cela, il doit être mis à même de savoir quels sont les voies ouvertes, leurs éventuels délais ainsi que les entités devant lesquelles elles peuvent être formulées – à savoir l'auteur de l'acte ou son supérieur pour un recours gracieux ou la juridiction compétente pour un recours contentieux. S'il n'existe pas en droit administratif français d'obligation générale de mention des voies de recours dans les actes administratifs unilatéraux, leur absence peut toutefois être sanctionnée, en particulier dans le cadre des recours contentieux. En effet, sans elle l'administré est soustrait à la limite du délai de deux mois dans lequel est généralement ouvert le recours pour excès de pouvoir devant le juge administratif[2]. Ainsi, ce délai n'est pas opposable à une décision administrative qui ne précise ni le délai imparti ni les voies de recours ouvertes[3]. Dans ce cas, la jurisprudence du Conseil d'État[1] a précisé que le recours

[1] SEILLER B., « Acte administratif : régime », in *Répertoire de contentieux administratif*, Dalloz, actualisation avril 2020, §236.

[2] Article R. 421-1 du CJA.

[3] Article R. 421-5 CJA.

doit être exercé dans un délai raisonnable fixé en général à un an à partir de la connaissance de la décision. Cette règle s'applique au destinataire de la décision qui est censé pouvoir prendre connaissance des voies de recours lors de sa réception. Le but de cette règle est de combiner la sécurité juridique, en bloquant la possibilité de contester à tout moment de telles décisions, avec la possibilité pour le destinataire de former son recours notamment en se renseignant sur les diverses options contentieuses lui étant ouvertes. Cet état du droit administratif français traduit de cette façon l'importance que peut revêtir la mention des voies de recours contre un acte administratif puisqu'elle vient déroger au délai de recours normalement applicable. Cela montre qu'un arbitrage est alors nécessaire entre la sécurité juridique et un accès effectif au juge.

Or, cet enjeu prend une autre dimension dans le cadre de l'acte administratif unilatéral transnational. En effet, le destinataire – à qui s'adresse l'acte –se trouvant à l'étranger, les démarches relatives aux recours contre ces actes deviennent matériellement plus difficiles à réaliser. Ce constat est particulièrement accentué pour le cas des tiers dont la situation serait affectée par de tels actes et qui n'en sont pas nécessairement notifiés puisqu'ils n'en sont pas les cibles. De fait, ces derniers sont alors généralement totalement étrangers à l'ordre juridique d'émission dont ils n'ont aucune connaissance ni compréhension. Par ailleurs, ils ne sont pas toujours au courant de l'existence de tels actes alors même qu'ils peuvent être déterminants pour l'adoption d'actes administratifs subséquents qui s'adresseront à ces tiers. C'est toute la problématique des procédures administratives transnationales où le tiers à un acte administratif transnational devient le destinataire d'un acte administratif purement national fondé sur ce premier. Dès lors, la prise de connaissance de l'existence de ces actes transnationaux est un enjeu majeur qui n'est pas toujours assuré. De plus, cette connaissance reste souvent insuffisante face à l'absence de mention des voies de recours qui laisse le tiers démuni pour mener des procédures dans l'État d'émission.

Une récente affaire devant la Cour de justice de l'Union européenne permet d'illustrer cette problématique[2]. À l'occasion de deux questions préjudicielles posées par des juridictions néerlandaises, la Cour a eu à se prononcer sur les mentions que devaient contenir des refus de visas fondés sur des objections émises par d'autres États membres. En l'espèce, un ressortissant égyptien marié à une Néerlandaise avait sollicité un visa aux Pays-Bas, demande à laquelle lui avait été opposé un refus en raison d'une objection formulée par la Hongrie. Une telle objection peut effectivement être exprimée lorsqu'au cours d'une demande de visa, l'État membre sollicité estime nécessaire de consulter les autorités d'autres États membres pour « des motifs tenant à l'existence d'une menace pour l'ordre public, la sécurité intérieure,

[1] CE, ass., 13 juillet 2016, *Czabaj*, n°387763, *Rec.* p. 340, concl. HENRARD O. ; *AJDA* 2016. 1629, chron. DUTHEILLET DE LAMOTHE L. et ODINET G. ; *RDA* 2016, comm. 13, note EVEILLARD G. ; *JCP A* 2016. 2238, note PAULIAT H. ; *JCP G* 2016. 1396, note SOUVIGNET X.

[2] CJUE, 24 novembre 2020, *RNNS et KA c/ Minister van Buitenlandse Zaken*, *aff.* C-225/19 et C-226/19, ECLI :EU :C :2020 :951

les relations internationales ou la santé publique »[1]. Dans le cas d'une objection, celle-ci doit automatiquement entraîner le refus du visa demandé dans l'État requis[2]. Par conséquent, le refus du visa par les Pays-Bas semblait être une juste application du règlement n°810/2009, mais ce refus ne mentionnait pas l'identité de l'État membre ayant formulé l'objection, ni les motifs la sous-tendant. Ainsi, le demandeur de visa souleva devant le tribunal de La Haye une atteinte à son droit à un recours effectif protégé par l'article 47 de la Charte des droits fondamentaux, car il ne pouvait pas contester sur le fond le refus de visa qui était légal, car fondé sur l'objection hongroise. Parallèlement, dans une autre affaire, une ressortissante syrienne avait connu un refus similaire suite à une objection formulée par l'Allemagne à son encontre conduisant également à la saisine du juge néerlandais.

Ces deux affaires étant relatives à une problématique commune, la juridiction de renvoi posa une question préjudicielle relative aux deux espèces portant sur les modalités de contrôle offertes au juge néerlandais face à un refus de visa fondé sur une objection formulée par un autre État membre. La Cour de justice répondit alors que le juge national ne pouvait que contrôler la décision de refus et pas l'objection qui relevait des juridictions nationales de l'État membre l'ayant formulée. De ce point de vue, cette interprétation est somme toute assez classique, respectant la compétence du juge national pour examiner la légalité d'un acte administratif émis par son État. Pour autant, la Cour élargit significativement l'office du juge de l'État ayant délivré la décision de refus en lui intimant de contrôler le respect de la procédure de consultation préalable et notamment si « le demandeur a été correctement identifié comme étant visé par l'objection concernée et que l'obligation de motivation a été respectée »[3]. Ceci instaure donc un contrôle minimal de la forme de l'objection qui a pour but d'assurer l'effectivité du droit au recours protégé par l'article 47 de la Charte des droits fondamentaux. Car, en effet, la Cour de justice ajoute que l'État membre de la décision de refus de visa se doit de communiquer au demandeur l'identité de l'État membre ayant émis l'objection, la substance des raisons ayant conduit à cette objection ainsi que l'autorité nationale étrangère à laquelle le demandeur peut s'adresser pour connaître les voies de recours disponibles.

Cette décision peut alors être interprétée comme reconnaissant un lien entre la connaissance des voies de recours disponibles et le droit à un recours effectif – ce qui est finalement logique puisque cette première conditionne concrètement l'exercice de ce second. Actant des difficultés qu'un requérant situé à l'étranger peut rencontrer pour réussir à contester un acte administratif transnational, la Cour de justice met ici en place un palliatif : la dénomination de l'autorité nationale étrangère pouvant informer le demandeur des voies de recours accessibles dans son État. Cette obligation reprend donc la logique de la mention des voies de recours.

[1] Art. 22 du règlement (CE) n°810/2009 du Parlement européen et du Conseil du 13 juillet 2009 établissant un code communautaire des visas.

[2] Article 32, §1, a), vi) du règlement.

[3] §51 de la décision.

C'est primordialement un impératif de transmission des informations nécessaires à leur exercice au destinataire ou au tiers de l'acte.

Ce système pourrait être repris dans le cas de toutes les procédures administratives transnationales. Dès lors qu'un acte serait lui-même fondé sur un acte administratif transnational, il devrait, à défaut d'indiquer directement les voies de recours disponibles contre ce dernier, informer le destinataire final du nom d'une administration à contacter dans l'État émetteur de l'acte transnational afin de connaître les modalités permettant l'exercice de son droit au recours. De même, pour les actes administratifs unilatéraux transnationaux hors procédures transnationales, l'on pourrait imaginer que les textes organisant leur transnationalité exigent que figurent dans leur contenu les voies de recours ouvertes ainsi que les délais applicables.

Ces mentions pourraient parfaitement être imposées, notamment dans le cadre du droit de l'Union qui prévoit déjà des mentions obligatoires pour certains actes administratifs. Par exemple, le permis de conduire délivré par un État membre doit contenir la mention « permis de conduire », le nom du titulaire ou encore sa date et son lieu de naissance[1]. De même, les titres de séjours octroyés par les États membres aux ressortissants de pays tiers comportent différentes mentions rendues obligatoires par le règlement n°1030/2002[2] comme la date et le lieu de délivrance, l'identité du titulaire ou encore sa signature. Il est donc possible d'envisager que le droit de l'Union, dans les instruments fondant la transnationalité d'actes administratifs unilatéraux, prévoie également de manière systématique une obligation de mention de voies de recours nationales afin d'en faciliter la contestation par d'éventuels requérants situés à l'étranger. De même, élargir cette obligation aux actes fondés sur des actes administratifs transnationaux permettrait d'améliorer le droit à un recours effectif déjà amoindri par les procédures administratives transnationales.

L'information des administrés sur les voies de recours ouvertes contre les actes administratifs unilatéraux transnationaux dans leur État d'origine est une variable efficace et nécessaire pour faciliter la contestation de tels actes. Toutefois, un autre élément technique se doit d'être pris en compte dans la mise en place d'une telle information : la langue. En effet, un problème majeur pour de potentiels requérants étrangers est qu'ils ne comprennent pas nécessairement la langue de l'État d'origine d'un acte administratif transnational, ce qui peut in fine les conduire à ne pas s'engager dans l'exercice d'un recours contre ce type d'acte. Cet obstacle n'est certes pas juridique et pourtant il constitue certainement un empêchement de taille dans l'exercice des voies de recours.

La langue est en enjeu juridique particulièrement important en ce qu'elle conditionne la compréhension du droit par ses destinataires. Si cet élément peut apparaître de prime abord trivial, il est au contraire déterminant, en particulier dans le cas des actes administratifs transnationaux. Pour ces derniers, le problème de la langue se pose de manière accrue en ce que les destinataires ou les tiers dont la

[1] Directive 2006/126/CE du Parlement européen et du Conseil du 20 décembre 2006 relative au permis de conduire (refonte), Annexe I.

[2] Règlement (CE) n°1030/2002 du Conseil du 13 juin 2002 établissant un modèle uniforme de titre de séjour pour les ressortissants de pays tiers, annexe.

situation juridique est affectée par un tel acte ne comprennent pas nécessairement la langue de l'État d'émission. Ce cas de figure est alors beaucoup plus commun que dans des situations purement internes, car, l'acte concernant des personnes souvent placées à l'étranger, il s'adresse beaucoup plus régulièrement à des étrangers. Il en résulte que la proposition d'imposer la mention des voies de recours et des délais dans les actes administratifs transnationaux pourrait rester vaine dans le cas où les destinataires ou tiers affectés ne pourraient tout simplement pas les comprendre, car rédigés dans une langue qui leur est étrangère. Il apparaît donc opportun de compléter la première proposition par un dispositif de traduction facilement accessible.

La transnationalité administrative n'est pas le premier phénomène juridique soulevant la question du multilinguisme. En effet, la construction européenne a rapidement rencontré un tel écueil et elle tâche d'y apporter différentes solutions. Que ce soit au niveau du Conseil de l'Europe ou de l'Union européenne, le choix a été fait de tenter d'assurer au maximum aux individus des interactions formulées dans leur langue maternelle. Ainsi, la Charte européenne des langues régionales recommande, dans la mesure du possible, aux administrations de s'adresser dans les langues régionales ou minoritaires dans les zones où un nombre de locuteurs de ces langues est particulièrement important[1]. Même si cette convention reste peu mise en œuvre en pratique, car ratifiée par un très faible nombre d'États, cette disposition montre l'importance que peut revêtir la langue pour un administré.

De même, l'Union européenne a fait le choix d'édicter son droit primaire et son droit dérivé dans toutes les langues officielles qui sont composées par les différentes langues des États membres[2]. Ce droit à la langue est finalement conçu comme un « droit politique » en ce qu'il est nécessaire que tout citoyen européen puisse comprendre le droit de l'Union[3]. Ceci répond alors à des impératifs démocratiques, mais également de légitimité de l'Union qui se doit de créer un lien avec ses citoyens[4]. Bien que le plurilinguisme de l'Union ne soit pas parfait, avec une relative domination de l'anglais comme langue de travail au sein des institutions[5], l'ensemble des normes de droit de l'Union demeurent traduites dans l'ensemble des langues officielles de la région. L'on retrouve également des traductions des Cours suprêmes étatiques, notamment en anglais. Un exemple nous est donné par la décision controversée[6] du Tribunal constitutionnel polonais relatif au contrôle du droit de

---

[1] Article 10, §1.

[2] Voir notamment le Règlement n°1 portant fixation du régime linguistique de la Communauté économique européenne.

[3] FENET A., « Diversité linguistique et construction européenne », *RTD Eur.* 2001, p. 235.

[4] LOPES SABINO A., « Les langues dans l'Union européenne enjeux, pratiques et perspectives », *RTD Eur.* 1999, p. 159 ; PINGEL I., « Le régime linguistique de l'Union européenne », *Rev. UE* 2014, p. 328.

[5] FENET A., *art. cit.* ; SCHÜBEL-PFISTER I., « Enjeux et perspectives du multilinguisme dans l'Union européenne : après l'élargissement, la 'babélisation' ? », *RMCUE* 2005, p. 325.

[6] MARTUCCI F., « La Pologne et le respect de l'État de droit : quelques réflexions suscitées par la décision K 3/21 du Tribunal constitutionnel polonais », *Le Club des juristes*, 15 octobre 2021.

l'Union européenne au regard de la constitution nationale[1] dont un résumé en anglais est disponible sur le site officiel de la juridiction[2]. Un autre exemple est celui de la Cour constitutionnelle allemande qui propose la même chose. Ainsi, un résumé en anglais[3] est accessible sur son site à propos de la décision également controversée[4] Weiss[5]. Ces illustrations témoignent de la prise de conscience des Cours nationales, de l'importance de la compréhension et de la diffusion de leurs décisions. Sans traduction, celles-ci ne peuvent être véritablement comprises. L'enjeu de la langue est ainsi reconnu implicitement, mais réellement.

La langue d'interaction des citoyens avec l'administration est donc capitale et cet enjeu se retrouve dans le cas des actes administratifs unilatéraux transnationaux. Toutefois, un système de traduction à l'image de celui des normes de l'Union semble illusoire. En effet, un tel système est particulièrement coûteux en termes financiers, mais également de temps et de ressources humaines[6]. Si l'Union dispose de tels moyens, imposer une traduction des actes administratifs transnationaux dans toutes les langues de l'Union ferait peser une charge beaucoup trop importante sur les États. De plus, une telle obligation ne serait pas nécessairement conforme aux exigences des droits nationaux. Par exemple, l'article 2 de la Constitution française dispose que « [l]a langue de la République est le français » ce qui a pour conséquence d'imposer, en principe, l'utilisation de cette langue à l'administration qui ne peut donc édicter des actes administratifs en langue étrangère[7].

Cependant, l'avancée des nouvelles technologies peut proposer une solution technique facile à mettre en place, en particulier au niveau de l'Union européenne. Un exemple nous est donné par le service proposé par l'entreprise Deeple qui utilise l'intelligence artificielle pour proposer des traductions rapides et les plus justes, dans plus d'une vingtaine de langues. L'on pourrait ainsi créer un site internet officiel de traduction spécialisé dans les actes administratifs des États membres pouvant notamment utiliser la même technologie pour proposer les traductions les plus précises possibles. Un tel dispositif aurait un coût à mettre en place, mais il aurait l'avantage d'être rapide et de nécessiter extrêmement peu de moyens humains pour son fonctionnement. Par ailleurs, un travail de documentation pourrait venir le compléter en répertoriant les procédures de voies de recours mentionnées dans les

---

[1] Tribunal constitutionnel, 7 octobre 2021, *Assessment of the conformity to the Polish Constitution of selected provisions of the Treaty on European Union*, K 3/21.

[2] Voir le site officiel : https://trybunal.gov.pl/en/hearings/judgments/art/11662-ocena-zgodnosci-z-konstytucja-rp-wybranych-przepisow-traktatu-o-unii-europejskiej [consulté le 26 novembre 2021].

[3] Voir le site officiel : https://www.bundesverfassungsgericht.de/SharedDocs/Entscheidungen/EN/2020/05/rs20200505_2bvr085915en.html;jsessionid=2D062B2363DA357974E39FA8E9AA4CC6.2_cid319 [consulté le 26 novembre 2021].

[4] POIARES MADURO M., « Quelques observations préliminaires sur l'arrêt *Weiss* de la Cour constitutionnelle allemande relatif au PSPP », *RTD eur.* 2020, pp. 909 et s. ; MARTUCCI F., « La BCE entre démocratie et Union de droit », *RTD eur.* 2020, pp. 787 et s.

[5] BVerfG, 5 mai 2021, *Weiss*, 2 BvR 859/15.

[6] SCHÜBEL-PFISTER I., *art. cit.*

[7] VERPEAUX M., « Contentieux constitutionnel : normes de référence », in *Répertoire de contentieux administratif*, Dalloz, janvier 2020, §119-125.

actes en cause. L'accès à un recours effectif serait alors grandement amélioré ainsi que l'intelligibilité du droit pour les administrés.

Ainsi, deux propositions apparaissent pertinentes pour faciliter l'exercice des voies de recours contre les actes administratifs unilatéraux transnationaux. C'est d'abord la mention de ces voies de recours dans l'acte en cause qui permettrait aux destinataires et aux tiers affectés par de tels actes de connaître les modalités de contestation qui leur sont offertes. À défaut d'une telle mention, la désignation d'une autorité de l'État d'émission pouvant délivrer la même information au requérant potentiel serait une alternative envisageable. Cette connaissance des voies de recours est un prérequis indispensable à leur exercice et contribue alors à renforcer le droit au recours effectif. Une telle obligation pourrait être contenue dans un acte de droit dérivé relatif à la transnationalité administrative comme la directive proposée à l'issue de cette étude. Ce dispositif devrait également être complété par un site de traduction officiel des actes administratifs afin que les administrés étrangers puissent comprendre les actes transnationaux les affectant ainsi que les éventuelles mentions de voies de recours. Ces éléments concrets seraient alors particulièrement efficaces pour clarifier le droit applicable à ces administrés. Mais outre cet objectif de facilitation de l'accès au recours, un autre axe qui permettrait d'accroître les modalités de contrôle des actes administratifs transnationaux porterait sur l'accès des administrés concernés à l'administration nationale de l'État ayant émis de tels actes.

Si le recours juridictionnel est un moyen efficace de contrôle des actes administratifs unilatéraux, il est parfois préférable – voire obligatoire – de solliciter au préalable l'auteur d'un acte pour mieux en comprendre les motifs ainsi que pour éventuellement former un recours administratif. L'un des enjeux est alors celui de l'accès à l'administration et, comme pour la connaissance des voies de recours, celui-ci est complexifié par la transnationalité administrative en ce que la personne affectée par un acte administratif unilatéral transnational est souvent située dans un pays différent de celui d'émission. Dès lors, la prise de contact avec l'administration auteure de l'acte peut être conditionnée par un déplacement à l'étranger, ce qui est coûteux à la fois en temps et en moyens financiers. Également, les ramifications complexes des administrations nationales sont souvent source de confusions rendant difficile l'identification de l'interlocuteur à saisir. Une solution, qui serait envisageable dans le cadre de l'intégration européenne, serait alors de développer des points de contact nationaux spécialisés dans la gestion de ce type de situation où un acte administratif transnational est présent. Cela faciliterait alors les interactions nécessaires à des demandes de précisions à propos des actes administratifs unilatéraux transnationaux ainsi qu'à l'exercice de recours administratifs. Ainsi, cela permettrait dans certains cas d'éviter l'engagement de procédures juridictionnelles qui sont parfois très longues à aboutir. Également, une autre alternative au contentieux serait la médiation. La création des points de contact concourrait aussi à la facilitation de cette alternative au contentieux. Elle serait idéalement complétée par un fonds d'indemnisation que les États pourraient constituer en commun pour réparer certains préjudices subis du fait d'actes administratifs transnationaux.

L'émission d'un acte administratif ne marque pas une fin définitive aux interactions entre l'administration et les administrés. Bien au contraire, cette adoption peut constituer l'ouverture d'une nouvelle discussion portant sur le bien-fondé de cet acte. C'est notamment par l'exercice d'un recours administratif, qui est toujours ouvert, que cette relation peut prendre forme. Par ailleurs, en droit administratif français, un tel recours peut être un préalable obligatoire pour pouvoir ensuite saisir le juge administratif de la légalité d'un acte donné[1]. Il en résulte que la possibilité de saisir l'administration d'un acte qu'elle a adopté est déterminante pour le contrôle de légalité. Les actes administratifs transnationaux ne présentent pas d'exception de ce côté : ils peuvent effectivement faire l'objet d'un recours administratif comme tout acte administratif donné. Or, une fois de plus, les personnes affectées par de tels actes peuvent se trouver démunies face à des procédures nationales qui leur sont inconnues et qui se déroulent dans des langues étrangères. Outre les solutions déjà proposées, l'on pourrait également envisager la création de points de contact spécialement adaptés à ce type de situation.

Ceci s'inscrit alors dans la logique du guichet unique qui n'est pas étrangère à l'Union européenne[2]. Celle-ci procède du constat de la complexité des procédures administratives, en particulier lorsqu'elles doivent être multipliées, qui peut aboutir à constituer un obstacle pour l'exercice des libertés de circulation. Un exemple parlant est celui de la directive services[3] qui avait notamment pour but d'assurer la possibilité pour les opérateurs économiques, légalement établis dans un État membre, de fournir leur service dans les autres États membres sans pour autant devoir y obtenir une nouvelle autorisation ou un nouvel établissement[4]. Or, une des préoccupations du législateur européen était la simplification des procédures pour l'établissement des opérateurs rentrant dans le champ d'application de la directive. Ceci ressort en particulier du paragraphe 48 du préambule qui déclare : « Afin de simplifier davantage les procédures administratives, il convient de veiller à ce que chaque prestataire ait un interlocuteur unique par l'intermédiaire duquel il peut accomplir toutes les procédures et formalités (ci-après dénommé 'guichet unique') ». Cela fut alors traduit dans l'article 6 de la directive qui impose aux États membres de mettre en place un guichet unique pour les procédures nécessaires à l'accès à une activité économique.

Ainsi, la logique de la création d'un guichet unique pour alléger la charge administrative n'est pas particulièrement originale et a été mise en place dans d'autres domaines. Dans le cas des actes administratifs unilatéraux transnationaux, il serait possible que les États soient chargés de désigner un point de contact auquel toute

---

[1] Articles L. 412-1 à L. 412-8 CRPA. Voir également : BROYELLE C., *Contentieux administratif*, LGDJ, coll. Manuel, 9e éd., 2021, Paris, pp. 139-144 ; CHAPUS R., *Droit du contentieux administratif*, Montchrestien, coll. Domat droit public, 13e éd., 2008, Paris, pp. 403-408 ; TRUCHET D., « Recours administratif », in *Répertoire de contentieux administratif*, Dalloz, octobre 2000 (actualisation : Avril 2017), §286-289. Pour une étude détaillée sur le recours administratif préalable obligatoire, voir : Conseil d'État, *Les recours administratifs préalables obligatoires*, La documentation française, Études du Conseil d'État, 29 juillet 2010, 234 p.

[2] COURJON O., « Combien de guichets uniques dans l'Union européenne ? », in *Études à la mémoire du professeur Maurice Cozian*, LexisNexis Litec, coll. Écrits de fiscalité des entreprises, 2009, pp. 607-615.

[3] Directive 2006/123/CE du Parlement européen et du Conseil du 12 décembre 2006 relative aux services dans le marché intérieur.

[4] Article 16, §1 de la directive.

personne dont la situation juridique est modifiée par un acte de cette catégorie puisse se référer afin de former un recours administratif. Ce point de contact aurait alors pour mission de rediriger la demande auprès de l'autorité nationale compétente, ce qui faciliterait grandement l'accès au recours administratif. L'avantage de cette méthode est que les personnes étrangères sauraient identifier rapidement quel est l'interlocuteur à saisir.

Par ailleurs, l'on peut déjà retrouver un tel système dans certains cas de transnationalité administrative organisée par le droit de l'Union européenne. En particulier, dans le cadre de la reconnaissance mutuelle des qualifications professionnelles, l'article 57 ter de la directive 2005/36[1] prévoit que chaque État membre désigne un centre d'assistance dont « la mission consiste à offrir aux citoyens ainsi qu'aux centres d'assistance des autres États membres une assistance en matière de reconnaissance des qualifications professionnelles visées dans la présente directive, notamment des informations sur la législation nationale régissant les professions et l'exercice de ces professions, la législation sociale, et, le cas échéant, les règles de déontologie ». Ceci révèle donc que la création de points de contact nationaux a déjà été pensée dans certains secteurs et considérée comme un moyen utile pour les administrés de faire valoir leurs droits face à des ordres juridiques et des actes administratifs étrangers. Son extension à l'ensemble des actes administratifs transnationaux n'est donc pas impossible à mettre en place.

Ceci devrait également aller de pair avec un fonctionnement dématérialisé de ces points de contact afin d'éviter des déplacements qui par leurs coûts financiers et temporels peuvent décourager l'exercice d'un recours. De même, ces points de contact pourraient être référencés sur le même site que celui opérant les traductions permettant ainsi un regroupement des informations nécessaires à l'exercice d'un recours au sein d'une même plateforme. L'outil numérique est donc un moyen à privilégier en raison de son a-territorialité qui permet de pallier les difficultés posées par les distances terrestres. Tous ces éléments concordent à donner un meilleur accès à l'administration et par là même à améliorer le contrôle des actes administratifs unilatéraux transnationaux. Enfin, un délai pour traiter la demande devrait être imposé aux points de contact pour que les délais de recours ne soient pas prescrits une fois la réponse adressée au demandeur. Les délais de recours variant selon les États membres, la proposition de directive figurant en Annexe I fait le choix d'encadrer ce délai de réponse dans des « délais inférieurs à ceux [des recours gracieux et contentieux] » disponibles contre un acte administratif unilatéral transnational donné.

La logique du guichet unique est donc un moyen pouvant significativement alléger les démarches pour former un recours administratif qui peut être un préalable obligatoire à un recours juridictionnel. De tels recours peuvent alors aboutir au retrait, à l'abrogation ou à la modification d'un acte donné. Toutefois, dans un cas où l'acte réexaminé serait illégal, il pourrait avoir causé un préjudice qui devrait être indemnisé. Dès lors, en France, il faudrait en principe poursuivre la procédure par

[1] Directive 2005/36/CE du Parlement européen et du Conseil du 7 septembre 2005 relative à la reconnaissance des qualifications professionnelles.

un recours de plein contentieux devant le juge administratif. Toutefois, cela priverait la voie non contentieuse d'un véritable avantage puisqu'in fine le requérant devrait arriver devant le juge national et se plier à une procédure longue et coûteuse. D'autres moyens, qui tendent à se multiplier dans le droit administratif français, pourraient permettre de rester dans une procédure non juridictionnelle tout en fixant la question de l'indemnisation. Il s'agit des modes alternatifs de règlement des différends et, en particulier, de la médiation.

Les contours des modes alternatifs peuvent varier selon la doctrine. Ainsi, l'on peut trouver une définition extensive comprenant à la fois les recours administratifs, la conciliation, la transaction et l'arbitrage en matière administrative[1] ou une acception plus restrictive excluant les recours administratifs[2]. Enfin, la conception la plus stricte écarte tant les recours administratifs que l'arbitrage considérant qu'un mode alternatif de règlement des différends se doit d'être à la fois égalitaire et non juridictionnel[3]. C'est cette dernière acception qui est ici retenue. En effet, l'arbitrage présente un caractère particulier en ce qu'il est une procédure juridictionnelle d'autant plus que son utilisation est en principe interdite aux personnes publiques malgré quelques exceptions apparues ces dernières décennies[4]. De plus, cette justice est généralement très coûteuse d'un point de vue financier et semble inappropriée au cadre de la transnationalité administrative où les recours indemnitaires opposent généralement des individus à des administrations pour des montants peu élevés. De même, les recours administratifs se doivent d'être exclus en ce qu'ils portent sur la légalité des actes administratifs transnationaux, ce qui les distingue par nature des modes alternatifs qui peuvent être mobilisés pour les conséquences indemnitaires d'une illégalité ayant causé un préjudice.

Il en résulte que les modes alternatifs de règlement des différends sont entendus dans le cadre de cette étude comme comprenant principalement la transaction et la médiation qui sont d'ailleurs prévues ensemble dans le Code des relations entre le public et l'administration à ses articles L. 421-1 et L. 423-1 notamment depuis une récente réforme de modernisation de la justice[5]. La transaction consiste en « un contrat par lequel les parties s'entendent entre elles, au moyen de concessions réciproques et équilibrées, pour terminer une contestation née ou prévenir une contestation à naître »[6]. À l'inverse, la médiation fait intervenir un tiers extérieur dont la mission consiste à faire converger les positions des parties sans pour autant tran-

---

[1] Conseil État, *Régler autrement les conflits : conciliation, transaction, arbitrage en matière administrative*, La documentation française, Études du Conseil d'État, 1993, 163 p.

[2] YOLKA P., « Les modes alternatifs de règlement des litiges administratifs », *in* GONOD P., MELLERAY F., YOLKA P. (dir.), *Traité de droit administratif*, t. 2, Dalloz, coll. Traités, 2011, Paris, p. 589.

[3] MELLERAY F., « La typologie des modes alternatifs de règlement des litiges en droit administratif », *in* CLAEYS A., GIRARD A.-L., *Les modes alternatifs de règlement des litiges en droit administratif*, Presses universitaires juridiques de Poitiers, coll. Actes & Colloques, 2018, Poitiers, p. 63.

[4] YOLKA P., *art. cit.*, pp. 608-626.

[5] En ce qui concerne la médiation, voir : articles 4 à 11 de la loi n°2016-1547 du 18 novembre 2016 de modernisation de la justice du XXIe siècle, complétée par la suite par le décret n°2017-566 du 18 avril 2017 relatif à la médiation dans les litiges relevant de la compétence du juge administratif.

[6] PLESSIX B., « Les modes alternatifs de règlement des litiges entre personnes publiques », *RDA* n°8-9, août 2017, ét. 13, §2.

cher de lui-même le litige[1]. Cette dernière peut être organisée dans un cadre juridictionnel,[2] mais également en dehors de celui-ci[3] et peut aboutir à une transaction[4]. En eux-mêmes, ces deux mécanismes proposent une alternative possible à un recours de plein contentieux. En effet, suite à un recours administratif ayant conduit au retrait d'un acte, car illégal, et dans le cas où cette illégalité aurait causé un préjudice au destinataire ou au tiers affecté par cet acte, le montant de l'indemnisation pourrait être fixé au moyen d'une transaction avec l'administration ou d'une médiation. Dans le cas de l'acte administratif unilatéral transnational, l'existence de points de contact spécifiques pourrait proposer un accès facilité à ce type de résolution des différends améliorant de ce fait l'accès à la justice par la simplification procédurale.

Cet effet de simplification, rempli par de tels modes alternatifs, avait déjà été constaté en matière civile et commerciale par un livre vert de la Commission de 2002[5]. Elle y mettait notamment l'accent sur les difficultés accrues que connaissaient les litiges transfrontaliers en termes de lenteur et de coûts de procédures juridictionnelles[6]. Ce constat avait abouti à l'adoption de la directive 2008/52/CE[7] qui établissait clairement un lien entre l'objectif de garantir un meilleur accès à la justice et l'existence de services de médiation[8]. Cette directive, dont le champ d'application excluait la matière régalienne et était restreint aux litiges transfrontaliers, visait à étendre le recours à la médiation qu'elle définissait comme « un processus structuré, quelle que soit la manière dont il est nommé ou visé, dans lequel deux ou plusieurs parties à un litige tentent par elles-mêmes, volontairement, de parvenir à un accord sur la résolution de leur litige avec l'aide d'un médiateur »[9]. Malgré la définition restrictive de la matière administrative qu'a le droit de l'Union européenne[10], cette directive trouvait à s'appliquer dans de nombreux domaines de l'action administrative comme la responsabilité hospitalière[11]. Par extension, celle-ci pouvait donc s'appliquer à des demandes indemnitaires résultant d'actes administratifs pris dans le cadre du service hospitalier, en particulier pour ceux émis par l'hôpital de Cerdagne une fois celui-ci bâti, et ainsi importer la médiation dans le cadre de la transnationalité administrative.

---

[1] *Ibid.*

[2] Articles L. 422-1 et L. 422-2 CRPA ; articles L. 213-1 à L. 213-10 CJA.

[3] Articles L. 421-1 et L. 421-2 CRPA.

[4] GAZAGNES P., « La médiation administrative », *AJDA* 2018, p. 2334.

[5] Commission européenne, *Livre vert sur les modes alternatifs de résolution des conflits relevant du droit civil et commercial*, 2002, COM(2002) 196 final.

[6] *Ibid.*, p. 8.

[7] Directive 2008/52/CE du Parlement européen et du Conseil du 21 mai 2008 sur certains aspects de la médiation en matière civile et commerciale.

[8] §1 à 6 du préambule.

[9] Article 3, a).

[10] NABLI B., « L'autorité publique et la puissance publique », *in* AUBY J.-B. (dir.), *L'influence du droit européen sur les catégories de droit public*, coll. Thèmes et commentaires, Dalloz, 2010, Paris, pp. 331-353, spéc. pp. 337-343.

[11] Conseil d'État, *Développer la médiation dans le cadre de l'Union européenne*, La documentation française, Études du Conseil d'État, 2010, p. 31.

Outre la démonstration de la possible exportation de la médiation dans la matière administrative, même dans sa composante transnationale, cette directive a marqué le début d'un développement de la médiation dans le droit administratif français. En témoignent l'étude du Conseil d'État en date de juillet 2010, mais également, et surtout, une réforme récente de la modernisation de la justice. En effet, la loi du 18 novembre 2016 a incorporé la médiation dans le CJA en reprenant très largement la définition donnée par la directive[1]. Ainsi, la médiation est bien établie en droit administratif français et tend à se développer, en particulier de manière sectorielle[2]. Aucun élément ne semble alors faire obstacle à ce que ce mode alternatif de règlement des différends ne soit usité dans le cas de l'acte administratif transnational. Cette méthode serait plus adaptée que la transaction, car l'intervention d'un tiers impartial en tant que médiateur permettrait de rééquilibrer les rapports entre une administration d'émission et un destinataire, ou un tiers affecté, souvent étranger et donc peu connaisseur de la culture juridique d'origine.

Pour assurer la possibilité d'une médiation, le droit de l'Union européenne pourrait être une source particulièrement pertinente. Outre la médiation relative aux litiges civils et commerciaux transfrontaliers, d'autres textes européens sont intervenus pour instaurer une telle option dans des litiges de nature administrative. C'est notamment le cas pour le service européen de télépéage (SET) organisé par la directive n°2019/520 qui impose aux États membres d'établir une « procédure de médiation afin de permettre à un percepteur de péages ou à un prestataire du SET de demander à l'organe de conciliation compétent d'intervenir pour un différend concernant leurs relations ou négociations contractuelles »[3]. De même, ce processus de règlement amiable des différends peut intervenir dans le cadre de réseau d'autorités administratives dans le cas où une différence de mise en œuvre du droit de l'Union aboutirait à léser un administré. C'est notamment le cas en matière fiscale à propos de l'interprétation et de la mise en œuvre des accords et conventions relatifs à l'élimination de la double imposition, où la directive 2017/1852 prévoit une procédure amiable entre les autorités nationales lorsqu'une réclamation est formée en ce sens par un administré[4]. Ceci illustre la capacité du droit de l'Union à venir formaliser la procédure de médiation. Il en résulte que dans le cas des actes administratifs transnationaux, ce droit pourrait très bien y imposer également cette méthode, en particulier au sein même des actes organisant l'effet transnational de ces actes. Cette possibilité viendrait ainsi compléter les différents moyens offerts aux administrés pour venir contester et obtenir réparation des actes administratifs unilatéraux transnationaux illégaux. Une telle médiation pourrait alors s'appuyer sur les points de contact nationaux qui seraient de véritables entités spécialisées dans la

---

[1] Article L. 213-1 CJA ; NURET B., « La médiation en droit public : d'une chimère à une obligation ? », *JCP A* n°9, 4 mars 2019, p. 2060.

[2] YOLKA P., *art. cit.*, pp. 592-593.

[3] Art. 12, §1 de la directive (UE) 2019/520 du Parlement européen et du Conseil du 19 mars 2019 concernant l'interopérabilité des systèmes de télépéage routier et facilitant l'échange transfrontière d'informations relatives au défaut de paiement des redevances routières dans l'Union (refonte).

[4] Art. 4 de la directive (UE) 2017/1852 du Conseil du 10 octobre 2017 concernant les mécanismes de règlement des différends fiscaux dans l'Union européenne.

gestion des questions administratives transnationales. Ceux-ci pourraient alors intervenir en tant que médiateurs pour les affaires relatives à l'indemnisation de dommages résultant d'actes administratifs transnationaux émis par leur État.

Le destinataire, ou le tiers, dont la situation juridique est affectée par un acte administratif transnational, se trouve généralement dans un rapport particulièrement déséquilibré face à l'administration d'émission en raison de sa localisation géographique souvent extérieure à l'État d'origine. De ce fait, que ce soit par sa culture, sa langue ou les limitations matérielles que constitue un domicile à l'étranger, ses moyens de contestation d'un acte transnational se trouvent alors particulièrement réduits. Afin d'atténuer ces difficultés, plusieurs propositions sont ici formulées. Les premières sont relatives à l'information de ces administrés qui se trouvent particulièrement dépourvus face à des actes étrangers. Ainsi, l'indication des voies de recours et la mise en place d'un système de traduction de ces actes semblent être un préalable indispensable à l'exercice de recours juridictionnels. Mais au-delà de la matière contentieuse, de réels progrès peuvent être réalisés dans les interactions de ces administrés avec l'administration d'origine. Faisant face à la difficulté d'identifier précisément l'administration à saisir d'un recours administratif, il serait certainement opportun de créer des points de contact nationaux selon la logique du guichet unique afin qu'un seul interlocuteur puisse traiter des demandes relatives aux actes administratifs transnationaux émis par son État. De plus, le développement de procédures alternatives de règlement des différends, en particulier de la médiation, pourrait venir compléter cet accès facilité au recours administratif pour les demandes indemnitaires subséquentes d'un préjudice causé par un acte administratif transnational illégal. La flexibilité de ce genre de procédure pourrait alors parfois être plus adaptée à ce type de situation où les ordres juridiques entrent en collision à la défaveur de la compréhension juridique des administrés. Toutes ces mesures seraient facilement mises en œuvre au moyen du droit de l'Union européenne. L'adoption d'une directive relative à la transnationalité administrative pourrait imposer la mention obligatoire des voies et délais de recours et la création des points de contact nationaux ainsi que prévoir leur éventuel rôle de médiateur. De plus, une telle directive pourrait également mettre en place le site officiel de traduction proposé. Ces différentes propositions auraient pour conséquence de faciliter le contrôle des actes administratifs transnationaux initié par les destinataires ou les tiers affectés par ces actes. De manière parallèle, la suite de cette étude doit également envisager les moyens de contestation mis à la disposition des États de réception.

De par sa nature, l'acte administratif unilatéral transnational s'impose à l'État de réception dont il lie juridiquement l'administration. Ce mécanisme constitue alors une intrusion dans l'ordre juridique de réception et pose un conflit de souverainetés résolu par le truchement d'une norme de droit international ou de droit de l'Union européenne en organisant la transnationalité. Si dans certains cas, il semble possible pour l'État de réception de ne pas faire application d'un tel acte, notamment s'il viole son ordre public ou a été obtenu par fraude, il demeure que cet État reste assez démuni face à un acte qu'il souhaiterait voir retiré ou abrogé. En effet, dans le cas de procédures administratives transnationales, les États de réception peuvent se retrouver contraints d'adopter certains actes purement nationaux qui sont eux-mêmes fondés sur un acte administratif transnational. Or, ces actes subséquents peuvent ouvrir des recours en responsabilité contre ces États de réception qui font alors face à des demandes d'indemnisation de la part des personnes ayant subi un préjudice. De plus, l'existence d'un acte administratif transnational demeure une incursion particulièrement forte dans la souveraineté de l'État de réception qui ne devrait pas être laissé complètement impotent face à ce phénomène. L'état actuel du droit n'est donc pas satisfaisant pour ces États qui devraient être mis à même de demander le retrait ou l'abrogation de l'acte transnational.

L'état du régime de la transnationalité administrative n'est pas totalement indifférent à ce questionnement et l'on trouve déjà dans certains textes des mécanismes mis à disposition des États de réception pour contrôler en partie les effets produits par un acte administratif unilatéral transnational. Cependant, ces outils restent spécifiques à chaque texte organisant la transnationalité de ces actes et pourraient alors faire l'objet d'une rationalisation poursuivant la mise en place d'un système généralement applicable à tous les actes transnationaux. C'est donc le développement et l'extrapolation du système existant qui pourraient constituer une solution pertinente à ce problème. Cependant, en raison des conditions restrictives pouvant exister dans les droits nationaux à propos du retrait et de l'abrogation des actes administratifs, ce type de mécanisme ne résoudrait pas entièrement l'équation posée. C'est pourquoi l'on pourrait proposer de compléter cette systématisation par un mécanisme de responsabilité propre à la transnationalité administrative dans le cadre de l'Union européenne.

Les textes organisant la transnationalité administrative ne laissent donc pas toujours les États de réception dans l'obligation absolue de se plier aux actes administratifs étrangers transnationaux. En effet, ces États de réception peuvent être mis en mesure de contrôler partiellement ces actes en ce qu'ils respectent les conditions posées à leur effet transnational dans le texte leur donnant cette qualité. Par exemple, la transnationalité des demandes d'informations fiscales est soumise à l'épuisement des moyens de recherche disponibles pour l'autorité d'émission et, en cas de non-respect de cette condition, l'État de réception peut refuser de faire droit à la demande et donc s'extraire de son effet transnational[1]. De même, d'autres exceptions ont été exposées supra à propos des permis de conduire émis par les États membres qui peuvent être privés d'effet sur le territoire de l'État de réception dans certains cas, comme celui d'un retrait de permis antérieur dans ce même État. Enfin, les mécanismes bien connus du droit international privé que sont l'exception d'ordre public international et la fraude peuvent très certainement être mobilisés par l'État de réception pour couper court à l'effet devant normalement être produit par un acte administratif unilatéral transnational.

Cependant, ces différents mécanismes de contrôle restent circonscrits à des circonstances particulières et ne peuvent dès lors constituer un moyen général mobilisable par les États de réception pour bloquer un acte administratif unilatéral trans-

[1] Art. 17 directive 2011/16/UE du Conseil du 15 février 2011 relative à la coopération administrative dans le domaine fiscal et abrogeant la directive 77/799/CEE.

national. Une solution nouvelle consisterait alors dans la possibilité pour les États de réception de saisir l'État d'origine d'une demande de réexamen d'un acte administratif transnational. Ce système n'est d'ailleurs pas étranger au fonctionnement de certains actes dans le cadre européen. Un exemple est ainsi donné par le cas des licences ferroviaires. La directive 2012/34/UE[1] prévoit en effet que les entreprises ferroviaires obtiennent, auprès de l'État membre où elles sont établies, une licence[2] qui leur donne alors l'accès à l'activité en cause sur l'ensemble du territoire de l'Union[3]. Ces licences constituent donc des actes administratifs unilatéraux transnationaux dont les conditions d'obtention sont détaillées aux articles 18 à 22 de la directive. Dans le cas où l'entreprise titulaire d'une licence ne remplirait plus les exigences posées dans ces articles, l'autorité responsable se doit alors de suspendre ou de retirer ladite licence[4]. Mais la directive complète cette disposition d'une manière similaire à la logique de la proposition ici soutenue. En effet, lorsque l'autorité d'un État membre de réception a un doute sérieux quant au respect desdites exigences par une entreprise titulaire d'une licence, cette autorité doit alors en informer sans délai l'autorité d'origine[5] qui, dans le cas où ce doute serait avéré, devrait par la suite retirer ou suspendre la licence[6]. Ainsi, ce dispositif met à même les États de réception de solliciter un réexamen de la légalité de la licence par l'État d'origine. Ce type de demande relative au potentiel retrait d'un acte administratif transnational existe donc déjà dans certains secteurs et peut facilement être mis en place par le droit dérivé de l'Union organisant la transnationalité administrative. C'est ce que Damien Elkind appelle le « dialogue inter-administratif » qu'il fonde sur l'obligation de coopération loyale entre les États membres prévue par l'article 4, §3 du TUE[7].

Une logique similaire se retrouve sur le marché européen des services de médias audiovisuels. La régulation de ce secteur pèse sur les États membres dont la répartition des compétences est organisée par la directive 2010/13 selon différents critères, dont le principal est celui du lieu d'établissement du fournisseur de services[8]. Il en résulte qu'en principe chaque opérateur est régulé par une seule administration nationale qui veille au respect des principes posés dans la directive. Le corollaire de cette organisation est que les autres États membres ne peuvent pas entraver la réception des émissions des fournisseurs soumis à la compétence d'un autre État membre. Cependant, la directive prévoit un garde-fou pour les États de réception dans le cas où un tel fournisseur enfreindrait sur leur territoire de manière manifeste, sérieuse et grave les dispositions de l'article 6 de la directive protégeant la

---

1 Directive 2012/34/UE du Parlement européen et du conseil du 21 novembre 2012, établissant un espace ferroviaire unique européen (refonte).

2 Art. 17 de la directive.

3 Art. 23, §1 de la directive.

4 Art. 24, §1 de la directive.

5 Art. 24, §2 de la directive.

6 Art. 24, §1, al. 2 de la directive.

7 ELKIND D., *L'efficacité des décisions administratives étrangères dans l'Union européenne. Étude de droit administratif transnational*, Thèse dactyl. soutenue le 5 décembre 2018, Université de Bordeaux, pp. 394-395.

8 Art. 2 de la directive 2010/13/UE du Parlement européen et du Conseil du 10 mars 2010 visant à la coordination de certaines dispositions législatives, réglementaires et administratives des États membres relatives à la fourniture de services de médias audiovisuels.

dignité humaine, la santé publique et prohibant l'incitation à la haine et au terrorisme[1]. Dans un tel cas, une procédure est prévue pour résoudre cette situation. Elle commence d'abord par la tentative d'un règlement amiable du problème. Ainsi, l'État de réception se doit d'en référer à l'État membre normalement compétent et à la Commission[2]. Ce n'est qu'en cas d'échec de cette étape que l'État membre pourra adopter des mesures de sauvegarde provisoires[3]. C'est ainsi que l'on retrouve ici la logique de la demande de réexamen auprès de l'État d'origine.

Par conséquent, c'est de manière sectorielle que le droit de l'Union prévoit une possibilité de sollicitation de l'État d'origine pour faire réévaluer un acte administratif unilatéral transnational. L'avantage d'un tel mécanisme est qu'il ne heurte aucune souveraineté puisque les États sont engagés dans une procédure de collaboration, moins unilatérale que des mesures de blocage directement adoptées par les États de réception. La généralisation d'une telle possibilité à l'ensemble des actes administratifs transnationaux institués par le droit de l'Union européenne serait alors souhaitable, redonnant un poids relatif aux États de réception et améliorant le contrôle de la légalité des actes transnationaux. En effet, ces États pourraient soulever des éléments importants, en particulier le non-respect originel ou postérieur de certaines normes posées par le texte européen créant la transnationalité, et la demande de réévaluation permettrait de purger certains actes de leurs illégalités. De telles demandes devraient être organisées de manière souple, mais encadrées par un délai assez court pour assurer leur efficacité. Un délai d'un ou deux mois pour répondre apparaît à la fois assez rapide pour éviter des effets trop néfastes en termes de sécurité juridique, mais aussi assez long pour que l'autorité d'origine puisse réexaminer l'acte en cause. Une obligation de réponse à de telles demandes devrait être prévue, similaire à celle existant, par exemple, pour les demandes d'information entre les autorités nationales dans différents secteurs économiques. Enfin, ce travail de type collaboratif favoriserait la cohésion des autorités nationales alimentant une homogénéisation des pratiques nationales ainsi qu'une meilleure confiance mutuelle. De ce fait, cette possibilité serait très bénéfique au développement de la transnationalité administrative et également au processus de l'intégration européenne.

Cependant, les demandes entre États membres restent inscrites dans des relations bilatérales et égales qui, en cas de désaccord majeur, ne permettent pas toujours d'aboutir à une solution consensuelle. Pour pallier ce défaut, le cadre européen peut proposer une voie alternative consistant en l'intervention de la Commission ou d'un comité. L'immixtion d'une institution tierce peut alors procurer un nouvel équilibre dans les interactions entre États membres concernés par un même acte administratif unilatéral transnational.

En effet, l'horizontalité de la transnationalité administrative ne permet pas toujours d'aboutir à une solution consensuelle entre les États concernés à propos du réexamen d'un acte administratif transnational donné. C'est pourquoi d'autres procédures ont parfois été mises en place pour permettre à l'État de réception de

[1] Art. 3, §2 de la directive.
[2] Art. 3, §2, b) de la directive.
[3] Art. 3, §2, d) de la directive.

disposer d'une réelle chance de révision d'un acte administratif étranger s'imposant à lui. Dans le cadre de l'Union européenne, ces procédures sont peu répandues dans les textes instituant de la transnationalité administrative, mais elles n'en sont pas pour le moins totalement absentes. Plus particulièrement, la structure institutionnelle de l'Union européenne offre une voie alternative à la demande entre États membres concernés : l'implication d'une institution tierce, à savoir la Commission européenne ou un comité institué dans un secteur donné. Il y a dès lors « un transfert du pouvoir décisionnel au niveau de l'Union européenne »[1].

Plusieurs exemples montrent que la Commission ou un comité peuvent avoir un rôle à jouer dans les moyens de contestation d'un acte administratif transnational par les États de réception. La coopération des autorités de contrôle en matière de protection des données personnelles telle qu'organisée par le règlement 2016/679[2] en est une illustration claire. Assez classiquement selon les méthodes de fonctionnement de la transnationalité administrative déjà étudiées, les autorités de contrôle nationales en la matière doivent s'apporter une assistance mutuelle consistant notamment en la réponse à des demandes d'information qu'elles s'adressent entre elles[3]. De plus, dans le cadre de la régulation des opérateurs intervenant sur le secteur, le contrôle peut être assuré par plusieurs autorités dont l'une d'entre elles prend le rôle de chef de file qui adoptera la décision finale quant à l'affaire étudiée[4]. Cependant, des divergences peuvent émerger notamment dans le cas où l'autorité chef de file refuserait de donner suite à une objection formulée par une autre autorité compétente. Dans un tel cas, il est plus que probable que la demande a posteriori de retrait ou de modification de la décision finale par l'autorité de réception reste sans effet. C'est pourquoi l'article 65 du règlement a prévu que le comité institué par l'article 68, le Comité européen de la protection des données, peut adopter une décision contraignante à propos du différend pour y mettre fin. Il s'agit du Comité européen de la protection des données qui a été saisi pour la première fois dans une affaire Twitter en 2020 où l'autorité irlandaise de contrôle n'avait pas pris en compte les objections formulées par d'autres autorités nationales dans l'affaire en cause[5]. Le comité a alors rendu sa première décision contraignante le 9 novembre 2020 et l'autorité irlandaise adapta sa décision finale en conséquence[6]. Ainsi, face à un différend insoluble en raison de l'horizontalité des rapports administratifs transnationaux, le droit de l'Union fait ici le choix de la verticalisation de l'arbitrage de ce conflit par le truchement du comité.

[1] ELKIND D., *L'efficacité des décisions administratives étrangères dans l'Union européenne. Étude de droit administratif transnational*, Thèse dactyl. soutenue le 5 décembre 2018, Université de Bordeaux, p. 412.
[2] Règlement (UE) 2016/679 du Parlement européen et du Conseil du 27 avril 2016 relatif à la protection des personnes physiques à l'égard du traitement des données à caractère personnel et à la libre circulation de ces données et abrogeant la directive 95/46/CE (règlement général sur la protection des données).
[3] Art. 61 du règlement.
[4] Art. 60 du règlement.
[5] CNIL, *Rapport d'activité 2020*, p. 48.
[6] *Ibid.*

Une logique similaire se retrouve sur le marché des services de médias audiovisuels dont la régulation est organisée selon la directive 2010/13[1] qui désigne un unique État membre compétent pour contrôler chaque opérateur du secteur. Si en principe les autres États doivent assurer la liberté de réception des émissions des fournisseurs placés sous le contrôle d'autres États membres, il a été vu précédemment que des dérogations à cette règle étaient possibles en cas de violation de certaines dispositions de la directive. Dans un tel cas, une procédure organisée par l'article 3 commence par une notification adressée au fournisseur ainsi qu'à l'État membre normalement compétent. Cette première étape commentée supra s'assimile finalement à une demande de réexamen de l'autorisation octroyée par l'État d'origine à l'opérateur concerné. Mais si cette consultation ne permet pas d'aboutir à un règlement amiable de la situation, l'État de réception peut notifier à la Commission les mesures qu'il entend prendre pour mettre fin aux violations. La Commission dispose alors d'un délai de trois mois pour déterminer si ces mesures de sauvegarde sont compatibles avec le droit de l'Union et par la suite permettre la mise en œuvre de cette dérogation[2]. C'est donc, ici, l'intervention de la Commission qui vient solder le différend existant entre les administrations nationales en cause.

Enfin, dernier exemple, le règlement n°883/2004 relatif à la coordination des systèmes de sécurité sociale nationaux[3] recourt également à un mécanisme similaire. En vertu de celui-ci, une personne assurée dans un État membre donné qui réside dans un autre État membre où elle souhaite bénéficier de prestations de maladie doit y avoir accès comme si elle était assurée dans ce second État. Ainsi, l'acte d'affiliation au premier État dispose d'une nature transnationale en ce que l'État de réception se doit de prendre en charge la personne en cause. Face à des difficultés potentielles de mise en œuvre, ce règlement a ici aussi prévu un mécanisme de résolution des différends à son article 76, §6 qui dispose que :

« En cas de difficultés d'interprétation ou d'application du présent règlement, susceptibles de mettre en cause les droits d'une personne couverte par celui-ci, l'institution de l'État membre compétent ou de l'État membre de résidence de l'intéressé contacte la ou les institutions du ou des États membres concernés. À défaut d'une solution dans un délai raisonnable, les autorités concernées peuvent saisir la commission administrative ».

Cette procédure suit donc les deux étapes des propositions formulées par cette étude : d'abord une demande adressée par l'autorité de réception à celle d'origine, et ensuite la saisine d'une entité tierce instituée par le droit de l'Union. La commission administrative en cause est composée des représentants gouvernementaux de chacun des États membres qui peuvent être assistés de conseillers techniques. Elle est

---

[1] Directive 2010/13/UE du Parlement européen et du Conseil du 10 mars 2020 visant à la coordination de certaines dispositions législatives, réglementaires et administratives des États membres relatives à la fourniture de services de médias audiovisuels.

[2] Art. 3, §2 de la directive.

[3] Règlement (CE) n° 883/2004 du Parlement européen et du Conseil du 29 avril 2004 portant sur la coordination des systèmes de sécurité sociale

placée auprès de la Commission européenne qui dispose également d'un représentant participant aux réunions et ayant une voix consultative[1].

Ces trois exemples mobilisent ainsi une solution intéressante en cas d'échec de la discussion administrative entre autorité(s) de réception et autorité(s) d'émission. Elle permet de débloquer un différend que la stricte horizontalité de la transnationalité administrative n'est pas toujours à même de résoudre. Cette méthode apparaît à la fois simple et efficace tout en donnant une place prioritaire aux autorités nationales. En effet, ce n'est que dans les cas où celles-ci n'arrivent pas à s'entendre que l'intervention de la Commission, ou d'un comité, semble appropriée pour mettre un point final à la situation donnée. La priorité est donc laissée à l'horizontalité, mais la réintroduction d'un soupçon de verticalité peut parfois être nécessaire pour assurer la bonne mise en œuvre du droit de l'Union au moyen des actes administratifs transnationaux. C'est donc une forme de contrôle qui mériterait d'être développée à la fois au regard du peu de latitude laissée aux États de réception face aux actes administratifs transnationaux, mais aussi de la légalité de ces actes ou, plus précisément, de leur compatibilité vis-à-vis de l'acte de droit de l'Union qui leur a donné leur caractère transnational.

Ainsi, le contrôle des actes administratifs transnationaux par les États de réception restant particulièrement restreint, le développement d'un dialogue administratif entre les autorités nationales apparaît primordial. C'est pourquoi la première proposition pour renforcer leur place dans ces rapports particuliers est de prévoir la possibilité de saisir les autorités d'émission d'une demande de réexamen de leurs actes administratifs produisant un effet juridique contraignant sur le territoire d'autres États. Toutefois, il serait illusoire de penser que cela serait toujours suffisant. La seconde proposition est alors de compléter ce mécanisme par la saisine d'une instance tierce, comme la Commission ou un comité, dont la mission serait de se prononcer sur la bonne mise en œuvre du droit de l'Union par l'acte litigieux. Néanmoins, les États de réception pourraient ne pas se saisir de telles opportunités et, dans le cas de procédures administratives transnationales, pourraient voir leur responsabilité engagée à propos d'actes administratifs eux-mêmes fondés sur des actes transnationaux. C'est pourquoi la question de la responsabilité se doit également d'être examinée au regard des spécificités du droit administratif transnational.

Les actes administratifs unilatéraux transnationaux, parce qu'ils mettent en lien différents ordres juridiques, peuvent produire des situations particulières dans lesquelles un État de réception peut voir sa responsabilité engagée du fait d'un acte adopté en raison d'une obligation résultant d'un acte administratif transnational. Cet état du droit est alors insatisfaisant dans le cas où cet acte transnational serait illégal, car l'État de réception endurerait une responsabilité qui ne serait finalement pas de son fait. C'est pourquoi la question de la responsabilité des États dans le cadre de l'acte administratif unilatéral transnational se doit d'être posée. Là encore, les propositions s'inscrivent dans le cadre de l'Union européenne qui peut permettre des modifications substantielles dans la matière. D'ailleurs, le droit de l'Union n'est pas totalement silencieux au regard de la mise en cause de la respon-

[1] Art. 71, §1.

sabilité des États puisqu'il propose déjà différentes solutions. Cependant, celles-ci ne sont pas toujours totalement adaptées à la transnationalité administrative lorsque sont en jeu des procédures administratives transnationales. Dès lors, il s'agit d'innover en proposant une solution nouvelle. L'on peut alors imaginer la mise en place d'une responsabilité inédite des États qui serait spécifique aux procédures administratives transnationales.

Le droit de l'Union propose deux mécanismes principaux dans les cas où les États membres ne le respecteraient pas. D'un côté, il existe le recours en constatation de manquement qui, malgré une possible sanction financière, n'est pas un recours en responsabilité et est de ce fait peu pertinent. D'un autre, il existe une responsabilité des États membres du fait de leurs violations du droit de l'Union qui peut être mise en œuvre devant le juge national. Si cette possibilité présente certains attraits, elle demeure une formule incomplète pour assurer une réparation effective des préjudices pouvant découler des actes administratifs unilatéraux transnationaux.

Le recours en constatation de manquement est une procédure organisée par les articles 258 à 260 du TFUE. Ils distinguent deux sous-procédures. La première est dirigée par la Commission qui, si elle « estime qu'un État membre a manqué à une des obligations qui lui incombent en vertu des traités »[1], émet un avis à destination de cet État. En cas de non-respect de cet avis, elle peut alors saisir la Cour de justice[2]. Parallèlement, les États membres ont aussi la possibilité de saisir la Cour de justice s'ils estiment « qu'un autre État membre a manqué à une des obligations qui lui incombent en vertu des traités » à condition d'en saisir préalablement la Commission[3]. Une fois saisie, la Cour de justice peut constater le manquement allégué et imposer des mesures à l'État concerné pour rectifier la situation[4]. Dans le cas où ces mesures ne seraient pas respectées, la Commission peut alors saisir de nouveau la Cour qui a le pouvoir d'infliger à l'État le paiement d'une somme forfaitaire ou d'une astreinte[5].

Cette procédure permet de restaurer le respect du droit de l'Union, mais elle ne correspond pas à une véritable mise en cause de la responsabilité des États membres puisqu'il ne s'agit pas d'indemniser un préjudice, mais seulement de proposer des sanctions financières. Transformer cette procédure pour y inclure une telle possibilité serait difficile, car cela impliquerait une révision des traités. De plus, ce ne serait pas particulièrement intéressant du point de vue de l'acte administratif unilatéral transnational puisque les administrés ne pourraient pas la mettre en œuvre, seuls les États membres et la Commission pouvant la déclencher[6]. Enfin, cette procédure ne garantirait pas une élimination rétroactive de l'acte et resterait finalement très peu intéressante même d'un point de vue du contrôle de légalité de

[1] Art. 258 TFUE.

[2] *Ibid.*

[3] Art. 259 TFUE.

[4] Art. 260, §1 TFUE.

[5] Art. 260, §2 TFUE.

[6] BASSI N., *Mutuo riconoscimento e tutela giurisdizionale. La circolazione degli effetti del provvedimento amministrativo straniero fra diritto europeo e protezione degli interessi del terzo*, Guiffrè editore, coll. Università degli studi di milano – Bicocca, 2008, Milano, pp. 78-82.

l'acte[1]. En effet, comme souligné par Damien Elkind, la Cour de justice ne peut pas prononcer l'annulation d'un acte national même illicite au regard du droit de l'Union européenne[2]. Ainsi, l'obligation de reconnaissance mutuelle n'est même pas suspendue et l'État d'origine encourt simplement une sanction pécuniaire[3]. Le recours en manquement ne semble donc pas approprié pour être mobilisé dans le cadre des contentieux relatifs aux actes administratifs transnationaux même si, en théorie, une telle procédure pourrait être engagée pour les actes transnationaux qui ne respecteraient pas le droit de l'Union. Il demeure cependant que la lourdeur de cette procédure rendrait très peu probable son utilisation pour le cas d'un simple acte administratif contraire au droit de l'Union. Il est ainsi choisi de l'écarter.

Depuis les débuts des Communautés européennes, les traités étaient restés silencieux quant à la responsabilité des États pour leurs actes nationaux qui auraient violé le droit communautaire[4]. C'est pourquoi ce fut la Cour de justice qui se saisit du sujet dès 1960 dessinant peu à peu l'idée selon laquelle les États peuvent mettre en jeu leur responsabilité lorsqu'ils violent le droit communautaire, devenu droit de l'Union, bien que ces prises de position de la Cour eussent été perçues comme ponctuelles et non générales[5]. Ce fut finalement à l'occasion d'une question préjudicielle portant sur l'existence et l'étendue d'une responsabilité des États pour les dommages subséquents à une violation du droit communautaire que la Cour formula pour la première fois explicitement le principe d'une telle responsabilité. Cette décision Francovich et Bonifaci de 1991[6] déclara qu'une telle responsabilité était « inhérent[e] au système du traité »,[7] car sans elle, la pleine efficacité des normes communautaires et la protection des droits qu'elles reconnaissent seraient remises en cause[8]. Par ailleurs, respectant le principe de l'autonomie institutionnelle[9], la Cour souligna spécifiquement que cette responsabilité devait être mise en œuvre dans le cadre du droit national de l'État membre en cause :

« Sous cette réserve, c'est dans le cadre du droit national de la responsabilité qu'il incombe à l'État de réparer les conséquences du préjudice causé. En effet, en l'absence d'une réglementation communautaire, c'est à l'ordre juridique interne de chaque État membre qu'il appartient de désigner les juridictions compétentes et de

---

[1] *Ibid.*

[2] ELKIND D., *L'efficacité des décisions administratives étrangères dans l'Union européenne. Étude de droit administratif transnational*, Thèse dactyl. soutenue le 5 décembre 2018, Université de Bordeaux, p. 418.

[3] *Ibid.*

[4] HINDRÉ-GUÉGUEN M., « Responsabilité des États membres », in *Répertoire de droit européen*, Dalloz, août 2006 (actualisation : Juillet 2020), §1.

[5] SIMON D., « Droit communautaire et responsabilité de la puissance publique », *AJDA* 1993, p. 235. Voir notamment les arrêts : CJCE, 16 décembre 1960, *Humblet c/ État belge*, *aff.* 6/60, ECLI :EU :C :1960 :48 ; CJCE, 7 février 1973, *Commission c/ Italie*, *aff.* 39/72, ECLI : EU :C :1973 :13 ; CJCE, 22 janvier 1976, *Carmine Antonio Russo c/ AIMA*, *aff.* 60/75, ECLI :EU :C :1976 :9 ; CJCE, 27 février 1980, *Hans Just I/S c/ ministère danois des impôts et accises*, *aff.* 68/79, ECLI :EU :C :1980 :57.

[6] CJCE, 19 novembre 1991, *Andrea Francovich et Danila Bonifaci et autres c/ République italienne*, *aff. jointes* C-6/90 et C-9/90, ECLI :EU :C :1991 :428.

[7] §35 de la décision.

[8] §33.

[9] DUBOUIS L., « La responsabilité de l'État pour les dommages causés aux particuliers par la violation du droit communautaire », *RFDA* 1992, p. 1.

régler les modalités de procédures des recours en justice destinés à assurer la pleine sauvegarde des droits que les justiciables tirent du droit communautaire […] »[1].

Il s'agit ainsi d'une responsabilité objective[2] dont la Cour précisa par la suite que peu importait l'organe de l'État ayant commis le manquement au droit communautaire[3]. L'on retrouve alors les composantes habituelles de la responsabilité, avec un fait générateur matérialisé par la violation du droit communautaire, un dommage et un lien de causalité entre les deux éléments précédents[4]. Il faut également que les dispositions violées aient eu pour effet de conférer des droits aux particuliers[5]. Cependant, toute violation du droit communautaire ne peut pas mener à la mise en cause de la responsabilité d'un État membre puisque la Cour précise que la violation doit être « suffisamment caractérisée »[6], c'est-à-dire que l'État membre doit avoir « méconnu, de manière manifeste et grave, les limites qui s'imposent à l'exercice de ses pouvoirs »[7]. Cette condition vient ainsi restreindre l'ouverture de la responsabilité des États membres pour les violations du droit communautaire.

Cependant, la jurisprudence de la Cour en matière de responsabilité présente certaines restrictions dans son application qui peuvent aboutir à l'immunité de certaines administrations. C'est notamment le cas des autorités de régulation bancaire à propos desquelles, dans un arrêt Peter Paul de 2004[8], la Cour de justice, au moyen d'une interprétation littérale et téléologique[9] des directives applicables au cas d'espèce, refusa de reconnaître que les particuliers avaient un droit à des mesures de surveillance des établissements de crédit titulaires d'un agrément. Or, en l'espèce, les requérants avaient procédé à des dépôts dans une banque allemande qui avait finalement fait faillite en raison de difficultés financières que le régulateur national n'avait pas surveillées. Les requérants souhaitaient donc engager la responsabilité de l'État allemand, ce qui avait abouti à la question préjudicielle en cause. En ne reconnaissant pas une obligation de surveillance, la Cour ferma ici tout engagement possible de la responsabilité de l'État. Cette interprétation restrictive vient ainsi empêcher la responsabilité étatique pour les violations des droits de l'Union alors même que la surveillance du secteur incombait aux autorités nationales. Il n'est dès lors pas si simple d'engager la responsabilité sur le fondement du droit de l'Union.

---

[1] §42 de la décision.

[2] SIMON D., *art. cit.*

[3] CJCE, 5 mars 1996, *Brasserie du Pêcheur SA c/ Bundesrepublik Deutschland et The Queen c/ Secretary of State of Transport, ex parte : Factortame Ltd et autres, aff. jointes* C-46/93 et C-48/93, ECLI :EU :C :1996 :79, §32. Sur ce point, voir : HINDRÉ-GUÉGEN M., *art. cit.*, §19-48.

[4] *Ibid.*, §49-100.

[5] CJCE, 5 mars 1996, *Brasserie du Pêcheur c/ Bundesrepublik Deutschland et Queen c/ Secretary of State for Transport, aff. jointes* C-46/93 et C-48/93, ECLI :EU :C :1996 :79.

[6] CJCE, 30 septembre 2003, *Gerhard Köbler c/ République autrichienne, aff.* C-224/01, ECLI :EU :C :2003 :513, §51.

[7] CJCE, 18 janvier 2001, *Svenska staten c/ Stockholm Lindöpark AB et Stockholm Lindöpark AB c/ Svenska staten, aff.* C-150/99, ECLI :EU :C :2001 :34, §39.

[8] CJCE, 12 octobre 2004, *Peter Paul e. a. c/ République fédérale d'Allemagne, aff.* C-222/02, ECLI :EU :C :2004 :606.

[9] PROROK J., « Responsabilité étatique pour violation du droit de l'Union par les autorités de régulation financière : relativité ou universalisme », *Mélanges AEDBF*, à paraître.

En droit administratif français, la violation du droit communautaire par l'administration obéit au régime de la responsabilité pour faute depuis l'arrêt du Conseil d'État Arizona Tobacco de 1992[1]. Ainsi, dans le cas où la France adopterait un acte administratif transnational, la responsabilité de l'État français pourrait être engagée devant son juge administratif sur ce fondement à condition de correspondre à une violation suffisamment caractérisée du droit de l'Union, de prouver un dommage et un lien de causalité entre les deux. Bien évidemment, ceci serait restreint aux violations du droit de l'Union. Pour les violations du droit interne, ce serait la responsabilité administrative classique qui s'appliquerait.

Ce mécanisme de responsabilité peut donc être utile pour la réparation des dommages résultant d'actes administratifs unilatéraux transnationaux. Cependant, ce schéma ne semble pas véritablement effectif pour tous ces actes, en particulier pour ceux intervenant dans des procédures administratives transnationales où un État adopte un acte administratif purement interne lui-même fondé sur un acte administratif transnational. En effet, l'acte subséquent sera toujours reconnu comme légal, car fondé sur l'acte transnational. C'est donc le recours contre ce premier acte qui sera déterminant dans la procédure en cause. Cette configuration pose alors des problèmes en termes de droit à un recours effectif, tel qu'exposé supra, pour le destinataire du dernier acte qui est tiers à l'acte transnational. S'y ajoute une difficulté quant à la réparation du préjudice qui pourrait découler d'une illégalité de cet acte transnational fondant l'acte purement interne. En effet, face à l'acte purement interne, le requérant ne pourrait invoquer la responsabilité de l'État émetteur de l'acte transnational qu'en vain. Ceci se déduit aisément de la jurisprudence administrative française qui rejette la responsabilité de l'État du fait de l'application d'une décision de la Commission finalement illégale[2]. Par analogie, ce raisonnement conduirait donc également à rejeter la responsabilité d'un État étranger pour un acte administratif transnational illégal. Également, le juge national ne peut de toutes les manières pas mettre en cause la responsabilité d'un État étranger puisqu'il dispose d'une immunité de juridiction y faisant obstacle[3]. Par conséquent, il est difficile d'imaginer que la responsabilité de l'État français peut être mobilisée pour l'application par un autre État d'un acte administratif transnational violant le droit de l'Union et a fortiori pour un tel acte violant son propre droit national. Le requérant devrait alors saisir le juge français pour engager la responsabilité de l'État français en raison de l'adoption de l'acte transnational illégal. L'on se retrouve alors dans le même cas de figure que celui des recours contre la légalité de ces actes, à

---

[1] CE, ass., 28 février 1992, *Sté Rothmans International France, SA Philip Morris France et Sté Arizona Tobacco Products*, n°56776 et 56777, *Rec.* p. 78 ; *AJDA* 1992. 210, concl. LAROQUE M. Ce régime semblait toutefois relever de la responsabilité pour faute auparavant. À propos de cette évolution, voir : HINDRÉ-GUÉGEN M., *art. cit.*, §155-174 ; HENNETTE-VAUCHEZ S., « Responsabilité sans faute », in *Répertoire de la responsabilité de la puissance publique*, Dalloz, juin 2013 (actualisation : Février 2020), §71-80.

[2] CE, sect., 12 mai 2004, *SA Gillot*, n°236834, *Rec.* p. 221.

[3] MAYER P., HEUZÉ V., REMY B., *Droit international privé*, LGDJ, coll. Domat droit privé, 12e éd., 2019, Issy-les-Moulineaux, pp. 227-233, spéc. p. 228 ; COMBACAU J., SUR S., *Droit international public*, LGDJ, coll. Domat Droit public, 13e éd., 2019, Issy-les-Moulineaux, pp. 283-290 ; KESSEDJIAN C., « Immunités », in *Répertoire de droit international*, Dalloz, octobre 2017 (actualisation : Avril 2021).

savoir la multiplication des recours dans les différents ordres juridiques nationaux, solution qui n'est pas satisfaisante. Enfin, même dans le cas où le requérant saisirait l'État d'origine, il est probable que le lien de causalité avec le préjudice résultant de l'acte administratif purement interne subséquent soit considéré comme trop distant et donc que la demande soit rejetée.

Il demeure que la solution française n'est que nationale. Chaque État restant maître des procédures d'engagement de leur responsabilité, des disparités nationales existent et soulèvent nécessairement la question d'une éventuelle harmonisation de l'engagement de la responsabilité des administrations nationales par le droit de l'Union européenne.

Ainsi, le droit de l'Union européenne n'apporte qu'une réponse très partielle à la question de la responsabilité des États du fait des actes administratifs unilatéraux transnationaux. Des deux procédures mobilisables, il faut exclure le recours à la procédure de constatation de manquement qui semble peu pertinente dans le cadre de cette étude. Toutefois, le droit de l'Union a posé un cadre applicable à la responsabilité des États du fait de la violation de ses normes, qui pourrait être utilisé pour les actes administratifs transnationaux. Cette possibilité permettrait alors de demander réparation devant l'État d'émission du dommage causé par un tel acte. Cependant, cette solution ne permet pas de couvrir tous les dommages notamment dans le cadre des procédures administratives transnationales, ce qui conduirait à la multiplication des contentieux dans divers ordres juridiques et rendrait l'établissement d'un lien de causalité particulièrement difficile. C'est pourquoi il est ici proposé de créer un nouveau mécanisme de responsabilité propre à ces procédures spécifiques.

Le droit de l'Union européenne pourrait venir poser de nouvelles règles remédiant au problème. La première solution pourrait être d'étendre le lien de causalité nécessaire pour mettre en jeu la responsabilité d'un État membre du fait d'une violation du droit de l'Union. Ainsi, l'on pourrait introduire des dispositions dans les textes instituant des actes administratifs transnationaux qui imposeraient, en cas de préjudice causé par un acte national lié par un acte administratif transnational incompatible avec le droit de l'Union, que l'État d'origine doive assumer l'indemnisation de la victime. Il s'agirait donc d'un recours devant cet État qui, si la victime se trouvait être un tiers résidant dans un autre État membre, pourrait être formé par le truchement du point de contact national de ce premier dont la création a été recommandée précédemment. Cela viendrait alors parfaire le rôle de ces points de contact spécifiques aux questions de transnationalité administrative. Cependant, un tel système semble difficile à mettre en place, car cela viendrait remettre en cause un des éléments fondamentaux de la responsabilité qu'est le lien de causalité direct puisque le dommage résulte directement de l'acte purement interne adopté au terme de la procédure. Depuis cette perspective, cette solution apparaît peu rigoureuse juridiquement.

Un autre système pourrait être celui de la prise en charge de l'indemnisation par l'État final – donc par celui ayant édicté un acte administratif purement interne fondé sur un acte administratif transnational étranger – avec une possibilité de se retourner ultérieurement contre l'État d'émission de l'acte transnational. Mais cette solution est problématique puisque cela voudrait dire que le juge national de l'État de réception fixerait lui-même le montant de l'indemnisation alors même que la charge finale de la responsabilité pèserait sur l'État d'émission de l'acte administratif transnational. Un tel mécanisme constituerait une trop grande incursion dans la souveraineté de cet État, contreviendrait certainement à son immunité de juridiction, et ne peut dès lors pas être considéré comme une possibilité envisageable.

Enfin, l'on pourrait imaginer la création d'un fonds européen d'indemnisation spécifique à ce genre de situations. Ainsi, l'État final serait tenu responsable du préjudice subi qui serait évalué par son juge, mais dont le paiement serait assuré par un fonds alimenté par l'ensemble des États membres. Mais là encore, cette solution paraît utopiste. Aucun fonds de la sorte n'existe au niveau européen et il serait étrange qu'un État membre soit reconnu responsable d'un dommage sans pour autant indemniser le préjudice sur ses propres deniers. Ce mécanisme est donc lui aussi peu convaincant.

Finalement, la question de la responsabilité et de l'indemnisation de préjudices résultant de procédures administratives transnationales demeure particulièrement épineuse. Il est aujourd'hui trop difficile d'identifier une solution pertinente et réellement possible à mettre en place. L'étude de cet enjeu ne pourra être conduite qu'une fois l'acte administratif transnational reconnu et traité comme tel dans le droit positif afin d'avoir un cadre juridique préexistant à partir duquel des mécanismes de responsabilité pourraient être déduits. Cette question reste donc ouverte et nécessitera des recherches ultérieures une fois le régime de la transnationalité administrative précisé dans le droit positif.

L'acte administratif unilatéral transnational étant premièrement un acte administratif relevant du droit interne, le renouvellement de son contrôle doit d'abord passer par celui opéré dans son État d'origine. Pour ce faire, il s'agit d'adapter les modalités d'ouverture de ce contrôle aux spécificités de la transnationalité de ces actes. Cela se traduit de différentes manières selon que le réexamen est demandé par des administrés, souvent les destinataires ou des tiers dont la situation juridique est affectée par un tel acte, ou par les États de réception. Pour les administrés, le principal enjeu est de leur permettre d'accéder aux voies de recours disponibles dans un ordre juridique parfois étranger et donc présentant un caractère distant et inconnu. Pour ce faire, une règle générale applicable à ce type d'acte, qui pourrait être prévue dans les textes de droit dérivé organisant leur transnationalité, pourrait imposer la mention des voies de recours. Par ailleurs, un système de traduction des actes sur internet au travers d'un site officiel de l'Union permettrait une meilleure compréhension de ces actes. Également, la question de l'accès des administrés aux administrations étrangères pose une difficulté certaine qui pourrait être apaisée par la création de points de contact nationaux au sein des États membres de réception. Ce seraient alors des institutions spécialisées dans les questions de transnationalité administrative qui guideraient les administrés dans leurs démarches pour contester des actes transnationaux. Enfin, le développement de certains modes alternatifs de règlement des différends, en particulier de la médiation, devrait être étudié notamment pour l'indemnisation d'éventuels préjudices découlant d'actes administratifs transnationaux.

Concernant les demandes de réexamen formulées par les États de réception, l'approfondissement de solutions déjà existantes serait particulièrement utile. Ainsi, le développement d'une meilleure coopération entre les autorités nationales leur permettant de demander le réexamen de ce type d'acte est à encourager. De plus, le cadre de l'Union européenne permet, en cas de désaccord entre autorités nationales, de prévoir l'intervention d'une instance tierce comme un comité ou la Commission européenne pour statuer sur le différend en cause. Ces deux solutions renouvelleraient alors le contrôle des actes administratifs transnationaux à l'initiative des États de réception.

Enfin, se pose la question de la responsabilité en cas de préjudice résultant d'actes administratifs transnationaux lorsqu'il découle d'un acte administratif purement interne adopté dans un État de réception et dont le contenu est déterminé par l'acte transnational. Dans un tel cas, la question se pose de savoir quel État devra prendre en charge l'indemnisation. En effet, il est de jurisprudence constante qu'une norme de droit national violant le droit de l'Union et causant un préjudice ouvre le droit à réparation dans l'ordre juridique de l'État l'ayant adoptée. Toutefois, ce mécanisme est peu adapté au cas des procédures administratives transnationales où le dommage est causé par l'acte administratif purement interne, lui-même fondé sur un acte administratif transnational. Dans un tel cas, il est très difficile de déterminer quel État engagerait sa responsabilité : l'État de réception a adopté un acte parfaitement légal et l'acte transnational émis par l'État d'origine n'est pas relié assez directement au préjudice enduré. Il est pour le moment particulièrement ardu de proposer une solution satisfaisante, le cadre juridique de l'acte administratif transnational n'étant absolument pas construit. L'idée la moins problématique d'un point de vue juridique et de politique institutionnelle de l'Union serait alors de permettre d'engager la responsabilité de l'État d'émission de l'acte administratif transnational dans le cas où il violerait le droit communautaire, ce qui impliquerait une acception très large du lien de causalité intervenant dans les critères d'ouverture de la responsabilité administrative.

Ces différentes propositions sont ainsi plus ou moins faciles à mettre en place, mais elles permettraient toutes d'améliorer le contrôle des actes administratifs transnationaux dans le chef de l'État d'émission. Une autre perspective, très nouvelle cette fois-ci, serait de compléter ces mécanismes par une possibilité de contrôle de ces actes par le juge de l'État de réception. Actant de la spécificité de la transnationalité administrative, une telle possibilité, autrefois inenvisageable, se fraie aujourd'hui un chemin et mériterait d'être explorée.

Renouveler le contrôle de l'acte administratif unilatéral transnational par le juge de l'État de réception

Corollaire de l'expression du principe de souveraineté, il est incontesté que le droit international interdit en principe aux États de contrôler les « faits et actes, jure imperii, directement attribuables à une souveraineté étrangère »[1]. Il en résulte que les États, et par extension leurs juges nationaux ont en principe un monopole pour opérer la révision des actes administratifs qu'ils émettent. Damien Elkind a souligné : « L'incompétence de principe des autorités de l'État d'accueil pour remettre en cause la validité des décisions administratives étrangères est unanimement reconnue par la doctrine »[2]. Ceci découle, toujours selon cet auteur, d'une présomption de régularité des actes étrangers[3]. Tout au plus, les États n'ont la possibilité que de mettre fin à la reconnaissance[4]. Cette possibilité est cependant fortement restreinte dans le cadre du droit de l'Union européenne[5]. Bien que la mondialisation et l'intégration européenne aient fortement favorisé la circulation des actes administratifs entre les États, laquelle vient à l'appui de l'effectivité des libertés de circulation proclamées par l'Union, cette dernière n'est jamais venue remettre en cause le monopole de contrôle juridictionnel national des actes administratifs, même transnationaux[6].

Cependant, l'intégration européenne propose aujourd'hui un paradigme bien différent pour les États qui en sont membres. Sa puissance institutionnelle et ses moyens juridiques permettent d'imaginer de nouvelles possibilités de contrôle, cette fois-ci ouvertes aux juges des États de réception. Le développement d'un tel contrôle pourrait assurer une meilleure effectivité du droit au recours, ainsi qu'affermir le contrôle de la légalité des actes administratifs transnationaux, au moins du point de vue de leur compatibilité avec le droit de l'Union. Deux configurations peuvent alors être esquissées. D'un côté, l'on peut confier au juge de l'État de réception la possibilité de contrôler lui-même une partie de la légalité d'un acte administratif transnational étranger. Un tel mécanisme permet alors d'éluder les difficultés souli-

---

1 D'AVOUT L., « Ubisoft : sursis à statuer pour cause de connexité internationale », *Bulletin Joly Bourse*, nov.-déc.2017, n° 6, pp. 386 et s.

2 ELKIND D., *L'efficacité des décisions administratives étrangères dans l'Union européenne. Étude de droit administratif transnational*, Thèse dactyl. soutenue le 5 décembre 2018, Université de Bordeaux, p.359. Voir notamment : DE LUCIA L., « Administrative Pluralism, Horizontal Cooperation and Transnational Administrative Acts », *REAL*, 2012, n° 2, p. 32 ; GERONTAS A., « Deterritorialization in Administrative Law : Exploring Transnational Administrative Decisions », *Columbia Journal of European Law*, n° 3, 2013, p. 454 ; WENANDER H., « Recognition of Foreign Administrative Decisions », *ZaöRV*, 2011, vol. 71, p. 773 ; RUFFERT M., « European Composite Administration: The transnational administrative act », *in* JANSEN O., SCHÖNDORF-HAUBOLD B. (éds.), *The European Composite Administration*, Intersentia, 2011, Cambridge, p. 296.

3 ELKIND D., *op. cit.*, p. 361.

4 *Ibid.*, p. 360.

5 *Ibid.*, pp. 361-362.

6 PERNAS GARCÍA J. J., « The EU's Role in the Progress. Towards the Recognition and Execution of Foreign Administrative Acts : the Principle of Mutual Recognition and the Transnational Nature of Certain Administrative Acts », *in* RODRÍGUEZ-ARANA MUÑOZ, J. (ed.), *Recognition of Foreign Administrative Acts*, Ius Comparatum-Global Studies in Comparative Law 10, 2016, pp. 26-27.

gnées précédemment à propos de l'accès à un recours effectif pour les administrés dans le cadre de procédures administratives transnationales. Cependant, ce contrôle ne pourrait qu'être restreint à celui de la compatibilité de l'acte au regard du droit de l'Union. Ainsi, pour le compléter au regard du reste de la légalité des actes transnationaux, une autre création peut être proposée : celle d'une question préjudicielle administrative que les juges nationaux s'adresseraient entre eux pour connaître la position d'une juridiction nationale sur la légalité d'un acte administratif transnational au regard de son ordre juridique d'origine.

En vertu des principes de primauté et d'effet direct du droit de l'Union, les États doivent en respecter les normes de droit communautaire, ce dont le juge national assure le contrôle en tant que juge de droit commun de l'Union[1]. Le juge national se trouve ainsi placé dans une position équivoque en ce qu'il est à la fois le juge de son ordre juridique interne et celui de l'ordre juridique de l'Union européenne. Ceci fait que tous les juges nationaux remplissent une fonction commune, celle de veiller à la bonne application du droit de l'Union et en particulier à son respect par les normes de droit interne. Le contrôle des actes administratifs nationaux est donc opéré au regard du droit national, mais également du droit de l'Union et, en cas de contrariété avec celui-ci, l'acte est inapplicable de plein droit[2]. Ce second contrôle, commun à tous les juges nationaux, a alors pu être l'objet de développements inédits en termes d'examen juridictionnel des actes administratifs desquels l'on pourrait s'inspirer afin de donner une place plus importante au juge étranger dans le cadre contentieux des actes administratifs unilatéraux transnationaux.

L'incursion du droit de l'Union européenne dans le contentieux de la légalité des actes administratifs a été la source d'innovations contentieuses qui présentent un intérêt particulier pour cette étude soit du point de vue de leur logique, soit de leur seule existence qui démontre que des exceptions à la règle bien établie de la compétence du juge national pour le contrôle des actes administratifs nationaux existent. De manière purement interne, ce contentieux a d'abord eu pour effet en France de poser une exception à la répartition des compétences entre les ordres de juridiction judiciaire et administratif. Cette évolution traduit l'impact que peut avoir le contentieux de la légalité européenne en ce qu'il renverse des règles de compétences juridictionnelles internes bien établies. La logique ayant conduit à cette solution peut alors être combinée avec une autre innovation : l'existence d'un contrôle partiel par le juge national d'actes administratifs étrangers, toujours au regard du droit de l'Union. La combinaison de ces deux évolutions, qui peuvent de prime abord apparaître dénuées de toute connexité, permettra en réalité de proposer un renforcement des possibilités de contrôle des actes administratifs transnationaux par les

[1] BARAV A., « La plénitude de compétence du juge national en sa qualité de juge communautaire », in *L'Europe et le droit. Mélanges en hommage à Jean Boulouis*, Dalloz, 1991, Paris, pp. 1-20 ; BERTRAND B., « La jurisprudence *Simmenthal* dans la force de l'âge », *RFDA* 2011, pp. 367 et s.

[2] CJCE, 9 mars 1978, *Administration des finances de l'État c. Sté anonyme Simmenthal*, *aff.* n° 106/77, ECLI :EU :1978 :49, §17.

juges des États de réception par une modification de leur compétence juridictionnelle.

La France connaît une répartition duale du contentieux entre deux ordres juridictionnels, à savoir le juge administratif et le juge judiciaire, en raison de l'article 13 de la loi des 16 et 24 août 1790 et du décret du 16 fructidor an III qui proscrivent tous deux l'immixtion du juge de droit commun dans l'action administrative[1]. Il a ainsi fallu par la suite tracer des règles de répartition des compétences entre les juges administratif et judiciaire que ce soit par détermination de la loi[2] ou par interprétation de la loi de 1790 depuis l'arrêt Blanco[3], de laquelle l'incompétence du juge judiciaire peut être déduite « toutes les fois qu'une réclamation est dirigée contre les personnes publiques ou privées, à raison des actes ou des actions accomplis pour l'exécution des activités de service public administratif auxquelles elles ont été chargées de pourvoir et qu'elles ont choisi d'exercer selon les modes de la gestion publique »[4]. Une partie des règles de répartition des compétences entre les ordres juridictionnels est même aujourd'hui constitutionnalisée au profit de l'ordre administratif depuis la décision Conseil de la concurrence de 1987 du Conseil constitutionnel qui, si elle n'a pas consacré une valeur constitutionnelle à la loi de 1790 et au décret de l'an III, a identifié un principe fondamental reconnu par les lois de la République « selon lequel, à l'exception des matières réservées par nature à l'autorité judiciaire, relève en dernier ressort de la compétence de la juridiction administrative l'annulation ou la réformation des décisions prises, dans l'exercice des prérogatives de puissance publique, par les autorités exerçant le pouvoir exécutif, leurs agents, les collectivités territoriales de la République ou les organismes publics placés sous leur autorité ou leur contrôle »[5].

Ainsi, la répartition de ces compétences peut apparaître claire au premier abord et est un moyen d'ordre public qu'il appartient au juge de soulever d'office[6]. Mais après un examen un peu plus minutieux, il apparaît que cette question est en réalité particulièrement complexe[7]. Une illustration de ceci est la question du contrôle par voie d'exception des actes administratifs par le juge judiciaire qui a connu des évolutions importantes et dont la logique est pertinente pour cette étude. Concernant ce contrôle, le principe avait originellement été posé par l'arrêt Septfonds du Tribunal des conflits en 1923 qui, au moyen d'une interprétation relativement stricte de la

---

[1] PLESSIX B., *Droit administratif général*, LexisNexis, coll. Manuel, 3e éd., 2020, Paris, pp. 474-477.

[2] *Ibid.*, pp. 506-509.

[3] TC, 8 février 1873, *Blanco*, n°00012, *Rec.* 61.

[4] PLESSIX B., *op. cit.*, p. 512.

[5] Cons. constit., DC du 23 janvier 1987, *Loi transférant à la juridiction judiciaire le contentieux des décisions du Conseil de la concurrence*, n° 86-224, cons. 15.

[6] CE, 4 octobre 1967, *Trani*, n°60608, *Rec.* p. 352.

[7] PLESSIX B., *op. cit.*, pp. 501-584 ; SEILLER B., « Les juges de l'administration », *in* GONOD P., MELLERAY F., YOLKA P. (dir.), *Traité de droit administratif*, t. 2, Dalloz, coll. Traités, 2011, Paris, pp. 461-485 ; FRIER P.-L., PETIT J., *Droit administratif*, LGDJ, coll. Précis Domat droit public, 14e éd., 2021, Issy-les-Moulineaux, pp. 569-612 ; MOREAU J., MOREAU P., CAZIN B., « Compétence : répartition entre le judiciaire et l'administratif », in *Répertoire de contentieux administratif*, Dalloz, juin 2002 (actualisation : Juin 2016).

séparation des ordres de juridiction[1], interdisait au juge judiciaire de contrôler par voie d'exception un acte administratif, ne lui laissant que la possibilité d'interpréter les actes réglementaires[2]. Cependant, cette jurisprudence a par la suite connu des inflexions notables d'abord pour l'appréciation de la légalité d'actes réglementaires portant une atteinte grave au droit de propriété ou à la liberté individuelle[3], puis en matière de fiscalité indirecte[4] ou encore en matière pénale[5]. Il demeurait toutefois que la règle de principe était le monopole de la compétence du juge administratif pour l'appréciation de la légalité des actes administratifs[6].

Cependant, le développement du droit international ainsi que du droit communautaire amena la Cour de cassation à venir limiter une telle règle donnant compétence au juge judiciaire non répressif de contrôler la validité d'un acte administratif par voie d'exception d'abord au regard du droit communautaire[7], puis de tout le contrôle de conventionnalité[8] en se fondant sur la supériorité normative des traités par rapport aux actes administratifs prévue par l'article 55 de la Constitution. L'argumentation sous-tendant ces évolutions jurisprudentielles reposait sur le fait que le contrôle de conventionnalité n'aboutissait qu'à écarter un acte administratif et non à l'annuler ne constituant pas, de ce fait, un authentique contrôle de validité[9].

Ces évolutions de la jurisprudence judiciaire conduisirent par la suite à questionner de nouveau la compétence du contrôle des actes administratifs par voie d'exception et le Tribunal des conflits, juridiction chargée de régler les conflits d'attribution entre les deux ordres de juridiction[10], fut saisi de la question du contrôle de légalité des actes administratifs au regard du droit communautaire par le juge judiciaire. Reprenant le principe de la jurisprudence Septfonds, le Tribunal des conflits rappela, dans un arrêt SCEA du Chéneau de 2011[11], l'interdiction faite au juge judiciaire de se prononcer sur la légalité d'actes administratifs même par voie d'exception. Face à une telle demande, ce juge se doit alors de poser une question préjudicielle au juge administratif. Pour autant, il posa également deux exceptions importantes dans le cas où l'illégalité de l'acte en cause est manifeste au vu d'une

---

[1] VEDEL G., « De l'arrêt Septfonds à l'arrêt Barinstein (La légalité des actes administratifs devant les tribunaux judiciaires) », *JCP* 1948. I. 682.

[2] TC, 16 juin 1923, *Septfonds c/ Chemins de fer du Midi*, n°00732, *Rec.* p. 498.

[3] TC, 30 octobre 1947, *Barinstein*, n°983, *Rec.* p. 511.

[4] TC, 7 décembre 1998, *District urbain de l'agglomération rennaise c/ Société des automobiles Citroën*, n°3123, *Rec.* p. 551.

[5] TC, 5 juillet 1951, *Avranches et Desmarets*, n°1187, *Rec.* p. 638. Aujourd'hui cette règle est prévue à l'article 111-5 du Code pénal.

[6] GUYOMAR M., DOMINO X., « Renvois préjudiciels et bonne administration de la justice », *AJDA* 2012, p. 27.

[7] Cass. com., 6 mai 1996, n°94-13.347 ; *AJDA* 1996. 1033, note BAZEX M., *RFDA* 1996. 1161, note SEILLER B.

[8] Cass., 1re civ., 3 avril 2001, n°00-05.026. Au regard de la CEDH, voir : Cass. ass. plén., 22 décembre 2000, n°98-15.567.

[9] GUYOMAR M., DOMINO X., *art. cit.*

[10] Art. 1 de la loi du 24 mai 1872 relative au Tribunal des conflits. Sur le Tribunal des conflits et ses missions, voir : LATOURNERIE M.-A., ARRIGHI DE CASANOVA J., « Tribunal des conflits », in *Répertoire de contentieux administratif*, Dalloz, octobre 2016.

[11] TC, 17 octobre 2011, *SCEA du Chéneau*, n°C3828, *Rec.* p. 698.

jurisprudence établie[1] ou lorsqu'est soulevée son incompatibilité au regard du droit de l'Union européenne[2].

Ce revirement pourrait alors sembler s'inscrire dans la continuité de la position défendue par la Cour de cassation, mais, bien au contraire, le Tribunal des conflits rejeta ici le fondement de l'article 55 de la Constitution. En réalité, ces deux dérogations sont fondées sur la conciliation des principes résultant de la loi de 1790, du décret de l'an III et de la jurisprudence Septfonds « tant avec l'exigence de bonne administration de la justice qu'avec les principes généraux qui gouvernent le fonctionnement des juridictions, en vertu desquels tout justiciable a droit à ce que sa demande soit jugée dans un délai raisonnable ». Par ailleurs, dans le « cas particulier du droit de l'Union européenne », le Tribunal des conflits déduit du principe d'effectivité la nécessité pour le juge judiciaire d'écarter l'application d'actes administratifs qui seraient contraires à ce droit.

Il s'agit ici d'une lecture particulièrement stricte du principe d'effectivité puisque la décision fondatrice de la Cour de justice en la matière, l'arrêt Simmenthal, impose au juge national de laisser inappliquée toute disposition contraire au droit communautaire, mais uniquement « dans le cadre de sa compétence »[3]. Mis en lien avec le respect de l'autonomie procédurale des États membres, l'on pouvait alors douter que le principe d'effectivité commandait d'adopter la décision SCEA du Chéneau telle qu'elle l'a été[4]. Malgré une possible critique, le raisonnement du Tribunal des conflits témoigne de deux choses. D'abord, que l'objectif de bonne administration commande un délai raisonnable du contentieux qui peut justifier une dérogation à la répartition des compétences dans le cadre d'un contrôle de légalité par voie d'exception des actes administratifs par le juge judiciaire. Ensuite, que le cas du droit de l'Union présente des spécificités propres qui viennent renforcer cette possibilité, car le juge national est le juge de droit commun de l'Union. Enfin, il convient de souligner que ces dérogations restent limitées en ce qu'elles ne peuvent que conduire à l'écartement des actes administratifs en cause et non à leur annulation ou leur réformation, ce qui serait inconstitutionnel. Ici, il ne s'agit finalement pas d'un contrôle de légalité total en ce que le juge ne peut pas décider d'exclure ces actes de l'ordre juridique. Il demeure que cette jurisprudence souligne la spécificité de la mission du juge national en tant que juge commun du droit de l'Union.

Ainsi, la jurisprudence SCEA du Chéneau révèle que la position de juge de droit commun de l'Union assurée par le juge national peut motiver une importante dérogation au principe de répartition des compétences juridictionnelles internes. Que ce soit par des considérations de bonne administration ou du principe d'effectivité, ce raisonnement n'est pas resté isolé et se retrouve dans la répartition internationale

[1] Voir : GUYOMAR M., DOMINO X., *art. cit.* ; TC, 12 décembre 2011, *Sté Green Yellow*, n°C3841, *Rec.* p. 705.

[2] Sur ce point, il s'agit d'un revirement de sa jurisprudence antérieure, voir : TC, 19 janvier 1998, *Union française de l'Express et autres c/ La Poste*, n°03084, *Rec.* p. 189.

[3] CJCE, 9 mars 1978, *Administration des finances de l'État c. Sté anonyme Simmenthal*, *aff.* n° 106/77, ECLI :EU :1978 :49, §21.

[4] Pour une critique sur ce point de l'arrêt, voir : DONNAT F., « Abandon de la jurisprudence Septfonds : le droit de l'Union en demandait-il autant ? », *Rec. Dalloz*, 2011, pp. 3046 et s.

des compétences juridictionnelles lorsque sont en cause des actes administratifs transnationaux.

Que ce soit dans la jurisprudence du Conseil d'État ou de la Cour de justice de l'Union européenne, des exceptions à la compétence exclusive du juge de l'État d'émission d'un acte administratif transnational pour son contrôle de légalité sont désormais admises. Dans la jurisprudence française, il s'agit de la question étudiée supra relative au contrôle par le juge français des déclarations étrangères aux systèmes d'information de Schengen qui contraignent les autorités des autres États membres à refuser systématiquement toute demande de visa aux individus signalés. Par un raisonnement peu développé[1], le Conseil d'État a admis que le juge français puisse contrôler la compatibilité de telles décisions au regard de la Convention de Schengen, mais pas au-delà[2]. En cas d'incompatibilité, le juge français ne peut alors qu'écarter l'application de la déclaration étrangère, il n'est en aucun cas investi du pouvoir de réformation ou d'annulation de cet acte. Ainsi, l'on retrouve une logique proche de la jurisprudence SCEA du Chéneau où un contrôle minimal est octroyé à un juge normalement incompétent, par voie d'exception, qui permet uniquement de priver l'acte en cause d'effets dans la situation étudiée.

Une logique similaire se retrouve dans la jurisprudence de la Cour de justice relative aux demandes d'informations fiscales adressées entre autorités nationales qui peuvent alors fonder des demandes d'injonctions formées par les États de réception à destination de leurs administrés. L'on a alors vu que la décision Berlioz permet au juge de l'État de réception d'opérer un contrôle de la légalité de la demande d'information au regard de la directive 2011/16/UE[3] et par voie d'exception pour assurer au requérant un recours effectif protégé par l'article 47 de la Charte des droits fondamentaux[4]. Là encore, ce contrôle demeure restrictif en ce qu'il est limité à l'erreur manifeste et ne permet également pas au juge de l'État de réception d'annuler l'acte en cause. Il est intéressant de relever ici que le fondement du droit au recours effectif résonne avec la logique de SCEA du Chéneau qui soulevait également la question de la bonne administration et du jugement dans un délai raisonnable. Si ces justifications ne sont pas identiques, elles s'inscrivent dans une même logique : celle de donner accès à un recours satisfaisant aux requérants.

Il se dessine ainsi une spécificité contentieuse de certains actes administratifs transnationaux fondés sur le droit de l'Union en raison des difficultés particulières qu'ils présentent pour leur contrôle. Les solutions ici proposées s'inscrivent en con-

---

[1] Voir : PARIS T., « La reconnaissance des actes administratifs étrangers au droit français », *in* RODRÍGUEZ-ARANA MUÑOZ, J. (ed.), *Recognition of Foreign Administrative Acts*, Ius Comparatum-Global Studies in Comparative Law 10, 2016, pp. 129-130 ; MARTIN-LAPRADE B., « Refus d'un visa de long séjour à la suite de l'inscription irrégulière d'un étranger au fichier du système d'information Schengen », *AJDA* 1999, pp. 725 et s.

[2] CE, 9 juin 1999, *Epx Forabosco*, n° 190384, *Rec.* p. 170 ; *AJDA* 1999.725, concl. MARTIN-LAPRADE B. ; CE, 23 mai 2003, *Catrina*, n° 237934, *Rec.* p. 614. Voir : GAUTIER-MELLERAY M., « Le dépassement du caractère national de la juridiction administrative : le contentieux de Schengen », *RDA*, mai 2005, étude 8.

[3] Directive 2011/16/UE du Conseil du 15 février 2011 relative à la coopération administrative dans le domaine fiscal et abrogeant la directive 77/799/CEE.

[4] CJUE, grde. ch., 16 mai 2017, *Berlioz Investment Fund SA*, *aff.* C-682/15, ECLI :EU :C :2017 :373.

tradiction avec les règles traditionnelles du droit administratif pour répondre de manière pragmatique à ces questions. Si elles peuvent être critiquables d'un point de vue juridique, elles restent pour le moins estimées nécessaires par la jurisprudence à l'instar des exceptions à la répartition des compétences juridictionnelles que l'on trouve en droit interne français. Une évolution du monopole national du contrôle des actes administratifs transnationaux semble donc envisageable de manière plus globale et non plus restreinte à des cas particuliers identifiés par la jurisprudence.

Ainsi, il semble défendable de proposer l'instauration d'un contrôle minimal placé entre les mains du juge de l'État de réception des actes administratifs transnationaux lorsque leur légalité est invoquée par voie d'exception au regard de la norme leur ayant conféré leur caractère transnational.

L'existence de l'acte administratif unilatéral transnational conduit « largement à relativiser, sur le plan normatif, le principe de l'exclusivité de la compétence territoriale de l'État »[1] et justifie que des propositions jusqu'ici non envisagées soient alors étudiées. Si l'hypothèse d'un contrôle par un recours direct contre un acte administratif transnational opéré par le juge de l'État de réception reste trop difficile à fonder juridiquement et se heurterait certainement à l'immunité de juridiction de l'État d'origine[2], l'ouverture d'un contrôle pour les recours par voie d'exception semble être concevable[3]. Cependant, les exemples déjà existants indiquent qu'une telle possibilité ne peut qu'être très restreinte. L'on peut alors distinguer deux cas : celui du contrôle au regard du droit de l'Union ayant fondé la transnationalité de l'acte examiné et celui de l'éviction d'actes qui résulterait de l'importation des mécanismes d'exceptions existant en droit international privé.

Le contentieux des déclarations au Système d'information de Schengen et des demandes d'information fiscale entre États membres donne des exemples intéressants de possibilités de contrôle d'actes administratifs transnationaux par le juge de l'État de réception. Ces cas pourraient alors être extrapolés à d'autres actes ressortant de cette catégorie dans certaines conditions. C'est la proposition qui est ici soutenue. L'intérêt d'une telle possibilité ne serait toutefois pas partagé pour tous les actes administratifs transnationaux en ce qu'ils ne peuvent pas tous voir leur légalité mise en cause par voie d'exception devant un juge de l'État de réception. En effet, pareille situation ne peut intervenir que dans le cas de procédures administratives transnationales, c'est-à-dire lorsqu'un acte administratif purement interne est adopté par un État en application d'un acte administratif transnational. Ainsi, l'État de réception se trouve contraint dans le contenu de l'acte purement interne qu'il souhaite émettre par l'acte transnational. Par conséquent, le recours formé contre celui-ci ne pourrait pas permettre de le remettre en cause, car il serait légalement

---

[1] DUBOS O., « Le territoire », *in* AUBY J.-B. (dir.), *L'influence du droit européen sur les catégories de droit public*, Dalloz, coll. Thèmes et commentaires, 2010, Paris, p. 369.

[2] MAYER P., HEUZÉ V., REMY B., *Droit international privé*, LGDJ, coll. Domat droit privé, 12e éd., 2019, Issy-les-Moulineaux, pp. 227-233, spéc. p. 228). Pour approfondir sur la question des immunités invocables par les États, voir : COMBACAU J., SUR S., *Droit international public*, LGDJ, coll. Domat Droit public, 13e éd., 2019, Issy-les-Moulineaux, pp. 283-290 ; KESSEDJIAN C., « Immunités », in *Répertoire de droit international*, Dalloz, octobre 2017 (actualisation : Avril 2021).

[3] DUBOS O., *art. cit.*, pp. 367-369.

fondé sur l'acte administratif transnational à l'origine de la procédure. Face à cet obstacle, il serait alors opportun de donner la possibilité au juge de l'État de réception d'examiner la légalité de l'acte transnational, si elle est soulevée par voie d'exception, à l'occasion d'un recours formé contre l'acte purement national. Ce n'est que dans ce cas très spécifique qu'il semble envisageable, pour le moment, de donner une certaine place au juge de l'État de réception, tel que cela résulte des jurisprudences étudiées.

Par ailleurs, la norme de contrôle serait également restreinte puisque la légalité de l'acte transnational ne pourrait être examinée qu'au regard du droit de l'Union européenne. Cela résulterait d'une interprétation relativement extensive de la jurisprudence Simmenthal qui, en vertu du principe d'effectivité du droit de l'Union, impose au juge national de laisser inappliquées les dispositions contraires à ce droit[1]. Toutefois, cela constituerait une extension de cette jurisprudence qui précise normalement qu'une telle obligation doit être mise en œuvre dans le cadre des compétences du juge national. Or, a priori, le juge national n'a pas la compétence pour exercer un contrôle de légalité d'un acte administratif étranger, même minime. C'est donc d'abord par une dérogation aux règles de compétences du juge national, que commence à apparaître la jurisprudence communautaire et nationale, et ensuite par l'application de la jurisprudence Simmenthal que l'on peut dire qu'un tel contrôle serait possible au regard du droit de l'Union, en particulier parce que tout acte national est censé respecter ce droit et parce que chaque juge national est en principe un juge de droit commun du droit de l'Union.

Enfin, concernant les conséquences d'un tel contrôle, elles doivent, là encore, demeurer restreintes. Il n'est pas envisageable que ce contrôle conduise à l'annulation ou à la réformation d'un acte manifestant la souveraineté d'un autre État. En cas d'incompatibilité avec le droit de l'Union européenne, il serait uniquement possible pour le juge de l'État de réception de laisser l'acte inappliqué, de l'écarter, pour ainsi réformer ou annuler l'acte purement interne contesté au principal. En effet, la jurisprudence Simmenthal ne commande pas au juge d'aller au-delà.

Afin de clarifier l'ensemble de ce régime, l'adoption d'un acte dérivé du droit de l'Union semblerait particulièrement opportune, fixant son application à l'ensemble des actes administratifs transnationaux qui fondent des actes administratifs purement internes, et précisant les normes de contrôle invocables ainsi que les conséquences de ce contrôle. L'adoption d'une directive en ce sens apparaît des plus pertinentes pour conserver l'autonomie procédurale des États membres tout en garantissant qu'une telle possibilité soit effectivement ouverte. Cela permettrait tant d'assurer un meilleur contrôle des actes administratifs transnationaux, notamment au regard de la norme leur ayant conféré leur caractère transnational, qu'au regard du droit à un recours effectif pour les requérants qui pourraient alors beaucoup plus facilement remettre en cause de tels actes édictés pour des États étrangers. Il demeure cependant que ce type de contrôle ne présente pas d'intérêt pour tous les actes transnationaux puisqu'ils ne fondent pas tous des actes subséquents. En parti-

[1] CJCE, 9 mars 1978, *Administration des finances de l'État c. Sté anonyme Simmenthal*, *aff.* n° 106/77, ECLI :EU :1978 :49, §21.

culier, c'est le cas des actes potentiellement transnationaux qui constituent généralement des autorisations adressées à des destinataires et ne génèrent pas, en pratique, de procédure transnationale. Cette solution permet donc de résoudre spécifiquement les problèmes d'accès au juge posés par les procédures transnationales les plus complexes.

Ainsi, l'ouverture d'un contrôle de légalité par voie d'exception restreint à la compatibilité au droit de l'Union européenne apparaît être une bonne solution pour rétablir un certain équilibre pour le droit à un recours effectif dans le cadre des procédures administratives transnationales. Mais il existe également un autre cas de contrôle qui serait pertinent pour l'ensemble des actes administratifs transnationaux afin de ménager les ordres juridiques de réception. Il s'agit d'exceptions que l'on trouve déjà en droit international privé et qui pourraient être importées à la matière administrative : le contrôle de la fraude manifeste et de l'ordre public international.

Lors de l'étude des blocages mis dans les mains de l'État de réception, la question de l'éventuelle importation des exceptions constituées par la fraude et l'ordre public international en droit international privé avait été soulevée. L'on peut dès lors s'interroger sur la mise en œuvre de tels mécanismes par le juge de l'État de réception face au contrôle d'actes administratifs transnationaux étrangers. S'il n'existe pour le moment pas de jurisprudence à ce propos en droit administratif français, un parallèle peut être dressé avec le contrôle de certains jugements étrangers par le juge administratif, car ils soulèvent une problématique similaire en ce qu'ils sont des manifestations de la souveraineté étrangère que ce juge ne devrait pas, en principe, pouvoir contrôler.

La rencontre entre le juge administratif et le jugement étranger est de prime abord « improbable »[1] en raison de la territorialité du droit administratif condamnant les jugements le concernant à l' « immobilité internationale »[2] et circonscrivant de ce fait la question de la circulation des jugements étrangers à la matière civile et commerciale[3] dont le contrôle relève de la compétence du juge judiciaire[4]. La question de la circulation des jugements reste ainsi inscrite dans le droit international privé excluant la matière administrative. Cependant, une analyse plus précise révèle qu'en réalité la rencontre entre le juge administratif et le droit international privé n'est pas utopique, car il existe de nombreux cas où ce juge se doit de traiter d'une question préalable de droit privé présentant des éléments d'extranéité[5]. Or, un tel préalable peut concerner un jugement étranger plaçant alors le juge administratif face à une question de droit normalement réservée au juge judiciaire.

---

[1] BLANQUET P., « Le juge administratif et les jugements étrangers », *RFDA* 2021, p. 330.
[2] *Ibid.*, p. 332.
[3] Voir notamment le Règlement (UE) n°1215/2012 du 12 décembre 2012 concernant la compétence judiciaire, la reconnaissance et l'exécution des décisions en matière civile et commerciale.
[4] BLANQUET P., *art. cit.*, pp. 330-334.
[5] LAAZOUZI M., « Quand droit administratif et droit international privé se rencontrent », *AJDA*, 2015, p. 1135.

Plus concrètement, le droit français reconnaît à certains jugements étrangers une efficacité de plano, notamment en matière d'état et de capacité des personnes[1], qui reste cependant restreinte à l'efficacité substantielle de ceux-ci, ainsi qu'à l'autorité de chose jugée y étant attachée excluant toute force exécutoire qui ne peut être conférée qu'au moyen de l'exequatur[2]. Il s'agit ainsi d'une reconnaissance de plein droit, qui rappelle celle des actes administratifs transnationaux, et qui exempte alors ses destinataires de saisir le juge judiciaire afin de voir un tel jugement produire ses effets en France[3]. Or, comme l'a souligné Pierre Blanquet, ceci peut avoir pour conséquence que certaines décisions administratives seront adoptées par l'administration dans un sens déterminé par de tels jugements étrangers[4]. C'est ainsi, qu'au cours d'un recours pour excès de pouvoir à l'encontre d'une décision administrative subséquente, le juge administratif pourra être saisi d'une exception d'illégalité du jugement étranger l'ayant fondé. Cette configuration rappelle assez clairement celle des procédures administratives transnationales où un acte administratif transnational détermine le contenu d'un acte administratif purement interne adopté par l'État de réception, ce qui confirme la pertinence du parallèle ici dressé avec la question des jugements étrangers devant le juge administratif.

Toutefois, à l'inverse de la transnationalité administrative, le juge administratif s'est prononcé depuis un certain temps sur la question du contrôle par voie d'exception des jugements étrangers déterminant le contenu d'actes administratifs contestés devant lui. La jurisprudence fondatrice est l'arrêt du Conseil d'État Bellounis de 2006[5] où était en cause le refus d'un certificat de résidence à un ressortissant algérien qui avait été marié à une Française. Or, un accord franco-algérien du 27 décembre 1968 prévoyait qu'un tel certificat devait être octroyé dans le cas d'un mariage avec un Français si l'entrée sur le territoire français avait été régulière. Pour fonder ce refus, le préfet invoquait un jugement de divorce algérien qui fut alors contesté par le requérant, au moyen d'une exception d'illégalité, confrontant ainsi le juge administratif à la validité d'un tel jugement. Le Conseil d'État jugea alors que :

« [S]ous réserve de leur régularité internationale, notamment de leur conformité à la conception française de l'ordre public international et de l'absence de fraude, les jugements rendus par un tribunal étranger relativement à l'état et à la capacité des personnes produisent leurs effets en France indépendamment de toute déclaration d'exequatur, sauf dans la mesure où ils impliquent des actes d'exécution matérielle sur des biens ou de coercition sur des personnes ».

Cette formule faisant écho à la jurisprudence susmentionnée Hainard de la Cour de cassation implique ainsi que le juge puisse vérifier la régularité internatio-

[1] DE VAREILLES-SOMMIÈRES P., « Jugement étranger : matières civile et commerciale », in *Répertoire de droit international*, Dalloz, septembre 2013 (actualisation : Septembre 2020), §210-211.

[2] Cass., civ., 3 mars 1930, *Dame Hainard c/ Veuves Huguenin-Bergerat et Tournier ès qual.* ; *S.* 1930. A. p. 377, note NIBOYET ; sur ce point, voir : DE VAREILLES-SOMMIÈRES P., *art.cit.*, §246-249.

[3] BLANQUET P., *art. cit.*, p. 334.

[4] *Ibid.*

[5] CE, 24 novembre 2006, *Bellounis*, n°275527, *Rec.* p. 484 ; *AJDA* 2007. 638, note LECUCQ O ; *RDA.* 2007, comm. n°60, note AUDIT M.

nale du jugement en cause[1]. Cependant, il ne ressortait pas de cet arrêt que le juge administratif était apte à vérifier une telle régularité, qui n'était d'ailleurs pas remise en cause par le requérant. Il ne contestait que la production d'effets sur le territoire français du jugement de divorce en cause[2]. Ainsi, selon Mathias Audit, dans le cas où cette régularité aurait été soulevée, le juge administratif aurait dû surseoir à statuer « au profit de l'ordre judiciaire, seul compétent pour vérifier la régularité d'un jugement étranger de divorce »[3].

Cependant, cette position fut nuancée par la jurisprudence ultérieure du Conseil d'État, en particulier dans un arrêt Mme Benfrid de 2011[4] où était contestée une décision négative de la commission de recours contre les décisions de refus de visa d'entrée en France par suite d'un refus opposé à un ressortissant algérien marié à une Française. Là encore se posait la question de la validité de la condition du mariage puisqu'un divorce avait été jugé en Algérie, mais sa régularité était cette fois-ci contestée en vertu de l'incompétence de la juridiction l'ayant rendu et du non-respect de la convention franco-algérienne du 27 août 1964. Se saisissant de cette affaire, le Conseil d'État a eu l'occasion de préciser le rôle que le juge administratif pouvait jouer en matière de contrôle de la régularité des jugements étrangers. S'il rappela bien qu'un tel contrôle appartient en principe au juge judiciaire, il y posa une exception en statuant « qu'il appartient toutefois à l'autorité administrative, sous le contrôle du juge de l'excès de pouvoir, de ne pas fonder sa décision sur des éléments issus d'un jugement étranger qui révélerait l'existence d'une fraude ou d'une situation contraire à la conception française de l'ordre public international ». Ainsi, dans cet arrêt, le juge administratif confirme la possibilité de contrôler la régularité internationale d'un jugement étranger ayant fondé un acte administratif subséquent, important dans ses outils de contrôle les notions directement empruntées au droit international privé que sont la fraude et l'ordre public international[5].

Face à cette évolution relativement récente, il peut être raisonnablement proposé de l'étendre au contrôle des actes administratifs transnationaux étrangers lorsqu'ils ont déterminé le contenu d'un acte administratif émis par l'État de réception qui est contesté devant son juge. Le juge administratif étant déjà confronté aux notions de fraude et d'ordre public international, cela ne constituerait pas une nouveauté extravagante et permettrait de protéger au minimum un noyau dur de droit national ainsi que la légalité de l'ordre juridique lorsqu'il est relativement évident qu'une fraude a conduit à l'édiction de l'acte administratif transnational initial. Il s'ensuit que ceci ne viserait aucunement à remettre en cause la compétence de principe du juge de l'État d'émission, mais simplement à aménager un contrôle minimum au profit du juge de l'État de réception sans quoi il ne pourrait assurer une sauvegarde effective de la légalité de l'ordre juridique national. Enfin, ce contrôle ne permettrait bien évidemment que d'écarter l'acte étranger et en aucun cas de

---

[1] LECUCQ O., « La portée d'un jugement étranger devant une juridiction nationale », *AJDA* 2007, pp. 638 et s.
[2] AUDIT M., « L'autorité des jugements étrangers », *RDA*. n°4, avril 2007, comm. 60.
[3] *Ibid.*
[4] CE, 23 décembre 2011, *Mme Benfrid et Aridj*, n°328213, *Rec.* p. 670.
[5] BLANQUET P., *art. cit.*, pp. 334-336.

l'annuler ou de le réformer, opérations qui resteraient ainsi l'apanage des États d'origine.

Par ailleurs, l'importation de la fraude et de l'exception d'ordre public international semble déjà être admise par le Conseil d'État à propos d'actes administratifs, notamment dans une décision de 2019[1]. L'affaire en cause concernait un couple d'hommes australiens mariés qui avaient conçu deux enfants par gestation pour autrui dans l'État du Colorado aux États-Unis, chacun étant le père biologique d'un des deux enfants. Une ordonnance de parenté du juge américain établissait la filiation des enfants avec les deux Australiens qui avait ensuite été concrétisée par des certificats de naissance. Un de ces deux pères était devenu français par un décret de naturalisation en date du 25 avril 2017. Il demande par la suite au ministre de l'Intérieur la modification de ce décret afin que les noms de ses enfants y figurassent en vertu du principe de l'effet collectif des naturalisations posé à l'article 22-1 du Code civil au bénéfice des enfants mineurs. Une décision de refus fut opposée à cette requête sur le fondement de l'article 47 du Code civil qui se serait opposé à la reconnaissance des actes d'état civil américains en cause, car non conformes à la réalité biologique de par la mention de deux pères en tant que parents des enfants. Face à cela, le Conseil d'État jugea que si « le ministre chargé des naturalisations pouvait, dans l'exercice du large pouvoir d'appréciation dont il dispose en la matière, refuser de faire droit à la demande de naturalisation de M. E en prenant en considération la circonstance que celui-ci avait eu recours à la gestation pour le compte d'autrui », il ne pouvait pas priver les enfants des conséquences de la décision de naturalisation de M. E alors même « qu'il n'est pas soutenu que les actes d'état civil des deux enfants, établis selon la loi applicable aux faits dans l'État du Colorado, seraient entachés de fraude ou ne seraient pas conformes à cette loi ». Ainsi, il semble que dans le cas contraire où de tels actes auraient été établis par fraude, le Conseil d'État aurait pu procéder à un tel contrôle. La question de la fraude appliquée à des actes étrangers est donc admise devant le juge administratif, ce qui étaye la défense de l'importation de ce contrôle au cas de l'acte administratif unilatéral transnational.

Il résulte de ces analyses que la spécificité de la transnationalité administrative peut justifier une compétence exceptionnelle du juge des États de réception dans certains cas qui demeurent restreints, mais présentent une certaine importance en pratique. Une telle possibilité ne doit cependant être envisagée que dans le cadre de contrôles par voie d'exception, lorsque l'acte administratif transnational a lui-même déterminé le contenu d'un second acte administratif adopté par l'État de réception et qui est, cette fois-ci, purement interne. Tout d'abord, dans le cadre de l'Union européenne, l'ensemble des juges nationaux étant juges de droit commun de l'Union européenne, il semble possible de défendre l'idée que les juges des États de réception puissent contrôler la légalité de l'acte administratif transnational au regard des dispositions du droit de l'Union puisque tous les actes des États membres doivent en principe le respecter. Également, l'extension de la jurisprudence administrative relative aux jugements étrangers permettrait au juge national de contrôler les

[1] CE, 31 juillet 2019, n°411984, *Rec.* p. 348.

actes administratifs transnationaux étrangers au regard de deux outils du droit international privé : la fraude et l'ordre public international. Ces deux ouvertures constitueraient alors une économie de procédure importante, en évitant la multiplication des recours dans différents États, favorisant un droit au recours effectif, tout en améliorant le contrôle des actes transnationaux et donc en en renforçant la légalité. Le juge de l'État de réception pourrait alors écarter les actes administratifs transnationaux qui ne passeraient pas ces contrôles. Cependant, ces possibilités restent strictement limitées et ne permettraient pas de résoudre toutes les difficultés relatives à la légalité des actes administratifs transnationaux. C'est pourquoi, afin de compléter ces propositions, il est ici soutenu que la création d'une question préjudicielle transnationale entre les juges nationaux assurerait un complément particulièrement utile qu'il faut alors expliciter.

Lorsqu'un juge est saisi d'une affaire, il arrive fréquemment qu'il ne soit pas compétent pour statuer sur l'ensemble des éléments soulevés par les parties. C'est notamment le cas lorsque pour trancher un contentieux au principal, une question de droit donnée doit préalablement être résolue et qu'il n'a pas compétence pour l'évaluer. Face à cet obstacle, le droit a mis en place le mécanisme de la question préjudicielle qui est une « [q]uestion qui oblige le tribunal à surseoir à statuer jusqu'à ce qu'elle ait été soumise à la juridiction compétente qui rendra à son sujet un acte de juridiction »[1]. En droit français, l'on peut distinguer trois types de questions préjudicielles qui ont été implantés de manière successive : les questions préjudicielles au sein du même ordre de juridiction et entre les deux ordres de juridictions, les questions préjudicielles visant à faire coopérer plusieurs ordres juridiques et les questions visant à assurer le respect du monopole d'interprétation d'un droit ou d'un texte au sein de l'ordre juridique national[2]. La proposition ici soutenue est que la création d'une quatrième vague de question préjudicielle entre les juges nationaux à propos des actes administratifs transnationaux pourrait apporter une solution aux difficultés du contrôle de leur légalité, en particulier lorsque celle-ci est mise en cause par voie d'exception à l'occasion d'un recours contre un acte administratif purement national adopté par l'État de réception. Ainsi, il apparaît pertinent d'étudier au préalable la place du juge administratif face à la question préjudicielle en droit français pour bâtir ce nouveau mécanisme proposé.

La question préjudicielle trouve la justification de son existence dans la compétence monopolistique de certaines juridictions sur le contrôle et l'interprétation d'actes juridiques déterminés[3]. De ceci résulte que le juge administratif devra poser une question préjudicielle lorsque, pour trancher un litige, il doit d'abord se prononcer sur une question incidente qu'il n'a pas compétence pour juger. Pour qu'il y ait une question préjudicielle, il faut une question de droit, qui peut porter sur la validité d'un acte, son interprétation ou sa qualification[4], nécessaire à la résolution

[1] « Question préjudicielle », *in* GUINCHARD S., DEBARD T., *Lexique des termes juridiques*, Dalloz, 28e éd., 2020, Paris, p. 861.

[2] LEBRUN G., *Office du juge administratif et questions préjudicielles. Recherche sur la situation du juge* a quo, LGDJ, coll. Bibliothèque de droit public t. 296, 2017, Issy-les-Moulineaux, pp. 20-30.

[3] *Ibid.*, pp. 277-321.

[4] *Ibid.*, §43-58.

du litige au principal et que le juge saisi n'est pas compétent pour trancher. Il existe alors trois cas principaux de questions préjudicielles auxquelles procède le juge administratif. C'est d'abord au juge judiciaire qu'il va poser une question lorsqu'est en cause la légalité d'un acte de droit privé. Bien qu'il soit difficile historiquement d'identifier un fondement juridique précis, l'obligation de renvoi au juge judiciaire procède du droit applicable à l'acte en cause, à savoir le droit privé, et d'une notion sous-jacente selon laquelle le juge judiciaire est le « juge naturel » du contentieux de droit privé[1]. Ce mécanisme est aujourd'hui prévu à l'article R. 771-2 du CJA qui dispose que « [l]orsque la solution d'un litige dépend d'une question soulevant une difficulté sérieuse et relevant de la compétence de la juridiction judiciaire, la juridiction administrative initialement saisie la transmet à la juridiction judiciaire compétente. Elle sursoit à statuer jusqu'à la décision sur la question préjudicielle ». Ainsi, le juge administratif doit saisir le juge judiciaire des questions relatives à la validité des actes de droit privé. À l'inverse, le juge administratif reçoit également des questions préjudicielles posées par le juge judiciaire à propos des actes administratifs[2]. Cette possibilité était d'ailleurs bien soulignée dans la décision précitée du Tribunal des conflits, SCEA du Chéneau[3], qui, si elle ménageait une exception à la compétence de principe du juge administratif à l'égard de tels actes dans certaines conditions, rappelait qu'un tel contrôle devait normalement faire l'objet d'une question préjudicielle adressée au juge administratif.

Parallèlement, le droit de l'Union a institué un renvoi préjudiciel lorsqu'une question relative à l'interprétation des traités ou sur la validité et l'interprétation des actes pris par les institutions, organes ou organismes de l'Union est soulevée devant une juridiction d'un État membre[4]. La finalité de ce renvoi est d'abord d'assurer l'uniformité de l'interprétation et de l'appréciation de la validité du droit de l'Union par la compétence exclusive de la Cour de justice à ce propos[5]. Une telle question est obligatoirement posée lorsqu'elle survient devant une juridiction nationale dont les décisions ne sont pas susceptibles de recours[6] ou qu'est en cause la validité d'une norme de droit dérivé[7] à moins qu'une jurisprudence antérieure de la Cour n'ait déjà statué sur la question donnée[8]. Il n'est dès lors pas étonnant de constater que le juge administratif recourt souvent à ce type de question préjudicielle[9].

---

[1] *Ibid.*, pp. 279-296.

[2] Sur la délimitation des compétences entre les ordres de juridictions justifiant le recours à la question préjudicielle, voir : SEILLER B., *art. cit.*, §105-127.

[3] TC, 17 octobre 2011, *SCEA du Chéneau*, n°C3828, *Rec.* p. 698, *préc.*

[4] Art. 267 TFUE.

[5] PICOD F., RIDEAU J., « Renvoi préjudiciel », *Répertoire de droit européen*, Dalloz, janvier 2006 (actualisation : Octobre 2013), §25-31.

[6] Art. 267 TFUE.

[7] CJCE, 22 octobre 1987, *Foto-Frost c/ Hauptzollamt Lübeck-Ost*, *aff.* 314-85, ECLI :EU :C :1987 :452.

[8] CJCE, 6 octobre 1982, *CILFIT c/ ministère de la Santé*, *aff.* 283/81, ECLI :EU :C :1982 :335.

[9] SEILLER B., *art. cit.*, §132. Voir par exemple : CE, 21 novembre 2007, *Commune de Sausheim*, n°280969, *Rec.* p. 447 ; CE, 4 mars 2009, *Société Fiduciaire nationale d'expertise comptable*, n°310979 ; CE, 6 novembre 2009, *Société Monsanto SAS*, n°313605, *Rec.* p. 442 ; CE, 5 juillet 2010, *ministre de l'Intérieur, de l'Outre-mer et des Collectivités territoriales*, n°308601.

Enfin, un dernier type de question préjudicielle auquel est confronté le juge administratif serait la question prioritaire de constitutionnalité (QPC) introduite en droit français lors de la réforme constitutionnelle de 2008[1]. Aujourd'hui prévue à l'article 61-1 de la Constitution, la QPC permet au juge de renvoyer une question au Conseil constitutionnel lorsqu'il est soutenu qu'une « disposition législative porte atteinte aux droits et libertés que la Constitution garantit ». Si certains voient en ce mécanisme une évidente question préjudicielle[2], d'autres soulèvent avec justesse que la préjudicialité de la QPC est en réalité relative, puisqu'il suffit que la loi contestée soit applicable au litige, et non nécessaire à son jugement, pour que le renvoi soit valable[3]. Cette condition a d'ailleurs notamment pu permettre au Conseil d'État de renvoyer des QPC dont l'éventuelle censure en résultant n'avait pas de conséquence sur la solution du litige au principal[4]. Cependant, il demeure que la QPC présente un mode de fonctionnement obéissant globalement à la logique d'un renvoi préjudiciel justifiant qu'elle soit ici mentionnée.

Ces différents exemples de questions préjudicielles auxquels le juge administratif est confronté expliquent comment est résolu le problème de son incompétence face à des questions incidentes. Afin d'assurer le respect des compétences de chaque juridiction, la meilleure solution trouvée est celle de saisir in fine le juge compétent pour trancher la question incidente. Ce mécanisme témoigne d'une véritable coopération entre les juges et nécessite de ce fait l'existence d'un certain lien entre eux. Ainsi, que ce soit pour la question préjudicielle devant la Cour de justice ou la QPC, ce lien est établi textuellement avec une obligation ou une possibilité laissée au juge de saisir la Cour de justice ou le Conseil constitutionnel. Dans le cadre de la question préjudicielle entre le juge judiciaire et le juge administratif, il est intéressant de noter qu'il n'existe pas de texte général organisant une telle procédure, seule la question posée par le juge administratif au juge judiciaire est prévue par le récent article R. 771-2 CJA.

Mais par-delà l'objectif de coopération, la question préjudicielle est également un élément d'uniformité du droit. Ceci est plus évident quand on considère la QPC ou la question préjudicielle européenne puisque les décisions rendues par la Cour de justice ou le Conseil constitutionnel vont venir réguler la mise en œuvre du droit de l'Union ou l'application de la législation par les juges nationaux. Cette fonction d'uniformisation est peut-être plus discrète pour les questions préjudicielles adressées entre les ordres de juridiction et pourtant, ce mécanisme permet d'éviter une divergence de jurisprudences sur un même point de droit donné, en plus de respecter la répartition des compétences entre les deux ordres. Ainsi, l'on retrouve dans

---

[1] Loi constitutionnelle n°2008-724 du 23 juillet 2008 de modernisation des institutions de la Ve République.

[2] LEBRUN G., *op. cit.*, p. 30.

[3] MAGNON X., « La question prioritaire de constitutionnalité est-elle une 'question préjudicielle' ? », *AJDA* 2015, pp. 254 et s.

[4] Voir, par exemple : CE, 14 avril 2010, *Mme Lazare*, n°329290, *Rec.* p. 108 ; *AJDA* 2010. 1355, chron. LIEBER S.-J., BOTTEGHI D., *RFDA* 2010. 696, concl. DE SALINS C. ; *D.* 2010. 1061, note LEVADE A.

tous les cas un objectif de cohésion du droit qui est motivé soit par la cohérence de l'ordre juridique interne, soit par celle de l'ordre juridique européen intégré.

Il est intéressant de noter que tous ces mécanismes participent à ce que Bruno Genevois[1] a nommé « dialogue des juges » qui désigne l'ensemble des procédés par lesquels les différents juges collaborent, que ce soit entre les juges internes ou entre les juges nationaux et supranationaux. Tous ces exemples attestent que les échanges entre les juges existent depuis longtemps et proposent ainsi un terrain déjà fertile pour développer ces techniques préexistantes. Une de ces évolutions pourrait alors être l'instauration d'un dialogue entre les juges nationaux, de manière horizontale et transnationale. L'étude d'un tel mécanisme original suggère alors un renouveau possible de la question préjudicielle à l'aune de la transnationalité administrative.

Phénomène particulièrement rare[2], il est arrivé dans l'histoire de la jurisprudence administrative que le juge soit confronté à une question préjudicielle intervenant entre lui et une juridiction étrangère. C'est d'abord dans une affaire Vecchini en 1934[3] que le Conseil d'État sembla reconnaître la possibilité pour lui de poser une question préjudicielle au juge étranger[4]. En l'espèce, le ministre des Affaires étrangères avait versé à M. Pagazzani le paiement d'une créance au Venezuela. Or, M. Vecchini alléguait qu'il était cessionnaire de cette créance et aurait donc dû être le destinataire de ce paiement. Face au refus que le ministère lui opposa par une décision du 13 août 1926, M. Vecchini forma une requête visant à son annulation et à la mise en cause de la responsabilité de l'État français pour une faute de service. Ainsi, pour juger de la légalité de cette décision, le Conseil d'État devait d'abord déterminer qui était le titulaire de la créance et donc si une cession avait bel et bien eu lieu. Toutefois, celle-ci relevait du droit vénézuélien, il ne dépendait donc pas de sa compétence de se prononcer sur sa légalité. C'est pourquoi le Conseil d'État décida alors « avant de statuer au fond, d'accorder au requérant un délai suffisant pour lui permettre de faire trancher par la juridiction compétente la question préjudicielle de la validité des cessions qu'il invoqu[ait] pour établir son droit à indemnité ». Si le Conseil d'État ne renvoya pas directement la question à la juridiction vénézuélienne compétente, il prononça tout de même un sursis à statuer à cette fin, illustrant la possibilité d'une question préjudicielle devant un juge étranger[5]. Cela ressort d'ailleurs nettement d'un second arrêt Vecchini en date du 12 novembre 1949[6]. En effet, constatant que la Cour supérieure du district fédéral des États-Unis du Venezuela avait déclaré valables les cessions opérées au profit du sieur Vecchini et que l'exequatur de cet arrêt avait été reconnu par les juridictions judiciaires françaises, le Conseil d'État fit finalement droit à la demande du requérant.

---

[1] Voir les concl. GENEVOIS B. sous CE, ass. 22 décembre 1978, *Cohn Bendit*, n°11604, *Rec.* p. 524.

[2] GAUTIER-MELLERAY M., « Le dispositif Schengen, vecteur d'une nouvelle forme d'intégration juridictionnelle », in *Les dynamiques du droit européen en début de siècle (Études en l'honneur de Jean-Claude Gautron)*, Pédone, Paris, 2004, p. 81 ; « Le dépassement du caractère national de la juridiction administrative : le contentieux de Schengen », *RDA*, mai 2005, étude 8, §18.

[3] CE, sect., 4 mai 1934, *Sieur Vecchini*, n°2812, *Rec.* p. 529.

[4] GAUTIER-MELLERAY M., *arts. cit.*

[5] GAUTIER-MELLERAY M., *arts. cit.*

[6] CE, sect., 12 novembre 1949, *Sieur Vecchini*, n°2812, *Rec.* p. 480.

Cette affaire révèle ainsi que le juge administratif n'exclut pas la possibilité d'une question préjudicielle adressée à un juge étranger. Il faut toutefois restreindre la portée de cette espèce en ce qu'elle ne portait pas sur la matière administrative. En effet, la question de la validité de la créance relevait du droit privé, ce qui a conduit certains auteurs à conclure que la question avait été posée non pas en raison du caractère étranger de l'acte, mais de son appartenance au droit privé[1]. Ainsi, selon Geoffroy Lebrun, le « Conseil d'État ne semble donc pas accorder une dimension particulière à ce renvoi préjudiciel, puisqu'il le règle comme il l'aurait fait pour un acte de droit privé français ». Il demeure cependant que le résultat a conduit à une question préjudicielle entre deux juges ressortissants d'États distincts démontrant qu'une telle possibilité n'est pas impensable.

Par ailleurs, l'hypothèse inverse s'est également posée au juge administratif plus récemment dans un arrêt du Conseil d'État Bfg Bank Luxembourg du 27 octobre 2000[2]. Dans cette affaire, une SCI avait obtenu de la municipalité d'Hennebont qu'un prêt obtenu auprès d'une banque parisienne soit garanti à 80%. Le maire fut ainsi autorisé par une délibération municipale à conclure le contrat de garantie pour la commune, mais l'acte final différa substantiellement du projet de contrat initial, notamment en ce que le prêt était finalement contracté auprès d'un établissement de crédit suisse, dont les droits furent par la suite repris par la société luxembourgeoise requérante. De surcroît, ce contrat comportait une clause d'attribution de compétence aux tribunaux helvétiques en plus de prévoir qu'il serait régi par le droit de ce pays. La SCI étant tombée en redressement judiciaire, la banque luxembourgeoise tenta de faire jouer la garantie et finit par saisir les juridictions suisses pour faire valoir ses droits. Or, la commune souleva que le maire n'avait pas été régulièrement autorisé à signer le contrat de garantie finale, en particulier car il différait du projet soumis au conseil municipal. Face à cet argument, les juridictions suisses sursirent à statuer afin que la banque saisisse le juge administratif français de la légalité de la décision du maire de signer le contrat en cause. La banque forma alors un recours devant les juridictions administratives françaises en appréciation de la légalité de la décision. Saisi sur appel d'un jugement du tribunal administratif de Rennes, le Conseil d'État devait d'abord déterminer si un tel recours était recevable, le principal étant jugé par une juridiction étrangère.

Comme l'a souligné dans ses conclusions Guillaume Goulard[3], il s'agissait d'une « question de procédure entièrement nouvelle », ce qui le conduisit à tenter de dresser différentes analogies afin de proposer une solution innovante. Ainsi releva-t-il que si un tel recours avait été formulé par une juridiction française, la recevabilité du recours ne poserait aucune difficulté. Cependant, l'analyse de la pratique en droit international privé ne montrait aucun usage d'un mécanisme de question préjudicielle entre juridictions nationales rendant étonnant un tel renvoi[4]. Si le juge suisse

[1] LEBRUN G., *Office du juge administratif et questions préjudicielles. Recherche sur la situation du juge* a quo, LGDJ, coll. Bibliothèque de droit public t. 296, 2017, Issy-les-Moulineaux, pp. 272-273.
[2] CE, ass., 27 octobre 2000, *Bfg Bank Luxembourg*, n°172350, *Rec.* p. 471 ; concl. GOULARD G. (non publiées).
[3] Concl. précitées.
[4] *Ibid).*

avait décidé de poser une telle question préjudicielle, c'est avant tout parce qu'il craignait des difficultés d'exécution de sa décision en cas de condamnation de la commune puisque la convention de Lugano[1], régissant l'exécution des décisions en matières civile et commerciale entre la France et la Suisse, prévoit dans son article 27 une exception à la reconnaissance des décisions judiciaires dans le cas où elles sont contraires à l'ordre public de l'État requis. Or, le contrat avait pour conséquence de faire reconnaître par la commune d'Hennebont, personne publique française, la compétence des juridictions suisses, ce qui pouvait dès lors présenter une difficulté de ce type[2]. Au-delà de cet argument, la question semblait, pour M. Goulard, également présenter un caractère d'opportunité, la juridiction suisse n'étant pas légalement tenue de surseoir à statuer.

L'absence de formalisation d'une procédure de question préjudicielle entre juridictions nationales n'emportait par ailleurs pour le juge français aucune obligation d'y répondre. Ainsi, le rapporteur public argumenta en faveur d'une réponse qui serait opportune et qui n'était interdite par aucune règle. Il ajouta d'ailleurs « qu'une telle attitude s'inscrit très naturellement dans le nécessaire dialogue des juges auquel vous avez eu d'autres occasions de manifester votre attachement »[3]. Il ne manqua pas également de faire référence à l'affaire Vecchini pour souligner que le juge administratif français lui-même avait déjà eu recours à un même procédé. C'est même la possibilité de réitérer un tel renvoi à une juridiction étrangère qu'il utilisa pour renforcer l'intérêt de répondre à la question suisse. Il souligna ainsi qu'une réponse par le juge français maximiserait les chances de bénéficier d'une attitude réciproque dans le cas où il poserait une question de même nature à l'avenir.

Les conclusions du rapporteur public furent finalement suivies par le Conseil d'État qui statua sur la légalité de la décision du maire ou, plus précisément, déclara son illégalité. Cette jurisprudence particulièrement originale marqua ainsi, comme le soulignaient les conclusions, l'ouverture d'une nouvelle voie de droit, celle des renvois préjudiciels en appréciation de la légalité d'actes administratifs français par des juridictions étrangères. Malgré des critiques quant à l'application faite en l'espèce de la convention de Lugano[4], cette jurisprudence traduit une évolution de la position du juge administratif dans ses relations avec les juridictions étrangères en raison d'une transnationalisation des situations juridiques.

Il ressort de l'étude de la jurisprudence administrative que si la question préjudicielle avec les juridictions étrangères n'est pas un lieu commun, elle demeure une réelle possibilité, voire, pour certains auteurs, une « prédisposition manifeste » du juge administratif[5]. Cette évolution qui a conduit le Conseil d'État tant à poser des

---

[1] Convention de Lugano du 16 septembre 1988 concernant la compétence judiciaire et l'exécution des décisions en matières civile et commerciale.

[2] Concl. précitées.

[3] *Ibid.*

[4] AUDIT M., « De la compétence administrative française pour connaître de la validité d'un acte administratif sur question préjudicielle d'une juridiction étrangère, Conseil d'État, 27 octobre 2000, BFG Bank Luxembourg SA », *RCDIP*, 2002, pp. 105-113.

[5] MAGNIEN C., « La question préjudicielle transnationale et le juge administratif », *RDPA* n°7, juillet 2020, étude 4.

questions au juge étranger, qu'à trancher celles qu'il lui adressait, indique que le mécanisme de la question préjudicielle entre juridictions nationales pourrait être développé. Dans le cadre de la transnationalité administrative, l'exploration d'un tel procédé présenterait des avantages justifiant que cette étude se penche sur la question de la création d'une question préjudicielle transnationale.

L'idée de la création d'une question préjudicielle entre juges nationaux portant sur l'appréciation de la légalité d'actes administratifs étrangers n'est d'ailleurs pas totalement novatrice puisque dès 1967 l'on pouvait la trouver suggérée sous la plume de Roland Drago dans ses observations sous un arrêt du Conseil d'État en date du 23 décembre 1966[1]. Cette affaire portait sur le recouvrement par la France d'un impôt édicté par l'administration belge en application de la coopération instituée par la convention franco-belge du 16 mai 1931. Or, le débiteur contestait la procédure menée en France à cet effet et, par voie incidente, la légalité de la créance belge. Faisant application d'une jurisprudence traditionnelle, le juge administratif rejeta le recours en soulignant que la contrainte résultait de la créance étrangère et qu'il n'avait pas compétence pour en apprécier la validité. Critiquant cette jurisprudence, Roland Drago soulignait que cette position menait à un déni de justice. Il proposa donc une alternative, celle de la « question préjudicielle à effet international » qui était certes « ignorée du droit international privé », mais qui aurait été une solution « plus heureuse »[2]. Cette suggestion très brève – il s'agit de trois phrases – est d'autant plus intéressante que l'analyse diachronique des faits au regard de la notion de l'acte administratif transnational révèle que l'acte d'imposition belge pouvait être qualifié comme tel car il liait l'administration française pour l'exécution de son recouvrement, caractère que le Conseil d'État n'hésita pas à relever.

Ainsi, le contentieux par voie d'exception de la légalité d'actes administratifs étrangers est depuis longtemps source de critiques quant aux solutions peu satisfaisantes trouvées par le juge administratif français au regard de l'accès au juge. C'est pourquoi, face à l'émergence des actes administratifs transnationaux, une partie de la doctrine a déterré l'idée de la question préjudicielle aujourd'hui qualifiée de « transnationale »[3]. L'utilité de ce procédé n'a d'ailleurs pas été remise en cause par l'évolution de la jurisprudence européenne ayant permis au juge de l'État de réception d'opérer un contrôle incident d'un acte administratif étranger dans certains cas[4]. En effet, Marie Gautier-Melleray a souligné qu'une telle « forme d'intégration juridictionnelle particulièrement poussée […], si elle devait se développer, susciterait

---

1 CE, sect., 23 décembre 1966, *Sieur X*, n°60741, *Rec.* p. 693 ; *AJDA* 1967. 480, obs. DRAGO R.

2 DRAGO R., « Droit fiscal et comptabilité publique », *AJDA* 1967, p. 481.

3 GAUTIER-MELLERAY M., « Le dispositif Schengen […] », *art. cit.*, pp. 81-82 ; « Le dépassement du caractère national […] », *art. cit.* ; « Une autre traversée du Rhin », *AJDA*, 2015. 1139 ; « Du nouveau du côté du contrôle transnational des actes administratifs », *AJDA* n° 19, 2017. 1081 ; MAGNIEN C., *L'administrativité transnationale*, Mémoire dactyl. pour le Master 2 Droit public approfondi de l'Université Panthéon-Assas (Paris II), sous la direction de Benoît PLESSIX, 2018, pp. 86-94 ; « La question préjudicielle transnationale et le juge administratif », *RDPA* n°7, juillet 2020, étude 4 ; ALONSO DE LEÓN A., *Composite administrative procedures in the European Union*, Iustel, 2017, Madrid, pp. 348-360.

4 CJUE, grde. ch., 16 mai 2017, *Berlioz Investment Fund SA*, *aff.* C-682/15, ECLI :EU :C :2017 :373 ; CJUE, grde. ch., 6 octobre 2020, *État luxembourgeois*, *aff.* C-245/19 et C-246/19, ECLI :EU :C :2020 :795.

sans doute des réticences dirimantes »[1]. Par conséquent, la question préjudicielle transnationale serait, selon cette auteure, une alternative pertinente à une extension certainement difficile d'un tel contrôle dans les mains du juge de l'État de réception[2].

Cependant, la plupart des articles se contentent de mentionner l'idée d'une question préjudicielle transnationale sans pour autant décrire ses modalités de concrétisation. Il s'agirait premièrement d'une question préjudicielle dont on peut aisément imaginer qu'elle suive les trois étapes habituellement retrouvées dans ce mécanisme. Ainsi, lorsque le juge de l'État de réception est saisi par voie incidente de la légalité d'un acte administratif transnational émis par un État étranger, il devrait d'abord décider de surseoir à statuer.

Ensuite, deux possibilités peuvent être envisagées. Soit le juge demande aux parties de saisir elles-mêmes la juridiction étrangère compétente (c'était notamment le cas dans l'affaire Vecchini), soit il adresse lui-même la question à cette juridiction (c'est aujourd'hui le cas pour les questions préjudicielles que le juge administratif adresse au juge judiciaire[3]). Cette seconde option présupposerait cependant que le juge connaisse la juridiction étrangère compétente, ce qui n'est pas évident, mais elle aurait l'avantage de réellement réduire la multiplication des procédures dans différents États pour le requérant, ce qui était précédemment exposé comme une des difficultés résultant du contrôle des procédures administratives transnationales. Toutefois, cette difficulté pourrait être résolue au moyen des points de contact nationaux en charge de la transnationalité administrative dont la création a été proposée précédemment. En effet, le juge pourrait alors adresser la question au point de contact de l'État ayant émis l'acte transnational dont la légalité est contestée et qui la transmettrait ensuite à la juridiction compétente de son ordre juridique[4]. Ainsi, la proposition de l'institution des points de contact nationaux s'associerait facilement avec celle de la création de la question préjudicielle transnationale.

Se pose également la question du délai de réponse dont devrait disposer la juridiction saisie. Celui-ci se doit d'être raisonnablement rapide sans être pour autant une contrainte trop forte pour le juge saisi. Une solution d'équilibre semble être un délai de 6 mois, ce qui est repris dans la proposition de directive en Annexe I. Enfin, une fois la question tranchée par la juridiction étrangère compétente, le juge national devrait en tirer les conséquences relatives à la légalité de l'acte national contesté au principal. Cette solution permettrait ainsi de préserver la souveraineté de l'État ayant émis l'acte tout en donnant une pleine effectivité au droit au recours notamment protégé par l'article 47 de la Charte des droits fondamentaux et l'article 6 de la Convention européenne de sauvegarde des droits de l'homme et des libertés fondamentales.

---

[1] GAUTIER-MELLERAY M., « Du nouveau … », *art. cit.*

[2] *Ibid.*

[3] R. 771-2 CJA.

[4] Une idée similaire est proposée par Sergio Alonso de León. Voir : ALONSO DE LEÓN S., *op. cit.*, p. 358.

Il demeure cependant la question du moyen de l'institutionnalisation d'une telle pratique. Là encore, le contexte de l'intégration européenne semble particulièrement favorable pour mettre en place le mécanisme proposé. Ainsi, Sergio Alonso de León défend l'idée qu'une directive pourrait organiser la question préjudicielle transnationale, de même que des points de contact transnationaux[1]. En fin de compte, l'adoption d'une directive sur la transnationalité administrative recoupant les différentes propositions faites dans cette étude apparaît être le moyen le plus adapté pour les réaliser.

La question préjudicielle transnationale présente ainsi des éléments de réponse efficaces quant au contrôle des actes administratifs unilatéraux transnationaux. Cependant, l'utilité d'un tel procédé ne doit pas masquer certaines difficultés juridiques qui devront être résolues avant de pouvoir créer ce mécanisme.

Par définition, la question préjudicielle intervient en principe entre deux juges, puisqu'elle suppose que le premier juge sursoit à statuer en attendant que la juridiction compétente se soit prononcée sur la question posée[2]. Ainsi, la question préjudicielle transnationale implique nécessairement un jugement étranger se prononçant sur la légalité de l'acte administratif transnational étranger. Or, encore faut-il pouvoir définir ce qu'est un jugement étranger pour le juge administratif français, ce qui, pour le moment, ne ressort pas de sa jurisprudence. En effet, l'on peut observer dans les jurisprudences Bellounis[3] et Benfrid[4], dans lesquelles le juge administratif a opéré un contrôle incident de jugements de divorce algériens desquels découlaient des actes administratifs français, que la question de la qualification de ceux-ci en tant que « jugements étrangers » n'a pas été étudiée par le juge. Autrement dit, il apparaît dans ces arrêts que le juge administratif considère directement les jugements de divorce algériens comme des jugements étrangers sans s'interroger sur une telle qualification, qui est pourtant centrale, puisque la légalité des actes administratifs remis en cause au principal dépend de l'effet produit en France par des « jugements rendus par un tribunal étranger relativement à l'état et à la capacité des personnes ». Peut-être que l'évidence d'une telle qualification au regard des décisions étrangères en cause justifiait cette économie d'analyse, mais si ce type de contentieux venait à se développer, la question de la qualification des jugements étrangers devrait être étudiée par le juge administratif. De même, le mécanisme de la question préjudicielle nécessite une telle analyse pour clarifier son fonctionnement.

Pour ce faire, rechercher la manière dont le droit international privé s'est saisi de la question peut procurer des solutions adaptables à la matière administrative. C'est d'ailleurs la même démarche qu'avait adoptée le rapporteur public dans l'affaire Bellounis dont les conclusions faisaient état de la jurisprudence judiciaire en matière de circulation des jugements étrangers portant sur l'état des personnes[5]. Dans cette matière, trois critères principaux entrent en compte pour qualifier un jugement

---

[1] *Ibid.*

[2] Voir : « Question préjudicielle », *in* GUINCHARD S., DEBARD T., *Lexique des termes juridiques*, Dalloz, 28e éd., 2020, Paris, p. 861.

[3] CE, 24 novembre 2006, *Bellounis*, n°275527, *Rec.* p. 484

[4] CE, 23 décembre 2011, *Mme Benfrid et Aridj*, n°328213, *Rec.* p. 670.

[5] Concl. CASAS D., non publiées.

étranger. D'abord, il faut que l'acte émane d'une « juridiction ». Mais ce terme semble entendu de manière particulièrement large puisque sont assimilés à des actes juridictionnels des actes émis par des autorités publiques produisant dans leur État d'origine des effets normalement attachés au jugement dans l'ordre juridique français[1]. Cette acception englobante du terme de juridiction se retrouve d'ailleurs dans certains instruments de droit de l'Union européenne assurant la circulation des jugements étrangers, en particulier en matière matrimoniale. Ainsi, le règlement Bruxelles II ter[2] définit la juridiction à son article 2, §2, 1) comme « toute autorité dans un État membre qui est compétente dans les matières relevant du champ d'application du présent règlement ». Autrement dit, cette définition excède l'acception généralement accordée au terme de juridiction qui désigne normalement tout « [o]rgane institué pour exercer le pouvoir de juridiction »[3] par opposition à la fonction législative ou à la fonction administrative. Par exemple, en matière matrimoniale, selon le Règlement Bruxelles II ter, seront traités de la même manière les divorces étrangers prononcés par un juge et ceux prononcés par une autorité étatique. Toutefois, l'assimilation de certains actes étrangers à des jugements n'est pas toujours absolue et peut varier selon les règles encadrant la matière dans laquelle ils interviennent[4]. Le second critère porte sur le caractère étranger du jugement. Pour que celui-ci soit qualifié, ce n'est pas le siège de la juridiction qui est pris en considération, mais la souveraineté au nom de laquelle elle rend l'acte en cause qui doit alors être différente de celle du juge du for[5]. Ceci exclut donc les sentences arbitrales qui ne peuvent pas être rendues au nom d'un État[6]. Enfin, le troisième critère est matériel puisque la doctrine s'accorde pour reconnaître qu'un jugement étranger doit intervenir en droit privé pour produire en France des effets selon les règles du droit international privé[7].

En excipant ces différents critères pour les adapter à la question préjudicielle administrative transnationale, certaines conséquences doivent être prises en compte dans l'acte de droit dérivé instituant ce mécanisme, acte qui serait le plus probablement une directive. D'abord, devrait y figurer une définition de la juridiction. Une acception particulièrement large assurerait le bon fonctionnement de la procédure, notamment dans les cas où la révision de certains actes administratifs serait confiée à des autorités administratives dans certains États étrangers. Reprendre la définition

---

1 LOUSSOUARN Y., BOUREL P., DE VAREILLES-SOMMIÈRES P., *Droit international privé*, Dalloz, coll. Précis, 10e éd., 2013, Paris, pp. 858-859. Voir également : DE VAREILLES-SOMMIÈRE, « Jugement étranger : matières civile et commerciale », in *Répertoire de droit international*, Dalloz, septembre 2013 (actualisation : Septembre 2020), §29-37.

2 Règlement (UE) 2019/1111 du Conseil du 25 juin 2019 relatif à la compétence, la reconnaissance et l'exécution des décisions en matière matrimoniale et en matière de responsabilité parentale, ainsi qu'à l'enlèvement international d'enfants.

3 « Juridiction », *in* Association Henri Capitant, CORNU G., CORNU M. *et al.*, *Vocabulaire juridique*, PUF, Coll. Quadrige, 13e éd., 2020, Paris, p. 584.

4 LOUSSOUARN Y., BOUREL P., DE VAREILLES-SOMMIÈRES P., *op. cit.*, p. 859.

5 *Ibid.*

6 *Ibid.*, p. 737.

7 *Ibid.*, p. 738 ; BUREAU D., MUIR WATT H., *Droit international privé, Partie générale*, t. 1, PUF, coll. Thémis droit, 5e éd., 2021, Paris, pp. 298-299.

posée dans le Règlement Bruxelles II ter paraît être une bonne solution. Le second critère de la manifestation d'une souveraineté étrangère pose peu de problèmes à partir du moment où intervient une telle juridiction d'un autre État membre. Enfin, le troisième critère doit nécessairement être adapté : la matière ici concernée sera le droit public et non le droit privé. Ainsi, ces trois critères remplis, le juge de l'État du for pourra reconnaître un jugement étranger dans la réponse apportée à la question préjudicielle transnationale qu'il aura adressée au point de contact de l'État concerné.

La deuxième difficulté intervenant dans le mécanisme proposé de question préjudicielle transnationale est celle de la valeur de la réponse donnée au juge de l'État du for. Un jugement étranger ne peut en principe produire qu'un effet de fait[1]. Cependant, en droit international privé, deux mécanismes de réception ont été mis en place. Il s'agit d'abord de l'exequatur qui consiste en l'examen de la régularité internationale d'un jugement étranger par le juge de l'État du for[2]. L'exequatur est la seule procédure permettant d'octroyer la force exécutoire à un jugement étranger[3]. Parallèlement, une reconnaissance d'efficacité de plein droit est progressivement apparue, d'abord à propos de l'état des personnes puis dans d'autres branches de droit privé comme le droit des successions ou le droit des faillites[4]. Cependant, une telle reconnaissance ne porte que sur l'efficacité substantielle[5] et l'autorité de chose jugée et non sur la force exécutoire qui nécessitera forcément de demander l'excquatur pour l'obtenir[6].

Dans le cas où la juridiction saisie déclarerait l'acte transnational en cause illégal, ce qui entraînerait sa disparition dans son ordre juridique d'origine, quelle que soit la valeur accordée à la réponse rendue au juge du for, la conséquence contentieuse sera la même puisque l'acte aura de ce fait également disparu dans l'ordre juridique de l'État de réception. La question se pose donc plus âprement dans le cas où la juridiction saisie confirmerait la légalité de l'acte administratif transnational remis en cause par voie d'exception devant le juge du for. Passer par une procédure d'exequatur n'aurait que peu de sens puisque le principe même de l'institution d'une question préjudicielle transnationale est d'éviter la multiplication des procédures et qu'il ne serait de toutes les manières pas question de mobiliser la force exécutoire. Reste à trancher si la réponse de la juridiction étrangère devrait être admise comme un fait ou bénéficier d'une reconnaissance à l'image de celle existant pour certains jugements étrangers en droit international privé. Cette seconde solution semble la plus cohérente avec la nature même de la question préjudicielle qui est de demander à un juge compétent de statuer juridictionnellement sur une question donnée. Pour assurer cette reconnaissance, le plus simple serait alors de préciser dans la directive que les réponses apportées aux questions préjudicielles disposent d'une reconnais-

---

1 DE VAREILLES-SOMMIÈRES P., *art. cit.*, §53-75.

2 *Ibid.*, §207.

3 *Ibid.*, §209.

4 BLANQUET P., « Le juge administratif et les jugements étrangers », *RFDA* 2021, p. 330.

5 HUET A., « Effets en France des jugements étrangers subordonnés à leur régularité internationale – Efficacité substantielle de chose jugée », *J. Cl. Droit international*, fasc. n°584-35, 2020, §1.

6 BLANQUET P., *art. cit.*, p. 330 ; DE VAREILLES-SOMMIÈRES P., *art. cit.*, §210-211.

sance de plano et donc bénéficient bel et bien de l'efficacité substantielle ainsi que de l'autorité de la chose décidée.

Conclusion générale

Parti du constat pratique du développement de l'action extraterritoriale de l'administration, ce travail de thèse a premièrement cherché à isoler et à définir une manifestation particulière de cette récente évolution. En effet, l'analyse de nombreux cas pratiques a démontré qu'il existait parfois une circulation singulière des actes administratifs unilatéraux en ce qu'ils pouvaient être amenés à produire des effets de droit contraignants dans des ordres juridiques étrangers sans pour autant nécessiter d'acte de réception de la part des États de destination. Ces actes, qui disposent ainsi d'effets de droit de plano dans des ordres juridiques étrangers, participent à l'action extraterritoriale de l'administration d'une manière particulièrement aboutie en ce qu'ils semblent s'inscrire en faux par rapport aux principes traditionnellement admis en droit international public et en particulier, par rapport au concept de souveraineté qui s'opposerait à tout acte d'exécution en territoire étranger[1]. Cependant, l'analyse du fondement juridique de ces actes transnationaux permet de résoudre le dilemme du conflit de souverainetés qu'ils semblent soulever. C'est ainsi par le truchement du droit international, principalement conventionnel, mais parfois coutumier, qu'est instituée la transnationalité ménageant alors la souveraineté des États de réception. Ce lien avec le droit international peut également être indirect lorsque ce sont des normes de droit de l'Union européenne qui prévoient cette transnationalité. Il demeure qu'il existe toujours un fondement initial dans le droit international, fût-il médiatisé par le droit de l'Union dont l'origine relève également du droit international public.

La définition posée et le problème de la souveraineté résolu, il apparaît tout de même que les actes s'inscrivant dans la catégorie donnée ne présentent pas une unité absolue. Leurs nombreuses différences ont justifié l'établissement d'une typologie qui comporte à la fois un objet purement descriptif, mais également des conséquences sensibles quant aux régimes applicables à ces actes. L'on distingue alors les actes administratifs individuels transnationaux per se, les actes potentiellement transnationaux, les actes réglementaires transnationaux, les décisions communes, les actes administratifs unilatéraux soumis à une reconnaissance mutuelle passive et, enfin, les actes émis par des administrations plurinationales. Par ailleurs, cette classification fait apparaître un noyau dur de la transnationalité administrative et une acception plus large de ce phénomène révélant que les limites de la catégorie de l'acte administratif transnational peuvent parfois être difficiles à tracer en pratique. La transnationalité élargie ne répond pas clairement à tous les critères posés dans la définition, mais son étude demeure pertinente pour encadrer l'ensemble des manifestations de la transnationalité administrative.

Cependant, que l'on prenne une définition stricte ou élargie de l'acte administratif transnational, son mode de fonctionnement reste toujours identique. Il met en contact deux ordres juridiques entre lesquels il dresse une passerelle qui permet

[1] CPJI, 7 septembre 1927 (arrêt), *Affaire du « Lotus » (France c/ Turquie)*, *Rec. CPJI* 1927, *Série A* n° 10.

l'export direct de son contenu dans l'État de réception. Le conflit de souverainetés est évacué par l'intervention préalable d'une norme de droit international. Ainsi, l'acte administratif transnational, pour pouvoir produire tous ses effets, ne peut pas naître sans un contexte juridique antérieur permettant légalement son avènement. Une fois émis, il relève en réalité de ce qu'une doctrine ancienne du droit international privé appelait « conflit d'autorités »[1]. Ainsi, l'acte administratif transnational est soumis au droit de son autorité nationale d'émission dont la compétence est désignée par une règle généralement posée par la norme établissant la transnationalité. Ce mode de fonctionnement est propre à ce type d'actes et explique pourquoi les actes administratifs transnationaux produisant des effets en France, ou ceux émis par son administration nationale prolifèrent principalement dans le cadre de l'Union européenne.

En effet, celle-ci propose un cadre juridique très favorable à la transnationalité administrative en ce qu'elle crée une confiance mutuelle indispensable à l'admission d'une répartition du travail administratif entre les autorités nationales qui a pour conséquence l'adoption d'actes administratifs transnationaux. L'harmonisation tant des cultures juridiques que des droits nationaux est un moteur principal de l'émergence de l'acte administratif transnational qui est alors une des modalités de réalisation de l'administration indirecte de l'Union européenne. Il concourt par ailleurs à l'effectivité des libertés de circulation en facilitant le déplacement des situations juridiques dans les autres États membres. De plus, l'Union dispose de moyens institutionnels conduisant mécaniquement au recours à l'acte administratif transnational, que ce soit par la création d'administrations plurinationales principalement sous la forme de GECT ou par l'instauration de réseaux formels d'autorités nationales dans certains secteurs de régulation. Enfin, le droit écrit de l'Union et la jurisprudence de la Cour de justice fournissent les moyens juridiques de la transnationalité administrative en mettant en œuvre la reconnaissance mutuelle qui peut être prévue par les textes ou alors mise en place par le juge européen, à condition d'une équivalence entre les législations nationales et d'une confiance mutuelle existant entre les États membres.

La définition de l'acte administratif unilatéral transnational posée et son mode de fonctionnement explicité, la question de son régime a dû faire l'objet de la suite de l'étude. Le droit applicable à ces actes est principalement déterminé par le recours au conflit d'autorités susmentionné et selon lequel le droit national de l'autorité émettri[2]ce régit l'acte émis. Cependant, le cas spécifique des administrations plurinationales se démarque, puisqu'elles sont par nature incompatibles avec ce conflit qui présuppose une unique nationalité d'une administration donnée. La détermination du droit applicable aux actes administratifs transnationaux de ces administrations passe alors par l'usage de la méthode du conflit de lois classiquement utilisée en droit international privé. La règle de conflit de lois est alors posée dans l'instrument instaurant également la transnationalité administrative.

[1] Voir : NIBOYET J.-P., *Traité de droit international privé*, Librairie du Recueil Sirey, t. 6, 1949, Paris, pp. 1-250.

Concernant la vie de ces actes, et pour la plupart la transnationalité n'est pas nécessairement liée à leur existence même : elle peut apparaître après leur naissance tout comme disparaître avant leur extinction. De même, elle connaît parfois des modes d'entrée et de sortie de vigueur particuliers en ce qu'elle peut résulter du déplacement du destinataire d'un acte à l'étranger ou encore être simplement anéantie par une opposition à son effet par l'État de réception où l'acte devrait produire ses effets. Également, l'existence de la transnationalité peut toujours être remise en cause par l'évolution des relations entre les États comme l'a montré l'exemple du Brexit ayant mis fin à l'effet transnational de beaucoup d'actes administratifs. L'analyse de ces éléments révèle toutefois certaines lacunes notamment quant aux moyens de blocage mis à la disposition des États de réception.

Mais la plus grande problématique du régime de l'acte administratif unilatéral transnational est son contrôle qui ne bénéficie d'aucune adaptation à ses spécificités, conduisant parfois à un véritable déni de justice. En effet, seul le juge de l'État d'origine de tels actes peut en contrôler la légalité. Par conséquent, les recours en contestation contre ces actes ne peuvent être accueillis que devant le juge de l'État d'origine, alors même que le requérant se trouve souvent dans un autre État. Par ailleurs, les actes administratifs transnationaux peuvent se retrouver au fondement d'une décision administrative subséquente adoptée par les États de réception. Or, les destinataires de telles décisions se trouvent souvent mis en difficulté pour faire valoir leurs droits puisque s'ils contestent ces décisions devant le juge de l'État de réception, ce dernier les jugera légales au regard de leur compatibilité avec l'acte transnational les ayant fondés, acte qu'il ne peut pas examiner. C'est alors à un labyrinthe dantesque de procédures contentieuses dans plusieurs États que doivent se plier les requérants pour espérer voir leur recours aboutir, ce qui n'est pas satisfaisant en termes d'effectivité du droit au recours.

Face à toutes ces difficultés, la nécessité de formuler des propositions de rationalisation du régime de l'acte administratif transnational s'est imposée. Celle-ci est pensée dans le giron de l'Union européenne qui est, pour le moment, le seul cadre envisageable pour l'adoption des solutions avancées, en particulier depuis la perspective française dans laquelle s'inscrit cette étude. La compréhension approfondie de la place de l'acte administratif transnational contribue d'abord à définir le cadre dans lequel cette rationalisation doit intervenir. Ainsi, ce type d'acte se doit d'être fondé sur une norme de droit dérivé ou de droit primaire, mais également, il requiert en principe une équivalence entre les législations nationales sans quoi la confiance mutuelle ne peut exister, conduisant à l'opposition des États de réception à l'effet transnational de ces actes. L'harmonisation semble alors être un prérequis à la mise en place de la transnationalité administrative. Par ailleurs, le développement des conventions de collaborations administratives, à l'instar de ce que l'on retrouve dans les Fédérations d'États pour organiser la transrégionalité, pourrait aussi être un moyen de sécuriser l'acceptation de la transnationalité administrative. Enfin, le recours à l'acte administratif unilatéral transnational apparaît principalement adapté dans des domaines régulés de manière sectorielle, en particulier quand y interviennent des réseaux institutionnalisés de coopération administrative entre autorités nationales.

Finalement, c'est la question du contrôle des actes administratifs transnationaux qui fait l'objet des principales recommandations concrètes présentées dans une proposition de directive annexée à cette étude. Toujours dans un but de renforcement de la confiance mutuelle et de l'acceptation de la transnationalité administrative, l'énoncé clair des moyens de blocage de l'effet transnational par les États de réception est primordial. Ceux-ci visent à protéger les valeurs juridiques fondamentales des ordres juridiques de réception, c'est pourquoi l'on peut suggérer de transposer des outils du droit international privé pourvoyant à une telle fonction. Il s'agit de l'exception d'ordre public international selon laquelle un État pourrait s'opposer à l'effet d'un acte administratif transnational si ce dernier violait un principe fondamental de son ordre juridique. L'exception en cas de fraude dans l'obtention de l'acte justifierait également que l'État d'accueil fasse obstacle à l'exécution de l'acte sur son territoire. Par ailleurs, afin d'améliorer le droit au recours des administrés qui souhaiteraient contester un acte administratif transnational, des dispositions simples pourraient faire une différence sensible. Imposer la mention des voies de recours dans ces actes ainsi que créer un site officiel de traduction clarifierait amplement le chemin à suivre pour saisir le juge compétent. Parachevant cela, la création d'un point de contact spécialisé dans chaque État pour répondre à toute question relative à un acte administratif transnational et à son contrôle administratif et contentieux faciliterait encore plus l'accès à un recours devenu de ce fait véritablement effectif. Cependant, les modes alternatifs de règlement des différends, notamment la médiation, ne doivent pas pour autant être laissés de côté, car ils présentent des avantages certains pour l'indemnisation des préjudices résultant d'actes administratifs unilatéraux transnationaux. Outre l'accès au recours pour les administrés, la possibilité pour les États de réception de solliciter un contrôle d'un acte administratif transnational par l'État d'origine se doit d'être systématisée et renforcée par l'intervention d'une instance tierce en cas de désaccord entre les deux États à propos d'un acte donné. Ceci concourrait tant à l'apurement de la légalité de ce type d'actes qu'au renforcement de la confiance mutuelle devant exister entre les États pour assurer la pérennité de la transnationalité administrative. Enfin, les propositions les plus délicates voudraient confier une part du contrôle des actes administratifs transnationaux aux juges des États de réception. Ceux-là pourraient alors en examiner par voie d'exception la compatibilité au regard de la norme ayant institué leur effet transnational (souvent au regard du droit dérivé de l'Union européenne) et écarter les actes en cause en cas d'incompatibilité constatée. Toutefois, ceci resterait un instrument sensible et particulièrement circonscrit. Ainsi, l'on pourrait le compléter avec la création d'une question préjudicielle transnationale qui pourrait être posée par un juge de l'État de réception au juge de l'État d'origine lorsqu'est mise en cause par voie d'exception la légalité d'un acte administratif transnational devant lui.

Des modalités de mise en œuvre de cette question préjudicielle transnationale sont présentées dans cette étude, mais elles ne répondent pas forcément à toutes les interrogations qu'une telle nouveauté peut soulever. De même, la question de la responsabilité du fait des actes transnationaux illégaux est laissée en suspens. Cette étude n'est en effet qu'une seconde pierre sur l'édifice de la réflexion à propos de la transnationalité administrative. De par l'absence d'adaptation du droit positif à ce nouveau phénomène, de nombreuses conclusions ou propositions sont purement prospectives et donc quelque peu spéculatives. Or, certaines données juridiques seraient nécessaires pour approfondir le sujet de la responsabilité ou encore détailler la procédure de la question préjudicielle transnationale. C'est ainsi que ce travail ne s'achève pas en mettant un point final au sujet étudié, mais, au contraire, en ouvrant encore plus amplement le champ de recherche à étudier en la matière. Pour ce faire, l'évolution du droit positif sera déterminante et forgera les principes de ce que les facultés enseigneront peut-être un jour en tant que Droit administratif transnational.

Bibliographie (non exhaustive)

I. Manuels, traités et cours

ALLAND D., Manuel de droit international public, PUF, coll. Manuels, 8e éd., 2021, Paris, 335 p.

AUBY J.-B., La globalisation, le droit et l'État, LGDJ, coll. Systèmes de droit, 3e éd., 2020, Paris, 262 p.

BATIFFOL H., LAGARDE P., Droit international privé, t. 1, LGDJ, 8e éd., 1993, Paris, 656 p.

BIGOT G., Introduction historique au droit administratif depuis 1789, PUF, coll. Droit administratif, 2002, Paris, 390 p.

BLUMANN C., DUBOUIS L., Droit institutionnel de l'Union européenne, LexisNexis, coll. Manuel, 7e éd., 2019, Paris, XV-1039 p.

BURDEAU F., Histoire du droit administratif (de la Révolution au début des années 1970), PUF, coll. Thémis Droit Public, 1re éd., 1995, 494 p.

BUREAU D., MUIR WATT H., Droit international privé, Partie générale, t. 1, PUF, coll. Thémis droit, 5e éd., 2021, Paris, XVI-828 p.

CANAL-FORGUES E., RAMBAUD P., Droit international public, Flammarion, coll. Champs Université, 3e éd., 2016, 502 p.

CARBASSE J.-M., Manuel d'introduction historique au droit, PUF, coll. Manuels, 9e éd., 2021, Paris, 312 p.

CHAPUS R., Droit administratif général, t. 1, Montchrestien, coll. Domat droit public, 15e éd., 2001, Paris, 1427 p.

— Droit du contentieux administratif, Montchrestien, coll. Domat droit public, 13e éd., 2008, Paris, 1540 p.

COMBACAU J., SUR S., Droit international public, LGDJ, coll. Domat Droit public, 13e éd., 2019, Issy-les-Moulineaux, 882 p.

DECAUX E., DE FROUVILLE O., Droit international public, Dalloz, coll. HyperCours, 12e éd., 2020, Paris, X-683 p.

DUPUY P.-M., KERBAT Y., Droit international public, Dalloz, coll. Précis, 15e éd., 2020, Paris, XXXII-962 p.

FLEURY GRAFF T., Manuel de droit international public, t. 2, PUF, coll. Manuels, 2016, Paris, 268 p.

FRIER P.-L., PETIT J., Droit administratif, LGDJ, coll. Précis Domat droit public, 14e éd., 2021, Issy-les-Moulineaux, 786 p.

GICQUEL J., GICQUEL J.-É., Droit constitutionnel et institutions politiques, LGDJ, coll. Précis Domat Droit public, 35e éd., 2021, Paris, 980 p.

LOUSSOUARN Y., BOUREL P., DE VAREILLES-SOMMIÈRES P., Droit international privé, Dalloz, coll. Précis, 10e éd., 2013, Paris, XIII-1170 p.

MARTUCCI F., Droit de l'Union européenne, Dalloz, coll. Hypercours, 3e éd., 2021, Paris, XI-1005 p.

MAYER P., HEUZÉ V., REMY B., Droit international privé, LGDJ, coll. Domat droit privé, 12e éd., 2019, Issy-les-Moulineaux, 790 p.

NIBOYET J.-P., Traité de droit international privé français, Librairie du Recueil Sirey, 6 tomes, 1949, Paris.

PLESSIX B., Droit administratif général, LexisNexis, coll. Manuel, 3e éd., 2020, Paris, XXVII-1741 p.

RIGAUDIÈRE A., Histoire du droit et des institutions dans la France médiévale et moderne, Economica, coll. Corpus histoire du droit, 5e éd., 2018, Paris, 1117 p.
SEILLER B., Droit administratif, t. 1 « Les sources et le juge », Flammarion, coll. Champs Université, 8e éd., 2021, Paris, 353 p.
— Droit administratif, t. 2 « L'action administrative », Flammarion, coll. Champs Université, 8e éd., 2018, Paris, 384 p.

II. Monographies

A. Langue française

BEAUD O., Théorie de la fédération, PUF, coll. « Léviathan », 2e éd., 2009, Paris, 447 p.
CROISAT M., QUERMONNE J.-L., L'Europe et le fédéralisme, Montchrestien, coll. Clefs. Politique, 2e éd., 1999, Paris, 156 p.
OST F., VAN DE KERCHOVE M., De la pyramide au réseau ? Pour une théorie dialectique du droit, Publications des facultés universitaires Saint-Louis vol. 94, 2002, Bruxelles, 596 p.
PELLET A., Le droit international entre souveraineté et communauté, IREDIES, Pédone, coll. Doctrine(s), 2014, Paris, 364 p.
PESCATORE P., Le droit de l'intégration. Émergence d'un phénomène nouveau dans les relations internationales selon l'expérience des Communautés européennes, Bruylant, coll. Droit de l'Union européenne, 2005, Bruxelles, 100 p.
WEIDENFELD K., Histoire du droit administratif. Du XIVe siècle à nos jours, Economica, coll. Corpus histoire du droit, 2010, Paris, 345 p.

B. Langue anglaise

JESSUP P., Transnational Law, Yale University Press,1956, New Haven, 113 p.
ROBERTS A., Is International Law International?, Oxford University Press, 2017, Oxford, XXVI-406 p.
SASSEN S., Loosing Control: Sovereignty in an Age of Globalisation, Columbia University Press, coll. University Seminars - Leonard Hasting Schoff memorial lectures, 2e éd., 2015, cop. 1996, New York, XXVI-158 p.
SLAUGHTER A.-M., A New World Order, Princeton University Press, 2004, XVIII-341 p.
TEUBNER G., Global Law without a State, Aldershot Brookfield, coll. Studies in Modern Law and Policy, 1997, Dartmouth, XVII-305 p.

C. Langue italienne

BASSI N., Mutuo riconoscimento e tutela giurisdizionale. La circolazione degli effetti del provvedimento amministrativo straniero fra diritto europeo e protezione degli interessi del terzo, Guiffrè editore, coll. Università degli studi di milano – Bicocca, 2008, Milano, XI-130 p.
DE LUCIA L., Amministrazione transnazionale e ordinamento europeo : saggio sul pluralismo amministrativo, G. Giappichelli editore, coll. Costituzione e amministrazione n° 6, 2009, Turin, XV-262 p.

III. Ouvrages collectifs

A. Langue française

COSSALTER P. (dir.), GUGLIELMI G. J. (dir.), L'internationalisation du droit administratif, Éditions Panthéon-Assas, coll. Colloques, 2020, Paris, 312 p.

FORTEAU M., BERGÉ J.-S., NIBOYET M.-L., et al., « La fragmentation du droit applicable aux relations internationales. Regards croisés d'internationalistes privatistes et publicistes », actes de la journée du 16 avril 2010 du CEDIN, Pedone, coll. Cahiers Internationaux, n°27, Paris, 2011, 208 p.

MOUTON J.-D., COT J.-P., L'État dans la mondialisation, Société Française pour le Droit International, colloque de Nancy, Pedone, 2012, Paris, 591 p.

B. Langue anglaise

RODRÍGUEZ-ARANA MUÑOZ J. (éd..), Recognition of Foreign Administrative Acts, Ius Comparatum-Global Studies in Comparative Law 10, 2016, X-399 p.

SCHOLTEN M., LUCHTMAN M. (éds.), Law Enforcement by EU Authorities. Implications for Political and Judicial Accountability, Edward Elgard Publishing, 2017, Cheltenham, XII-390 p.

IV. Thèses doctorales

A. Langue française

BEAUD O., La puissance de l'État, PUF, coll. Léviathan, 1994, Paris, 512 p.

BONIFAY E., Le principe de reconnaissance mutuelle et le droit international privé. Contribution à l'édification d'un espace de liberté, sécurité et justice, Institut Universitaire Varenne, coll. des Thèses, 2015, XVI-495 p.

CAHIN G., La coutume internationale et les organisations internationales. L'incidence de la dimension institutionnelle sur le processus coutumier, Pédone, coll. Publication de la Revue de Générale du Droit International Public, 2001, Paris, VII-782 p.

CHAMBON M., Le conflit de lois dans l'espace et le droit administratif, Mare & Martin, coll. Bibliothèque des thèses, 2015, Paris, 669 p.

DEFOORT B., La décision administrative, LGDJ, coll. Bibliothèque de droit public t. 286, 2015, Issy-les-Moulineaux, XVII-686 p.

ELKIND D., L'efficacité des décisions administratives étrangères dans l'Union européenne. Étude de droit administratif transnational, Thèse dactyl. soutenue le 5 décembre 2018, Université de Bordeaux, 505 p.

FLEURY GRAFF T., État et territoire en droit international. L'exemple de la construction du territoire des États-Unis (1789-1914), Pedone, coll. Publication de la Revue Générale de Droit International Public Nouvelle Série n° 58, 2013, Paris, XIII-527 p.

GIRARD A.-L., La formation historique de la théorie de l'acte administratif unilatéral, Dalloz, coll. Nouvelle Bibliothèque des Thèses vol. 124, 2013, Paris, X-620 p.

GOEHRS M., Coopération transfrontalière et intégration européenne : contribution à l'étude du principe fédéraliste, P.I.E. Peter Lang, coll. Cultures juridiques et politiques vol. 14, 2018, Bruxelles, 220 p.

LEBON L., La territorialité et l'Union européenne. Approches de droit public, Bruylant, coll. Droit de l'Union européenne n° 41, 2015, Bruxelles, 719 p.

LEBRUN G., Office du juge administratif et questions préjudicielles. Recherche sur la situation du juge a quo, LGDJ, coll. Bibliothèque de droit public t. 296, 2017, Issy-les-Moulineaux, XIII-659 p.

NEYRAT A., Le rapport du droit administratif national aux droits administratifs étrangers. Les cas de la France et de l'Espagne, L'Harmattan, coll. Logiques juridiques, 2019, Paris, 678 p.
REMY B., Exception d'ordre public et mécanisme des lois de police en droit international privé, Dalloz, Nouvelle Bibliothèque de thèses, 2008, Paris, XVI-466 p.
SIRINELLI J., Les transformations du droit administratif par le droit de l'Union européenne : une contribution à l'étude du droit administratif européen, LGDJ, coll. Bibliothèque de droit public t. 266, 2011, Paris, XVI-617 p.
VLACHOU C., La coopération entre les autorités de régulation en Europe (communications électroniques, énergie), thèse dactyl. de doctorat de droit public soutenue le 18 novembre 2014, Université Panthéon-Assas, 579 p.

B. Langue anglaise

JANSSENS C., The Principle of Mutual Recognition, Oxford University Press, coll. Oxford Studies in European Law, 2013, XLVII-358 p.

C. Langue espagnole

ARZOZ SANTISTEBAN X., Concepto y régimen jurídico del acto administrativo comunitario, I.V.A.P., coll. Tesis Doctorales, 1998, Ognate, 818 p.
GARCÍA MORALES M. J., Convenios de colaboración en los sistemas federales europeos. Estudio comparativo de Alemania, Suiza, Austria y Bélgica, McGraw Hill/Interamericana de España, coll. Monografía, 1998, Madrid, 347 p.

V. Articles, communications, notes et chroniques

A. Langue française

ANCEL M.-E., VINCENT D., « La circulation internationale des actes », JCP N 2016, n°2, 1009.
AUBY J.-B., « Repenser le droit à l'aune de la globalisation juridique », in BONNET B. (dir.), Traité des rapports entre ordres juridiques, LGDJ, 2016, Issy-les-Moulineaux, pp. 261-277.
— « Le droit administratif transnational : un programme de réflexion », in COSSALTER P., GUGLIELMI G. J., L'internationalisation du droit administratif, Éditions Panthéon-Assas, coll. Colloque, 2020, Paris, pp. 59-78.
AUDIT M., « La compétence extraterritoriale du droit administratif » in La compétence, Actes du colloque organisé les 12 et 13 juin 2008 par l'Association française pour la recherche en droit administratif à la faculté de droit, sciences économiques et gestion de Nancy, Litec, 2008, Paris, pp. 69-78.
BEAUD O., « L'Europe vue sous l'angle de la Fédération. Le regard paradoxal de Paul Reuter », Droits n°45, 2007, pp. 47-71.
— « Compétence et souveraineté », in La compétence, Actes du colloque organisé les 12 et 13 juin 2008 par l'Association française pour la recherche en droit administratif à la faculté de droit, sciences économiques et gestion de Nancy, Litec, 2008, Paris, pp. 5-32.
— « Peut-on penser l'Europe comme une Fédération ? », in ESPOSITO F., LEVRAT N. (dir.), Europe : de l'intégration à la Fédération, (colloque du LATSIS), Bruylant, coll. Publications de l'institut européen de l'université de Genève n°8, 2010, Bruxelles, pp. 71-103.
BLANQUET P., « Le juge administratif et les jugements étrangers », RFDA 2021, p. 329.
CHAMBON M., « L'espace et le territoire : le droit public à l'épreuve de l'extranéité », Civitas Europa, n° 35, 2015/2, pp. 95-121.

— « Les rapports transnationaux induits par la libre circulation des automobilistes », in PICOD F., MARTUCCI F. (dir.), La circulation des automobilistes en Europe, Bruylant, coll. Droit de l'Union européenne, 2018, Bruxelles, pp. 163-178.
— « Les collectivités territoriales, acteurs de la globalisation du droit administratif ? », RFDA 2019, n°6, pp. 994 et s.
CHARPENTIER J., « Le problème des enclaves », in La frontière, Colloque de la Société Française pour le Droit International, Pédone, 1980, Paris, pp. 41-56.
DE VAREILLES-SOMMIÈRES P., « Le forum shopping devant les juridictions françaises », Travaux du comité français de droit international privé, 2001, n°14, pp. 49-82.
— « Fraude à la loi », in Répertoire de droit international, Dalloz, décembre 1998 (actualisation : Mars 2009).
— « Jugement étranger : matières civile et commerciale », in Répertoire de droit international, Dalloz, septembre 2013 (actualisation : Septembre 2020).
DEUMIER P., « Repenser les outils des conflits de normes entre systèmes », in BONNET B. (dir.), Traité des rapports entre ordres juridiques, LGDJ, 2016, Issy-les-Moulineaux, pp. 497-512.
DOLEZ B., « Le juge administratif et les conflits de lois », RDP 1995, pp. 1029-1051.
DUBOS O., « Le droit administratif et les situations transnationales : des droits étrangers au droit comparé ? », in MELLERAY F. (dir.), L'argument de droit comparé en droit administratif français, Bruylant, coll. Droit Administratif/Administrative Law, 2007, Bruxelles, pp. 69-90.
— « Le territoire », in AUBY J.-B. (dir.), L'influence du droit européen sur les catégories de droit public, Dalloz, coll. Thèmes et commentaires, 2010, Paris, pp. 355-376.
DUBOS O., GAUTIER M., « Actes communautaires d'exécution », in AUBY J.-B., DUTHEIL DE LA ROCHÈRE J. (dir.), Traité de droit administratif européen, Bruylant, coll. Droit administratif, 2e éd., 2014, Bruxelles, pp. 181-200.
FARTUNOVA-MICHEL M., MARZO C., « La notion de reconnaissance mutuelle : entre confiance et équivalence », in FARTUNOVA-MICHEL M., MARZO C. (dir.), Les dimensions de la reconnaissance mutuelle en droit de l'Union européenne, Bruylant, coll. Droit de l'Union européenne, 2018, Bruxelles, pp. 13-56.
FREYRIA C., « La notion de conflit de lois en droit public », in Travaux du Comité français de droit international privé, 1965, p. 103-132.
GAUTIER-MELLERAY M., « Le dispositif Schengen, vecteur d'une nouvelle forme d'intégration juridictionnelle », in Les dynamiques du droit européen en début de siècle (Études en l'honneur de Jean-Claude Gautron), Pédone, 2004, Paris, pp. 69-82.
— « Le dépassement du caractère national de la juridiction administrative : le contentieux de Schengen », RDA, mai 2005, étude 8.
— « Acte administratif transnational et droit de l'Union européenne », in J.-B. AUBY, J. DUTHEIL DE LA ROCHÈRE (dir.), Traité de droit administratif européen, Bruylant, coll. Droit administratif, 2e éd., 2014, Bruxelles, pp. 1303-1315.
— « Une autre traversée du Rhin », AJDA 2015. 1139.
— « Du nouveau du côté du contrôle transnational des actes administratifs », AJDA n° 19, 2017. 1081.
JACQUÉ J.-P., « La confiance mutuelle. Un élément fédéral dans l'Union européenne ? », in Penser le droit à la partir de l'individu, Mélanges en l'honneur d'Élisabeth Zoller, Dalloz, 2018, Paris, pp. 81-99.
LALIVE P., « Le droit public étranger et le droit international privé », Travaux du comité Française de droit international privé, 1973-1975, pp. 215-257.

MATTERA A., « L'harmonisation des législations nationales : un instrument d'intégration et de reconnaissance mutuelle », Revue du Droit de l'Union européenne, n° 4, 2010, pp. 679-727.
MAULIN É., « Souveraineté », in ALLAND D., RIALS S. (dir.), Dictionnaire de la culture juridique, PUF, Lamy, coll. Quadrige Dicos Poche, 2003, Paris, pp. 1434-1439.
MAYER P., « Droit international privé et droit international public sous l'angle de la notion de compétence », RCDIP, vol. 68, 1979, pp. 1-29 (1re partie) et 349-388 (2e partie), pp. 587-583 (3e partie).
— « Le rôle du droit public en droit international privé », RIDC, vol. 38 n° 2, avril-juin 1986, pp. 467-485.
— « Les méthodes de la reconnaissance en droit international privé », in Le droit international privé : esprit et méthodes, Mélanges P. Lagarde, Dalloz, 2005, Paris, pp. 547-573.
PARIS T., « La reconnaissance des actes administratifs étrangers au droit français », in RODRÍGUEZ-ARANA MUÑOZ, J. (ed.), Recognition of Foreign Administrative Acts, Ius Comparatum-Global Studies in Comparative Law 10, 2016, pp. 115-135.
PELLET A., « Lotus que de sottises on profère en ton nom ! Remarques sur le concept de souveraineté dans la jurisprudence de la Cour mondiale », in Études offertes à J.-P. Puissochet, Pedone, 2008, Paris, pp. 215-230.
RUIZ FABRI H., « Immatériel, territorialité et État », Arch. Phil. Droit, t. 43, 1999, pp. 187-212.
SCHMIDT-ASSMANN E., « Les influences réciproques entre les droits administratifs nationaux et le droit administratif européen », AJDA, 20 juin 1996, numéro Hors-Série « Droit administratif et droit communautaire. Des influences réciproques à la perspective d'un droit administratif européen : les données du débat contemporain », pp. 146-155.

B. Langue anglaise

ARMSTRONG K. A., « Mutual Recognition », in BARNARD C., SCOTT J. (éds.), The Law of the Single European Market. Unpacking the Premises, Hart Publishing, 2002, Oxford et Portland (Or.), pp. 225-267.
ARROYO JIMÉNEZ L., « Mutual Recognition in the Spanish Multi-level Administrative State », REAL, vol. 13, 2020. 158.
DE LUCIA L., « Administrative Pluralism, Horizontal Cooperation and Transnational Administrative Acts », REAL, 2012, n° 2, pp. 17-45.
— « From mutual recognition to EU Authorization : a decline of transnational administrative acts ? », Italian journal of public Law 1, 2016, pp. 90-114.
GERONTAS A., « Deterritorialization in Administrative Law : Exploring Transnational Administrative Decisions », Columbia Journal of European Law, n° 3, 2013, pp. 1-65.
HENKIN L., « That 'S' Word : Sovereignty, and Globalization, and Human Rights, Et Cetera », Fordham Law Review, vol. 68, 1999, pp. 1-14.
JESSUP P., « Transnational Law », 66 Yale Law Journal 5, 1956, pp. 813-816.
RUFFERT M., « Recognition of Foreign Legislative and Administrative Acts », in WOLFRUM R. (éd.), Max Planck Encyclopedia of Public International Law (2011) no 3.
— « European Composite Administration: The transnational administrative act », in JANSEN O., SCHÖNDORF-HAUBOLD B. (éds.), The European Composite Administration, Intersentia, 2011, Cambridge, pp. 277-306.
WENANDER H., « Recognition of Foreign Administrative Decisions », ZaöRV, 2011, vol. 71, pp. 755-785.

C. **Langue espagnole**

BOCANEGRA SIERRA R., GARCÍA LUENGO J., « Los actos administrativos transnacionales », Revista de Administración Pública, sept.-déc. 2008, pp. 9-29.

DE LA QUADRA-SALCEDO JANINI T., « El principio de reconocimiento mutuo en los sistemas políticos descentralizados », in ARROYO JIMÉNEZ L., NIETO MARTÍN A. (dir.), El reconocimiento mutuo en el Derecho español y europeo, Marcial Pons, 2018, Madrid, pp. 123-172.

ORTEGA BERNARDO J., « El acto administrativo transnacional en el derecho europeo del mercado interior », Revista española de Derecho Administrativo n° 188, oct.-déc. 2017, pp. 81-124.

— « El acto administrativo transnacional en el derecho europeo del mercado interior », in ARROYO JIMÉNEZ L., NIETO MARTÍN A. (dir.), El reconocimiento mutuo en el Derecho español y europeo, Marcial Pons, 2018, Madrid, pp. 98-121.

UTRILLA FERNÁNDEZ-BERMEJO D., « El reconocimiento mutuo y el derecho primario del mercado interior », in ARROYO JIMÉNEZ L., NIETO MARTÍN A. (dir.), El reconocimiento mutuo en el Derecho español y europeo, Marcial Pons, 2018, Madrid, pp. 11-47.

Structures éditoriales du groupe L'Harmattan

L'Harmattan Italie
Via degli Artisti, 15
10124 Torino
harmattan.italia@gmail.com

L'Harmattan Hongrie
Kossuth l. u. 14-16.
1053 Budapest
harmattan@harmattan.hu

L'Harmattan Sénégal
10 VDN en face Mermoz
BP 45034 Dakar-Fann
senharmattan@gmail.com

L'Harmattan Cameroun
TSINGA/FECAFOOT
BP 11486 Yaoundé
inkoukam@gmail.com

L'Harmattan Burkina Faso
Achille Somé – tengnule@hotmail.fr

L'Harmattan Guinée
Almamya, rue KA 028 OKB Agency
BP 3470 Conakry
harmattanguinee@yahoo.fr

L'Harmattan RDC
185, avenue Nyangwe
Commune de Lingwala – Kinshasa
matangilamusadila@yahoo.fr

L'Harmattan Congo
219, avenue Nelson Mandela
BP 2874 Brazzaville
harmattan.congo@yahoo.fr

L'Harmattan Mali
ACI 2000 - Immeuble Mgr Jean Marie Cisse
Bureau 10
BP 145 Bamako-Mali
mali@harmattan.fr

L'Harmattan Togo
Djidjole – Lomé
Maison Amela
face EPP BATOME
ddamela@aol.com

L'Harmattan Côte d'Ivoire
Résidence Karl – Cité des Arts
Abidjan-Cocody
03 BP 1588 Abidjan
espace_harmattan.ci@hotmail.fr

Nos librairies en France

Librairie internationale
16, rue des Écoles
75005 Paris
librairie.internationale@harmattan.fr
01 40 46 79 11
www.librairieharmattan.com

Librairie des savoirs
21, rue des Écoles
75005 Paris
librairie.sh@harmattan.fr
01 46 34 13 71
www.librairieharmattansh.com

Librairie Le Lucernaire
53, rue Notre-Dame-des-Champs
75006 Paris
librairie@lucernaire.fr
01 42 22 67 13

www.ingramcontent.com/pod-product-compliance
Lightning Source LLC
LaVergne TN
LVHW021153061026
849535LV00002B/445
* 9 7 8 2 3 3 6 4 3 5 0 8 4 *